HANDBOOK OF
NEW PSYCHOACTIVE SUBSTANCES
FOR JUDICIAL PRACTICE

首部系统介绍已列管新精神活性物质类毒品的实务作品

新精神活性物质
办案实用手册

主　编／马　岩　王优美
副主编／徐　鹏　方文军

法律出版社
LAW PRESS·CHINA

编 委 会

序

近年来,国际国内毒品形势发生深刻复杂的变化。全球范围毒品产量、毒品种类、吸毒人数持续增长,国际毒潮泛滥的局面仍未改变。特别是全球范围新精神活性物质问题来势凶猛,种类更新换代加快,花样层出不穷,对世界各国禁毒工作提出严峻挑战。目前,全球已发现新精神活性物质近1000种之多,远远超过国际管制的麻醉药品和精神药品数量之和。相比传统毒品和合成毒品,新精神活性物质往往具有更强的精神活性作用和成瘾性,严重损害滥用者的身体健康,长期吸食容易使滥用者精神错乱、行为失控,诱发自杀自残、暴力攻击等极端行为,对社会治安和公共安全构成严重的现实危害和潜在威胁。

由于新精神活性物质毒性强、品种多、变异快、查缉难,已成为当前国际禁毒领域的一大难题。为积极防范新精神活性物质问题带来的风险危害,国家禁毒委员会积极应对,加强对策研究,作出安排部署。全国禁毒部门增强忧患意识、强化底线思维,坚持未雨绸缪、防患未然,创新完善新精神活性物质快速列管机制,积极开展新精神活性物质滥用监测,依法严厉打击制贩新精神活性物质违法犯罪活动,有效防范了新精神活性物质发展蔓延,有力保障了人民群众的身心健康,同时也为全球毒品治理提供了中国方案。

目前,我国已列管170种新精神活性物质,并对芬太尼类物质实施了整类列管,宣传教育、执法打击、堵截查缉、管理控制的任务繁重。为适应毒品形势发展和禁毒工作需要,提升新精神活性物质执法管理的专业性、科学性水平，最高人民法院刑事审判第五庭和公安部禁毒情报技术中心组织国内相关研究领域的专家学者深入研究，共同编写了《新精神活性物质办案实用手册》。该手册首次对我国列管的新精神活性物质进行了系统的介绍、整理和归纳，不仅提供了国内外学术领域关于这些物质的化学结构、药理毒理作用以及代谢等方面的前沿信息，还首次完整提供了其依赖性折算数据。针对办理新精神活性物质犯罪案件过程中可能遇到的法律适用问题，手册中也作了详细分析说明。该手册内容丰富、资料翔实，面向基层、紧贴实战，既有较高的专业理论水平，又有较强实践指导意义。希望各级禁毒部门特别是广大公安禁毒民警、法庭科学技术人员、法律工作者等相关人员认真学习手册，系统掌握新精神活性物质相关知识，不断提高打击管制新精神活性物质违法犯罪能力水平，为推进新时代禁毒工作做出积极贡献。

刘跃进*

2019 年 10 月 16 日

---

* 刘跃进，国家禁毒委员会副主任、公安部党委委员、反恐专员。

编写说明

目前，我国已列管了170种新精神活性物质，其中包括合成大麻素类、合成卡西酮类、苯乙胺类、色胺类、氨基茚满类、哌嗪类、氯胺酮及苯环利啶类、植物类、其他类。鉴于我国已整类列管芬太尼类物质，本书将对整类列管情况及其中的12种芬太尼类物质单独作为一章介绍。

本手册共十二章，分别详细介绍了每种新精神活性物质的中英文名称、通用名、CAS登记号、化学结构、药理毒理作用、体外药理学评价、药物代谢及依赖性折算等内容。

第一章绪论，由最高人民法院刑五庭马岩一级高级法官、方文军二级高级法官、公安部禁毒情报技术中心王优美研究员、徐鹏研究员负责撰写，介绍新精神活性物质的概念、与毒品的关系、我国近年来检出的新精神活性物质、犯罪形势、管控情况、国内外新精神活性物质滥用风险监测评估体系以及新精神活性物质依赖性评估工作。

第二章合成大麻素类物质，由北京大学中国药物依赖性研究所时杰研究员、翟海峰副研究员、鲍彦平副研究员负责撰写，介绍我国已列管的53种合成大麻素类物质。

第三章合成卡西酮类物质，由宁波大学医学院周文华研究员、宁波市微循环与莨菪类药研究所刘惠芬研究员、赖苗军副研究员负责撰写，介绍我国已列管的50种合成卡西酮类物质。

第四章苯乙胺类物质，由军事科学院军事医学研究院毒物药物研究所吴宁研究员负责撰写，介绍我国已列管的26种苯乙胺类物质。

第五章色胺类物质，由中国医学科学院药物研究所王映红研究员负责撰写，介绍我国已列管的5种色胺类物质。

第六章、第九章氨基茚满类物质和植物类物质，由北京大学药学院周田彦教授负责撰写，介绍我国已列管的2种氨基茚满类物质和1种植物类物质。

第七章哌嗪类物质，由中国科学院心理研究所赵媚副研究员负责撰写，介绍我国已列管的5种哌嗪类物质。

第八章氯胺酮及苯环利啶类物质，由宁波大学医学院刘昱教授负责撰写，介绍我国已列管的4种氯胺酮及苯环利啶类物质。

第十章芬太尼类物质，由宁波大学医学院沈昊伟教授负责撰写，介绍我国芬太尼类物质整类列管情况并重点介绍其中的12种芬太尼类物质。

第十一章其他类物质，由宁波大学医学院崔巍副教授负责撰写，介绍我国已列管的12种其他类物质。

第十二章新精神活性物质犯罪案件的法律适用，由最高人民法院刑五庭马岩一级高级法官、方文军二级高级法官负责撰写，主要针对我国司法实践中可能遇到的新精神活性物质犯罪案件的法律适用问题进行分析说明。

本书附录，由公安部禁毒情报技术中心徐鹏研究员负责编写，其中包括中英文缩略词表、快速检索表、药物依赖性折算表以及我国针对170种新精神活性物质列管和芬太尼类物质整类列管的相关文件。

中国医学科学院药物研究所张培成研究员负责编写了全书170种新精神活性物质的中英文名称、通用名、CAS登记号和化学结构。

北京大学药学院梁建辉研究员、中国药科大学药物科学研究院廖红研究员、公安部禁毒情报技术中心徐鹏研究员对全书内容进行了校对和审核。

公安部禁毒情报技术中心李香豫，中国医学科学院药物研究所王序杰、刘启凤、杨柳，军事科学院军事医学研究院毒物药物研究所曹丹旎、韩笑，北京大学第六医院孙广强以及北京大学药学院孔大明参与了本书部分内容的编写，在此一并表示感谢！由于编者水平有限，书中难免存在疏漏之处,敬请同行不吝指正。

本书的编写得到“十三五”国家重点研发计划(课题号:2017YFC0803605)资助。

编　者

2019 年 10 月

目　录

第一章　绪　论

第一节　新精神活性物质概述

一、新精神活性物质的概念

新精神活性物质(New Psychoactive Substances, NPS)是指没有被联合国《1961 年麻醉品单一公约》和《1971 年精神药品公约》所列管,但具有滥用潜力,可以引起公共健康风险的精神活性物质。这类精神活性物质至少具备下列特点:(1)化学结构可以人为地设计与合成,产生与管制毒品相同或者相似的精神活性和药理作用,又被称为“策划药物”(Designer Drug);(2)在相关法律法规以及国际公约中,没有及时地纳入管制目录,故又有“合法兴奋剂”(Legal Highs)之称;(3)某些新精神活性物质与已知、受管制毒品的化学结构相似,属于其衍生物,故被称为“毒品类似物”(Drug Analogue);(4)绝大部分新精神活性物质都是在实验室研究与合成得到的,故又有“实验室化合物”(Research Chemicals)之名。新精神活性物质的“新”并不是因为它们是最新合成的,事实上,大部分新精神活性物质早在 19 世纪 70 年代,甚至是更早的时间就已经被合成出来了。“新”的含义是指这些精神活性物质新近开始被人群所滥用。新精神活性物质的滥用主要开始于 19 世纪 90 年代,当时美国化学家和药理学家舒尔金夫妇(Alexander Shulgin 和 Ann Shulgin)出版了两本书 *PiHKAL: A Chemical Love Story* 和 *TiHKAL: The Continuation*,书中详细介绍了 179 种苯乙胺类物质和 55 种色胺类物质的化学结构、合成方法、生物检测方法、服用剂量及临床表现,这两本书一度成为地下加工厂的操作指南。

根据化学结构,联合国将新精神活性物质分为 9 大类,具体为:(1)合成大麻素类;(2)合成卡西酮类;(3)苯乙胺类;(4)色胺类;(5)氨基茚满类;(6)哌嗪类;(7)氯胺酮及苯环利啶类;(8)植物类;(9)其他类。根据药理学作用,分为 7 大类,具体为:(1)阿片类;(2)合成大麻受体激动剂;(3)兴奋剂;(4)身心分离剂;(5)经典致幻剂;(6)镇静催眠剂;(7)药理效应未知类。①

正如前文所述,通过对已列管毒品进行细微的化学修饰或全新设计,可以筛选出新的精神活性物质。与已列管的毒品相比较,新精神活性物质具有更强的精神药理作用,更高的滥用潜力和成瘾性,容易促使吸食者产生暴力倾向和攻击行为,诱发癫痫、躁动、妄想等急性精神障碍。国外已有多起因吸食新精神活性物质引发急性中毒而住院治疗的病例。② 目前,该类物质的滥用已严重威胁到社会治安和公共安全。

由于新精神活性物质的生产工艺简单、原料获得容易、变化演绎快、违法成本低等特点,新精神活性物质的滥用在世界范围内日趋蔓延。根据联合国毒品与犯罪问题办公室(UNODC)的报告,从 2009 年到 2018 年共发现新精神活性物质 892 种,涉及 119 个国家和地区。

目前针对新精神活性物质的有效管控仍然是世界各国执法部门所面临的一大难题。一方面,新精神活性物质更新换代速度快,仅 2016 年全世界就新发现新精神活性物质 72 种,同时,自 2013 年起又有 68 种新精神活性物质在市场上消失。③ 当某种新精神活性物质被列管后,只要通过对其化学结构进行细微的修饰改变,很快就有新的替代品出现,同时各国政府针对毒品管制大多采用逐一列举的方式,且立法过程需要较长时间,使大量新精神活性物质得以逃脱国际禁毒公约和各国禁毒法律

---

① United Nations Office on Drugs and Crime, "NPS Substance Groups", https://www.unodc.org/LSS/Home/NPS, May 8, 2019.

② M. Capriola, "Synthetic Cathinone Abuse", *Clin Pharmacol* 5, 2013, pp. 109–115.

③ United Nations Office on Drugs and Crime, "World Drug Report", https://www.unodc.org/wdr 2018, May 8, 2019.

的监管。另一方面，当前对新精神活性物质的法庭科学研究还处于初级阶段，检验鉴定所需的标准物质及检测方法均留有大量空白，且对其依赖性和危害性的评估也缺乏量化和统一化的标准流程。以上因素都制约了各国政府对新精神活性物质的管控和定罪量刑标准的制定。

二、新精神活性物质与毒品的关系

我国刑法规定，毒品是指鸦片、海洛因、甲基苯丙胺、吗啡、大麻、可卡因以及国家规定管制的其他能够使人形成瘾癖的麻醉药品和精神药品。据此，认定某一物质是否属于刑法意义上的毒品，应当具备两个条件：其一，应当是能够使人形成瘾癖的麻醉药品或者精神药品，如果不是麻醉药品或精神药品，或者是不能使人形成瘾癖的麻醉药品和精神药品，则不能认定为毒品。其二，此类麻醉药品和精神药品已经被国家管制，如果没有被管制，也不能认定为毒品。管制方式是国家相关部门发布文件，列明被管制的麻醉药品和精神药品的种类和名称。例如，国家食品药品监督管理总局、公安部、国家卫生和计划生育委员会于 2013 年 11 月公布的《麻醉药品品种目录（2013 年版）》和《精神药品品种目录（2013 年版）》（自 2014 年 1 月 1 日起施行）是当前我国对麻醉药品和精神药品进行管制的基本文件。2015 年 9 月，公安部、国家食品药品监督管理总局、国家卫生和计划生育委员会、国家禁毒委员会办公室印发了《非药用类麻醉药品和精神药品列管办法》，该办法的附录增补列管了 116 种非药用类麻醉药品和精神药品。

新精神活性物质是对以往已出现的毒品进行分子结构修饰或者改造而成，可以使人体产生类似甚至更强的兴奋或致幻作用，因而具备前述第一个条件。进而，新精神活性物质能否被认定为毒品，关键在于是否被国家管制。如果没有被管制，则不能认定为毒品。据统计，我国已经对 170 种新精神活性物质和芬太尼类物质这一整类新精神活性物质进行了管制。由于这些新精神活性物质目前绝大多数没有合法医疗用途，故对走私、贩卖、运输、制造这些新精神活性物质的行为，一般都应当认定为毒品犯罪。

值得注意的是,联合国毒品与犯罪问题办公室(UNODC)将新精神活性物质定义为“未被联合国《1961 年麻醉品单一公约》和《1971 年精神药品公约》所管制,但存在滥用、可能对公共健康产生危害的单一或混合物质”。这一定义与我国把已管制的新精神活性物质认定为毒品之间没有逻辑上的矛盾。新精神活性物质是对具有毒品的危害性但尚未被国际公约管制的新物质的统称,一旦被国内法所管制,就变成法律意义上的毒品,但仍然可以从社会学意义上称为新精神活性物质。

三、我国新精神活性物质近年来的检出情况

2017 年,国家毒品实验室对公安机关和海关收集的 1193 份可疑样品进行检测,结果显示:总共检出含新精神活性物质的样品 780 份,占 65.4%,其中 35 种物质在我国首次检出。检出的新精神活性物质有 87 种,包括合成卡西酮类物质,占 64.7%;合成大麻素类物质,占 18.5%;芬太尼类物质,占 5%;其他类物质,占 7.9%。属于我国已列管的新精神活性物质种类占总数的 14.9%,尚未列管的新精神活性物质占总数的 85.1%。

2018 年,国家毒品实验室对公安机关和海关收集的 912 份可疑样品进行检测,结果显示:总共检出含新精神活性物质的样品 582 份,占 63.8%,其中 32 种物质在我国首次检出。检出的新精神活性物质有 103 种,包括合成大麻素类物质,占 52.7%;合成卡西酮类物质,占 30.0%;芬太尼类物质,占 2.9%;其他类物质,占 6.6%。属于我国已列管的新精神活性物质种类占总数的 18.3%,尚未列管的新精神活性物质占总数的 81.7%。

截至 2019 年 8 月底,国家毒品实验室对公安机关和海关收集的 514 份可疑样品进行检测,结果显示:总共检出含新精神活性物质的样品 206 份,占 40.1%,其中 5 种物质在我国首次检出。检出的新精神活性物质有 41 种,包括合成大麻素类物质,占 72.0%;合成卡西酮类物质,占 17.8%;色胺类物质,占 0.4%。属于我国已列管的新精神活性物质种类占总数的 12.5%,尚未列管的新精神活性物质占总数的 87.5%。

四、我国新精神活性物质的犯罪形势

近年来,我国破获了一定数量的新精神活性物质犯罪案件,涉及主要的新精神活性物质品种是合成大麻素类、合成卡西酮类、芬太尼类和其他类等。其中合成大麻素类物质中主要检出 5 - Fur144、ADB - CHIMINACA、ABC、5F - AMB、FUB - PB - 22、PX - 2、MDMB - CHMICA 共 7 种物质;合成卡西酮类物质中主要检出 Ethylone、α - PVP、3 - MMC、4 - CMC、N - Ethylpentylone、MBDB 共 6 种物质;芬太尼类物质中主要检出芬太尼、呋喃芬太尼、卡芬太尼共 3 种物质;其他类物质中主要检出 U47700。例如,孙某芳走私、贩卖 4 - 氯甲卡西酮(4 - CMC)案中,查获 4 - CMC 15.8 千克[①];杨某昌、赵某增贩卖、运输 N - (1 - 甲氧基羰基 - 2 - 甲基丙基) - 1 - (5 - 氟戊基)吲唑 - 3 - 甲酰胺(5F - AMB)案中,法院认定杨某昌贩卖、运输 5F - AMB 约 184 千克,赵某增贩卖 5F - AMB 约 150 千克[②]。

由于新精神活性物质的制造方法相对简单,且衍生、变异品种多,预计未来我国此类毒品的滥用和犯罪情况会有所上升,这对新精神活性物质的管控、查处、打击等工作都提出了新的要求。

五、我国对新精神活性物质的管控

为加强对新精神活性物质的管控和打击工作,我国相关部门多次联合发布列管公告,截至 2019 年 9 月,我国共列管了 170 种新精神活性物质和芬太尼类整类物质,其中有 14 种新精神活性物质是按照《麻醉药品和精神药品管理条例》进行管理,列管于《精神药品品种目录(2013 年版)》第一类精神药品中,其余 156 种新精神活性物质(其中包含 12 种芬太尼类物质)和芬太尼类整类物质均按照《非药用类麻醉药品和精神药

---

① 《毒品犯罪及涉毒次生犯罪典型案例》,载《人民法院报》2018 年 6 月 27 日,第 3 版。

② 《最高人民法院发布 2019 年十大毒品(涉毒)犯罪典型案例》,载《人民法院报》2019 年 6 月 26 日,第 3 版。

品列管办法》(注:该办法中所称的非药用类麻醉药品和精神药品就是本书中所介绍的新精神活性物质)进行管理,依次列管于该办法的增补目录中。具体管控情况如下:

2013 年 11 月 11 日,国家食品药品监督管理总局、公安部、国家卫生和计划生育委员会联合发布公告,印发了《麻醉药品品种目录(2013 年版)》和《精神药品品种目录(2013 年版)》,在已列管新精神活性物质氯胺酮的基础上,又将 4 - 甲基甲卡西酮、BZP、JWH - 018 等 13 种新精神活性物质列入精神药品品种目录进行管制,自 2014 年 1 月 1 日起施行。

2015 年 9 月 24 日,公安部、国家食品药品监督管理总局、国家卫生和计划生育委员会、国家禁毒委员会办公室联合发布公告,印发了《非药用类麻醉药品和精神药品列管办法》,该办法的附表《非药用类麻醉药品和精神药品管制品种增补目录》中一次性列管了 116 种非药用类麻醉药品和精神药品,自 2015 年 10 月 1 日起施行。

2017 年 1 月 25 日,公安部、国家食品药品监督管理总局、国家卫生和计划生育委员会联合发布公告,印发了《关于将卡芬太尼等四种芬太尼类物质列入非药用类麻醉药品和精神药品管制品种增补目录的公告》,该公告将卡芬太尼、呋喃芬太尼、丙烯酰芬太尼和戊酰芬太尼 4 种物质列入非药用类麻醉药品和精神药品管制品种增补目录进行管制,自 2017 年 3 月 1 日起施行。

2017 年 5 月 22 日,公安部、国家食品药品监督管理总局、国家卫生和计划生育委员会联合发布公告,印发了《关于将 N - 甲基 - N - (2 - 二甲氨基环己基) - 3,4 - 二氯苯甲酰胺(U - 47700)等四种物质列入非药用类麻醉药品和精神药品管制品种增补目录的公告》,该公告将 U - 47700、MT - 45、PMMA 和 4,4′ - DMAR 4 种物质列入非药用类麻醉药品和精神药品管制品种增补目录进行管制,自 2017 年 7 月 1 日起施行。

2018 年 8 月 16 日,公安部、国家卫生健康委员会、国家药品监督管理局联合发布公告,印发了《关于将 4 - 氯乙卡西酮等 32 种物质列入非药用类麻醉药品和精神药品管制品种增补目录的公告》,该公告将 4 - 氯乙卡西酮等 32 种物质列入非药用类麻醉药品和精神药品管制品种增补目录进行管制,自 2018 年 9 月 1 日起施行。

2019 年 4 月 1 日,公安部、国家卫生健康委员会、国家药品监督管理局联合发布公告,印发了《关于将芬太尼类物质列入〈非药用类麻醉药品和精神药品管制品种增补目录〉的公告》,该公告将芬太尼类物质整类列入非药用类麻醉药品和精神药品管制品种增补目录进行管制,自 2019 年 5 月 1 日起施行。

第二节　新精神活性物质滥用风险监测评估体系

一、全球新精神活性物质监测评估系统

1. 世界卫生组织药物依赖专家委员会(Expert Committee on Drug Dependence of World Health Organization, ECDD)

新精神活性物质游离于国际管控系统之外,并没有被联合国《1961 年麻醉品单一公约》和《1971 年精神药品公约》所列管,但自 2015 年开始,陆续有一些新精神活性物质被联合国纳入到两个公约中进行列管。具体工作流程是:第一步,提交申请。由相关组织或世界卫生组织(World Health Organization, WHO)提出针对某种新精神活性物质的列管意愿,该意愿会递交给联合国秘书长,之后再传递给其他组织、联合国麻醉药品委员会(Commission on Narcotic Drugs, CND)和 WHO。第二步,风险评估。由 WHO 的药物依赖专家委员会(Expert Committee on Drug Dependence, ECDD)对相关物质进行评估。第三步,正式列管。依据 ECDD 给出的评估报告,CND 决定是否将其纳入国际禁毒公约进行列管。①

ECDD 的评估报告内容包括:物质简介,化学性质,通过化学修饰改变为已列管物质的可能性,一般药理学特征,毒性,人体不良反应,依赖性,滥用潜能,合理医疗用途,是否列入 WHO 必需药品目录,是否有医

---

① World Health Organization, "Essential Medicines and Health Products", https://www.who.int/medicines/access/controlled-substances/, May 10, 2019.

药市场授权,工业用途,非医疗用途有关的滥用潜能和依赖性,滥用引起的公共健康风险,合法的生产、消费及国际贸易,非法制造、运输及相关信息,当前国际管控及相关影响,各个国家管控情况,对于列管该物质的其他医学和科学问题的建议,参考文献等。其中,物质简介包括:国际非专利药物名称(International Nonproprietary Name, INN)、化学文摘索引号(Chemical Abstract Service, CAS)、化学名称、商品名称、街头名称、物理性状;化学性质包括:化学名称、化学结构、异构体、非法制造的方法、化学特性、分析鉴定方法;一般药理学特征包括:滥用方式及剂量、药物代谢动力学及药效学;依赖性和滥用潜力分为动物实验和人群实验。①

2. 新精神活性物质早期预警系统 Early Warning Advisory (EWA) on New Psychoactive Substances (NPS)

该系统由联合国毒品与犯罪问题办公室(United Nations Office on Drugs and Crime, UNODC)于 2013 年 6 月启动,目的是通过更新新精神活性物质的毒情、分析鉴定方法、不良反应、毒性、治疗及各个国家的立法管控情况来帮助成员国的政策制定者、科研人员及立法者应对新精神活性物质的挑战。该系统由 SMART 项目(Global Synthetics Monitoring: Analyses, Reporting and Trends Programme, SMART)管理。SMART 项目是 UNODC 于 2008 年 9 月在泰国曼谷成立的,旨在促进特定成员国加大对实验研究人员、政策制定人员及执法人员的技术支持,以便生成有效的合成毒品信息,供政府部门进行相关政策的制定和措施的实施。该项目通过搭建网上信息共享的平台,方便成员国在平台交流有关苯丙胺类兴奋剂和新精神活性物质的缴获、运输、滥用及前沿分析检验技术的信息,以提高应对苯丙胺类兴奋剂和新精神活性物质挑战的能力。截至目前,SMART 项目完成对东亚及东南亚 11 个国家的相关能力建设,包括文莱、柬埔寨、中国、印度尼西亚、老挝、马来西亚、缅甸、菲律宾、新

---

① World Health Organization, "Guidance on the WHO Review of Psychoactive Substances for International Control", https://www.who.int/medicines/areas/quality_safety/GLS_WHORev_PsychoactSubst_IntC_2010.pdf, May 10, 2019.

加坡、泰国及越南。从 2011 年 1 月开始,该项目开始向拉丁美洲推广。2013 年 SMART 项目在国际上最先报告了新精神活性物质的挑战,并在 UNODC 的授权下领导了针对新精神活性物质信息预警的 EWA 系统的建设和发展①。

EWA 的服务内容包括:建立新精神活性物质信息交流的国际平台、宣传新精神活性物质的基础知识、实时播报世界范围内出现的新精神活性物质、针对新精神活性物质提供毒情趋势、提供各个国家有关新精神活性物质管制的信息,并通过通讯快报的形式发布。EWA 信息的来源包括:SMART 项目针对新精神活性物质问题的调研报告、ICE 项目(International Collaborative Exercises, ICE)提供的针对新精神活性物质分析鉴定的法庭科学数据、IDS(Individual Drug Seizure, IDS)数据库提供的法律管制信息、所有成员国递交的年度问卷调查、法庭科学研究机构递交的报告、与其他国际机构的数据分享等。

3. 国际麻醉品管制局"离子"项目系统 Project ION (International Operations on NPS)

"离子"项目系统由联合国国际麻醉品管制局(International Narcotics Control Board, INCB)于 2014 年 12 月建立,是一个相互交流新精神活性物质非法贩运、制造及生产相关信息的实时通报系统,各个国家或地区通过上传有关新精神活性物质非法贩运、制造及生产的相关信息,加强国家和地区间的情报交流,及时掌握各国新精神活性物质制贩和滥用趋势。该系统只对从事毒品管制工作的已注册的政府工作人员开放,是唯一一个被警察、海关、禁毒和卫生执法机构、法庭科学实验室以及邮政安全检查等部门普遍使用的联合国平台系统。该系统自成立以来已经针对新精神活性物质及其前体交流信息 1500 条,用户群已扩大到 90

① United Nations Office on Drugs and Crime, "UNODC Early Warning Advisory (EWA) on New Psychoactive Substances (NPS)", https://www.unodc.org/LSS/Home/NPS, May 10, 2019.

多个国家和地区①。

二、区域新精神活性物质监测评估系统

1. 欧洲毒品和毒品成瘾监测中心(European Monitoring Centre for Drugs and Drug Addiction, EMCDDA)

该中心成立于1993年,属于欧盟的分支机构,是欧盟毒品综合信息的中心来源。其主要任务是收集各个成员国上报的毒品相关信息,并归纳、汇总和研判欧盟各国及有关邻国使用联合国药物公约管制物质的数据,并为欧盟各个成员国提供欧洲毒情新趋势、毒品成瘾及相关危害性的报告。根据该机构提供的数据,欧盟各国的政策制定者可据此制定各自的毒品相关法律和战略指导方针。同时,该中心也承担着毒品相关领域的科研人员和实验人员的培训。该中心由一名主任领导管理,两个法定机构(董事会和科学委员会)协助管理,下设多个部门,包括办公室、负责科学研究的公共健康处和公共安全风险处、负责沟通合作的"Reitox"处和宣传处、负责保障的信息通讯处和人事管理处②。

针对新精神活性物质的列管,其具体工作流程是:欧洲各成员国先在欧洲早期预警系统(European Early Warning System,EEWS)上递交有关新精神活性物质制造、贩卖、使用等信息;然后由EMCDDA按照欧盟理事会的要求通过收集相关信息撰写某种新精神活性物质的"联合报告"(Joint Report),该项报告会递交给欧盟理事会、欧洲药品管理局及欧洲委员会;再根据欧盟理事会的需要,EMCDDA会进一步撰写该物质的"风险评估报告"(Risk Assessment Report);最后在"风险评估报告"递交给欧洲委员会的6周内,委员会根据报告内容决定是否列管该物质。

"联合报告"的内容包括待列管的新精神活性物质简介、信息收集过程、毒品信息、欧洲药品管理局提供的信息、结论及参考文献;其中毒

① International Narcotics Control Board, "Project ION", http://www.incb.org/incb/en/project_ion.html, May 10, 2019.

② European Monitoring Centre for Drugs and Drug Addiction, "EMCDDA, Your Reference Point on Drugs in Europe", http://www.emcdda.europa.eu/, May 8, 2019.

品信息模块又包括：待列管的新精神活性物质化学和物理性质、缴获的情况及数量、制造方法、制造或运输该物质的组织犯罪情况、该物质的危害性评估包括健康危害性、不良反应、使用者的临床症状及社会危害性、国际上对该物质的评估情况、该物质的列管情况及其他相关信息如前体物质、使用方式及范围等。

“风险评估报告”的内容包括：待列管的新精神活性物质概述、物理、化学及药理学描述、前体物质、健康风险、社会风险、制造、运输、分布及牵涉有组织犯罪程度的信息、联合国系统的评估、欧盟各成员国的管控情况、列管建议和相应的后果以及最后的结论；其中药理描述模块包括：滥用方式及剂量、药效动力学、药物代谢动力学、药物的相互作用、精神和行为表现、合法的医疗用途；健康风险模块包括：个体健康危害，急性毒性包含急性中毒病例、死亡病例及对驾驶和操作机械的影响，慢性中毒表现，依赖性和滥用潜力的评估，公共危害包含滥用的程度、范围及模式、市场上可获得性及质量、使用者的行为特征、后遗症的性质和范围及获得和使用该物质的条件；社会风险模块包括：个人社会风险、对直接社会环境可能的影响、对公共社会环境的影响、经济损失及对特定人群可能的吸引力。

2. 美洲控制毒品滥用委员会（Inter – American Drug Abuse Control Commission，CICAD）

美洲国家组织（Organization of American States，OAS）是美国与拉美 17 个国家于 1890 年 4 月在华盛顿建立的，旨在加强美洲大陆的和平与安全，加速美洲国家一体化进程，当前有正式成员国 35 个，常驻观察国家 70 个。美洲控制毒品滥用委员会是由美洲国家组织于 1986 年成立、致力于解决西半球国家毒品问题的一个自治机构。该委员会的主要职责是通过增强成员国人力和机构能力及促进相互交流，以积极应对毒品的非法生产、贩运及滥用问题。主要内容包括：预防和治疗毒品滥用；减少非法毒品的生产及流通；加强反洗钱法律的制定和行动指导；发展古柯、罂粟和大麻的替代种植；促进毒品研究、信息交换、特殊培训及技术扶持;多方位评估成员国为禁毒所做的努力。[①] CICAD 于 2000 年成立了美洲国家毒品观察台(Inter - American Observatory on Drugs, OID),其任务是促进和建立美洲毒品信息系统,包括毒品滥用数据系统、早期预警系统等,为成员国提供客观、真实、实时的毒品信息,帮助成员国更好地制定毒品政策和行动。[②]

三、美国和中国的新精神活性物质监测评估系统

1. 美国新精神活性物质监测评估系统

美国目前针对新精神活性物质所采取的列管模式主要包括临时列管、正式列管和类似物列管等。通常由美国缉毒署(Drug Enforcement Administration, DEA)和卫生及公共服务部(United States Department of Health and Human Services, HHS)下属的食品药品监督管理局(Food and Drug Administration, FDA)和国立药物滥用研究所(National Institute on Drug Abuse, NIDA)对某种新精神活性物质进行评估,然后递交给司法部最高首长—司法部长(Attorney General),由司法部长依据评估报告确定是否对该物质进行管制。

(1)美国缉毒署(Drug Enforcement Administration, DEA)

美国缉毒署隶属于美国司法部,下设 6 个部门,分别是人力资源部门、行动部门、情报部门、财务管理部门、行动支援部门和监察部门。其中涉及毒品安全评估及科学研究的有 2 个部门,分别是毒品转移控制办公室和法庭科学办公室。[③]

①毒品转移控制办公室(Office of Diversion Control)

毒品转移控制办公室隶属于行动部门,该处室的部分职责是针对需

---

① Inter - American Drug Abuse Control Commission, "About CICAD", http://www.cicad.oas.org/main/default_eng.asp, May 10, 2019.

② Inter - American Observatory on Drugs, "About us", http://www.cicad.oas.org/Main/Template.asp? File =/oid/default_eng.asp, May 10, 2019.

③ Drug Enforcement Administration, "Drug Information", https://www.dea.gov/drug - information, May 11, 2019.

要的毒品进行评估,评估报告的内容包括:概述、合法用途、化学性质、药理学特征、滥用群体特征、非法使用分布以及管控情况等。1997 年 9 月,该办公室建立了美国国家法庭科学实验室信息系统(National Forensic Laboratory Information System, NFLIS),主要是系统地收集毒品鉴定分析的结果及其他相关信息。截至 2019 年 2 月,该系统包括了美国 50 个州级、104 个地区或市级的共计 283 个相关实验室或实验室系统,数据囊括美国 98% 以上的毒品案件,共计 150 万起。此外,美国缉毒署还将该系统拓展到了法医实验室和毒理学研究实验室,主要收集相关的毒品致死案例和毒品毒理学数据。通过定期发布不同种类毒品滥用和分析的统计数据,美国国家法庭科学实验室信息系统为监控毒品滥用和非法贩运以及合法生产药品流入非法市场提供了可靠的情报,有力地支持了毒品管控和分级工作,提高了国家和地方毒品管控政策和主动性执法的能力。该系统将各实验室上报的信息汇总,然后出具季度报告、半年报告和年度报告,有时还会根据情况出具特殊报告。报告内容包括:国家和地区各类毒品的案件数、检出的主要毒品、历年毒品检出数的变化、各类毒品缴获的地理分布及大中城市的各类毒品检出数。①

②法庭科学办公室(Office of Forensic Science)

法庭科学办公室隶属于行动支援部门,其职责是为禁毒工作提供科学有效的实验数据和实验技术的支持,工作范围主要有:对缴获毒品的分析鉴定、毒品犯罪现场勘验、指纹鉴定及图像处理、地下工厂及实验室的调查和危险化工物品的处置等,且该办公室专门成立了针对缴获毒品进行分析鉴定及相关实验研究的科学工作组。②

(2)美国卫生及公共服务部(United States Department of Health and Human Services,HHS)

美国卫生及公共服务部针对新精神活性物质列管给出的评估报告

---

① National Forensic Laboratory Information System,"NFLIS Home",https://www.nflis.deadiversion.usdoj.gov/NFLISHome.aspx, May 11, 2019.

② DEA – Office of Forensic Science,"Scientific Working Group for the Analysis of Seized Drugs (SWGDRUG)", https://www.swgdrug.org/, May 11, 2019.

通常是由美国食品药品监督管理局和美国国立药物滥用研究所撰写，报告内容包括：①目标物质的实际或相对滥用可能性；②药理作用；③该物质的科学描述；④既往及当前的滥用规模；⑤滥用的范围、持续时间以及特征；⑥对于公众健康的风险；⑦精神依赖或躯体依赖性；⑧该物质是否有直接前体（易制毒化学品）已被管制[①]。

美国国立药物滥用研究所是美国国立卫生研究院（National Institutes of Health，NIH）的下属研究所，主要任务是：①支持和引导针对药物滥用的神经生物学、行为学及社会学的机制及药物滥用危害性的基础和临床试验；②加强研究结果的转化和应用，提高药物滥用障碍的治疗和预防能力。该研究所有 3 个办公室和 4 个研究中心，3 个办公室分别是：主任办公室、行政管理办公室及科学政策和交流办公室；4 个研究中心为：临床试验中心，流行病学、干预和预防研究中心，神经科学和行为学研究中心，药物滥用危害性和治疗研究中心[②]。该研究所的经费来源主要是美国国会拨款和外部捐助，每年的财政拨款可达 10 多亿美元，充分支持美国国立药物滥用研究所及美国其他科研机构在药物滥用方面的相关研究。除了研究经费的支持外，因隶属于美国国立卫生研究院，所以美国国立药物滥用研究所拥有便捷、及时的文献检索服务，通过国立医学图书馆（National Library of Medicine，NLM）中 PubMed、PubChem 等搜索引擎可以获得最新的有关毒品的研究进展。

2. 我国新精神活性物质监测评估系统

近年来，为积极应对国内外新精神活性物质的快速更新及迅速蔓延，防止其非法生产、经营、运输、使用和进出口，我国国家禁毒委员会办公室（以下简称国家禁毒办）围绕新精神活性物质的监测评估开展了一系列相关工作。自 2011 年起，国家毒品实验室开始启动了“新精神活性物质监测项目”，主要依托各地公安机关和海关，通过收集并分析我国目

① United States Department of Health and Human Services, “About HHS”, https://www.hhs.gov/, May 11, 2019.

② National Institute on Drug Abuse, “About NIDA”, https://www.drugabuse.gov/about-nida, May 11, 2019.

前发现的可疑样品来监测我国新精神活性物质的制造、分销、走私、滥用情况及流行趋势。如果发现可疑样品属于我国管制物质，则启动相关调查程序；如发现可疑样品属于我国未管制物质，则记录相关信息为下一步列管做准备。

在此基础上，各地禁毒办同时组织公安机关和有关部门加强对非药用类麻醉药品和精神药品的监测，并将监测情况及时上报国家禁毒办。国家禁毒办经汇总、分析后，将定期发布国内新精神活性物质的监测情况及预警信息。对国家禁毒办发布预警的未列管非药用类麻醉药品和精神药品，各地禁毒办将进行重点监测。

国家禁毒办认为需要对某些特定非药用类麻醉药品和精神药品进行列管的，则提出拟列管物质的建议清单，并交由非药用类麻醉药品和精神药品专家委员会（以下简称专家委员会）进行风险评估和列管论证。专家委员会将通过查阅科学文献、进行成瘾性及危害性判定动物实验和调查相关案例报道等方式，并综合考虑滥用潜能、走私贩卖、现实危害等情况，对建议清单中的物质提出是否予以列管的建议。以上工作通常在 3 个月内完成。

对专家委员会提出列管建议的，国家禁毒办将进一步建议国务院公安部门会同食品药品监督管理部门和卫生计生行政部门予以列管。上述部门在接到国家禁毒办列管建议后的 6 个月内，将完成对非药用类麻醉药品和精神药品的列管工作。目前我国管制的新精神活性物质主要是国内发现的品种，少数是国外的通报品种。

此外，为了得到科学合理的依赖性折算数据，综合论证已列管新精神活性物质对公众的健康风险以及与传统毒品海洛因或者甲基苯丙胺的依赖性折算大小，近年来国家毒品实验室在毒品和新精神活性物质的依赖性折算评估方面做了大量的开拓性工作，目前已基本建立了针对常见毒品以及某些重点类型新精神活性物质依赖性折算评估的标准技术流程和技术体系，不仅可为新精神活性物质管控提供成瘾性及滥用潜能的科学评价依据，同时还可为公安执法和司法实践中所需的定罪量刑数量标准提供参考依据。

目前,针对新精神活性物质监测评估所涉及的主要参考文件包括自2005年11月1日起施行的《麻醉药品和精神药品管理条例》及《精神药品品种目录(2013年版)》和自2015年10月1日起施行的《非药用类麻醉药品和精神药品列管办法》及在不同年份分别发布的《非药用类麻醉药品和精神药品管制品种增补目录》。

《麻醉药品和精神药品管理条例》第三条规定:"本条例所称麻醉药品和精神药品,是指列入麻醉药品目录、精神药品目录的药品和其他物质。目录由国务院药品监督管理部门会同国务院公安部门、国务院卫生主管部门制定、调整并公布。"我国于2001年至2013年期间,先后将氯胺酮等14种新精神活性物质列入《精神药品品种目录》。

《非药用类麻醉药品和精神药品列管办法》第三条规定:"除麻醉药品和精神药品管理品种目录已有列管品种外,新增非药用类麻醉药品和精神药品管制品种由本办法附表列示。非药用类麻醉药品和精神药品管制品种目录的调整由国务院公安部门会同国务院食品药品监督管理部门和国务院卫生计生行政部门负责。"在其附表《非药用类麻醉药品和精神药品管制品种增补目录》中,我国首次增列了116种新精神活性物质,均为国际社会高度关注的品种。按照此方法,我国又陆续列管了40种新精神活性物质和芬太尼类整类物质,均依次列管于该办法的增补目录中。

我国非药用类麻醉药品和精神药品列管程序的亮点:(1)永久列管:不是临时列管,没有时间期限。(2)快速列管:从专家委员会评估到完成列管程序不超过9个月。列管程序将在9个月内完成,对于可能或者已经对公众安全造成严重威胁的新精神活性物质品种,列管速度将会进一步加快。(3)主管责任部门不同:与药用类麻醉药品和精神药品不同,新精神活性物质的管制和目录调整目前由国家禁毒办主导,国务院公安部门负责。

第三节 新精神活性物质依赖性评估工作

本节主要对目前国内外常用的新精神活性物质依赖性评估方法以及我国开展的新精神活性物质依赖性评估工作进行简单介绍。目前国内外对新精神活性物质的依赖性评估研究工作主要是从神经精神药理学、躯体依赖性、精神依赖性以及毒性4个方面来进行的。该项工作不仅可为新精神活性物质管控提供成瘾性及滥用潜能的科学评价依据,同时还可为公安执法和司法部门研究确定毒品犯罪的定罪量刑数量标准提供参考依据。

一、引言

新精神活性物质除了可以对已经列管的毒品进行细微的化学修饰外,还可以采用全新设计、合成和筛选策略得到。这部分新精神活性物质与已列管毒品的分子结构存在明显的差异,但可以使人体产生类似甚至更强的兴奋或致幻作用。研究资料表明,新精神活性物质可以直接或间接作用于中枢阿片受体、大麻受体、5-羟色胺受体、胆碱受体、多巴胺受体、γ-氨基丁酸受体以及各种单胺类转运体等分子靶点,在中枢产生特定的药理作用。

新精神活性物质具有种类繁多、结构多变、药理学特征明显、致成瘾的发生机制非常复杂等特点。因此,单一的研究方法难以准确评价其依赖和滥用特性,需要采用多种技术手段和方法,从不同的维度评价新精神活性物质的成瘾潜力和滥用风险。目前,国内外对新精神活性物质依赖性评估工作,主要包括下面4个方面:(1)神经精神药理学研究;(2)躯体依赖性研究;(3)精神依赖性研究;(4)毒性研究。

二、神经精神药理学研究

神经精神药理学主要研究药物对神经系统功能以及精神活动的影响,探讨其药理学作用特点和机制。因此,采用神经精神药理学的研究方法和手段,从离体和在体两个方面对新精神活性物质的滥用潜力进行评估具有非常重要的意义。主要实验方法包括放射配体－受体(或转运体)结合实验、“颅内微透析＋高效液相定量(HPLC)”的分析技术、躯体依赖性实验以及精神依赖性实验等。需要注意的是,新精神活性物质的化学结构、药物分类以及人群滥用特征是评估依赖性,确定神经精神药理学研究策略和方法的重要依据。

新精神活性物质的离体药理学研究通常包括新精神活性物质与其作用靶点(受体、转运体等)的结合特征,以及新精神活性物质与其靶点结合后功能的研究等。目前用于新精神活性物质致成瘾性评估的离体药理学研究主要是采用放射配体－受体(或转运体)结合实验技术,[①]它主要是利用放射性核素标记的配基与其作用靶点(包括特异受体或转运体)相结合的特性来进行分子药理学相关研究的一种常用技术方法。通过使用该方法,可测定不同种类新精神活性物质对中枢多种神经递质受体和单胺类转运体(如多巴胺转运体、去甲肾上腺素转运体和5－羟色胺转运体等)的亲和力和选择性,通常用于考察新精神活性物质结合不同受体及单胺类转运体的能力。目前该技术通常包括饱和结合实验、竞争结合实验等,可得到配体与受体(转运体)结合的亲和力和选择性等参数。结果解释中最重要的参考指标通常包括IC_{50}(半数抑制浓度),EC_{50}(半数有效浓度),*K*d(标记配体的平衡解离常数,或亲和常数),*K*i(抑制剂的抑制常数,或称抑制剂的平衡解离常数)等。研究新精神活性物质结合其靶点后的功能影响的技术较多,常用的有35S－GTP－γS结合实验、胞内cAMP浓度测定、胞内钙浓度测定、突触小体释放/重摄取实验等,可考察新精神活性物质结合受体或转运体后对受体的激动能力或对神经递质释放/重摄取的影响。

新精神活性物质的在体药理学研究则通常采用“颅内微透析＋HPLC”的分析技术,研究不同类型新精神活性物质对中枢不同脑区神经

---

① L. D. Simmler et al., “Pharmacological Characterization of Designer Cathinones in Vitro”, *Br J Pharmacol* 168, 2013, pp. 458－470.

元突触中的重要神经递质，如多巴胺(dopamine，DA)、去甲肾上腺素(norepinephrine，NE)、5-羟色胺(5-hydroxytryptamine 或 serotonin，5-HT)等的浓度变化影响，从而考察或评估其潜在的致成瘾性和危害性。

有关新精神活性物质成瘾与滥用的细胞、受体以及分子水平的研究有助于我们深入地了解新精神活性物质依赖形成的神经生物学机制。但是，各种细胞、受体以及基因等不同层次的神经药理学研究结果还是有必要在整体动物上，甚至在新精神活性物质药物依赖患者中作进一步的探讨。因此，对新精神活性物质的依赖性评估即使有早期神经药理学研究提供的新精神活性物质分子药理学和神经化学数据，在所获阳性实验结果的情况下还应通过整体动物的成瘾行为研究来进行进一步的确认。

三、躯体依赖性研究

药物依赖通常包括躯体依赖和精神依赖两个方面。目前已建立的模拟人药物依赖的动物模型和一系列评价药物依赖性潜力的动物实验方法为新精神活性物质的成瘾性评估研究提供了一定的方法学基础。当用药者形成依赖于外源性物质的存在才能维持正常生理功能的特殊状态时，即产生了躯体依赖性。躯体依赖引起的戒断综合症主要指停止使用药物或减少使用剂量或使用拮抗剂占据受体后所出现的特殊心理生理症状群。

在不同种类的新精神活性物质中，目前研究显示：只有阿片类药物引起的躯体戒断症状比较明显，因此，目前评价躯体依赖性的方法也仅仅只针对阿片类药物。也就是说，躯体依赖性研究方法只对新精神活性物质药理学分类中属于阿片类的药物有效。在动物实验中，目前评价阿片类药物躯体依赖性的一般实验方法主要包括以下 3 种，即自然戒断实验、催促戒断实验和替代实验。由于每种方法观察的指标都不相同，通常可结合药效学和一般药理学表现来选择适当的方法。

四、精神依赖性研究

具有精神依赖性的药物通常能明显改变用药者的情感和体验，产生一种轻松欣快的感觉，促使用药者周期性或持续地出现感受欣快效应的用药欲望。绝大部分新精神活性物质都能够产生不同程度的精神依赖性。目前对新精神活性物质采用的精神依赖性评估的整体动物实验研究方法，主要包括以下4种：

1. 条件性位置偏爱(Conditioned Place Preference, CPP)实验

条件性位置偏爱实验是1976年建立并逐步完善的一种在实验动物中检测药物奖赏效应的非操作式条件反射的行为药理学实验方法。外部环境不具有药物的因素，但其与体验药物效应相联系，就逐渐会使用药者遇到用药的环境即可出现要求感受药物效应的欲望，这就是经典的巴甫洛夫条件性反应。如果药物使动物在伴药盒停留时间显著延长，表明药物产生了偏爱效应，其具有奖赏效应和精神依赖性潜力。因此，CPP实验是评价药物精神依赖性的经典动物实验模型，可评估药物滥用潜在威胁和药物的激励效应，反映了药物的条件性强化和奖赏效应。

值得注意的是，尽管CPP实验可评价药物是否具有奖赏效应，同时作为初筛手段，其结果可以用于判断是否进行下一步的成瘾性评估，但CPP实验本身不能判断某种药物是否具有成瘾性，如自然性奖赏物质巧克力、糖水等均可造成CPP，但通常并不具有成瘾的潜质。

由于CPP实验所需的实验设备简单，实验周期短，因此近年来在药物滥用研究领域得到了广泛的应用。国际上多个成瘾研究实验室均采用此方法对不同种类的新精神活性物质进行了奖赏效应和成瘾滥用潜能的评估。①

① P. Xu et al., "The Effects of 4 – Methylethcathinone on Conditioned Place Preference, Locomotor Sensitization, and Anxiety – Like Behavior: A Comparison with Methamphetamine", *Int J Neuropsychopharmacol* 19, 2016, p. pyv120.

2. 自身给药(Drug Self – Administration, DSA)实验

自身给药实验是20世纪60年代发展起来的行为药理学实验方法，我国于80年代中期开始建立此方法。通常意义的自身给药指的是操作性自身给药(静脉自身给药)，而广义的自身给药还包括非操作性自身给药，专门指酒精口服自身给药(酒精双瓶选择模型)。静脉自身给药是动物模拟人的主动用药行为，通过压杆或者鼻触的操作运动方式来获得药物，反映药物的强化效应，可信度较高并且可以进行定量比较。通常具有依赖特性的药物对动物的觅药行为和用药行为均具有强化效应，能使动物形成稳定的操作式条件反射行为；而动物的主动觅药行为和复吸行为均可反映实验动物对药物的渴求，因此该方法能客观评价成瘾性药物的成瘾潜能。目前国际上也有不少实验室采用此方法对新精神活性物质进行成瘾性方面的研究。①

自身给药实验装置一般包括自身给药系统和自动控制系统。目前采用该技术进行药物滥用潜能评价的方法通常有两种：一种是测定训练药物自身给药行为的获得，实验动物如果能够获得稳定的自身给药行为，即说明药物具有强化效应；另一种是采用替代方法，用参考药物训练动物获得稳定的自身给药行为后，用测试药物替代训练药物，检测动物是否能够维持自身给药行为，这种方法的优点是能够直观比较药物的相对强化效应，但测试药物的结果受初始训练药物的影响。

从自身给药实验结果评价药物的精神依赖性潜力主要包括3个方面：(1)实验动物是否能形成稳定的自身给药行为；(2) 实验药物是否能替代标准阳性对照药的自身给药效能；(3) 变换训练自身给药的控制程序是否引起动物自身给药行为的改变。一般来说，能够形成动物自身给药行为的药物都具有强烈的精神依赖性潜力。

① S. M. Aarde et al., "In Vivo Potency and Efficacy of the Novel Cathinone Alpha – Pyrrolidinopentiophenone and 3,4 – Methylenedioxypyrovalerone: Self – administration and Locomotor Stimulation in Male Rats", *Psychopharmacology* 232, 2015, pp. 3045 – 3055.

3. 药物辨别(Drug Discrimination, DD)实验

药物辨别实验是一种利用辨别实验箱和各种训练程序训练动物区分使用不同药物的主观感受并产生与之相应的稳定的行为反应的行为药理学方法。该方法可以用来研究药物的辨别刺激性质,可以判断一种药物在控制行为方面是否具有辨别刺激功能,即能否使动物辨别或区分两种或两种以上的药物情形,继而产生不同的行为反应。

药物辨别装置主要由药物辨别箱、定量提供食物颗粒的食物泵或电击惩罚装置组成。辨别箱前壁两侧装有两个压杆可供动物选择:一侧为药物杆,另一侧为非药物杆。动物压杆反应信息的收集、食物奖励或电击惩罚的实施均由计算机按设置的程序自动控制进行。

动物药物辨别行为的形成说明药物有辨别刺激性质,可以从以下3个方面来说明:(1)辨别行为形成的速率达标时间短,说明药物的辨别刺激效应强;(2)每个训练期的首次压杆正确率越高,则药物的主观效应越强;(3)延长药物辨别训练后应正确选择反应的相对频率(准确性集中度):集中度高说明能持续选择正确反应;集中度中等说明能辨别,但偶有失误;无准确性说明没有学会辨别。美国成瘾研究实验室采用此方法对多种合成卡西酮类新精神活性物质的成瘾性和滥用潜能进行了相关评价与报道。①

4. 行为敏化(Behavioral Sensitization, BS)实验

行为敏化实验指反复、间断给予某些依赖性药物(如甲基苯丙胺、可卡因、吗啡、尼古丁等)后,动物对依赖性药物的行为效应呈进行性增加。行为敏化是药物敏化的一种表现,具体表现为动物外在行为的改变。另外,值得注意的是,行为敏化不仅是一种动物行为学表现,同时也是中枢神经系统所谓神经敏化的一种表现,涉及受体后信号转导系统和神经元的形态和功能改变,也称为神经可塑性。环境线索和应激状态会对动物

---

① D. A. Smith et al., "Cocaine - like Discriminative Stimulus Effects of Alpha - Pyrrolidinovalerophenone, Methcathinone and Their 3,4 - Methylenedioxy or 4 - Methyl Analogs in Rhesus Monkeys", *Addiction biology* 22, 2017, pp. 1169 - 1178.

的行为敏化产生显著影响,神经可塑性改变在其中发挥着重要的作用。不同种类新精神活性物质所致的行为敏化通常具有不同的药理学机制。

根据行为敏化实验的建立过程,一般将其分为3个阶段,即形成期、转换期和表达期。通常认为行为敏化形成、转换和表达的神经生物学基础并不相同,不同时期是由不同机制调节的。行为敏化实验反映的是药物导致的精神运动性兴奋。一般来说,能导致行为敏化的药物通常具有能产生类似精神分裂症的阳性症状,这类药物通常具有精神依赖性或有滥用倾向。因此,行为敏化模型是一个与药物成瘾、复吸和渴求密切相关的模型,可用于药物依赖性的评价中。国际上不少实验室采用此方法对合成卡西酮类新精神活性物质(如MDPV, 4 - MEC等)的精神依赖性或滥用潜能进行了相关评估。①

研究药物成瘾和滥用的动物行为药理学模型有很多,但没有一个模型能够完全模拟人类的成瘾行为,都只能模拟人类成瘾行为的某一个方面,因此,我们有必要在对不同动物模型进行效度验证的同时结合多种成瘾研究的动物模型结果进行综合判断。

五、毒性研究

新精神活性物质的危害性评估是一个综合性的项目,相较于常规的评估如对普通药品、农药、食品添加剂和化妆品等危害性的评估,新精神活性物质的危害性评估还需要考虑该种物质的社会影响及管制后可能的后果。按照欧洲毒品和毒品成瘾监测中心发布的合成毒品风险评估指南,一份完整的风险评估报告包括:该物质的概述、健康风险、社会风

---

① P. Xu et al., "The Effects of 4 - Methylethcathinone on Conditioned Place Preference, Locomotor Sensitization, and Anxiety - Like Behavior: A Comparison with Methamphetamine", *Int J Neuropsychopharmacol* 19, 2016, p. pyv120. W. E. Fantegrossi et al., "In Vivo Effects of Abused 'Bath Salt' Constituent 3,4 - Methylenedioxypyrovalerone (MDPV) in Mice: Drug Discrimination, Thermoregulation, and Locomotor Activity", *Neuropsychopharmacology* 38, 2013, pp. 563 - 573.

险、管控选择及可能的后果和权重的标准。① 其中毒性研究实验数据是评估新精神活性物质危害性的关键性指标之一，主要包括在体毒性实验和体外毒性实验两大类。

1. 在体毒性实验

在体毒性实验可分为急性毒性实验和长期毒性实验，其中急性毒性实验可以快速判断药物毒性的大小，为快速预测该药物对人的毒性反应提供参考，同时也可快速判断药物毒性的性质，推测药物毒性的靶器官，为进一步研究提供依据；长期毒性实验是建立在急性毒性实验的基础上，其目的是通过重复给药观察药物的长期毒性作用，描述毒性反应的性质、程度和靶器官。

（1）急性毒性实验

急性毒性实验系研究动物一次或 24 小时内多次给予受试物后，观察一定时间内所产生的毒性反应。通常采用半数致死量（Median Lethal Dose，LD_{50}）作为观察指标。LD_{50}是指在一定实验条件下，一群实验动物用药后半数动物死亡的剂量。LD_{50}数值越大，代表该物质毒性越小，反之，LD_{50}数值越小，代表该物质毒性越大。常用的实验方法包括：半数致死量法、最大给药量法、近似致死剂量法、固定剂量法、累积剂量设计法和序贯法。②

由于伦理、安全等因素，实验动物是评估药物急性毒性的重要手段。传统的毒性评价工作需要使用大量的实验动物，与动物保护、动物福利等观念相悖；此外，传统方法耗费实验药品，尤其是做毒品实验，需要高纯度的标准品，会花费巨大的财力和人力。因此，国内外通过改进实验方法来评价化合物的毒性。序贯法是经济合作与发展组织（OECD）于 2001 年年底修订发布的新的测定急性毒性的方法，主要是给予啮齿类

---

① European Monitoring Centre for Drugs and Drug Addiction, “Guidelines for the Risk Assessment of New Synthetic Drugs”, http://www.emcdda.europa.eu/system/files/publications/125/RiskGuidelines_62961.pdf, May 12, 2019.

② 林菁：《全身用药的毒性评价》，载郝丽英、吕莉主编：《药物毒理学》，清华大学出版社 2011 年版，第 196 ~ 209 页。

动物口服某种化合物，从而测定其急性毒性。经过多年的发展和演变，目前该方法已经被广泛接受，运用于我国食品安全和化学品急性经口毒性检测的标准方法中。

(2)长期毒性实验

长期毒性实验系研究实验动物连续给予较大剂量的药物后所产生的毒性反应，实验周期在 14 天以上。其实验设计通常分为实验动物的选择、给药方案及实验观察 3 个部分。观察指标包括：一般指标、血液学指标、血液生化学指标、尿液分析指标及病理检查。[①]

2. 体外毒性实验

部分新精神活性物质相较目前已管制的麻醉药品和精神药品具有更强的神经刺激性和精神活性作用，因此评估新精神活性物质的危害性，除了成瘾性、滥用潜能之外，还应包括其神经毒性、中枢抑制性等。例如，神经毒性可通过诱导氧化应激损伤、产生神经兴奋性毒性，造成线粒体功能紊乱等形式诱导神经元死亡，进而引起中枢神经系统不可逆的损伤。甲基苯丙胺就可直接诱导中脑多巴胺能神经元死亡，促进大脑皮层萎缩，引起神经退行性病变，增加发生帕金森氏症的危险。最近研究发现，苯乙胺类新精神活性物质 2C－C－NBOMe 诱导体外神经毒性的半致死剂量甚至比甲基苯丙胺低 50 倍，显示出超强的神经毒性。[②] 大剂量使用强神经毒性的新精神活性物质可引起急性大脑损伤，导致抽搐、昏迷、呼吸抑制甚至造成死亡的严重后果。同时，新精神活性物质种类多、更新快，而对其神经毒性认识往往滞后，很难及时对其危害性做出综合判断。因此，亟须针对新精神活性物质建立高效、敏感、标准化的神经毒性检测方法，便捷、快速、准确地为新精神活性物质建立“神经毒性档案库”，以便为新精神活性物质的管控和定罪量刑提供科学依据。

---

① 林菁：《全身用药的毒性评价》，载郝丽英、吕莉主编：《药物毒理学》，清华大学出版社 2011 年版，第 196～209 页。

② P. Xu et al.，“25C－NBOMe, a Novel Designer Psychedelic, Induces Neurotoxicity 50 Times More Potent Than Methamphetamine In Vitro”, *Neurotox Res* 35, 2019, pp. 993－998.

六、结语

为有效应对新精神活性物质管控难和打击难的问题,及时准确地为新精神活性物质违法犯罪的查处和打击提供成瘾性和危害性依据,加强新精神活性物质的成瘾性判定和评估技术研究已成为当前禁毒实战工作中的迫切需要。

在过去的几年里,尤其自我国系统开展"十三五"国家重点研发计划"毒品和新精神活性物质的成瘾性评估技术研究"之后,国家毒品实验室联合国内知名成瘾研究机构,在对新精神活性物质的依赖性折算评估方面做了大量的开拓性工作。通过前面介绍的多种实验技术手段,对部分种类的新精神活性物质进行了多种成瘾性及危害性的动物和细胞水平的实验评估,得出了部分重点种类新精神活性物质相对于海洛因或者甲基苯丙胺的依赖性折算数据。我们通过 CPP 实验判断新精神活性物质的奖赏效应的强弱;通过自身给药实验,判断新精神活性物质的成瘾潜力和心理依赖性的大小;通过药物辨别实验,评价新精神活性物质对海洛因和甲基苯丙胺药物辨别行为的替代效应,及其主观感受偏向性;通过行为敏化实验,判断新精神活性物质对精神活动相关的行为特征的影响;通过急性毒性实验,评价新精神活性物质相对传统毒品海洛因和甲基苯丙胺的动物整体毒性大小;通过体外神经细胞毒性实验,评价新精神活性物质相对海洛因和甲基苯丙胺的体外神经毒性大小。

在后续的研究中,我们力争通过不同的实验动物和神经细胞模型,针对不同种类新精神活性物质的药理学特性,建立评估不同类型新精神活性物质(尤其是合成大麻素类、合成卡西酮类、苯乙胺类、芬太尼类)成瘾性和危害性实验的标准技术流程和技术评估体系。力争建立不同类型新精神活性物质与传统阿片类毒品海洛因及精神兴奋类毒品甲基苯丙胺的依赖性比较的合理换算体系,为国家管制新精神活性物质和打击此类犯罪提供科学的参考依据。

本节对目前国内外常用的新精神活性物质依赖性评估方法以及我国目前开展的新精神活性物质依赖性评估工作进行了简单介绍。对国际上日益泛滥的新精神活性物质进行依赖性评估可为其管控提供成瘾性及滥用潜能的科学评价依据,为公安执法和司法实践提供新型毒品定罪量刑数量标准的参考依据。该项工作所获得的成果将极大提高公安和司法部门打击新精神活性物质违法犯罪活动的能力,促进该领域禁毒工作朝着更加现代化、科学化的方向发展。

第二章　合成大麻素类

第一节　前　　言

大麻素类物质(cannabinoids)最初指源于植物大麻的精神活性成分,现在泛指作用于大麻素受体(Ⅰ型大麻素受体和Ⅱ型大麻素受体,或称 CB_1受体和 CB_2受体)的所有物质,包括内源性大麻素(endocannabinoids)、植物大麻素(phytocannabinoids)和合成大麻素(synthetic cannabinoids/ Marijuana)。① 代表性的大麻素类物质是 Δ^9 – 四氢大麻酚(Δ^9 – tetrahydrocannabinol, Δ^9 – THC,见图 2 – 1),它是植物大麻中的主要精神活性成分,②也是评价其他大麻素类物质效价强度的参照物质。

合成大麻素类物质主要有 5 大类,分别为:经典大麻素类(classical cannabinoids)、非经典大麻素类(non – classical cannabinoids)、混合大麻素类(hybrid cannabinoids)、氨基烷基吲哚类(aminoalkylindoles)和二十烷类(eicosanoids)。③ 经典的大麻素类化合物是以二苯并吡喃环为母核的 Δ^9 – THC 类似物,④如 Hu – 210;非经典大麻素与 Δ^9 – THC 结构差异

---

① Fraguas – Sanchez A. I. , et al. , "Phyto – , endo – and synthetic cannabinoids: promising chemotherapeutic agents in the treatment of breast and prostate carcinomas", *Expert Opin Investig Drugs*, 25, 2016, pp. 1311 – 1323.

② Huestis M. A. , "Pharmacokinetics and metabolism of the plant cannabinoids, delta 9 – tetrahydrocannabinol, cannabidiol and cannabinol", *Handb Exp Pharmacol*, 168, 2005, pp. 657 – 690.

③ Wallace M. N. , et al. , "Representation of the purr call in the guinea pig primary auditory cortex", *Hear Res*, 204, 2005, pp. 115 – 126.

④ Seltzman H. H. , "Structure and receptor activity for classical cannabinoids", *Curr Med Chem*, 6, 1999, pp. 685 – 704.

较大，是最早用于娱乐用途的合成大麻素，如 CP－47497；混合大麻素具有经典和非经典大麻素的结构特征①，如 AM－4030 具有经典大麻素类共有的二苯并吡喃环和非经典大麻素 CP 家族中的脂肪族羟基；氨基烷基吲哚类在结构上与 Δ^9－THC 差异更为明显，②如 JWH－018；二十烷类是内源性大麻素的类似物，如 methanandamide（AM－356）。③ 最近出现的合成大麻素的化学结构更具多样性。

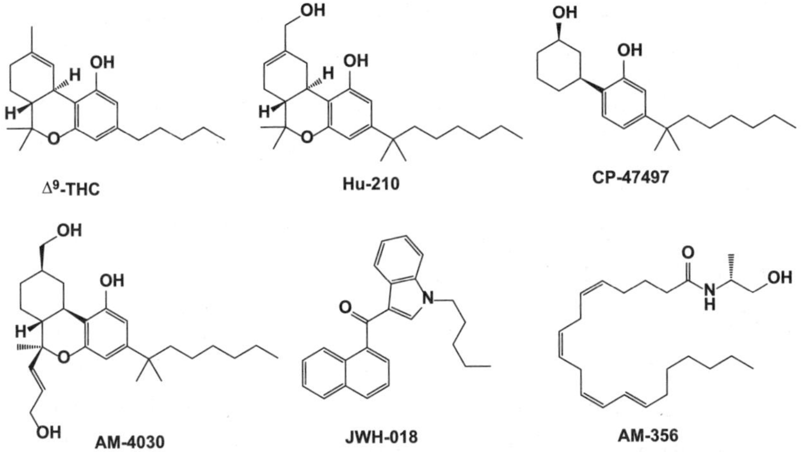

图 2－1　四氢大麻酚（Δ^9－THC）及代表性合成大麻素

合成大麻素最初是以合成它们的科学家、机构或公司命名。例如，JWH 系列是以化学家 John W. Huffman 命名；④AM 系列是以合成大麻

① Tius M. A., et al., "Classical/non－classical cannabinoid hybrids; stereochemical requirements for the southern hydroxyalkyl chain", *Life Sci*, 56, 1995, pp. 2007－2012.

② Jarbe T. U., et al., "Cannabinergic aminoalkylindoles, including AM678＝JWH018 found in 'Spice', examined using drug (Delta(9)－tetrahydrocannabinol) discrimination for rats", *Behav Pharmacol*, 22, 2011, pp. 498－507.

③ Abadji V., et al., "(R)－Methanandamide: a chiral novel anandamide possessing higher potency and metabolic stability", *J Med Chem*, 37, 1994, pp. 1889－1893.

④ Marriott K. S. and Huffman J. W., "Recent advances in the development of selective ligands for the cannabinoid CB(2) receptor", *Curr Top Med Chem*, 8, 2008, pp. 187－204.

素的化学家 Alexandros Makriyannis 命名;①HU 系列是以首次合成它们的希伯来大学(Hebrew University)命名;CP 系列是以第一次合成它们的卡尔·辉瑞(Carl Pfizer)公司命名。有一些合成大麻素以娱乐相关场景命名。例如,akb－48 是一个日本女孩乐队的名字;2nel 是一个韩国女孩乐队的名字;XLR－11 是美国研制的液体燃料火箭的名字。合成大麻素还有许多商品名或俗称,如"K2"、"Spice"、"黑曼巴"(Black Mamba)、"孟买蓝"(Bombay Blue)、"Genie"、"Zohai"、"Banana Cream Nuke"、"氪星"(Krypton)、"熔岩红"(Lava Red)等。② 另外,还有一些合成大麻素的命名来自它们的化学名称缩写。例如,apica 来自 N－(1－adamantyl)－1－pentyl－1H－indole－3－carboxamide;apinaca 来自 N－(1－adamantyl)－1－pentyl－1H－indazole－3－carboxamide。

人们最初合成大麻素是为了寻找治疗疾病的药物,如治疗恶心呕吐的大麻隆(nabilone)。但是,在 21 世纪初合成大麻素开始被用于娱乐,对滥用者的健康构成严重威胁。③ 近些年,合成大麻素滥用现象日益严重,合成大麻素成为毒品检测报告中最常见的新精神活性物质之一。截至 2019 年 4 月,欧洲毒品和毒品成瘾监测中心(EMCDDA,http://www.emcdda.europa.eu)共报告了 620 余种新精神活性物质,其中 169 种为合成大麻素。生产者及使用者为了回避法律管控是合成大麻素种类不断出新的重要原因。新合成的大麻素具有不同于 Δ^9－THC 或其他受管控大麻素的分子结构;因此,在某些国家或地区合成新大麻素在技术上合法,出售或持有也可以不触犯法律。另外,由于合成大麻素价格低廉,也导致了合成大麻素比天然大麻或 Δ^9－THC 更易于用作娱乐用途。

---

① Makriyannis A. and Rapaka R. S., "The medicinal chemistry of cannabinoids: an overview", *NIDA Res Monogr*, 79, 1987, pp. 204－210.

② Fattore L. and Fratta W., "Beyond THC: The new generation of cannabinoid designer drugs", *Front Behav Neurosci*, 5, 2011, p. 60.

③ Fattore L. and Fratta W., "Beyond THC: The new generation of cannabinoid designer drugs", *Front Behav Neurosci*, 5, 2011, p. 60.

合成大麻素通常被喷洒在一些植物样品上以吸烟的方式滥用。[①]虽然部分合成大麻素类似于 Δ^9 – THC,但它们在结构上的差异会导致大麻素特异性抗体与它们不结合。[②] 吸入人体后,合成大麻素通常不易被标准大麻筛查方法[包括免疫测定试验(Emit)、GC – MS 色谱筛查和 LC – GC – MS 多靶点筛查]所识别。[③] 由于活性高,合成大麻素所用剂量小,在被人体快速代谢后,[④]血液或唾液中检测母体药物(合成大麻素本身)的浓度及时间窗口都很小。[⑤] 娱乐性用药后几小时内,合成大麻素的血清浓度一般在 1 ~ 10 μg/L 的范围内。[⑥] 代谢物通常在尿液中以相似的浓度存在,而且尿液中几乎检测不到母体化合物。[⑦] 在大多数情况下,主要尿液代谢物是由烷基侧链氧化成醇形成的,并可以进一步与羧酸、葡萄糖醛酸结合。其他代谢方式还包括 N – 脱烷基和芳香羟基化等。[⑧]

虽然现在很多合成大麻素不再与 Δ^9 – THC 母体结构类似,但它们

---

① Karila L. , et al. , "The Synthetic cannabinoids phenomenon", *Curr Pharm Des*, 22, 2016, pp. 6420 – 6425.

② Milone M. C. , *Chapter* 3 – *Analytical techniques used in therapeutic drug monitoring*, in *Ther Drug Monit*, A. Dasgupta, Editor. 2012, Academic Press: Boston. pp. 49 – 73.

③ Auwarter V. , et al. , "'Spice' and other herbal blends: harmless incense or cannabinoid designer drugs?", *J Mass Spectrom*, 44, 2009, pp. 832 – 837. Zimmermann U. S. , et al. , "Withdrawal phenomena and dependence syndrome after the consumption of 'spice gold'", *Dtsch Arztebl Int*, 106, 2009, pp. 464 – 467.

④ Diao X. and Huestis M. A. , "New synthetic cannabinoids metabolism and strategies to best identify optimal marker metabolites", *Front Chem*, 7, 2019, p. 109.

⑤ Znaleziona J. , et al. , "Determination and identification of synthetic cannabinoids and their metabolites in different matrices by modern analytical techniques – a review", *Anal Chim Acta*, 874, 2015, pp. 11 – 25.

⑥ Spinelli E. , et al. , "Performance characteristics of an ELISA screening assay for urinary synthetic cannabinoids", *Drug Test Anal*, 7, 2015, pp. 467 – 474.

⑦ Diao X. and Huestis M. A. , "Approaches, challenges, and advances in metabolism of new synthetic cannabinoids and identification of optimal urinary marker metabolites", *Clin Pharmacol Ther*, 101, 2017, pp. 239 – 253.

⑧ Sobolevsky T. , et al. , "Detection of JWH – 018 metabolites in smoking mixture post – administration urine", *Forensic Sci Int*, 200, 2010, pp. 141 – 147.

与 Δ^9 – THC 有许多共同物理化学特征，如分子量小（通常 20 ~ 26 个碳原子）、极性低、脂溶性好、易挥发等，这些特征使它们就像 Δ^9 – THC 一样可以被吸食。① 大多数合成大麻素和 Δ^9 – THC 的另一个共同特征是有一个 5 ~ 9 个饱和碳原子组成的侧链。研究发现，这条碳链对于结合 CB_1 受体产生精神活性是必需的。从药理学角度讲，大多数合成大麻素是 CB_1 和 CB_2 受体的激动剂，而且它们具有比 Δ^9 – THC 更强的受体亲和力和效价强度（见表 2 – 1）。因此，具有比 Δ^9 – THC 更高的精神活性。由于药效强，许多合成大麻素的人用剂量小于 1 毫克。② 大多数经典、非经典和混合合成大麻素具有立体专一性（一种立体异构体通常比另一种更有效）。例如，Hu – 210 是 11 – OH – Δ^8 – THC – DMH 的（ – ）对映体，表现为 CB_1 受体的完全激动剂；而 11 – OH – Δ^8 – THC – DMH 的（ + ）对映体，即 HU – 211，则是 NMDA 受体拮抗剂，没有作用于大麻素受体的活性。③ 氨基烷醇、二十烷类和其他新合成的大麻素类物质在结构上通常没有不对称中心，因此生物活性通常不具有立体专一性。

目前，尚未就合成大麻素对人体的不良影响进行系统研究和权威描述。合成大麻素类物质种类多，每一种合成大麻素在不同剂量下都可能有不同作用，这导致观察和研究滥用合成大麻素的毒副反应异常困难。滥用合成大麻素导致的致死病例以及滥用合成大麻素后寻求医疗帮助的病例多有报道，且有逐年增加趋势。④ 美国疾病控制预防中心就发

---

① *European Monitoring Centre for Drugs and Drug Addiction* (2009), "*Understanding the 'Spice' Phenomenon*", *EMCDDA Thematic Paper*, 2009.

② *European Monitoring Centre for Drugs and Drug Addiction* (2009), "*Understanding the 'Spice' Phenomenon*", *EMCDDA Thematic Paper*, 2009.

③ Howlett A. C., et al., "Stereochemical effects of 11 – OH – Δ8 – tetrahydrocannabinol – dimethylheptyl to inhibit adenylate cyclase and bind to the cannabinoid receptor", *Neuropharmacology*, 29, 1990, pp. 161 – 165. Pop E., "Nonpsychotropic synthetic cannabinoids", *Curr Pharm Des*, 6, 2000, pp. 1347 – 1360.

④ Cooper Z. D., "Adverse effects of synthetic cannabinoids: management of acute toxicity and withdrawal", *Curr Psychiatry Rep*, 18, 2016, p. 52. Drummer O. H., et al., "Cannabis as a cause of death: A review", *Forensic Sci Int*, 298, 2019, pp. 298 – 306.

现,2014～2015 年合成大麻类药物导致的死亡人数增加了 2 倍。① 美国疾病预防控制中心记录了 2010～2015 年滥用合成大麻素过量的不良反应,其中 66.1 % 为中枢神经系统的问题(如躁动、昏迷、中毒性精神病),17.0% 为心血管问题(如心动过速、心动过缓),7.6 % 属于呼吸系统问题(5.4 % 为呼吸抑制),4.0 % 为急性肾损伤。② 滥用合成大麻素最常见的不良反应包括:心悸、恶心、呕吐、昏乱、运动失调、焦虑、癫痫、偏执、精神错乱等。③ 有报道称,滥用合成大麻素停药后有明显的躯体戒断症状以及强烈的心理渴求,表明合成大麻素可能比大麻更容易上瘾。④ 合成大麻素的严重副作用和成瘾性是因为相对于 Δ^9 – THC(部分激动剂)而言,很多合成大麻素是大麻素受体的完全激动剂;此外,还可能与代谢转化有关。例如,JWH – 018 的 Ⅰ 相代谢产生至少 9 种单羟基产物,其中 3 种是 CB_1 受体的完全激动剂;而 Δ^9 – THC 的代谢只产生 1 种具有精神活性的单羟基产物。⑤ 由于对合成大麻类物质滥用导致的医学问题还有待深入系统的研究,尚缺乏针对大麻类物质毒副反应的医疗措施,加强对滥用的管控是非常必要的。

本章所包括的 53 种合成大麻素类物质(见表 2 – 1),均是我国《关

---

① Law R., et al., "Notes from the field: increase in reported adverse health effects related to synthetic cannabinoid use – United States, January – May 2015", *MMWR Morb Mortal Wkly Rep*, 64, 2015, pp. 618 – 619.

② Riederer A. M., et al., "Acute poisonings from synthetic cannabinoids – 50 U. S. Toxicology Investigators Consortium Registry Sites, 2010 – 2015", *MMWR Morb Mortal Wkly Rep*, 65, 2016, pp. 692 – 695.

③ Cooper Z. D., "Adverse effects of synthetic cannabinoids: management of acute toxicity and withdrawal", *Curr Psychiatry Rep*, 18, 2016, p. 52. Shalit N., et al., "Characteristics of synthetic cannabinoid and cannabis users admitted to a psychiatric hospital: A comparative study", *J Clin Psychiatry*, 77, 2016, pp. 989 – 995.

④ Abouchedid R., et al., "Acute toxicity associated with use of 5F – derivations of synthetic cannabinoid receptor agonists with analytical confirmation", *J Med Toxicol*, 12, 2016, pp. 396 – 401.

⑤ Brents L. K., et al., "Phase I hydroxylated metabolites of the K2 synthetic cannabinoid JWH – 018 retain in vitro and in vivo cannabinoid 1 receptor affinity and activity", *PLoS One*, 6, 2011, p. 21917.

于公布麻醉药品和精神药品品种目录的通知》(2013 年)、《非药用类麻醉药品和精神药品列管办法》(2015 年)及《关于将 4 - 氯乙卡西酮等 32 种物质列入非药用类麻醉药品和精神药品管制品种增补目录的公告》(2018 年)中被管制的品种,不具有明确的医疗用途。① 合成大麻类物质滥用是进入 21 世纪后产生的全球性问题,②其他一些国家和地区,如拉脱维亚(2005 年)、澳大利亚(2008 年)、英国(2009 年)、德国(2009 年)、智利(2009 年)、法国(2009 年)、波兰(2009 年)、韩国(2009 年)、瑞典(2009 年)、日本(2009 年)、爱尔兰(2010 年)、罗马尼亚(2010 年)、俄罗斯(2010 年)、美国(2010 年)、土耳其(2011 年)、澳大利亚(2011 年)、新西兰(2014 年)等,均已陆续颁布法律法规对合成大麻素的使用进行管控。

表 2-1 Δ^9-THC 与合成大麻素的受体亲和力和效价比较

名称	受体亲和力(Ki,nM)		半效浓度(EC_{50},nM)	
	CB_1	CB_2	CB_1	CB_2
Δ^9-THC	41±2	36±10	250	1157
JWH-018	9.00	2.94	102	133
AM-2201	1.0	2.6	38	58
AM-694	0.08	1.44	—	—
JWH-073	8.90	38.0	—	—
JWH-250	11	33	—	—
5F-ABICA	—	—	5.2	8.9
5F-AB-PINACA	—	—	0.48	2.6
5F-ADBICA	—	—	0.77	1.2
5F-AMB	2.87	0.88	1.2	2.5

① Phillips J., et al., "The emerging threat of synthetic cannabinoids", *Nurs Manage*, 48, 2017, pp.22-30.

② Phillips J., et al., "The emerging threat of synthetic cannabinoids", *Nurs Manage*, 48, 2017, pp.22-30.

续表

名称	受体亲和力（*K*i，nM）		半效浓度（EC_{50}，nM）	
	CB_1	CB_2	CB_1	CB_2
5F－APINACA	1.94	0.266	—	—
5F－PB－22	0.468	0.633	—	—
5F－UR－144	24	2.1	98	83
A－796260	945	4.6	—	—
A－834735	12	0.21	—	—
AB－CHMINACA	0.78	0.45	7.4	232.4
AB－FUBINACA	0.9	23.2	1.8	3.2
AB－PINACA	2.87	0.88	1.2	2.5
ADBICA	—	—	0.69	1.8
ADB－PINACA	—	—	0.52	0.88
AM－1220	0.27	—	—	—
AM－1248	—	—	—	—
AM－2233	1.8	2.2	—	—
APICA	—	—	34	175
APINACA	304.5	—	585	—
CB－13	—	—	6.1	27.9
CUMYL－THPINACA	—	—	0.1	0.59
EAM－2201	0.380	0.371	—	—
FUB－JWH－018	—	—	—	—
FUB－PB－22	0.386	0.478	—	—
JWH－007	9.50	2.94	—	—
JWH－015	383	13.8	—	—
JWH－019	9.80	5.55	—	—
JWH－081	1.2	12.4	—	—
JWH－122	0.69	1.2	—	—

续表

名称	受体亲和力(Ki,nM)		半效浓度(EC_{50},nM)	
	CB_1	CB_2	CB_1	CB_2
JWH-203	8.0	7.0	—	—
JWH-210	0.46	0.69	—	—
JWH-370	5.6	4.0	—	—
MAM-2201	1.0	2.6	—	—
MDMB-CHMICA	—	—	0.14	—
MDMB-FUBINACA	0.95	1.14	0.2668	0.1411
PB-22	5.1	37	—	—
PX-2	—	—	—	—
RCS-4	146	46	—	—
STS-135	1.93	—	13	—
UR-144	150	1.8	421	72
FUB-AMB	10.0	0.786	0.5433	0.1278
FUB-AKB48	—	—	1.06	0.174
ADB-CHMINACA	0.9	—	1.49	2.2
ADB-FUBINACA	1.2	3.5	171	—
5F-ADB	—	—	0.59	7.5
AMB-CHMICA	—	—	3.5	12
BIM-2201	296.1	23.45	—	—
NM-2201	0.332	0.732	—	—

注:Ki值、半效浓度EC_{50}值越低,表明受体结合力越强、效价越高。表中数据来自不同的文献资料,其所采用的测定方法、条件和测定环境并不完全一致,可能对所测数据的绝对值产生影响。因此,表中数据的比较具有一定的局限性。“—”,指未见相关资料。Δ^9-THC的Ki值、EC_{50}值有多种不同的文献报道,此处引用的为代表性数据。

第二节　53 种合成大麻素类物质

1. JWH－073

名称：JWH－073

通用名：

(1－Butyl－1*H*－indol－3－yl)(naphthalen－1－yl)methanone

(1－丁基－1*H*－吲哚－3－基)(1－萘基)甲酮

1－Butyl－3－(1－naphthoyl)－1*H*－indole

1－丁基－3－(1－萘甲酰基)－1*H*－吲哚

(英文缩写：JWH－073)

(CAS：208987－48－8)

化学结构：

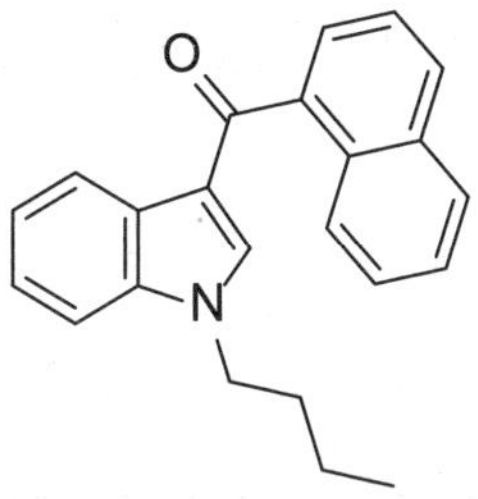

概述：

JWH－073 是大麻素受体(cannabinoid receptor，CBR)的部分激动剂；对Ⅰ型大麻素受体的作用强于Ⅱ型大麻素受体。容易产生耐受①。

① Aung M. M., et al., "Influence of the N－1 alkyl chain length of cannabimimetic indoles upon CB 1 and CB 2 receptor binding", *Drug Alcohol Depend*, 60, 2000, pp. 133－140. Huffman J. W., et al., "1－Alkyl－2－aryl－4－(1－naphthoyl) pyrroles: new high affinity ligands for the cannabinoid CB 1 and CB 2 receptors", *Bioorg Med Chem Lett*, 16, 2006, pp. 5432－5435.

2011年1月，土耳其政府首先禁止销售该物质①，美国于2011年3月宣布将其列入管制②；同年7月澳大利亚将其列入管制。2014年5月，新西兰政府禁止销售该物质。我国于2014年1月1日起将JWH－073列入《麻醉药品和精神药品品种目录》管制。

药理毒理作用：

JWH－073可使小鼠形成条件性位置偏爱和大鼠自身给药行为，表明具有精神依赖性潜力③。

体外药理学评价：

JWH－073对Ⅰ型和Ⅱ型大麻素受体的亲和力*K*i值分别为8.90 nM、38.0 nM，与Δ^9－THC相比其受体亲和力更高④。

药物代谢：

JWH－073的药物代谢与JWH－018类似。

依赖性折算：

目前无公开发布的依赖性折算数据。

2. AM－694

名称：AM－694

通用名：

[1－(5－Fluoropentyl)－1*H*－indol－3－yl](2－iodophenyl)methanone

---

① Cooper Z. D., "Adverse effects of synthetic cannabinoids: management of acute toxicity and withdrawal", *Curr Psychiatry Rep*, 18, 2016, p. 52.

② Fed. Regist., *Drug Enforcement Administration*, *Schedules of controlled substances: temporary placement of four synthetic cannabinoids into Schedule I. Final order*, 2014, pp. 7577－7582.

③ *Archived from the original on August* 3, 2010, http://www.deadiversion.usdoj.gov/drugs_concern/spice/spice_jwh073.html. 2010.

④ Aung M. M., et al., "Influence of the N－1 alkyl chain length of cannabimimetic indoles upon CB 1 and CB 2 receptor binding", *Drug Alcohol Depend*, 60, 2000, pp. 133－140.

［1－(5－氟戊基)－1H－吲哚－3－基］(2－碘代苯基)甲酮

1－(5－Fluoropentyl)－3－(2－iodobenzoyl)－1H－indole

1－(5－氟戊基)－3－(2－碘代苯甲酰基)－1H－吲哚

（英文缩写：AM－694）

（CAS：335161－03－0）

化学结构：

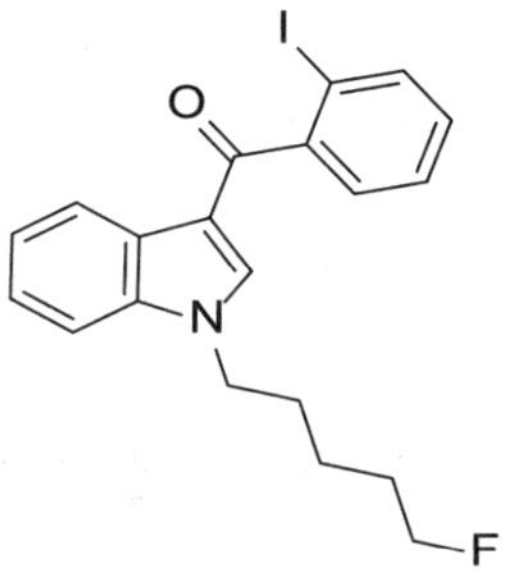

概述：

AM－694 是Ⅰ型大麻素受体的选择性激动剂，常用作Ⅰ型大麻素受体的显影剂，现已经被非法滥用①。我国于 2014 年 1 月起将 AM－694 列入《麻醉药品和精神药品品种目录》管制。

体外药理学评价：

对Ⅰ型和Ⅱ型大麻素受体的亲和力 Ki 值分别为 0.08 nM、1.44 nM②，与 Δ^9－THC 相比其受体亲和力更高。目前没有直接的临床及动物研究资料，根据其结构推测精神依赖潜力与 JWH－018 类似。

药物代谢：

AM－694 代谢与 JWH－018 略有不同。AM－694N－脱烷基反应

① Willis G., et al., "Regioselective F－18 radiolabeling of AM694, a CB1 cannabinoid receptor ligand", *J Labelled Comp Radiopharm*, 46, 2010, pp. 799－804.

② Makriyannis A. and Deng H., *Cannabimimetic indole derivatives. WIPO Patent Application WO*2001028557, 2001.

产生氟戊烷①。

依赖性折算：

目前无公开发布的依赖性折算数据。

3. AM－2201

名称：AM－2201

通用名：

[1－(5－Fluoropentyl)－1*H*－indol－3－yl](naphthalen－1－yl)methanone

[1－(5－氟戊基)－1*H*－吲哚－3－基](1－萘基)甲酮

1－(5－Fluoropentyl)－3－(1－naphthoyl)－1*H*－indole

1－(5－氟戊基)－3－(1－萘甲酰基)－1*H*－吲哚

(英文缩写：AM－2201)

(CAS：335161－24－5)

化学结构：

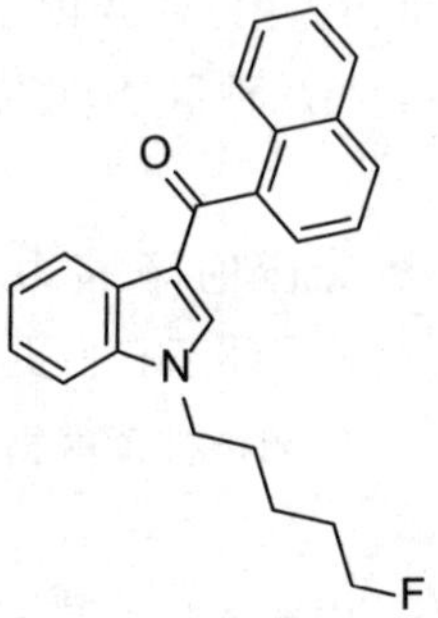

概述：

AM－2201 别名 JWH－2201；在结构和药物特点上与 JWH－018 类

---

① Millington J. E. and Pattison F. L. M., "Toxic fluorine compounds: XII. Esters of ω－fluoroalcohols", *Can J Chem*, 34, 2011, pp. 1532－1541. Pattison F. L. M., et al., "Toxic fluorine compounds: XIII. ω－fluoroalkyl ethers", *Can J Chem*, 35, 1957, pp. 141－148.

似，是大麻素受体的完全激动剂①。美国于2011年将其列入管制②，我国于2014年1月起将AM-2201列入《麻醉药品和精神药品品种目录》管制。

药理毒理作用：

人用10 mg AM-2201会产生幻觉；在0.3～3 mg/kg剂量时能够导致心动过缓和低体温③。

体外药理学评价：

对Ⅰ型和Ⅱ型大麻素受体亲和 *K*i 值分别为1.0 nM、2.6 nM④；对Ⅰ型和Ⅱ型大麻素受体的 EC_{50} 分别为38 nM、58 nM⑤，与 Δ^9-THC相比其亲和力更高。

药物代谢：

AM-2201的代谢与JWH-018类似，但略有不同。AM-2201 N-脱烷基化产生氟戊烷而不是戊烷（或一般的普通烷烃）。

依赖性折算：

目前无公开发布的依赖性折算数据。

4. JWH-250

名称：JWH-250

---

① Wilkinson S. M., et al., "Bioisosteric fluorine in the clandestine design of synthetic cannabinoids", *Aust J Chem*, 68, 2014, pp. 4-8.

② Tai S. and Fantegrossi W. E., "Pharmacological and toxicological effects of synthetic cannabinoids and their metabolites", *Curr Top Behav Neurosci*, 32, 2017, pp. 249-262.

③ Banister S. D., et al., "Effects of bioisosteric fluorine in synthetic cannabinoid designer drugs JWH-018, AM-2201, UR-144, XLR-11, PB-22, 5F-PB-22, APICA, and STS-135", *ACS Chem Neurosci*, 6, 2015, pp. 1445-1458.

④ Makriyannis A. and Deng H., *Cannabimimetic indole derivatives*, *WIPO Patent Application WO*2001028557 2001.

⑤ Banister S. D., et al., "Effects of bioisosteric fluorine in synthetic cannabinoid designer drugs JWH-018, AM-2201, UR-144, XLR-11, PB-22, 5F-PB-22, APICA, and STS-135", *ACS Chem Neurosci*, 6, 2015, pp. 1445-1458.

通用名：

2 – (2 – methoxyphenyl) – 1 – (1 – pentyl – 1*H* – indol – 3 – yl)ethan – 1 – one

2 – (2 – 甲氧基苯基) – 1 – (1 – 戊基 – 1*H* – 吲哚 – 3 – 基) – 1 – 乙酮

1 – Pentyl – 3 – (2 – methoxyphenylacetyl) – 1*H* – indole

1 – 戊基 – 3 – (2 – 甲氧基苯乙酰基) – 1*H* – 吲哚

(英文缩写:JWH – 250)

(CAS:864445 – 43 – 2)

化学结构：

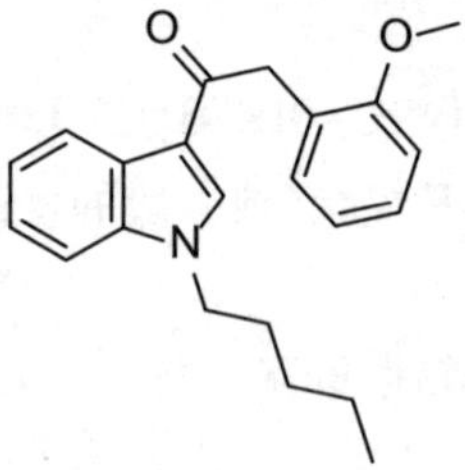

概述：

JWH – 250 为大麻素受体激动剂,对Ⅰ型大麻素受体结合力稍强于Ⅱ型大麻素受体①。我国于 2014 年 1 月 1 日起将 JWH – 250 列入《麻醉药品和精神药品品种目录》管制。2015 年 10 月,澳大利亚将其列入管制。

体外药理学评价：

JWH – 250 对Ⅰ型和Ⅱ型大麻素受体亲和力 *K*i 值分别为 11 nM、33 nM②,与 Δ^9 – THC 相比其亲和力更高。

---

① Auwarter V. , et al. ,"'Spice' and other herbal blends: harmless incense or cannabinoid designer drugs?", *J Mass Spectrom*, 44, 2009, pp. 832 – 837. Cha H. J. , et al. , "Neurotoxicity of synthetic cannabinoids JWH – 081 and JWH – 210", *Biomol Ther* (*Seoul*), 23, 2015, pp. 597 – 603.

② Auwarter V. , et al. ,"'Spice' and other herbal blends: harmless incense or cannabinoid designer drugs?", *J Mass Spectrom*, 44, 2009, pp. 832 – 837.

药物代谢：

JWH－250 在药物代谢方面与 JWH－018 类似[①]。

依赖性折算：

目前无公开发布的依赖性折算数据。

5. JWH－018

名称:JWH－018

通用名：

(Naphthalen－1－yl)(1－pentyl－1H－indol－3－yl)methanone

(1－萘基)(1－戊基－1*H*－吲哚－3－基)甲酮

1－Pentyl－3－(1－naphthoyl)－1*H*－indole

1－戊基－3－(1－萘甲酰基)－1*H*－吲哚

(英文缩写:JWH－018, AM－678)

(CAS:209414－07－3)

化学结构：

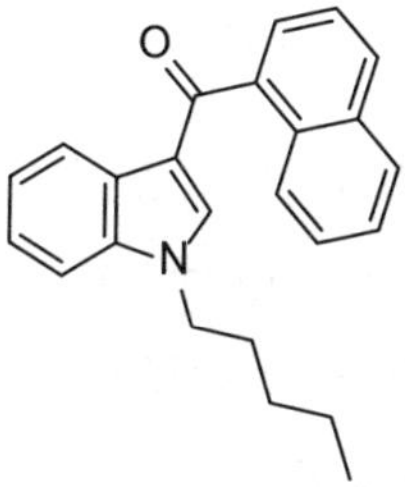

概述：

JWH－018 别名 AM－678,是大麻素受体完全激动剂,对Ⅱ型大麻素受体的选择性略强于Ⅰ型大麻素受体[②]。临床前研究表明,JWH－018

① Cha H. J., et al., "Neurotoxicity of synthetic cannabinoids JWH－081 and JWH－210", *Biomol Ther* (*Seoul*), 23, 2015, pp. 597－603.

② Makriyannis A. and Deng H., *Cannabimimetic indole derivatives. WIPO Patent Application WO*2001028557 2001. Atwood B. K., "JWH018, a common constituent of 'Spice' herbal blends, is a potent and efficacious cannabinoid CB receptor agonist", *Br J Pharmacol*, 3, 2010, pp. 585－593.

的生物学效应类似 Δ^9 – THC,但比 Δ^9 – THC 作用强;生物效应容易产生耐受。由于结构和生物学效应具有代表性,常作为其他合成大麻素类物质的参照药物。JWH – 018 是合成大麻素类物质中管制国家最多的品种,共有十几个国家和地区将其进行管控。例如,奥地利于 2008 年 12 月 18 日宣布对其进行管制;澳大利亚于 2011 年 9 月将其列入管制,并在《毒物标准》中被列入违禁品①;加拿于 2012 年 2 月将其列入管制②。我国于 2014 年 1 月 1 日起将 JWH – 018 列入《麻醉药品和精神药品品种目录》管制。

药理毒理作用:

JWH – 018 可导致受体快速超敏,引起精神病发作。动物实验显示大鼠在 0.3 ~ 3 mg/kg 剂量 JWH – 01 时能够导致心动缓和低体温,还可形成大鼠、小鼠自身给药行为,也表明 JWH – 018 具有精神依赖性潜力③。

体外药理学评价:

对Ⅰ型和Ⅱ型大麻素受体亲和力 *K*i 值分别为 9.00 nM、2.94 nM;对Ⅰ型和Ⅱ型大麻素受体的 EC_{50} 分别为 102 nM、133 nM④,与 Δ^9 – THC 相比其亲和力更高。

药物代谢:

使用 Wistar 大鼠对 JWH – 018 进行评价,发现在大鼠尿液中有少量原型药物和 N – 脱烷基产物,主要为羟基化的脱烷基物质;大多数代谢发生在吲哚环和戊基侧链上。人类代谢物与大鼠相似,羟基化代谢物与

---

① *Poisons Standard*, October 2015, https://www.comlaw.gov.au/Details/F2015L01534, 2015.

② *Controlled Drugs and Substances Act*, http://Laws.justice.gc.ca, 2010.

③ Sobolevsky T., et al., "Detection of JWH – 018 metabolites in smoking mixture post – administration urine", *Forensic Sci Int*, 200, 2010, pp. 141 – 147.

④ Banister S. D., et al., "Effects of bioisosteric fluorine in synthetic cannabinoid designer drugs JWH – 018, AM – 2201, UR – 144, XLR – 11, PB – 22, 5F – PB – 22, APICA, and STS – 135", *ACS Chem Neurosci*, 6, 2015, pp. 1445 – 1458.

葡萄糖醛酸广泛结合①。

依赖性折算：

目前无公开发布的依赖性折算数据。

6. 5F – ABICA

名称:5F – ABICA

通用名:

N – [(2*S*) – 1 – Amino – 3 – methyl – 1 – oxobutan – 2 – yl] – 1 – (5 – fluoropentyl) – 1*H* – indole – 3 – carboxamide

N – [(2*S*) – 1 – 氨基 – 3 – 甲基 – 1 – 氧代丁烷 – 2 – 基] – 1 – (5 – 氟戊基) – 1*H* – 吲哚 – 3 – 甲酰胺

N – [(1*S*) – 1 – Aminocarbonyl – 2 – methylpropyl] – 1 – (5 – fluoropentyl) – 1*H* – indole – 3 – carboxamide

N – [(1*S*) – 1 – 氨基羰基 – 2 – 甲基丙基] – 1 – (5 – 氟戊基) – 1*H* – 吲哚 – 3 – 甲酰胺

(英文缩写:5F – ABICA)

(CAS:1801338 – 26 – 0)

化学结构:

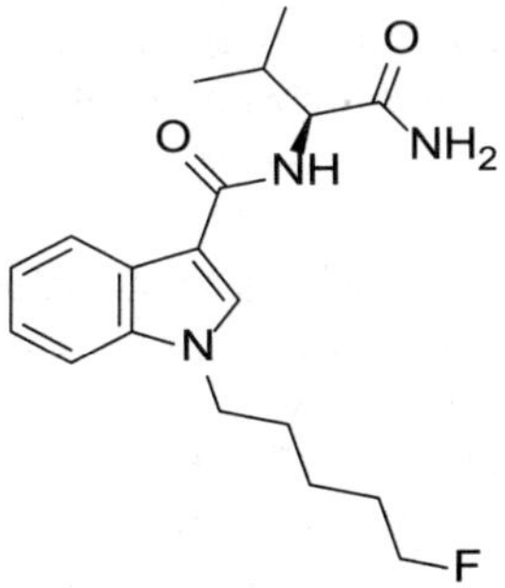

① Kraemer T., *Studies on the metabolism of JWH – 18, the pharmacologically active ingredient of different misused incenses*, https://www.gtfch.org/cms/images/stories/media/tk/tk76_2/abstractsvortraege.pdf, Retrieved September 8, 2017. Sobolevsky T., et al., "Detection of JWH – 018 metabolites in smoking mixture post – administration urine", *Forensic Sci Int*, 200, 2010, pp. 141 – 147.

概述：

5F - ABICA 别名 5F - ABPICA、ABICA（5 - fluoro）、5F - AMBICA、5 - Fluoro ABICA，为大麻素受体的完全激动剂①。此化合物极性强，不易透过血脑屏障，中枢作用不明确。我国于 2015 年 10 月将 5F - ABICA 列入《非药用类麻醉药品和精神药品管制品种增补目录》管制。

药理毒理作用：

推测与 5F - AB - PINACA 类似；与其他合成大麻素类物质一样，可以产生典型的大麻素效应，表现为体温降低、镇痛效应、僵直和自主活动抑制②。

在小鼠药物辨别实验中，5F - ABICA 结构类似物 AB - PINACA 的半效剂量（ED_{50}）为 3.78 μmol/kg［95% 置信区间（95% CI）：2.42 ~ 5.87 μmol/kg］，效能为 Δ^9 - THC［ED_{50}为 5.7 μmol/kg（95% CI：4.8 ~ 6.7 μmol/kg）］的近 1.51 倍③，提示其具有精神依赖性潜力。

体外药理学评价：

对Ⅰ型和Ⅱ型大麻素受体的 EC_{50}分别为 5.2 nM、8.9 nM，与 Δ^9 - THC 相比其亲和力更高④。

---

① Samuel D. B. and Michael M.，"Pharmacology of Indole and Indazole Synthetic Cannabinoid Designer Drugs AB - FUBINACA，ADB - FUBINACA，AB - PINACA，ADB - PINACA，5F - AB - PINACA，5F - ADB - PINACA，ADBICA，and 5F - ADBICA"，*ACS chemical neuroscience*，6，2015，pp. 1546 - 1559.

② Wiley J. L.，et al.，"AB - CHMINACA，AB - PINACA，and FUBIMINA：Affinity and potency of novel synthetic cannabinoids in producing Δ^9 - tetrahydrocannabinol - like effects in mice"，*J Pharmacol Exp Ther*，354，2015，pp. 328 - 339.

③ Samuel D. B. and Michael M.，"Pharmacology of Indole and Indazole Synthetic Cannabinoid Designer Drugs AB - FUBINACA，ADB - FUBINACA，AB - PINACA，ADB - PINACA，5F - AB - PINACA，5F - ADB - PINACA，ADBICA，and 5F - ADBICA"，*ACS chemical neuroscience*，6，2015，pp. 1546 - 1559.

④ Samuel D. B. and Michael M.，"Pharmacology of Indole and Indazole Synthetic Cannabinoid Designer Drugs AB - FUBINACA，ADB - FUBINACA，AB - PINACA，ADB - PINACA，5F - AB - PINACA，5F - ADB - PINACA，ADBICA，and 5F - ADBICA"，*ACS chemical neuroscience*，6，2015，pp. 1546 - 1559.

药物代谢：

推测与 5F－AB－PINACA 类似。

依赖性折算：

1 克 5F－ABICA 相当于 1.44 克海洛因①。

7. 5F－AB－PINACA

名称：5F－AB－PINACA

通用名：

N－[(2*S*)－1－Amino－3－methyl－1－oxobutan－2－yl]－1－(5－fluoropentyl)－1*H*－indazole－3－carboxamide

N－[(2*S*)－1－氨基－3－甲基－1－氧代丁烷－2－基]－1－(5－氟戊基)－1*H*－吲唑－3－甲酰胺

N－[(1*S*)－1－Aminocarbonyl－2－methylpropyl]－1－(5－fluoropentyl)－1*H*－indazole－3－carboxamide

N－[(1*S*)－1－氨基羰基－2－甲基丙基]－1－(5－氟戊基)－1*H*－吲唑－3－甲酰胺

(英文缩写：5F－AB－PINACA)

(CAS：1800101－60－3)

化学结构：

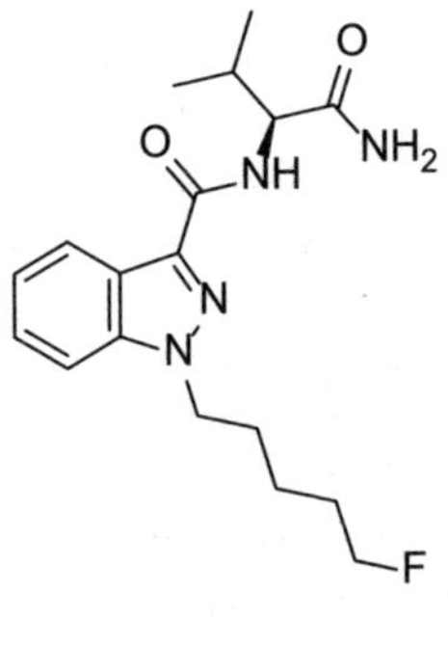

① 国家禁毒委员会：《关于印发〈104 种非药用类麻醉药品和精神药品管制品种依赖性折算表〉的通知》，2016。

概述：

5F－AB－PINACA 是大麻素受体激动剂。属于吲哚类合成大麻素，目前作为一种策划药在网上销售。欧洲毒品与毒品成瘾监测中心（European Monitoring Centre for Drugs and Drug Addiction，EMCDDA）最早在2013年在比利时监测到该物质①。2015年5月，德国和新加坡将其列为管制物质②。我国于2015年10月将5F－AB－PINACA列入《非药用类麻醉药品和精神药品管制品种增补目录》管制。

药理毒理作用：

5F－AB－PINACA 化合物极性强，不易透过血脑屏障，中枢作用不明确。在小鼠药物辨别实验中，5F－AB－PINACA 结构类似物 AB－PINACA的 ED_{50} 为3.78 μmol/kg（95% CI：2.42～5.87 μmol/kg），效能为 Δ^9－THC 的近1.51倍③，提示其具有精神依赖性潜力。与其他合成大麻素类物质一样，可以产生典型的大麻素效应，表现为体温降低、镇痛、僵直和自主活动抑制等④。

体外药理学评价：

5F－AB－PINACA 对Ⅰ型和Ⅱ型大麻素受体的 EC_{50} 分别是0.48 nM 和

---

① *European Monitoring Centre for Drugs and Drug Addiction*, *Europol* 2013 *annual report on the implementation of Council Decision* 2005/387/*JHA* 2014, 2013.

② BtMG－Einzelnorm. A. I., *Gesetz über den Verkehr mit Betäubungsmitteln*（*Betäubungsmittelgesetz－BtMG*）*Anlage II*（*zu* § 1 *Abs.* 1）（*verkehrsfähige*, *aber nicht verschreibungsfähige Betäubungsmittel*）（*in German*）. 2015; Available from: http://www.gesetze－im－internet.de/btmg_1981/anlage_ii.html.

③ Wiley J. L., et al., "AB－CHMINACA, AB－PINACA, and FUBIMINA: Affinity and potency of novel synthetic cannabinoids in producing Δ^9－tetrahydrocannabinol－like effects in mice", *J Pharmacol Exp Ther*, 354, 2015, pp. 328－339.

④ Samuel D. B. and Michael M., "Pharmacology of Indole and Indazole Synthetic Cannabinoid Designer Drugs AB－FUBINACA, ADB－FUBINACA, AB－PINACA, ADB－PINACA, 5F－AB－PINACA, 5F－ADB－PINACA, ADBICA, and 5F－ADBICA", *ACS chemical neuroscience*, 6, 2015, pp. 1546－1559.

2.6 nM①,与 Δ^9 - THC 相比其亲和力更高。

药物代谢:

5F - AB - PINACA 代谢方式多样,有文献报道可从尿液中检测到18 个代谢产物②。

依赖性折算:

1 克 5F - AB - PINACA 相当于 1.44 克海洛因③。

8. 5F - ADBICA

名称:5F - ADBICA

通用名:

N - [(2*S*) - 1 - Amino - 3,3 - dimethyl - 1 - oxobutan - 2 - yl] - 1 - (5 - fluoropentyl) - 1*H* - indole - 3 - carboxamide

N - [(2*S*) - 1 - 氨基 - 3,3 - 二甲基 - 1 - 氧代丁烷 - 2 - 基] - 1 - (5 - 氟戊基) - 1*H* - 吲哚 - 3 - 甲酰胺

N - [(1*S*) - 1 - Aminocarbonyl - 2,2 - dimethylpropyl] - 1 - (5 - fluoropentyl) - 1*H* - indole - 3 - carboxamide

N - [(1*S*) - 1 - 氨基羰基 - 2,2 - 二甲基丙基] - 1 - (5 - 氟戊基) - 1*H* - 吲哚 - 3 - 甲酰胺

(英文缩写:5F - ADBICA,5F - ADB - PICA)

(CAS:1801338 - 27 - 1)

---

① Wiley J. L., et al., "AB - CHMINACA, AB - PINACA, and FUBIMINA: Affinity and potency of novel synthetic cannabinoids in producing Δ^9 - tetrahydrocannabinol - like effects in mice", *J Pharmacol Exp Ther*, 354, 2015, pp. 328 - 339.

② Wohlfarth A., et al., "Pentylindole/pentylindazole synthetic cannabinoids and their 5 - Fluoro analogs produce different primary metabolites: metabolite profiling for AB - PINACA and 5F - AB - PINACA", *AAPS J*, 17, 2015, pp. 660 - 677. Jang M., et al., "Simultaneous quantification of 37 synthetic cannabinoid metabolites in human urine by liquid chromatography - tandem mass spectrometry", *Forensic Toxicol*, 33, 2015, pp. 221 - 234.

③ 国家禁毒委员会:《关于印发〈104 种非药用类麻醉药品和精神药品管制品种依赖性折算表〉的通知》,2016。

化学结构：

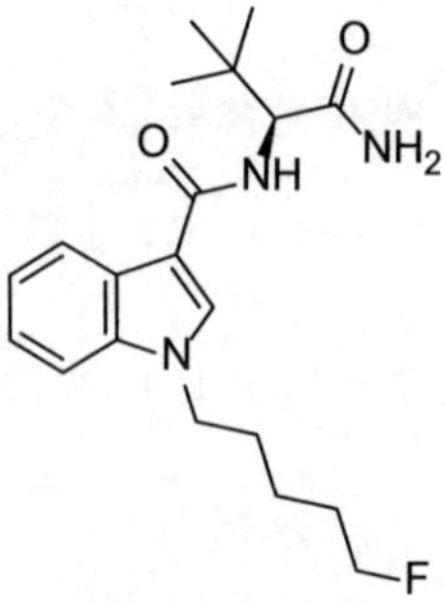

概述：

5F－ADBICA 是大麻素Ⅰ型和Ⅱ型大麻素受体的非选择性激动剂，作用强于 Δ^9－THC①。2013 年 9 月美国确定了一系列非致死性药物中毒案例均与 ADB－PINACA 和 5F－ADBICA 的混合物有关，执法机构通报了该物质；随后这种物质好也出现在欧盟的市场上，有几个成员国进行了通报。② 我国于 2015 年 10 月将 5F－ADBICA 列入《非药用类麻醉药品和精神药品管制品种增补目录》管制。

药理毒理作用：

在小鼠药物辨别实验中，5F－ADBICA 结构类似物 AB－PINACA 的 ED_{50} 为 3.78 μmol/kg（95% CI：2.42～5.87 μmol/kg），效能为 Δ^9－THC 的近 1.51 倍。③ 与其他合成大麻素类物质一样，可以产生典型的

---

① Banister S. D., et al., "Pharmacology of Indole and Indazole Synthetic Cannabinoid Designer Drugs AB－FUBINACA, ADB－FUBINACA, AB－PINACA, ADB－PINACA, 5F－AB－PINACA, 5F－ADB－PINACA, ADBICA, and 5F－ADBICA", *ACS Chemical Neuroscience*, 6, 2015 Jul, pp. 1546－1559. *5F－ADBICA*, *Southern Association of Forensic Scientists*, 2015.

② EMCDDA, "Europol 2013 Annual Report on the implementation of Council Decision 2005/387/JHA, Implementation reports, European Monitoring Centre for Drugs and Drug Addiction, Luxembourg", 2014.

③ Wiley J. L., et al., "AB－CHMINACA, AB－PINACA, and FUBIMINA: Affinity and potency of novel synthetic cannabinoids in producing Δ^9－tetrahydrocannabinol－like effects in mice", *J Pharmacol Exp Ther*, 354, 2015, pp. 328－339.

大麻素效应,表现为体温降低、镇痛效应、僵直和自主活动抑制。①

体外药理学评价:

5F－ADBICA 对Ⅰ型和Ⅱ型大麻素受体的 EC_{50}分别是 0.77 nM 和 1.2 nM②,与 Δ^9－THC 相比其亲和力更高。

依赖性折算:

1 克 5F－ADBICA 相当于 1.44 克海洛因。③

9. 5F－AMB

名称:5F－AMB

通用名:

Methyl (*S*)－2－[1－(5－fluoropentyl)－1*H*－indazol－3－yl]carboxamido)－3－methylbutanoate

(2*S*)－2－[1－(5－氟戊基)－1*H*－吲唑－3－甲酰胺基]－3－甲基丁酸甲酯

N－[(2*S*)－1－Methoxy－3－methyl－1－oxobutan－2－yl]－1－(5－fluoropentyl)－1*H*－indazole－3－carboxamide

N－[(2*S*)－1－甲氧基－3－甲基－1－氧代丁烷－2－基]－1－(5－氟戊基)－1*H*－吲唑－3－甲酰胺

N－[(1*S*)－1－甲氧基羰基－2－甲基丙基]－1－(5－氟戊基)－

① Samuel D. B. and Michael M., "Pharmacology of Indole and Indazole Synthetic Cannabinoid Designer Drugs AB－FUBINACA, ADB－FUBINACA, AB－PINACA, ADB－PINACA, 5F－AB－PINACA, 5F－ADB－PINACA, ADBICA, and 5F－ADBICA", *ACS chemical neuroscience*, 6, 2015, pp. 1546－1559.

② *5F－ADBICA. Southern Association of Forensic Scientists*. 2015. Samuel D. B. and Michael M., "Pharmacology of Indole and Indazole Synthetic Cannabinoid Designer Drugs AB－FUBINACA, ADB－FUBINACA, AB－PINACA, ADB－PINACA, 5F－AB－PINACA, 5F－ADB－PINACA, ADBICA, and 5F－ADBICA", *ACS chemical neuroscience*, 6, 2015, pp. 1546－1559.

③ 国家禁毒委员会:《关于印发〈104 种非药用类麻醉药品和精神药品管制品种依赖性折算表〉的通知》,2016。

1*H* – 吲唑 – 3 – 甲酰胺

（英文缩写:5F – AMB）

［CAS:1801552 – 03 – 3（*S* – isomer）,1715016 – 74 – 2（racemate）］

化学结构:

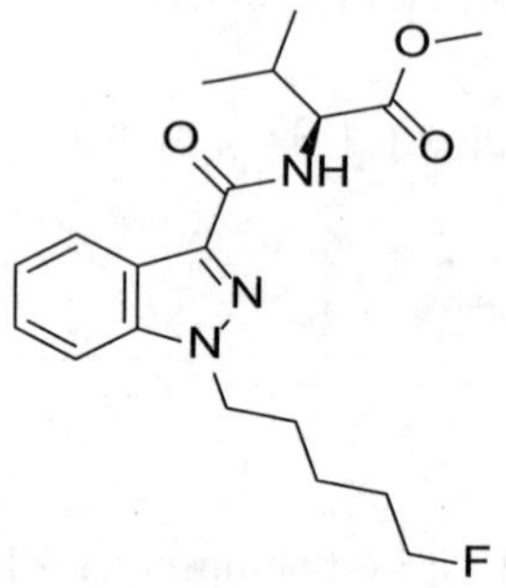

概述:

5F – AMB 别名 5F – AMB – PINACA，于 2014 年年初在日本被报道。它是大麻受体完全激动剂，Ⅰ型大麻素受体的作用强于Ⅱ型大麻素受体。2014 年 6 月，路易斯安那州将其列为管制[①]，2014 年 11 月，瑞典将其列为有害物质[②]，2015 年 5 月该物质在德国属于管制物质[③]，同年，美国政府将其列入临时表Ⅰ管制物质[④]，2015 年 5 月新加坡将其列为管制[⑤]。我国于 2015 年 10 月将 5F – AMB 列入《非药用类麻醉药品和精神药品管制品种增补目录》管制。

---

① *DHH adds two new synthetic marijuana compounds to banned list*, *Louisiana department of health and hospitals*, 2014.

② *Cannabinoider föreslås bli klassade som hälsofarlig vara*（*in Swedish*）, 2015.

③ *Gesetz über den Verkehr mit Betäubungsmitteln*（*Betäubungsmittelgesetz – BtMG*）*Anlage II*（*zu § 1 Abs. 1*）（*verkehrsfähige*, *aber nicht verschreibungsfähige Betäubungsmittel*）（*in German*）. , A. I. B. –. Einzelnorm, Editor, 2015 – 6 – 22.

④ *Drug Enforcement Administration*, *Schedules of controlled substances*: *temporary placement of six synthetic cannabinoids*（*5F – ADB*, *5F – AMB*, *5F – APINACA*, *ADB – FUBINACA*, *MDMB – CHMICA and MDMB – FUBINACA*）*into schedule I*, https://www.deadiversion.usdoj.gov/fed_regs/rules/2016/fr1221.htm, 2017, pp. 17119 – 17124.

⑤ *Poisons Standard*, October 2015, https://www.comlaw.gov.au/Details/F2015L01534, 2015.

药理毒理作用：

已有单独使用5F－AMB致死案例的文献报道①。

体外药理学评价：

5F－AMB对Ⅰ型和Ⅱ型大麻素受体的亲和力*K*i值分为2.87 nM、0.88 nM；EC_{50}分别为1.2 nM、2.5 nM②，与Δ^9－THC相比其亲和力更高。

药物代谢：

5F－AMB经过体外肝微粒体酶转化，主要代谢途径为酯水解，进一步氧化和/或葡萄糖醛酸化。在人肝细胞中鉴定出17种代谢产物③。

依赖性折算：

1克5F－AMB相当于1.44克海洛因④。

10. 5F－APINACA

名称：5F－APINACA

通用名：

N－（1－Adamantyl）－1－（5－fluoropentyl）－1*H*－indazole－3－carboxamide

N－（1－金刚烷基）－1－（5－氟戊基）－1*H*－吲唑－3－甲酰胺

（英文缩写：5F－APINACA，5F－AKB48）

---

① Shanks K. G. and Behonick G. S., "Death after use of the synthetic cannabinoid 5F－AMB", *Forensic Sci Int*, 262, 2016, pp. e21－24.

② *Indazole derivatives*, Patent, WO2009106980, https://patentscope.wipo.int/search/en/detail.jsf?docId=WO2009106980. Samuel D. B. and Michael M., "Pharmacology of Indole and Indazole Synthetic Cannabinoid Designer Drugs AB－FUBINACA, ADB－FUBINACA, AB－PINACA, ADB－PINACA, 5F－AB－PINACA, 5F－ADB－PINACA, ADBICA, and 5F－ADBICA", *ACS chemical neuroscience*, 6, 2015, pp. 1546－1559.

③ Andersson M., et al., "Metabolic profiling of new synthetic cannabinoids AMB and 5F－AMB by human hepatocyte and liver microsome incubations and high－resolution mass spectrometry", *Rapid Commun Mass Spectrom*, 30, 2016, pp. 1067－1078.

④ 国家禁毒委员会：《关于印发〈104种非药用类麻醉药品和精神药品管制品种依赖性折算表〉的通知》，2016。

（CAS:1400742－13－3）

化学结构：

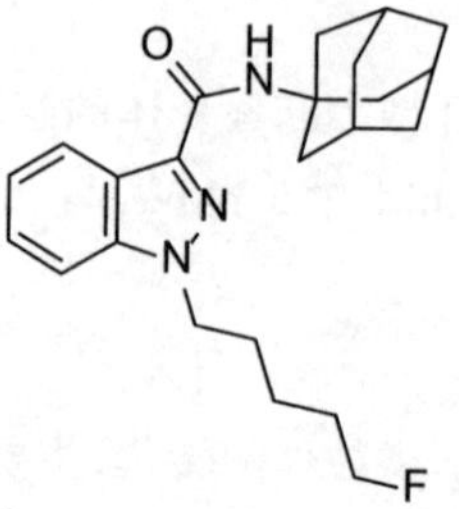

概述：

5F－APINACA 别名 5F－AKB－48、AKB－48F，首先在韩国被鉴别出来，为大麻Ⅰ型和Ⅱ型大麻素受体的完全激动剂①。2013 年 7 月，捷克共和国将其列为管制物质②。我国于 2015 年 10 月将 5F－APINACA 列入《非药用类麻醉药品和精神药品管制品种增补目录》管制。美国于 2016 年将该物质列入控制物质。

药理毒理作用：

临床病例报告显示其有成瘾性③。小鼠急性毒性研究表明，5F－APINACA 可导致强直性昏厥、癫痫、肌阵挛、反射亢进及攻击行为等。

体外药理学评价：

5F－APINACA 对大麻Ⅰ型和Ⅱ型大麻素受体的亲和力 *K*i 值分别为 1.94 nM 和 0.266 nM④，与 Δ^9－THC 相比其亲和力更高。

---

① Aung M. M., et al., "Influence of the N－1 alkyl chain length of cannabimimetic indoles upon CB 1 and CB 2 receptor binding", *Drug Alcohol Depend*, 60, 2000, pp. 133－140.

② *AKB48 (APINACA) and 5F－AKB48 (5F－APINACA)*, *AKB48 (APINACA) and 5F－AKB48 (5F－APINACA)*, *Drug Enforcement Administration*, 2015.

③ Holm N. B., et al., "Metabolites of 5F－AKB－48, a synthetic cannabinoid receptor agonist, identified in human urine and liver microsomal preparations using liquid chromatography high－resolution mass spectrometry", *Drug Test Anal*, 7, 2015, pp. 199－206.

④ Hess C., et al., "Pharmacological evaluation of synthetic cannabinoids identified as constituents of spice", *Forensic Toxicol*, 34, 2016, pp. 329－343.

药物代谢：

5F－APINACA 主要经肝脏代谢。有文献报道尿液中检测出 16 种代谢产物，代谢位点主要包括在金刚烷基环上的单－，双－，三－羟基化，或同时发生 N－氟戊基吲唑部分的羟基化，N－氟戊基侧链的脱烷基化或氧化脱氟等。经人肝微粒体培养后，其代谢位点在金刚烷基环上，可产生单、二和三羟基化代谢物①。

依赖性折算：

1 克 5F－APINACA 相当于 3.48 克海洛因②。

11. 5F－PB－22

名称：5F－PB－22

通用名：

Quinolin－8－yl 1－（5－fluoropentyl）－1*H*－indole－3－carboxylate

1－（5－Fluoropentyl）－1*H*－indole－3－carboxylic acid 8－quinolinyl ester

1－（5－氟戊基）－1*H*－吲哚－3－甲酸－8－喹啉酯

（英文缩写：5F－PB－22，5F－QUPIC）

（CAS：1400742－41－7）

① Holm N. B., et al., "Metabolites of 5F－AKB－48, a synthetic cannabinoid receptor agonist, identified in human urine and liver microsomal preparations using liquid chromatography high－resolution mass spectrometry", *Drug Test Anal*, 7, 2015, pp. 199－206.

② 国家禁毒委员会：《关于印发〈104 种非药用类麻醉药品和精神药品管制品种依赖性折算表〉的通知》，2016。

化学结构：

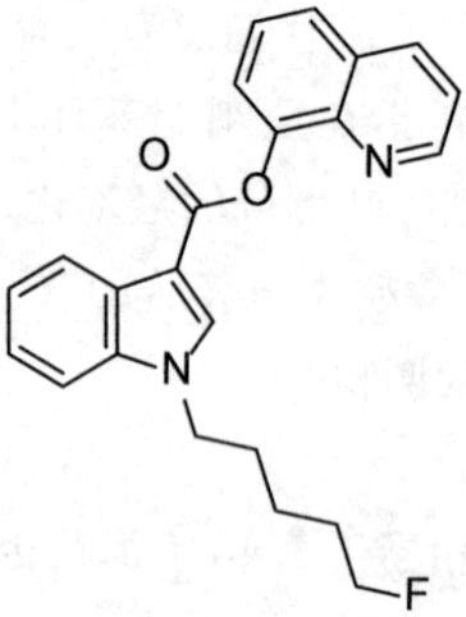

概述：

5F-PB-22别名5F-QUPIC，于2013年年初在日本被报道，是大麻素受体完全激动剂①。2014年1月，美国将其列入管制，我国于2015年10月将5F-PB-22列入《非药用类麻醉药品和精神药品管制品种增补目录》管制。2016年11月，英国将其列入管制②。

药理毒理作用：

有疑似滥用致死案例③。在大鼠药物辨别实验中，5F-PB-22可完全替代Δ^9-THC，提示此化合物可能导致类似Δ^9-THC的主观感受效应④。

体外药理学评价：

5F-PB-22对大麻Ⅰ型和Ⅱ型大麻素受体几乎没有选择性，亲和

---

① Hess C., et al., "Pharmacological evaluation of synthetic cannabinoids identified as constituents of spice", *Forensic Toxicol*, 34, 2016, pp. 329-343.

② *The Misuse of Drugs Act* 1971 (*Amendment*) *Order* 2016. www. legislation. gov. uk. 2016.

③ Behonick G., et al., "Four postmortem case reports with quantitative detection of the synthetic cannabinoid, 5F-PB-22", *J Anal Toxicol*, 38, 2014, pp. 559-562. Jordan T., et al., "Synthetic cannabinoid-related illnesses and deaths", *N Engl J Med*, 373, 2015, pp. 103-107.

④ Banister S. D., et al., "Effects of bioisosteric fluorine in synthetic cannabinoid designer drugs JWH-018, AM-2201, UR-144, XLR-11, PB-22, 5F-PB-22, APICA, and STS-135", *ACS Chem Neurosci*, 6, 2015, pp. 1445-1458.

力 Ki 常数分别为 0.468 nM、0.633 nM①，与 Δ^9 – THC 相比其亲和力更高。

药物代谢：

在人肝细胞体外试验中，5F – PB – 22 经环氧化、水解等过程产生多种（5 – 氟）戊基吲哚 – 3 – 羧酸产物，可鉴别出至少 22 种代谢产物。在人尿液中，测得三种代谢产物 5 – F – PB – 22 – 3 – 羧基吲哚、B – 22N – 5 – 羟基戊基以及 PB – 22 正戊酸②。

依赖性折算：

1 克 5F – PB – 22 相当于 21.8 克海洛因③。

12. 5F – UR – 144

名称：5F – UR – 144

通用名：

[1 – (5 – Fluoropentyl) – 1*H* – indol – 3 – yl](2,2,3,3 – tetramethylcyclopropyl)methanone

[1 – (5 – 氟戊基) – 1*H* – 吲哚 – 3 – 基](2,2,3,3 – 四甲基环丙基)甲酮

1 – (5 – Fluoropentyl) – 3 – (2,2,3,3 – tetramethylcyclopropylformyl) – 1*H* – indole

1 – (5 – 氟戊基) – 3 – (2,2,3,3 – 四甲基环丙甲酰基) – 1*H* – 吲哚

（英文缩写：5F – UR – 144，XLR – 11）

（CAS：1364933 – 54 – 9）

---

① Hess C., et al., "Pharmacological evaluation of synthetic cannabinoids identified as constituents of spice", *Forensic Toxicol*, 34, 2016, pp. 329 – 343.

② Minakata K., et al., "Sensitive quantification of 5F – PB – 22 and its three metabolites 5F – PB – 22 3 – carboxyindole, B – 22 N – 5 – hydroxypentyl and PB – 22 N – pentanoic acid in authentic urine specimens obtained from four individuals by liquid chromatography – tandem mass spectrometry", *Forensic Toxicol*, 36, 2017, pp. 151 – 159.

③ 国家禁毒委员会：《关于印发〈104 种非药用类麻醉药品和精神药品管制品种依赖性折算表〉的通知》，2016。

化学结构：

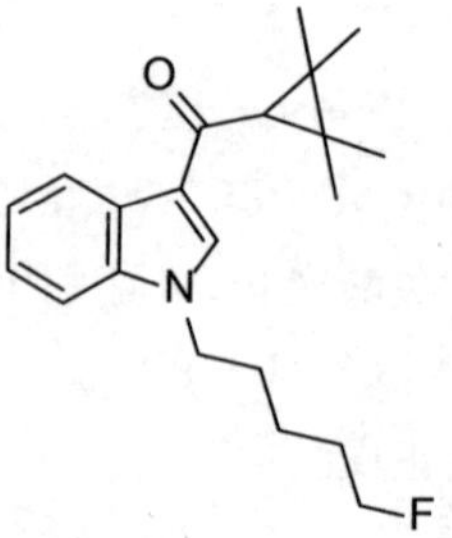

概述：

5F－UR－144 别名 XLR－11，为大麻Ⅰ型和Ⅱ型大麻素受体的完全激动剂①。2012 年 7 月，在新西兰禁止使用该物质。2012 年 12 月，该物质在美国佛罗里达州被禁止使用。2013 年 4 月 3 日，美国亚利桑那州禁止使用该物质。该物质在捷克共和国也被禁止使用。我国于 2015 年 10 月将 5F－UR－144 列入《非药用类麻醉药品和精神药品管制品种增补目录》管制。

药理毒理作用：

在小鼠药物辨别实验中，5F－UR－144 可完全替代 Δ^9－THC，提示此化合物可能具有 Δ^9－THC 类似的主观感受效应。有相关致死病例报告②。

体外药理学评价：

对Ⅰ型和Ⅱ型大麻素受体的亲和力 *K*i 值分别为 24 nM、2.1 nM；EC_{50}分别为 98 nM、83 nM③，与 Δ^9－THC 相比其亲和力更高。

---

① Banister S. D., et al., "Effects of bioisosteric fluorine in synthetic cannabinoid designer drugs JWH－018, AM－2201, UR－144, XLR－11, PB－22, 5F－PB－22, APICA, and STS－135", *ACS Chem Neurosci*, 6, 2015, pp. 1445－1458.

② Banister S. D., et al., "Effects of bioisosteric fluorine in synthetic cannabinoid designer drugs JWH－018, AM－2201, UR－144, XLR－11, PB－22, 5F－PB－22, APICA, and STS－135", *ACS Chem Neurosci*, 6, 2015, pp. 1445－1458.

③ Banister S. D., et al., "Effects of bioisosteric fluorine in synthetic cannabinoid designer drugs JWH－018, AM－2201, UR－144, XLR－11, PB－22, 5F－PB－22, APICA, and STS－135", *ACS Chem Neurosci*, 6, 2015, pp. 1445－1458.

药物代谢：

5F－UR－144 在尿液中的主要代谢产物是 2′－羧基－XLR－11、UR－144 戊酸、5－羟基－UR－144、羟基－XLR－11 葡萄糖醛酸和 2′－羧基－UR－144 戊酸。次要代谢物是上述生物转化的组合，通常是醛糖酸化①。

依赖性折算：

1 克 5F－UR－144 相当于 1.43 克海洛因②。

13. A－796,260

名称：A－796,260

通用名：

[1－(2－Morpholinoethyl)－1*H*－indol－3－yl](2,2,3,3－tetramethylcyclopropyl) methanone

[1－(2－吗啉基乙基)－1*H*－吲哚－3－基](2,2,3,3－四甲基环丙基)甲酮

1－(2－Morpholinoethyl)－3－(2,2,3,3－tetramethylcyclopropylformyl)－1*H*－indole

1－(2－吗啉基乙基)－3－(2,2,3,3－四甲基环丙甲酰基)－1*H*－吲哚

(英文缩写：A－796,260)

(CAS：895155－26－7)

---

① Wohlfarth A., et al., "First metabolic profile of XLR－11, a novel synthetic cannabinoid, obtained by using human hepatocytes and high－resolution mass spectrometry", *Clin Chem*, 59, 2013, pp. 1638－1648.

② 国家禁毒委员会：《关于印发〈104 种非药用类麻醉药品和精神药品管制品种依赖性折算表〉的通知》，2016。

化学结构：

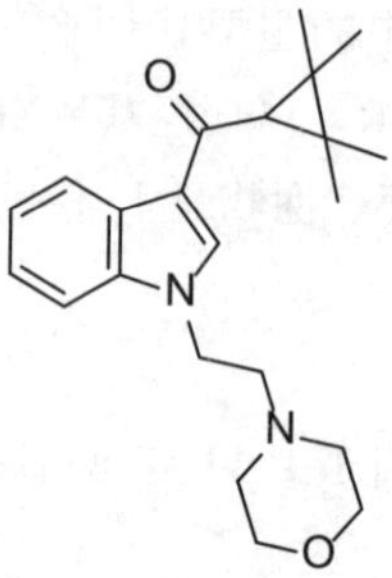

概述：

A－796,260 是由雅培医药公司研发的，由于其为Ⅱ型大麻素受体的选择性激动剂而缺少Ⅰ型大麻素受体相关的精神性副反应，所以最初被用于治疗神经性疼痛和炎症疼痛①。

除缓解疼痛之外，此类大麻素配体还被研发用于治疗很多其他疾病，包括肝脏疾病、骨质疏松症、阿尔茨海默症、癌症、多发性硬化病和糖尿病等②。我国于 2015 年 10 月将 A－796,260 列入《非药用类麻醉药品和精神药品管制品种增补目录》管制。

体外药理学评价：

A－796,260 对Ⅰ型和Ⅱ型大麻素受体的亲和力 *K*i 值分别为

---

① Clayton N., et al., "CB1 and CB2 cannabinoid receptors are implicated in inflammatory pain", *Pain*, 96, 2002, pp. 253－260. Malan T. P., Jr., et al., "CB2 cannabinoid receptor agonists: pain relief without psychoactive effects?", *Curr Opin Pharmacol*, 3, 2003, pp. 62－67. Quartilho A., et al., "Inhibition of inflammatory hyperalgesia by activation of peripheral CB2 cannabinoid receptors", *Anesthesiology*, 99, 2003, pp. 955－960. Ofek O., et al., "Peripheral cannabinoid receptor, CB2, regulates bone mass", *Proc Natl Acad Sci U S A*, 103, 2006, pp. 696－701.

② Frost J. M., et al., "Indol－3－ylcycloalkyl ketones: effects of N1 substituted indole side chain variations on CB(2) cannabinoid receptor activity", *J Med Chem*, 53, 2010, pp. 295－315.

945 nM、4.6 nM[①]。

依赖性折算：

1 克 A－796,260 相当于 1.43 克海洛因[②]。

14. A－834,735

名称：A－834,735

通用名：

{1－[（Tetrahydro－2*H*－pyran－4－yl）methyl]－1*H*－indol－3－yl}－（2,2,3,3－tetramethylcyclopropyl）methanone

{1－[（四氢－2*H*－吡喃－4－基）甲基]－1*H*－吲哚－3－基}（2,2,3,3－四甲基环丙基）甲酮

1－[（Tetrahydro－2*H*－pyran－4－yl）methyl]－3－（2,2,3,3－tetramethylcyclopropylformyl）－1*H*－indole

1－（4－四氢吡喃基甲基）－3－（2,2,3,3－四甲基环丙甲酰基）－1*H*－吲哚

（英文缩写：A－834,735）

（CAS：895155－57－4）

化学结构：

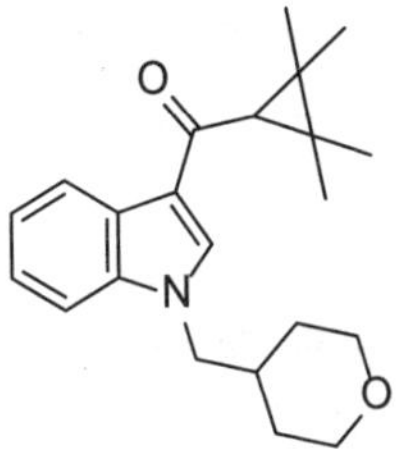

① Yao B. B., et al., "In vitro and in vivo characterization of A－796260: a selective cannabinoid CB2 receptor agonist exhibiting analgesic activity in rodent pain models", *Br J Pharmacol*, 153, 2008, pp. 390－401.

② 国家禁毒委员会：《关于印发〈104 种非药用类麻醉药品和精神药品管制品种依赖性折算表〉的通知》，2016。

概述:

A－834,735 是由雅培医药公司研发的,并于 2006 年报道了该药物,同时用该名字申请了专利①。它是大麻素受体的完全激动剂,对Ⅰ型大麻素受体的作用强于Ⅱ型大麻素受体。我国于 2015 年 10 月将 A－834,735 列入《非药用类麻醉药品和精神药品管制品种增补目录》管制。

体外药理学评价:

A－834,735 是Ⅰ型和Ⅱ型大麻素受体激动剂,其Ⅰ型大麻素受体亲和力 $Ki = 12$ nM,而Ⅱ型大麻素受体亲和力 Ki 值 $= 0.21$ nM、$EC_{50} = 9$ nM,前者 Ki 为后者的 57 倍②。A－834,735 与大麻受体的亲和力高于 Δ^9－THC。

依赖性折算:

1 克 A－834,735 相当于 1.43 克海洛因③。

15. AB－CHMINACA

名称:AB－CHMINACA

通用名:

N－[(2*S*)－1－Amino－3－methyl－1－oxobutan－2－yl]－1－(cyclohexylmethyl)－1*H*－indazole－3－carboxamide

N－[(2*S*)－1－氨基－3－甲基－1－氧代丁烷－2－基]－1－(环

---

① Zuba D., et al., "[1－(Tetrahydropyran－4－ylmethyl)－1H－indol－3－yl]－(2,2,3,3－tetramethylcyclopropyl) methanone: a new syntheticcannabinoid identified on the drug market", *Forensic Toxicol*, 31, 2013, pp. 281－291.

② Frost J. M., et al., "Indol－3－yl－tetramethylcyclopropyl ketones: effects of indole ring substitution on CB2 cannabinoid receptor activity", *J Med Chem*, 51, 2008, pp. 1904－1912. Mauler F., et al., "Characterizationof the diarylethersulfonylester (－)－(R)－3－(2－hydroxymethylindanyl－4－oxy) phenyl－4,4,4－trifluoro－1－sulfonate (BAY38－7271) as a potent cannabinoid receptor agonist with neuroprotectiveproperties", *J Pharmacol Exp Ther*, 302, 2002, pp. 359－368.

③ 国家禁毒委员会:《关于印发〈104 种非药用类麻醉药品和精神药品管制品种依赖性折算表〉的通知》,2016。

己基甲基）－1*H*－吲唑－3－甲酰胺

N－［（1*S*）－1－Aminocarbonyl－2－methylpropyl］－1－（cyclohexylmethyl）－1*H*－indazole－3－carboxamide

N－（1*S*）－（1－氨基羰基－2－甲基丙基）－1－（环己基甲基）吲唑－3－甲酰胺

（英文缩写：AB－CHMINACA）

（CAS：1185887－21－1）

化学结构：

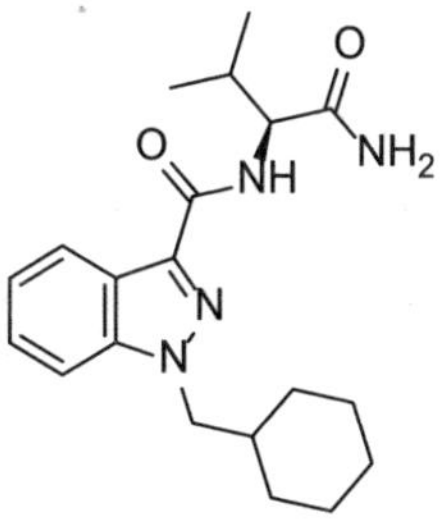

概述：

AB－CHMINACA 别名 AB－CH，是大麻受体完全激动剂。2015 年 1 月，美国将其列入管制①。2015 年 5 月，德国将其列入管制②。我国于 2015 年 10 月将 AB－CHMINACA 列入《非药用类麻醉药品和精神药品管制品种增补目录》管制。2015 年 12 月，瑞士将其列为管制③。

---

① *Drug Enforcement Administration*, *Schedules of controlled substances*: *Temporary placement of three synthetic cannabinoids into schedule I. Final order*, 2015.

② Shanks K. G. and Behonick G. S.,"Death after use of the synthetic cannabinoid 5F－AMB", *Forensic Sci Int*, 262, 2016, pp. 21－24.

③ Andersson M., et al.,"Metabolic profiling of new synthetic cannabinoids AMB and 5F－AMB by human hepatocyte and liver microsome incubations and high－resolution mass spectrometry", *Rapid Commun Mass Spectrom*, 30, 2016, pp. 1067－1078.

药理毒理作用：

有疑似致死病例和诱发精神病发作的临床观察报告①。在小鼠药物辨别实验中，AB－CHMINACA 可以完全替代 Δ^9－THC，提示此化合物可能具有与 Δ^9－THC 类似的精神依赖性②。

体外药理学评价：

AB－CHMINACA 对Ⅰ型和Ⅱ型大麻素受体的亲和力 *K*i 值分别为 0.78 nM 和 0.45 nM；EC_{50}分别为 7.4 nM 和 232.4 nM③，与 Δ^9－THC 相比其亲和力更高。

药物代谢：

AB－CHMINACA 代谢方式复杂，代谢过程主要通过羟基化与脱烷基化进行。可鉴定出至少 26 种代谢产物。在尿液中检测到 2 种代谢产物，分别为 4－羟基环己基甲基 AB－CHMINACA，以及 N－{[1－(环己基甲基)－1H－吲唑－3－基]羰基}－1－缬氨酸。在头发中检测到 6 种代谢产物④。

---

① Jordan T., et al., "Synthetic cannabinoid－related illnesses and deaths", *N Engl J Med*, 373, 2015, pp. 103－107. Wurita A., et al., "Identification and quantification of metabolites of AB－CHMINACA in a urine specimen of an abuser", *Leg Med (Tokyo)*, 19, 2016, pp. 113－118. Klavz J., et al., "Suicide attempt with a mix of synthetic cannabinoids and synthetic cathinones: Case report of non－fatal intoxication with AB－CHMINACA, AB－FUBINACA, alpha－PHP, alpha－PVP and 4－CMC", *Forensic Sci Int*, 265, 2016, pp. 121－124.

② Wiley J. L., et al., "AB－CHMINACA, AB－PINACA, and FUBIMINA: Affinity and potency of novel synthetic cannabinoids in producing Δ^9－tetrahydrocannabinol－like effects in mice", *J Pharmacol Exp Ther*, 354, 2015, pp. 328－339.

③ Wiley J. L., et al., "AB－CHMINACA, AB－PINACA, and FUBIMINA: Affinity and potency of novel synthetic cannabinoids in producing Δ^9－tetrahydrocannabinol－like effects in mice", *J Pharmacol Exp Ther*, 354, 2015, pp. 328－339.

④ Sim J., et al., "Determination of AB－CHMINACA and its metabolites in human hair and their deposition in hair of abusers", *J Pharm Biomed Anal*, 140, 2017, pp. 162－168.

依赖性折算：

1 克 AB – CHMINACA 相当于 14.79 克海洛因①。

16. AB – FUBINACA

名称：AB – FUBINACA

通用名：

N – [(2*S*) – (1 – Amino – 3 – methyl – 1 – oxobutan – 2 – yl)] – 1 – (4 – fluorobenzyl) – 1H – indazole – 3 – carboxamide

N – [(2*S*) – (1 – 氨基 – 3 – 甲基 – 1 – 氧代丁烷 – 2 – 基)] – 1 – (4 – 氟苄基) – 1H – 吲唑 – 3 – 甲酰胺

N – [(1*S*) – (1 – 氨基羰基 – 2 – 甲基丙基)] – 1 – (4 – 氟苄基) – 1H – 吲唑 – 3 – 甲酰胺

(英文缩写：AB – FUBINACA)

[CAS：1185282 – 01(*S* – isomer),1629062 – 56 – 1(racemate)]

化学结构：

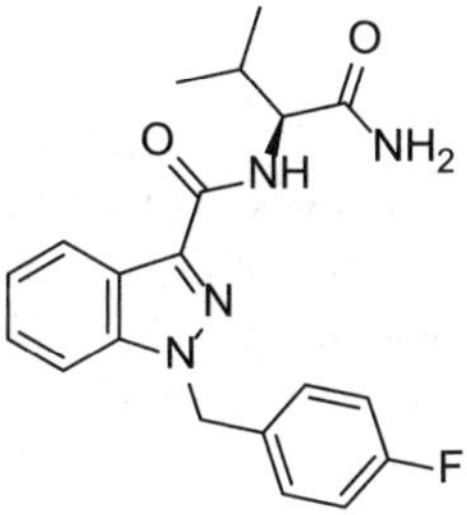

概述：

AB – FUBINACA 是大麻受体的完全激动剂，对Ⅰ型大麻素受体作用略强于Ⅱ型大麻素受体②。AB – FUBINACA 最初是作为一种镇痛药

① 国家禁毒委员会：《关于印发〈104 种非药用类麻醉药品和精神药品管制品种依赖性折算表〉的通知》,2016。

② Wiley J. L., et al., "AB – CHMINACA, AB – PINACA, and FUBIMINA: Affinity and potency of novel synthetic cannabinoids in producing Δ^9 – tetrahydrocannabinol – like effects in mice", *J Pharmacol Exp Ther*, 354, 2015, pp. 328 – 339.

由辉瑞公司开发的①,但是从未被人类使用过。随后在2012年,这种化合物在日本发现滥用②,与此同时被发现的还有一种叫作AB – PINACA的合成大麻素类产品。2015年1月30日,AB – FUBIMINA被美国列为管制物质。我国于2015年10月将AB – FUBINACA列入《非药用类麻醉药品和精神药品管制品种增补目录》管制。

药理毒理作用:

大鼠药物辨别实验中AB – FUBINACA可以替代Δ^9 – THC,表明AB – FUBINACA具有类似Δ^9 – THC的精神依赖性③。

体外药理学评价:

AB – FUBINACA对Ⅰ型和Ⅱ型大麻素受体的亲和力*K*i值分别为0.9 nM和23.2 nM;EC_{50}分别为1.8 nM和3.2 nM④,与Δ^9 – THC相比其亲和力更高。

药物代谢:

与AB – CHMINACA相似。

---

① Samuel D. B. and Michael M., "Pharmacology of Indole and Indazole Synthetic Cannabinoid Designer Drugs AB – FUBINACA, ADB – FUBINACA, AB – PINACA, ADB – PINACA, 5F – AB – PINACA, 5F – ADB – PINACA, ADBICA, and 5F – ADBICA", *ACS chemical neuroscience*, 6, 2015, pp. 1546 – 1559.

② Hsin – Hung Chen M., et al., "Detection and Characterization of the Effect of AB – FUBINACA and Its Metabolites in a Rat Model", *J Cell Biochem*, 117, 2016, pp. 1033 – 1043.

③ Banister S. D., et al., "Effects of bioisosteric fluorine in synthetic cannabinoid designer drugs JWH – 018, AM – 2201, UR – 144, XLR – 11, PB – 22, 5F – PB – 22, APICA, and STS – 135", *ACS Chem Neurosci*, 6, 2015, pp. 1445 – 1458.

④ Wiley J. L., et al., "AB – CHMINACA, AB – PINACA, and FUBIMINA: Affinity and potency of novel synthetic cannabinoids in producing Δ^9 – tetrahydrocannabinol – like effects in mice", *J Pharmacol Exp Ther*, 354, 2015, pp. 328 – 339. *Drug Enforcement Administration, Schedules of controlled substances: temporary placement of six synthetic cannabinoids (5F – ADB, 5F – AMB, 5F – APINACA, ADB – FUBINACA, MDMB – CHMICA and MDMB – FUBINACA) into schedule I*, https://www.deadiversion.usdoj.gov/fed_regs/rules/2016/fr1221.htm, 2017, pp. 17119 – 17124.

依赖性折算：

1 克 AB－FUBINACA 相当于 4.7 克海洛因[①]。

17. AB－PINACA

名称：AB－PINACA

通用名：

N－[(2*S*)－1－Amino－3－methyl－1－oxobutan－2－yl]－1－pentyl－1*H*－indazole－3－carboxamide

N－[(2*S*)－1－氨基－3－甲基－1－氧代丁烷－2－基]－1－戊基－1*H*－吲唑－3－甲酰胺

N－[(1*S*)－1－Aminocarbonyl－2－methylpropyl]－1－pentyl－1*H*－indazole－3－carboxamide

N－[(1*S*)－1－氨基羰基－2－甲基丙基]－1－戊基－1*H*－吲唑－3－甲酰胺

（英文缩写：AB－PINACA）

（CAS：1445752－09－9）

化学结构：

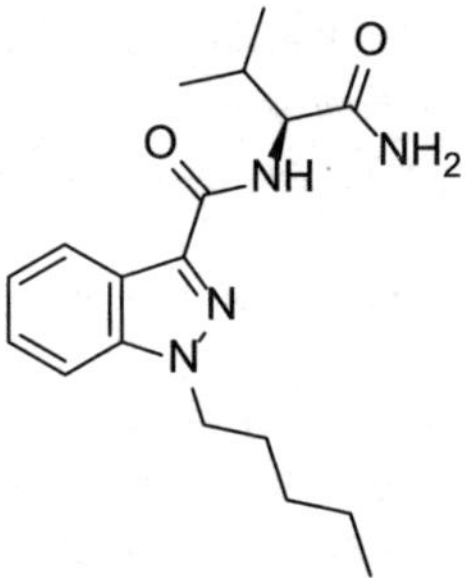

概述：

AB－PINACA 是大麻受体的完全激动剂，最初由美国辉瑞公司作

① 国家禁毒委员会：《关于印发〈104 种非药用类麻醉药品和精神药品管制品种依赖性折算表〉的通知》，2016。

为一种镇痛药开发。2014 年 11 月德国将其列入管制①。2015 年，美国政府将其列入临时表Ⅰ管制药品②。2015 年 5 月，新加坡将其列为管制③。我国于 2015 年 10 月将 AB－PINACA 列入《非药用类麻醉药品和精神药品管制品种增补目录》管制。2017 年 3 月，法国也将其列为一种受管制物质④。

药理毒理作用：

有与此物质滥用相关的死亡和住院病例报道⑤。动物药物辨别实验中 AB－PINACA 可以完全替代 Δ^9－THC，表明其可能具有 Δ^9－THC 类似的精神依赖性⑥。

体外药理学评价：

对Ⅰ型和Ⅱ型大麻素受体亲和力 *K*i 值分别为 2.87 nM、0.88 nM；EC_{50}分别为 1.2 nM、2.5 nM⑦，与 Δ^9－THC 相比其亲和力更高。

---

① *Arrêté du* 31 *mars* 2017 *modifiant l'arrêté du* 22 *février* 1990 *fixant la liste des substances classées comme stupéfiants*. Legifrance., Editor, 2017－08－06.

② *Schedules of controlled substances*: *Temporary placement of three synthetic cannabinoids into schedule I. Final order.*, D. o. J. Drug Enforcement Administration, Editor, 2015－01－30.

③ 关于印发《非药用类麻醉药品和精神药品列管办法》的通知，2015。

④ *Gesetz über den Verkehr mit Betäubungsmitteln* (*Betäubungsmittelgesetz* － *BtMG*) *Anlage II* (*zu* § 1 *Abs.* 1) (*verkehrsfähige*, *aber nicht verschreibungsfähige Betäubungsmittel*), 2015.

⑤ Jordan T., et al., "Synthetic cannabinoid－related illnesses and deaths", *N Engl J Med*, 373, 2015, pp. 103－107.

⑥ Samuel D. B. and Michael M., "Pharmacology of Indole and Indazole Synthetic Cannabinoid Designer Drugs AB－FUBINACA, ADB－FUBINACA, AB－PINACA, ADB－PINACA, 5F－AB－PINACA, 5F－ADB－PINACA, ADBICA, and 5F－ADBICA", *ACS chemical neuroscience*, 6, 2015, pp. 1546－1559.

⑦ Wiley J. L., et al., "AB－CHMINACA, AB－PINACA, and FUBIMINA: Affinity and potency of novel synthetic cannabinoids in producing Δ^9－tetrahydrocannabinol－like effects in mice", *J Pharmacol Exp Ther*, 354, 2015, pp. 328－339. Banister S. D., et al., "Pharmacology of indole and indazole synthetic cannabinoid designer drugs: AB－FUBINACA, ADB－FUBINACA, AB－PINACA, ADB－PINACA, 5F－AB－PINACA, 5F－ADB－PINACA, ADBICA, and 5F－ADBICA", *ACS Chem Neurosci*, 6, 2015, pp. 1546－1559.

依赖性折算：

1 克 AB – PINACA 相当于 1.5 克海洛因①。

18. ADBICA

名称：ADBICA

通用名：

N –（1 – Amino – 3,3 – dimethyl – 1 – oxobutan – 2 – yl）– 1 – pentyl – 1*H* – indole – 3 – carboxamide

N –（ – 1 – 氨基 – 3,3 – 二甲基 – 1 – 氧代丁烷 – 2 – 基）– 1 – 戊基 – 1*H* – 吲哚 – 3 – 甲酰胺

N –（1 – 氨基羰基 – 2,2 – 二甲基丙基）– 1 – 戊基 – 1*H* – 吲哚 – 3 – 甲酰胺

（英文缩写：ADBICA）

［CAS：1801338 – 25 – 9（*S* – isomer），1445583 – 48 – 1（racemate）］

化学结构：

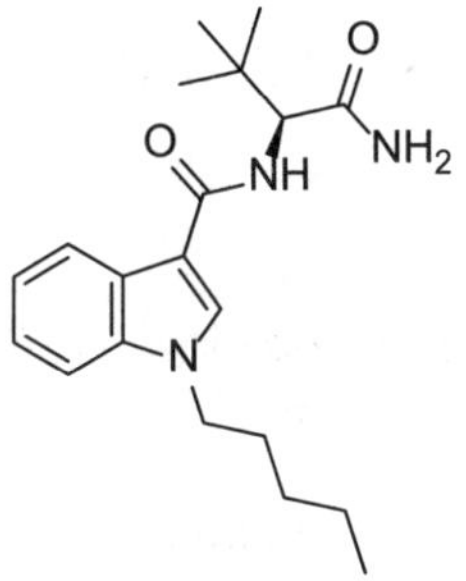

① 国家禁毒委员会：《关于印发〈104 种非药用类麻醉药品和精神药品管制品种依赖性折算表〉的通知》，2016。

概述：

ADBICA 别名 ADB－PIC，是一种合成大麻素，2013 年在日本被报道①。ADBICA 在 3－吲哚位置有一个酰胺基，这一特点和 SDB－001 STS－135 类似。我国于 2015 年 10 月将 ADBICA 列入《非药用类麻醉药品和精神药品管制品种增补目录》管制。

药理毒理作用：

在大鼠的药物辨别实验中，ADBICACA 可以产生小于 80% 的 Δ^9－THC 诱发的刺激效应②。大鼠药物辨别实验中 ADBICA 和 Δ^9－THC 的 ED_{50}分别为 0.11 mg/kg 和 1.15 mg/kg③，这些数据显示 ADBICA 能导致与Δ^9－THC 接近的主观感受。

体外药理学评价：

ADBICA 对Ⅰ型大麻素受体存在内在激动效应，EC_{50}值为 0.69 nM；ADBICA 对Ⅱ型大麻素受体也存在内在激动效应，其 EC_{50} 值为 1.8 nM④，与 Δ^9－THC 相比其亲和力更高。

依赖性折算：

1 克 ADBICA 相当于 10.5 克海洛因⑤。

---

① Uchiyama N., et al., "New cannabimimetic indazole derivatives, N－(1－amino－3－methyl－1－oxobutan－2－yl)－1－pentyl－1H－indazole－3－carboxamide (AB－PINACA) and N－(1－amino－3－methyl－1－oxobutan－2－yl)－1－(4－fluorobenzyl)－1H－indazole－3－carboxamide (AB－FUBINACA) identified as designer drugs in illegal products", *Forensic Toxicol* 31, 2012.

② *Indazole derivatives*, *Patent*, *WO*2009106980, https://patentscope.wipo.int/search/en/detail.jsf? docId = WO2009106980.

③ Gatch M.B. and Forster M., "Δ(9)－Tetrahydrocannabinol－like effects of novel synthetic cannabinoids in mice and rats", *Psychopharmacology* (*Berl*), 233, 2016, pp.1901－1910.

④ *Indazole derivatives*, *Patent*, *WO*2009106980, https://patentscope.wipo.int/search/en/detail.jsf? docId = WO2009106980.

⑤ 国家禁毒委员会：《关于印发〈104 种非药用类麻醉药品和精神药品管制品种依赖性折算表〉的通知》，2016。

19. ADB – PINACA

名称:ADB – PINACA

通用名:

N –（1 – Amino – 3,3 – dimethyl – 1 – oxobutan – 2 – yl）– 1 – pentyl – 1*H* – indazole – 3 – carboxamide

N –（ – 1 – 氨基 – 3,3 – 二甲基 – 1 – 氧代丁烷 – 2 – 基）– 1 – 戊基 – 1*H* – 吲唑 – 3 – 甲酰胺

N –（1 – 氨基羰基 – 2,2 – 二甲基丙基）– 1 – 戊基 – 1*H* – 吲唑 – 3 – 甲酰胺

（英文缩写:ADB – PINACA）

（CAS:1633766 – 73 – 0）

化学结构:

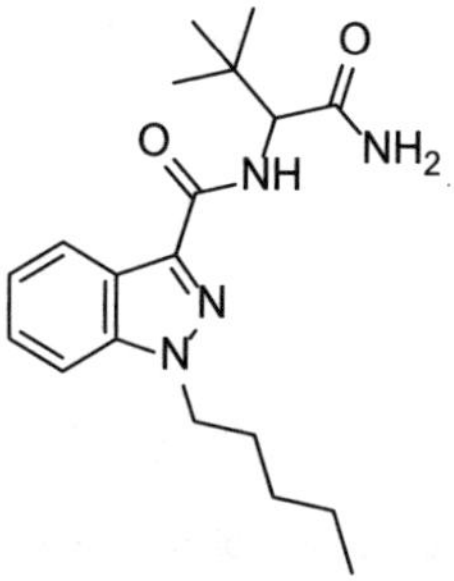

概述:

ADB – PINACA 是大麻素受体的完全激动剂①。2015 年 5 月,新加坡将其列为违禁②。在美国,该物质也受管制。我国于 2015 年 10 月将 ADB – PINACA 列入《非药用类麻醉药品和精神药品管制品种增补目录》管制。

---

① Samuel D. B. and Michael M., "Pharmacology of Indole and Indazole Synthetic Cannabinoid Designer Drugs AB – FUBINACA, ADB – FUBINACA, AB – PINACA, ADB – PINACA, 5F – AB – PINACA, 5F – ADB – PINACA, ADBICA, and 5F – ADBICA", *ACS chemical neuroscience*, 6, 2015, pp. 1546 – 1559.

② *CNB NEWS RELEASE*, 2015 – 04 – 30, Central Narcotics Bureau (CNB).

药理毒理作用:

有疑似致死报告①。在小鼠的药物辨别实验中,ADB－PINACA 可以替代 Δ^9－THC,表明 ADB－PINACA 可能具有 Δ^9－THC 类似的精神依赖性潜力②。

体外药理学评价:

ADB－PINACA 对Ⅰ型和Ⅱ型大麻素受体作用的 EC_{50} 值分别为 0.52 nM 和 0.88 nM③,与 Δ^9－THC 相比其亲和力更高。

药物代谢:

ADB－PINACA 的代谢过程主要是吲哚环上的烷基链羟基化氧化作用后形成羧酸衍生物;在人肝细胞混合培养实验中,可以鉴定出 19 个代谢物④。

依赖性折算:

1 克 ADB－PINACA 相当于 2 克海洛因⑤。

20. AM－1220

名称:AM－1220

---

① Jordan T., et al., "Synthetic cannabinoid－related illnesses and deaths", *N Engl J Med*, 373, 2015, pp. 103－107.

② Jarbe T. U., et al., "Cannabinergic aminoalkylindoles, including AM678 = JWH018 found in 'Spice', examined using drug [Delta(9)－tetrahydrocannabinol] discrimination for rats", *Behav Pharmacol*, 22, 2011, pp. 498－507.

③ Samuel D. B. and Michael M., "Pharmacology of Indole and Indazole Synthetic Cannabinoid Designer Drugs AB－FUBINACA, ADB－FUBINACA, AB－PINACA, ADB－PINACA, 5F－AB－PINACA, 5F－ADB－PINACA, ADBICA, and 5F－ADBICA", *ACS chemical neuroscience*, 6, 2015, pp. 1546－1559. *Forendex: ADB－PINACA*, Forendex, Editor, 2014.

④ Watanabe S., et al., "In vitro metabolism of synthetic cannabinoid AM1220 by human liver microsomes and Cunninghamella elegans using liquid chromatography coupled with high resolution mass spectrometry", *Forensic Toxicol*, 36, 2018, pp. 435－446.

⑤ 国家禁毒委员会:《关于印发〈104 种非药用类麻醉药品和精神药品管制品种依赖性折算表〉的通知》,2016。

通用名：

{1 – [(1 – Methylpiperidin – 2 – yl) methyl] – 1*H* – indol – 3 – yl} (naphthalen – 1 – yl) methanone

{1 – [(*N* – 甲基 – 2 – 哌啶基) 甲基] – 1*H* – 吲哚 – 3 – 基} (1 – 萘基) 甲酮

1 – [(1 – Methylpiperidin – 2 – yl) methyl] – 3 – (1 – naphthoyl) indole

1 – [(*N* – 甲基 – 2 – 哌啶基) 甲基] – 3 – (1 – 萘甲酰基) – 1*H* – 吲哚

(英文缩写：AM – 1220)

(CAS：137642 – 54 – 7)

化学结构：

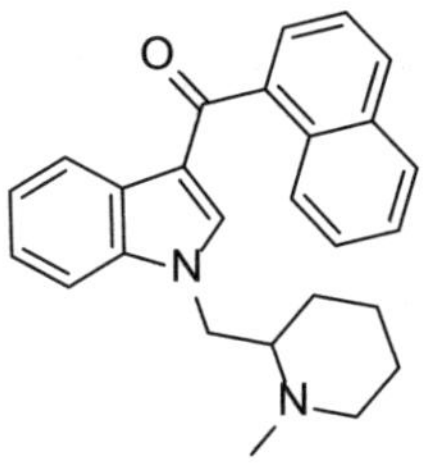

概述：

AM – 1220 别名 AM5983，20 世纪 90 年代初由美国托马斯领导的小组最初发明①，在 2010 年 AM – 1220 首先被检测为合成大麻烟的成分之一②。AM – 1220 是大麻素 Ⅰ 型大麻素受体的选择性激动剂，有两个(R、S)旋光异构体③。我国于 2015 年 10 月将 AM – 1220 列入《非药用类麻醉药品和精神药品管制品种增补目录》管制。

---

① "US patent 5068234, Thomas E. D'Ambraet al., '3 – arylcarbonyl – 1 – (C – attached – N – heteryl) – 1H – indoles', granted 1991 – 11 – 26".

② "Head Shop 'Legal Highs' Active Constituents Identification Chart (July – August 2010)".

③ D'ambra T. E., et al., "C – Attached aminoalkylindoles: potent cannabinoid mimetics", *Bioorg Med Chem Lett*, 6(1) 1996, pp. 17 – 22.

体外药理学评价：

AM－1220 其与Ⅰ型大麻素受体的亲和力是Ⅱ型大麻素受体的 19 倍；其（R）异构体和（S）异构体对Ⅰ型大麻素受体的亲和力 *K*i 值分别为 0.27 nM、217 nM①，与 Δ^9－THC 相比其亲和力更高。

药物代谢：

血浆和尿液样品检测，AM－1220 的主要代谢物为 3－萘吲哚（N－脱烷基化 AM－1220）和单羟基化 AM1220。经人肝微粒体孵育后检测出 9 种代谢产物。经雅致小克银汉霉培养后检测出 7 种代谢产物，2 种系统共检测出 11 种代谢物（其中 5 种代谢物为两系统共有）。人肝微粒体和雅致小克银汉霉中含量最丰富的三种代谢物是地甲基、二氢二醇和羟基代谢物②。

依赖性折算：

1 克 AM－1220 相当于 1.43 克海洛因③。

21. AM－1248

名称：AM－1248

通用名：

（Adamantan－1－yl）{1－[（1－methylpiperidin－2－yl）methyl]－1*H*－indol－3－yl} methanone

（1－金刚烷基）{1－[（1－甲基－2－哌啶基）甲基]－1*H*－吲哚－3－基} 甲酮

1－[（1－Methylpiperidin－2－yl）methyl]－3－（1－adamantoyl）－

---

① D'ambra T. E., et al., "C－Attached aminoalkylindoles: potent cannabinoid mimetics", *Bioorg Med Chem Lett*, 6(1) 1996, pp. 17－22.

② Watanabe S., et al., "In vitro metabolism of synthetic cannabinoid AM1220 by human liver microsomes and Cunninghamella elegans using liquid chromatography coupled with high resolution mass spectrometry", *Forensic Toxicol*, 36, 2018, pp. 435－446.

③ 国家禁毒委员会：《关于印发〈104 种非药用类麻醉药品和精神药品管制品种依赖性折算表〉的通知》，2016。

1H – indole

1 –［(1 – 甲基 – 2 – 哌啶基) 甲基］– 3 – (1 – 金刚烷甲酰基) – 1H – 吲哚

(英文缩写:AM – 1248)

(CAS:335160 – 66 – 2)

化学结构:

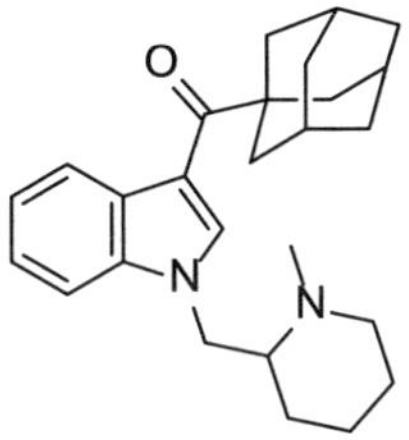

概述:

AM – 1248 是大麻素受体Ⅰ型和Ⅱ型大麻素受体的强效激动剂①。2015 年 6 月 1 日,瑞典公共卫生机构建议将其列为有害物质②。我国于 2015 年 10 月将 AM – 1248 列入《非药用类麻醉药品和精神药品管制品种增补目录》管制。

依赖性折算:

1 克 AM – 1248 相当于 1.43 克海洛因③。

22. AM – 2233

名称:AM – 2233

通用名:

{1 –［(1 – Methylpiperidin – 2 – yl) methyl］– 1H – indol – 3 – yl} (2 – iodophenyl) methanone

---

① Ashino T., et al., "Inhibitory effect of synthetic cannabinoids on CYP1A activity in mouse liver microsomes", *J Toxicol Sci*, 39, 2014, pp. 815 – 820.

② 23 *nya ämnen kan klassas som narkotika eller hälsofarlig vara*, 2015.

③ 国家禁毒委员会:《关于印发〈104 种非药用类麻醉药品和精神药品管制品种依赖性折算表〉的通知》,2016。

{1-[(1-甲基-2-哌啶基)甲基]-1*H*-吲哚-3-基}(2-碘苯基)甲酮

1-[(1-Methylpiperidin-2-yl)methyl]-3-(2-iodobenzoyl)indole

1-[(1-甲基-2-哌啶基)甲基]-3-(2-碘苯甲酰基)-1*H*-吲哚

(英文缩写:AM-2233)

(CAS:444912-75-8)

化学结构:

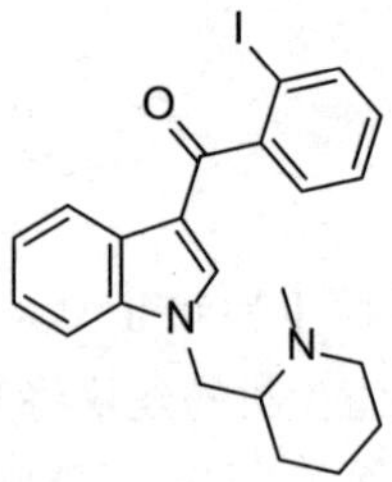

概述:

AM-2233 是大麻素受体完全激动剂,对Ⅰ型和Ⅱ型大麻素受体有很高亲和力;有两种(R,S)旋光异构体,R-异构体对两种受体的亲和力分别是 S-异构体的 300 倍和 260 倍①。我国于 2015 年 10 月将 AM-2233 列入《非药用类麻醉药品和精神药品管制品种增补目录》管制。

药理毒理作用:

在小鼠药物辨别实验中,AM-2233 可以替代 Δ^9-THC,表明 AM-2233 具有 Δ^9-THC 类似的精神依赖性;在大鼠 Δ^9-THC 药物辨别实验中,AM-2233 正确率是 Δ^9-THC 的 2 倍②。

① Deng H., et al., "Potent cannabinergic indole analogues as radioiodinatable brain imaging agents for the CB1 cannabinoid receptor", *J Med Chem*, 48, 2005, pp. 6386-6392.

② Jarbe T. U., et al., "Cannabinergic aminoalkylindoles, including AM678 = JWH018 found in 'Spice', examined using drug [Delta(9)-tetrahydrocannabinol] discrimination for rats", *Behav Pharmacol*, 22, 2011, pp. 498-507.

体外药理学评价：

AM－2233(R)对映体对Ⅰ型和Ⅱ型大麻素受体的亲和力 *K*i 值分别为 1.8 nM 和 2.2 nM①，与 Δ^9－THC 相比其亲和力更高。

依赖性折算：

1 克 AM－2233 相当于 2 克海洛因②。

23. APICA

名称：APICA

通用名：

N－(1－Adamantyl)－1－pentyl－1*H*－indole－3－carboxamide

N－(1－金刚烷基)－1－戊基－1*H*－吲哚－3－甲酰胺

(英文缩写：APICA，2NE1，SDB－001)

(CAS：1345973－50－3)

化学结构：

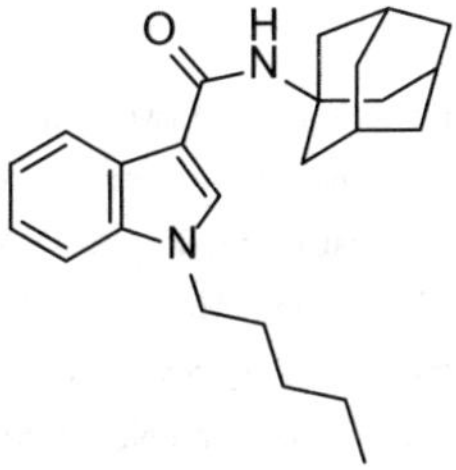

概述：

APICA 别名 SDB－001、2NE1，为大麻受体完全激动剂。2012 年在

① Deng H. F.，"Design and synthesis of selective cannabinoid receptor ligands：Amino-alkylindole and other heterocyclic analogs(PhD Dissertation). University of Connecticut. http://digitalcommons.uconn.edu/dissertations/AAI3034037"，2000.

② 国家禁毒委员会：《关于印发〈104 种非药用类麻醉药品和精神药品管制品种依赖性折算表〉的通知》，2016。

烟草的活性成分中被发现①。其首次被人工合成是由 Banister 在 2013 年完成的②。我国于 2015 年 10 月将 APICA 列入《非药用类麻醉药品和精神药品管制品种增补目录》管制。

药理毒理作用：

对大鼠体温和心脏速率有影响，1 mg/kg、3 mg/kg 和 10 mg/kg 的 APICA 均可引起大鼠体温和心脏速率的下降③。

体外药理学评价：

对Ⅰ型大麻素受体的 EC_{50} 值为 34 nM④；对Ⅰ型大麻素受体的半抑制浓度（IC_{50}）为 175 nM⑤，与 Δ^9 – THC 相比其亲和力更高。

药物代谢：

APICA 经由人肝微粒体代谢，检测到 17 种Ⅰ相和Ⅱ相代谢产物、脂肪族金刚烷环或 N – 戊基侧链上的单羟基化、二羟基化或三羟基化产物。以及葡萄糖醛酸结合的一些单羟基和二羟基代谢物⑥。

---

① Uchiyama N., et al., "Identification of two new – type synthetic cannabinoids, N – (1 – adamantyl) – 1 – pentyl – 1H – indole – 3 – carboxamide (APICA) and N – (1 – adamantyl) – 1 – pentyl – 1H – indazole – 3 – carboxamide (APINACA), and detection of five synthetic cannabinoids, AM – 1220, AM – 2233, AM – 1241, CB – 13 (CRA – 13), and AM – 1248, as designer drugs in illegal products", *Forensic Toxicol*, 30(2) 2012, pp. 114 – 125.

② Banister S. D., et al., "The synthesis and pharmacological evaluation of adamantane – derived indoles: cannabimimetic drugs of abuse", *ACS Chem Neurosci*, 4, 2013, pp. 1081 – 1092.

③ Banister S. D., et al., "The synthesis and pharmacological evaluation of adamantane – derived indoles: cannabimimetic drugs of abuse", *ACS Chem Neurosci*, 4, 2013, pp. 1081 – 1092.

④ Banister S. D., et al., "The synthesis and pharmacological evaluation of adamantane – derived indoles: cannabimimetic drugs of abuse", *ACS Chem Neurosci*, 4, 2013, pp. 1081 – 1092.

⑤ Uchiyama N., et al., "URB – 754: a new class of designer drug and 12 synthetic cannabinoids detected in illegal products", *Forensic Sci Int*, 227, 2013, pp. 21 – 32.

⑥ Gandhi A. S., et al., "First characterization of AKB – 48 metabolism, a novel synthetic cannabinoid, using human hepatocytes and high – resolution mass spectrometry", *AAPS J*, 15, 2013, pp. 1091 – 1098.

依赖性折算：

1 克 APICA 相当于 1.7 克海洛因①。

24. APINACA

名称：APINACA

通用名：

N –（1 – Adamantyl）– 1 – pentyl – 1*H* – indazole – 3 – carboxamide

N –（1 – 金刚烷基）– 1 – 戊基 – 1*H* – 吲唑 – 3 – 甲酰胺

（英文缩写：APINACA，AKB48）

（CAS：1345973 – 53 – 6）

化学结构：

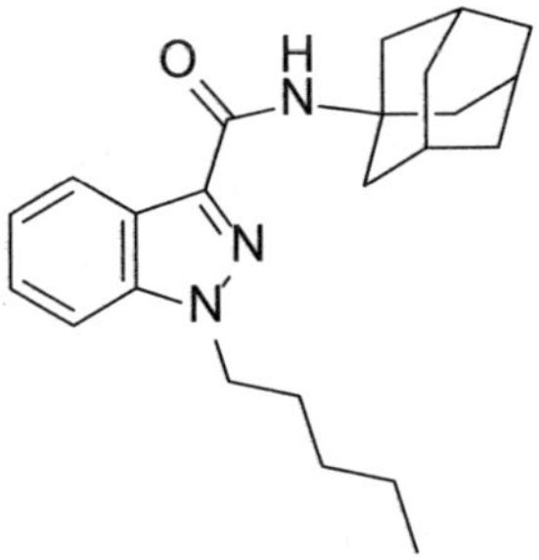

概述：

APINACA 别名 AKB48、AKB – 48；为中等强度的大麻素受体激动剂。2012 年，在日本被定为非法药品②，2012 年 7 月，该物质在新西兰被禁止作为临时药物使用③。2013 年 5 月，美国缉毒署将 AKB48 暂时列

---

① 国家禁毒委员会：《关于印发〈104 种非药用类麻醉药品和精神药品管制品种依赖性折算表〉的通知》，2016。

② *Designation of "Shitei Yakubutsu" (designated substances), based on the Law on Securing Quality, Efficacy and Safety of Products Including Pharmaceuticals and Medical Devices (hereinafter referred to as the "Act").* (1960, *Law No.* 145), W. Notification, Editor.

③ *Temporary Class Drug Notice*, 5 *July* 2012, *Department of Internal Affairs*, *New Zealand*, 2012.

入表Ⅰ类管制药品①。2013年捷克共和国也将其列为管制物质②。同年11月,该物质在拉脱维亚被禁用。2015年5月,新加坡将其列为管制物质③。我国于2015年10月将APINACA列入《非药用类麻醉药品和精神药品管制品种增补目录》管制。

药理毒理作用:

AKB48能够抑制小鼠的自发活动,在注射AKB48 10~20分钟内开始,并作用持续70~100分钟④。在小鼠药物辨别实验中,AKB48可以替代Δ^9-THC,表明AKB48具有Δ^9-THC类似的精神依赖性潜力⑤。

体外药理学评价:

对于Ⅰ型大麻素受体,亲和力常数*K*i值为304.5 nM,EC_{50}为585 nM⑥,与Δ^9-THC相比其亲和力较低。

药物代谢:

主要为金刚烷基部分的单、双和三羟基化或组合N-戊基吲唑残基的羟基化作用;同时也有N-戊基侧链的氧化,形成酮和N-去烷基产

① *AKB48 (APINACA) and 5F-AKB48 (5F-APINACA), AKB48 (APINACA) and 5F-AKB48 (5F-APINACA), Drug Enforcement Administration*, 2015.

② *CNB news release*. 2015, Central Narcotics Bureau (CNB).

③ *Gesetz über den Verkehr mit Betäubungsmitteln (Betäubungsmittelgesetz - BtMG) Anlage II (zu § 1 Abs. 1) (verkehrsfähige, aber nicht verschreibungsfähige Betäubungsmittel)*. 2015.

④ Ossato A., et al., "Psychostimulant Effect of the Synthetic Cannabinoid JWH-018 and AKB48: Behavioral, Neurochemical, and Dopamine Transporter Scan Imaging Studies in Mice", *Front Psychiatry*, 8, 2017, p. 130.

⑤ Canazza I., et al., "Effect of the novel synthetic cannabinoids AKB48 and 5F-AKB48 on 'tetrad', sensorimotor, neurological and neurochemical responses in mice. In vitro and in vivo pharmacological studies", *Psychopharmacology (Berl)*, 233, 2016, pp. 3685-3709.

⑥ Uchiyama N., et al., "URB-754: a new class of designer drug and 12 synthetic cannabinoids detected in illegal products", *Forensic Sci Int*, 227, 2013, pp. 21-32.

物[①]。

依赖性折算：

1 克 APINACA 相当于 4 克海洛因[②]。

25. CB－13

名称:CB－13

通用名：

(4－Pentyloxynaphthalen－1－yl)(naphthalen－1－yl)methanone

1－萘基－(4－戊氧基萘基)甲酮

1－(1－Naphthalenoyl)－4－pentyloxynaphthalen

1－(1－萘甲酰基)－4－戊氧基萘

(英文缩写:CB－13, CRA13, SAB－378)

(CAS:432047－72－8)

化学结构：

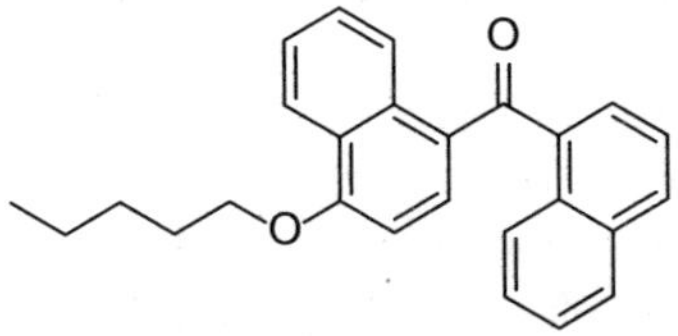

概述：

CB－13 别名 CRA13、SAB－378;为强效Ⅰ型和Ⅱ型大麻素受体激

① Mardal M., et al., "Metabolism of the synthetic cannabinoids AMB－CHMICA and 5C－AKB48 in pooled human hepatocytes and rat hepatocytes analyzed by UHPLC－(IMS)－HR－MSE", *J Chromatogr B Analyt Technol Biomed Life Sci.*, 1083, 2018, pp. 189－197.

② 国家禁毒委员会:《关于印发〈104 种非药用类麻醉药品和精神药品管制品种依赖性折算表〉的通知》,2016。

动剂①。我国于 2015 年 10 月将 CB－13 列入《非药用类麻醉药品和精神药品管制品种增补目录》管制。

药理毒理作用：

CB－13 血脑屏障穿透能力差，因此在低剂量时只产生外周效应；在高剂量则会出现中枢性僵直。目前作为抗痛觉过敏药物开发，已经进入临床人体试验阶段②。

体外药理学评价：

CB－13 对Ⅰ型和Ⅱ型大麻素受体的 EC_{50} 值分别为 6.1 nM、27.9 nM，与 Δ^9－THC 相比其亲和力更高③。

---

① Cluny N. L.，et al.，"Naphthalen－1－yl－(4－pentyloxynaphthalen－1－yl) methanone (SAB378), a peripherally restricted cannabinoid CB1/CB2 receptor agonist, inhibits gastrointestinal motility but has no effect on experimental colitis in mice", *J Pharmacol Exp Ther*, 334, 2010, pp. 973－980. Dziadulewicz E. K.，et al.，"Naphthalen－1－yl－(4－pentyloxynaphthalen－1－yl) methanone: a potent, orally bioavailable human CB1/CB2 dual agonist with antihyperalgesic properties and restricted central nervous system penetration", *J Med Chem*, 50, 2007, pp. 3851－3856.

② Dziadulewicz E. K.，et al.，"Naphthalen－1－yl－(4－pentyloxynaphthalen－1－yl) methanone: a potent, orally bioavailable human CB1/CB2 dual agonist with antihyperalgesic properties and restricted central nervous system penetration", *J Med Chem*, 50, 2007, pp. 3851－3856. Gardin A.，et al.，"Cannabinoid receptor agonist 13, a novel cannabinoid agonist: first in human pharmacokinetics and safety", *Drug Metab Dispos*, 37, 2009, pp. 827－833.

③ Dziadulewicz E. K.，et al.，"Naphthalen－1－yl－(4－pentyloxynaphthalen－1－yl) methanone: a potent, orally bioavailable human CB1/CB2 dual agonist with antihyperalgesic properties and restricted central nervous system penetration", *J Med Chem*, 50, 2007, pp. 3851－3856. Hassan A. H. E.，et al.，"Synthesis of oxidative metabolites of CRA13 and their analogs: Identification of CRA13 active metabolites and analogs thereof with selective CB2R affinity", *Bioorg Med Chem*, 26, 2018, pp. 5069－5078. Cluny N. L.，et al.，"Naphthalen－1－yl－(4－pentyloxynaphthalen－1－yl) methanone (SAB378), a peripherally restricted cannabinoid CB1/CB2 receptor agonist, inhibits gastrointestinal motility but has no effect on experimental colitis in mice", *J Pharmacol Exp Ther*, 334, 2010, pp. 973－980.

药物代谢：

CB－13 在大鼠和人肝微粒体中的代谢稳定性高，主要经过氧代谢[①]。

依赖性折算：

1 克 CB－13 相当于 23.6 克海洛因[②]。

26. CUMYL－THPINACA

名称：CUMYL－THPINACA

通用名：

N－(2－Phenylpropan－2－yl)－1－(tetrahydropyran－4－ylmethyl)－1*H*－indazole－3－carboxamide

N－(2－苯基－2－丙基)－1－(4－四氢吡喃基甲基)－1*H*－吲唑－3－甲酰胺

(英文缩写：CUMYL－THPINACA)

(CAS：1400742－50－8)

化学结构：

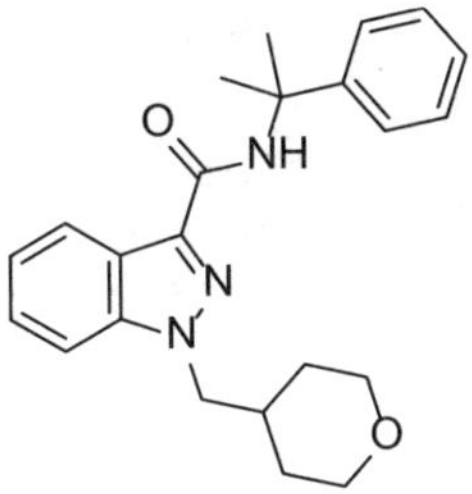

概述：

CUMYL－THPINACA 别名 SGT－42；是大麻受体强效激动剂。瑞

---

① Hassan A. H. E., et al., "(1)H－NMR and (13)C－NMR dataset for some oxidative metabolites of CRA13 and their analogs", *Data Brief*, 21, 2018, pp. 485－500.

② 国家禁毒委员会：《关于印发〈104 种非药用类麻醉药品和精神药品管制品种依赖性折算表〉的通知》，2016。

典公共卫生机构于 2014 年 11 月 10 日将其归类为有害物质①。我国于 2015 年 10 月将 CUMYL－THPINACA 列入《非药用类麻醉药品和精神药品管制品种增补目录》管制。

体外药理学评价：

CUMYL－THPINACA 对Ⅰ型和Ⅱ型大麻素受体的 EC_{50} 分别为 0.1 nM、0.59 nM②，与 Δ^9－THC 相比其亲和力更高。

依赖性折算：

1 克 CUMYL－THPINACA 相当于 4 克海洛因③。

27. EAM－2201

名称：EAM－2201

通用名：

[1－(5－Fluoropentyl)－1*H*－indol－3－yl](4－ethylnaphthalen－1－yl)methanone

[1－(5－氟戊基)－1*H*－吲哚－3－基](4－乙基萘基)甲酮

1－(5－Fluoropentyl)－3－(4－ethylnaphthoyl)－1*H*－indole

1－(5－氟戊基)－3－(4－乙基萘甲酰基)－1*H*－吲哚

(英文缩写：EAM－2201)

(CAS：1364933－60－7)

---

① *Cannabinoider föreslås bli klassade som hälsofarlig vara*, 2015.

② Bowden, *Cannabinoid compounds*, 2013.04.11：New Zealand.

③ 国家禁毒委员会：《关于印发〈104 种非药用类麻醉药品和精神药品管制品种依赖性折算表〉的通知》，2016。

化学结构：

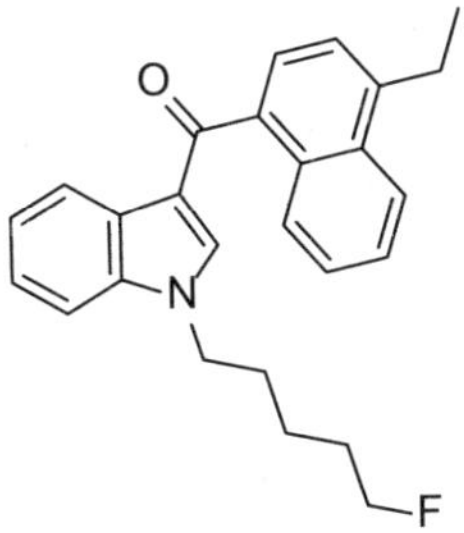

概述：

EAM－2201 别名 4′－ethyl－AM－2201、5″－fluoro－JWH－210；是大麻素受体的完全激动剂①。2012 年 12 月，该物质在新西兰被禁止作为临时类药物②；在德国也受到管制③。我国于 2015 年 10 月将 EAM－2201 列入《非药用类麻醉药品和精神药品管制品种增补目录》管制。在结构上，EAM－2201 是由 2 个已知的大麻素 JWH－210 和 AM－2201 相连组成，这两个以前被用作合成大麻活性成分的化合物在许多国家被禁止。

药理毒理作用：

在小鼠条件性位置偏爱实验中，EAM－2201 可诱导小鼠出现条件性位置偏爱；在小鼠药物辨别实验中，EAM－2201 可替代 Δ^9－THC，表明 EAM－2201 具有精神依赖性潜力④。

体外药理学评价：

EAM－2201 对 Ⅰ 型和 Ⅱ 型大麻素受体的亲和力 *K*i 值分别为

---

① Kim J. H., et al., "In vitro metabolism of a novel synthetic cannabinoid, EAM－2201, in human liver microsomes and human recombinant cytochrome P450s", *J Pharm Biomed Anal*, 119, 2016, pp. 50－58.

② Banister S. D., et al., "The synthesis and pharmacological evaluation of adamantane－derived indoles: cannabimimetic drugs of abuse", *ACS Chem Neurosci*, 4, 2013, pp. 1081－1092.

③ *Bay of Plenty Times. Amputee: K2 takes away my pain. New Zealand Herald.* 2012.

④ Marusich J. A., et al., "Finding order in chemical chaos – Continuing characterization of synthetic cannabinoid receptor agonists", *Neuropharmacology*, 134, 2018, pp. 73－81.

0.380 nM 和 0.371 nM①，与 Δ^9 – THC 相比其亲和力更高。

药物代谢：

在人肝微粒体体外代谢系统中，可以鉴定出至少 37 种 EAM – 2201 的代谢组分之一：JWH – 210 的代谢产物，主要代谢过程包括羟基化、氧化脱氟、N – 去烷基等②。

依赖性折算：

1 克 EAM – 2201 相当于 10 克海洛因③。

28. FUB – JWH – 018

名称：FUB – JWH – 018

通用名：

[1 – (4 – Fluorobenzyl) – 1*H* – indol – 3 – yl] (naphthalen – 1 – yl) methanone

[1 – (4 – 氟苄基) – 1*H* – 吲哚 – 3 – 基] (1 – 萘基) 甲酮

1 – (4 – Fluorobenzyl) – 3 – (1 – naphthoyl) – 1*H* – indole

1 – (4 – 氟苄基) – 3 – (1 – 萘甲酰基) – 1*H* – 吲哚

（英文缩写：FUB – JWH – 018）

（CAS：无）

---

① Hess C., et al., "Pharmacological evaluation of synthetic cannabinoids identified as constituents of spice", *Forensic Toxicol*, 34, 2016, pp. 329 – 343.

② Kong T. Y., et al., "In vitro inhibitory effects of synthetic cannabinoid EAM – 2201 on cytochrome P450 and UDP – glucuronosyltransferase enzyme activities in human liver microsomes", *Molecules*, 23, 2018, p. e920.

③ 国家禁毒委员会：《关于印发〈104 种非药用类麻醉药品和精神药品管制品种依赖性折算表〉的通知》，2016。

化学结构：

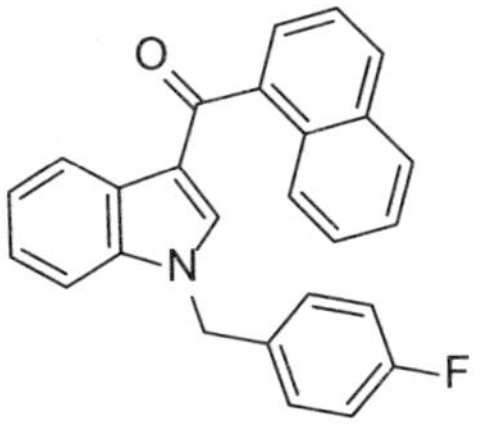

概述：

FUB－JWH－018 别名 FUB－018、NE－FUBIMO；参照结构类似物 JWH－015，是来自萘吲哚家族的选择性大麻素激动剂，它选择性激动Ⅱ型大麻素受体①，可抑制神经胶质细胞的激活。它还具有免疫调节作用②，以及Ⅱ型大麻素受体激动作用，可能用于疼痛和炎症的临床治疗③。我国于 2015 年 10 月将 FUB－JWH－018 列入《非药用类麻醉药品和精神药品管制品种增补目录》管制。

体外毒理学评价：

FUB－JWH－018 对Ⅰ型和Ⅱ型大麻素受体的亲和力 *K*i 值分别为 1.0 nM、2.6 nM④，与 Δ^9－THC 相比其亲和力更高。

药物代谢：

主要代谢物是由烷基链 N－C 键导致的 N－脱烷基化、氧化、羟基

① Sun Y., et al., "Intrathecal injection of JWH015 attenuates remifentanil－induced postoperative hyperalgesia by inhibiting activation of spinal glia in a rat model", *Anesth Analg*, 118, 2014, pp. 841－853.

② Ghosh S., et al., "Cannabinoid receptor CB2 modulates the CXCL12/CXCR4－mediated chemotaxis of T lymphocytes", *Mol Immunol*, 43, 2006, pp. 2169－2179.

③ Romero－Sandoval A. and Eisenach J. C., "Spinal cannabinoid receptor type 2 activation reduces hypersensitivity and spinal cord glial activation after paw incision", *Anesthesiology*, 106, 2007, pp. 787－794.

④ Sun Y., et al., "Intrathecal injection of JWH015 attenuates remifentanil－induced postoperative hyperalgesia by inhibiting activation of spinal glia in a rat model", *Anesth Analg*, 118, 2014, pp. 841－853.

化和羧化作用的裂解衍生，和各位点的甲基吲哚和萘部分的羟基化上①。体外大鼠肝微粒体代谢实验显示其代谢物有 22 种②。

依赖性折算：

1 克 FUB – JWH – 018 相当于 4 克海洛因③。

29. FUB – PB – 22

名称：FUB – PB – 22

通用名：

Quinolin – 8 – yl 1 –（4 – fluorobenzyl）– 1*H* – indole – 3 – carboxylate

1 –（4 – 氟苄基）– 1*H* – 吲哚 – 3 – 甲酸 – 8 – 喹啉酯

（英文缩写：FUB – PB – 22）

（CAS：1800098 – 36 – 5）

化学结构：

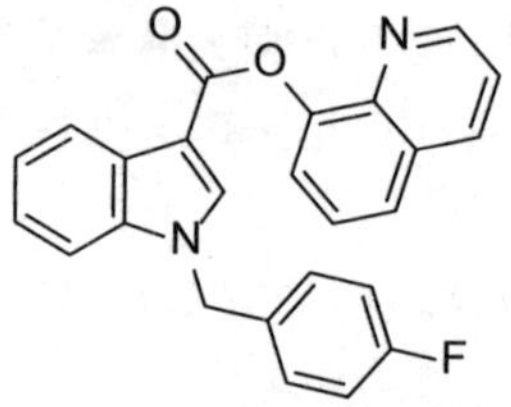

概述：

FUB – PB – 22 是 PB – 22 的氟代类似物，在 2014 年，首先由日本研究人员报道，为大麻素受体完全激动剂；对Ⅰ型和Ⅱ型大麻素受体没有

---

① Strano – Rossi S., et al., "Metabolism of JWH – 015, JWH – 098, JWH – 251, and JWH – 307 in silico and in vitro: a pilot study for the detection of unknown synthetic cannabinoids metabolites", *Anal Bioanal Chem*, 406, 2014, pp. 3621 – 3636.

② Zhang Q., et al., "Identification of in vitro metabolites of JWH – 015, an aminoalkylindole agonist for the peripheral cannabinoid receptor（CB2）by HPLC – MS/MS", *Anal Bioanal Chem*, 386, 2006, pp. 1345 – 1355.

③ 国家禁毒委员会：《关于印发〈104 种非药用类麻醉药品和精神药品管制品种依赖性折算表〉的通知》，2016。

选择性①。2014 年在德国和瑞典被列为管制物质。2014 年 7 月其被日本纳入管制计划。我国于 2015 年 10 月将 FUB－PB－22 列入《非药用类麻醉药品和精神药品管制品种增补目录》管制。

药理毒理作用：

在小鼠药物辨别实验中，FUB－PB－22 可以部分替代 Δ^9－THC，表明此化合物可能具有 Δ^9－THC 类似的精神依赖性②。

体外药理学作用：

对Ⅰ型和Ⅱ型大麻素受体受体亲和力 *K*i 值分别为 0.386 nM 和 0.478 nM③，与 Δ^9－THC 相比其亲和力更高。

药物代谢：

人肝细胞检测中，共发现 7 个代谢产物，主要分为两类化合物，即氟苄基吲哚－3－羧酸（FBI－COOH）和羟基化 FBI－COOH。在尿液中，氟苄基吲哚－3－羧酸（FBI－COOH）和羟基化 FBI－COOH 也是其主要代谢产物④。

依赖性折算：

1 克 FUB－PB－22 相当于 2 克海洛因⑤。

---

① Uchiyama N., et al., "Chemical analysis of a benzofuran derivative, 2－(2－ethylaminopropyl) benzofuran (2－EAPB), eight synthetic cannabinoids, five cathinone derivatives, and five other designer drugs newly detected in illegal products", *Forensic Toxicology*, 32, 2014, pp. 266－281.

② Michael B. G. and Michael J. F., "Δ^9－Tetrahydrocannabinol－like discriminative stimulus effects of five novel synthetic cannabinoids in rats", *Psychopharmacology*, 235, 2018, pp. 673－680.

③ Hess C., et al., "Pharmacological evaluation of synthetic cannabinoids identified as constituents of spice", *Forensic Toxicol*, 34, 2016, pp. 329－343.

④ Diao X., et al., "In vitro and in vivo human metabolism of synthetic cannabinoids FDU－PB－22 and FUB－PB－22", *AAPS J*, 18, 2016, pp. 455－464.

⑤ 国家禁毒委员会：《关于印发〈104 种非药用类麻醉药品和精神药品管制品种依赖性折算表〉的通知》，2016。

30. JWH－007

名称:JWH－007

通用名:

(2－Methyl－1－pentyl－1*H*－indol－3－yl)(naphthalen－1－yl) methanone

(2－甲基－1－戊基－1*H*－吲哚－3－基)－(1－萘基)甲酮

2－Methyl－3－(1－naphthoyl)－1－pentyl－1*H*－indole

1－戊基－2－甲基－3－(1－萘甲酰基)－1*H*－吲哚

(英文缩写:JWH－007)

(CAS:155471－10－6)

化学结构:

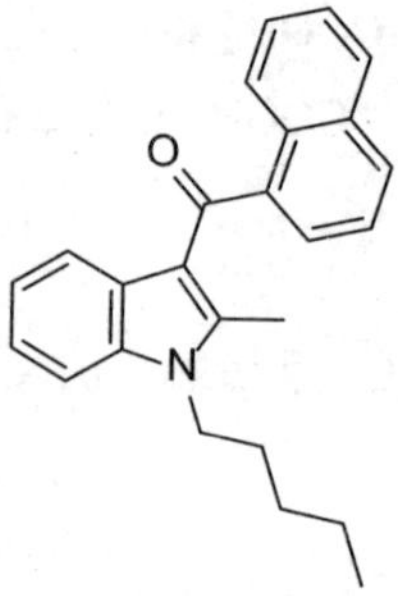

概述:

JWH－007 是大麻素受体完全激动剂。注意不要和 JHW－007(一种可卡因类似物)相混淆。JWH－007 是来自萘吲哚家族,是大麻素Ⅰ型和Ⅱ型大麻素受体激动剂。JWH－007 的 2－去甲基衍生物 JWH－018 具有稍高的 CB_1结合亲和力。2010 年 10 月该物质在瑞典作为危害健康的有害物质被禁止①。2010 年 6 月,该物质在波兰被列为管制物质②。我国于 2015 年 10 月将 JWH－007 列入《非药用类麻醉药品和精

① Bowden, *Cannabinoid compounds*, 2013: New Zealand.

② *Ustawa z dnia* 15 *kwietnia* 2011 *r. o zmianie ustawy o przeciwdział9aniu narkomanii* (*Dz. U.* 2011 *nr* 105 *poz.* 614), ISAP, Editor, 2011.

神药品管制品种增补目录》管制。

体外药理学评价：

JWH－007 对Ⅰ型和Ⅱ型大麻素受体的亲和力 *K*i 值分别为 9.50 nM、2.94 nM[①]，与 Δ^9－THC 相比其亲和力更高。

药物代谢：

通过滥用者的毛发鉴定，主要代谢产物为羟化物 N－戊酸产物。尿样检测中，一羟基化、二羟基化和 N－己酸/戊酸代谢物含量较高[②]。

依赖性折算：

1 克 JWH－007 相当于 4 克海洛因[③]。

31. JWH－015

名称：JWH－015

通用名：

(2－Methyl－1－propyl－1*H*－indol－3－yl)(naphthalen－1－yl) methanone

(2－甲基－1－丙基－1*H*－吲哚－3－基)－(1－萘基)甲酮

3－(1－Naphthoyl)－2－methyl－1－propyl－1*H*－indole

1－丙基－2－甲基－3－(1－萘甲酰基)－1*H*－吲哚

(英文缩写：JWH－015)

(CAS：155471－08－2)

---

① Aung M. M. and Griffin G., "Influence of the N－1 alkyl chain length of cannabimimetic indoles upon CB1 and CB2 receptor binding", *Drug Alcohol Depend*, 2000, pp. 133－140.

② Hutter M., et al., "Metabolism of nine synthetic cannabinoid receptor agonists encountered in clinical casework: major in vivo phase I metabolites of AM－694, AM－2201, JWH－007, JWH－019, JWH－203, JWH－307, MAM－2201, UR－144 and XLR－11 in human urine using LC－MS/MS", *Curr Pharm Biotechnol*, 19, 2018, pp. 144－162.

③ 国家禁毒委员会：《关于印发〈104 种非药用类麻醉药品和精神药品管制品种依赖性折算表〉的通知》，2016。

化学结构：

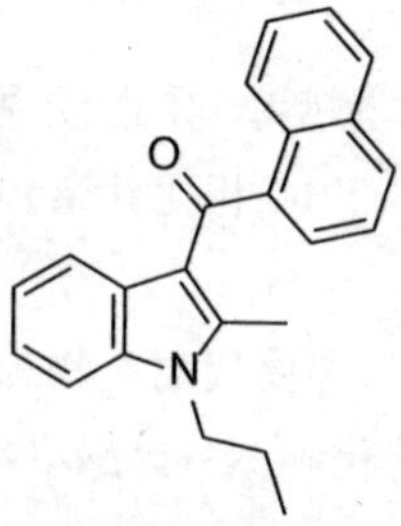

概述：

JWH－015 是选择性大麻素受体激动剂，对Ⅱ型大麻素受体的结和力高于 $CB_1$①。我国于 2015 年 10 月将 JWH－015 列入《非药用类麻醉药品和精神药品管制品种增补目录》管制。

药理毒理作用：

细胞实验发现其存在免疫抑制②。

体外药理学评价：

JWH－015 对Ⅰ型和Ⅱ型大麻素受体亲和力 *K*i 值分别为 383 nM、13.8 nM③，与 Δ^9－THC 相比其亲和力较低。

药物代谢：

JWH－015 的主要代谢方式是由烷基链 N－C 键导致的 N－脱烷基化、氧化、羟基化和羧化作用的裂解衍生，和各位点的甲基吲哚和萘部分

---

① Marriott K. S. and Huffman J. W., "Recent advances in the development of selective ligands for the cannabinoid CB(2) receptor", *Curr Top Med Chem*, 8, 2008, pp. 187－204. Montecucco F., et al., "CB2 cannabinoid receptor agonist JWH－015 modulates human monocyte migration through defined intracellular signaling pathways", *Am J Physiol Heart Circ Physiol*, 294, 2008, pp. 1145－1155.

② Olea－Herrero N., et al., "Inhibition of human tumour prostate PC－3 cell growth by cannabinoids R(＋)－Methanandamide and JWH－015: involvement of CB2", *Br J Cancer*, 101, 2009, pp. 940－950.

③ Aung M. M., et al., "Influence of the N－1 alkyl chain length of cannabimimetic indoles upon CB 1 and CB 2 receptor binding", *Drug Alcohol Depend*, 60, 2000, pp. 133－140.

的羟基化上。体外大鼠肝微粒体代谢实验显示其代谢物有 22 种①。

依赖性折算：

1 克 JWH－015 相当于 4 克海洛因②。

32. JWH－019

名称:JWH－019

通用名：

(1－Hexyl－1*H*－indol－3－yl)(naphthalen－1－yl)methanone

(1－己基－1*H*－吲哚－3－基)－(1－萘基)甲酮

1－ Hexyl－3－(1－naphthoyl)－1*H*－indole

1－己基－3－(1－萘甲酰基)－1*H*－吲哚

(英文缩写:JWH－019)

(CAS:209414－08－4)

化学结构：

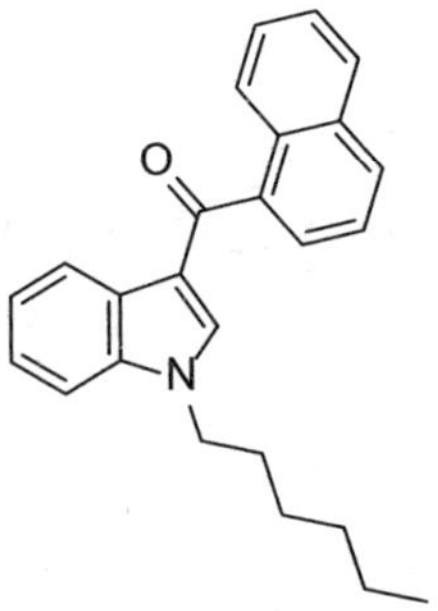

---

① Zhang Q.，et al.，"In vitro metabolism of R(＋)－[2,3－dihydro－5－methyl－3－[(morpholinyl)methyl]pyrrolo[1,2,3－de]1,4－benzoxazinyl]－(1－naphthalenyl) methanone mesylate, a cannabinoid receptor agonist"，*Drug Metab Dispos*，30，2002，pp. 1077－1086. Zhang Q.，et al.，"Identification of in vitro metabolites of JWH－015，an aminoalkylindole agonist for the peripheral cannabinoid receptor (CB2) by HPLC－MS/MS"，*Anal Bioanal Chem*，386，2006，pp. 1155－1345.

② 国家禁毒委员会:《关于印发〈104 种非药用类麻醉药品和精神药品管制品种依赖性折算表〉的通知》,2016。

概述：

JWH－019是大麻素受体Ⅰ型和Ⅱ型大麻素受体完全激动剂，对Ⅰ型和Ⅱ型大麻素受体没有选择性①。其在波兰②是非法的，在英国和美国的弗吉尼亚州也被列为管制③。我国于2015年10月将JWH－019列入《非药用类麻醉药品和精神药品管制品种增补目录》管制。

体外药理学评价：

JWH－019对Ⅰ型和Ⅱ型大麻素受体的亲和力*K*i值分别为9.80 nM和5.55 nM④，与Δ^9－THC相比其亲和力更高。

药物代谢：

JWH－019代谢主要表现为过羟基化，产生N－已酸代谢物⑤。

依赖性折算：

1克JWH－019相当于4克海洛因⑥。

33. JWH－081

名称：JWH－081

通用名：

(1－Pentyl－1*H*－indol－3－yl)(4－methoxynaphthalen－1－yl)methanone

---

① Ashton J. C., et al., "Cannabinoid CB1 and CB2 receptor ligand specificity and the development of CB2－selective agonists", *Curr Med Chem*, 15, 2008, pp. 1428－1443.

② https://en.wikipedia.org/wiki/JWH－019, 2011.

③ *AB－CHMINACA*, *Cayman chemicals*, https://www.caymanchem.com/product/16616.

④ Aung M. M., et al., "Influence of the N－1 alkyl chain length of cannabimimetic indoles upon CB(1) and CB(2) receptor binding", *Drug Alcohol Depend*, 60, 2000, pp. 133－140.

⑤ Poso A. and Huffman J. W., "Targeting the cannabinoid CB2 receptor: modelling and structural determinants of CB2 selective ligands", *Br J Pharmacol*, 153, 2008, pp. 335－346.

⑥ 国家禁毒委员会:《关于印发〈104种非药用类麻醉药品和精神药品管制品种依赖性折算表〉的通知》,2016。

(1-戊基-1H-吲哚-3-基)(4-甲氧基-1-萘基)甲酮

1- Pentyl-3-(4-methoxy-1-naphthoyl)-1H-indole

1-戊基-3-(4-甲氧基-1-萘甲酰基)-1H-吲哚

(英文缩写:JWH-081)

(CAS:210179-46-7)

化学结构:

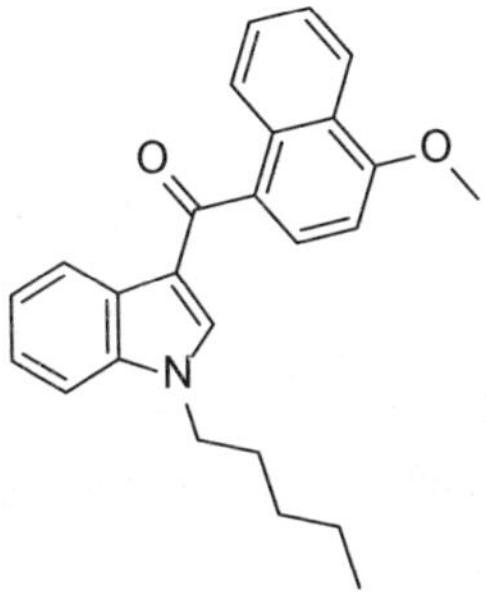

概述:

JWH-081是大麻素受体激动剂,对Ⅰ型大麻素受体作用强于和Ⅱ型大麻素受体[①]。我国于2015年10月将JWH-081列入《非药用类麻醉药品和精神药品管制品种增补目录》管制。

药理毒理作用:

JWH-081剂量过高时有明显的神经毒性[②]。0.1 mg/kg JWH-081可以诱导小鼠产生明显的条件性位置偏爱效应,表明具有一定的精神依赖性潜力[③]。

---

① Aung M. M., et al., "Influence of the N-1 alkyl chain length of cannabimimetic indoles upon CB(1) and CB(2) receptor binding", *Drug Alcohol Depend*, 60, 2000, pp. 133-140.

② Cha H. J., et al., "Neurotoxicity of synthetic cannabinoids JWH-081 and JWH-210", *Biomol Ther (Seoul)*, 23, 2015, pp. 597-603.

③ Cha H. J., et al., "Neurotoxicity of synthetic cannabinoids JWH-081 and JWH-210", *Biomol Ther (Seoul)*, 23, 2015, pp. 597-603.

体外药理学评价：

对Ⅰ型和Ⅱ型大麻素受体的亲和力 *K*i 值分别为 1.2 nM、12.4 nM①。

依赖性折算：

1 克 JWH－081 相当于 34 克海洛因②。

34. JWH－122

名称：JWH－122

通用名：

(1－Pentyl－1*H*－indol－3－yl)(4－methylnaphthalen－1－yl)methanone

(1－戊基－1*H*－吲哚－3－基)(4－甲基－1－萘基)甲酮

1－Pentyl－3－(4－methyl－1－naphthoyl)－1*H*－indole

1－戊基－3－(4－甲基－1－萘甲酰基)－1*H*－吲哚

(英文缩写：JWH－122)

(CAS：619294－47－2)

化学结构：

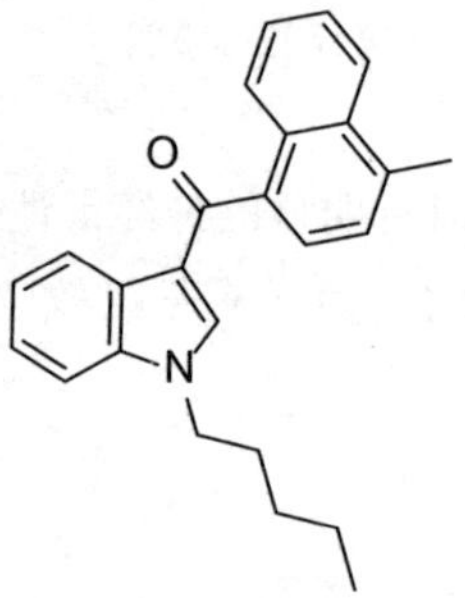

① Huffman J. W., et al., "Structure－activity relationships for 1－alkyl－3－(1－naphthoyl) indoles at the cannabinoid CB(1) and CB(2) receptors: steric and electronic effects of naphthoyl substituents. New highly selective CB(2) receptor agonists", *Bioorg Med Chem*, 13, 2005, pp. 89－112.

② 国家禁毒委员会：《关于印发〈104 种非药用类麻醉药品和精神药品管制品种依赖性折算表〉的通知》,2016。

概述：

JWH－122 是大麻素受体完全激动剂，对Ⅰ型和Ⅱ型大麻素受体作用基本相同①，在 2010 年最流行。我国于 2015 年 10 月将 JWH－122 列入《非药用类麻醉药品和精神药品管制品种增补目录》管制。根据“毒药标准”（2015 年 10 月），该物质在澳大利亚被视为管制物质②。

药理毒理作用：

使用者常见心动过速、幻觉、高血压、轻微的血糖升高，低血钾和呕吐等，也偶有胸痛、癫痫发作、肌阵挛性和急性精神病③。在小鼠药物辨别实验中，JWH－122 可替代 Δ^9－THC，表明 JWH－122 具有 Δ^9－THC 类似的精神依赖性④。

体外药理学评价：

JWH－122 对Ⅰ型和Ⅱ型大麻素受体的亲和力 *K*i 值分别为 0.69 nM、1.2 nM⑤。

药物代谢：

人肝微粒体体外研究显示，JWH－122 产生的代谢物包括 N－5－羟基化、N－4－羟基和羧基 JWH－122 代谢物，其中 N－4－羟基 JWH－122 为其主要代谢产物。采用嵌合小鼠进行体内实验，灌胃小鼠 JWH－

---

① Hermanns－Clausen M.，et al.，“Acute toxicity due to the confirmed consumption of synthetic cannabinoids: clinical and laboratory findings”，*Addiction*，108，2013，pp. 534－544.

② *Poisons Standard*，*October* 2015，https://www.comlaw.gov.au/Details/F2015L01534，2015.

③ Hermanns－Clausen M.，et al.，“Acute toxicity due to the confirmed consumption of synthetic cannabinoids: clinical and laboratory findings”，*Addiction*，108，2013，pp. 534－544.

④ Gatch M. B. and Forster M.，“Δ(9)－Tetrahydrocannabinol－like effects of novel synthetic cannabinoids in mice and rats”，*Psychopharmacology*（*Berl*），233，2016，pp. 1901－1910.

⑤ Huffman J. W.，et al.，“Structure－activity relationships for 1－alkyl－3－(1－naphthoyl) indoles at the cannabinoid CB(1) and CB(2) receptors: steric and electronic effects of naphthoyl substituents. New highly selective CB(2) receptor agonists”，*Bioorg Med Chem*，13，2005，pp. 89－112.

122,尿液分析发现体内代谢物均以葡萄糖醛酸或硫酸盐形式共轭排泄,共轭率在 50% 以上①。

依赖性折算:

1 克 JWH－122 相当于 3.7 克海洛因②。

35. JWH－203

名称:JWH－203

通用名:

2－(2－Chlorophenyl)－1－(1－pentyl－1*H*－indol－3－yl)ethan－1－one

1－(1－戊基－1*H*－吲哚－3－基)－2－(2－氯苯基)－1－乙酮

3－(2－Chlorophenylacetyl)－1－pentyl－1*H*－indole

1－戊基－3－(2－氯苯乙酰基)－1*H*－吲哚

(英文缩写:JWH－203)

(CAS:864445－54－5)

化学结构:

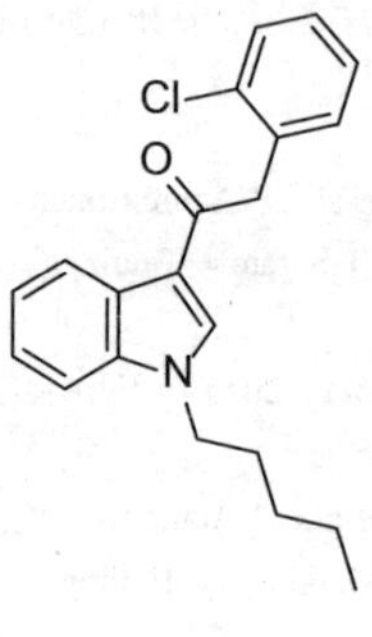

---

① De Brabanter N., et al., "In vitro and in vivo metabolisms of 1－pentyl－3－(4－methyl－1－naphthoyl)indole (JWH－122)", *Forensic Toxicol*, 31, 2013, pp. 212－222.

② 国家禁毒委员会:《关于印发〈104 种非药用类麻醉药品和精神药品管制品种依赖性折算表〉的通知》,2016。

概述：

JWH－203 是大麻素受体完全激动剂，对Ⅰ型和Ⅱ型大麻素受体的亲和力相当①。我国于 2015 年 10 月将 JWH－203 列入《非药用类麻醉药品和精神药品管制品种增补目录》管制。

药理毒理作用：

在大鼠的药物辨别实验中，JWH－203 可替代 Δ^9－THC，表明 JWH－203 具有 Δ^9－THC 类似的精神依赖性②。

体外毒理学评价：

JWH－203 对Ⅰ型和Ⅱ型大麻素受体的亲和力常数分别为 8.0 nM、7.0 nM③，与 Δ^9－THC 相比其亲和力更高。

药物代谢：

体内和体外实验均表明，羟基化是主要的代谢途径，JHW－203 的三羟基化代谢产物，其中 N－戊基链上含羟基的单羟基代谢物最丰富。N－烷基链和 N－脱烷基是次要的代谢途径。在尿中很少或几乎检测不到原型成分 JWH－203④。

依赖性折算：

1 克 JWH－203 相当于 0.37 克海洛因⑤。

---

① Huffman J. W., et al., "1－Pentyl－3－phenylacetylindoles, a new class of cannabimimetic indoles", *Bioorg Med Chem Lett*, 15, 2005, pp. 4110－4113. Manera C., et al., "Indoles and related compounds as cannabinoid ligands", *Mini Rev Med Chem*, 8, 2008, pp. 370－387.

② Wiley J. L., et al., "1－Pentyl－3－phenylacetylindoles and JWH－018 share in vivo cannabinoid profiles in mice", *Drug Alcohol Depend*, 123, 2012, pp. 148－153.

③ *CNB news release*, 2015, Central Narcotics Bureau (CNB).

④ Bononi M., et al., "Analytical data for identification of the cannabimimetic phenylacetylindole JWH－203", *J Anal Toxicol*, 35, 2011, pp. 360－363. Kavanagh P., et al., "Detection and tentative identification of urinary phase I metabolites of phenylacetylindole cannabimimetics JWH－203 and JWH－251, by GC－MS and LC－MS/MS", *J Chromatogr B Analyt Technol Biomed Life Sci*, 934, 2013, pp. 102－108.

⑤ 国家禁毒委员会：《关于印发〈104 种非药用类麻醉药品和精神药品管制品种依赖性折算表〉的通知》，2016。

36. JWH－210

名称：JWH－210

通用名：

(1－Pentyl－1*H*－indol－3－yl)(4－ethylnaphthalen－1－yl)methanone

(1－戊基－1*H*－吲哚－3－基)(4－乙基－1－萘基)甲酮

1－Pentyl－3－(4－ethyl－1－naphthoyl)－1*H*－indole

1－戊基－3－(4－乙基－1－萘甲酰基)－1*H*－吲哚

(英文缩写：JWH－210)

(CAS：824959－81－1)

化学结构：

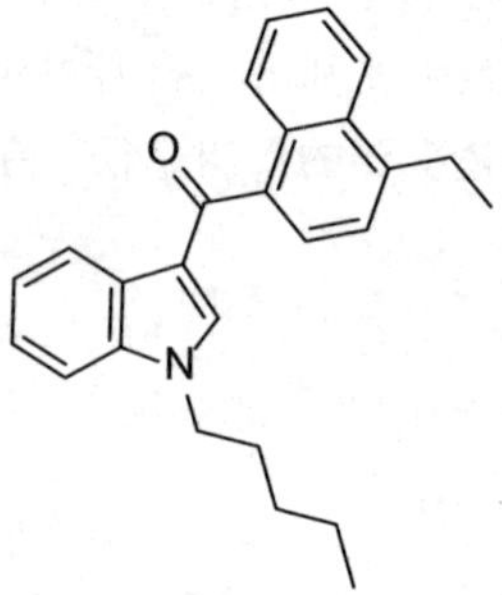

概述：

JWH－210 是大麻类受体的完全激动剂；对Ⅰ型和Ⅱ型大麻素受体没有选择性。该物质于2010 年10 月在瑞典被禁止使用①。我国于2015 年10 月将 JWH－210 列入《非药用类麻醉药品和精神药品管制品种增补目录》管制。

药理毒理作用：

JWH－210 高剂量使用时有神经毒性。滥用者常出现心动过速、恶

① *Swedish code of statutes regulation*(2010:1086), 2010.

心、嗜睡、低钾血症、高血压、焦虑不安、复视、癫痫、晕厥、心电异常等①。0.1 mg/kg 的 JWH－210 可以诱导小鼠产生明显的条件性位置偏爱效应；在小鼠的药物辨别实验中，JWH－210 可替代 Δ^9－THC 表明此化合物有精神依赖性潜力②。

体外毒理学评价：

JWH－210 对Ⅰ型和Ⅱ型大麻素受体的亲和力 *K*i 值分别为 0.46 nM、0.69 nM③，与 Δ^9－THC 相比其亲和力更高。

药物代谢：

在大鼠的全血、血浆和尿液中均可检测到 JWH－210 的 2 个主要代谢产物：5－羟基戊基－JWH－210（HO－JWH－210）和 JWH－210－戊酸（JWH－210－COOH）。灌胃给予大鼠 20 mg/kg JWH－210，在单次给药 4 周后获得的脂肪组织标本中，通过 LC－MS 116 ng/g 检测到 JWH－210④。

依赖性折算：

1 克 JWH－210 相当于 10 克海洛因⑤。

37. JWH－370

名称：JWH－370

---

① Cha H. J., et al., "Neurotoxicity of synthetic cannabinoids JWH－081 and JWH－210", *Biomol Ther (Seoul)*, 23, 2015, pp. 597－603.

② Cha H. J., et al., "Neurotoxicity of synthetic cannabinoids JWH－081 and JWH－210", *Biomol Ther (Seoul)*, 23, 2015, pp. 597－603.

③ Huffman J. W., et al., "Structure－activity relationships for 1－alkyl－3－(1－naphthoyl) indoles at the cannabinoid CB(1) and CB(2) receptors: steric and electronic effects of naphthoyl substituents. New highly selective CB(2) receptor agonists", *Bioorg Med Chem*, 13, 2005, pp. 89－112.

④ Schaefer N., et al., "Can JWH－210 and JWH－122 be detected in adipose tissue four weeks after single oral drug administration to rats?", *Biomed Chromatogr*, 28, 2014, pp. 1043－1047.

⑤ 国家禁毒委员会：《关于印发〈104 种非药用类麻醉药品和精神药品管制品种依赖性折算表〉的通知》，2016。

通用名：

[5 – (2 – Methylphenyl) – 1 – pentyl – 1*H* – pyrrol – 3 – yl] (naphthalen – 1 – yl) methanone

[5 – (2 – 甲基苯基) – 1 – 戊基 – 1*H* – 吡咯 – 3 – 基] (1 – 萘基) 甲酮

1 – Pentyl – 2 – (2 – methylphenyl) – 4 – (1 – naphthoyl) – 1*H* – pyrrole

1 – 戊基 – 2 – (2 – 甲基苯基) – 4 – (1 – 萘甲酰基) – 1*H* – 吡咯

(英文缩写：JWH – 370)

(CAS：914458 – 22 – 3)

化学结构：

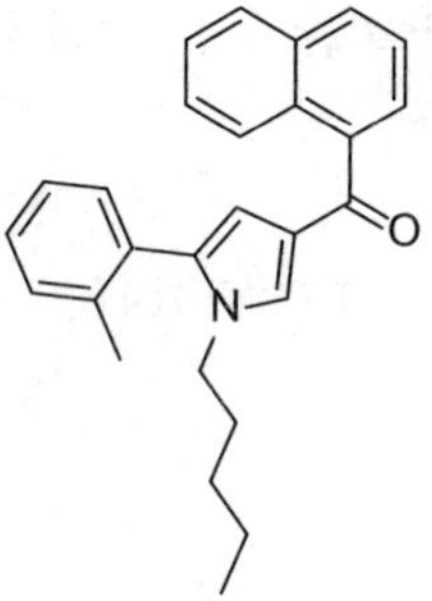

概述：

参照结构类似物 JWH – 210，为强Ⅰ型大麻素受体激动剂。对Ⅰ型和Ⅱ型大麻素受体没有选择性[①]。我国于 2015 年 10 月将 JWH – 210 列入《非药用类麻醉药品和精神药品管制品种增补目录》管制。

体外药理学评价：

JWH – 210 对Ⅰ型和Ⅱ型大麻素受体的亲和力 *K*i 值分别为 5.6 nM、

① Huffman J. W., et al., "1 – Alkyl – 2 – aryl – 4 – (1 – naphthoyl) pyrroles: new high affinity ligands for the cannabinoid CB1 and CB2 receptors", *Bioorg Med Chem Lett*, 16, 2006, pp. 5432 – 5435.

4.0 nM①,与 Δ^9 – THC 相比其亲和力更高。

依赖性折算:

1 克 JWH – 370 相当于 10 克海洛因②。

38. MAM – 2201

名称:MAM – 2201

通用名:

[1 – (5 – Fluoropentyl) – 1*H* – indol – 3 – yl] (4 – methylnaphthalen – 1 – yl) methanone

[1 – (5 – 氟戊基) – 1*H* – 吲哚 – 3 – 基] (4 – 甲基 – 1 – 萘基) 甲酮

1 – (5 – Fluoropentyl) – 3 – (4 – methyl – 1 – naphthoyl) – 1*H* – indole

1 – (5 – 氟戊基) – 3 – (4 – 甲基 – 1 – 萘甲酰基) – 1*H* – 吲哚

(英文缩写:MAM – 2201)

(CAS:1354631 – 24 – 5)

化学结构:

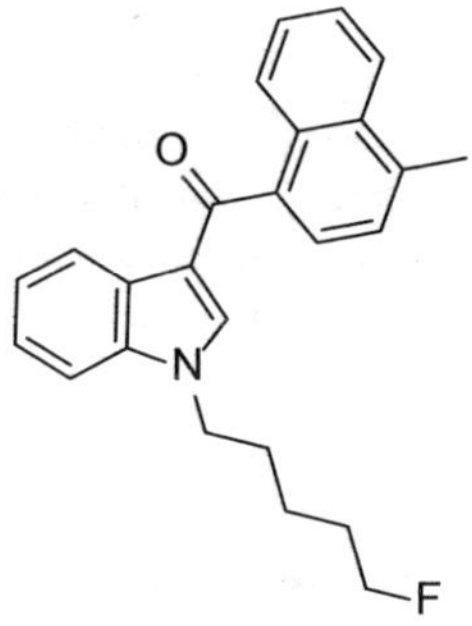

① Huffman J. W., et al., "1 – Alkyl – 2 – aryl – 4 – (1 – naphthoyl) pyrroles: new high affinity ligands for the cannabinoid CB1 and CB2 receptors", *Bioorg Med Chem Lett*, 16, 2006, pp. 5432 – 5435.

② 国家禁毒委员会:《关于印发〈104 种非药用类麻醉药品和精神药品管制品种依赖性折算表〉的通知》,2016。

概述：

MAM－2201 别名 4′－methyl－AM－2201、5″－fluoro－JWH－122；是大麻受体完全激动剂①。2012 年 7 月，该物质已被禁止加入新西兰的临时药物规划表②。我国于 2015 年 10 月将 MAM－2201 列入《非药用类麻醉药品和精神药品管制品种增补目录》管制。

药理毒理作用：

有滥用致死案例报告③。给予大鼠 5 mg/kg 的 MAM－2201 可观察到呼吸抑制和行动迟缓，15 mg/kg 剂量时可见旋转和癫痫样行为④。

体外药理学评价：

MAM－2201 对Ⅰ型和Ⅱ型大麻素受体的亲和力 *K*i 值分别为 1.0 nM、2.6 nM⑤，与 Δ^9－THC 相比其亲和力更高。

药物代谢：

主要代谢反应为脱氟，N－脱烷基化是其次要代谢途径。MAM－2201 产生常见的代谢物，N－羟基化，N－4－羟基化等。痕量的 N－4－羟基化的 MAM－2201 代谢物，是 MAM－220 的特征代谢产物，仅从 MAM－2201 受试者的少量尿液中检测到。体外和体内研究表明，

---

① Kim J. H., et al., "Targeted and non－targeted metabolite identification of MAM－2201 in human, mouse, and rat hepatocytes", *Drug Test Anal*, 2018, doi: 10.1002/dta.2389. Zaitsu K., et al., "High－resolution mass spectrometric determination of the synthetic cannabinoids MAM－2201, AM－2201, AM－2232, and their metabolites in postmortem plasma and urine by LC/Q－TOFMS", *Int J Legal Med*, 129, 2015, pp. 1233－1245.

② *Temporary Class Drug Notice*, 5 *July* 2012. *Department of Internal Affairs*, *New Zealand*. 2012.

③ Hess C. S. S., Kernbach－Wighton G., et al., "Death due to diabetic ketoacidosis: Induction by the consumption of synthetic cannabinoids?", *Forensic Sci Int*, 257, 2015, pp. e6－11.

④ Zaitsu K., et al., "High－resolution mass spectrometric determination of the synthetic cannabinoids MAM－2201, AM－2201, AM－2232, and their metabolites in postmortem plasma and urine by LC/Q－TOFMS", *Int J Legal Med*, 129, 2015, pp. 1233－1245.

⑤ Irie T., et al., "MAM－2201, a synthetic cannabinoid drug of abuse, suppresses the synaptic input to cerebellar Purkinje cells via activation of presynaptic CB1 receptors", *Neuropharmacology*, 95, 2015, pp. 479－491.

N－5－羟基化 JWH－122 代谢物是 MAM－2201 的主要代谢产物。考虑将代谢物 N－5－羟基化 JWH－122 的相对浓度作为检测 MAM－2 2201 的指标①。

依赖性折算：

1 克 MAM－2201 相当于 10 克海洛因②。

39. MDMB－CHMICA

名称：MDMB－CHMICA

通用名：

Methyl(*S*)－2－[1－(cyclohexylmethyl)－1*H*－indole－3－carboxamido]－3,3－dimethylbutanoate

(*S*)－2－[1－(环己基甲基)－1*H*－吲哚－3－甲酰胺基]－3,3－二甲基丁酸甲酯

N－[(2*S*)－1－Methoxy－3,3－dimethyl－1－oxobutan－2－yl]－1－(cyclohexylmethyl)－1*H*－indole－3－carboxamide

N－[(2*S*)－1－甲氧基－3,3－二甲基－1－氧代丁烷－2－基]－1－环己基甲基－1*H*－吲哚－3－甲酰胺

N－[(1*S*)－1－甲氧基羰基－2,2－二甲基丙基]－1－(环己基甲基)－1*H*－吲哚－3－甲酰胺

(英文缩写：MDMB－CHMICA)

(CAS：1971007－95－0)

---

① Jang M., et al., "Determination of major metabolites of MAM－2201 and JWH－122 in in vitro and in vivo studies to distinguish their intake", *Forensic Sci Int*, 244, 2014, pp. 85－91.

② 国家禁毒委员会：《关于印发〈104 种非药用类麻醉药品和精神药品管制品种依赖性折算表〉的通知》，2016。

化学结构：

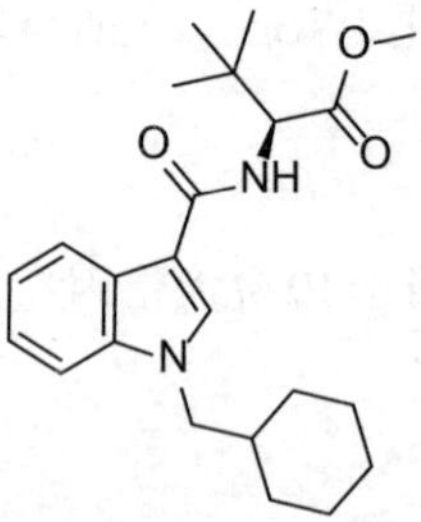

概述：

MDMB－CHMICA是一种合成大麻素。外观为白色晶体，难溶于水①。2014年9月MDMB－CHMICA在波兰一种名为“Mocarz”（强人）的草本植物混合物中被发现，自此，欧洲毒品市场上出现了该物质。2015年7月MDMB－CHMICA引发过大规模的中毒事件②。它常以“手卷烟”的形式被吸食，也有口服和直肠给药的报道③。我国于2015年10月将MDMB－CHMICA列入《非药用类麻醉药品和精神药品管制品种增补目录》管制。

药理毒理作用：

MDMB－CHMICA急性中毒的主要临床表现为意识丧失。使用该物质可以非常迅速导致心脏停搏和意识丧失，并且可能因器官衰竭和心脏骤停而死亡④。其他症状还包括头晕、震颤、恶心、气短、胸痛、心动过速、血压升高、体温上升、虚脱、抽搐和惊厥。此外，MDMB－CHMICA可

---

① EMCDDA, *Report on the risk assessment of methyl* 2－{[1－(*cyclohexylmethyl*)－1*H*－*indole*－3－*carbonyl*] *amino*}－3,3－*dimethylbutanoate*（*MDMB－CHMICA*）*in the framework of the Council Decision on new psychoactive substances*. 2016.

② Adamowicz P., “Fatal intoxication with synthetic cannabinoid MDMB－CHMICA”, *Forensic Sci Int*, 261, 2016, pp. e5－10.

③ EMCDDA, *Report on the risk assessment of methyl* 2－{[1－(*cyclohexylmethyl*)－1*H*－*indole*－3－*carbonyl*] *amino*}－3,3－*dimethylbutanoate*（*MDMB－CHMICA*）*in the framework of the Council Decision on new psychoactive substances*. 2016.

④ Adamowicz P., “Fatal intoxication with synthetic cannabinoid MDMB－CHMICA”, *Forensic Sci Int*, 261, 2016, pp. e5－10.

以使吸食者产生幻觉，激越、焦虑等临床表现，甚至出现暴力行为①。

个别吸毒人员自述使用该物质后可以产生药物渴求；此外，还有临床病例报道称4位吸毒人员使用该物质后进行了戒断症状治疗②。提示MDMB－CHMICA可能存在一定的成瘾性。然而，到目前为止，尚未见MDMB－CHMICA依赖性评估相关研究资料。

体外药理学评价：

MDMB－CHMICA是Ⅰ型大麻素受体的完全激动剂，其EC_{50}为0.14 nM，效价是另外一种被管制的合成大麻素JWH－018的8倍左右。MDMB－CHMICA也可以激活Ⅱ型大麻素受体，Ⅱ型大麻素受体的半数有效浓度与Ⅰ型大麻素受体的半数有效浓度的比率为7.1，提示MDMB－CHMICA对Ⅰ型大麻素受体的选择性较高，是Δ^9－THC的17倍③。

药物代谢：

MDMB－CHMICA的药物代谢类似于AB－CHMINACA，主要特征是环己基和酯水解的羟基化④。

依赖性折算：

1克MDMB－CHMICA相当于10.5克海洛因⑤。

---

① Kronstrand R., et al., "Toxicological findings of syntheic cannabinoids in recreational users", *J Anal Toxicol*, 37, 2013, pp. 534–541. Tait R. J., et al., "A systematic review of adverse events arising from the use of synthetic cannabinoids and their associated treatment", *Clin Toxicol (Phila)*, 54, 2016, pp. 1–13.

② EMCDDA, *Report on the risk assessment of methyl 2–{[1–(cyclohexylmethyl)–1H–indole–3–carbonyl] amino}–3,3–dimethylbutanoate (MDMB–CHMICA) in the framework of the Council Decision on new psychoactive substances*. 2016.

③ EMCDDA, *Report on the risk assessment of methyl 2–{[1–(cyclohexylmethyl)–1H–indole–3–carbonyl] amino}–3,3–dimethylbutanoate (MDMB–CHMICA) in the framework of the Council Decision on new psychoactive substances*. 2016.

④ Diao X. and Huestis M. A., "New synthetic cannabinoids metabolism and strategies to best identify optimal marker metabolites", *Front Chem*, 7, 2019, p. 109.

⑤ 国家禁毒委员会：《关于印发〈104种非药用类麻醉药品和精神药品管制品种依赖性折算表〉的通知》，2016。

40. MDMB – FUBINACA

名称:MDMB – FUBINACA

通用名:

Methyl(*S*) – 2 – [1 – (4 – fluorobenzyl) – 1*H* – indazole – 3 – carboxamido] – 3,3 – dimethylbutanoate

(*S*) – 2 – [1 – (4 – 氟苄基) – 1*H* – 吲唑 – 3 – 甲酰胺基] – 3,3 – 二甲基丁酸甲酯

N – [(2*S*) – 1 – Methoxy – 3,3 – dimethyl – 1 – oxobutan – 2 – yl] – 1 – (4 – fluorobenzyl) – 1*H* – indazole – 3 – carboxamide

N – [(2*S*) – 1 – 甲氧基 – 3,3 – 二甲基 – 1 – 氧代丁烷 – 2 – 基] – 1 – (4 – 氟苄基) – 1*H* – 吲唑 – 3 – 甲酰胺

N – [(1*S*) – 1 – 甲氧基羰基 – 2,2 – 二甲基丙基] – 1 – (4 – 氟苄基) – 1*H* – 吲唑 – 3 – 甲酰胺

[英文缩写:MDMB – FUBINACA,MDMB(N) – Bz – F,FUB – MDMB]

[CAS:1971007 – 93 – 8 (*S* – isomer),1715016 – 77 – 5 (racemate)]

化学结构:

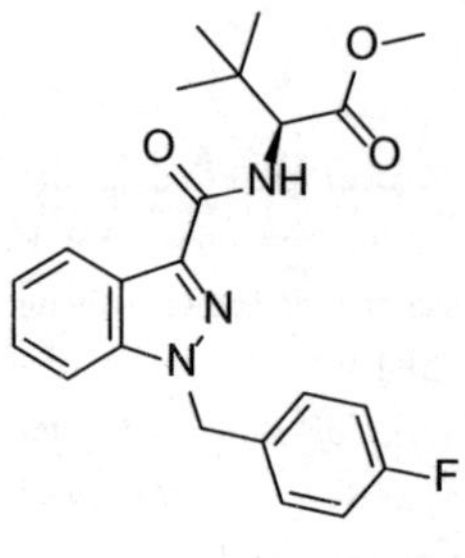

概述:

MDMB – FUBINACA 是以吲哚环为基础的合成大麻素,属于强效

Ⅰ型大麻素受体激动剂①。2014 年 MDMB – FUBINACA 第一次被报道,并成为在售的最致命的合成大麻素②。MDMB – FUBINACA 主要混在烟草中抽吸,某些电子烟油中也可以检出③。目前,由 MDMB – FUBINACA 引起的住院报告病例至少有 1000 例、死亡报告至少 40 例,主要集中在俄罗斯和白俄罗斯④。2015 年 10 月我国将 MDMB – FUBINACA 列入《非药用类麻醉药品和精神药品管制品种增补目录》管制。

药理毒理作用:

MDMB – FUBINACA 中毒的主要临床表现为焦虑、惊恐、妄想等精神症状,可能伴有低血压⑤。在大鼠实验中,给予Ⅰ型大麻素受体拮抗剂利莫那班可以缓解腹腔注射 MDMB – FUBINACA 诱发的心动过缓和体温降低⑥。到目前为止,尚未见 MDMB – FUBINACA 依赖性评估相关研究资料。

体外药理学评价:

MDMB – FUBINACA 是强效的大麻素受体激动剂,可以激活Ⅰ型

---

① Gamage T. F. , et al. , "Molecular and behavioral pharmacological characterization of abused synthetic cannabinoids: MMB – and MDMB – FUBINACA, MN – 18, NNEI, CUMYL – PICA, and 5 – Fluoro – CUMYL – PICA", *J Pharmacol Exp Ther*, 365, 2018, pp. 437 – 446.

② Shevyrin V. , et al. , "Identification and analytical characteristics of synthetic cannabinoids with an indazole – 3 – carboxamide structure bearing a N – 1 – methoxycarbonylalkyl group", *Anal Bioanal Chem*, 407, 2015, pp. 6301 – 6315.

③ Peace M. R. , et al. , "Identification of MDMB – FUBINACA in Commercially Available E – liquid Formulations Sold for Use in Electronic Cigarettes", *Forensic Sci Int.* , 271, 2017 Feb, pp. 92 – 97.

④ Wikipedia, "MDMB – FUBINACA", https://en. wikipedia. org/wiki/MDMB – FUBINACA. FSKN, "Выст упление председат еля ГАК, директ ораФСКН России В. П. Иванова на заседании ГАК 6 окт ября 2014 г. (in Russian)",2014.

⑤ Wikipedia, "MDMB – FUBINACA", https://en. wikipedia. org/wiki/MDMB – FUBINACA.

⑥ Banister S. D. , et al. , "Pharmacology of valinate and tert – leucinate synthetic cannabinoids: 5F – AMBICA, 5F – AMB, 5F – ADB, AMB – FUBINACA, MDMB – FUBINACA, MDMB – CHMICA, and their analogues", *ACS Chem Neurosci*, 7, 2016, pp. 1241 – 1254.

大麻素受体和Ⅱ型大麻素受体，尤其是Ⅰ型大麻素受体的强效激动剂。与Ⅰ型大麻素受体的亲和力 *K*i 为 0.95 nM，EC_{50}为 0.2668 nM；与Ⅱ型大麻素受体的亲和力 *K*i 为 1.14 nM，EC_{50}为 0.1411 nM①。

依赖性折算：

1 克 MDMB－FUBINACA 相当于 4.7 克海洛因②。

41. PB－22

名称：PB－22

通用名：

Quinolin－8－yl 1－pentyl－1*H*－indole－3－carboxylate

1－戊基－1*H*－吲哚－3－甲酸－8－喹啉酯

（英文缩写：PB－22）

（CAS：1400742－17－7）

化学结构：

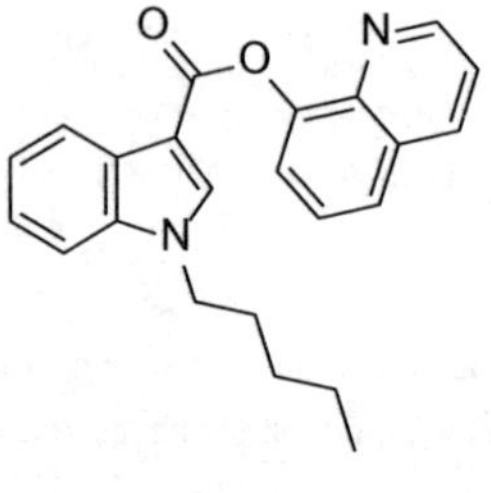

概述：

2013 年 2 月，PB－22 被首次报道，日本研究人员在合成大麻素类物

① Gamage T. F., et al., "Molecular and behavioral pharmacological characterization of abused synthetic cannabinoids: MMB－ and MDMB－FUBINACA, MN－18, NNEI, CUMYL－PICA, and 5－Fluoro－CUMYL－PICA", *J Pharmacol Exp Ther*, 365, 2018, pp. 437－446.

② 国家禁毒委员会：《关于印发〈104 种非药用类麻醉药品和精神药品管制品种依赖性折算表〉的通知》，2016。

质中检出该物质①,它是 PB－22 以策划药的名义在网上售卖。PB－22 的化学结构与合成大麻素 JWH－018 类似,是在吲哚环基础上对其 1 位和 3 位进行替代②。2014 年 5 月美国将 PB－22 列入表 I 进行管制③;2015 年 10 月我国将 PB－22 列入《非药用类麻醉药品和精神药品管制品种增补目录》管制。

药理毒理作用:

在体实验结果显示:给予大鼠 0.3 mg/kg 的 PB－22 即可出现体温降低和心率下降等大麻素样表现,且效价强于 JWH－018④。PB－22 中毒临床病例报告,患者可出现镇静、麻痹、强直性痉挛、激动和好斗等临床表现⑤。到目前为止,尚未见 PB－22 依赖性评估相关研究资料。

体外药理学评价:

PB－22 对大麻素受体的效价强度:对 I 型大麻素受体的 EC_{50} 为 5.1 nM,对 II 型大麻素受体的 EC_{50} 为 37 nM,PB－22 对 I 型大麻素受体的选择性较高,约是 Δ^9－THC 的 50 倍⑥。

药物代谢:

人肝微粒体实验显示:PB－22 的主要代谢途径是酯水解。代谢产

---

① Uchiyama N., et al., "Two new－type cannabimimetic quinolinyl carboxylates, QUPIC and QUCHIC, two new cannabimimetic carboxamide derivatives, ADB－FUBINACA and ADBICA, and five synthetic cannabinoids detected with a thiophene derivative α－PVT and an opioid receptor agonist AH－7921 identified in illegal products", *Forensic Toxicol*, 31, 2013, pp. 223－240.

② *Drug Enforcement Administration*, *PB－22 and 5F－PB－22*. 2014.

③ *Drug Enforcement Administration*, *PB－22 and 5F－PB－22*. 2014.

④ Banister S. D., et al., "Effects of bioisosteric fluorine in synthetic cannabinoid designer drugs JWH－018, AM－2201, UR－144, XLR－11, PB－22, 5F－PB－22, APICA, and STS－135", *ACS Chem Neurosci*, 6, 2015, pp. 1445－1458.

⑤ Gugelmann H., et al., "'Crazy Monkey' poisons man and dog: Human and canine seizures due to PB－22, a novel synthetic cannabinoid", *Clin Toxicol (Phila)*, 52, 2014, pp. 635－638.

⑥ Banister S. D., et al., "Effects of bioisosteric fluorine in synthetic cannabinoid designer drugs JWH－018, AM－2201, UR－144, XLR－11, PB－22, 5F－PB－22, APICA, and STS－135", *ACS Chem Neurosci*, 6, 2015, pp. 1445－1458.

物有22种,为各种(5-氟)戊基吲哚-3-羧酸代谢物。作为摄入标准的代谢产物包括戊基-1H-吲哚-3-羧酸、羟戊基-PB22和PB-22戊酸[①]。

依赖性折算:

1克PB-22相当于49克海洛因[②]。

42. PX-2

名称:PX-2

通用名:

N-(1-Amino-1-oxo-3-phenylpropan-2-yl)-1-(5-fluoropentyl)-1*H*-indazole-3-carboxamide

N-(1-氨基-1-氧代-3-苯基丙烷-2-基)-1-(5-氟戊基)-1*H*-吲唑-3-甲酰胺

N-(1-氨基羰基-2-苯基乙基)-1-(5-氟戊基)-1*H*-吲唑-3-甲酰胺

[英文缩写:PX-2, 5F-APP-PINACA, FU-PX, PPA(N)-2201]

(CAS:2205029-76-9)

---

① Wohlfarth A., et al., "Metabolism of synthetic cannabinoids PB-22 and its 5-fluoro analog, 5F-PB-22, by human hepatocyte incubation and high-resolution mass spectrometry", *Anal Bioanal Chem*, 406, 2014, pp. 1763-1780.

② 国家禁毒委员会:《关于印发〈104种非药用类麻醉药品和精神药品管制品种依赖性折算表〉的通知》,2016。

化学结构：

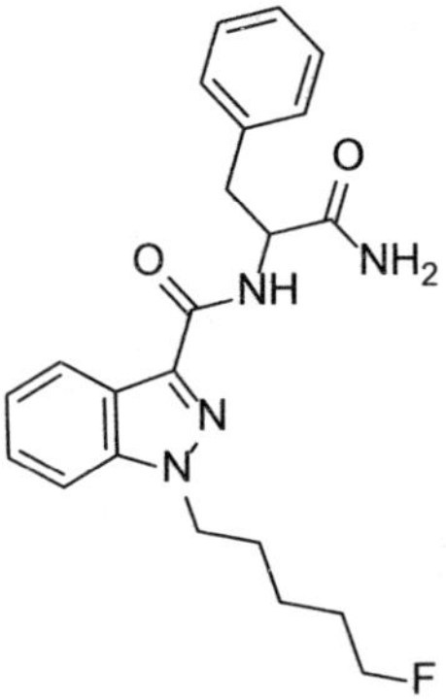

概述：

PX－2 是 AB－PINACA 的氟化衍生物，在网上以合成大麻素类的策划药售卖[①]。2015 年 4 月新加坡将 PX－2 列为第五类管制药品[②]；2015 年 10 月我国将 PX－2 列入《非药用类麻醉药品和精神药品管制品种增补目录》管制。

依赖性折算：

1 克 PX－2 相当于 1.44 克海洛因[③]。

43. RCS－4

名称：RCS－4

通用名：

(1－Pentyl－1*H*－indol－3－yl)(4－methoxyphenyl)methanone

(1－戊基－1*H*－吲哚－3－基)－(4－甲氧基苯基)甲酮

① *Cayman Chemical. PX－2*. 2015；Available from：https://www.caymanchem.com/product/16434. Qian Z., et al., "Identification and analytical characterization of four synthetic cannabinoids ADB－BICA, NNL－1, NNL－2, and PPA(N)－2201", *Drug Test Anal*, 9, 2017, pp. 51－60.

② Wikipedia, *PX－2*, https://en.wikipedia.org/wiki/PX－2.

③ 国家禁毒委员会：《关于印发〈104 种非药用类麻醉药品和精神药品管制品种依赖性折算表〉的通知》，2016。

1－Pentyl－3－(4－methoxybenzoyl)－1*H*－indole

1－戊基－3－(4－甲氧基苯甲酰基)－1*H*－吲哚

(英文缩写:RCS－4)

(CAS:1345966－78－0)

化学结构:

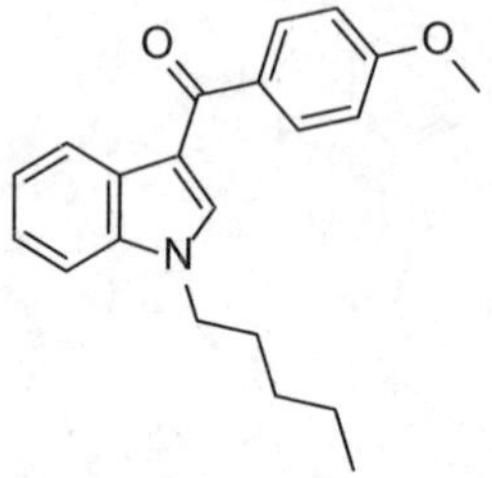

概述:

RCS－4 是强效的大麻素受体激动剂,常与其他合成大麻素类物质混合,并添加在烟草中进行售卖。2015 年 10 月我国将 RCS－4 列入《非药用类麻醉药品和精神药品管制品种增补目录》管制。

药理毒理作用:

在合成大麻类物质致死的临床病例中,可以检出 RCS－4 成分,提示 RCS－4 可能具有致死性①。有相关研究资料显示 RCS－4 可以剂量依赖性引起人源淋巴细胞和肺癌细胞系的 DNA 损伤和染色体畸变,提示可能与呼吸系统的肿瘤有关②。

在大鼠 Δ^9－THC 的药物辨别实验中,RCS－4 和 Δ^9－THC 的 EC_{50} 分别为 37.9 nM 和 1.15 nM,辨别结果显示 RCS－4 可以产生接近 Δ^9－THC 的主观感受性,但效价强度是 Δ^9－THC 的 0.03 倍;此外,小鼠的自发运动实验结果显示给予 5 mg/kg 和 10 mg/kg 的 RCS－4 可以引起时

---

① Göl E. and Cok İ., "Assessment of types of synthetic cannabinoids in narcotic cases assessed by the Council of Forensic Medicine between 2011－2015, Ankara, Turkey", *Forensic Sci Int*, 280, 2017, pp. 124－129.

② Ferk F., et al., "Genotoxic properties of XLR－11, a widely consumed synthetic cannabinoid, and of the benzoyl indole RCS－4", *Arch Toxicol*, 90, 2016, pp. 3111－3123.

间和剂量依赖的自发活动的抑制，其 EC_{50} 为 5.54 mg/kg，是 Δ^9 – THC（ED_{50} = 12.99 mg/kg）的 2.34 倍①。行为学实验结果提示 RCS – 4 具有与已列管的合成大麻素类物质相似的滥用潜能。

体外药理学评价：

RCS – 4 是一种强效的大麻素受体激动剂，Ⅰ型大麻素的 EC_{50} 为 146 nM，Ⅱ型大麻素受体的 EC_{50} 为 46 nM②。在人胚肾细胞系上的实验显示 RCS – 4 激活Ⅰ型大麻素受体的效价与 Δ^9 – THC 相似且大于AB – CHMINACA③。

药物代谢：

给予猪雾化吸入剂量为 200 μg/kg 的 RCS – 4，10 ~ 15 分钟血浆浓度达到最大为（34 ± 8.9）ng/mL，生物利用度为 45.7%④。而静脉注射剂量为 200 μg/kg 的 RCS – 4，猪血清的中心分布容积为 0.67 L/kg，清除率为 0.093 L/min/kg⑤。

在人和猪的全血、血浆和尿液中均可检测到 RCS – 4 的两个主要代谢产物：5 – 羟基戊基 – RCS – 4（HO – RCS – 4）和 RCS – 4 – 戊酸（RCS –

---

① Gatch M. B. and Forster M., "Δ(9) – Tetrahydrocannabinol – like effects of novel synthetic cannabinoids in mice and rats", *Psychopharmacology* (*Berl*), 233, 2016, pp. 1901 – 1910.

② Banister S. D., et al., "Structure – activity relationships of synthetic cannabinoid designer drug RCS – 4 and its regioisomers and C4 homologues", *Forensic Toxicol*, 33, 2015, pp. 355 – 366.

③ Costain W. J., et al., "Analysis of the pharmacological properties of JWH – 122 isomers and THJ – 2201, RCS – 4 and AB – CHMINACA in HEK293T cells and hippocampal neurons", *Eur J Pharmaco*, 823, 2018, pp. 96 – 104.

④ Schaefer N., et al., "Can toxicokinetics of (synthetic) cannabinoids in pigs after pulmonary administration be upscaled to humans by allometric techniques?", *Biochem Pharmacol*, 155, 2018, pp. 403 – 418.

⑤ Schaefer N., et al., "Pharmacokinetics of (synthetic) cannabinoids in pigs and their relevance for clinical and forensic toxicology", *Toxicol Lett*, 24, 2016, pp. 7 – 16.

4 - COOH①。RCS - 4 的代谢途径主要是羟基化、羧基化、脱烷基化及代谢物进一步的葡萄糖苷酸化②。

依赖性折算：

1 克 RCS - 4 相当于 0.03 克海洛因③。

44. STS - 135

名称：STS - 135

通用名：

N -（1 - Adamantyl）- 1 -（5 - fluoropentyl）- 1*H* - indole - 3 - carboxamide

N -（1 - 金刚烷基）- 1 -（5 - 氟戊基）- 1*H* - 吲哚 - 3 - 甲酰胺

（英文缩写：STS - 135）

（CAS：1354631 - 26 - 7）

化学结构：

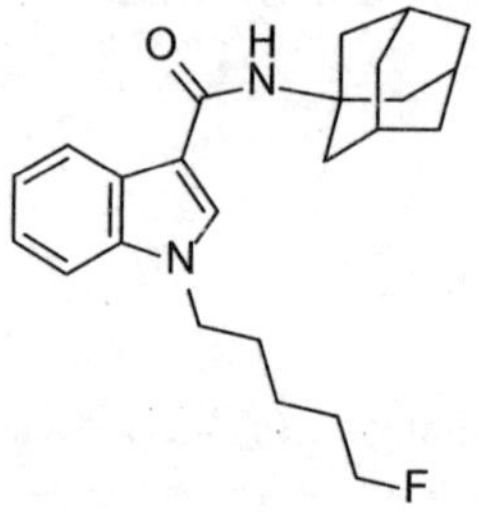

① Schaefer N., et al., "Simultaneous LC - MS/MS determination of JWH - 210, RCS - 4, delta(9) - tetrahydrocannabinol, and their main metabolites in pig and human serum, whole blood, and urine for comparing pharmacokinetic data", *Anal Bioanal Chem*, 407, 2015, pp. 3775 - 3786.

② Gandhi A. S., et al., "Metabolite profiling of RCS - 4, a novel synthetic cannabinoid designer drug, using human hepatocyte metabolism and TOF - MS", *Bioanalysis*, 6, 2014, pp. 1471 - 1485.

③ 国家禁毒委员会:《关于印发〈104 种非药用类麻醉药品和精神药品管制品种依赖性折算表〉的通知》,2016。

概述：

STS－135 系合成大麻素 APICA 的氟化类似物，属于强效大麻素受体的激动剂，常与其他合成大麻素类物质混和，并添加在烟草中进行售卖①。2015 年 10 月我国将 STS－135 列入《非药用类麻醉药品和精神药品管制品种增补目录》管制。

药理毒理作用：

给予 3 mg/kg 的 STS－135 可以明显降低大鼠体温和心率②。此外，还可以引起木僵、痛域增加、自主活动下降、感觉运动缺失、抽搐及反射亢进③。

体外药理学评价：

STS－135 大鼠体外受体亲和力及效价强度的研究结果显示：Ⅰ型大麻素受体 的 *K*i 值为（1.93 ±0.18）nM④，EC_{50} 为 13 nM⑤。大鼠静脉注射 0.15 mg/kg 的 STS－135 对Ⅰ型大麻素受体具有强效激动作用，可以增加伏隔核的多巴胺浓度，强于已被列管的合成大麻素 JWH－018，

---

① Sobolevsky T., et al., "Study on the phase I metabolism of novel synthetic cannabinoids, APICA and its fluorinated analogue", *Drug Test Anal*, 7, 2015, pp. 131－142.

② Banister S. D., et al., "Effects of bioisosteric fluorine in synthetic cannabinoid designer drugs JWH－018, AM－2201, UR－144, XLR－11, PB－22, 5F－PB－22, APICA, and STS－135", *ACS Chem Neurosci*, 6, 2015, pp. 1445－1458.

③ Tai S. and Fantegrossi W. E., "Pharmacological and toxicological effects of synthetic cannabinoids and their metabolites", *Curr Top Behav Neurosci*, 32, 2017, pp. 249－262.

④ MA D. L., et al., "Native CB1 receptor affinity, intrinsic activity and accumbens shell dopamine stimulant properties of third generation SPICE/K2 cannabinoids: BB－22, 5F－PB－22, 5F－AKB－48 and STS－135.", *Neuropharmacology*, 105, 2016 Jun, pp. 630－638.

⑤ Banister S. D., et al., "Effects of bioisosteric fluorine in synthetic cannabinoid designer drugs JWH－018, AM－2201, UR－144, XLR－11, PB－22, 5F－PB－22, APICA, and STS－135", *ACS Chem Neurosci*, 6, 2015, pp. 1445－1458.

提示 STS－135 具有更强的Ⅰ型大麻素受体亲和力①,约是 Δ^9－THC 的 1.5 倍。

药物代谢:

人肝微粒体实验表明,STS－135 的主要代谢产物为一羟基 STS－135 和二羟基 STS－135,羟基化均发生在金刚烷基部分,此外还有脱烷基化作用、氧化脱氟作用及羧基化②。

依赖性折算:

1 克 STS－135 相当于 19 克海洛因③。

45. UR－144

名称:UR－144

通用名:

(1－Pentyl－1*H*－indol－3－yl)(2,2,3,3－tetramethylcyclopropyl) methanone

(1－戊基－1*H*－吲哚－3－基)－(2,2,3,3－四甲基环丙基)甲酮

1－Pentyl－3－(2,2,3,3－tetramethylcyclopropylcarbonyl)－1*H*－indole

1－戊基－3－(2,2,3,3－四甲基环丙甲酰基)－1*H*－吲哚

(英文缩写:UR－144, TMCP－018, KM－X1, MN－001, YX－17)

---

① MA D. L., et al., "Native CB1 receptor affinity, intrinsic activity and accumbens shell dopamine stimulant properties of third generation SPICE/K2 cannabinoids: BB－22, 5F－PB－22, 5F－AKB－48 and STS－135.", *Neuropharmacology*, 105, 2016 Jun, pp. 630－638.

② Gandhi A. S., et al., "High－resolution mass spectrometric metabolite profiling of a novel synthetic designer drug, N－(adamantan－1－yl)－1－(5－fluoropentyl)－1H－indole－3－carboxamide (STS－135), using cryopreserved human hepatocytes and assessment of metabolic stability with human liver microsomes", *Drug Test Anal*, 7, 2015, pp. 187－198.

③ 国家禁毒委员会:《关于印发〈104 种非药用类麻醉药品和精神药品管制品种依赖性折算表〉的通知》,2016。

（CAS：1199943－44－6）

化学结构：

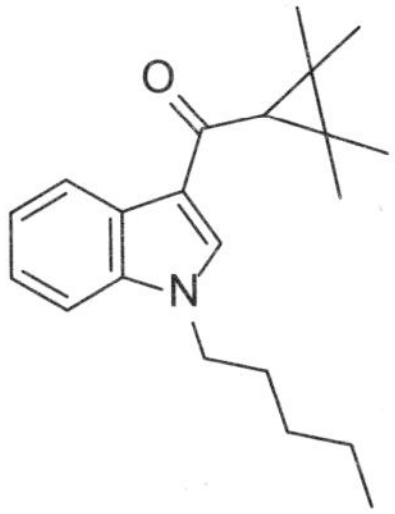

概述：

UR－144 是一种人工合成的大麻素，由雅培制药公司（Abbott Laboratories）于 2006 年首次合成[①]。2012 年 6 月韩国首次报道在草药中缴获了 UR－144[②]。之后，欧洲（包括克罗地亚、瑞典、德国、芬兰、挪威、匈牙利）、日本及美国均报道检测出该物质的使用[③]；2012 年，在俄罗斯实验室所分析的样品中 UR－144 为最广泛使用的合成大麻素类物质[④]。UR－144 的使用方式有混合其他物质烫吸、口服、气化及吸入。2015 年 10 月我国将 UR－144 列入《非药用类麻醉药品和精神药品管制品种增补目录》管制。

---

① Frost J. M., et al., "Indol－3－ylcycloalkyl ketones: effects of N1 substituted indole side chain variations on CB(2) cannabinoid receptor activity", *J Med Chem*, 53, 2010, pp. 295－315.

② Choi H., et al., "Identification of (1－pentylindol－3－yl)－(2,2,3,3－tetramethylcyclopropyl) methanone and its 5－pentyl fluorinated analog in herbal incense seized for drug trafficking", *Forensic Toxicol*, 31, 2013, pp. 86－92.

③ Uchiyama N., et al., "URB－754: a new class of designer drug and 12 synthetic cannabinoids detected in illegal products", *Forensic Sci Int*, 227, 2013, pp. 21－32. Kavanagh P., et al., "UR－144 in products sold via the Internet: identification of related compounds and characterization of pyrolysis products", *Drug Test Anal*, 5, 2013, pp. 683－692.

④ Grigoryev A., et al., "Gas and liquid chromatography－mass spectrometry detection of the urinary metabolites of UR－144 and its major pyrolysis product", *J Anal Toxicol*, 37, 2013, pp. 265－276.

药理毒理作用：

UR－144 与 Δ^9－THC 具有类似的药理作用，可以使小鼠自发活动减少、体温降低、镇痛作用减弱，甚至出现全身僵硬①。根据临床病例报告，初次使用 UR－144 的剂量通常为 0.5～2 mg，一般情况下为 2.5 mg 和 20 mg（含量为 0.05%～0.4%）。通常吸入该物质 0.5～2 分钟后开始起作用，作用可持续 1～2 小时。UR－144 可以引起阳性精神效应，表现为欣快、情绪高昂、兴奋、放松、嗜睡、幻觉等。使用者宣称，用后会感到快乐并能增加食欲。其他症状如焦虑、偏执、注意障碍、抑郁、幻觉等可持续数天；此外，还有致死的病例报道②。

在小鼠药物辨别实验中，Δ^9－THC 和 UR－144 的 EC_{50} 分别为 5.4 μmol/kg 和 7.4 μmol/kg，UR－144 可以完全替代 Δ^9－THC，导致的主观感受性接近 Δ^9－THC，符合其药理学分类③。

体外药理学评价：

UR－144 为Ⅰ型大麻素受体和Ⅱ型大麻素受体的完全激动剂④，能够增加物质对Ⅱ型大麻素受体（痛觉有关）的选择性⑤。该物质与Ⅰ型大麻素受体的亲和力及效价强度为：Ki = 150 nM，EC_{50} = 421 nM；与Ⅱ

---

① Wiley J. L., et al., "Cannabinoids in disguise: Δ^9－tetrahydrocannabinol－like effects of tetramethylcyclopropyl ketone indoles", *Neuropharmacology*, 75, 2013, pp. 145－154.

② Rojek S., et al., "New challenges in toxicology of new psychoactive substances exemplified by fatal cases after UR－144 and UR－144 with pentedrone administration determined by LC－ESI－MS－MS in blood samples", *Arch Med Sadowej Kryminol*, 67, 2017, pp. 104－120.

③ Wiley J. L., et al., "Cannabinoids in disguise: Δ^9－tetrahydrocannabinol－like effects of tetramethylcyclopropyl ketone indoles", *Neuropharmacology*, 75, 2013, pp. 145－154.

④ Wiley J. L., et al., "Cannabinoids in disguise: Δ^9－tetrahydrocannabinol－like effects of tetramethylcyclopropyl ketone indoles", *Neuropharmacology*, 75, 2013, pp. 145－154.

⑤ Frost J. M., et al., "Indol－3－yl－tetramethylcyclopropyl ketones: effects of indole ring substitution on CB2 cannabinoid receptor activity", *J Med Chem*, 51, 2008, pp. 1904－1912.

型大麻素受体的亲和力及效价强度为：Ki = 1.8 nM，EC_{50} = 72 nM①。小鼠脑组织[3H]CP－55940 配体受体竞争实验研究结果显示，UR－144 对Ⅰ型大麻素受体的亲和力是 Δ^9－THC 的 2 倍，对Ⅱ型大麻素受体受体的亲和力是 Δ^9－THC 的 8 倍②。

药物代谢：

UR－144 在小鼠体内代谢迅速，分布广泛，其前体物质在血液、唾液、毛发及尿液中可检测到的浓度很低或很难检测到。主要通过羟化反应(单，二和三)及葡萄糖醛酸的作用代谢，其他代谢途径还包括脱氢和羟基化，二氢二醇形成和羟化，烷基化和羧化等③。对使用 UR－144 的小鼠尿液进行检测，发现主要代谢产物为单羟基葡萄糖苷酸轭合物，尿液中检测出了至少 3 种不同的单羟基化葡萄糖醛酸的产物④。

依赖性折算：

1 克 UR－144 相当于 0.714 克海洛因⑤。

46. AMB－FUBINACA

名称：AMB－FUBINACA

---

① Frost J. M., et al., "Indol－3－yl－tetramethylcyclopropyl ketones: effects of indole ring substitution on CB2 cannabinoid receptor activity", *J Med Chem*, 51, 2008, pp. 1904－1912. Banister S. D., et al., "Effects of bioisosteric fluorine in synthetic cannabinoid designer drugs JWH－018, AM－2201, UR－144, XLR－11, PB－22, 5F－PB－22, APICA, and STS－135", *ACS Chem Neurosci*, 6, 2015, pp. 1445－1458.

② Wiley J. L., et al., "Cannabinoids in disguise: Δ^9－tetrahydrocannabinol－like effects of tetramethylcyclopropyl ketone indoles", *Neuropharmacology*, 75, 2013, pp. 145－154.

③ Sobolevsky T., et al., "Detection of urinary metabolites of AM－2201 and UR－144, two novel synthetic cannabinoids", *Drug Test Anal*, 4, 2012, pp. 745－753.

④ Wiley J. L., et al., "Cannabinoids in disguise: Δ^9－tetrahydrocannabinol－like effects of tetramethylcyclopropyl ketone indoles", *Neuropharmacology*, 75, 2013, pp. 145－154.

⑤ 国家禁毒委员会：《关于印发〈104 种非药用类麻醉药品和精神药品管制品种依赖性折算表〉的通知》，2016。

通用名：

Methyl(*S*) - 2 - [1 - (4 - fluorobenzyl) - 1*H* - indazole - 3 - carboxamido] - 3 - methylbutanoate

(*S*) - 2 - [1 - (4 - 氟苄基) - 1*H* - 吲唑 - 3 - 甲酰胺基] - 3 - 甲基丁酸甲酯

（英文缩写：AMB - FUBINACA，MMB - FUBINACA，FUB - AMB）

[CAS 号：1971007 - 92 - 7 (S - isomer)，1715016 - 76 - 4 (racemate)]

化学结构：

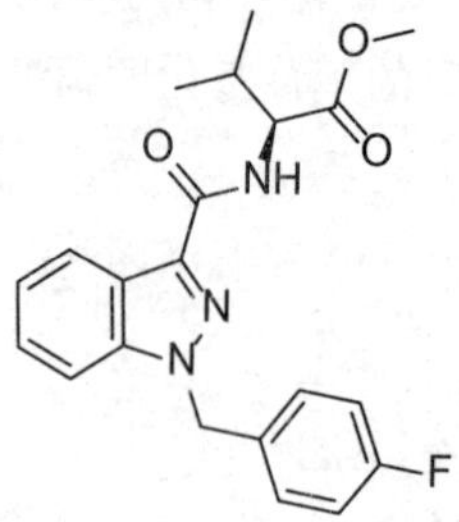

概述：

AMB - FUBINACA 是一种以吲唑为基础的合成大麻素，属于 AB - FUBINACA 的酯化类似物，可以激活大麻素受体①。2012 年 6 月 AMB - FUBINACA 在纽约引起 33 人中毒，其中 18 人被送往医院，因其中毒表现也被称为“僵尸药”(Zombie)②；2017 年在新西兰更是引起 20

① Adams A. J., et al., "'Zombie' Outbreak caused by the synthetic cannabinoid AMB - FUBINACA in New York", *N Engl J Med*, 376, 2017, pp. 235 - 242. Banister S. D., et al., "Pharmacology of valinate and tert - leucinate synthetic cannabinoids: 5F - AMBICA, 5F - AMB, 5F - ADB, AMB - FUBINACA, MDMB - FUBINACA, MDMB - CHMICA, and their analogues", *ACS Chem Neurosci*, 7, 2016, pp. 1241 - 1254.

② Adams A. J., et al., "'Zombie' Outbreak caused by the synthetic cannabinoid AMB - FUBINACA in New York", *N Engl J Med*, 376, 2017, pp. 235 - 242.

人死亡①。2018 年 9 月起，我国将 AMB – FUBINACA 列入《非药用类麻醉药品和精神药品管制品种增补目录》管制。

药理毒理作用：

据临床病例报道，AMB – FUBINACA 可以改变使用者的精神状态，表现为反应迟钝和目光呆滞。中毒者具有“类僵尸样”的行为特征，甚至，处于昏睡状态（可被触觉刺激唤醒）。格拉斯哥昏迷指数（Glasgow Coma Scale，GCS）的分数为 13 处于轻度昏迷，其中睁眼反应分数为 4 可自发睁眼、语言反应为 4 处于言语错乱、运动反应分数为 5 对疼痛刺激可定位，间歇会有类似“僵尸”的呻吟和肢体的缓慢运动，其他表现还包括发汗、血氧饱和度为 95%②。还有临床报告称一名 50 岁的黑人男性因抽吸 AMB – FUBINACA 和 PB – 22 的混合烟草而引起急性 ST – 段抬高型心肌梗死，提示合成大麻素类物质作用于内源性大麻素受体与急性 ST – 段抬高型心梗的可能关联性③。

体外药理学评价：

AMB – FUBINACA 对大麻素受体显示出强有力的、高度有效的激动作用：Ⅰ型大麻素受体的 *K*i 值为 10.04 nM，EC_{50} 为 0.5433 nM，Ⅱ型大麻素受体的 *K*i 值为 0.786 nM，EC_{50} 为 0.1278 nM④。在荧光检测膜电位受体试验中，AMB – FUBINACA 对Ⅰ型大麻素受体的激动作用约

---

① Wikipedia, “AMB – FUBINACA”, https://en.wikipedia.org/wiki/AMB – FUBINACA.

② Adams A. J., et al., “‘Zombie’ Outbreak caused by the synthetic cannabinoid AMB – FUBINACA in New York”, *N Engl J Med*, 376, 2017, pp. 235 – 242.

③ Hamilton R. J., et al., “Synthetic cannabinoid abuse resulting in ST – segment elevation myocardial infarction requiring percutaneous coronary intervention”, *J Emerg Med*, 52, 2017, pp. 496 – 498.

④ Gamage T. F., et al., “Molecular and behavioral pharmacological characterization of abused synthetic cannabinoids: MMB – and MDMB – FUBINACA, MN – 18, NNEI, CUMYL – PICA, and 5 – Fluoro – CUMYL – PICA”, *J Pharmacol Exp Ther*, 365, 2018, pp. 437 – 446.

是Δ[9] – THC 的 85 倍①。

依赖性折算：

1 克 AMB – FUBINACA 相当于 5.5 克海洛因②。

47. FUB – APINACA

名称：FUB – APINACA

通用名：

N – (Adamantan – 1 – yl) – 1 – (4 – fluorobenzyl) – 1*H* – indazole – 3 – carboxamide

N –（1 – 金刚烷基）– 1 –（4 – 氟苄基） – 1*H* – 吲唑 – 3 – 甲酰胺

（英文缩写：FUB – APINACA，FUB – AKB48）

（CAS：2180933 – 90 – 6）

化学结构：

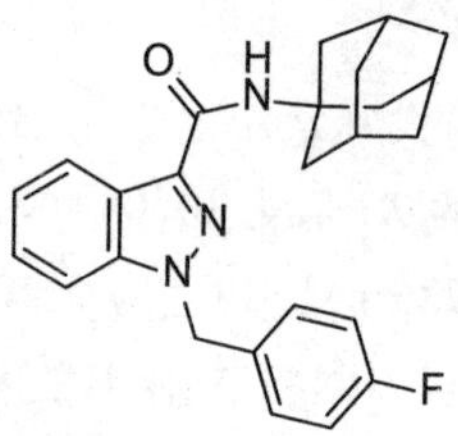

概述：

FUB – APINACA 是一种以吲唑为基础的合成大麻素，属于 APINACA 的类似物，用氟苄基替代 APINACA 的戊烷基侧链，具有 Ⅰ 型大麻素受

① Banister S. D. , et al. , "Pharmacology of valinate and tert – leucinate synthetic cannabinoids: 5F – AMBICA, 5F – AMB, 5F – ADB, AMB – FUBINACA, MDMB – FUBINACA, MDMB – CHMICA, and their analogues", *ACS Chem Neurosci*, 7, 2016, pp. 1241 – 1254.

② 国家禁毒委员会：《关于印发〈3 种合成大麻素依赖性折算表〉的通知》，2019。

体激动作用[①]。2018 年 9 月起,我国将 FUB - AKB48 列入《非药用类麻醉药品和精神药品管制品种增补目录》管制。

体外药理学评价:

FUB - APINACA 是大麻素受体的完全激动剂,对Ⅰ型大麻素受体的受体亲和力 *K*i 值为 1.06 nM,约是 Δ^9 - THC 的 3.6 倍;对Ⅱ型大麻素受体的受体亲和力 *K*i 值为 0.174 nM,约是 Δ^9 - THC 的 410 倍[②]。

依赖性折算:

目前无公开发布的依赖性折算数据。

48. ADB - CHMINACA

名称:ADB - CHMINACA

通用名:

N - [(2*S*) - 1 - Amino - 3,3 - dimethyl - 1 - oxobutan - 2 - yl] - 1 - (cyclohexylmethyl) - 1*H* - indazole - 3 - carboxamide

N - [(2*S*) - 1 - 氨基 - 3,3 - 二甲基 - 1 - 氧代丁烷 - 2 - 基] - 1 - 环己基甲基 - 1*H* - 吲唑 - 3 - 甲酰胺

N - [(1*S*) - 1 - Aminocarbonyl - 2,2 - dimethylpropyl] - 1 - (cyclohexylmethyl) - 1*H* - indazole - 3 - carboxamide

N - [(1*S*) - 1 - (氨基羰基) - 2,2 - 二甲基丙基] - 1 - 环己基甲基 - 1*H* - 吲唑 - 3 - 甲酰胺

(英文缩写:ADB - CHMINACA, MAB - CHMINACA)

[CAS 号:1185887 - 13 - 1 (*S* - isomer), 1863065 - 92 - 2 (racemate)]

---

① Werneck M. A., et al., "A Systematic review of the efficacy of cannabinoid agonist replacement therapy for cannabis withdrawal symptoms", *CNS Drugs*, 32, 2018, pp. 1113 - 1129.

② Hess C., et al., "Pharmacological evaluation of synthetic cannabinoids identified as constituents of spice", *Forensic Toxicol*, 34, 2016, pp. 329 - 343.

化学结构：

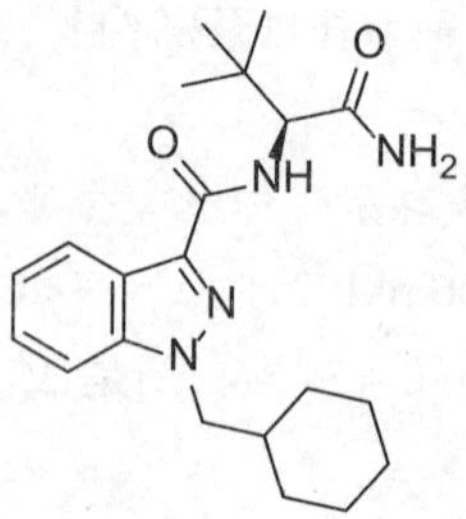

概述：

ADB－CHMINACA是2009年由辉瑞公司研发的一种以吲唑为基础的合成大麻素，可以强效激活大麻素受体。ADB－CHMINACA在纯水中溶解度极低，常以烟草或粉末的形式流通①。ADB－CHMINACA常见的滥用方式为将其溶解后喷洒于植物烟叶表面或混入电子烟油中进行抽吸②。2018年9月起，我国将ADB－CHMINACA列入《非药用类麻醉药品和精神药品管制品种增补目录》管制。2019年3月，联合国麻醉药品委员会（Commission on Narcotic Drugs，CND）将其列入《1971年精神药品公约》第二类管制③。

药理毒理作用：

使用ADB－CHMINACA的临床表现有呕吐、癫痫、肢体扭曲、肌肉震动、情绪激动、好斗、言语不清、血压快速升高、哮喘、呼吸衰弱，甚至意

① EMCDDA, *Europol joint peport on a new psychoactive substance*: *N－(1－amino－3,3－dimethyl－1－oxobutan－2－yl)－1－(cyclohexylmethyl)－1H－indazole－3－carboxamide (ADB－CHMINACA)*, http://www. emcdda. europa. eu/publications/joint－reports/adb－chmina, 2017.

② Williams M. V., et al., "Points & Pearls: Cannabinoids: emerging evidence in use and abuse", *Emerg Med Pract*, 20, 2018, pp. 1－2.

③ *WHO, Critical Review Report*: *ADB－CHMINACA*, https://www. who. int/medicines/access/controlled－substances/ADB_chmnaca. pdf? ua＝1. 2018Nov.

识丧失，对机体的危害性大①。ADB - CHMINACA 致死的临床病例报道比较多见。2011 ~2015 年，土耳其在 370 例合成大麻素致死病例中检出 ADB - CHMINACA②。ADB - CHMINACA 致死病例组织切片结果显示，ADB - CHMINACA 在肝脏中集聚最多(156 ng/g)，其次是肾脏和胰腺③。

行为实验结果表明 ADB - CHMINACA 明显抑制小鼠的自主活动④。在大鼠药物鉴别实验中，ADB - CHMINACA 完全替代 Δ^9 - THC，产生类似 Δ^9 - THC 的作用⑤。

体外药理学评价：

ADB - CHMINACA 对 Ⅰ 型大麻素受体有高亲和力，其 *K*i 值为 0.9 nM，Δ^9 - THC 的 *K*i 值为 15.2 ±4.5 nM，ADB - CHMINACA 对 Ⅰ 型大麻素受体的受体亲和力约是 Δ^9 - THC 的 15 倍⑥。ADB - CHMINA-

---

① Adamowicz P. and Gieron J. , "Acute intoxication of four individuals following use of the synthetic cannabinoid MAB - CHMINACA", *Clin Toxicol* (*Phila*), 54, 2016, pp. 650 - 654.

② EMCDDA, *Europol joint peport on a new psychoactive substance*: *N* - (1 - *amino* - 3,3 - *dimethyl* - 1 - *oxobutan* - 2 - *yl*) - 1 - (*cyclohexylmethyl*) - 1*H* - *indazole* - 3 - *carboxamide* (*ADB* - *CHMINACA*), http://www.emcdda.europa.eu/publications/joint - reports/adb - chmina, 2017. Göl E. and Cok ｉ. , "Assessment of types of synthetic cannabinoids in narcotic cases assessed by the Council of Forensic Medicine between 2011 - 2015, Ankara, Turkey", *Forensic Sci Int*, 280, 2017, pp. 124 - 129.

③ Hasegawa K. , et al. , "Postmortem distribution of MAB - CHMINACA in body fluids and solid tissues of a human cadaver", *Forensic Toxicol.* , 33, 2015, pp. 380 - 387.

④ Williams M. V. , et al. , "Points & Pearls: Cannabinoids: emerging evidence in use and abuse", *Emerg Med Pract*, 20, 2018, pp. 1 - 2.

⑤ Michael B. G. and Michael J. F. , "Δ^9 - Tetrahydrocannabinol - like discriminative stimulus effects of five novel synthetic cannabinoids in rats", *Psychopharmacology*, 235, 2018, pp. 673 - 680.

⑥ Uchiyama N. , et al. , "New cannabimimetic indazole derivatives, N - (1 - amino - 3methyl - 1 - oxobutan - 2 - yl) - 1 - pentyl - 1H - indazole - 3 - carboxamide (AB - PINACA) and N - (1 - amino - 3 - methyl - 1 - oxobutan - 2 - yl) - 1 - (4 - fluorobenzyl) - 1H - indazole - 3 - carboxamide (AB - FUBINACA) identified as designer drugs in illegal products. ", *Forensic Toxicol.* , 31, 2013, pp. 93 - 100.

CA 不仅可以激活Ⅰ型大麻素受体，还可以激活Ⅱ型大麻素受体（CB_1 EC_{50} = 1.49 nM，CB_2 – EC_{50} = 2.2 nM）①。

药物代谢：

10 μmol/L ADB – CHMINACA 与人肝细胞孵育 3 小时可以检测到 10 种代谢物，主要发生在环己基甲基链上，并确定 A9（ADB – CHMINACA hydroxycyclohexylmethyl）、A4（ADB – CHMINACA4″ – hydroxycyclohexyl）和 A6（ADB – CHMINACA hydroxycyclohexylmethyl）为 ADB – CHMINACA 的检测标记物②。

依赖性折算：

目前无公开发布的依赖性折算数据。

49. ADB – FUBINACA

名称：ADB – FUBINACA

通用名：

N –（2*S*）–（1 – Amino – 3,3 – dimethyl – 1 – oxobutan – 2 – yl）– 1 –（4 – fluorobenzyl）– 1*H* – indazole – 3 – carboxamide

N – [（2*S*）– 1 – 氨基 – 3,3 – 二甲基 – 1 – 氧代丁烷 – 2 – 基] – 1 –（4 – 氟苄基）– 1*H* – 吲唑 – 3 – 甲酰胺

N –（1*S*）– [1 –（氨基羰基）– 2,2 – 二甲基丙基] – 1 –（4 – 氟苄基）– 1*H* – 吲唑 – 3 – 甲酰胺

（英文缩写：ADB – FUBINACA）

[CAS 号：1185282 – 00 – 1（*S* – isomer），1445583 – 51 – 6（racemate）]

---

① Le Boisselier R.，et al.，"Focus on cannabinoids and synthetic cannabinoids"，*Clin Pharmacol Ther*，101，2017，pp. 220 – 229.

② Carlier J.，et al.，"Identification of new synthetic cannabinoid ADB – CHMINACA（MAB – CHMINACA）metabolites in human hepatocytes"，*AAPS J*，19，2017，pp. 568 – 577.

化学结构：

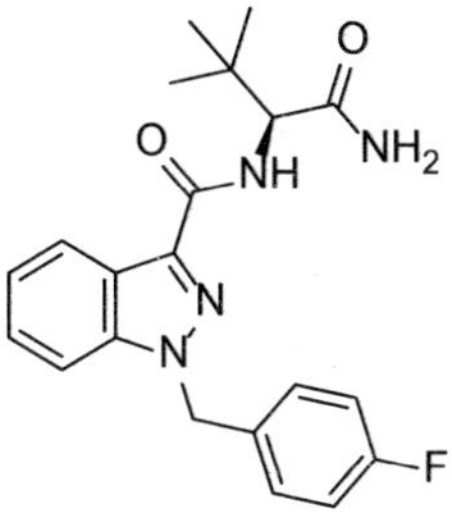

概述：

ADB－FUBINACA 是由辉瑞公司于 2009 年研发的强效Ⅰ型大麻素受体激动剂。2013 年在日本缴获的合成大麻混合物中，首次鉴定出该成分①。2018 年 9 月起，我国将 ADB－FUBINACA 列入《非药用类麻醉药品和精神药品管制品种增补目录》管制。

药理毒理作用：

滥用 ADB－FUBINACA 可能引起肾脏损伤、心脏毒性、癫痫，甚至死亡②。临床病例报告显示，抽吸 ADB－FUBINACA 30 分钟后会引起嗜睡、焦虑、心悸和呕吐，可伴有短暂的室上性心动过速及低血钾。血药浓度为 15.6 ng/ml，22 小时后中毒者恢复正常③。此外，还有关于抽吸

① Uchiyama N., et al., "Two new－type cannabimimetic quinolinyl carboxylates, QUPIC and QUCHIC, two new cannabimimetic carboxamide derivatives, ADB－FUBINACA and ADBICA, and five synthetic cannabinoids detected with a thiophene derivative α－PVT and an opioid receptor agonist AH－7921 identified in illegal products", *Forensic Toxicol*, 31, 2013, pp. 223－240.

② Brandehoff N., et al., "Synthetic cannabinoid 'Black Mamba' infidelity in patients presenting for emergency stabilization in Colorado: a P SCAN Cohort", *Clin Toxicol (Phila)*, 56, 2018, pp. 193－198.

③ Lam R. P. K., et al., "Supraventricular tachycardia and acute confusion following ingestion of e－cigarette fluid containing AB－FUBINACA and ADB－FUBINACA: a case report with quantitative analysis of serum drug concentrations", *Clin Toxicol (Phila)*, 55, 2017, pp. 662－667.

ADB－FUBINACA 而引起冠状动脉血栓致死的病例报道①。提示滥用 ADB－FUBINACA 的危害性。

体外药理学评价：

ADB－FUBINACA 可以有效地激动Ⅰ型大麻素受体和Ⅱ型大麻素受体，EC_{50}值分别为 1.2 nM 和 3.5 nM；Δ^9－THC 对Ⅰ型大麻素受体的 EC_{50}为 171 nM，ADB－FUBINACA 对Ⅰ型大麻素受体的受体亲和力约是 Δ^9－THC 的 140 倍②。

药物代谢：

ADB－FUBINACA 孵育肝微粒体，随后测得其血药浓度半衰期为 39.7 分钟，肝清除率为 9.0 mL/min/kg，摄取比为 0.5（中间清除药物）。主要代谢途径是烷基和吲唑羟基化，末端酰胺水解，随后的葡糖苷酸缀合和脱氢。ADB－FUBINACA 羟烷基，羟基脱氢烷基和羟基吲唑代谢产物作为检测抽吸 ADB－FUBINACA 的标记物③。

依赖性折算：

1 克 ADB－FUBINACA 相当于 2.5 克海洛因④。

50. 5F－ADB

名称：5F－ADB

---

① Shanks K. G., et al., "Death associated with the use of the synthetic cannabinoid ADB－FUBINACA", *J Anal Toxicol*, 40, 2016, pp. 236－239.

② Samuel D. B. and Michael M., "Pharmacology of Indole and Indazole Synthetic Cannabinoid Designer Drugs AB－FUBINACA, ADB－FUBINACA, AB－PINACA, ADB－PINACA, 5F－AB－PINACA, 5F－ADB－PINACA, ADBICA, and 5F－ADBICA", *ACS chemical neuroscience*, 6, 2015, pp. 1546－1559. Carlier J., et al., "In vitro metabolite profiling of ADB－FUBINACA, a new synthetic cannabinoid", *Curr Neuropharmacol*, 15, 2017, pp. 682－691.

③ Carlier J., et al., "In vitro metabolite profiling of ADB－FUBINACA, a new synthetic cannabinoid", *Curr Neuropharmacol*, 15, 2017, pp. 682－691.

④ 国家禁毒委员会：《关于印发〈3 种合成大麻素依赖性折算表〉的通知》，2019。

通用名：

Methyl (*S*) -2 -[1 -(5 - fluoropentyl) - 1*H* - indazole - 3 - carboxamido] -3,3 - dimethylbutanoate

(*S*) -2 -[1 -(5 -氟代戊烷基) -1*H* -吲唑 -3 -甲酰胺基] -3,3 -二甲基丁酸甲酯

(英文缩写:5F - ADB; 5F - MDMB - PINACA)

[CAS:1971007 - 89 - 2 (*S* - isomer), 1715016 - 75 - 3 (racemate)]

化学结构：

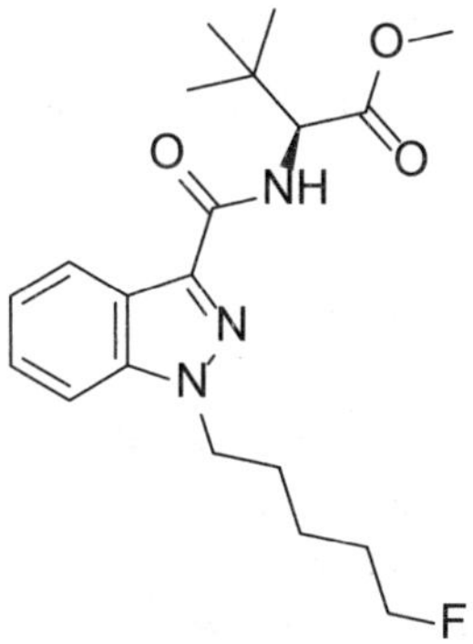

概述：

5F - ADB 是以吲哚基为基础的合成大麻素类化合物。2014 年 11 月,在从使用含有 5F - ADB 的毒品后死亡的人体样本中第一次被鉴定。5F - ADB 是人源Ⅰ型大麻素受体和Ⅱ型大麻素受体的强效激动剂,比起早期的合成大麻素类化合物,它的毒性更强。5F - ADB 常以粉末的

形式混在烟草中在网络上销售①。2018 年 3 月联合国麻醉药品委员会将 5F – ADB 纳入《1971 年精神药物公约》第二类药物管制②。2018 年 9 月起,我国将 5F – ADB 列入《非药用类麻醉药品和精神药品管制品种增补目录》管制。

药理毒理作用:

临床病例报告显示,服用 5F – ADB 主要的临床表现为躁动、呕吐、混乱、焦虑、精神错乱、心动过速,甚至昏迷。5F – ADB 致死的原因可能与患者处于昏迷状态呕吐物堵塞气道有关③。

虽然 5F – ADB 药理毒理学资料尚不完整,但其他合成大麻素类化合物的相关资料具有参考作用,提示 5F – ADB 主要的毒理作用,包括严重的心血管系统毒性和严重的中枢神经系统抑制症状,如意识的迅速丧

---

① Werneck M. A. , et al. , "A Systematic review of the efficacy of cannabinoid agonist replacement therapy for cannabis withdrawal symptoms", *CNS Drugs*, 32, 2018, pp. 1113 – 1129. Shevyrin V. , et al. , "Identification and analytical characteristics of synthetic cannabinoids with an indazole – 3 – carboxamide structure bearing a N – 1 – methoxycarbonylalkyl group", *Anal Bioanal Chem*, 407, 2015, pp. 6301 – 6315. Banister S. D. , et al. , "Pharmacology of valinate and tert – leucinate synthetic cannabinoids: 5F – AMBICA, 5F – AMB, 5F – ADB, AMB – FUBINACA, MDMB – FUBINACA, MDMB – CHMICA, and their analogues", *ACS Chem Neurosci*, 7, 2016, pp. 1241 – 1254. Hasegawa K. W. , et al. , "Identification and quantitation of 5 – fluoro – ADB, one of the most dangerous synthetic cannabinoids, in the stomach contents and solid tissues of a human cadaver and in some herbal products", *Forensic Toxicol*, 33, 2015, pp. 112 – 121. EMCDDA, *Europol joint report on a new psychoactive substance: methyl* 2 – {[1 – (5 – *fluoropentyl*) – 1*H* – *indazole* – 3 – *carbonyl*] *amino*} – 3,3 – *dimethylbutanoate* (*5F – MDMB – PINACA*; *5F – ADB*), http://www.drugsandalcohol.ie/27888/, 2017.

② UNODC, *Inclusion of 5F – MDMB – PINACA* (*5F – ADB*) *in schedule II of the convention on psychotropic substances of* 1971, http://www.unodc.org/documents/commissions/CND/CND_Sessions/CND_61/CND_res2018/CND_Decision_61_8.pdf, 2018.

③ Barceló B. , et al. , "Acute intoxication caused by synthetic cannabinoids 5F – ADB and MMB – 2201: A case series", *Forensic Sci Int*, 273, 2017, pp. e10 – 14. Angerer V. , et al. , "Three fatalities associated with the synthetic cannabinoids 5F – ADB, 5F – PB – 22, and AB – CHMINACA", *Forensic Sci Int*, 281, 2017, pp. e9 – 15.

失、昏迷、呼吸抑制、癫痫、剧烈呕吐、精神错乱、躁动、暴力行为，甚至猝死①。

研究资料表明：5F－ADB 可以通过激活Ⅰ型大麻素受体从而兴奋中脑多巴胺能神经元，参与调控奖赏效应②，提示 5F－ADB 的成瘾可能性。

5F－ADB 与其他合成大麻素类化合物具有类似的行为药理学效应，如 AB－CHMINACA、AB－PINACA 和 FUBIMINA 。在药物辨别实验中，AB－CHMINACA、AB－PINACA 和 FUBIMINA 可以代替 Δ^9－THC 诱发辨别刺激效应③。此外，反复使用合成大麻素类化合物可以产生耐受性，突然中止给药后可以引发戒断症状④，提示 5F－ADB 在人群中的滥用潜能。

体外药理学评价：

研究资料表明：5F－ADB 是一种高效的Ⅰ型大麻素受体和Ⅱ型大麻素受体完全激动剂，与其他合成大麻素类化合物相比，其受体亲和力排序如下：

1）激动Ⅰ型大麻素受体能力：5F－ADB ＞ MDMB－CHMICA ＞

---

① EMCDDA, *Europol joint report on a new psychoactive substance: methyl* 2－{[1－(5－*fluoropentyl*)－1*H*－*indazole*－3－*carbonyl*] *amino*}－3,3－*dimethylbutanoate* (5*F*－*MDMB*－*PINACA*; 5*F*－*ADB*), http://www.drugsandalcohol.ie/27888/, 2017. Zaurova M., et al., "Clinical effects of synthetic cannabinoid receptor agonists compared with marijuana in emergency department patients with acute drug overdose", *J Med Toxicol*, 12, 2016, pp. 335－340.

② Asaoka N., et al., "A new designer drug 5F－ADB activates midbrain dopaminergic neurons but not serotonergic neurons", *J Toxicol Sci*, 41, 2016, pp. 813－816.

③ Wiley J. L., et al., "AB－CHMINACA, AB－PINACA, and FUBIMINA: Affinity and potency of novel synthetic cannabinoids in producing Δ^9－tetrahydrocannabinol－like effects in mice", *J Pharmacol Exp Ther*, 354, 2015, pp. 328－339.

④ Hermanns－Clausen M., et al., "Acute toxicity due to the confirmed consumption of synthetic cannabinoids: clinical and laboratory findings", *Addiction*, 108, 2013, pp. 534－544. Cooper Z. D., "Adverse effects of synthetic cannabinoids: management of acute toxicity and withdrawal", *Curr Psychiatry Rep*, 18, 2016, p. 52.

Δ^9 – THC，其中 5F – ADB 的 EC_{50} 为 0.59 nM①。

2）激动Ⅱ型大麻素受体受体能力：5F – ADB > MDMB – CHMICA > Δ^9 – THC，其中 5F – ADB 的 EC_{50} 为 7.5 nM。

5F – ADB 对Ⅰ型大麻素受体的选择性（EC_{50} CB_2/EC_{50} CB_1）为 12.7②。

药物代谢：

对 5F – ADB 在人尿液中代谢特征分析发现，5F – ADB 的代谢途径主要是羧酸酯的水解、氧化脱氟作用以及进一步的羧酸氧化，代谢产物主要是羟酸代谢物。对于死后血液中 5F – ADB 的检测发现其在血液中浓度很低，为 0.19 ± 0.04 ng/mL，提示可能存在酶降解或非酶降解③。

依赖性折算：

1 克 5F – ADB 相当于 14.0 克海洛因④。

51. AMB – CHMICA

名称：AMB – CHMICA

通用名：

Methyl（*S*）– 2 – [1 –（cyclohexylmethyl）– 1*H* – indole – 3 – carboxamido] – 3 – methylbutanoate

---

① Banister S. D., et al., "Pharmacology of valinate and tert – leucinate synthetic cannabinoids：5F – AMBICA, 5F – AMB, 5F – ADB, AMB – FUBINACA, MDMB – FUBINACA, MDMB – CHMICA, and their analogues", *ACS Chem Neurosci*, 7, 2016, pp. 1241 – 1254.

② Banister S. D., et al., "Pharmacology of valinate and tert – leucinate synthetic cannabinoids：5F – AMBICA, 5F – AMB, 5F – ADB, AMB – FUBINACA, MDMB – FUBINACA, MDMB – CHMICA, and their analogues", *ACS Chem Neurosci*, 7, 2016, pp. 1241 – 1254.

③ Kusano M., et al., "Fatal intoxication by 5F – ADB and diphenidine：Detection, quantification, and investigation of their main metabolic pathways in humans by LC/MS/MS and LC/Q – TOFMS", *Drug Test Anal*, 10, 2018, pp. 284 – 293.

④ 国家禁毒委员会：《关于印发〈104 种非药用类麻醉药品和精神药品管制品种依赖性折算表〉的通知》，2016。

（S）－2－［1－（环己基甲基）－1H－吲哚－3－甲酰胺基］－3－甲基丁酸甲酯

（英文缩写：AMB－CHMICA）

［CAS：1971007－94－9（S－isomer），无（racemate）］

化学结构：

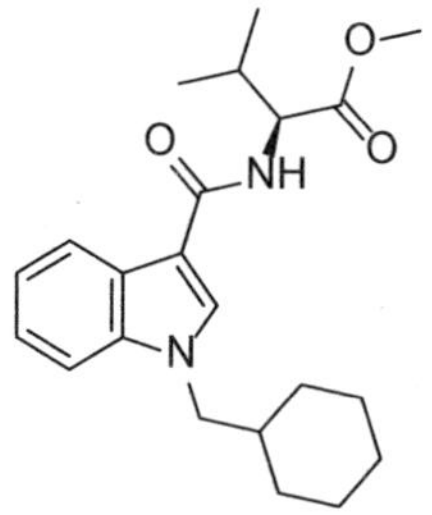

概述：

AMB－CHMICA 是以吲哚环为基础的合成大麻素，对大麻素受体具有强效激动作用①。2018 年 9 月起，我国将 AMB－CHMICA 列入《非药用类麻醉药品和精神药品管制品种增补目录》管制。

体外药理学评价：

AMB－CHMICA 对Ⅰ型大麻素受体的受体的 EC_{50} 为 3.5 nM，对Ⅱ型大麻素受体的受体 EC_{50} 值为 12 nM。Δ^9－THC 对Ⅰ型大麻素受体的受体的 EC_{50} 为 171 nM，AMB－CHMICA 对Ⅰ型大麻素受体的亲和力约是 Δ^9－THC 的 50 倍②。

---

① Banister S. D., et al., "Pharmacology of valinate and tert－leucinate synthetic cannabinoids: 5F－AMBICA, 5F－AMB, 5F－ADB, AMB－FUBINACA, MDMB－FUBINACA, MDMB－CHMICA, and their analogues", *ACS Chem Neurosci*, 7, 2016, pp. 1241－1254.

② Banister S. D., et al., "Pharmacology of valinate and tert－leucinate synthetic cannabinoids: 5F－AMBICA, 5F－AMB, 5F－ADB, AMB－FUBINACA, MDMB－FUBINACA, MDMB－CHMICA, and their analogues", *ACS Chem Neurosci*, 7, 2016, pp. 1241－1254.

药物代谢：

AMB－CHMICA 的代谢途径主要为甲基己基部分的脱甲基化和羟基化[①]。

依赖性折算：

目前无公开发布的依赖性折算数据。

52. BIM－2201

名称：BIM－2201

通用名：

{1－(5－Fluoropentyl)－1*H*－benzo[d]imidazol－2－yl}(naphthalen－1－yl)methanone

[1－(5－氟戊烷基)－1*H*－苯并咪唑－2－基](1－萘基)甲酮

1－(5－Fluoropentyl)－2－(1－naphthoyl)－1*H*－benzo[d]imidazole

1－(5－氟戊烷基)－2－(1－萘甲酰基)－1*H*－苯并咪唑

(英文缩写：BIM－2201，FUBIMINA，BZ－2201，FTHJ)

(CAS：1984789－90－3)

化学结构：

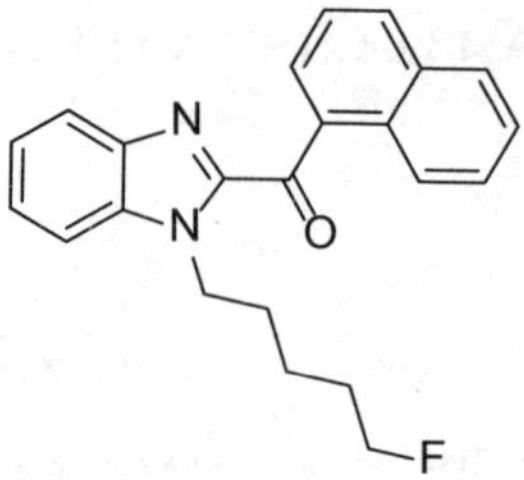

概述：

BIM－2201 是一种合成大麻素，2013 年第一次从日本缴获的违禁

① Mardal M., et al., "Metabolism of the synthetic cannabinoids AMB－CHMICA and 5C－AKB48 in pooled human hepatocytes and rat hepatocytes analyzed by UHPLC－(IMS)－HR－MSE", *J Chromatogr B Analyt Technol Biomed Life Sci.*, 1083, 2018, pp. 189－197.

物中被鉴定出来，是 AM－2201［1－(5－氟代戊烷基)－3－(1 萘甲酰基)吲哚］的苯并咪唑类似物①。2018 年 9 月起，我国将 BIM－2201 列入《非药用类麻醉药品和精神药品管制品种增补目录》管制。

药理毒理作用：

腹腔注射 56 mg/kg 的 BIM－2201 可以产生运动抑制、镇痛、降低体温和全身僵硬②。

在小鼠的药物辨别实验中，Δ^9－THC 的 ED_{50} 为 4.5 μmol/kg，BIM－2201 的 ED_{50} 为 131 μmol/kg，在此实验中 BIM－2201 不能完全代替 Δ^9－THC③。

体外药理学评价：

BIM－2201 是Ⅱ型大麻素受体的强效激动剂，其 *K*i 为 23.45 nM，激动效应约是Ⅰ型大麻素受体(*K*i＝296.1 nM)的 12 倍④。

药物代谢：

将 10μM 的 BIM－2201 与人肝微粒孵育 3 小时，通过质谱分析检测出 35 种代谢物，其中 5′－OH－BIM－018(M34)、BIM－018 戊酸(M33)和 BIM－018 戊酸二氢二醇(M7)为 BIM－2201 的特征性代谢

---

① Werneck M. A., et al., "A Systematic review of the efficacy of cannabinoid agonist replacement therapy for cannabis withdrawal symptoms", *CNS Drugs*, 32, 2018, pp. 1113－1129. Uchiyama N., et al., "Two new synthetic cannabinoids, AM－2201 benzimidazole analog (FUBIMINA) and (4－methylpiperazin－1－yl)(1－pentyl－1H－indol－3－yl)methanone (MEPIRAPIM), and three phenethylamine derivatives, 25H－NBOMe 3,4,5－trimethoxybenzyl analog, 25B－NBOMe, and 2C－N－NBOMe, identified in illegal products", *Forensic Toxicol*, 32, 2014, pp. 105－115.

② Wiley J. L., et al., "AB－CHMINACA, AB－PINACA, and FUBIMINA: Affinity and potency of novel synthetic cannabinoids in producing Δ^9－tetrahydrocannabinol－like effects in mice", *J Pharmacol Exp Ther*, 354, 2015, pp. 328－339.

③ Wiley J. L., et al., "AB－CHMINACA, AB－PINACA, and FUBIMINA: Affinity and potency of novel synthetic cannabinoids in producing Δ^9－tetrahydrocannabinol－like effects in mice", *J Pharmacol Exp Ther*, 354, 2015, pp. 328－339.

④ Wiley J. L., et al., "AB－CHMINACA, AB－PINACA, and FUBIMINA: Affinity and potency of novel synthetic cannabinoids in producing Δ^9－tetrahydrocannabinol－like effects in mice", *J Pharmacol Exp Ther*, 354, 2015, pp. 328－339.

物。BIM－2201 的代谢途径主要为氧化脱氟作用、羧基化、羟基化、二氢二醇形成及葡萄糖醛酸化①。

依赖性折算：

目前无公开发布的依赖性折算数据。

53. NM－2201

名称：NM－2201

通用名：

Naphthalen－1－yl 1－（5－fluoropentyl）－1*H*－indole－3－carboxylate

1－（5－氟戊烷基）－1*H*－吲哚－3－甲酸－1－萘酚酯

（英文缩写：NM－2201，CBL－2201）

（CAS：2042201－16－9）

化学结构：

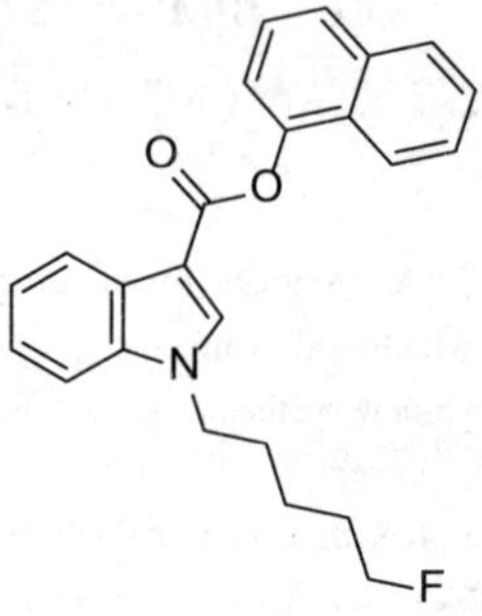

概述：

NM－2201 是一种以吲哚环为基础的合成大麻素类物质。2014 年，俄罗斯和美国实验室分别检出 NM－2201。药物特性与 5F－PB－22 和

① Diao X.，et al.，"Strategies to distinguish new synthetic cannabinoid FUBIMINA（BIM－2201）intake from its isomer THJ－2201：metabolism of FUBIMINA in human hepatocytes"，*Forensic Toxicol*，34，2016，pp. 256－267.

NNE1(JWH-018 和 APICA 的混合物)相似①。2018 年 9 月起,我国将 NM-2201 列入《非药用类麻醉药品和精神药品管制品种增补目录》管制。

药理毒理作用:

一名25 岁男性,在抽吸 NM-2201 5 天后,表现为激动、大小便失禁和左侧肢体不协调等症状,2 天后发展为失语症、肌张力亢进、反射亢进和左侧偏瘫,进而表现为出汗、发热、心动过速、高血压。经过 MRI 和 CT 检查,诊断为抽吸 NM-2201 引起的急性弥散性脑脊髓炎,提示 NM-2201 具有严重的副作用②。

在大鼠药物辨别实验中,Δ^9-THC 的 ED_{50} 为 0.61 mg/kg,NM-2201 的 ED_{50} 为 0.03 mg/kg,NM-2201 可以完全替代 Δ^9-THC 的作用,产生与 Δ^9-THC 类似的主观感受③。

体外药理学评价:

NM-2201 是Ⅰ型大麻素受体(Ki = 0.332 nM)和Ⅱ型大麻素受体(Ki = 0.732 nM)的完全激动剂,分别是 Δ^9-THC 的 11.6 倍和 97.8 倍④。

药物代谢:

将 NM-2201 与人肝微粒体孵育,可检测其特征性代谢产物 M13(5-fluoroPB-22 3-carboxyindole)。对吸食 NM-2201 的人尿液标本进行分析,M13 同样是其主要代谢产物。NM-2201 主要的代谢途径为

① Diao X., et al., "In vitro and in vivo human metabolism of a new synthetic cannabinoid NM-2201 (CBL-2201)", *Forensic Toxicology*, 35, 2017 Jan., pp. 20-32. Wikipedia, "NM-2201. https://en.wikipedia.org/wiki/NM-2201".

② Samra K., et al., "Lethal high: Acute disseminated encephalomyelitis (ADEM) triggered by toxic effect of synthetic cannabinoidblack mamba", *BMJ Case Reports*, bcr-2016-218431, 2017.

③ Namera A., et al., "Comprehensive review of the detection methods for synthetic cannabinoids and cathinones.", *Forensic Toxicology*, 33, 2015 Mar., pp. 175-194.

④ Hess C., et al., "Pharmacological evaluation of synthetic cannabinoids identified as constituents of spice.", *Forensic Toxicology*, 34, 2016 July pp. 329-343.

酯水解、羟基化、氧化脱氟以及 β－葡萄糖醛酸酶水解。人肝微粒体孵育半衰期为 8 分钟[①]。

依赖性折算：

目前无公开发布的依赖性折算数据。

---

① Diao X.，et al.，"In vitro and in vivo human metabolism of a new synthetic cannabinoid NM－2201（CBL－2201）"，*Forensic Toxicology*，35，2017 Jan.，pp. 20－32.

第三章　合成卡西酮类

第一节　前　　言

卡西酮(Cathinone)属于单胺类生物碱,又被称为 β－酮基苯丙胺(β－keto－amphetamine),化学名为2－氨基－1－苯基－1－丙酮,药理作用和苯丙胺类兴奋剂相似①。阿拉伯茶(Catha edulis 或 khat) 的茎叶中含有卡西酮成分②。通过化学修饰等手段,卡西酮可转化为卡西酮的衍生物③,此类合成卡西酮类物质(Synthetic cathinones)被统称为卡西酮类策划药。合成卡西酮类物质化学结构骨架如图3－1所示,其结构中R_1、R_2、R_3和R_4可以被化学修饰产生各种不同的化学结构组合:如R_1可以被卤素原子、甲基、二氧亚甲基等取代;R_2可以是甲基、乙基、丙基等;R_3或R_4可以被甲基、二甲基、乙基、吡咯烷基等取代,每种变换和组合就可以合成一种新的卡西酮类物质④。根据结构中的手性碳原子,合成卡西酮类物质分为R和S两种异构体。研究资料表明左旋S(－)卡西酮

---

① Patel N. B., "Mechanism of action of cathinone: the active ingredient of khat (Catha edulis)", *East Afr Med J* 77, 2000, pp. 329－332.

② Braenden O. J., "Research on the chemical composition of khat", *NIDA Res Monoqr* 27, 1979, pp. 320－321.

③ Coppola M. and Mondola R., "Synthetic cathinones: chemistry, pharmacology and toxicology of a new class of designer drugs of abuse marketed as 'bath salts' or 'plant food'", *Toxicol Lett* 211, 2012, pp. 144－149.

④ Calkins R. F. et al., "Methcathinone: the next illicit stimulant epidemic?", *J Psychoactive Drugs* 27, 1995, pp. 277－285.

的作用效果大于右旋 S(+)卡西酮[①]。氨基侧链的β - 酮基增加了卡西酮类物质的极性,因此,该类物质通过血脑屏障能力弱于甲基苯丙胺[②]。

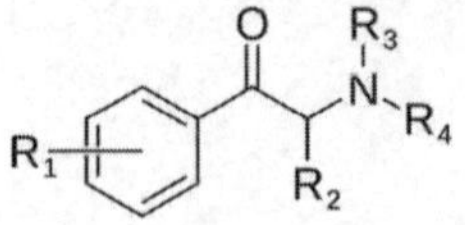

图 3 - 1　合成卡西酮类物质的化学结构

合成卡西酮类物质一般为白色或棕色的粉末,与沐浴用盐相似。合成卡西酮类物质为交感神经兴奋剂,直接作用于中枢神经系统,其作用机制与单胺类神经递质多巴胺、去甲肾上腺素和 5 - 羟色胺的释放、抑制和重摄取有关[③]。

在 20 世纪 20 年代,甲卡西酮和 4 - 甲基甲卡西酮首次合成,开始仅用作抗抑郁药使用,直到 20 世纪 60 年代才被用作娱乐性药物。2009 ~ 2010 年,合成卡西酮类物质的滥用现象明显增加。最初,在英国和欧洲其他国家被滥用,随后在美国逐步流行。2010 ~ 2011 年,美国毒物控制中心协会(American association of poison control centers)收到有关"浴盐"的查询求助电话由 304 个飙升至 6138 个,自此以"浴盐"为名销售的药物开始引起美国当局的注意[④]。"浴盐"主要成分包括卡西酮、亚甲基双氧甲卡西酮(Methylone)、亚甲基双氧吡咯戊酮(MDPV)、4 - 甲基甲

---

① De Felice L. J. et al., "Synthetic cathinones: chemical phylogeny, physiology, and neuropharmacology", *Life Sci* 97, 2014, pp. 20 - 26. Simmler L. D. et al., " Pharmacological characterization of designer cathinones in vitro", *Br J Pharmacol* 168, 2013, pp. 458 - 470.

② Simmler L. D. et al., " Pharmacological characterization of designer cathinones in vitro", *Br J Pharmacol* 168, 2013, pp. 458 - 470.

③ AI - Motarreb A. et al., "Khat: pharmacological and medical aspects and its social use in Yemen", *Phytother Res* 16, 2002, pp. 403 - 413.

④ Spiller H. A. et al., "Clinical experience with and analytical confirmation of ' bath salts' and ' legal highs' (synthetic cathinones) in the United States", *Clin Toxicol* (*Phila*) 49, 2011, pp. 499 - 505.

卡西酮(Mephedrone)等①。目前,在我国滥用的合成卡西酮类物质主要为甲卡西酮,且有明显的地域特征。中国国家市场监督管理总局发布的2016年度国家药物滥用监测报告中指出,中国甲卡西酮滥用例数(707例)为2015年(246例)的2.9倍,主要滥用区域为山西省(693例)②。根据2018年度联合国毒品与犯罪问题办公室(UNODC)世界毒品报告称,截至2017年年底,已发现的合成卡西酮类物质多达148种,占所有新精神活性物质的17.8%③。合成卡西酮类物质主要通过网络进行销售,其滥用人群和行为特征与其他合成毒品滥用者相似,主体人群为16~29岁的青少年。

合成卡西酮类物质常见的滥用方式为鼻吸、口服和烫吸,也有皮下、静脉注射和直肠给药的案例报道④。一般吸入几分钟内就能产生效果,30分钟后药效达到高峰并可持续2~3小时,静脉注射药效持续时间缩短近一半。临床调查资料显示,吸食合成卡西酮类物质初期会有欣快、精力旺盛以及狂躁等精神反应,后期导致抑郁心境、嗜睡、食欲下降、双手颤抖等症状,并且伴随妄想、焦虑、失眠、脱水、腹痛、呕吐等毒副作用,长期滥用会导致成瘾,产生一系列生理与心理损伤,严重者甚至死亡⑤。

合成卡西酮类物质进入机体后,其一相代谢主要是伯胺氮去甲基化、酮基还原为羟基、苯环上甲基氧化生成相应的醇或羧酸等,而二相代

---

① Prosser J. M. and Nelson L. S. "The toxicology of bath salts: a review of synthetic cathinones", *J Med Toxicol*8, 2012, pp. 33 -42.

② 国家食品药品监督管理总局(CFDA):《国家药物滥用监测年度报告(2016年)》, 2017年。

③ UNODC, "World Drug Report [R]", 2018.

④ Winstock A. R. et al., "Mephedrone, new kid for the chop?", *Addiction*106, 2011, pp. 154 -161.

⑤ Spiller H. A. et al., "Clinical experience with and analytical confirmation of 'bath salts' and 'legal highs' (synthetic cathinones) in the United States", *Clin Toxicol* (*Phila*) 49, 2011, pp. 499 -505. Bajaj N. et al., "Dependence and psychosis with 4 - methylmethcathinone (mephedrone) use", *BMJ Case Rep*, 2010. Dargan P. I. et al., "The pharmacology and toxicology of the synthetic cathinone mephedrone (4 - methylmethcathinone)", *Drug Test Anal* 3, 2011, pp. 454 -463.

谢主要是与葡萄糖或硫酸盐衍生物结合①,体内可产生多种代谢产物。合成卡西酮类物质在血液和尿液中的检出方法包括薄层色谱法、气相色谱－质谱联用法(GC－MS)和液相色谱－质谱联用法(LC－MS)和核磁共振法(NMR)等。

目前,世界各国已出台相应的法律法规对各种合成卡西酮类物质进行列管。这一章列出的50种合成卡西酮类物质均被中国国家市场监督管理总局、中华人民共和国公安部、国家卫生和计划生育委员会联合发布的2010年版、2013年版的《精神药品品种目录》以及在2015年、2018年发布的《非药用类麻醉药品和精神药品列管办法》中明确列管②。

第二节　50种合成卡西酮类物质

54. MDPV

名称:MDPV

通用名:

1－(1,3－Benzodioxol－5－yl)－2－(pyrrolidin－1－yl)pentan－1－one

① Meyer M. R. et al.,"New cathinone－derived designer drugs 3－bromomethcathinone and 3－fluoromethcathinone: studies on their metabolism in rat urine and human liver microsomes using GC－MS and LC－high－resolution MS and their detectability in urine", *J Mass Spectrom* 47, 2012, pp. 253－262. Meyer M. R. et al.,"Beta－keto amphetamines: studies on the metabolism of the designer drug mephedrone and toxicological detection of mephedrone, butylone, and methylone in urine using gas chromatography－mass spectrometry", *Anal Bioanal Chem* 397,2010, pp. 1225－1233.

② 国家食品药品监督管理总局(CFDA):《关于将4－甲基甲卡西酮列入第一类精神药品管理的公告》,2010年8月。国家食品药品监督管理总局(CFDA):《关于公布麻醉药品和精神药品品种目录的通知》,2013年11月。公安部、国家卫生计生委、食品药品监管总局、国家禁毒办:《关于印发非药用类麻醉药品和精神药品列管办法的通知》,载国家食品药品监督管理总局官网:http://samr.cfda.gov.cn/WS01/CL0056/130753.html,2019年4月20日最后访问。公安部等:《关于将4－氯乙卡西酮等32种物质列入非药用类麻醉药品和精神药品管制品种增补目录公告》,2018年8月。

1－(1,3－苯并二噁茂－5－基)－2－(*N*－吡咯烷基)－1－戊酮

1－(3,4－Methylenedioxyphenyl)－2－(pyrrolidin－1－yl)pentan－1－one

1－[3,4－(亚甲二氧基)苯基]－2－(*N*－吡咯烷基)－1－戊酮

Methylenedioxypyrovalerone

(英文缩写:MDPV)

(CAS:687603－66－3)

化学结构:

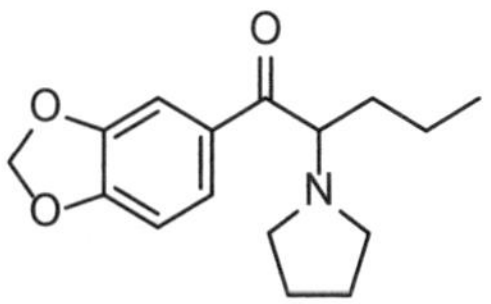

概述:

MDPV 的盐酸盐形式为非常细的结晶状粉末,颜色从纯白色到黄褐色,有轻微的气味,气味随着颜色的加深而加重。20 世纪 60 年代,MDPV 最早由勃林格殷格翰公司(Boehringer Ingelheim)开发①。2004 年,MDPV 被作为策划药物出售。在美国的加油站和便利店,含有 MDPV 成分的"浴盐"产品曾被作为娱乐药物销售。2011 年 12 月 8 日,根据《合成毒品控制法》(Synthetic Drug Control Act),美国禁止在商店合法销售 MDPV 和多种其他相关合成毒品②。我国于 2014 年 1 月 1 日将 MDPV 列入《关于公布麻醉药品和精神药品品种目录的通知》中管制目录。

药理毒理作用:

MDPV 常见滥用方式包括口服、鼻吸和静脉注射。MDPV 精神活性作用与毒品可卡因、苯丙胺类似,其最初的精神活性能维持 3～4 小时。它可引起血压升高、心动过速等,作用可持续 6～8 小时。高剂量 MDPV

---

① Herbert K. "US Patent 3478050－1－(3′,4′－methylenedioxy－phenyl)－2－pyrrolidino－alkanones－(1)", *Boehringer Sohn Ingelheim*, 1965.

② Kreider R. "House votes to ban 'Spice','Bath Salts'", *ABC News*, 2011.

会导致使用者产生长时间的强烈惊恐①。在大鼠自身给药实验中，MDPV(0.05mg/kg、0.1 mg/kg、0.2 mg/kg)能建立大鼠自身给药行为并具有显著的强化效应，大鼠行为学实验结果显示 0.05 mg/kg 剂量的 MDPV 和同剂量的甲基苯丙胺产生相当的自身给药行为②。

体外药理学评价：

MDPV 对去甲肾上腺素转运体(Norepinephrine transporter, NET)和多巴胺转运体(Dopamine transporter, DAT)有高度亲和力，*K*i 值分别为(0.08 ± 0.02)μM 和(0.01 ± 0.002)μM，这与 MDPV 高效抑制去甲肾上腺素转运体和多巴胺转运体结果一致③。

药物代谢：

CYP2C19 同工酶参与 MDPV 代谢过程。通过一相代谢方式，MDPV 被代谢为甲基儿茶酚和吡咯烷啶④。甲基儿茶酚和吡咯烷啶通过尿苷 5′－二磷酸－葡萄糖醛酸苷转移酶被葡萄糖醛酸结合，经肾脏排泄。只有一小部分代谢物进入粪便中，尿液中检测不到游离的吡咯烷啶。

依赖性折算：

目前无公开发布的依赖性折算数据。

55. 4－MEC

名称：4－MEC

通用名：

2－Ethylamino－1－(4－methylphenyl)propan－1－one

1－(4－甲基苯基)－2－(乙氨基)－1－丙酮

---

① DEA, "Report on MDPV", *Drugs of Concern*, 2013.

② Watterson L. R. et al., "Potent rewarding and reinforcing effects of the synthetic cathinone 3,4－methylenedioxypyrovalerone (MDPV)", *Addict Biol*19, 2014, pp. 165－174.

③ Simmler L. D. et al., "Pharmacological characterization of designer cathinones in vitro", *Br J Pharmacol*168, 2013, pp. 458－470.

④ Kalapos M. P. "3,4－methylene－dioxy－pyrovalerone (MDPV) epidemic?", *Orv Hetil*152, 2011, pp. 2010－2019.

4 – Methylethcathinon

4 – 甲基乙卡西酮

4 – Methyl – *N* – ethylcathinone

4 – 甲基 – *N* – 乙基卡西酮

（英文缩写：4 – MEC）

（CAS：1225617 – 18 – 4）

化学结构：

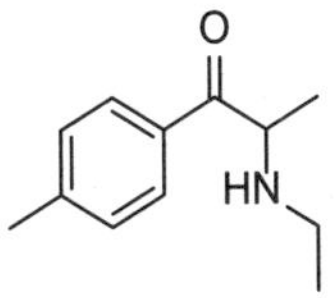

概述：

4 – 甲基乙卡西酮（4 – MEC）与 4 – 甲基甲卡西酮（4 – MMC）有相似的化学结构①，是一种具有致幻效应的合成兴奋剂。4 – MEC 主要以粉末的形式出现，也有片剂形式的。2010 年，4 – MEC 作为 4 – MMC 的替代物开始在网络上销售。4 – MEC 常与其他的卡西酮类物质混合在一起销售，被称为能源 – 1（NRG – 1）②。在新西兰等国家，4 – MEC 被用作假"摇头丸"的有效成分。2017 年，美国缉毒署（U. S. Drug Enforcement Administration，DEA）将 4 – MEC 列为管制药品管理条例（CSA）中表 Ⅰ 物质③。我国于 2014 年 1 月 1 日将 4 – MEC 列入《关于公布麻醉药品和精神药品品种目录的通知》中的管制目录。

药理毒理作用：

在大鼠条件性位置偏爱实验中，4 – MEC（10 mg/kg）能使大鼠形成条件性位置偏爱，并且在停药 2 周后，可诱导行为重建，提示 4 – MEC 具

① Ondra P. et al.，"Analysis of Amphetamine – Derived Designer Drugs by Gas Chromatography with Mass Spectrometry"，*J Anal Toxicol* 40，2016，pp. 78 – 85.

② Brandt S. D. et al.，"Second generation mephedrone. The confusing case of NRG – 1"，*BMJ* 341，2010，p. c3564.

③ DEA，"Schedules of Controlled Substances：Placement of 10 Synthetic Cathinones Into Schedule I"，2017.

有精神依赖性。急性注射 4 – MEC(30 mg/kg)可使大鼠活动度明显增加,但慢性注射 4 – MEC 的行为敏化效应较甲基苯丙胺弱。3 mg/kg 和 10 mg/kg 的 4 – MEC 不会影响大鼠活动度。此外,在高架迷宫实验中大鼠每天重复注射 4 – MEC (30 mg/kg)后,开放臂的时间明显减少①。在 Morris 水迷宫模型实验中, 4 – MEC 接触过的大鼠再暴露于4 – MEC 后,空间位置记忆能力显著下降,揭示 4 – MEC 可能对认知功能有长期损害②。

体外药理学评价:

在人胚肾细胞(HEK – 293)研究中发现,4 – MEC 对甲肾上腺素转运体、多巴胺转运体和 5 – 羟色胺转运体(Serotonin transporter,SERT)的亲和力 *K*i 值分别为(3.00 ±0.52)μM、(15.8 ±3.9)μM 和(12.6 ±2.8)μM,对多巴胺、去甲肾上腺素和 5 – 羟色胺的重摄取抑制 IC_{50}值分别为(0.96 ±0.15)μM、(0.93 ±0.23)μM 和(0.218 ±0.50)μM③。

药物代谢:

通过酶解法对人尿液样品进行处理,采用简单脱蛋白法对人体肝微粒体(pHLM)进行培养,采用气相色谱 – 质谱(GC – MS)和液相色谱 – 高分辨串联质谱(LC – HR – MS/MS)对代谢物进行分离鉴定,可以得出 4 – MEC 主要通过酮基还原、N – 脱乙基化、4 – 甲基羟基化,然后进一步氧化成相应的 4 – 羧基代谢物,或者通过这些步骤的组合途径进行代

① Xu P. et al. , "The Effects of 4 – Methylethcathinone on Conditioned Place Preference, Locomotor Sensitization, and Anxiety – Like Behavior: A Comparison with Methamphetamine", *Int J Neuropsychopharmacol*,19, 2016, p. pyv120.

② 徐鹏等:《新型合成毒品 4 – 甲基乙卡西酮对大鼠空间学习与记忆能力的远期影响》,载《中国药物依赖性杂志》2015 年第 24 期。

③ Eshleman A. J. et al. , "Structure – Activity Relationships of Substituted Cathinones, with Transporter Binding, Uptake, and Release", *J Pharmacol Exp Ther*360, 2017, pp. 33 – 47.

谢，这与4－MMC的代谢途径相似[①]。

依赖性折算：

目前无公开发布的依赖性折算数据。

56. 4－MMC

名称：4－MMC

通用名：

1－（4－Methylphenyl）－2－methylaminopropan－1－one

1－（4－甲基苯基）－2－甲氨基－1－丙酮

4－Methylmethcathinone

4－甲基甲卡西酮

Mephedrone

甲基麻黄酮

（英文缩写：4－MMC）

［CAS：1189805－46－6，1189726－22－4（HCl）］

化学结构：

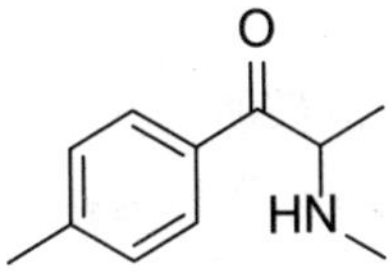

概述：

4－甲基甲卡西酮（4－MMC）是以卡西酮为基本骨架的人工合成兴奋剂，国外俗称"喵喵""Meph""MMC"等，我国俗称"土冰""筋"等。国外的4－MMC一般为白色粉末状，有时会被制成各种颜色的片剂或胶囊；国内的4－MMC常见为粉末状，呈微黄色，有时有褐色或黑色斑点。

---

① Helfer A. G. et al.，"Elucidation of the metabolites of the novel psychoactive substance 4－methyl－N－ethyl－cathinone（4－MEC）in human urine and pooled liver microsomes by GC－MS and LC－HR－MS/MS techniques and of its detectability by GC－MS or LC－MS(n) standard screening approaches"，*Drug Test Anal* 7，2015，pp. 368－375.

4 - MMC 于 20 世纪 20 年代后期首次合成,当时并没有引起人们的关注。2003 年地下非法实验室再次合成 4 - MMC,在以色列作为策划药推出,并在整个中东地区快速蔓延,随后进入欧洲市场。因其作用与可卡因很相似,4 - MMC 被称为合法的可卡因,是著名的俱乐部药①。英国、德国、中国台湾地区、加拿大及美国新泽西州和北达科他州等地区相继对 4 - MMC 进行管制。我国于 2010 年 9 月 1 日将 4 - MMC 列入《关于将 4 - 甲基甲卡西酮列入第一类精神药品管理的公告》中管制。

药理毒理作用:

4 - MMC 常见的滥用方式为口服、鼻吸和静脉注射。4 - MMC 的作用介于摇头丸与可卡因之间,主要有兴奋和迷幻作用,还会引起磨牙、鼻出血、呕吐、皮疹、焦虑、偏执、短期记忆受损等问题,严重时能造成死亡,其中磨牙是最显著的副作用表现②。

在大鼠自身给药实验中,4 - MMC(0.5 mg/kg、1.065 mg/kg),可使大鼠建立稳定的自身给药行为,且伴药侧的识别率达 80% 以上,每只大鼠平均摄药量为 2 ~ 3 mg/kg/h③。

4 - MMC、3,4 - 亚甲基二氧甲基卡西酮(Methylone)和 3,4 - 亚甲基二氧甲基苯丙胺(MDMA)都能使雌性大鼠建立自身给药行为,而 4 - MMC的大鼠自身给药反应数明显高于另两种药物。在自身给药替代实验中,三种药物能相互替代:用另两种药物替代 4 - MMC 进行大鼠自身给药时摄药行为明显增加④。

---

① 杨黎华:《合成毒品 4 - 甲基甲卡西酮的危害及滥用的预防》,载《云南警官学院学报》,2012 年。

② 杨黎华:《合成毒品 4 - 甲基甲卡西酮的危害及滥用的预防》,载《云南警官学院学报》,2012 年。

③ Aarde S. M. et al., "Mephedrone (4 - methylmethcathinone) supports intravenous self - administration in Sprague - Dawley and Wistar rats", *Addict Biol*18, 2013, pp. 786 - 799.

④ Creehan K. M. et al., "Intravenous self - administration of mephedrone, methylone and MDMA in female rats", *Neuropharmacology*,92, 2015, pp. 90 - 97.

体外药理学评价：

4 - MMC 为交感神经兴奋剂，直接作用于中枢神经系统，其作用机制可能与单胺类神经递质的刺激、释放、抑制和重摄取有关[①]。在大鼠活动度测试中，4 - MMC（3 mg/kg）、苯丙胺（3 mg/kg）和 MDMA（3 mg/kg）分别皮下给药，可使大鼠伏隔核区细胞外多巴胺水平分别快速上升 496%、412% 和 235%，相应的 5 - 羟色胺水平分别上升 165%、941% 和 911%[②]。运用高效液相色谱法（HPLC）检测发现，4 - MMC 可使小鼠伏隔核区多巴胺释放升高 2 倍、5 - 羟色胺升高 3 倍，使额叶皮层区域的多巴胺升高 1.5 倍[③]。

药物代谢：

基于气相色谱 - 质谱联用法（GC - MS）对大鼠和人的尿液分析，4 - MMC 可以通过三种一相方式被代谢（如图 1）：脱甲基成胺（生成化合物 2，3 或 4），酮基被还原（生成化合物 3）或甲苯基被氧化（生成化合物 5 和 6），化合物 5 和 6 通过和葡萄糖或硫酸盐衍生物结合被代谢[④]。4 - MMC 娱乐性使用者的血液或血浆中 4 - MMC 浓度为 50 ~ 100 μg/L，4 - MMC滥用者的血液或血浆中 4 - MMC 浓度大于 100 μg/L，4 - MMC急性过量者的血液或血浆中 4 - MMC 浓度大于 500 μg/L[⑤]。

---

① Fleming N. "The truth about mephedrone", *New Scientist*, 206, 2010, pp. 42 - 45.

② Kehr J., et al., "Mephedrone, compared with MDMA (ecstasy) and amphetamine, rapidly increases both dopamine and 5 - HT levels in nucleus accumbens of awake rats", *Br J Pharmacol*164, 2011, pp. 1949 - 1958.

③ Pail P. B., et al., "Comparative pharmacological evaluation of the cathinone derivatives, mephedrone and methedrone, in mice", *Neurotoxicology*50, 2015, pp. 71 - 80.

④ Meyer M. R., et al., "Beta - keto amphetamines: studies on the metabolism of the designer drug mephedrone and toxicological detection of mephedrone, butylone, and methylone in urine using gas chromatography - mass spectrometry", *Anal Bioanal Chem*, 397, 2010, pp. 1225 - 1233.

⑤ Marinetti L. J. "Analysis of synthetic cathinones commonly found in bath salts in human performance and postmortem toxicology: method development, drug distribution and interpretation of results", *J Anal Toxicol*37, 2013, pp. 135 - 146.

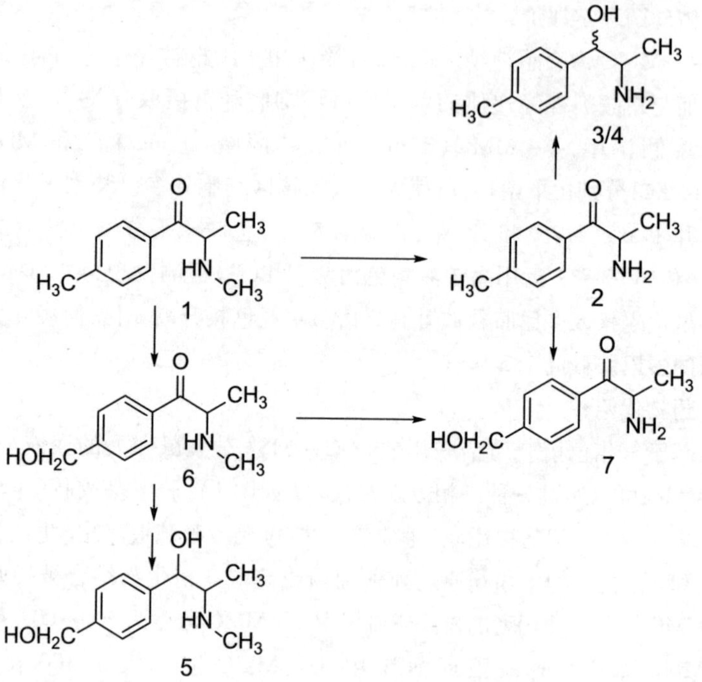

图 3－2　4－甲基甲卡西酮的代谢方式

依赖性折算：

1 克 4－MMC 相当于 1 克甲基苯丙胺①。

57. Methylone

名称：Methylone

通用名：

1－(1,3－Benzodioxol－5－yl)－2－(methylamino) propan－1－one

---

① 国家禁毒委员会：《关于印发〈100 种麻醉药品和精神药品管制品种依赖性折算表〉的通知》,2017。

1 -(1,3 - 苯并二噁茂 - 5 - 基) - 2 - 甲氨基 - 1 - 丙酮

1 - (3,4 - Methylenedioxyphenyl) - 2 - (methylamino) propan - 1 - one

1 - [3,4 - (亚甲二氧基)苯基] - 2 - 甲氨基 - 1 - 丙酮

3,4 - Methylenedioxy - *N* - methylcathinone

3,4 - (亚甲二氧基) - *N* - 甲基卡西酮

(英文缩写:MDMC,βk - MDMA)

[CAS:186028 - 79 - 5 (racemate),191916 - 41 - 3 (S - isomer)]

化学结构:

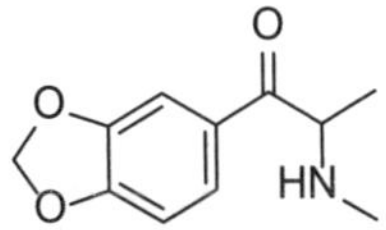

概述:

1996 年,Methylone 由化学家佩顿·雅各布三世和亚历山大·舒尔金首次合成,最早作为抗抑郁药物使用。2004 年,Methylone 被制成香草味溶液当作室内增香剂出售。2005 年,荷兰首次查封 Methylone①。2011 年 10 月 21 日,美国缉毒署紧急发布了关于 Methylone 的禁令,规定持有和出售 Methylone 是非法的②,2013 年,美国缉毒署将 Methylone 列为管制药品③。我国于 2014 年 1 月 1 日将 Methylone 列入《关于公布麻醉药品和精神药品品种目录的通知》中的管制目录。

---

① Bossong M. G. V. et al., "Methylone and mCPP, two new drugs of abuse?", *Addict Biol*10, 2005, pp. 321 - 323.

② Taschwer M. et al., "Analysis and characterization of the novel psychoactive drug 4 - chloromethcathinone (clephedrone)", *Forensic Sci Int*244, 2014, pp. 56 - 59. Justice U. D. O. "Chemicals used in 'Bath Salts' now under federal control and regulation", 2014.

③ Uchiyama N. et al., "Characterization of four new designer drugs, 5 - chloro - NNEI, NNEI indazole analog, alpha - PHPP and alpha - POP, with 11 newly distributed designer drugs in illegal products", *Forensic Sci Int* 243, 2014, pp. 1 - 13. DEA, "Schedules of Controlled Substances: Placement of Methylone Into Schedule I", 2014.

药理毒理作用：

Methylone 摄入途径有口服、鼻吸、静脉注射、舌下或直肠给药，口服是最流行的摄取方式。Methylone 的精神活性作用能维持 3～5 小时，口服 Methylone 15～60 分钟后产生药效。Methylone 能产生类似苯丙胺的兴奋作用，如欣快感、思维加快、躁动不安、疲劳减少、活动度加大等行为，还能产生类似摇头丸的致幻效应①。其副作用包括心动过速、心悸、恶心、呕吐、身体颤抖、磨牙、焦虑、厌食等②。关于 Methylone 的成瘾潜力研究还较少，在大鼠药物辨别实验中，Methylone 能替代 3,4－亚甲基二氧甲基苯丙胺的作用，但不能替代苯丙胺和 2,5－二甲氧基甲基苯丙胺③。

体外药理学评价：

Methylone 是多巴胺、去甲肾上腺素和 5－羟色胺的重摄取抑制剂，与 MDMA 相比，Methylone 对 5－羟色胺转运体的亲和力低 2/3 左右，而对多巴胺转运体和去甲肾上腺素转运体的亲和力相似④。值得注意的是，Methylone 对囊泡单胺转运蛋白 2（VMAT2）的亲和力只有 MDMA 的 1/13 左右⑤。

药物代谢：

在哺乳动物中，Methylone 有两条主要代谢途径：(1) 侧链 N－脱甲基生成甲氧基卡西酮（MDC）。(2) 苯环上 3－或 4－OH 基团先去甲基

---

① Shimizu E. et al., "Combined intoxication with methylone and 5－MeO－MIPT", *Prog Neuropsychopharmacol Biol Psychiatry* 31, 2007, pp. 288－291.

② Prosser J. M. and Nelson L. S. "The toxicology of bath salts: a review of synthetic cathinones", *J Med Toxicol* 8, 2012, pp. 33－42.

③ TA D. C. "Cathinone: an investigation of several N－alkyl and methylenedioxy－substituted analogs", *Pharmacol Biochem Behav.* 58, 1997, pp. 1109－1116.

④ Cozzi N. V. et al., "Inhibition of plasma membrane monoamine transporters by beta－ketoamphetamines", *Eur J Pharmacol* 381, 1999, pp. 63－69. Fumiko N. "The effects of non－medically used psychoactive drugs on monoamine neurotransmission in rat brain", *European Journal of Pharmacology* 559, 2007, pp. 132－137.

⑤ Cozzi N. V. et al., "Inhibition of plasma membrane monoamine transporters by beta－ketoamphetamines", *Eur J Pharmacol* 381, 1999, pp. 63－69.

化,然后羟甲基化成 4－羟基－3－甲氧甲基卡西酮（HMMC）或 3－羟基－4－甲氧甲基卡西酮（3－OH－4－MeO－MC）。在这些代谢产物中,HMMC 在人和大鼠体内含量最多。当给大鼠注射 5mg/kg 的 Methylone 时,发现大约 26% 的 Methylone 在最初 48 小时内以 HMMC 的形式排泄,低于 3% 的以原药排泄①。

依赖性折算：

目前无公开发布的依赖性折算数据。

58. 2－FMC

名称:2－FMC

通用名：

1－(2－Fluorophenyl)－2－methylaminopropan－1－one

1－(2－氟苯基)－2－(甲氨基)－ 1－丙酮

2－Fluoromethcathinone

2－氟甲卡西酮

(英文缩写:2－FMC)

(CAS:1186137－35－8)

化学结构：

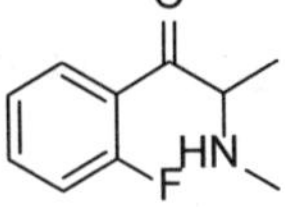

概述：

2－FMC 为甲卡西酮的衍生物。2012～2015 年,意大利对缴获的新精神活性物质进行定量分析时发现 2－FMC 的滥用②。我国于 2015 年

① Kamata H. T. et al., "Metabolism of the recently encountered designer drug, methylone, in humans and rats", *Xenobiotica*36, 2006, pp. 709－723.

② Odoardi S. et al., "A snapshot on NPS in Italy: Distribution of drugs in seized materials analysed in an Italian forensic laboratory in the period 2013－2015", *Forensic Sci Int* 265, 2016, pp. 116－120.

10 月 1 日将 2 – FMC 列入《非药用类麻醉药品和精神药品列管办法》中管制目录。

依赖性折算：

1 克 2 – FMC 相当于 0.476 克海洛因①。

59. 2 – MMC

名称：2 – MMC

通用名：

1 –（2 – Methylphenyl）– 2 – methylaminopropan – 1 – one

1 –（2 – 甲基苯基）– 2 – 甲氨基 – 1 – 丙酮

2 – Methylmethcathinone

2 – 甲基甲卡西酮

（英文缩写：2 – MMC）

（CAS：1246911 – 71 – 6）

化学结构：

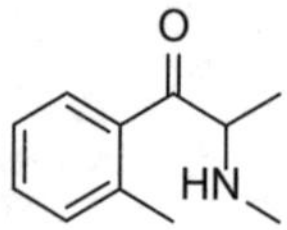

概述：

2 – MMC 是甲卡西酮衍生物。2014 年，波兰的法医研究所确认一起交通事故与服用 2 – MMC 有关②。我国于 2015 年 10 月 1 日将 2 – MMC 列入《非药用类麻醉药品和精神药品列管办法》中管制目录。

---

① 国家禁毒委员会：《关于印发〈104 种非药用类麻醉药品和精神药品管制品种依赖性折算表〉的通知》，载北京刑事律师网文献库：http://www.bjxsdls.com/info.asp? lb_id = 2495，2019 年 4 月 20 日最后访问。

② Adamowicz P. et al.，"The prevalence of new psychoactive substances in biological material – a three – year review of casework in Poland"，*Drug Test Anal*8，2016，pp. 63 – 70.

依赖性折算：

1 克 2 – MMC 相当于 0.3 克甲基苯丙胺①。

60. 3,4 – DMMC

名称:3,4 – DMMC

通用名:

1 –（3,4 – Dimethylphenyl）– 2 – methylaminopropan – 1 – one

1 –（3,4 – 二甲基苯基）– 2 – 甲氨基 – 1 – 丙酮

3,4 – Dimethylmethcathinone

3,4 – 二甲基甲卡西酮

（英文缩写:3,4 – DMMC）

（CAS:1082110 – 00 – 6）

化学结构:

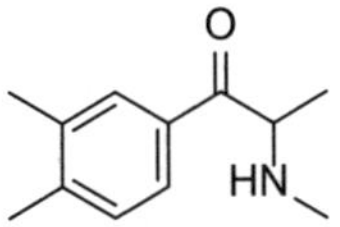

概述:

3,4 – DMMC 是甲卡西酮衍生物。2010 年,欧洲毒品与毒品成瘾监测中心首次报告在匈牙利发现 3,4 – DMMC②。在澳大利亚,3,4 – DMMC 已被作为策划药进行列管③。我国于 2015 年 10 月 1 日将 3,4 – DMMC 列入《非药用类麻醉药品和精神药品列管办法》中管制目录。

---

① 国家禁毒委员会:《关于印发〈104 种非药用类麻醉药品和精神药品管制品种依赖性折算表〉的通知》,载北京刑事律师网文献库:http://www.bjxsdls.com/info.asp? lb_id = 2495,2019 年 4 月 20 日最后访问。

② EMCDDA, Europol 2010 Annual Report on the implementation of Council Decision 2005/387/JHA, 2010.

③ Locos O. and Reynolds D. "The characterization of 3,4 – dimethylmethcathinone (3,4 – DMMC)", *J Forensic Sci*57, 2012, pp. 1303 – 1306.

药理毒理作用：

3,4 – DMMC 摄入途径有口服，鼻吸和静脉注射①。互联网报道资料认为，使用者服用该物质能引起情绪激动、活动增加、食欲下降、厌食症、口干、视物模糊，面部发麻，下颌紧咬，体温降低等症状和反应；服用较高剂量会引起惊恐和心动过速，严重者甚至导致死亡。

药物代谢：

采用液相色谱 – 串联质谱联用技术对一滥用 3,4 – DMMC 致死者的血液和尿液进行分析，检测到患者血液和尿液中 3,4 – DMMC 浓度分别为 27 mg/L 和 7.6 mg/L。3,4 – DMMC 主要代谢途径为还原羰基转化为 β – OH – DMMC，N – 去甲基化转变为 3,4 – dimethylcathione（3,4 – DMC）②。

依赖性折算：

1 克 3,4 – DMMC 相当于 0.3 克甲基苯丙胺③。

61. 3 – CMC

名称：3 – CMC

通用名：

1 –（3 – Chlorophenyl）– 2 – methylaminopropan – 1 – one

1 –（3 – 氯苯基）– 2 – 甲氨基 – 1 – 丙酮

3 – Chloromethcathinone

3 – 氯甲卡西酮

（英文缩写：3 – CMC）

---

① EMCDDA, Europol 2010 Annual Report on the implementation of Council Decision 2005/387/JHA, 2010.

② Usui K. et al., "Quantitative analysis of 3,4 – dimethylmethcathinone in blood and urine by liquid chromatography – tandem mass spectrometry in a fatal case", *Leg Med*（*Tokyo*）16, 2014, pp. 222 – 226.

③ 国家禁毒委员会：《关于印发〈104 种非药用类麻醉药品和精神药品管制品种依赖性折算表〉的通知》，载北京刑事律师网文献库：http://www.bjxsdls.com/info.asp?lb_id=2495，2019 年 4 月 20 日最后访问。

（CAS：1049677－59－9）

化学结构：

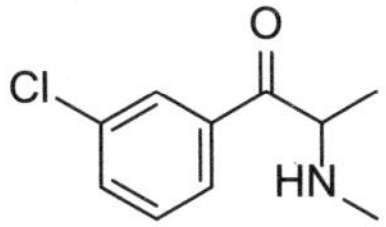

概述：

3－CMC 为甲卡西酮苯环的 3' 位被氯原子取代的衍生物。2012～2015 年，意大利在对缴获的新精神活性物质进行定量分析时首次发现 3－CMC①。我国于 2015 年 10 月 1 日将 3－CMC 列入《非药用类麻醉药品和精神药品列管办法》中管制目录。

依赖性折算：

1 克 3－CMC 相当于 0.3 克甲基苯丙胺②。

62. 3－MeOMC

名称：3－MeOMC

通用名：

1－（3－Methoxyphenyl）－2－methylaminopropan－1－one

1－（3－甲氧基苯基）－2－甲氨基－1－丙酮

3－Methoxymethcathinone

3－甲氧基甲卡西酮

（英文缩写：3－MeOMC）

（CAS：882302－56－9）

---

① Odoardi S. et al.，"A snapshot on NPS in Italy：Distribution of drugs in seized materials analysed in an Italian forensic laboratory in the period 2013－2015"，*Forensic Sci Int*265，2016，pp. 116－120.

② 国家禁毒委员会：《关于印发〈104 种非药用类麻醉药品和精神药品管制品种依赖性折算表〉的通知》，载北京刑事律师网文献库：http://www.bjxsdls.com/info.asp? lb_id＝2495，2019 年 4 月 20 日最后访问。

化学结构：

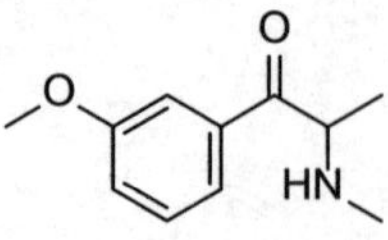

概述：

3 - MeOMC 为甲卡西酮衍生物。我国于 2015 年 10 月 1 日将 3 - MeOMC列入《非药用类麻醉药品和精神药品列管办法》中管制目录。

依赖性折算：

1 克 3 - MeOMC 相当于 0.3 克甲基苯丙胺①。

63. 3 - MMC

名称:3 - MMC

通用名：

1 -（3 - Methylphenyl）- 2 - methylaminopropan - 1 - one

1 -（3 - 甲基苯基）- 2 - 甲氨基 - 1 - 丙酮

3 - Methylmethcathinone

3 - 甲基甲卡西酮

（英文缩写:3 - MMC）

（CAS:1246911 - 86 - 3）

化学结构：

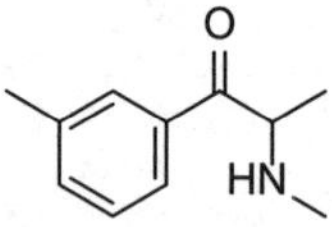

概述：

自从多个国家列管 4 - MMC 后，第二代合成卡西酮类物质迅速兴

① 国家禁毒委员会:《关于印发〈104 种非药用类麻醉药品和精神药品管制品种依赖性折算表〉的通知》，载北京刑事律师网文献库:http://www.bjxsdls.com/info.asp? lb_id = 2495，2019 年 4 月 20 日最后访问。

起。2012 年 9 月在瑞典查获的毒品中首次检出 3 - MMC，此后芬兰、德国、意大利、爱尔兰、挪威、波兰、斯洛伐克和英国均检出过 3 - MMC①。2012 ~ 2014 年，瑞典、波兰均有 3 - MMC 中毒的报告②。2012 ~ 2014 年，波兰毒理学分析中心对 1058 例送检血样进行检测，有 112 例的检测结果为新精神活性物质阳性，其中 50 例为 3 - MMC 阳性③。2016 年意大利报道，在毒贩的阴毛样品中检出 3 - MMC，其浓度为 25.8 ng/mg④。2014 年，一项对斯洛文尼亚 249 名新精神活性物质使用者的问卷调查显示，67.9% 的应答者使用过 3 - MMC，其中有 26.8% 的人用药时间已经超过一年，1/3 的人过去一个月使用过 3 - MMC；用药方式以鼻吸为主，其次是口服，没有发现注射使用 3 - MMC 者⑤。在斯洛文尼亚，3 - MMC主要在夜生活场所和开放的公共场所等年轻人聚集地使用，因其价格低廉并作为传统兴奋剂的替代品而深受在校学生的欢迎。在同性恋社区，3 - MMC 经常与 γ - 丁内脂混合使用来增强药效，能在发生性行为时增强快感⑥。目前在以色列、美国和英国，3 - MMC 均被视为

① EDND, https://ednd.emcdda.europa.eu/html.cfm/index6555EN.html.

② EMCDDA, http://www.emcdda.europa.eu/publications/drug - profiles/synthetic-cathinones. 2014. Adamowicz P. "Fatal intoxication with 3 - methyl - N - methylcathinone (3 - MMC) and 5 - (2 - aminopropyl) benzofuran (5 - APB)", *Forensic Sci Int*, 245, 2014, pp. 126 - 132.

③ Backberg, M., et al., "Characteristics of analytically confirmed 3 - MMC - related intoxications from the Swedish STRIDA project", *Clin Toxicol* (*Phila*) 53, 2015, pp. 46 - 53.

④ Adamowicz P. et al., "The prevalence of new psychoactive substances in biological material - a three - year review of casework in Poland", *Drug Test Anal* 8, 2016, pp. 63 - 70.

⑤ Sande M. "Characteristics of the use of 3 - MMC and other new psychoactive drugs in Slovenia, and the perceived problems experienced by users", *Int J Drug Policy* 27, 2016, pp. 65 - 73.

⑥ Sande M. "Characteristics of the use of 3 - MMC and other new psychoactive drugs in Slovenia, and the perceived problems experienced by users", *Int J Drug Policy* 27, 2016, pp. 65 - 73.

非法物质①，而联合国毒品与犯罪问题办公室（UNODC）尚未列管3－MMC②。我国于2015年10月1日将3－MMC列入《非药用类麻醉药品和精神药品列管办法》中管制目录。

药理毒理作用：

3－MMC是卡西酮的环取代衍生物，这类物质可产生与常见兴奋剂如可卡因、苯丙胺及MDMA相似的效应③。3－MMC产生效应的阈剂量为10～20mg，低剂量为25～100mg，典型效应的剂量为75～175mg，强烈效应的剂量为125～250mg。根据网络上用药者的自我报告，使用3－MMC后会产生兴奋的感觉，精力、社交能力和幸福感增强等效应。高剂量的3－MMC会导致视力下降、躯体麻木感及脉搏不规律等毒副作用。3－MMC作用不如4－MMC强烈，因此可能会导致使用者增加用药剂量来产生相应的效果④。2014年波兰一名20岁男性同时使用500 mg 3－MMC和400 mg 5－苯并呋喃（5－APB），并混合使用250 mL伏特加酒导致急性心血管破裂而死亡，死后血液的毒理学分析显示3－MMC和5－APB的浓度分别为1.6 mg/mL和5.6 mg/mL⑤。

药物代谢：

雄性猪单次静脉注射0.3 mg/kg剂量的3－MMC，随后5天多次口服3－MMC（3 mg/kg）后，测定其血浆和组织浓度。结果显示3－MMC吸收快速，口服后5～10分钟内达到峰值浓度，血浆半衰期0.8小时，生

---

① Frison G. et al.，"Detection of 3－methylmethcathinone and its metabolites 3－methylephedrine and 3－methylnorephedrine in pubic hair samples by liquid chromatography－high resolution/high accuracy Orbitrap mass spectrometry"，*Forensic Sci Int*，265，2016，pp. 131－137.

② UNODC，"Extract from the Report of the 38 th Expert Committee on Drug Dependence，convened from 14 to 18 November 2016，at WHO headquarters in Geneva"，2016.

③ Prosser J. M. and Nelson L. S. "The toxicology of bath salts：a review of synthetic cathinones"，*J Med Toxicol*8，2012，pp. 33－42.

④ EMCDDA，http://www.emcdda.europa.eu/publications/drug－profiles/synthetic-cathinones. 2014.

⑤ EMCDDA，http://www.emcdda.europa.eu/publications/drug－profiles/synthetic-cathinones. 2014.

物利用度约 7%。最后一次给予口服剂量 24 小时后,3 – MMC 在肝脏和大脑组织中的浓度低于可检出限。给予 3 – MMC 的家猪每日进食量和体重与对照组相比有显著不同,3 – MMC 组平均体重增幅较低①。一项人体阴毛取样的研究发现,样品中除母体化合物外,还存在 3 – 甲基麻黄碱(3 – methylephedrine)和 3 – 甲基去甲麻黄碱(3 – methylnorephedrine),推测二者可能是 3 – MMC 的代谢产物②。

依赖性折算:

1 克 3 – MMC 相当于 0.3 克甲基苯丙胺③。

64. 4 – BMC

名称:4 – BMC

通用名:

1 –(4 – Bromophenyl)– 2 – methylaminopropan – 1 – one

1 –(4 – 溴苯基)– 2 – 甲氨基 – 1 – 丙酮

4 – Bromomethcathinone

4 – 溴甲卡西酮

Brephedrone

(英文缩写:4 – BMC, 4 – BMAP)

(CAS:486459 – 03 – 4)

---

① Shimshoni J. A. et al., "3 – Methyl – methcathinone: Pharmacokinetic profile evaluation in pigs in relation to pharmacodynamics", *J Psychopharmacol* 29, 2015, pp. 734 – 743.

② Adamowicz P. et al., "The prevalence of new psychoactive substances in biological material – a three – year review of casework in Poland", *Drug Test Anal* 8, 2016, pp. 63 – 70.

③ 国家禁毒委员会:《关于印发〈104 种非药用类麻醉药品和精神药品管制品种依赖性折算表〉的通知》,载北京刑事律师网文献库:http://www.bjxsdls.com/info.asp?lb_id=2495, 2019 年 4 月 20 日最后访问。

化学结构:

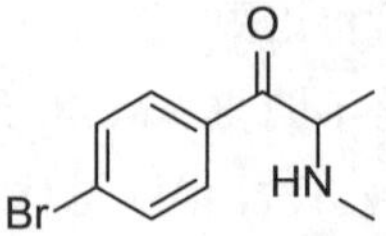

概述:

在美国弗吉尼亚州,4 - BMAP 为表Ⅰ管制药品①。我国于 2015 年 10 月 1 日将 4 - BMC 列入《非药用类麻醉药品和精神药品列管办法》中管制目录。

药理毒理作用:

4 - BMC 是去甲肾上腺素转运体和 5 - 羟色胺转运体的抑制剂②,但 4 - BMC 作用效应类似于抗抑郁药而不是兴奋剂③。另外,4 - BMC 促进 5 - 羟色胺释放,可能导致 5 - 羟色胺中毒风险,包括 5 - 羟色胺综合症和高热危象④。

体外药理学评价:

在人胚肾细胞(HEK - 293)中,4 - BMC 对去甲肾上腺素转运体(SERT)、多巴胺转运体(DAT)和 5 - 羟色胺转运体结合亲和力 *K*i 值分别为(6.5 ± 1.4) μM、(3.6 ± 0.3) μM、(8.3 ± 2.2) μM;抑制的 IC_{50}分别为 0.41(0.30 - 0.57) μM、5.6(2.7 - 12) μM 和 2.2(1.7 - 2.8) μM;多巴胺转运体和 5 - 羟色胺转运体抑制比率为 0.4。4 - BMC 与 5 - 羟色胺 2A 受体结合亲和力的 *K*i 值为(3.2 ± 0.6) μM;实验结果未发现

① Virginia C. W. O., "Placement of Chemicals in Schedule I", 18VAC110 - 20 - 322, 2015.

② Foley K. F., "Inhibition of transport function and desipramine binding at the human noradrenaline transporter by N - ethylmaleimide and protection by substrate analogs", *Naunyn Schmiedebergs Arch Pharmacol* 365, 2002, pp. 457 - 461.

③ Foley K. F., "Novel aminopropiophenones as potential antidepressants", *Drug Development Research*, 60, 2003, pp. 252 - 260.

④ Liechti M. E., "Acute medical problems due to Ecstasy use. Case - series of emergency department visits", *Swiss Med Wkly* 135, 2005, pp. 652 - 657.

4 – BMC对 5 – 羟色胺 2B 受体具有激活效应①。

依赖性折算：

1 克 4 – BMC 相当于 0. 14 克甲基苯丙胺②。

65. 4 – CMC

名称:4 – CMC

通用名：

1 – (4 – Chlorophenyl) – 2 – methylaminopropan – 1 – one

1 – (4 – 氯苯基) – 2 – 甲氨基 – 1 – 丙酮

4 – Chloromethcathinone

4 – 氯甲卡西酮

Clephedrone

(英文缩写:4 – CMC)

(CAS:1225843 – 86 – 6)

化学结构：

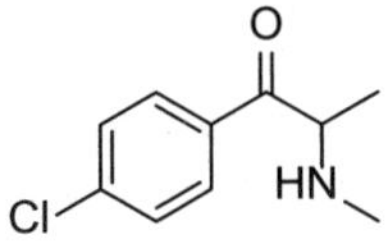

概述：

4 – CMC 是卡西酮的氯取代衍生物,2014 年作为策划药首次在网上出售③。2016 年,斯洛文尼亚报告了一例合成大麻素类和合成卡西酮类

① Rickli A. et al., "Monoamine transporter and receptor interaction profiles of novel psychoactive substances: para – halogenated amphetamines and pyrovalerone cathinones", *Eur Neuropsychopharmacol* 25, 2015, pp. 365 – 376.

② 国家禁毒委员会:《关于印发〈104 种非药用类麻醉药品和精神药品管制品种依赖性折算表〉的通知》,载北京刑事律师网文献库:http://www. bjxsdls. com/info. asp? lb_id = 2495, 2019 年 4 月 20 日最后访问。

③ Taschwer M. et al., "Analysis and characterization of the novel psychoactive drug 4 – chloromethcathinone (clephedrone)", *Forensic Sci Int* 244, 2014, pp. 56 – 59.

物质(含 α - PHP, α - PVP 和 4 - CMC)的混合使用中毒事件①。4 - CMC在德国和美国弗吉尼亚州均为表Ⅰ管制药品②。2015 年 6 月,瑞典的公共卫生机构建议将 4 - CMC 列为非法麻醉药品③。我国于 2015 年 10 月 1 日将 4 - CMC 列入《非药用类麻醉药品和精神药品列管办法》中管制药品。

药理毒理作用:

4 - CMC 是 5 - 羟色胺转运体的抑制剂,可产生类似 MDMA 的主观效应④。有研究报道,非致死性病例中血液中 4 - CMC 的浓度范围为 1.3 ~ 75.3 ng/mL,死亡病例血液中 4 - CMC 浓度范围为 56.2 ~ 1870 ng/mL⑤。应用大鼠自身颅内电刺激(intracranial self - stimulation,ICSS)模型评价该药物的滥用潜力,通过测定 ICSS 频率—反应率与药物的剂量效应曲线来评价药物成瘾的可能性,实验结果发现,4 - CMC 可以使 ICSS 频率—反应率曲线上移,最大 ICSS 反应率增加了 14.9%,提示 4 - CMC 可能具有精神依赖性⑥。

体外药理学评价:

由于 3 - 或 4 - 环取代基的引入可使甲卡西酮类物质对 5 - 羟色胺转运体的抑制作用增强,而对多巴胺转运体和去甲肾上腺素转运体的抑

---

① Klavz J. et al., "Suicide attempt with a mix of synthetic cannabinoids and synthetic cathinones: Case report of non - fatal intoxication with AB - CHMINACA, AB - FUBINACA, alpha - PHP, alpha - PVP and 4 - CMC", *Forensic Sci Int* 265, 2016, pp. 121 - 124.

② 18VAC110 - 20 - 322. Placement of Chemicals in Schedule I. *Common wealth of Virginia*, 2015.

③ "23 nya ämnen kan klassas som narkotika eller hälsofarlig vara (in Swedish)". *Folkhälsomyndigheten*, 2015.

④ Marona - Lewicka D. et al., "Psychostimulant - like effects of p - fluoroamphetamine in the rat", *Eur J Pharmacol* 287, 1995, pp. 105 - 113.

⑤ Tomczak E. et al., "Blood concentrations of a new psychoactive substance 4 - chloromethcathinone (4 - CMC) determined in 15 forensic cases", *Forensic Toxicol* 36, 2018, pp. 476 - 485.

⑥ Negus S. S. and Banks M. L. "Decoding the Structure of Abuse Potential for New Psychoactive Substances: Structure - Activity Relationships for Abuse - Related Effects of 4 - Substituted Methcathinone Analogs", *Curr Top Behav Neurosci* 32, 2017, pp. 119 - 131.

制作用降低①。

依赖性折算：

1 克 4 – CMC 相当于 0.14 克甲基苯丙胺②。

66. 4 – FMC

名称：4 – FMC

通用名：

1 –（4 – Fluorophenyl）– 2 – methylaminopropan – 1 – one

1 –（4 – 氟苯基）– 2 – 甲氨基 – 1 – 丙酮

4 – Fluoromethcathinone

4 – 氟甲卡西酮

（英文缩写：4 – FMC）

（CAS：447 – 40 – 5）

化学结构：

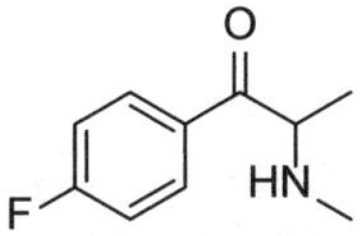

概述：

4 – FMC 是甲卡西酮氟取代衍生物，1952 年被首次合成。2008 年 4 – FMC 开始作为策划药出售，2012 年从丹麦一家互联网公司截获的大

① Cozzi N. V. et al.，"Pharmacological examination of trifluoromethyl ring – substituted methcathinone analogs"，*Eur J Pharmacol* 699，2013，pp. 180 – 187.

② 国家禁毒委员会：《关于印发〈104 种非药用类麻醉药品和精神药品管制品种依赖性折算表〉的通知》，载北京刑事律师网文献库：http://www.bjxsdls.com/info.asp? lb_id = 2495，2019 年 4 月 20 日最后访问。

量毒品中发现4 – FMC[①]。2013 ~ 2015年，在意大利境内三次截获4 – FMC[②]。4 – FMC在丹麦、英国、立陶宛、波兰等国家均被禁止使用[③]。美国缉毒署自2016年3月6日起增列4 – FMC为表Ⅰ管制[④]。我国于2015年10月1日将4 – FMC列入《非药用类麻醉药品和精神药品列管办法》中管制目录。

药理毒理作用：

2012年美国报道过一例“浴盐”中毒病例，该病人为一名23岁男性，有精神疾病史，通过检测发现该“浴盐”产品中MDPV和4 – FMC的含量分别为143 μg/mg和142 μg/mg，病人血清和尿液的MDPV浓度分别是186 ng/mL和136 ng/mL，4 – FMC浓度分别为346 ng/mL和257 ng/mL。因苯乙胺卤化在对位，阻止了对位羟基的代谢，因此4 – FMC的半衰期延长，使使用者体内4 – FMC水平高于MDPV，推测主要是4 – FMC导致了病人的临床毒性[⑤]。

4 – FMC主要药理学性质与4 – MMC，MDPV及Methylone相似[⑥]。

---

① Reitzel L. A. et al., “Identification of ten new designer drugs by GC – MS, UPLC – QTOF – MS, and NMR as part of a police investigation of a Danish internet company”, *Drug Test Anal* 4, 2012, pp. 342 – 354.

② Odoardi S. et al., “A snapshot on NPS in Italy: Distribution of drugs in seized materials analysed in an Italian forensic laboratory in the period 2013 – 2015”, *Forensic Sci Int* 265, 2016, pp. 116 – 220.

③ Ellefsen K. N. et al., “4 – Methoxy – alpha – PVP: in silico prediction, metabolic stability, and metabolite identification by human hepatocyte incubation and high – resolution mass spectrometry”, *Forensic Toxicol* 34, 2016, pp. 61 – 75.

④ “Schedules of Controlled Substances: Extension of Temporary Placement of 10 Synthetic Cathinones in Schedule I of the Controlled Substances Act”, *Fed Regist* 81, 2016, pp. 11429 – 11431.

⑤ Thornton S. L. et al., “Psychosis from a bath salt product containing flephedrone and MDPV with serum, urine, and product quantification”, *J Med Toxicol* 8, 2012, pp. 310 – 313.

⑥ Marusich J. A. et al., “Effects of synthetic cathinones contained in ‘bath salts’ on motor behavior and a functional observational battery in mice”, *Neurotoxicology* 33, 2012, pp. 1305 – 1313.

与卡西酮和4－MMC相比,4－FMC芳香环上的C－F键有特殊的极性效应,这可能会改变与受体的结合而影响其生物学效应。4－FMC产生典型的苯丙胺样效应外,还能促进5－羟色胺释放产生相应效应①。

在小鼠自发活动实验中,4－FMC 17～30 mg/kg能使活动度显著增加,而4－FMC 10 mg/kg对活动度无明显影响。4－FMC在增加小鼠自发活动的同时,并不损害其协调和平衡能力②。在功能性观察试验组合(Functional Observational Battery,FOB)中发现小鼠给予4－FMC后,出现了共济失调,抽搐和刻板行为等异常行为③。

在大鼠的可卡因(10 mg/kg)或甲基苯丙胺(1 mg/kg)辨别实验中,4－FMC、MDPV、Methylone、Mephedrone、Naphyrone和Butylone均能完全替代可卡因和甲基苯丙胺产生的辨别刺激效应。可卡因训练大鼠药物辨别效应 ED_{50}(mg/kg)分别为:MDPV(0.68 ± 0.06) ≥ Methylone(1.47 ± 0.07) = Mephedrone(1.47 ± 0.07) > Naphyrone(3.01 ± 0.07) = 4－FMC(3.24 ± 0.10) > Butylone(4.78 ± 0.07)。甲基苯丙胺训练大鼠药物辨别效应 ED_{50}(mg/kg)分别为:MDPV(0.67 ± 0.11) = Mephedrone(1.27 ± 0.12) > Butylone(2.52 ± 0.18) = Methylone(2.66 ± 0.06) = 4－FMC(2.69 ± 0.06) = Naphyrone(2.96 ± 0.10)。该研究提示4－FMC与可卡因、甲基苯丙胺具有相似的滥用潜能④。

体外药理学评价:

在人胚肾细胞(HEK－293)中,4－FMC对去甲肾上腺素转运体、

---

① Fuller R. W. "Structure－activity relationships among the halogenated amphetamines", *Ann N Y Acad Sci* 305, 1978, pp. 147－159.

② Marusich J. A. et al., "Effects of synthetic cathinones contained in 'bath salts' on motor behavior and a functional observational battery in mice", *Neurotoxicology* 33, 2012, pp. 1305－1313.

③ Marusich J. A. et al., "Effects of synthetic cathinones contained in 'bath salts' on motor behavior and a functional observational battery in mice", *Neurotoxicology* 33, 2012, pp. 1305－1313.

④ Gatch M. B. et al., "Locomotor stimulant and discriminative stimulus effects of 'bath salt' cathinones", *Behav Pharmacol* 24, 2013, pp. 437－447.

多巴胺转运体和5-羟色胺转运体的抑制作用IC_{50}分别为:0.246(0.16-0.37)μM、6.35(4.2-9.5)μM和>10 μM,DAT/SERT抑制比率为5.8,结果表明4-FMC主要抑制多巴胺和去甲肾上腺素再摄取。4-FMC能促进多巴胺释放,EC_{50} = 12.5(5.7~28) μM;但只有高浓度时才能促进5-羟色胺的释放(EC_{50} >33 μM)①。放射性配体受体竞争实验显示:4-FMC与去甲肾上腺素转运体、多巴胺转运体和5-羟色胺转运体结合亲和力*K*i值分别为>25μM、(12.2±3.1)μM和>30 μM;4-FMC与5-羟色胺2A受体结合亲和力的*K*i值为(1.4±0.6)μM。4-FMC与大鼠痕量胺相关Ⅰ型受体(TAAR1)结合亲和力*K*i值为(5.4±1.7)μM②。

依赖性折算:

1克4-FMC相当于0.14克甲基苯丙胺③。

67. 4-F-α-PVP

名称:4-F-α-PVP

通用名:

1-(4-Fluorophenyl)-2-(1-pyrrolidinyl)pentan-1-one

1-(4-氟苯基)-2-(*N*-吡咯烷基)-1-戊酮

(英文缩写:4-F-α-PVP)

(CAS:850352-62-4)

---

① Simmler L. D. et al., "Pharmacological characterization of designer cathinones in vitro", *Br J Pharmacol* 168, 2013, pp.458-470.

② Simmler L. D. et al., "Pharmacological characterization of designer cathinones in vitro", *Br J Pharmacol* 168, 2013, pp.458-470.

③ 国家禁毒委员会:《关于印发〈104种非药用类麻醉药品和精神药品管制品种依赖性折算表〉的通知》,载北京刑事律师网文献库:http://www.bjxsdls.com/info.asp? lb_id=2495, 2019年4月20日最后访问。

化学结构：

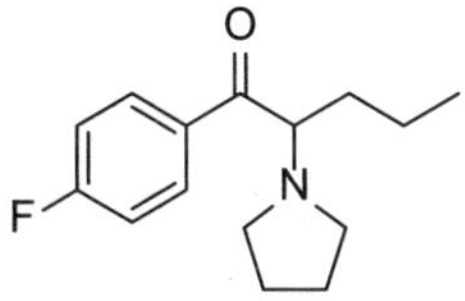

概述：

4 – F – α – PVP 是含吡咯烷基的卡西酮衍生物。2013 年在日本首次检出 4 – F – α – PVP①。4 – F – α – PVP 在匈牙利、日本和英国均为非法物质②。我国于 2015 年 10 月 1 日将 4 – F – α – PVP 列入《非药用类麻醉药品和精神药品列管办法》中管制目录。

药理毒理作用：

目前尚没有 4 – F – α – PVP 的药理和毒理研究，考虑到 4 – F – α – PVP 的 ^{13}C 核磁共振波谱与 α – PVP 非常相似，有关数据可参考 α – PVP③。

体外药理学评价：

在人胚肾细胞（HEK – 293）中，4 – F – α – PVP 是单胺递质重摄取抑制剂，其对多巴胺和去甲肾上腺素重摄取抑制作用 IC_{50} 值分别为（0.185 ± 0.062）μM 和（0.171 ± 0.035）μM。4 – F – α – PVP 与多巴胺转运体、去甲肾上腺素转运体和 5 – 羟色胺转运体结合亲和力 *K*i 值分别

① Uchiyama N. et al., "Characterization of four new designer drugs, 5 – chloro – NNEI, NNEI indazole analog, alpha – PHPP and alpha – POP, with 11 newly distributed designer drugs in illegal products", *Forensic Sci Int* 243, 2014, pp. 1 – 13.

② Ellefsen K. N. et al., "4 – Methoxy – alpha – PVP: in silico prediction, metabolic stability, and metabolite identification by human hepatocyte incubation and high – resolution mass spectrometry", *Forensic Toxicol* 34, 2016, pp. 61 – 75.

③ Uchiyama N. et al., "Characterization of four new designer drugs, 5 – chloro – NNEI, NNEI indazole analog, alpha – PHPP and alpha – POP, with 11 newly distributed designer drugs in illegal products", *Forensic Sci Int* 243, 2014, pp. 1 – 13.

为(0.082 ±0.025)μM,(0.83 ±0.14)μM 和大于 0.01 μM①。

药物代谢:

4 – F – α – PVP 属于 α – 四氢吡咯苯酮类(α – pyrrolidinophenones),该类化合物的主要代谢途径包括:酮基转化为相应的醇,羟基化后吡咯环氧化为内酰胺, 4′ – 甲基的羟基化和羧化作用,4′ – 甲氧基的 O – 去甲基作用,以及去亚甲基后的 3′,4′ – 亚甲二氧基的 O – 甲基化等代谢方式②。

依赖性折算:

1 克 4 – F – α – PVP 相当于 0. 4 克甲基苯丙胺③。

68. 4 – MeBP

名称:4 – MeBP

通用名:

1 –(4 – Methylphenyl) – 2 – methylaminobutan – 1 – one

1 –(4 – 甲基苯基) – 2 – 甲氨基 – 1 – 丁酮

4 – Methylbuphedrone

(英文缩写:4 – MeBP, 4 – MeMABP)

(CAS:1337016 – 51 – 9)

化学结构:

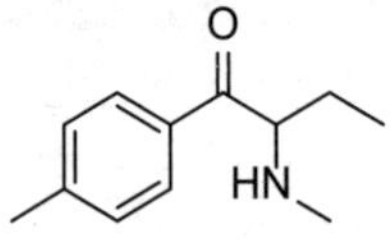

① Meltzer P. C. et al., "1 –(4 – Methylphenyl) – 2 – pyrrolidin – 1 – yl – pentan – 1 – one (Pyrovalerone) analogues: a promising class of monoamine uptake inhibitors", *J Med Chem*49, 2006, pp. 1420 – 1432.

② Zaitsu K. "Recently abused synthetic cathinones, a – pyrrolidinophenone derivatives: a review of their pharmacology, acute toxicity, and metabolism", *Forensic Toxicol* 32, 2014, pp. 1 – 8.

③ 国家禁毒委员会:《关于印发〈104 种非药用类麻醉药品和精神药品管制品种依赖性折算表〉的通知》,载北京刑事律师网文献库:http://www.bjxsdls.com/info.asp? lb_id = 2495, 2019 年 4 月 20 日最后访问。

概述：

2011 年 11 月，欧洲毒品和毒品成瘾监测中心（European Monitoring Centre for Drugs and Drug Addiction，EMCDDA）报告中首次提到 4 – MeBP①。在德国，4 – MeBP 为表 I 管制药品。我国于 2015 年 10 月 1 日将 4 – MeBP 列入《非药用类麻醉药品和精神药品列管办法》中管制目录。

依赖性折算：

1 克 4 – MeBP 相当于 0.3 克甲基苯丙胺②。

69. 4 – MeO – α – PVP

名称：4 – MeO – α – PVP

通用名：

1 –（4 – Methoxyphenyl）– 2 –（1 – pyrrolidinyl）pentan – 1 – one

1 –（4 – 甲氧基苯基）– 2 –（*N* – 吡咯烷基）– 1 – 戊酮

（英文缩写：4 – MeO – α – PVP，4 – methoxy – α – PVP）

（CAS：14979 – 97 – 6）

化学结构：

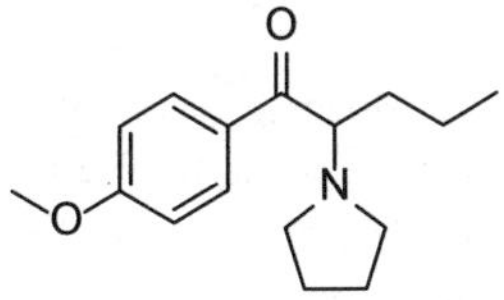

概述：

4 – MeO – α – PVP 是含吡咯烷基的卡西酮衍生物，其结构与其他 α – 四氢吡咯苯酮类（α – pyrrolidinophenones）衍生物如 MDPV 和 α –

① Soussan C. and Kjellgren A.，"Harm reduction and knowledge exchange – a qualitative analysis of drug – related Internet discussion forums"，*Harm Reduct J* 11，2014，p. 25.

② 国家禁毒委员会：《关于印发〈104 种非药用类麻醉药品和精神药品管制品种依赖性折算表〉的通知》，载北京刑事律师网文献库：http://www.bjxsdls.com/info.asp? lb_id = 2495，2019 年 4 月 20 日最后访问。

PVP 相似①。2013 年在日本首次检出 4 - MeO - α - PVP②,2014 年柏林海关查获 4 - MeO - α - PVP③。我国于 2015 年 10 月 1 日将 4 - MeO - α - PVP 列入《非药用类麻醉药品和精神药品列管办法》中管制目录。

体外药理学评价：

在人胚肾细胞(HEK - 293)中，4 - MeO - α - PVP 对多巴胺、去甲肾上腺素和 5 - 羟色胺重摄取抑制作用 IC_{50} 值分别为(0.283 ±0.066)μM、(0.235 ±0.087)μM 和(2.43 ±0.72)μM。4 - MeO - α - PVP 与多巴胺转运体、去甲肾上腺素转运体和 5 - 羟色胺转运体结合亲和力的 *K*i 值分别为(0.329 ±0.033)μM、(2.6 ±1)μM 和(4.08 ±0.41)μM④。

药物代谢：

人肝微粒体中,4 - MeO - α - PVP 的半衰期约为 79.7 分钟,微粒体的内在清除率为 8.7 μL/min · mg,肝清除率为 5.8 mL/min · mg,提示其代谢较缓慢。人肝细胞内,4 - MeO - α - PVP 经过 O - 去甲基作用,羟基化、氧化、酮基转化为醇、N - 脱烷基以及葡萄苷酸化的代谢过程,可生成 11 种代谢产物。人肝微粒体以及肝细胞株的样本中最主要的代谢产物是 4 - OH - α - PVP,该产物也是人肝微粒体中唯一能检测到的代谢物⑤。

---

① Ellefsen K. N. et al., "4 - Methoxy - alpha - PVP: in silico prediction, metabolic stability, and metabolite identification by human hepatocyte incubation and high - resolution mass spectrometry", *Forensic Toxicol* 34, 2016, pp. 61 - 75.

② Uchiyama N., "Identification of two new - type designer drugs, piperazine derivative MT - 45(I - C6) and synthetic peptide Noopept(GVS - 111), with synthetic cannabinoid A - 834735, cathinone derivative 4 - methoxy - a - PVP, and phenethylamine derivative 4 - methylbuphedrine from illegal products", *Forensic Toxicol* 32, 2014, pp. 9 - 18.

③ Roesner R., "Designer drugs online news: 4 - methoxy - 2 - PVP", http://designer - drugs.de, 2014.

④ Meltzer P. C. et al., "1 - (4 - Methylphenyl) - 2 - pyrrolidin - 1 - yl - pentan - 1 - one (Pyrovalerone) analogues: a promising class of monoamine uptake inhibitors", *J Med Chem* 49, 2006, pp. 1420 - 1432.

⑤ Ellefsen K. N. et al., "4 - Methoxy - alpha - PVP: in silico prediction, metabolic stability, and metabolite identification by human hepatocyte incubation and high - resolution mass spectrometry", *Forensic Toxicol* 34, 2016, pp. 61 - 75.

依赖性折算:

1 克 4 – MeO – α – PVP 相当于 0.4 克甲基苯丙胺[①]。

70. Buphedrone

名称:Buphedrone

通用名:

1 – Phenyl – 2 – methylaminobutan – 1 – one

1 – 苯基 – 2 – 甲氨基 – 1 – 丁酮

α – Methylamino – butyrophenone

α – 甲基氨基苯丁酮

Buphedrone

(英文缩写:MABP)

[CAS:408332 – 79 – 6, 166593 – 10 – 8 (HCl)]

化学结构:

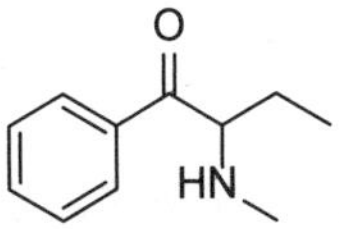

概述:

Buphedrone 是甲基苯丙胺的 α – 乙基 β – 酮基衍生物,于 1928 年首次合成[②]。在波兰 4 – MMC 被禁止后,Buphedrone 作为其替代物于 2010 年下半年开始出现。2010 年 8 月之后,波兰执法机关在查获的 15 种药品中均检测出 Buphedrone,其中 5 种药品仅含单一的精神活性物质 Buphedrone[③]。截至 2011 年年末,在波兰法医研究所(IFR)检测的样品

① 国家禁毒委员会:《关于印发〈104 种非药用类麻醉药品和精神药品管制品种依赖性折算表〉的通知》,载北京刑事律师网文献库:http://www.bjxsdls.com/info.asp? lb_id = 2495, 2019 年 4 月 20 日最后访问。

② Hyde J. F., "Synthetic homologs of D,L – ephedrine", *J Am Chem Soc*50, 1928, pp. 2287 – 2292.

③ Zuba D. et al., "Detection of buphedrone in biological and non – biological material—two case reports", *Forensic Sci Int*227, 2013, pp. 15 – 20.

中,除4－MEC之外,Buphedrone是最流行的4－MMC替代物①。Buphedrone主要来源为网上商店,截至2012年6月25日,“Buphedrone购买”的谷歌搜索点击量达到30万次。Buphedrone在德国被列为表Ⅱ类管制药物,我国于2015年10月1日将Buphedrone列入《非药用类麻醉药品和精神药品列管办法》中管制目录。

药理毒理作用:

Buphedrone摄入途径包括鼻吸、烟吸和口服。Buphedrone可导致欣快感、兴奋多语、食欲下降、失眠、头疼、幻觉和抑郁等症状,并且能增快心率和升高血压。目前已有Buphedrone中毒和滥用的报道②。Buphedrone使用剂量从5～10 mg到100～150 mg,这主要取决于其使用方式、用药者的期望效应以及经验。起始剂量一般为25～30 mg,维持剂量为15～20 mg。使用2～4分钟后即产生作用,30～60分钟后到达最强药效。平均口服剂量80 mg,药效可持续2.5～4小时,残余效应可持续约4～6小时。烟吸20 mg,药效可持续45～60分钟。据用药者描述,Buphedrone的药效峰值可持续几个小时,药效维持时间要长于4－MMC③。

Buphedron (0.3～1)mg/kg能使大鼠建立稳定的自身给药行为,提示Buphedron具有精神依赖性。Buphedrone(10 mg/kg)能使小鼠建立条件性位置偏爱行为,多巴胺D_1受体拮抗剂SCH23390处理后能抑制Buphedrone诱导产生的位置偏爱,也能抑制Buphedrone(10 mg/kg)引起的小鼠活动度增加效应,而多巴胺D_2受体拮抗剂Raclopride部分抑制Buphedrone导致的小鼠活动度增加。Western－blot分析显示,慢性给予Buphedrone增加小鼠背侧纹状体和伏隔核多巴胺D_1受体表达。这些结

① Zuba D. and Byrska B., “Prevalence and co－existence of active components of ‘legal highs’”, *Drug Test Anal* 5, 2013, pp. 420－429.

② Zuba D. et al., “Detection of buphedrone in biological and non－biological material—two case reports”, *Forensic Sci Int* 227, 2013, pp. 15－20.

③ UNODC, “Extract from the Report of the 38 th Expert Committee on Drug Dependence, convened from 14 to 18 November 2016, at WHO headquarters in Geneva”, 2016.

果提示多巴胺能系统可能参与了 Buphedrone 的精神依赖[①]。

体外药理学评价：

人胚肾细胞(HEK－293)中，Buphedrone 选择性抑制去甲肾上腺素和多巴胺重摄取，Buphedrone 对去甲肾上腺素转运体、多巴胺转运体和5－羟色胺转运体抑制作用 IC_{50}分别为0.65(0.51－0.81)μM、4.24(3.3－5.5)μM 和70(2－2700)μM。Buphedrone 对多巴胺转运体和5－羟色胺转运体抑制能力比率 >10[②]，这与甲基苯丙胺相似[③]，表明其有较大的滥用潜力。

放射性配体受体竞争实验显示，Buphedrone 与去甲肾上腺素转运体、多巴胺转运体和5－羟色胺转运体结合亲和力 *K*i 值分别为(8.5±4.2)μM、(1.3±0.3)μM、(28.6 ±18.7)μM；Buphedrone 与5－羟色胺1A 受体结合亲和力 *K*i 值 >18 μM，与5－羟色胺2A 和2C 受体结合亲和力 *K*i 值均 >13 μM；Buphedrone 不与痕量胺相关Ⅰ型受体结合[④]。

依赖性折算：

1克 Buphedrone 相当于0.3克甲基苯丙胺[⑤]。

71. Butylone

名称：Butylone

---

① Oh J. H. et al., "The new designer drug buphedrone produces rewarding properties via dopamine D1 receptor activation", *Addict Biol* 23, 2018, pp. 69－79.

② Simmler L. D. et al., "Monoamine transporter and receptor interaction profiles of a new series of designer cathinones", *Neuropharmacology* 79, 2014, pp. 152－160.

③ Simmler L. D. et al., "Pharmacological characterization of designer cathinones in vitro", *Br J Pharmacol* 168, 2013, pp. 458－470.

④ Simmler L. D. et al., "Monoamine transporter and receptor interaction profiles of a new series of designer cathinones", *Neuropharmacology* 79, 2014, pp. 152－160.

⑤ 国家禁毒委员会：《关于印发〈104种非药用类麻醉药品和精神药品管制品种依赖性折算表〉的通知》，载北京刑事律师网文献库：http://www.bjxsdls.com/info.asp?lb_id=2495，2019年4月20日最后访问。

通用名：

1 –（1,3 – Benzodioxol – 5 – yl）– 2 – methylaminobutan – 1 – one

1 –（1,3 – 苯并二噁茂 – 5 – 基）– 2 – 甲氨基 – 1 – 丁酮

1 –（3,4 – Methylenedioxyphenyl）– 2 – methylaminobutan – 1 – one

1 – [3,4 –（亚甲二氧基）苯基] – 2 – 甲氨基 – 1 – 丁酮

Butylone

（英文缩写：βk – MBDB）

[CAS:802575 – 11 – 7,17762 – 90 – 2（HCl）]

化学结构：

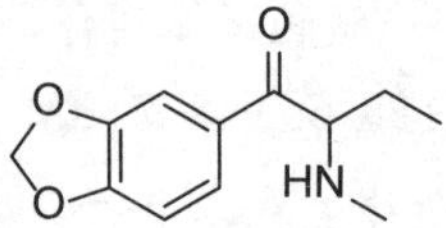

概述：

Butylone 与 MDMA 结构和功能类似，但药效较低①。2000 年中期 Butylone 出现在地下市场，并逐渐在许多国家流行②，是市面上常见的卡西酮类新精神活性物质之一③。2012 年从丹麦一家互联网公司截获的大量毒品中就有 Butylone④。2013 年，在意大利境内查获 Butylone⑤。

---

① Rojek S.,"'Legal highs'—toxicity in the clinical and medico – legal aspect as exemplified by suicide with bk – MBDB administration", *Forensic Sci Int* 222, 2012, pp. 1 – 6.

② Zaitsu K.,"Discrimination and identification of regioisomeric b – keto analogues of 3,4 – methylenedioxyamphetamines by gas chromatography – mass spectrometry", *Forensic Toxicol* 51, 2008, pp. 26 – 45.

③ Uchiyama N. et al., "Analysis of designer drugs detected in the products purchased in fiscal year 2006", *Yakugaku Zasshi* 128, 2008, pp. 1499 – 1505.

④ Reitzel L. A. et al., "Identification of ten new designer drugs by GC – MS, UPLC – QTOF – MS, and NMR as part of a police investigation of a Danish internet company", *Drug Test Anal*4, 2012, pp. 342 – 354.

⑤ Odoardi S. et al., "A snapshot on NPS in Italy: Distribution of drugs in seized materials analysed in an Italian forensic laboratory in the period 2013 – 2015", *Forensic Sci Int* 265, 2016, pp. 116 – 120.

2008 年日本药事法将 Butylone 作为策划药进行列管①。2016 年 3 月美国禁毒署将 Butylone 列为管制药品②。我国于 2015 年 10 月 1 日将 Butylone列入《非药用类麻醉药品和精神药品列管办法》中管制目录。

药理毒理作用：

Butylone 的兴奋作用低于苯丙胺类物质，因为 β 酮基的存在增加了药物极性，使其穿过血脑屏障能力降低。Butylone 通过抑制多巴胺、去甲肾上腺素和 5－羟色胺重摄取发挥其中枢系统兴奋作用，低剂量即可提升情绪。

Butylone 可造成机体多器官损害，包括脑、心脏、肝脏、脾脏以及肾脏等。波兰和美国均有使用该药致死的病例报道③。2012 年波兰一名 21 岁的男性自杀性摄入 10 片"Amphi－bi－a"，Butylone 是其成分中唯一活性物质，摄入剂量约 35～171 mg。在该男子死前 4 小时住院期间，对其健康状况进行了临床评定：入院时，该病人有意识，但不能辨别时间地点；体格检查显示心动过速（170 次/分钟），动脉血压 140/80 mm Hg，肌肉强直性痉挛，流涎，瞳孔对光反应迟钝，体温 41.2℃；心电图显示心律失常，室性心动过速；生化检查显示体内有酸中毒（pH 6.877，pO_2 73.1，sat O_2 82.9；pCO_2 84.9），电解质紊乱（Na 141 mM/L；K 7.55 mM/L），以及凝血紊乱（INR 2.43）；入院后的几分钟，该病人便出现癫痫及心跳呼吸骤停。入院后几小时，该病人出现出血症状和 DIC，表现为皮肤出血点，胃肠道、呼吸道出血，穿刺部位出血，最后因抢救无效而心脏骤停。尸检和组织学检查的毒理学结果发现其体内的 Butylone 浓

---

① Kikura－Hanajiri R. et al.，"Survey of current trends in the abuse of psychotropic substances and plants in Japan"，*Leg Med* (*Tokyo*) 13，2011，pp. 109－115.

② "Schedules of Controlled Substances：Extension of Temporary Placement of 10 Synthetic Cathinones in Schedule I of the Controlled Substances Act"，*Fed Regist* 81，2016，pp. 11429－11431.

③ Rojek S.，"'Legal highs'—toxicity in the clinical and medico－legal aspect as exemplified by suicide with bk－MBDB administration"，*Forensic Sci Int* 222，2012，pp. 1－6. Warrick B. J. et al.，"Lethal serotonin syndrome after methylone and butylone ingestion"，*J Med Toxicol* 8，2012，pp. 65－68.

度极高（血液浓度 20 mg/L，肝脏中浓度 33 mg/kg）①。Pinorini - Godly 等人对 4 例非致死性中毒的研究发现，Butylone 血液浓度在 250 ~ 910 μg/L，比上述报道的浓度水平明显低很多倍②。

在小鼠活动度测试实验中，皮下注射 Butylone（5 ~ 25 mg/kg）剂量依赖性地增加活动度，Butylone（25mg/kg），促运动效应可持续 240 分钟③。

在大鼠的可卡因（10mg/kg）或甲基苯丙胺（1 mg/kg）辨别实验中，可卡因训练大鼠，药物辨别效应 ED_{50} 分别为：MDPV（0. 68 ± 0. 06）≥ Methylone（1. 47 ±0. 07） = Mephedrone（1. 47 ±0. 07） > Naphyrone（3. 01 ± 0. 07） = Flephedrone（3. 24 ±0. 10） > Butylone（4. 78 ±0. 07） mg/kg。甲基苯丙胺训练大鼠，药物辨别效应 ED_{50} 分别为：MDPV（0. 67 ± 0. 11） = Mephedrone（1. 27 ±0. 12） > Butylone（2. 52 ±0. 18） = Methylone（2. 66 ±0. 06） = Flephedrone（2. 69 ±0. 06） = Naphyrone（2. 96 ±0. 10）mg/kg，该研究结果提示 Butylone 与可卡因和甲基苯丙胺有相似的成瘾潜力④。

体外药理学评价：

Butylone 是非选择性单胺重摄取抑制剂，对多巴胺转运体的亲和力是 5 - 羟色胺转运体的 5 倍。此外，Butylone 可激活 5 - 羟色胺释放，与 MDMA 类似⑤。在一定浓度范围内，Butylone（10^{-8} M ~ 10^{-4} M）剂量依

① Rojek S. ,"'Legal highs'—toxicity in the clinical and medico - legal aspect as exemplified by suicide with bk - MBDB administration", *Forensic Sci Int* 222, 2012, pp. 1 - 6.

② Pinorini - Godly M. T. ,"Intoxication with butylone and phenazepam among young cocaine users", *Toxichem. Krimtech* 77, 2010, pp. 226 - 227.

③ Lopez - Arnau R. et al. ,"Comparative neuropharmacology of three psychostimulant cathinone derivatives: butylone, mephedrone and methylone", *Br J Pharmacol* 167, 2012, pp. 407 - 420.

④ Gatch M. B. et al. ,"Locomotor stimulant and discriminative stimulus effects of 'bath salt' cathinones", *Behav Pharmacol* 24, 2013, pp. 437 - 447.

⑤ Lopez - Arnau R. et al. ,"Comparative neuropharmacology of three psychostimulant cathinone derivatives: butylone, mephedrone and methylone", *Br J Pharmacol* 167, 2012, pp. 407 - 420. Simmler L. D. et al. ,"Pharmacological characterization of designer cathinones in vitro", *Br J Pharmacol* 168, 2013, pp. 458 - 470.

赖性抑制多巴胺转运体、去甲肾上腺素转运体和5－羟色胺转运体，IC_{50}分别为2.9 μM、2.02 μM和6.22 μM①。

在体外鼠脑突触体转运实验中，对多巴胺转运体的抑制能力排序为②：MDPV > Naphyrone、Methcathinone > Butylone③。[^{3}H] Paroxetine和[^{3}H] WIN35428竞争实验发现，Butylone对多巴胺转运体和5－羟色胺转运体亲和力 *K*i 值分别为(0.39 ± 0.06) μM和(2.86 ± 1.48) μM。[^{3}H] Ketanserin和[^{3}H] Raclopride竞争实验发现，Butylone对多巴胺转运体和5－羟色胺转运体亲和力 *K*i 值分别为(57.09 ± 11.46) μM和(37.49 ± 6.41) μM④。

药物代谢：

检测人尿中Butylone代谢产物，发现N－脱烷基化，O－甲基化后的去亚甲基化和β－酮基减少(羰基还原变为羟基)是其主要的代谢通路，主要产物为4－羟基－3－甲氧基(4－OH－3－MeO)代谢物。发生水解作用后，4－OH－3－MeO代谢产物的浓度和3－OH－4－MeO代谢产物的浓度急剧增加，说明其代谢产物主要作为共轭物存在⑤。

依赖性折算：

1克Butylone相当于0.15克甲基苯丙胺⑥。

---

① Simmler L. D. et al., "Pharmacological characterization of designer cathinones in vitro", *Br J Pharmacol* 168, 2013, pp. 458－470.

② Lopez－Arnau R. et al., "Comparative neuropharmacology of three psychostimulant cathinone derivatives: butylone, mephedrone and methylone", *Br J Pharmacol* 167, 2012, pp. 407－420.

③ Simmler L. D. et al., "Pharmacological characterization of designer cathinones in vitro", *Br J Pharmacol* 168, 2013, pp. 458－470.

④ Lopez－Arnau R. et al., "Comparative neuropharmacology of three psychostimulant cathinone derivatives: butylone, mephedrone and methylone", *Br J Pharmacol* 167, 2012, pp. 407－420.

⑤ Zaitsu K. et al., "Determination of the metabolites of the new designer drugs bk－MBDB and bk－MDEA in human urine", *Forensic Sci Int* 188, 2009, pp. 131－139.

⑥ 国家禁毒委员会：《关于印发〈104种非药用类麻醉药品和精神药品管制品种依赖性折算表〉的通知》，载北京刑事律师网文献库：http://www.bjxsdls.com/info.asp? lb_id = 2495，2019年4月20日最后访问。

72. Dimethylone

名称:Dimethylone

通用名:

1 –(1,3 – Benzodioxol – 5 – yl) – 2 – dimethylaminopropan – 1 – one

1 –(1,3 – 苯并二噁茂 – 5 – 基) – 2 – 二甲氨基 – 1 – 丙酮

1 –(3,4 – Methylenedioxyphenyl) – 2 – dimethylaminopropan – 1 – one

1 – [3,4 –(亚甲二氧基)苯基] – 2 – 二甲氨基 – 1 – 丙酮

(英文缩写:Dimethylone)

(CAS:765231 – 58 – 1)

化学结构:

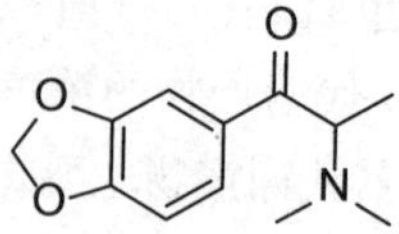

概述:

Dimethylone 是二甲基卡西酮(Dimethylcathinone)3,4 – 亚甲二氧基衍生物。早在 20 世纪中期, Dimethylone 主要作为拟交感神经药物,并没有研究其中枢兴奋性①。Dimethylone 的药理、毒理实验或流行病学研究资料较少,有文献表明 Dimethylone 可产生类似 MDPV 的超极化作用(类似可卡因的多巴胺转运体抑制作用)②,故 Dimethylone 相关特性可参考 MDPV。我国于 2015 年 10 月 1 日将 Dimethylone 列入《非药用类麻醉药品和精神药品列管办法》中管制目录。

---

① Shapiro D. ,"Benzoisoquinoline studies. Part I. Open – ring models of 4 – benzylisoquinolines", *Journal of Organic Chemistry* 15, 1950, pp. 1027 – 1036.

② Kolanos R. et al. , "Deconstruction of the abused synthetic cathinone methylenedioxypyrovalerone (MDPV) and an examination of effects at the human dopamine transporter", *ACS Chem Neurosci* 4, 2013, pp. 1524 – 1529.

依赖性折算：

1 克 Dimethylone 相当于 1 克海洛因[①]。

73．Ethcathinone

名称：Ethcathinone

通用名：

1 – Phenyl – 2 – ethylaminopropan – 1 – one

1 – 苯基 – 2 – 乙氨基 – 1 – 丙酮

Ethcathinone

乙卡西酮

（CAS：18259 – 37 – 5）

化学结构：

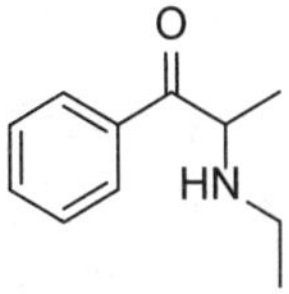

概述：

Ethcathinone 是 N – 乙基苯丙胺的 β – 氧化类同系物[②]，是药物 Diethypropion 的代谢产物。Ethcathinone 是一种娱乐性药物，具有兴奋作用[③]。在 2011 年 2 月至 2013 年 1 月，美国 Redwood 毒理学实验室检测 34,561 例人的尿液，发现有 12 例（0.03%）尿液样本中含有 Ethcathi-

① 国家禁毒委员会：《关于印发〈104 种非药用类麻醉药品和精神药品管制品种依赖性折算表〉的通知》，载北京刑事律师网文献库：http://www.bjxsdls.com/info.asp? lb_id = 2495，2019 年 4 月 20 日最后访问。

② Simmler L. D. et al.，"Monoamine transporter and receptor interaction profiles of a new series of designer cathinones"，*Neuropharmacology* 79，2014，pp. 152 – 160.

③ Uralets V. et al.，"Testing for designer stimulants：metabolic profiles of 16 synthetic cathinones excreted free in human urine"，*J Anal Toxicol* 38，2014，pp. 233 – 241.

none[①]。2013 年 2 月葡萄牙的一项调查发现,13 种非法药物中 5 种含有 Ethcathinone[②]。2008 年 12 月 18 日,Ethcathinone 在丹麦被禁止使用。Ethcathinone 被美国缉毒署列为表 I 管制药品[③]。我国于 2015 年 10 月 1 日将 Ethcathinone 列入《非药用类麻醉药品和精神药品列管办法》中管制目录。

药理毒理作用:

Ethcathinone 抑制去甲肾上腺素和多巴胺重摄取[④]。丹麦奥尔胡思大学医学院测定活体和尸检血液中 Ethcathinone 浓度,通过检测含有 Ethcathinone 的 20 个血样,测得活体血液中 Ethcathinone 浓度为(3.6 ± 0.52)μg/L,尸检血液中 Ethcathinone 浓度为(4.1 ± 0.51)μg/L。在活体中检测到 Ethcathinone 的最低浓度为 1.6 μg/L,尸检中测到 Ethcathinone 的最低浓度为 1.5 μg/L[⑤]。

体外药理学评价:

在小鼠实验中,Ethcathinone 是小鼠多巴胺转运体、去甲肾上腺素转运体和 5 - 羟色胺转运体的阻断剂,并且促进小鼠突触体释放去甲肾上腺素和 5 - 羟色胺,但不促进多巴胺释放[⑥]。Ethcathinone 对 5 - 羟色胺转运体的抑制作用比抑制多巴胺转运体低 10 倍[⑦]。

---

① Uralets V. et al., "Testing for designer stimulants: metabolic profiles of 16 synthetic cathinones excreted free in human urine", *J Anal Toxicol* 38, 2014, pp. 233 - 241.

② Zancajo V. M. et al., "Analytical profiles of 'legal highs' containing cathinones available in the area of Lisbon Portugal", *Forensic Sci Int* 244, 2014, pp. 102 - 110.

③ DEA, "Controlled Substances Act listing", 2015.

④ Simmler L. D. et al., "Monoamine transporter and receptor interaction profiles of a new series of designer cathinones", *Neuropharmacology* 79, 2014, pp. 152 - 160.

⑤ Sorensen L. K. "Determination of cathinones and related ephedrines in forensic whole - blood samples by liquid - chromatography - electrospray tandem mass spectrometry", *J Chromatogr B Analyt Technol Biomed Life Sci* 879, 2011, pp. 727 - 736.

⑥ Yu H. et al., "Uptake and release effects of diethylpropion and its metabolites with biogenic amine transporters", *Bioorg Med Chem* 8, 2000, pp. 2689 - 2692.

⑦ Simmler L. D. et al., "Pharmacological characterization of designer cathinones in vitro", *Br J Pharmacol* 168, 2013, pp. 458 - 470.

在人类胚胎肾脏细胞(HEK 293)中，Ethcathinone 对多巴胺转运体、去甲肾上腺素转运体和 5 - 羟色胺转运体抑制作用 IC_{50} 分别为 5.00 (3.7 - 6.8) μM、0.44 (0.34 - 0.56) μM 和 48 (4 - 529) μM①。Ethcathinone 对多巴胺转运体、去甲肾上腺素转运体和 5 - 羟色胺转运体亲和力 *K*i 值分别为(0.88 ± 0.1) μM、(0.22 ± 0.1) μM 和(37.6 ± 9.0) μM；对去甲肾上腺素 α1A 受体的 *K*i 值 > 6μM，对去甲肾上腺素 α2A 受体的 *K*i 值为(15.5 ± 1.9) μM，同时对多巴胺 D_1、D_2、D_3 受体以及小鼠、大鼠和人痕量胺相关 Ⅰ 型受体 *K*i 值均 > 10 μM。Ethcathinone 对 5 - 羟色胺 1A、2A 和 2C 受体的 *K*i 值分别为：(8.5 ± 1.1) μM、> 13 μM 和(9.3 ± 0.2) μM②。

药物代谢：

Ethcathinone 代谢过程中羰基还原成乙基麻黄碱和乙基 - ψ - 麻黄碱，继而通过脱烷基作用生成 4 - MMC 和苯丙胺醇③。

依赖性折算：

1 克 Ethcathinone 相当于 0.03 克甲基苯丙胺④。

74. Ethylone

名称：Ethylone

通用名：

1 - (1,3 - Benzodioxol - 5 - yl) - 2 - ethylamino - 1 - propanone

1 - (1,3 - 苯并二噁茂 - 5 - 基) - 2 - (乙氨基) - 1 - 丙酮

---

① Simmler L. D. et al., "Monoamine transporter and receptor interaction profiles of a new series of designer cathinones", *Neuropharmacology* 79, 2014, pp. 152 - 160.

② Simmler L. D. et al., "Monoamine transporter and receptor interaction profiles of a new series of designer cathinones", *Neuropharmacology* 79, 2014, pp. 152 - 160.

③ Testa B. and Beckett A. H., "Metabolism and excretion of diethylpropion in man under acidic urine conditions", *J Pharm Pharmacol* 25, 1973, pp. 119 - 124.

④ 国家禁毒委员会：《关于印发〈104 种非药用类麻醉药品和精神药品管制品种依赖性折算表〉的通知》，载北京刑事律师网文献库：http://www.bjxsdls.com/info.asp? lb_id = 2495，2019 年 4 月 20 日最后访问。

1 - (3,4 - Methylenedioxyphenyl) - 2 - ethylaminopropan - 1 - one

1 - (3,4 - 亚甲二氧基苯基) - 2 - 乙氨基 - 1 - 丙酮

Methylenedioxyethcathinone

亚甲二氧基乙卡西酮

(CAS:1112937 - 64 - 0)

化学结构:

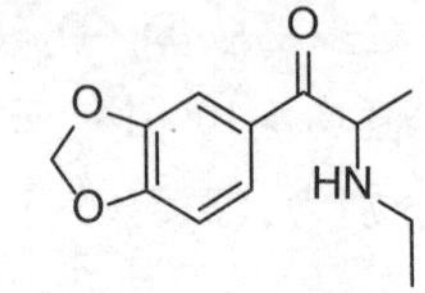

概述:

Ethylone是卡西酮类的娱乐性兴奋药物。在2011年2月至2013年1月,美国Redwood毒理学实验室检测34,561例人的尿液,发现16例(0.05%)尿液样本中含有Ethylone①。我国于2015年10月1日将Ethylone列入《非药用类麻醉药品和精神药品列管办法》中管制目录。

药理毒理作用:

Ethylone能产生欣快感,首次口服1小时后产生作用,服用不同剂量的Ethylone(50～400mg)产生的兴奋作用不同(持续2～4小时)②。Ethylone副作用包括产生宿醉感和疲倦③。美国圣地亚哥一例死亡病例报告显示,一位30岁男性混合注射Ethylone、海洛因和阿普唑仑意外死亡,尸检报告称在外周血中Ethylone的浓度为0.39 mg/L,在中央血管内浓度为0.38 mg/L,眼球玻璃体内浓度为0.58 mg/L,尿液中浓度为

① Uralets V. et al., "Testing for designer stimulants: metabolic profiles of 16 synthetic cathinones excreted free in human urine", *J Anal Toxicol* 38, 2014, pp. 233 - 241.

② Wood M. R. et al., "Crystallographic investigations of select cathinones: emerging illicit street drugs known as 'bath salts'", *Acta Crystallogr C Struct Chem* 71, 2015, pp. 32 - 38.

③ Lee D. et al., "Ethylone - Related Deaths: Toxicological Findings", *J Anal Toxicol* 39, 2015, pp. 567 - 571.

20 mg/L 以及检测出胃内容物中含有 Ethylone 12 mg①。美国佛罗里达州的一项研究进行了 7 例尸检，测出血液中 Ethylone 浓度范围为 38 ~ 2572 ng/mL，其中有 5 例尸检显示血液中 Ethylone 浓度大于400 ng/mL②。

在小鼠活动度测试实验中，Ethylone（10 ~ 50 mg/kg）能剂量依赖性地促进活动度增加，产生倒"U"形的剂量效应曲线。10 ~ 25 mg/kg 的 Ethylone 在注射后 10 分钟内起效，持续 120 ~ 160 分钟。50 mg/kg 的 Ethylone 给药后 40 分钟起效，持续 240 分钟。与其他二代卡西酮衍生物相比，促活动度增加作用排序为：MDPBP > α - PPP = α - PHP > Ethylone > α - PVT。

在大鼠药物辨别实验中，Ethylone（10 mg/kg）能完全替代甲基苯丙胺和可卡因，ED_{50}分别为 5 mg/kg 和 3.37 mg/kg。③

体外药理学评价：

Ethylone 与可卡因和 MDMA 作用相似，对单胺递质重摄取有抑制作用④。

药物代谢：

2008 年通过对两名 Ethylone 滥用者的尿液进行检测，发现 Ethylone 的主要代谢途径为：N - 脱烷基化、亚甲基化以及 O - 甲基化、β - 酮基

---

① McIntyre I. M. et al.，"Acute 3,4 - methylenedioxy - N - ethylcathinone (ethylone) intoxication and related fatality: a case report with postmortem concentrations", *J Anal Toxicol* 39, 2015, pp. 225 - 228.

② Lee D. et al.，"Ethylone - Related Deaths: Toxicological Findings", *J Anal Toxicol* 39, 2015, pp. 567 - 571.

③ Gatch M. B. et al.，"Locomotor activity and discriminative stimulus effects of a novel series of synthetic cathinone analogs in mice and rats", *Psychopharmacology* (*Berl*) 234, 2017, pp. 1237 - 1245.

④ Wood M. R. et al.，"Crystallographic investigations of select cathinones: emerging illicit street drugs known as 'bath salts'", *Acta Crystallogr C Struct Chem* 71, 2015, pp. 32 - 38.

的还原。Ethylone 主要代谢产物为 4 - OH - 3MeO①。

依赖性折算：

1 克 Ethylone 相当于 0.19 克甲基苯丙胺②。

75. MDPBP

名称：MDPBP

通用名：

1 -（1,3 - Benzodioxol - 5 - yl）- 2 -（1 - pyrrolidinyl）butan - 1 - one

1 -（1,3 - 苯并二噁茂 - 5 - 基）- 2 -（*N* - 吡咯烷基）- 1 - 丁酮

1 -（3,4 - Methylenedioxyphenyl）- 2 -（1 - pyrrolidinyl）butan - 1 - one

1 -（3,4 - 亚甲二氧基苯基）- 2 -（*N* - 吡咯烷基）- 1 - 丁酮

（英文缩写：MDPBP）

（CAS：784985 - 33 - 7）

化学结构：

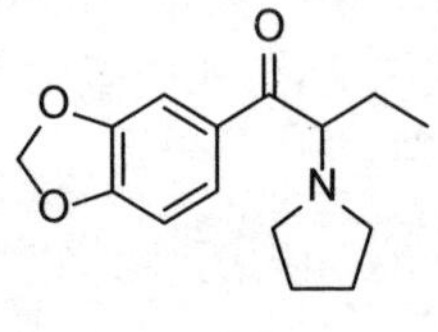

① Wood M. R. et al.，"Crystallographic investigations of select cathinones：emerging illicit street drugs known as 'bath salts'"，*Acta Crystallogr C Struct Chem* 71，2015，pp. 32 - 38.

② 国家禁毒委员会：《关于印发〈104 种非药用类麻醉药品和精神药品管制品种依赖性折算表〉的通知》，载北京刑事律师网文献库：http://www.bjxsdls.com/info.asp? lb_id = 2495，2019 年 4 月 20 日最后访问。

概述：

2009年2月在德国首次查获MDPBP（以MDPBP盐酸盐形式）①。2013年美国一项调查发现，在名为“e Blast”和“Exotix Super Strong”的“浴盐”中检测出MDPBP。每毫克“e Blast”中含有0.019 mg MDPBP，每毫克“Exotix Super Strong”中含有0.029 mg MDPBP②。英国将MDPBP列入高度违禁药物③。我国于2015年10月1日将MDPBP列入《非药用类麻醉药品和精神药品列管办法》中管制目录。

药理毒理作用：

英国一项尸检报告表明，死者体内血液中检测出MDPBP含量为1.55mg/L④。

在小鼠活动度测试实验中，MDPBP（0.1～2.5 mg/kg）能剂量依赖地促进活动度增加，产生倒“U”形的剂量效应曲线，最高效应剂量为1 mg/kg。0.25～1 mg/kgMDPBP在注射后10～20分钟内起效，持续160～270分钟。与其他二代卡西酮衍生物相比，增加活动度强弱顺序为：MDPBP > α-PPP = α-PHP > ethylone > α-PVT⑤。

在大鼠药物辨别实验中，MDPBP能剂量依赖替代甲基苯丙胺。5 mg/kg的MDPBP（ED_{50} = 1.25 mg/kg）完全替代甲基苯丙胺。MDPBP

① Meyer M. R. et al., “The in vivo and in vitro metabolism and the detectability in urine of 3′,4′-methylenedioxy-alpha-pyrrolidinobutyrophenone (MDPBP), a new pyrrolidinophenone-type designer drug, studied by GC-MS and LC-MS(n.)”, *Drug Test Anal*6, 2014, pp. 746-756.

② Leffler A. M. et al., “The analytical investigation of synthetic street drugs containing cathinone analogs”, *Forensic Sci Int* 234, 2014, pp. 50-56.

③ Meyer M. R. et al., “The in vivo and in vitro metabolism and the detectability in urine of 3′,4′-methylenedioxy-alpha-pyrrolidinobutyrophenone (MDPBP), a new pyrrolidinophenone-type designer drug, studied by GC-MS and LC-MS(n.)”, *Drug Test Anal* 6, 2014, pp. 746-756.

④ Elliott S. and Evans J., “A 3-year review of new psychoactive substances in casework”, *Forensic Sci Int* 243, 2014, pp. 55-60.

⑤ Rickli A. et al., “Monoamine transporter and receptor interaction profiles of novel psychoactive substances: para-halogenated amphetamines and pyrovalerone cathinones”, *Eur Neuropsychopharmacol* 25, 2015, pp. 365-376.

部分替代可卡因，产生倒“U”形的剂量效应曲线，5 mg/kg 的 MDPBP 对可卡因替代效应最强为 67% ①。

体外药理学评价：

MDPBP 对单胺类转运体多巴胺转运体、去甲肾上腺素转运体和 5 - 羟色胺转运体抑制作用 IC_{50} 值分别为：0.11 μM、0.16 μM 和 15 μM。MDPBP 对多巴胺转运体、去甲肾上腺素转运体和 5 - 羟色胺转运体亲和力 *K*i 值分别为：(0.02 ± 0.002) μM、(1.1 ± 0.1) μM 和 (4.1 ± 1.2) μM；对去甲肾上腺素 α2A 受体的 *K*i 值为 (9.4 ± 1.6) μM，对去甲肾上腺素 α1A、多巴胺 D_1、D_2 和 D_3 受体以及小鼠、大鼠和人痕量胺相关Ⅰ型受体的 *K*i 值均 > 12 μM。MDPPP 对 5 - 羟色胺 1A、2A、2B 和 2C 受体的 *K*i 值分别为 (13.0 ± 0.02) μM、> 13 μM、> 20 μM 和 13 μM②。

药物代谢：

MDPBP 主要的代谢途径为：经过脱甲基化、羟基基团的甲基化、苯基及侧链的羟基化和吡咯烷环的氧化后，分解成为相应的内酰胺，吡咯烷环开环之后生成相应的羧酸③。

依赖性折算：

1 克 MDPBP 相当于 1 克海洛因④。

---

① Gatch M. B. et al., “Locomotor activity and discriminative stimulus effects of a novel series of synthetic cathinone analogs in mice and rats”, *Psychopharmacology* (*Berl*) 234, 2017, pp. 1237 - 1245.

② Rickli A. et al., “Monoamine transporter and receptor interaction profiles of novel psychoactive substances: para - halogenated amphetamines and pyrovalerone cathinones”, *Eur Neuropsychopharmacol* 25, 2015, pp. 365 - 376.

③ Meyer M. R. et al., “The in vivo and in vitro metabolism and the detectability in urine of 3′,4′ - methylenedioxy - alpha - pyrrolidinobutyrophenone (MDPBP), a new pyrrolidinophenone - type designer drug, studied by GC - MS and LC - MS(n.)”, *Drug Test Anal* 6, 2014, pp. 746 - 756.

④ 国家禁毒委员会：《关于印发〈104 种非药用类麻醉药品和精神药品管制品种依赖性折算表〉的通知》，载北京刑事律师网文献库：http://www.bjxsdls.com/info.asp? lb_id = 2495，2019 年 4 月 20 日最后访问。

76. MDPPP

名称:MDPPP

通用名:

1 – (1,3 – Benzodioxol – 5 – yl) – 2 – (1 – pyrrolidinyl) propan – 1 – one

1 – (1,3 – 苯并二噁茂 – 5 – 基) – 2 – (*N* – 吡咯烷基) – 1 – 丙酮

1 – (3,4 – Methylenedioxyphenyl) – 2 – (1 – pyrrolidinyl) propan – 1 – one

1 – (3,4 – 亚甲二氧基苯基) – 2 – (*N* – 吡咯烷基) – 1 – 丙酮

(英文缩写:MDPPP)

(CAS:783241 – 66 – 7)

化学结构:

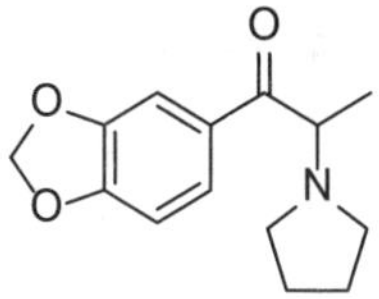

概述:

在德国 MDPPP 已经被严格禁止①。我国于 2015 年 10 月 1 日将 MDPPP 列入《非药用类麻醉药品和精神药品列管办法》中管制目录。

体外药理学评价:

MDPPP 是多巴胺转运体和去甲肾上腺素转运体阻断剂②。MDPPP 对多巴胺转运体、去甲肾上腺素转运体和 5 – 羟色胺转运体抑制作用 IC_{50}值分别为 0.53 μM、0.97 μM 和 75 μM;对多巴胺转运体、去甲肾上

① Springer D. et al., "Metabolism of the new designer drug alpha – pyrrolidinopropiophenone (PPP) and the toxicological detection of PPP and 4′ – methyl – alpha – pyrrolidinopropiophenone (MPPP) studied in rat urine using gas chromatography – mass spectrometry", *J Chromatogr B Analyt Technol Biomed Life Sci* 796, 2003, pp. 253 – 266.

② Marusich J. A. et al., "Pharmacology of novel synthetic stimulants structurally related to the 'bath salts' constituent 3,4 – methylenedioxypyrovalerone (MDPV)", *Neuropharmacology* 87, 2014, pp. 206 – 213.

腺素转运体和 5 – 羟色胺转运体亲和力 *K*i 值分别为(0.18 ±0.05)μM、(3.5 ±1.0)μM 和(11.7 ±1.0)μM;对去甲肾上腺素 α2A 受体和大、小鼠痕量胺相关Ⅰ型受体的 *K*i 值分别为(13.9 ±0.9)μM 和(16.1 ±6.7)μM;对去甲肾上腺素 α1A 受体以及多巴胺 D_1、D_2 和 D_3 受体 *K*i 值均 >10 μM。MDPPP 对 5 – 羟色胺 1A、2A、2B 和 2C 受体的 *K*i 值分别为(2.5 ±0.3)μM、(7.5 ±0.1)μM、>20μM 和 >13 μM①。

药物代谢:

德国一项研究分析发现,小鼠尿液中 MDPPP 在代谢过程中发生去甲氧基化,对产生的邻二苯酚进行部分 3 – 甲基化,对产生相应的二酮化合物进行氧化脱氨基作用,最后吡咯烷环发生羟基化并伴随脱氢作用代谢成相应的内酰胺②。

依赖性折算:

1 克 MDPPP 相当于 1 克海洛因③。

77. Methedrone

名称:Methedrone

通用名:

1 – (4 – Methoxyphenyl) – 2 – methylaminopropan – 1 – one

1 – (4 – 甲氧基苯基) – 2 – 甲氨基 – 1 – 丙酮

4 – Methoxymethcathinone

---

① Rickli A. et al., "Monoamine transporter and receptor interaction profiles of novel psychoactive substances: para – halogenated amphetamines and pyrovalerone cathinones", *Eur Neuropsychopharmacol* 25, 2015, pp. 365 – 376.

② Springer D. et al., "Metabolism of the new designer drug alpha – pyrrolidinopropiophenone (PPP) and the toxicological detection of PPP and 4′ – methyl – alpha – pyrrolidinopropiophenone (MPPP) studied in rat urine using gas chromatography – mass spectrometry", *J Chromatogr B Analyt Technol Biomed Life Sci* 796, 2003, pp. 253 – 266.

③ 国家禁毒委员会:《关于印发〈104 种非药用类麻醉药品和精神药品管制品种依赖性折算表〉的通知》,载北京刑事律师网文献库:http://www.bjxsdls.com/info.asp? lb_id = 2495,2019 年 4 月 20 日最后访问。

4 - 甲氧基甲卡西酮

Methedrone

Methoxyphedrine

(英文缩写:bk - PMMA, PMMC, 4 - MeOMC)

(CAS:530 - 54 - 1)

化学结构:

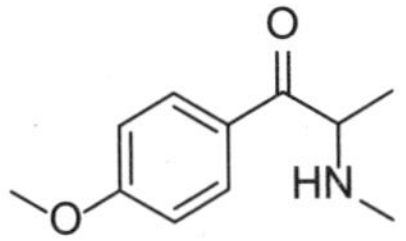

概述:

Methedrone 是 Paramethoxymethamphetamine (PMMA)的 β - 酮基类似物,Methedrone 的名字与 Mephedrone(4 - MMC)非常类似,这增加了消费者误认的风险①。2009 年瑞典警方缴获 Methedrone,由于 Methedrone 引起了两起死亡事件,瑞典政府于 2009 年 12 月 9 日将其作为麻醉药品进行管制②。2013 年 2 月,葡萄牙的一项调查显示,购买的 13 种兴奋剂中有 3 种物质含有 Methedrone③。我国于 2015 年 10 月 1 日将 Methedrone 列入《非药用类麻醉药品和精神药品列管办法》中管制目录。

药理毒理作用:

Methedrone 比 MDMA 更具危险性,能够更快地升高体温、血压和血药浓度④。瑞士的两例死亡病例报告显示:在第一例死亡病例中,临死

---

① Wikstroro M. and Thelander G., "Two fatalintoxicationswith the new designer drug methedrone(4 - methoxymethcathinone) autopsy cases", *J. Anal. Toxicol* 34, 2010, pp. 594 - 598.

② Wikstroro M. and Thelander G., "Two fatalintoxicationswith the new designer drug methedrone(4 - methoxymethcathinone) autopsy cases", *J. Anal. Toxicol* 34, 2010, pp. 594 - 598.

③ Zancajo V. M. et al., "Analytical profiles of 'legal highs' containing cathinones available in the area of Lisbon, Portugal", *Forensic Sci Int* 244, 2014, pp. 102 - 110.

④ Zancajo V. M. et al., "Analytical profiles of 'legal highs' containing cathinones available in the area of Lisbon, Portugal", *Forensic Sci Int* 244, 2014, pp. 102 - 110.

前血样中 Methedrone 浓度为 13.2 μg/g，尸检股血中浓度为 8.4 μg/g。在第二个死亡病例中，股血中 Methedrone 浓度为 9.6 μg/g，并且在头发中检测出 Methedrone 的五个阶段（段 1 为 37 ng/mg，段 2 为 33 ng/mg，段 3 为 29 ng/mg，段 4 为 29 ng/mg，段 5 为 36 ng/mg），说明在死前几个月一直暴露于 Methedrone 中。在 Methedrone 滥用者中，Methedrone 血浓度为 0.2 ~ 4.8 μg/g（n = 11），因两例死者体内 Methedrone 浓度接近于滥用者体内的浓度，推测 Methedrone 可能会导致突发性死亡①。Methedrone 有一个特殊的高毒性和狭窄的治疗窗，这些均与甲氧基团有关，因此 Methedrone 的娱乐性使用会比其他相关物质更具危害性②。

丹麦的奥尔胡思大学医学院研究了活体和尸检血液中 Methedrone 的浓度，分别检测含有 Methedrone 的 20 个血样，测得活体血液中的 Methedrone浓度为（0.8 ±0.21）μg/L，尸检血液中 Methedrone 浓度为（0.9 ±0.32）μg/L。在活体中监测到 Methedrone 的最低浓度为 0.6 μg/L，尸检中检测到 Methedrone 的最低浓度为 1.0 μg/L③。

巴西的一项研究表明，雌性 C57BL/6 小鼠急性给予 Methedrone（30 mg/kg），在 30 分钟的旷场测试，Methedrone 能显著增加小鼠的自发活动度。在小鼠"十"字高架迷宫实验中，Methedrone 能显著增加小鼠在封闭臂的时间，表明 Methedrone 会产生焦虑样行为④。

体外药理学评价：

Methedrone 是去甲肾上腺素转运体和 5 - 羟色胺转运体的阻断剂，

---

① Wikstroro M. and Thelander G.，"Two fatalintoxicationswith the new designer drug methedrone（4 – methoxymethcathinone） autopsy cases"，*J. Anal. Toxicol*34，2010，pp. 594 – 598.

② Zancajo V. M. et al.，"Analytical profiles of 'legal highs' containing cathinones available in the area of Lisbon，Portugal"，*Forensic Sci Int* 244，2014，pp. 102 – 110.

③ Sorensen L. K.，"Determination of cathinones and related ephedrines in forensic whole – blood samples by liquid – chromatography – electrospray tandem mass spectrometry"，*J Chromatogr B Analyt Technol Biomed Life Sci* 879，2011，pp. 727 – 736.

④ Pail P. B. et al.，"Comparative pharmacological evaluation of the cathinone derivatives，mephedrone and methedrone，in mice"，*Neurotoxicology* 50，2015，pp. 71 – 80.

特别是对 5－羟色胺转运体有高度选择性，对多巴胺转运体阻断作用较弱，并能够促进去甲肾上腺素和 5－羟色胺释放①。

在人类胚胎肾脏细胞（HEK 293）中，Methedrone 对多巴胺转运体、去甲肾上腺素转运体和 5－羟色胺转运体抑制作用 IC_{50} 值分别为 35 μM、2.24 μM 和 4.73 μM；对多巴胺转运体、去甲肾上腺素转运体和 5－羟色胺转运体亲和力 *K*i 值分别为（14.0 ± 7.8）μM、（25.3 ± 12.9）μM 和（17.0 ± 5.2）μM；对 5－羟色胺 1A、2A 和 2C 受体的 *K*i 值均 > 13 μM，对去甲肾上腺素 α1A 和 α2A 受体的 *K*i 值为 > 6μM 和 > 25 μM，对多巴胺 D_1、D_2、D_3 受体以及小鼠、大鼠痕量胺相关I型受体 *K*i 值均 > 10 μM②。

Methedrone 能引起终纹床核、纹状体组织中多巴胺含量增加 2 倍，并且能引起海马、纹状体中 5－羟色胺增加 1.5 倍③。

药物代谢：

Methedrone 通过羟基化产生 3－羟基－4－甲氧基甲卡西酮，Methedrone 在代谢过程中能产生 N－甲基化型的代谢产物④。

依赖性折算：

1 克 Methedrone 相当于 0.3 克甲基苯丙胺⑤。

78. NEB

---

① Simmler L. D. et al.,“Monoamine transporter and receptor interaction profiles of a new series of designer cathinones”, *Neuropharmacology* 79, 2014, pp. 152－160.

② Simmler L. D. et al.,“Monoamine transporter and receptor interaction profiles of a new series of designer cathinones”, *Neuropharmacology* 79, 2014, pp. 152－160.

③ Pail P. B. et al.,“Comparative pharmacological evaluation of the cathinone derivatives, mephedrone and methedrone, in mice”, *Neurotoxicology* 50, 2015, pp. 71－80.

④ Zancajo V. M. et al.,“Analytical profiles of ‘legal highs’ containing cathinones available in the area of Lisbon, Portugal”, *Forensic Sci Int* 244, 2014, pp. 102－110.

⑤ 国家禁毒委员会：《关于印发〈104 种非药用类麻醉药品和精神药品管制品种依赖性折算表〉的通知》，载北京刑事律师网文献库：http://www.bjxsdls.com/info.asp? lb_id = 2495，2019 年 4 月 20 日最后访问。

名称:NEB

通用名:

1 – Phenyl – 2 – ethylaminobutan – 1 – one

1 – 苯基 – 2 – 乙氨基 – 1 – 丁酮

(英文缩写:NEB)

(CAS:1354631 – 28 – 9)

化学结构:

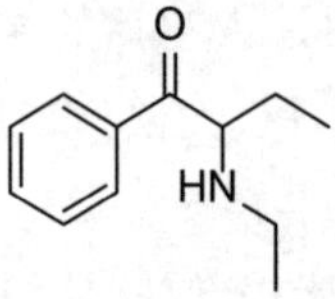

概述:

NEB 是 N – α – diethylphenylethylamine 的 β – 酮基同系物。在 2011 年 2 月至 2013 年 1 月,美国 Redwood 毒理学实验室通过检测34,561例人的尿液,发现 2 例(< 0.01%)尿液样本中含有 NEB①。我国于 2015 年 10 月 1 日将 NEB 列入《非药用类麻醉药品和精神药品列管办法》中管制目录。

药物代谢:

采用气相色谱 – 质谱联用技术对人尿液进行分析,NEB 的代谢主要通过羰基还原成麻黄碱并通过 n – 脱烷基作用生成去甲麻黄碱②。

依赖性折算:

1 克 NEB 相当于 0.3 克甲基苯丙胺③。

---

① Uralets V. et al., "Testing for designer stimulants: metabolic profiles of 16 synthetic cathinones excreted free in human urine", *J Anal Toxicol* 38, 2014, pp. 233 – 241.

② Uralets V. et al., "Testing for designer stimulants: metabolic profiles of 16 synthetic cathinones excreted free in human urine", *J Anal Toxicol* 38, 2014, pp. 233 – 241.

③ 国家禁毒委员会:《关于印发〈104 种非药用类麻醉药品和精神药品管制品种依赖性折算表〉的通知》,载北京刑事律师网文献库:http://www.bjxsdls.com/info.asp? lb_id = 2495, 2019 年 4 月 20 日最后访问。

79. Pentedrone

名称:Pentedrone

通用名:

1 – Phenyl – 2 – methylaminopentan – 1 – one

1 – 苯基 – 2 – 甲氨基 – 1 – 戊酮

α – Methylamino – valerophenone

α – 甲氨基苯戊酮

(英文缩写:Pentedrone)

(CAS:879722 – 57 – 3)

化学结构:

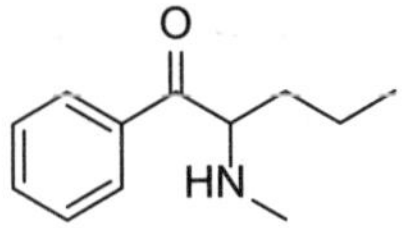

概述:

Pentedrone 是一种卡西酮类的拟交感神经药物①,是甲基苯丙胺带有 α – 戊烷基和 β – 氧化基团的同系物②。Pentedrone 在荷兰等国家尚未管制,所以在网上很容易买到而不涉及法律问题③。在 2011 年 2 月至 2013 年 1 月,美国 Redwood 毒理学实验室通过检测 34,561 例人的尿液,发现 425 例(1.23%)的尿液样本中含有 Pentedrone④。2013 年 2 月,葡萄牙的一项调查显示,购买的 13 种兴奋剂中,有 2 种物质中含有

---

① Sykutera M. et al., "A fatal case of pentedrone and alpha – pyrrolidinovalerophenone poisoning", *J Anal Toxicol*39, 2015, pp. 324 – 329.

② Simmler L. D. et al., "Monoamine transporter and receptor interaction profiles of a new series of designer cathinones", *Neuropharmacology*79, 2014, pp. 152 – 160.

③ Sykutera M. et al., "A fatal case of pentedrone and alpha – pyrrolidinovalerophenone poisoning", *J Anal Toxicol*39, 2015, pp. 324 – 329.

④ Uralets V. et al., "Testing for designer stimulants: metabolic profiles of 16 synthetic cathinones excreted free in human urine", *J Anal Toxicol*38, 2014, pp. 233 – 241.

Pentedrone①。2014 年 1 月 28 日,美国缉毒署列管了包括 Pentedrone 在内 10 种卡西酮类药物②。我国于 2015 年 10 月 1 日将 Pentedrone 列入《非药用类麻醉药品和精神药品列管办法》中管制目录。

药理毒理作用:

波兰一例死亡报告表明:尸检显示 Pentedrone 浓度在各器官中不同,Pentedrone 在血液中浓度为 8,794ng/ml,在肝脏中浓度为 100,044 ng/g,在肾脏中浓度为 22,102 ng/mL,在大脑中浓度为 13,248 ng/mL,在 120 g 胃内容物中检测出浓度为 500,534 ng/mL, Pentedrone 的最低检测浓度为 5 ng/mL③。

塞浦路斯一例死亡报告表明:一名 42 岁患有精神疾病史的男性死于多药滥用,其中药物主要包含 MDPV、Pentedrone 和依替唑仑。在血液中检测出 Pentedrone 浓度为 0.16 mg/L,尿液中检测出 Pentedrone 浓度为 12.0 mg/L④。

在条件性位置偏爱实验和自身给药实验中, Pentedrone(3 ~ 10 mg/kg)能使小鼠形成条件性位置偏爱,Pentedrone(0.3 mg/kg)能使大鼠建立稳定的自身给药行为⑤。

在小鼠药物辨别实验中,Pentedrone 能使小鼠活动度持续增加 6 小时,Pentedrone 对可卡因和甲基苯丙胺有药物辨别效应⑥。这些结果提示 Pentedrone 具有精神依赖潜力。

---

① Zancajo V. M. et al., "Analytical profiles of 'legal highs' containing cathinones available in the area of Lisbon, Portugal", *Forensic Sci Int* 244, 2014, pp. 102 – 110.

② DEA, "Temporary Placement of 10 Synthetic Cathinones into Schedule I", 2014.

③ Sykutera M. et al., "A fatal case of pentedrone and alpha – pyrrolidinovalerophenone poisoning", *J Anal Toxicol* 39, 2015, pp. 324 – 329.

④ Katerina L., "Constantinous fatal intoxication related to MDPV and pentedrone combined with antipsychotic and antidepressant substances in Cyprus", *Forensic Science International* 265, 2016, pp. 160 – 165.

⑤ Uralets V. et al., "Testing for designer stimulants: metabolic profiles of 16 synthetic cathinones excreted free in human urine", *J Anal Toxicol* 38, 2014, pp. 233 – 241.

⑥ Gatch M. B. et al., "Discriminative and locomotor effects of five synthetic cathinones in rats and mice", *Psychopharmacology* (*Berl*)232, 2015, pp. 1197 – 1205.

体外药理学评价：

Pentedrone 抑制多巴胺和去甲肾上腺素重摄取，但不促进多巴胺、去甲肾上腺素和 5－羟色胺的释放①。在人类胚胎肾脏细胞（HEK 293）中，Pentedrone 对多巴胺转运体、去甲肾上腺素转运体和 5－羟色胺转运体抑制作用 IC_{50} 值分别为 2.50μM、0.61μM 和 135 μM；对多巴胺转运体、去甲肾上腺素转运体和 5－羟色胺转运体亲和力 *K*i 值分别为（0.34 ±0.03）μM、（4.5 ±1.3）μM 和（17.3 ±6.1）μM；对去甲肾上腺素 α2A 受体的 *K*i 值为（35.4 ±16）μM，对多巴胺 D_1、D_2 和 D_3 受体以及小鼠、大鼠痕量胺相关 I 型受体 *K*i 值均 >10 μM；对 5－羟色胺 1A、2A 和 2C 受体的 *K*i 值分别为 >18μM、>13μM 和 >13 μM②。Pentedrone 能增加 PC－12 细胞内多巴胺 D_1、D_2 受体和多巴胺转运体 mRNA 的表达③。

药物代谢：

Pentedrone 的代谢主要通过羰基还原成麻黄碱，并通过 n－脱烷基作用生成去甲麻黄碱④。

依赖性折算：

1 克 Pentedrone 相当于 0.3 克海洛因⑤。

80. α－PBP

名称：α－PBP

---

① Gatch M. B. et al.，"Discriminative and locomotor effects of five synthetic cathinones in rats and mice"，*Psychopharmacology*（*Berl*）232，2015，pp. 1197－1205.

② Simmler L. D. et al.，"Monoamine transporter and receptor interaction profiles of a new series of designer cathinones"，*Neuropharmacology* 79，2014，pp. 152－160.

③ Uralets V. et al.，"Testing for designer stimulants：metabolic profiles of 16 synthetic cathinones excreted free in human urine"，*J Anal Toxicol* 38，2014，pp. 233－241.

④ Uralets V. et al.，"Testing for designer stimulants：metabolic profiles of 16 synthetic cathinones excreted free in human urine"，*J Anal Toxicol* 38，2014，pp. 233－241.

⑤ 国家禁毒委员会：《关于印发〈104 种非药用类麻醉药品和精神药品管制品种依赖性折算表〉的通知》，载北京刑事律师网文献库：http://www.bjxsdls.com/info.asp? lb_id = 2495，2019 年 4 月 20 日最后访问。

通用名：

1 - Phenyl - 2 - (1 - pyrrolidinyl) butan - 1 - one

1 - 苯基 - 2 - (*N* - 吡咯烷基) - 1 - 丁酮

(英文缩写：α - PBP)

(CAS：13415 - 82 - 2)

化学结构：

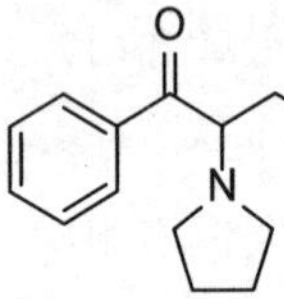

概述：

1960 年德国第一次合成 α - PBP 并申请了专利。在 2011 年 2 月至 2013 年 1 月，美国 Redwood 毒理学实验室通过检测 34,561 例人的尿液，发现 26 例(0.07%)尿液样本中含有 α - PBP①。2013 年 3 月日本管制了 α - PVP 之后，从 2013 年至 2014 年上半年 α - PBP 滥用迅速增长②。美国将 α - PBP 列为表 I 管制药品③。2014 年 11 月 10 日瑞典的公共卫生机构建议把 α - PBP 归为有害物质④。我国于 2015 年 10 月 1 日将 α - PBP列入《非药用类麻醉药品和精神药品列管办法》中管制目录。

体外药理学评价：

通过研究大鼠突触体中 α - PBP 对单胺类转运体的抑制作用，结果显示 α - PBP 对多巴胺转运体、去甲肾上腺素转运体和 5 - 羟色胺转运

① Uralets V. et al., "Testing for designer stimulants: metabolic profiles of 16 synthetic cathinones excreted free in human urine", *J Anal Toxicol* 38, 2014, pp. 233 - 241.

② Matsuta S., "Metabolism of the designer drug a - pyrrolidinobutiophenone (a - PBP) in humans: Identification and quantification of the phase I metabolites in urine", *Forensic Science International* 249, 2015, pp. 181 - 188.

③ "Schedules of controlled substances: temporary placement of 10 synthetic cathinones into Schedule I. Final order", *Fed Regist* 79, 2014, pp. 12938 - 12943.

④ Uchiyama N. et al., "Characterization of four new designer drugs, 5 - chloro - NNEI, NNEI indazole analog, alpha - PHPP and alpha - POP, with 11 newly distributed designer drugs in illegal products", *Forensic Sci Int* 243, 2014, pp. 1 - 13.

体抑制作用的 IC_{50} 值分别为(63.3 ± 5.7) nM、(91.5 ± 12.8) nM 和 > 10,000 nM①。

药物代谢：

采用 GC – MS 技术对人尿液进行分析，α – PBP 的主要代谢途径为有两条，其一酮基还原为 1 – 苯基 – 2 – (吡咯烷酮 – 1 – 酰基) 丁醇 (OH – α – PBP)，其二通过吡咯烷酮环 200 位氧化为 – (200 – O – 吡咯烷酮) 丁硫酮②。

依赖性折算：

1 克 α – PBP 相当于 0.4 克甲基苯丙胺③。

81. α – PHP

名称：α – PHP

通用名：

1 – Phenyl – 2 – (1 – pyrrolidinyl) hexan – 1 – one

1 – 苯基 – 2 – (*N* – 吡咯烷基) – 1 – 己酮

(英文缩写：α – PHP)

(CAS：13415 – 86 – 6)

化学结构：

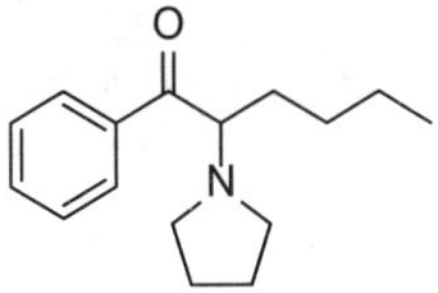

① Marusich J. A. et al., "Pharmacology of novel synthetic stimulants structurally related to the 'bath salts' constituent 3,4 – methylenedioxypyrovalerone (MDPV)", *Neuropharmacology* 87, 2014, pp. 206 – 213.

② Shima N., "Metabolism of the newly encountered designer drug a – pyrrolidinovalerophenone in humans: identification and quantitation of urinary metabolites", *Forensic Toxicol* 32, 2014, pp. 59 – 67.

③ 国家禁毒委员会：《关于印发〈104 种非药用类麻醉药品和精神药品管制品种依赖性折算表〉的通知》，载北京刑事律师网文献库：http://www.bjxsdls.com/info.asp? lb_id = 2495，2019 年 4 月 20 日最后访问。

概述：

α－PHP 合成于 1960 年[1]，是 α－PVP 的长链同系物，吡咯戊酮的同分异构体[2]。α－PHP 为桔色非晶体型固体[3]。2014 年在非法药物中检测到 α－PHP[4]。2015 年 6 月 1 日瑞典公共卫生机构建议将 α－PHP 列为麻醉药品[5]。我国于 2015 年 10 月 1 日将 α－PHP 列入《非药用类麻醉药品和精神药品列管办法》中管制目录。

药理毒理作用：

一例死亡病例报告表明：尸检显示 α－PHP 浓度在各组织器官中不同，胆汁和尿液中 α－PHP 浓度（分别为 1.2 ng/mL 和 5.6 ng/mL）比胸腔血液中 α－PHP 浓度（15.3 ng/mL）要低得多。肺（71.1 ng/mL）和脾脏（83.8 ng/mL）中的 α－PHP 浓度最高。肝脏、肾脏、大脑和心脏中 α－PHP 含量分别为 3.5 ng/mL、7.9 ng/mL、4.7 ng/mL 和 23.6 ng/mL[6]。

在小鼠活动度测试实验中，α－PHP（2.5 ～10 mg/kg）能剂量依赖性地促进活动度增加，注射后 10 分钟内起效，持续 100 分钟。与其他二代卡西酮衍生物相比，促活动度增加作用排序为：MDPBP > α－PPP =

---

① "US Patent 3314970 － α－Pyrrolidino ketones", *Ernst Seeger*. Retrieved 18 June 2015.

② Paul M. et al., "Identification of phase I and II metabolites of the new designer drug alpha－pyrrolidinohexiophenone (alpha－PHP) in human urine by liquid chromatography quadrupole time－of－flight mass spectrometry (LC－QTOF－MS)", *J Mass Spectrom* 50, 2015, pp. 1305－1317.

③ Klavz J. et al., "Suicide attempt with a mix of synthetic cannabinoids and synthetic cathinones: Case report of non－fatal intoxication with AB－CHMINACA, AB－FUBINACA, alpha－PHP, alpha－PVP and 4－CMC", *Forensic Sci Int* 265, 2016, pp. 121－124.

④ Majchrzak M. et al., "Identification and characterization of new designer drug 4－fluoro－PV9 and alpha－PHP in the seized materials", *Forensic Toxicol* 34, 2016, pp. 115－124.

⑤ "23 nya ämnen kan klassas som narkotika eller hälsofarlig vara (in Swedish)." *Folkhälsomyndigheten*, 2015.

⑥ Vignali C. et al., "Distribution of the Synthetic Cathinone alpha－Pyrrolidinohexiophenone in Biological Specimens", *J Anal Toxicol* 43, 2019, pp. 1－6.

α – PHP > ethylone > α – PVT[①]。

在大鼠药物辨别实验中，PHP（5 mg/kg）能完全替代甲基苯丙胺和可卡因，ED_{50}分别为 1.230 mg/kg 和 2.86 mg/kg。[②]

药物代谢：

采用液质联用方法测定和分析人尿液，发现 α – PHP 的主要代谢通路为：通过 β – 酮基还原成相应的醇；通过吡咯烷环的羟基化，脂肪酸侧链的氧化与羟基化产生相应的 N – 羟基、乙醛、羧酸盐等代谢产物；吡咯烷环氧化成内酰胺，伴随有一系列的开环、羟基化、氧化还原反应过程。主要的二相代谢为葡萄糖醛酸化的 β – 酮基还原成相应的醇[③]。

依赖性折算：

1 克 α – PHP 相当于 0.4 克甲基苯丙胺[④]。

82. α – PHPP

名称：α – PHPP

通用名：

1 – Phenyl – 2 – (1 – pyrrolidinyl) heptan – 1 – one

1 – 苯基 – 2 – （*N* – 吡咯烷基） – 1 – 庚酮

（英文缩写：α – PHPP）

---

① Gatch M. B. et al., "Locomotor activity and discriminative stimulus effects of a novel series of synthetic cathinone analogs in mice and rats", *Psychopharmacology* (*Berl*) 234, 2017, pp. 1237 – 1245.

② Gatch M. B. et al., "Locomotor activity and discriminative stimulus effects of a novel series of synthetic cathinone analogs in mice and rats", *Psychopharmacology* (*Berl*) 234, 2017, pp. 1237 – 1245.

③ Paul M. et al., "Identification of phase I and II metabolites of the new designer drug alpha – pyrrolidinohexiophenone (alpha – PHP) in human urine by liquid chromatography quadrupole time – of – flight mass spectrometry (LC – QTOF – MS)", *J Mass Spectrom* 50, 2015, pp. 1305 – 1317.

④ 国家禁毒委员会：《关于印发〈104 种非药用类麻醉药品和精神药品管制品种依赖性折算表〉的通知》，载北京刑事律师网文献库：http://www.bjxsdls.com/info.asp? lb_id = 2495，2019 年 4 月 20 日最后访问。

(CAS:13415 - 83 - 3)

化学结构:

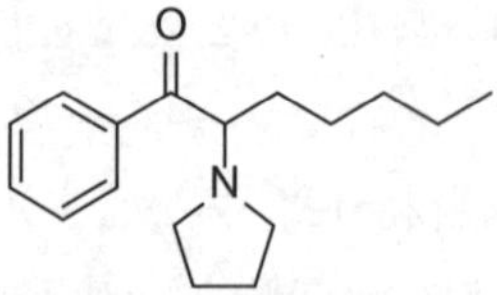

概述:

在日本 α - PHPP 被作为非法药物管制①。我国于 2015 年 10 月 1 日将 α - PHPP 列入《非药用类麻醉药品和精神药品列管办法》中管制目录。

药理毒理作用:

日本一例尸检报告显示死者的血液、尿液中含有 4 - 甲氧基 - PHPP②。

药物代谢:

通过检测 α - PHPP 滥用者的尿液发现:α - PHPP 的主要代谢通路包括:(1)β - 酮基还原成相应的醇。(2)2″位上的吡咯烷环氧化生成含氧一部分。(3)ω 和 ω - 1 位上的脂肪酸侧链氧化与羟基化,产生相应的 N - 羟基、乙醛、羧酸盐等代谢产物。(4)上述途径的组合③。

---

① Uchiyama N. et al., "Characterization of four new designer drugs, 5 - chloro - NNEI, NNEI indazole analog, alpha - PHPP and alpha - POP, with 11 newly distributed designer drugs in illegal products", *Forensic Sci Int* 243, 2014, pp. 1 - 13.

② Kudo K. et al., "A fatal case of poisoning related to new cathinone designer drugs, 4 - methoxy PV8, PV9, and 4 - methoxy PV9, and a dissociative agent, diphenidine", *Leg Med (Tokyo)* 17, 2015, pp. 421 - 426.

③ Matsuta S. et al., "Metabolism of alpha - PHP and alpha - PHPP in humans and the effects of alkyl chain lengths on the metabolism of alpha - pyrrolidinophenone - type designer drugs", *Forensic Toxicol* 36, 2018, pp. 486 - 497.

依赖性折算：

1 克 α－PHPP 相当于 0.4 克甲基苯丙胺①。

83. α－PVP

名称：α－PVP

通用名：

1－Phenyl－2－(1－pyrrolidinyl)－1－pentanone

1－苯基－2－(*N*－吡咯烷基)－1－戊酮

(英文缩写：α－PVP)

(CAS：14530－33－7)

化学结构：

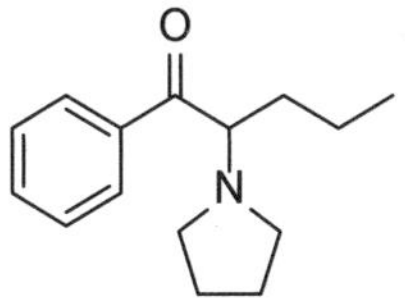

概述：

α－PVP 在 1960 年合成，最早作为致幻剂在市场上出售②。α－PVP 在结构上与吡咯戊酮有关，是苯咯戊烷的酮类类似物③。2014 年 1 月 28 日，美国缉毒署列管了包括 α－PVP 在内的 10 种合成卡西酮类物质④。我国于 2015 年 10 月 1 日将 α－PVP 列入《非药用类麻醉药品和精神药品列管办法》中管制目录。

---

① 国家禁毒委员会：《关于印发〈104 种非药用类麻醉药品和精神药品管制品种依赖性折算表〉的通知》，载北京刑事律师网文献库：http://www.bjxsdls.com/info.asp? lb_id = 2495，2019 年 4 月 20 日最后访问。

② "Soft Designer Drug Committee Monographs：Alpha－PVP"，*Society of Forensic Toxicologists*，2013.

③ Sauer C.，"New designer drug α－pyrrolidinovalerophenone（PVP）：studies on its metabolism and toxicological detection in rat urine using gas chromatographic/mass spectrometric techniques"，*Journal of Mass Spectrometry*44，2009，pp. 952－964.

④ DEA，"Temporary Placement of 10 Synthetic Cathinones into Schedule I"，2014.

药理毒理作用：

与其他精神兴奋药物类似，α－PVP 会导致过度刺激、妄想和幻觉。有报道发现 α－PVP 联合 Pentedrone 用药导致肺水肿和动脉粥样硬化，严重者可导致死亡①。

Balb/c 雄性小鼠给予 α－PVP(25 mg/kg) 比甲基苯丙胺(5 mg/kg) 能更快诱导出行为敏化。在雄性大鼠静脉自身给药实验中，α－PVP (0.05 mg/kg) 与 MDPV(0.05 mg/kg) 伴药侧踏板数相同②。大鼠自身给药实验发现，a－PVP(0.032 mg/kg) 能使大鼠建立稳定的自身给药行为，且在 FR5 固定比率训练程序下，二代卡西酮类策划药的强化效应强度排序为 a－PVP ≈ MDPBP > a－PPP > MDPPP③。

体外药理学评价：

α－PVP 是多巴胺和去甲肾上腺素重摄取抑制剂，IC_{50} 值分别为 14.2 和 12.8 nM④。

依赖性折算：

1 克 α－PVP 相当于 0.4 克甲基苯丙胺⑤。

---

① Sykutera M. et al.，"Bloch－Boguslawska，A Fatal Case of Pentedrone and alpha－Pyrrolidinovalerophenone Poisoning"，*J Anal Toxicol* 39，2015 pp. 324－329.

② Kaizaki A. et al.，"Numazawa，New recreational drug 1－phenyl－2－(1－pyrrolidinyl)－1－pentanone (alpha－PVP) activates central nervous system via dopaminergic neuron"，*J Toxicol Sci* 39，2014，pp. 1－6.

③ Gannon B. M. et al.，"Relative reinforcing effects of second－generation synthetic cathinones：Acquisition of self－administration and fixed ratio dose－response curves in rats"，*Neuropharmacology* 134，2018，pp. 28－35.

④ Rickli A. et al.，"Monoamine transporter and receptor interaction profiles of novel psychoactive substances：para－halogenated amphetamines and pyrovalerone cathinones"，*Eur Neuropsychopharmacol* 25，2015，pp. 365－376.

⑤ 国家禁毒委员会：《关于印发〈104 种非药用类麻醉药品和精神药品管制品种依赖性折算表〉的通知》，载北京刑事律师网文献库：http://www.bjxsdls.com/info.asp？lb_id＝2495，2019 年 4 月 20 日最后访问。

84. 4 – CEC

名称:4 – CEC

通用名:

1 –(4 – Chlorophenyl) – 2 – ethylaminopropan – 1 – one

1 –(4 – 氯苯基) – 2 – 乙氨基 – 1 – 丙酮

4 – Chloroethcathinone

4 – 氯乙卡西酮

(英文缩写:4 – CEC)

(CAS:14919 – 85 – 8)

化学结构:

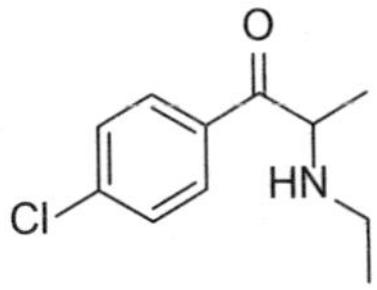

概述:

我国于 2018 年 9 月将 4 – CEC 列入《关于将 4 – 氯乙卡西酮等 32 种物质列入非药用类麻醉药品和精神药品管制品种增补目录公告》中管制目录。

药理毒理作用:

4 – CEC 使用剂量为 15 ~ 300 mg,药效持续 1 ~ 3 小时。有使用者称服用 15 mg 的 4 – CEC 3 小时后会有愉悦感,服用 66 mg 的 4 – CEC 会有欣快感和轻微的知觉变化,服用 100 mg 的 4 – CEC 在一个半小时后达到药效顶峰①。4 – CEC 与 4 – CMC 结构最相似,有资料显示其毒性可能大于 4 – CMC②。

---

① Grifell M. et al., "Patterns of use and toxicity of new para – halogenated substituted cathinones: 4 – CMC (clephedrone), 4 – CEC (4 – chloroethcatinone) and 4 – BMC (brephedrone)", *Hum Psychopharmacol* 32, 2017, p. 2621.

② 摘自 http://daliboo. com/information – on – 4 – cec – research – chemical,2019 年 4 月 10 日最后访问。

依赖性折算：

目前无公开发布的依赖性折算数据。

85. N – Ethylpentylone

名称：N – Ethylpentylone

通用名：

1 –(1,3 – Benzodioxol – 5 – yl) – 2 –(ethylamino)pentan – 1 – one

1 –(1,3 – 苯并二噁茂 – 5 – 基) – 2 – 乙氨基 – 1 – 戊酮

1 –(3,4 – Methylenedioxyphenyl) – 2 –(ethylamino)pentan – 1 – one

1 –(3,4 – 亚甲二氧基苯基) – 2 – 乙氨基 – 1 – 戊酮

Ephylone

N – Ethylpentylone

β – Keto – ethylbenzodioxolylpentanamine

（英文缩写：βk – Ethyl – K，βk – EBDP）

（CAS：727641 – 67 – 0）

化学结构：

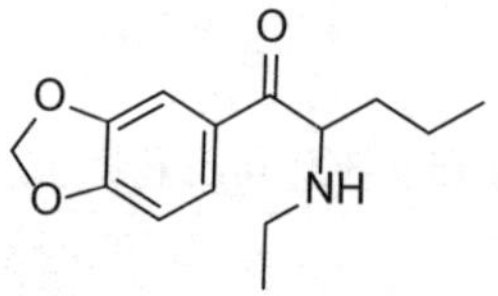

概述：

美国将 N – Ethylpentylone 列为表 I 管制药品①。我国于 2018 年 9 月将 N – Ethylpentylone 列入《关于将 4 – 氯乙卡西酮等 32 种物质列入非药用类麻醉药品和精神药品管制品种增补目录公告》中管制目录。

药理毒理作用：

一例 N – Ethylpentylone 急性致死临床病例报道：一名情绪激动、行

① "Schedules of Controlled Substances：Temporary Placement of N – Ethylpentylone in Schedule I", *Federal Register*, 2018.

为反常的男性被送往当地医院，到达医院时，体温 40.8℃，血液 pH 为 6.7。临床实验室分析显示肌钙蛋白升高，横纹肌溶解，低血糖，肝肾损伤，呼吸衰竭以及弥漫性血管内凝血。病人通过插管进入重症监护病房，进行冷却毯、碳酸氢盐和静脉输液治疗。尽管接受了治疗，还是出现心脏骤停，入院后约 36 小时宣告死亡①。

体外药理学评价：

N – Ethylpentylone 对多巴胺转运体、去甲肾上腺素转运体和 5 – 羟色胺转运体均有较强的抑制作用，IC_{50}值分别是 37 nM、105 nM 和 383 nM②。

依赖性折算：

目前无公开发布的依赖性折算数据。

86. 4 – Cl – α – PVP

名称：4 – Cl – α – PVP

通用名：

1 – (4 – Chlorophenyl) – 2 – (1 – pyrrolidinyl) pentan – 1 – one

1 – (4 – 氯苯基) – 2 – (*N* – 吡咯烷基) – 1 – 戊酮

4 – Chloro – α – pyrrolidinopentiophenone

4 – 氯 – α – (*N* – 吡咯烷基) 苯戊酮

(英文缩写：4 – Cl – α – PVP，4Cl – PVP，4C – PVP)

(CAS：5881 – 77 – 6)

化学结构：

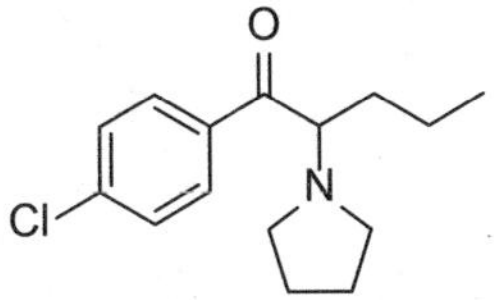

① Thirakul P. et al.,"Clinical Presentation, Autopsy Results and Toxicology Findings in an Acute N – Ethylpentylone Fatality", *J Anal Toxicol* 41, 2017, pp. 342 – 346.

② Costa J. L. et al.,"Analytical quantification, intoxication case series, and pharmacological mechanism of action for N – ethylnorpentylone (N – ethylpentylone or ephylone)", *Drug Test Anal* 11, 2019, pp. 461 – 471.

概述：

我国于2018年9月将4Cl－α－PVP列入《关于将4－氯乙卡西酮等32种物质列入非药用类麻醉药品和精神药品管制品种增补目录公告》中管制目录。

依赖性折算：

目前无公开发布的依赖性折算数据。

87. Dibutylone

名称：Dibutylone

通用名：

1－(1,3－Benzodioxol－5－yl)－2－(dimethylamino)butan－1－one

1－(1,3－苯并二噁茂－5－基)－2－(二甲基氨基)－1－丁酮

1－(3,4－Methylenedioxyphenyl)－2－(dimethylamino)butan－1－one

1－(3,4－(亚甲二氧基苯基))－2－(二甲基氨基)－1－丁酮

β－Keto－dimethylbenzodioxolylbutanamine；

(英文缩写：βk－DMBDB)

(CAS：802286－83－5)

化学结构：

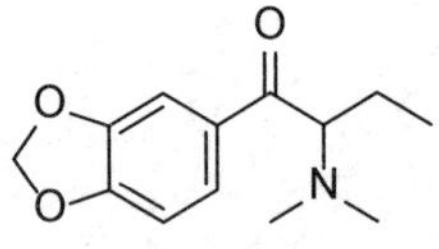

概述：

Dibutylone在结构上与Butylone相似。我国于2018年9月将Dibutylone列入《关于将4－氯乙卡西酮等32种物质列入非药用类麻醉药品和精神药品管制品种增补目录公告》中管制目录。

药物代谢：

采用液质联用方法测定和分析人血液和尿液发现，Dibutylone的代

谢主要通过 N – 脱烷基化，O – 甲基化后的去亚甲基化和减少 β – 酮基，Butylone 为 Dibutylone 的代谢产物①。

依赖性折算：

目前无公开发布的依赖性折算数据。

88. Pentylone

名称：Pentylone

通用名：

1 – (1,3 – Benzodioxol – 5 – yl) – 2 – (methylamino) pentan – 1 – one

1 – (1,3 – 苯并二噁茂 – 5 – 基) – 2 – 甲氨基 – 1 – 戊酮

1 – (3,4 – Methylenedioxyphenyl) – 2 – (methylamino) pentan – 1 – one

1 – [3,4 – (亚甲二氧基苯基)] – 2 – 甲氨基 – 1 – 戊酮

β – Keto – Methylbenzodioxolylpentanamine

Methylenedioxypentedrone；

(英文缩写：βk – MBDP，βk – Methyl – K)

(CAS：698963 – 77 – 8)

化学结构：

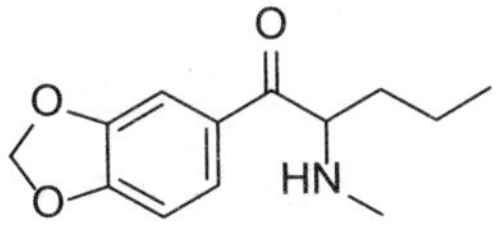

概述：

最早在 1960 年，在鉴定"NRG – 1"的样品时发现 Pentylone，它与 4′ – Methyl – α – pyrrolidinopropiophenone(4 – Meppp)混合后，作为商品

① Krotulski A. J. et al.，"Dibutylone (bk – DMBDB)：Intoxications，Quantitative Confirmations and Metabolism in Authentic Biological Specimens"，J Anal Toxicol 42，2018，pp. 437 – 445.

“NRG－3”售卖①。Pentylone 在美国和德国是列管物质，在瑞典也是违法药物。我国于 2018 年 9 月将 Pentylone 列入《关于将 4－氯乙卡西酮等 32 种物质列入非药用类麻醉药品和精神药品管制品种增补目录公告》中管制目录。

药理毒理作用：

调查资料显示 Pentylone 可能会导致妄想和幻觉②。

在小鼠活动度测试实验中，腹腔注射 Pentylone（10～100 mg/kg）可增加活动度[ED_{50} =（11.54 ± 0.08）mg/kg]。Pentylone 10 mg/kg 和 30 mg/kg时，10 分钟内诱发小鼠高活动性，并持续 120～170 分钟。在峰值效应（0～30 分钟）期间，与对照组相比，腹腔注射 Pentylone（10 mg/kg）组小鼠活动度增加 207 ± 16%。在给予 Pentylone（100 mg/kg）30～40 分钟后，约 1/8 小鼠死亡，8 小时后约 40% 的小鼠发生阵挛性惊厥③。

大鼠药物辨别实验中，Pentylone 可完全替代可卡因和甲基苯丙胺产生辨别刺激效应，ED_{50}值分别是：3.14 ± 0.10 mg/kg 和 4.32 ± 0.09 mg/kg④。

体外药理学评价：

在人类胚胎肾脏细胞（HEK 293）中，Pentylone 抑制多巴胺转运体、去甲肾上腺素转运体和 5－羟色胺转运体 IC_{50} 值分别为：1.34（1.0－1.7）μM、0.99（0.72－1.4）μM 和 8.37（5.4－13）μM；对多巴胺转运体、去甲肾上腺素转运体和 5－羟色胺转运体亲和力 *K*i 值分别为 0.24 ± 0.02 μM、9.0 ± 2.4 μM 和 0.2 ± 0.5 μM；对去甲肾上腺素 α_{2A} 型受体的 *K*i 值 >6 μM，对多巴胺 D_1、D_2 和 D_3 受体以及小鼠、大鼠痕量胺

---

① Brandt S. D. et al.，“Analysis of NRG ‘legal highs’ in the UK：identification and formation of novel cathinones”，*Drug Test Anal* 3，2011，pp. 569－575.

② Simmler L. D. et al.，“Monoamine transporter and receptor interaction profiles of a new series of designer cathinones”，*Neuropharmacology* 79，2014，pp. 152－160.

③ Gatch M. B. et al.，“Discriminative and locomotor effects of five synthetic cathinones in rats and mice”，*Psychopharmacology*（*Berl*）232，2015，pp. 1197－1205.

④ Gatch M. B. et al.，“Discriminative and locomotor effects of five synthetic cathinones in rats and mice”，*Psychopharmacology*（*Berl*）232，2015，pp. 1197－1205.

相关 I 型受体 *K*i 值均 > 10 μM；Pentylone 对 5 - 羟色胺 1A、2A 和 2C 型受体的 *K*i 值分别为 > 18 μM、> 13 μM 和 > 13 μM[①]。

药物代谢：

Pentedrone 的代谢主要通过 N - 脱烷基化，O - 甲基化后的去亚甲基化和减少 β - 酮基（羰基还原变为羟基）[②]。

依赖性折算：

目前无公开发布的依赖性折算数据。

89. N - Ethylhexedrone

名称：N - Ethylhexedrone

通用名：

2 - (Ethylamino) - 1 - phenylhexan - 1 - one

1 - 苯基 - 2 - 乙氨基 - 1 - 己酮

Ethyl - hexedrone

α - Ethylaminocaprophenone

N - Ethylnorhexedrone

（英文缩写：HEXEN；NEH）

（CAS：802857 - 66 - 5）

化学结构：

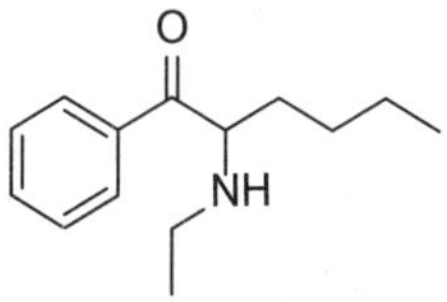

① Glennon R. A. , "Bath salts, mephedrone, and methylenedioxypyrovalerone as emerging illicit drugs that will need targeted therapeutic intervention", Adv Pharmacol 69, 2014, pp. 581 - 620.

② Uralets V. et al. , "Testing for designer stimulants: metabolic profiles of 16 synthetic cathinones excreted free in human urine", J Anal Toxicol 38, 2014, pp. 233 - 241.

概述：

1960年勃林格殷格翰公司(Boehringer Ingelheim)在一系列专利中首次提及N－Ethylhexedrone①。自2010年中期以来，N－Ethylhexedrone已作为策划药在线销售。N－Ethylhexedrone在日本和瑞典被列为违禁药物②。我国于2018年9月将N－Ethylhexedrone列入《关于将4－氯乙卡西酮等32种物质列入非药用类麻醉药品和精神药品管制品种增补目录公告》中管制目录。

依赖性折算：

目前无公开发布的依赖性折算数据。

90. 4－MPHP

名称:4－MPHP

通用名：

1－(4－methylphenyl)－2－(1－pyrrolidinyl)hexan－1－one

1－(4－甲基苯基)－2－(*N*－吡咯烷基)－1－己酮

4′－Methyl－α－pyrrolidinohexiophenone

4′－甲基－α－吡咯烷基苯己酮

(英文缩写:4－MPHP)

(CAS:34138－58－4)

化学结构：

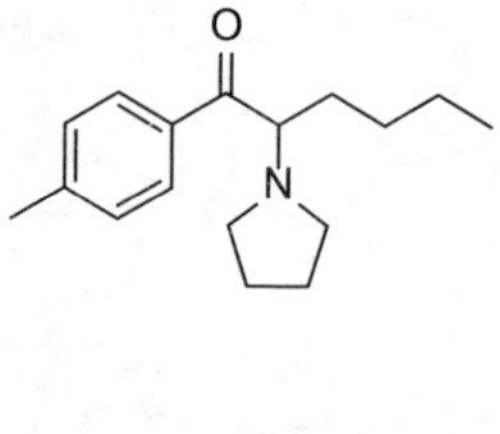

① Herbert K.，"Patent DE1545591 – Verfahren zur Herstellung von a – Aminoketonen mit heterocyclischer Aminogruppe (in German)".

② "指定薬物一覧"(in Japanese), *Ministry of Health*, Labour and Welfare. "31 nya ämnen kan klassas som narkotika eller hälsofarlig vara (in Swedish)", *Folkhälsomyndigheten*, 2016.

概述：

4 – MPHP 是吡咯戊酮的结构相似物①。我国于 2018 年 9 月将 4 – MPHP列入《关于将 4 – 氯乙卡西酮等 32 种物质列入非药用类麻醉药品和精神药品管制品种增补目录公告》中管制目录。

药理毒理作用：

根据结构相似性，推定其为吡咯烷酮类物质，特别是 MPPP，MPBP 和 MPHP 与精神兴奋剂吡咯戊酮可能具有相似的药理作用。4 – MPHP 摄入可导致拟交感神经的毒性，幻觉和严重的并发症，如中毒性肝损伤和横纹肌溶解等毒副作用②。

药物代谢：

分析大鼠尿液样品显示：4 – MPHP 主要通过甲苯基和甲基基团的羟基化，脱氢为相应的羧酸；以及侧链羟基化和吡咯烷环的羟基化，随后脱氢为相应的内酰胺或酮基的还原被完全代谢的③。

依赖性折算：

目前无公开发布的依赖性折算数据。

91. 4 – Cl – α – PPP

名称：4 – Cl – α – PPP

通用名：

1 – (4 – Chlorophenyl) – 2 – (1 – pyrrolidinyl) propan – 1 – one

1 – (4 – 氯苯基) – 2 – (*N* – 吡咯烷基) – 1 – 丙酮

---

① Springer D. et al.，“New designer drug 4′ – methyl – alpha – pyrrolidinohexanophenone: studies on its metabolism and toxicological detection in urine using gas chromatography – mass spectrometry”，*J Chromatogr B Analyt Technol Biomed Life Sci* 789，2003，pp. 79 – 91.

② Sauer C. et al.，“Acute poisoning involving the pyrrolidinophenone – type designer drug 4′ – methyl – alpha – pyrrolidinohexanophenone (MPHP)”，*Forensic Sci Int* 208，2011，pp. 20 – 25.

③ Springer D. et al.，“New designer drug 4′ – methyl – alpha – pyrrolidinohexanophenone: studies on its metabolism and toxicological detection in urine using gas chromatography – mass spectrometry”，*J Chromatogr B Analyt Technol Biomed Life Sci* 789，2003，pp. 79 – 91.

4 – Cl – α – Pyrrolidinopropiophenone

4 – 氯 – α – 吡咯烷基苯丙酮

（英文缩写：4 – Cl – α – PPP）

（CAS：28117 – 79 – 5）

化学结构：

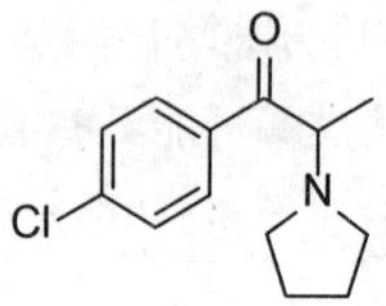

概述：

我国于 2018 年 9 月将 4 – Cl – α – PPP 列入《关于将 4 – 氯乙卡西酮等 32 种物质列入非药用类麻醉药品和精神药品管制品种增补目录公告》中管制目录。

依赖性折算：

目前无公开发布的依赖性折算数据。

92. β – TH – Naphyrone

名称：β – TH – Naphyrone

通用名：

2 – (1 – pyrrolidinyl) – 1 – (5,6,7,8 – tetrahydronaphthalen – 2 – yl) pentan – 1 – one

2 – (*N* – 吡咯烷基) – 1 – (5,6,7,8 – 四氢萘 – 2 – 基) – 1 – 戊酮

（英文缩写：β – TH – naphyrone）

（CAS：无）

化学结构：

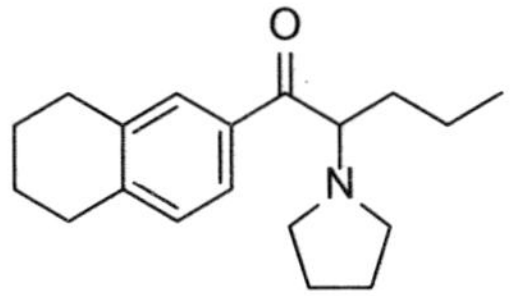

概述：

2016 年，我国警方通过网络购买并提交给公安部的 20 种粉末状物质中检测出 β－TH－Naphyrone①。我国于 2018 年 9 月将 β－TH－Naphyrone列入《关于将 4－氯乙卡西酮等 32 种物质列入非药用类麻醉药品和精神药品管制品种增补目录公告》中管制目录。

依赖性折算：

目前无公开发布的依赖性折算数据。

93. 4－F－α－PHP

名称：4－F－α－PHP

通用名：

1－(4－Fluorophenyl)－2－(1－pyrrolidinyl) hexan－1－one

1－(4－氟苯基)－2－(*N*－吡咯烷基)－1－己酮

(英文缩写：4－F－α－PHP)

(CAS：2230706－09－7)

化学结构：

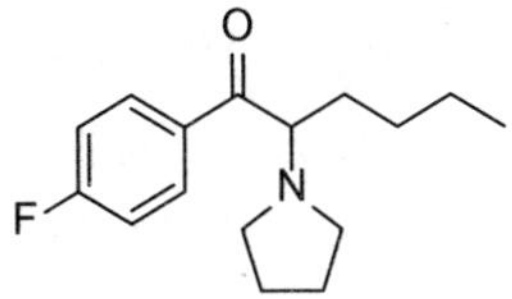

① Qian Z. et al., "Identification and analytical characterization of four synthetic cathinone derivatives iso－4－BMC, beta－TH－naphyrone, mexedrone, and 4－MDMC", *Drug Test Anal* 9, 2017, pp. 274－281.

概述：

我国于2018年9月将4－F－α－PHP列入《关于将4－氯乙卡西酮等32种物质列入非药用类麻醉药品和精神药品管制品种增补目录公告》中管制目录。

依赖性折算：

目前无公开发布的依赖性折算数据。

94. 4－EMC

名称：4－EMC

通用名：

1－(4－Ethylphenyl)－2－methylaminopropan－1－one

1－(4－乙基苯基)－2－甲氨基－1－丙酮

4－Ethylmethcathinone

4－乙基甲卡西酮

(英文缩写：4－EMC)

(CAS：1225622－14－9)

化学结构：

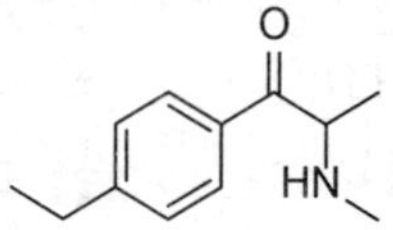

概述：

4－EMC是4－MEC的结构异构体。4－EMC已被德国和英国列为管制药物，美国在2016年1月也将该药物列管①。我国于2018年9月将4－EMC列入《关于将4－氯乙卡西酮等32种物质列入非药用类麻醉药品和精神药品管制品种增补目录公告》中管制目录。

体外药理学评价：

4－EMC对多巴胺转运体、去甲肾上腺素转运体和5－羟色胺转运

① "Regulated Drugs Rule Vermont Department of Health", 2015.

体具有抑制作用,它们的 *K*i 值分别为(28.0 ± 16.0)μM、(16.2 ± 2.2)μM和(17.5 ±3.6)μM[①]。

依赖性折算:

目前无公开发布的依赖性折算数据。

95. 4 – MEAPP

名称:4 – MEAPP

通用名:

2 – (Ethylamino) – 1 – (4 – methylphenyl) pentan – 1 – one

1 –(4 – 甲基苯基) – 2 – 乙氨基 – 1 – 戊酮

(英文缩写:4 – MEAPP)

[CAS:746540 – 82 – 9, 18297 – 05 – 7 (HCl)]

化学结构:

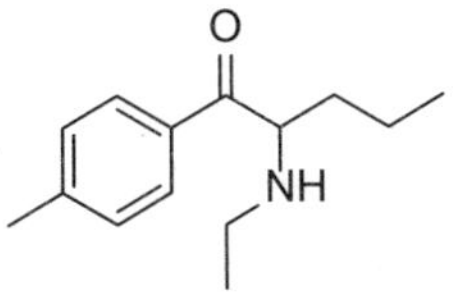

概述:

在网络上 4 – MEAPP 以 4 – MDP 的名义进行贩售[②]。4 – MDP 作用效果与 Pentedrone 相近,但稍弱于 Pentedrone[③]。我国于 2018 年 9 月将 4 – MEAPP 列入《关于将 4 – 氯乙卡西酮等 32 种物质列入非药用类麻醉药品和精神药品管制品种增补目录公告》中管制目录。

---

① Rickli A. et al., "Monoamine transporter and receptor interaction profiles of novel psychoactive substances: para – halogenated amphetamines and pyrovalerone cathinones", *Eur Neuropsychopharmacol* 25, 2015, pp. 365 – 376.

② Hamby D. et al., "Identification of 2 – (ethylamino) – 1 – (4 – methylphenyl) – 1 – pentanone (4 – MEAP), a New "Legal High" Sold by an Internet Vendor as 4 – Methyl Pentedrone". *J Forensic Sci* 60, 2015, pp. 721 – 726.

③ Hamby D. et al., "Identification of 2 – (ethylamino) – 1 – (4 – methylphenyl) – 1 – pentanone (4 – MEAP), a New "Legal High" Sold by an Internet Vendor as 4 – Methyl Pentedrone". *J Forensic Sci* 60, 2015, pp. 721 – 726.

依赖性折算：

目前无公开发布的依赖性折算数据。

96. Mexedrone

名称：Mexedrone

通用名：

3 - Methoxy - 2 - (methylamino) - 1 - (4 - methylphenyl) propan - 1 - one

1 - (4 - 甲基苯基) - 2 - (甲氨基) - 3 - 甲氧基 - 1 - 丙酮

Mexedrone

(英文缩写："MEX",4 - MMC - OMe)

(CAS:2166915 - 02 - 0)

化学结构：

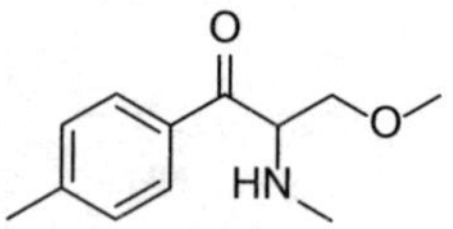

概述：

Mexedrone 是 4 - MMC 的衍生物。在瑞典和日本 Mexedrone 已经被禁止使用①。我国于 2018 年 9 月将 Mexedrone 列入《关于将 4 - 氯乙卡西酮等 32 种物质列入非药用类麻醉药品和精神药品管制品种增补目录公告》中管制目录。

体外药理学评价：

Mexedrone 对多巴胺、去甲肾上腺素和 5 - 羟色胺转运体的重摄取抑制作用较弱，且是 5 - 羟色胺受体的激动剂②。

① "31 nya ämnen kan klassas som narkotika eller hälsofarlig vara (in Swedish)", *Folkhälsomyndigheten*, 2016.

② Mclaughlin G. et al., "Synthesis, characterization, and monoamine transporter activity of the new psychoactive substance 3′, 4′ - methylenedioxy - 4 - methylaminorex (MDMAR)", *Drug Test Anal* 7, 2015, pp. 555 - 564.

依赖性折算：

目前无公开发布的依赖性折算数据。

97. MDPHP

名称：MDPHP

通用名：

1 – (1,3 – Benzodioxol – 5 – yl) – 2 – (1 – pyrrolidinyl) hexan – 1 – one

1 – (1,3 – 苯并二噁茂 – 5 – 基) – 2 – (*N* – 吡咯烷基) – 1 – 己酮

1 – (3,4 – Methylenedioxyphenyl) – 2 – (pyrrolidin – 1 – yl) hexan – 1 – one

1 – (3,4 – 亚甲二氧基苯基) – 2 – (*N* – 吡咯烷基) – 1 – 己酮

Methylenedioxypyrrolidinohexiophenone

亚甲二氧基吡咯基苯己酮

(英文缩写：MDPHP, 3,4 – Md – alpha – php, 3,4 – Mdphp)

(CAS：776994 – 64 – 0)

化学结构：

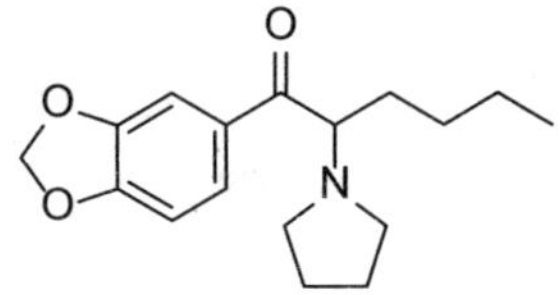

概述：

在日本和匈牙利 MDPHP 被明确列为管制药品①，我国于 2018 年 9 月将 MDPHP 列入《关于将 4 – 氯乙卡西酮等 32 种物质列入非药用类麻醉药品和精神药品管制品种增补目录公告》中管制目录。

药理毒理作用：

① "指定薬物名称・構造式一覧(平成 27 年 9 月 16 日現在)(in Japanese)"，厚生劳働省，2015 年。

有文献报道一位吸食 MDPHP 的女性怀孕 36 周后，母体血液和尿液中 MDPHP 浓度分别是 16ng/mL 和 697mg/mL，而胎儿血液中 MDPHP浓度是 76ng/mL①。

依赖性折算：

目前无公开发布的依赖性折算数据。

98. 4 – MPD

名称：4 – MPD

通用名：

2 –（Methylamino）– 1 –（4 – methylphenyl）pentan – 1 – one

1 –（4 – 甲基苯基）– 2 – 甲氨基 – 1 – 戊酮

4 – Methyl – α – methylamino – valerophenone

4 – 甲基 – α – 甲基氨基苯戊酮

4 – Methylpentedrone

（英文缩写：4 – MPD）

（CAS：1373918 – 61 – 6）

化学结构：

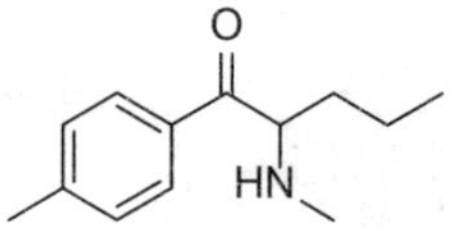

概述：

4 – MPD 是卡西酮类的兴奋剂，作为策划药在线上销售②。我国于 2018 年 9 月将 4 – MPD 列入《关于将 4 – 氯乙卡西酮等 32 种物质列入非药用类麻醉药品和精神药品管制品种增补目录公告》中管制目录。

依赖性折算：

目前无公开发布的依赖性折算数据。

---

① Adamowicz P. and Hydzik P.，“Fetal death associated with the use of 3，4 – MDPHP and α – PHP”，*Clin Toxicol*（*Phila*）17，2018，pp. 1 – 5.

② “4 – Methylpentedrone Cayman Chemical”，2015.

99. 4 – MDMC

名称:4 – MDMC

通用名:

2 – (Dimethylamino) – 1 – (4 – methylphenyl) propan – 1 – one

1 – (4 – 甲基苯基) – 2 – (二甲基氨基) – 1 – 丙酮

(英文缩写:4 – MDMC)

(CAS: 1157738 – 08 – 3)

化学结构:

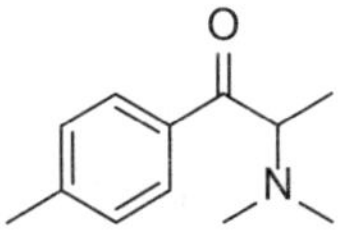

概述:

我国于 2018 年 9 月将 4 – MDMC 列入《关于将 4 – 氯乙卡西酮等 32 种物质列入非药用类麻醉药品和精神药品管制品种增补目录公告》中管制目录。

药理毒理作用:

4 – MDMC 具有细胞毒性,它呈剂量依赖诱导肝癌组织细胞 (HepG2) 死亡, EC_{50} 值为 0.81 mM①。

依赖性折算:

目前无公开发布的依赖性折算数据。

100. Propylone

名称:Propylone

通用名:

1 – (1,3 – Benzodioxol – 5 – yl) – 2 – propylaminopropan – 1 – one

1 – (1,3 – 苯并二噁茂 – 5 – 基) – 2 – 丙基氨基 – 1 – 丙酮

---

① Qian Z. et al., "Identification and analytical characterization of four synthetic cathinone derivatives iso – 4 – BMC, beta – TH – naphyrone, mexedrone, and 4 – MDMC", *Drug Test Anal* 9, 2017, pp. 274 – 281.

1 –(3,4 – Methylenedioxyphenyl) – 2 – propylaminopropan – 1 – one

1 –(3,4 – 亚甲二氧基苯基) – 2 – 丙基氨基 – 1 – 丙酮

(英文缩写:Propylone)

(CAS:201474 – 93 – 3)

化学结构:

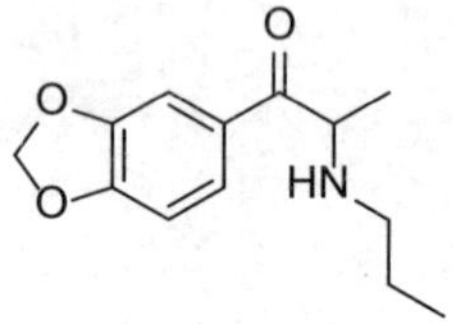

概述:

我国于 2018 年 9 月将 Propylone 列入《关于将 4 – 氯乙卡西酮等 32 种物质列入非药用类麻醉药品和精神药品管制品种增补目录公告》中管制目录。

依赖性折算:

目前无公开发布的依赖性折算数据。

101. 4 – Cl – EAPP

名称:4 – Cl – EAPP

通用名:

1 –(4 – Chlorophenyl) – 2 –(ethylamino)pentan – 1 – one

1 –(4 – 氯苯基) – 2 –(乙胺基) – 1 – 戊酮

(英文缩写:4 – Cl – EAPP)

(CAS:无)

化学结构:

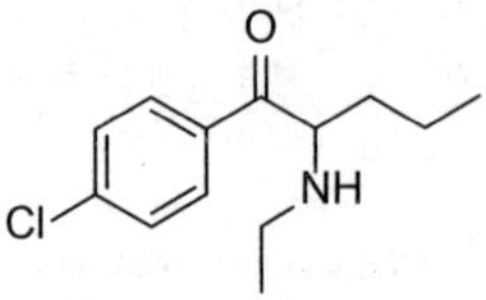

概述：

我国于2018年9月将4 - Cl - EAPP 列入《关于将4 - 氯乙卡西酮等32种物质列入非药用类麻醉药品和精神药品管制品种增补目录公告》中管制目录。

依赖性折算：

目前无公开发布的依赖性折算数据。

102. α - PPP

名称：α - PPP

通用名：

1 - Phenyl - 2 - (1 - pyrrolidinyl) propan - 1 - one

1 - 苯基 - 2 - (*N* - 吡咯烷基) - 1 - 丙酮

α - Pyrrolidinopropiophenone

α - 吡咯烷基苯丙酮

(英文缩写：α - PPP)

(CAS：19134 - 50 - 0)

化学结构：

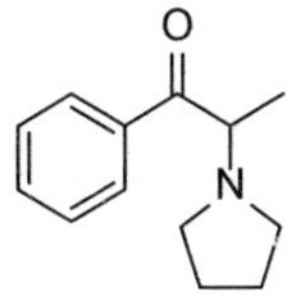

概述：

α - PPP 在结构上类似于食欲抑制剂二乙基安非他酮(Diethylpropion)，并且在动物中具有类似的作用。α - PPP 在英国被列为管制药品。我国于2018年9月将α - PPP 列入《关于将4 - 氯乙卡西酮等32种物质列入非药用类麻醉药品和精神药品管制品种增补目录公告》中管制目录。

药理毒理作用：

小鼠给予α - PPP 后会产生后退、探究、活动度增加以及刻板摇头行为等，α - PPP 在低剂量下具有典型的精神兴奋作用，较高剂量会诱发异常行为①。

α－PPP (0.32mg/kg)能使大鼠建立稳定自身给药行为，在 FR5 固定比率训练程序下，二代卡西酮类策划药的强化效应强度排序为 a－PVP≈MDPBP＞a－PPP＞MDPPP②。

在小鼠活动度测试实验中，α－PPP(2.5～25 mg/kg)能剂量依赖性地促进活动度增加，产生倒“U”形的剂量效应曲线。2.5～25 mg/kg α－PPP注射 10 分钟内起效，持续 60～190 分钟。50 mg/kg α－PPP 注射 50 分钟后起效，持续 140 分钟。与其他二代卡西酮衍生物相比，增加活动度效应强度排序为：MDPBP＞α－PPP＝α－PHP＞ethylone＞α－PVT③。

在大鼠药物辨别实验中，α－PPP 能完全替代甲基苯丙胺和可卡因 ED_{50}分别为 3.0 mg/kg 和 7.35 mg/kg。④

体外药理学评价：

α－PPP 对多巴胺转运体和去甲肾上腺素转运体具有高亲和力，*K*i 值分别为 1.29 μM 和 2.04 μM，但对 5－羟色胺转运体亲和力很低，*K*i 值仅为 161.4 μM⑤。

药物代谢：

采用气相色谱－质谱联用法分析大鼠尿液，发现大鼠体内 α－PPP

① Marusich J. A. et al.，“Pharmacology of novel synthetic stimulants structurally related to the ‘bath salts’ constituent 3,4－methylenedioxypyrovalerone (MDPV)”，*Neuropharmacology* 87，2014，pp. 206－213.

② Gannon B. M. et al.，“Relative reinforcing effects of second－generation synthetic cathinones：Acquisition of self－administration and fixed ratio dose－response curves in rats”，*Neuropharmacology* 134，2018，pp. 28－35.

③ Gatch M. B. et al.，“Locomotor activity and discriminative stimulus effects of a novel series of synthetic cathinone analogs in mice and rats”，*Psychopharmacology* (*Berl*) 234，2017，pp. 1237－1245.

④ Gatch M. B. et al.，“Locomotor activity and discriminative stimulus effects of a novel series of synthetic cathinone analogs in mice and rats”，*Psychopharmacology* (*Berl*) 234，2017，pp. 1237－1245.

⑤ Marusich J. A. et al.，“Pharmacology of novel synthetic stimulants structurally related to the ‘bath salts’ constituent 3,4－methylenedioxypyrovalerone (MDPV)”，*Neuropharmacology* 87，2014，pp. 206－213.

主要代谢途径为吡咯烷环羟基化生成相应的内酰胺，随后脱氢芳环的羟基化、4′位或双吡咯烷环的脱烷基化生成相应的伯胺，部分酮基还原成去甲麻黄碱。检测到代谢产物 2″ – oxo – PPP 的存在，可作为摄入α – PPP的证据①。

依赖性折算：

目前无公开发布的依赖性折算数据。

103. 4 – Cl – pentedrone

名称：4 – Cl – pentedrone

通用名：

1 –（4 – Chlorophenyl）– 2 –（methylamino）pentan – 1 – one

1 –（4 – 氯苯基）– 2 –（甲胺基）– 1 – 戊酮

（英文缩写：4 – Cl – pentedrone）

（CAS：2167949 – 43 – 9）

化学结构：

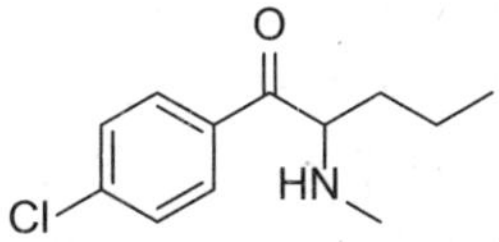

概述：

我国于 2018 年 9 月将 4 – Cl – pentedrone 列入《关于将 4 – 氯乙卡西酮等 32 种物质列入非药用类麻醉药品和精神药品管制品种增补目录公告》中管制目录。

依赖性折算：

目前无公开发布的依赖性折算数据。

---

① Springer D. et al.,"Metabolism of the new designer drug alpha – pyrrolidinopropiophenone（PPP）and the toxicological detection of PPP and 4′ – methyl – alpha – pyrrolidinopropiophenone（MPPP）studied in rat urine using gas chromatography – mass spectrometry", *J Chromatogr B Analyt Technol Biomed Life Sci* 796, 2003, pp. 253 – 266.

第四章　苯乙胺类

第一节　前　　言

苯乙胺类衍生物是新精神活性物质中重要的一大类,是指以苯乙胺结构为原型衍生出来、药理毒理作用与苯乙胺类似的一类物质。根据结构特点,苯乙胺类新精神活性物质可分为两大类:一类是二甲氧基苯乙胺衍生物[见图4-1(a)],另一类是苯丙胺衍生物[见图4-1(b)]。二甲氧基苯乙胺衍生物又称为2C系列化合物,在苯环的2位和5位有两个甲氧基取代基,是由美国著名化学家、药学家Alexander Shulgin在20世纪70~80年代合成的,使用后产生类似麦角二乙胺(Lysergide,LSD)的强烈致幻作用(主要通过激活5-羟色胺受体家族中的5-HT_2受体),其致幻作用的强弱与苯环上4位取代基有关,即H < OR < SR < R < X(卤素)[①]。苯丙胺衍生物是以苯丙胺为基本骨架结构的化合物,苯环上通常具有单取代基或成环取代基,根据其对脑内单胺神经递质系统激活的差异表现为致幻作用或致幻和兴奋双重作用,如仅激活5-羟色胺系统,则以致幻作用为主,如同时激活5-羟色胺系统和多巴胺系统,则表现为致幻和兴奋的双重作用[②]。目前苯乙胺类新精神活性物质

---

① 钱振华、徐鹏、刘克林:《2C系列化合物简介》,载《中国药物滥用防治杂志》2013年第19卷第2期。Anna Rickli et al.,"Receptor Interaction Profiles of Novel N-2-Methoxybenzyl (NBOMe) Derivatives of 2,5-Dimethoxy-Substituted Phenethylamines (2C Drugs)", *Neuropharmacology* 99, 2015, pp. 546-553.

② David E. Nichols, "Hallucinogens", *Pharmacology & Therapeutics* 101, 2004, pp. 131-181. Chao Wei et al., "Response Dynamics of Midbrain Dopamine Neurons and Serotonin Neurons to Heroin, Nicotine, Cocaine, and MDMA", *Cell Discovery* 4, 2018, p. 60.

已达上百种，多是粉末口服，也有鼻吸、含服、直肠给药等方式。使用该类物质后，能使人体产生强烈的致幻作用或致幻和兴奋作用。使用过量则产生严重的副作用，如精神混乱、被害妄想以及心动过速、血压升高、肝肾功能衰竭等急性中毒症状，还可能引发抽搐和脑中风等，甚至导致死亡。长期滥用会导致神经系统损伤，出现依赖、成瘾、精神障碍等症状①。苯乙胺类新精神活性物质多为新化学结构，检测分析比较困难，可采用液质联用、气质联用及核磁共振等技术进行检测分析及结构鉴定②。由于使用苯乙胺类新精神活性物质易导致精神错乱，从而引发自残、恶性暴力案件以及中毒事件，因此这类化合物在欧洲很多国家和美国都受到了管制，在我国被列为第一类精神药品或非药用类麻醉药品和精神药品管制③。

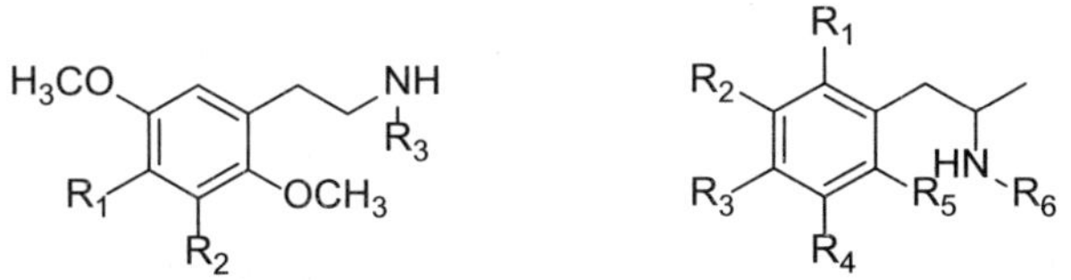

（a）二甲氧基苯乙胺衍生物的骨架结构　（b）苯丙胺类衍生物的骨架结构

图 4－1　苯乙胺类新精神活性物质的骨架结构

---

① Fabrizio Schifano et al.，"NPS：Medical Consequences Associated with Their Intake"，*Current Topics in Behavioral Neurosciences* 32，2017，pp. 351－380.

② Fabio Vaiano et al.，"A Novel Screening Method for 64 New Psychoactive Substances and 5 Amphetamines in Blood by LC－MS/MS and Application to Real Cases"，*Journal of Pharmaceutical & Biomedical Analysis* 129，2016，pp. 441－449. Elisabetta Bertol et al.，"Advances in New Psychoactive Substances Identification：the U. R. I. To. N. Consortium"，*Journal of Enzyme Inhibition & Medicinal Chemistry* 32，2017，pp. 841－849.

③ 国家食品药品监督管理总局、公安部、国家卫生计生委：《关于公布麻醉药品和精神药品品种目录的通知》，载国家食品药品监督管理总局官网：http://samr. cfda. gov. cn/WS01/CL0844/94735. html，2019 年 4 月 20 日最后访问。公安部、国家卫生计生委、国家食品药品监管总局，国家禁毒办：《关于印发非药用类麻醉药品和精神药品列管办法的通知》，载国家食品药品监督管理总局官网：http://samr. cfda. gov. cn/WS01/CL0056/130753. html，2019 年 4 月 20 日最后访问。公安部、国家食品药品监管总局、国家卫生计生委：《关于将 N－甲基－N－（2－二甲氨基环己基）－3，4－二氯苯甲酰胺（U－47700）等四种物质列入非药用类麻醉药品和精神药品管制品种增补目录的公告》，2017 年 5 月。

第二节　26 种苯乙胺类物质

104. 2C－I

名称:2C－I

通用名:

2,5－Dimethoxy－4－iodophenethylamine

2,5－二甲氧基－4－碘苯乙胺

(英文缩写:2C－I)

(CAS:69587－11－7)

化学结构:

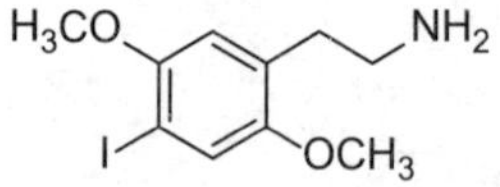

概述:

2C－I 是具有致幻作用的 2C 家族苯乙胺类衍生物,是苯丙胺类物质 2,5－二甲氧基－4－碘苯丙胺(2,5－dimethoxy－4－iodoamphetamine, DOI)脱甲基后的产物,由 Alexander Shulgin 首次合成并于 1991 年在其著作 *PiHKAL: A Chemical Love Story* 中描述①。2C－I 因其致幻和移情作用被娱乐性使用,但媒体经常将其与它的类似物 25I－NBOMe 混淆②。2C－I 使用途径主要是以粉末、胶囊、片剂方式口服,或粉末方式鼻吸③。欧盟自 2003 年 12 月在所有成员国中限制 2C－I。美国将 2C－I 列为《管制药品法案(CSA)》表 I 管制药物,持有、运输和制造均属违法。英国、加拿大、澳大利亚、瑞典等国也均出台相应法律限制 2C

---

① Alexander Shulgin and Ann Shulgin, *PiHKAL: A Chemical Love Story*, Berkeley, Transform Press, 1991, p. 33. https://www.erowid.org/library/books_online/pihkal/pihkal033.shtml, May 12, 2019.

② Erowid, "25I－NBOMe (2C－I－NBOMe) Fatalities / Deaths", https://www.erowid.org/chemicals/2ci_nbome/2ci_nbome_death.shtml, May 12, 2019.

③ Wikipedia, "2C－I", https://en.wikipedia.org/wiki/2C－I, May 12, 2019.

–I①。我国于 2013 年 11 月将 2C–I 列入《精神药品品种目录》(2013 年版)第一类精神药品管制。

药理毒理作用:

2C–I 与 2,5–二甲氧基–4–溴苯丙胺(2,5–Dimethoxy–4–bromoamphetamine, DOB)和 2,5–二甲氧基–4–甲基苯丙胺(2,5–Dimethoxy–4–methylamphetamine, DOM)关系密切。与 DOM、DOB 相似,2C–I 高亲和力和高选择性地结合于中枢 5–羟色胺受体②。

2C–I 使用后产生剂量依赖性的精神兴奋效应,口服常用剂量是 14~22 mg。使用者报告口服 3~25 mg 2C–I 产生 LSD 样致幻和视觉扭曲,MDMA 样移情作用。摄入 2C–I 后约 40 分钟开始出现主观效应,大约 2 小时达到峰值,效应可以持续 8 小时。吸食过量产生严重的副作用,导致精神混乱、脱水等症状③。

2C–I(3~30 mg/kg)剂量依赖性的抑制小鼠自发活动,在腹腔注射给药 10 分钟起效,持续 30~60 分钟。在大鼠药物辨别实验中,2C–I 能够完全替代 DMT(5 mg/kg)和 LSD(0.1 mg/kg),半数有效量(ED_{50})分别为(0.68±0.11)mg/kg、(1.66±0.12)mg/kg;2.5~10 mg/kg 的 2C–I 最大替代 MDMA(1.5 mg/kg)效应的 65%,1 mg/kg 的 2C–I 只

---

① Wikipedia, "2C–I", https://en.wikipedia.org/wiki/2C–I, May 12, 2019.

② Drug Enforcement Administration, "4–Iodo–2,5–Dimethoxyphenethylamine", https://www.deadiversion.usdoj.gov/drug_chem_info/2c_i.pdf#search=4–Iodo–2%2C5–Dimethoxyphenethylamine, May 12, 2019.

③ Wikipedia, "2C–I", https://en.wikipedia.org/wiki/2C–I, May 12, 2019. Drug Enforcement Administration, "4–Iodo–2,5–Dimethoxyphenethylamine", https://www.deadiversion.usdoj.gov/drug_chem_info/2c_i.pdf#search=4–Iodo–2%2C5–Dimethoxyphenethylamine, May 12, 2019. European Monitoring Centre for Drugs and Drug Addiction, "Report on the Risk Assessment of 2C–I, 2C–T–2 and 2C–T–7 in the Framework of the Joint Action on New Synthetic Drugs", http://www.emcdda.europa.eu/system/files/publications/323/Risk6_62953.pdf, May 12, 2019.

替代甲基苯丙胺(1 mg/kg)效应的38%①。

体外药理学评价：

2C－I对5－羟色胺受体家族中的5－HT_{2A}受体和5－HT_{2C}受体有很高的亲和力，*K*i分别为(3.5±1)nM、(40±9)nM，与LSD相近；对5－HT_{1A}受体亲和力较高，*K*i为(0.18±0.01)μM。2C－I是5－HT_{2A}受体、5－HT_{2B}受体和5－HT_{2C}受体的部分激动剂，对5－HT_{2A}受体的激活作用明显低于对5－HT_{2C}受体的激活。2C－I对5－HT_{2A}受体和5－HT_{2B}受体的最大激活效能分别为45%、70%，激活的半数有效浓度(EC_{50})分别为(0.06±0.03)μM、(0.15±0.10)μM②，最大激活效能为5－羟色胺的17%，是DOM及DOI的38%；对5－HT_{2C}受体最大激活效能为5－羟色胺的44%，是DOM及DOI的50%③。2C－I对5－羟色胺激活5－HT_{2A}受体有完全拮抗作用，半数抑制浓度(IC_{50})约为0.1 nM，2C－I对5－羟色胺激活5－HT_{2C}受体没有拮抗作用④。

2C－I对肾上腺素α_{1A}受体、多巴胺$D_1/D_2/D_3$受体和组胺H_1受体亲和力较低，*K*i分别为(5.1±1.1)μM、(13±4.1)μM、(2.7±0.58)μM、(5.0±0.1)μM、(6.1±0.5)μM；对肾上腺素α_{2A}受体和痕量胺相关受

---

① Amy J. Eshleman et al., "Behavioral and Neurochemical Pharmacology of Six Psychoactive Substituted Phenethylamines: Mouse Locomotion, Rat Drug Discrimination and in Vitro Receptor and Transporter Binding and Function", *Psychopharmacology* 231, 2014, pp. 875－888.

② Amy J. Eshleman et al., "Behavioral and Neurochemical Pharmacology of Six Psychoactive Substituted Phenethylamines: Mouse Locomotion, Rat Drug Discrimination and in Vitro Receptor and Transporter Binding and Function", *Psychopharmacology* 231, 2014, pp. 875－888. Jason C. Parrish et al., "Differential Phospholipase C Activation by Phenylalkylamine Serotonin 5－HT 2A Receptor Agonists", *Journal of Neurochemistry* 95, 2005, pp. 1575－1584.

③ Claudio Acuna－Castillo et al., "Differences in Potency and Efficacy of a Series of Phenylisopropylamine/phenylethylamine Pairs at 5－HT(2A) and 5－HT(2C) Receptors", *British Journal of Pharmacology* 136, 2002, pp. 510－519.

④ Claudio A. Villalobos et al., "4－Bromo－2,5－Dimethoxyphenethylamine (2C－B) and Structurally Related Phenylethylamines are Potent 5－HT2A Receptor Antagonists in Xenopus Laevis Oocytes", *British Journal of Pharmacology* 141, 2004, pp. 1167－1174.

体1(Trace amine - associated receptor 1,TAAR1)亲和力较高,*K*i 分别为(0.07 ±0.01)μM、(0.12 ±0.02)μM。2C - I 对单胺转运体(去甲肾上腺素转运体、多巴胺转运体和5 - 羟色胺转运体)的抑制作用低,IC_{50}分别为22 μM、126 μM、13 μM,比可卡因、甲基苯丙胺、MDMA 等低10 ~100倍;对多巴胺、去甲肾上腺素及5 - 羟色胺三种单胺类神经递质的释放没有作用①。

依赖性折算:

目前无公开发布的依赖性折算数据。

105. 2C - H

名称:2C - H

通用名:

2,5 - Dimethoxyphenethylamine

2,5 - 二甲氧基苯乙胺

(英文缩写:2C - H)

(CAS: 3600 - 86 - 0)

化学结构:

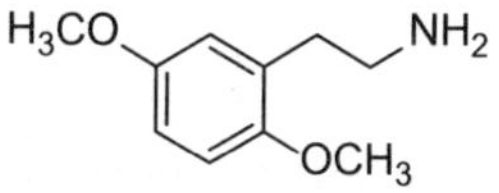

概述:

2C - H 是苯乙胺类衍生物,1932年由 Johannes S. Buck 首次合成。2C - H 自身没有活性,是合成2C - B、2C - C、2C - I、2C - N 等化合物的

① Anna Rickli et al., "Receptor Interaction Profiles of Novel N - 2 - Methoxybenzyl (NBOMe) Derivatives of 2,5 - Dimethoxy - Substituted Phenethylamines (2C Drugs)", *Neuropharmacology* 99, 2015, pp. 546 - 553. Fumiko Nagai et al., "The Effects of Non - medically Used Psychoactive Drugs on Monoamine Neurotransmission in Rat Brain", *European Journal of Pharmacology* 559, 2007, pp. 132 - 137.

前体①。加拿大于2016年10月31日将2C－H列为管制药物②。美国于2012年签署的《合成药物滥用预防法案》将2C－H列为表Ⅰ管制药物③。我国于2013年11月将2C－H列入《精神药品品种目录》(2013年版)第一类精神药品管制。

药理毒理作用:

2C－H在引起显著的精神活性效应前,可能被单胺氧化酶灭活,因此2C－H精神活性效应并不明显。2C－H对5－羟色胺受体家族中的5－HT_2受体表现为弱的部分激动活性且亲和力较低。

体外药理学评价:

相比其他2C家族化合物,2C－H对5－羟色胺受体家族中的5－HT_{2A}受体、5－HT_{2C}受体亲和力较低,*K*i分别为(1.6±0.3)μM和(5.2±2.6)μM;对5－HT_{1A}受体的亲和力较高,*K*i为(0.07±0.02)μM。2C－H激动5－HT_{2A}受体和5－HT_{2B}受体的最大激活效能分别为5－羟色胺的28%、46%,激活的半数有效浓度(EC_{50})分别为(9.4±0.5)μM、(6.2±2.8)μM④;2C－H是5－HT_{2C}受体激动剂⑤,对5－HT_{2C}受体偶联的磷脂

① Alexander Shulgin and Ann Shulgin, *PiHKAL: A Chemical Love Story*, Berkeley, Transform Press, 1991, p. 32. https://www.erowid.org/library/books_online/pihkal/pihkal032.shtml, May 12, 2019. Wikipedia, "2C－H", https://en.wikipedia.org/wiki/2C－H, May 12, 2019.

② Canada Gazette, "Regulations Amending the Food and Drug Regulations (Part J－2C－phenethylamines)", http://gazetteducanada.gc.ca/rp－pr/p2/2016/2016－05－04/html/sor－dors72－eng.html, May 12, 2019.

③ Drug Enforcement Administration (DEA), Department of Justice, "Establishment of Drug Codes for 26 Substances. Final Rule", *Federal Register* 78, 2013, pp. 664－666.

④ Anna Rickli et al., "Receptor Interaction Profiles of Novel N－2－Methoxybenzyl (NBOMe) Derivatives of 2,5－Dimethoxy－Substituted Phenethylamines (2C Drugs)", *Neuropharmacology* 99, 2015, pp. 546－553.

⑤ PubChem, "2,5－Dimethoxyphenethylamine", https://pubchem.ncbi.nlm.nih.gov/compound/76632#section=BioAssay－Results, Sep. 10, 2018.

酶 C 通路有较弱的激活作用,其作用强度为 DMA 的 0.29 倍[①]。

2C－H 是肾上腺素 α_1受体和痕量胺相关受体 1(Trace amine－associated receptor 1,TAAR1)激动剂[②],对 α_{1A}受体、α_{2A}受体和 TAAR1 的 *K*i 值分别为(7.9 ±1.8)μM、(1.0 ±0.05)μM、(0.90 ±0.16)μM;对多巴胺 $D_1/D_2/D_3$受体、组胺 H_1受体亲和力低,*K*i ＞ 9 μM;对单胺转运体(去甲肾上腺素转运体、多巴胺转运体和 5－羟色胺转运体)亲和力低,*K*i 均 ＞ 30 μM[③]。

依赖性折算:

1 克 2C－H 相当于 0.02 克甲基苯丙胺[④]。

106. 2C－B－NBOMe

名称:2C－B－NBOMe

通用名:

2－(4－Bromo－2,5－dimethoxyphenyl)－*N*－(2－methoxybenzyl) ethanamine

N－(2－甲氧基苄基)－2－(2,5－二甲氧基－4－溴苯基)乙胺

(英文缩写:2C－B－NBOMe, 25B－NBOMe)

(CAS:1026511－90－9)

---

① Pablo R. Moya et al., "Functional Selectivity of Hallucinogenic Phenethylamine and Phenylisopropylamine Derivatives at Human 5－Hydroxytryptamine (5－HT)2A and 5－HT2C Receptors", *Journal of Pharmacology & Experimental Therapeutics* 321, 2007, pp. 1054－1061.

② PubChem, "2,5－Dimethoxyphenethylamine", https://pubchem.ncbi.nlm.nih.gov/compound/76632#section=BioAssay－Results, Sep 10, 2018.

③ Anna Rickli et al., "Receptor Interaction Profiles of Novel N－2－Methoxybenzyl (NBOMe) Derivatives of 2,5－Dimethoxy－Substituted Phenethylamines (2C Drugs)", *Neuropharmacology* 99, 2015, pp. 546－553.

④ 国家禁毒委员会:《国家禁毒委员会关于印发〈100 种麻醉药品和精神药品管制品种依赖性折算表〉的通知》,2017 年 10 月。

化学结构：

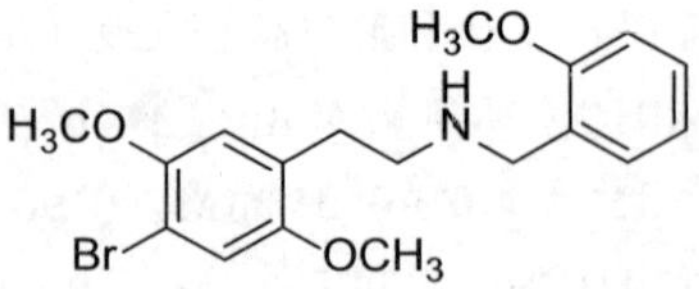

概述：

2C－B－NBOMe是苯乙胺类致幻剂2C－B的衍生物，2004年由Ralf Heim发现。2C－B－NBOMe是5－羟色胺受体家族中5－HT_{2A}受体的强力激动剂，具有强烈的致幻作用。2C－B－NBOMe主要有粉末、溶液、混合于食物、浸湿于吸墨纸中等几种形式①。美国于2013年将2C－B－NBOMe列为《管制药品法案（CSA）》表Ⅰ管制药物，制造、购买、持有、加工、运输该物质均属违法。英国、加拿大、俄罗斯、瑞典等国也均出台相应法律限制2C－B－NBOMe②。我国于2015年10月将2C－B－NBOMe列入《非药用类麻醉药品和精神药品管制品种增补目录》管制。

药理毒理作用：

2C－B－NBOMe选择性结合中枢神经系统5－HT_{2A}受体并发挥活性。2C－B－NBOMe低至250～500 μg即可发挥有效的致幻作用，作用持续时间12～16小时③。NBOMe基团增加了该类化合物的作用潜能。已有研究显示极小剂量的2C－B－NBOMe即可引起惊厥、心脏及

---

① Drug Enforcement Administration, “25I－NBOMe, 25C－NBOMe, and 25B－NBOMe”, https://www.deadiversion.usdoj.gov/drug_chem_info/nbome.pdf#search=25I－NBOMe%2C%2025C－NBOMe%2C%20and%2025B－NBOMe, May 12, 2019. Wikipedia, “25B－NBOMe”, https://en.wikipedia.org/wiki/25B－NBOMe, May 12, 2019.

② Wikipedia, “25B－NBOMe”, https://en.wikipedia.org/wiki/25B－NBOMe, May 12, 2019.

③ Wikipedia, “25B－NBOMe”, https://en.wikipedia.org/wiki/25B－NBOMe, May 12, 2019.

呼吸抑制和死亡①。

2C - B - NBOMe(2.5 ~ 10 mg/kg)时间和剂量依赖性的抑制小鼠自发活动,在腹腔注射给药 10 分钟内起效,持续 30 ~ 60 分钟。在大鼠药物辨别实验中,2C - B - NBOMe(0.5 mg/kg)能够替代 DOM(0.5 mg/kg)效应的 83%、MDMA(1.5 mg/kg)效应的 92%②。

体外药理学评价:

2C - B - NBOMe 对 5 - 羟色胺受体家族中的 5 - HT_{2A}、5 - HT_{2C}受体均有很高的亲和力,*K*i 分别为 0.5 nM 和(6.2 ± 2.2)nM;对 5 - HT_{1A}受体的亲和力较低,*K*i 为(3.6 ± 0.3)μM,远高于 2C - B 对 5 - HT_{2A}受体/5 - HT_{1A}受体的选择性。2C - B - NBOMe 激动 5 - HT_{2A}受体和 5 - HT_{2B}受体的最大激活效能分别为 5 - 羟色胺的 28%、19%,激活的半数有效浓度(EC_{50})分别为(0.04 ± 0.01)μM、(0.01 ± 0.01)μM。

与 2C - B 比较,2C - B - NBOMe 对肾上腺素 α_{1A}受体、多巴胺 D_1/D_2/D_3受体和组胺 H_1受体亲和力更高,对痕量胺相关受体 1(Trace amine - associated receptor 1,TAAR1)亲和力更低,*K*i 分别为(0.43 ± 0.10)μM、(9.3 ± 2.0)μM、(0.84 ± 0.27)μM、(2.7 ± 0.3)μM、(0.08 ± 0.02)μM、(0.28 ± 0.002)μM;对单胺转运体(去甲肾上腺素转运体、多巴胺转运体及 5 - 羟色胺转运体)亲和力更高、抑制作用更强,*K*i 分别为(1.1 ± 0.3)μM、(7.2 ± 0.5)μM、(0.84 ± 0.06)μM,半数抑制浓度(IC_{50})分别为 6.7 μM、117 μM、7.1 μM③。

---

① Drug Enforcement Administration, "25I - NBOMe, 25C - NBOMe, and 25B - NBOMe", https://www.deadiversion.usdoj.gov/drug_chem_info/nbome.pdf#search = 25I - NBOMe%2C%2025C - NBOMe%2C%20and%2025B - NBOMe, May 12, 2019.

② Michael B. Gatch et al., "Locomotor and Discriminative Stimulus Effects of Four Novel Hallucinogens in Rodents", *Behavioural Pharmacology* 28, 2017, pp. 375 - 385.

③ Anna Rickli et al., "Receptor Interaction Profiles of Novel N - 2 - Methoxybenzyl (NBOMe) Derivatives of 2,5 - Dimethoxy - Substituted Phenethylamines (2C Drugs)", *Neuropharmacology* 99, 2015, pp. 546 - 553.

药物代谢：

NBOMe 类化合物经历广泛的肝脏首过代谢[①]，2C－B－NBOMe 主要经肝脏通过 O－脱甲基、O，O－双脱甲基、羟基化，之后葡萄糖醛酸化或硫酸化与 I 相代谢物结合[②]。CYP1A2 和 CYP3A4 参与 NBOMe 类化合物羟基化，CYP2C9 和 CYP2C19 参与 NBOMe 类化合物 O－脱甲基[③]。

依赖性折算：

1 克 2C－B－NBOMe 相当于 1 克海洛因[④]。

107. 2C－C

名称：2C－C

通用名：

4－Chloro－2，5－dimethoxyphenethylamine

2，5－二甲氧基－4－氯苯乙胺

（英文缩写：2C－C）

（CAS：88441－14－9）

---

① Sebastian Leth－Petersen et al.，"Correlating the Metabolic Stability of Psychedelic 5－HT(2)A Agonists with Anecdotal Reports of Human Oral Bioavailability"，*Neurochemical Research* 39，2014，pp. 2018－2023.

② Achim T. Caspar et al.，"Metabolic Fate and Detectability of the New Psychoactive Substances 2－(4－Bromo－2，5－dimethoxyphenyl)－N－[(2－methoxyphenyl) methyl] ethanamine (25B－NBOMe) and 2－(4－Chloro－2，5－dimethoxyphenyl)－N－[(2－methoxyphenyl) methyl] ethanamine (25C－NBOMe) in Human and Rat Urine by GC－MS，LC－MS(n)，and LC－HR－MS/MS Approaches"，*Journal of Pharmaceutical & Biomedical Analysis* 134，2017，pp. 158－169.

③ Sebastian Leth－Petersen et al.，"Metabolic Fate of Hallucinogenic NBOMes"，*Chemical Research in Toxicology* 29，2016，pp. 96－100.

④ 国家禁毒委员会：《关于印发〈104 种非药用类麻醉药品和精神药品管制品种依赖性折算表〉的通知》，载北京刑事律师网文献库：http://www. bjxsdls. com/info. asp？ lb_id＝2495，2019 年 4 月 20 日最后访问。

化学结构：

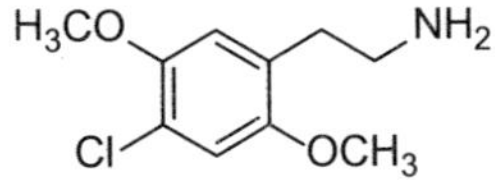

概述：

2C－C 是 2C 家族迷幻药物，由 Alexander Shulgin 首次合成，又被用做宗教致幻剂。2C－C 通常口服，也可鼻吸使用①。美国将 2C－C 列入《管制药品法案（CSA）》表 I 管制。加拿大、德国、瑞典等国也均出台相应法律对 2C－C 进行管制②。我国于 2015 年 10 月将 2C－C 列入《非药用类麻醉药品和精神药品管制品种增补目录》管制。

药理毒理作用：

2C－C 的视觉效应与 LSD 或致幻蘑菇相似，但在一般用量下效应要弱得多。与其他致幻剂不同，2C－C 有强烈的放松和镇静作用。鼻吸或者直肠给药绕过首过代谢，仅需口服剂量的一半，2～30 分钟起效，作用持续时间 1～2 小时。Alexander Shulgin 在其著作 *PiHKAL：A Chemical Love Story* 中指出 2C－C 的剂量范围为 20～40 mg，作用持续时间 4～8 小时③。增加剂量可以缩短起效时间。

2C－C（3～30 mg/kg）时间和剂量依赖性地抑制小鼠自发活动，在腹腔注射给药 10 分钟内起效，持续 30～120 分钟。在大鼠药物辨别实验中，2C－C 能够完全替代 DOM（0.5 mg/kg）和 MDMA（1.5 mg/kg），半数有效量（ED_{50}）分别为（0.95 ±0.09）mg/kg、（1.48 ±0.15）mg/kg；5 mg/kg的 2C－C 最大替代 DMT（5 mg/kg）和 LSD（0.1 mg/kg）效应的

---

① Alexander Shulgin and Ann Shulgin, *PiHKAL: A Chemical Love Story*, Berkeley, Transform Press, 1991, p. 22. https://www.erowid.org/library/books_online/pihkal/pihkal022.shtml, May 12, 2019. Wikipedia, "2C－C", https://en.wikipedia.org/wiki/2C－C, May 12, 2019.

② Wikipedia, "2C－C", https://en.wikipedia.org/wiki/2C－C, May 12, 2019.

③ Alexander Shulgin and Ann Shulgin, *PiHKAL: A Chemical Love Story*, Berkeley, Transform Press, 1991, p. 22. https://www.erowid.org/library/books_online/pihkal/pihkal022.shtml, May 12, 2019.

75% ,10 mg/kg 的 2C – C 替代甲基苯丙胺(1 mg/kg)作用最小①。

体外药理学评价:

2C – C 对 5 – 羟色胺受体家族中的 5 – HT_{1A}受体、5 – HT_{2A}受体和 5 – HT_{2C}受体均有一定的亲和力,*K*i 分别为(0.19 ±0.01)μM、(0.013 ±0.005)μM、(0.09 ±0.026)μM。2C – C 激动 5 – HT_{2A}受体和 5 – HT_{2B}受体的最大激活效能分别为 5 – 羟色胺的 49%、81%,激活的半数有效浓度(EC_{50})分别为(0.20 ±0.06)μM、(0.28 ±0.11)μM。

2C – C 对肾上腺素 α_{1A}受体、多巴胺 $D_1/D_2/D_3$受体和组胺 H_1受体亲和力较低,*K*i 分别为(13 ±1.9)μM、(13 ±1.0)μM、(2.1 ±0.4)μM、(17 ±0.3)μM、(24 ±0.9)μM;对肾上腺素 α_{2A}受体和痕量胺相关受体 1(Trace amine – associated receptor 1,TAAR1)亲和力较高,*K*i 值分别为(0.53 ±0.06)μM、(0.11 ±0.02)μM;对单胺转运体(去甲肾上腺素转运体、多巴胺转运体及 5 – 羟色胺转运体)抑制作用低,半数抑制浓度(IC_{50})分别为 93 μM、305 μM、74 μM②。

依赖性折算:

1 克 2C – C 相当于 1 克海洛因③。

108. 2C – C – NBOMe

名称:2C – C – NBOMe

① Amy J. Eshleman, et al., "Behavioral and Neurochemical Pharmacology of Six Psychoactive Substituted Phenethylamines: Mouse Locomotion, Rat Drug Discrimination and in Vitro Receptor and Transporter Binding and Function", *Psychopharmacology* 231, 2014, pp. 875 – 888.

② Anna Rickli et al., "Receptor Interaction Profiles of Novel N – 2 – Methoxybenzyl (NBOMe) Derivatives of 2,5 – Dimethoxy – Substituted Phenethylamines (2C Drugs)", *Neuropharmacology* 99, 2015, pp. 546 – 553.

③ 国家禁毒委员会:《关于印发〈104 种非药用类麻醉药品和精神药品管制品种依赖性折算表〉的通知》,载北京刑事律师网文献库:http://www.bjxsdls.com/info.asp? lb_id = 2495, 2019 年 4 月 20 日最后访问。

通用名：

2 –（4 – Chloro – 2,5 – dimethoxyphenyl）– *N* –（2 – methoxybenzyl）ethanamine

N –（2 – 甲氧基苄基）– 2 –（2,5 – 二甲氧基 – 4 – 氯苯基）乙胺

（英文缩写:2C – C – NBOMe）

（CAS:1227608 – 02 – 7）

化学结构：

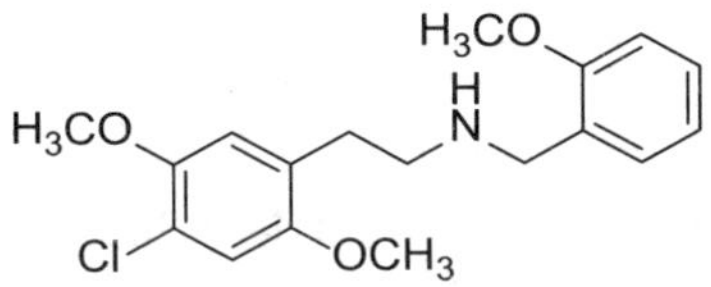

概述：

2C – C – NBOMe 是致幻苯乙胺类 2C – C 的衍生物，2C – C 中的氨基被替代为 2 – 甲氧苄基。2C – C – NBOMe 是一种迷幻药，对 5 – 羟色胺受体家族中的 5 – HT_{2A}受体有强激动作用。通常为白色粉末状，有苦味和金属味，被发现当做 LSD 贩卖①。美国将 2C – C – NBOMe 列为《管制药品法案（CSA）》表 I 管制药物，制造、购买、持有、加工和运输该物质均属违法。英国、加拿大、俄罗斯、瑞典等国也均出台相应法律对 2C – C – NBOMe 进行管制②。我国于 2015 年 10 月将 2C – C – NBOMe 列入《非药用类麻醉药品和精神药品管制品种增补目录》管制。

药理毒理作用：

2C – C – NBOMe 仅 200 ~ 500 μg 鼻吸或 300 ~ 600 μg 口腔给药即可以对使用者产生致幻作用，是 LSD 效能的 1/2 ~ 1/3③。2C – C –

---

① Zuba Dariusz et al.，"25C – NBOMe – New Potent Hallucinogenic Substance Identified on the Drug Market"，*Forensic Science International* 227，2013，pp. 7 – 14. Wikipedia，"25C – NBOMe"，https://en.wikipedia.org/wiki/25C – NBOMe，May 12，2019.

② Wikipedia，"25C – NBOMe"，https://en.wikipedia.org/wiki/25C – NBOMe，May 12，2019.

③ Erowid，"2C – C – NBOMe Dose"，https://www.erowid.org/chemicals/2cc_nbome/2cc_nbome_dose.shtml，May 12，2019.

NBOMe 选择性结合中枢神经系统 5 – HT_{2A}受体并发挥活性，NBOMe 基团增加该化合物的作用潜能。使用 2C – C – NBOMe 产生强烈的开闭眼视觉效果（包括轨迹、色偏、亮度等），提升情绪和欣快感，产生精神和躯体刺激，增加联想和创造性思维，提高音乐意识与欣赏能力，改变精神和主观体验，丰富爱和同情心，增加认知能力和联觉。使用 2C – C – NBOMe 随剂量升高产生负性作用，如视野狭窄、混乱、聚焦困难、血管收缩、恶心、呕吐、偏执、恐惧、喉痛、黏膜刺激、呼吸道刺激和呼吸困难、晕厥、震颤、筋挛、惊厥，甚至死亡①。

已有研究发现极小剂量的 2C – C – NBOMe 即可引起惊厥、心脏呼吸抑制和死亡。有报道 2C – C – NBOMe 引起多器官衰竭②。体外细胞实验显示，2C – C – NBOMe 的细胞毒性是甲基苯丙胺的 50 倍以上③。

2C – C – NBOMe（0.5 ~ 5 mg/kg）时间和剂量依赖性的抑制小鼠自发活动，在腹腔注射给药 10 分钟内起效，持续 30 ~ 60 分钟。在大鼠药物辨别实验中，2C – C – NBOMe（1 mg/kg）能够替代 DOM（0.5 mg/kg）效应的 97%，2C – C – NBOMe（0.5 ~ 5 mg/kg）最多只能替代 MDMA（1.5 mg/kg）效应的 67%④。

体外药理学评价：

2C – C – NBOMe 对 5 – 羟色胺受体家族中的 5 – HT_{2A}受体和 5 – HT_{2C}受体均有很高的亲和力，*Ki* 分别为（0.7 ± 0.2）nM、（5.2 ± 2.6）nM；

---

① Wikipedia, "25C – NBOMe", https://en.wikipedia.org/wiki/25C – NBOMe, May 12, 2019. Drug Enforcement Administration, "25I – NBOMe, 25C – NBOMe, and 25B – NBOMe", https://www.deadiversion.usdoj.gov/drug_chem_info/nbome.pdf#search = 25I – NBOMe%2C%2025C – NBOMe%2C%20and%2025B – NBOMe, May 12, 2019.

② Maren Tarpgaard et al., "Fatal Intoxication with the New Designer Drug 25C – NBOMe", *Ugeskrift for Laeger* 177, 2015, p. V09140523.

③ Peng Xu et al., "25C – NBOMe, A Novel Designer Psychedelic, Induces Neurotoxicity 50 Times More Potent than Methamphetamine in Vitro", *Neurotoxcity Research* 35, 2019, pp. 993 – 998.

④ Michael B. Gatch et al., "Locomotor and Discriminative Stimulus Effects of Four Novel Hallucinogens in Rodents", *Behavioural Pharmacology* 28, 2017, pp. 375 – 385.

对5 – HT_{1A}受体的亲和力较低，*K*i 为（5.0 ±0.1）μM，比 2C – C 对 5 – HT_{2A}受体/5 – HT_{1A}受体的选择性更高。2C – C – NBOMe 激动 5 – HT_{2A}受体和 5 – HT_{2B}受体的最大激活效能分别为 5 – 羟色胺的 32%、16%，激活的半数有效浓度（EC_{50}）分别为（0.15 ±0.06）μM、（0.10 ±0.13）μM。

与 2C – C 比较，2C – C – NBOMe 对肾上腺素 α_{1A}受体、多巴胺 D_1/D_2/D_3受体和组胺 H_1受体亲和力更高，对痕量胺相关受体 1（Trace amine – associated receptor 1，TAAR1）亲和力更低，*K*i 分别为（0.81 ±0.26）μM、（12 ±1.6）μM、（1.6 ±0.4）μM、（3.5 ±0.3）μM、（0.09 ±0.01）μM、（0.52 ±0.10）μM；对单胺转运体（去甲肾上腺素转运体、多巴胺转运体及 5 – 羟色胺转运体）抑制作用更强，IC_{50} 分别为 5.9 μM、70 μM、7.3 μM①。

药物代谢：

2C – C – NBOMe 代谢主要经肝脏通过 O – 脱甲基、O，O – 双脱甲基、羟基化，之后葡萄糖醛酸化或硫酸化与 I 相代谢物结合。CYP1A2 和 CYP3A4 参与其羟基化，CYP2C9 和 CYP2C19 参与 O – 脱甲基②。

依赖性折算：

1 克 2C – C – NBOMe 相当于 1 克海洛因③。

---

① Anna Rickli et al.，"Receptor Interaction Profiles of Novel N – 2 – Methoxybenzyl（NBOMe）Derivatives of 2，5 – Dimethoxy – Substituted Phenethylamines（2C Drugs）"，*Neuropharmacology* 99，2015，pp. 546 – 553.

② Achim T. Caspar et al.，"Metabolic Fate and Detectability of the New Psychoactive Substances 2 –（4 – Bromo – 2，5 – dimethoxyphenyl）– N – [（2 – methoxyphenyl）methyl] ethanamine（25B – NBOMe）and 2 –（4 – Chloro – 2，5 – dimethoxyphenyl）– N – [（2 – methoxyphenyl）methyl] ethanamine（25C – NBOMe）in Human and Rat Urine by GC – MS，LC – MS（n），and LC – HR – MS/MS Approaches"，*Journal of Pharmaceutical & Biomedical Analysis* 134，2017，pp. 158 – 169.

③ 国家禁毒委员会：《关于印发〈104 种非药用类麻醉药品和精神药品管制品种依赖性折算表〉的通知》，载北京刑事律师网文献库：http://www.bjxsdls.com/info.asp? lb_id = 2495，2019 年 4 月 20 日最后访问。

109. 2C－D

名称:2C－D

通用名:

4－Methyl－2,5－dimethoxyphenethylamine

2,5－二甲氧基－4－甲基苯乙胺

(英文缩写:2C－D)

(CAS:24333－19－5)

化学结构:

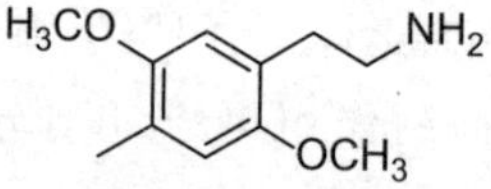

概述:

2C－D是2C家族迷幻药物,也被用做宗教致幻剂,1970年由美国德克萨斯心理科学研究所的一个团队首次合成①,随后Alexander Shulgin研究了其对人体的活性。2C－D通常是口服,也可以鼻吸②。美国于2012年签署的《合成药物滥用预防法案》将2C－D列为表Ⅰ管制药物。加拿大、德国、瑞典、丹麦等国也均出台相应法律对2C－D进行管制③。我国于2015年10月将2C－D列入《非药用类麻醉药品和精神药品管制品种增补目录》管制。

药理毒理作用:

Alexander Shulgin在他的著作*PiHKAL: A Chemical Love Story*中指出2C－D的剂量范围为20～60 mg,作用维持4～6小时。虽然鼻吸可能引起强烈的疼痛,但是剂量通常更低(1～15 mg)。当与其他药物混

① Beng－Thong Ho et al., "Amphetamine Analogs. II. Methylated Phenethylamines", *Journal of Medicinal Chemistry* 13, 1970, pp. 134－135.

② Wikipedia, "2C－D", https://en.wikipedia.org/wiki/2C－D, May 12, 2019.

③ Wikipedia, "2C－D", https://en.wikipedia.org/wiki/2C－D, May 12, 2019.

合使用时,2C－D 会放大和加强其它药物的效应①。

2C－D 低剂量时兴奋小鼠自发活动,高剂量时抑制小鼠自发活动。10 mg/kg 和 30 mg/kg 的 2C－D 在注射 10 分钟内抑制小鼠自发活动,持续 20～40 分钟,3 mg/kg 2C－D 注射 50 分钟后刺激小鼠自发活动并持续至 180 分钟。在大鼠药物辨别实验中,2C－D 能够完全替代 DMT、DOM 和 LSD,注射 15 分钟后 2C－D 替代 DMT(5 mg/kg)、DOM(0.5 mg/kg)和 LSD(0.1 mg/kg)的半数有效量(ED_{50})分别为(3.14±0.15)mg/kg、(0.77±0.10)mg/kg、(0.71±0.12)mg/kg。2 C－D 部分替代 MDMA 和甲基苯丙胺的效应,注射 15 分钟后 2C－D(2.5 mg/kg)替代 MDMA(1.5 mg/kg)效应的 61%,2C－D(10 mg/kg)替代甲基苯丙胺(1 mg/kg)效应的 15%②。

体外药理学评价:

2C－D 对 5－羟色胺受体家族中的 5－HT_{1A}受体、5－HT_{2A}受体和 5－HT_{2C}受体均有较强的亲和力,*K*i 分别为(0.44±0.01)μM、(0.0324±0.005)μM、(0.15±0.03)μM。2C－D 激活 5－HT_{2A}受体和 5－HT_{2B}受体的最大激活效能分别为 5－羟色胺的 41%、77%,激活的半数有效浓度(EC_{50})分别为(0.35±0.18)μM、(0.23±0.07)μM。

2C－D 对肾上腺素 α_{1A}受体、多巴胺 D_1/D_2受体亲和力较低,*K*i 分别为(12±3.2)μM、(24±5.2)μM、(7.1±1.7)μM;对肾上腺素 α_{2A}受体、痕量胺相关受体 1(Trace amine－associated receptor 1,TAAR1)亲和力较高,*K*i 分别为(0.29±0.03)μM、(0.15±0.03)μM;对单胺转运体(去甲肾上腺素转运体、多巴胺转运体及 5－羟色胺转运体)抑制作用

---

① Alexander Shulgin and Ann Shulgin, *PiHKAL: A Chemical Love Story*, Berkeley, Transform Press, 1991, p. 23. https://www.erowid.org/library/books_online/pihkal/pihkal023.shtml, May 12, 2019.

② Amy J. Eshleman et al., "Behavioral and Neurochemical Pharmacology of Six Psychoactive Substituted Phenethylamines: Mouse Locomotion, Rat Drug Discrimination and in Vitro Receptor and Transporter Binding and Function", *Psychopharmacology* 231, 2014, pp. 875－888.

低,半数抑制浓度(IC_{50})分别为45 μM、626 μM、77 μM①。

依赖性折算:

1克2C－D相当于1克海洛因②。

110. 2C－D－NBOMe

名称:2C－D－NBOMe

通用名:

2－(4－Methyl－2,5－dimethoxyphenyl)－*N*－(2－methoxybenzyl) ethanamine

N－(2－甲氧基苄基)－2－(2,5－二甲氧基－4－甲基苯基)乙胺

(英文缩写:2C－D－NBOMe)

(CAS:1354632－02－2)

化学结构:

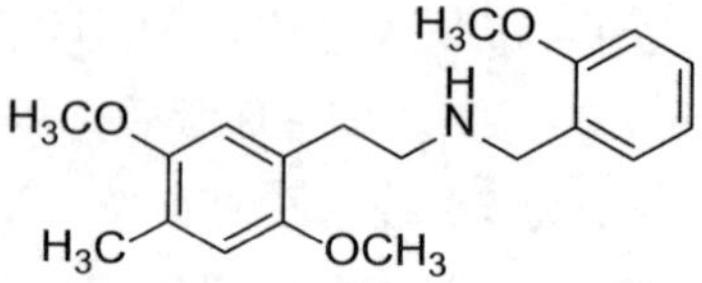

概述:

2C－D－NBOMe是苯乙胺类致幻剂2C－D的衍生物,自2010年以来一直作为街头毒品出售③。由于担心娱乐性使用,2013年6月10日英国将2C－D－NBOMe列为临时类药物管理④。我国于2015年10月

① Rickli Anna et al., "Receptor Interaction Profiles of Novel N－2－Methoxybenzyl (NBOMe) Derivatives of 2,5－Dimethoxy－Substituted Phenethylamines (2C Drugs)", *Neuropharmacology* 99, 2015, pp. 546－553.

② 国家禁毒委员会:《关于印发〈104种非药用类麻醉药品和精神药品管制品种依赖性折算表〉的通知》,载北京刑事律师网文献库:http://www.bjxsdls.com/info.asp? lb_id=2495, 2019年4月20日最后访问。

③ Wikipedia, "25D－NBOMe", https://en.wikipedia.org/wiki/25D－NBOMe, May 12, 2019.

④ Wikipedia, "25D－NBOMe", https://en.wikipedia.org/wiki/25D－NBOMe, May 12, 2019.

将 2C－D－NBOMe 列入《非药用类麻醉药品和精神药品管制品种增补目录》管制。

药理毒理作用：

2C－D－NBOMe 具有致幻效应，作用方式与 5－HT_{2A}受体强效激动剂 2C－I－NBOMe 相类似①，对机体产生的效应与相关化合物 2C－I－NBOMe 和 2C－C－NBOMe 相似②。

体外药理学评价：

2C－D－NBOMe 对 5－羟色胺受体家族中的 5－HT_{2A}受体和 5－HT_{2C}受体均有很高的亲和力，*K*i 分别为（1.0±0.4）nM、（13±4）nM；对 5－HT_{1A}受体的亲和力较低，*K*i 为（7.1±0.5）μM，比 2C－D 对 5－HT_{2A}受体/5－HT_{1A}受体的选择性更高。2C－D－NBOMe 激活 5－HT_{2A}受体和 5－HT_{2B}受体的最大激活效能分别为 5－羟色胺的 27%、22%，激活的半数有效浓度（EC_{50}）分别为（0.09±0.03）μM、（0.10±0.07）μM。

与 2C－D 比较，2C－D－NBOMe 对肾上腺素 α_{1A}受体、多巴胺 D_1/D_2/D_3受体和组胺 H_1受体亲和力更高，对痕量胺相关受体 1（Trace amine－associated receptor 1，TAAR1）亲和力更低，*K*i 分别为（0.70±0.26）μM、（8.7±1.4）μM、（2.6±0.4）μM、（6.4±0.9）μM、（0.63±0.06）μM、（0.81±0.10）μM；对单胺转运体（去甲肾上腺素转运体、多巴胺转运体及 5－羟色胺转运体）亲和力较高、抑制作用更强，*K*i 分别为（2.2±0.3）μM、（14±2.4）μM、（1.4±0.2）μM，半数抑制浓度（IC_{50}）分别为

---

① Martin Hansen et al., "Synthesis and Structure－activity Relationships of N－benzyl Phenethylamines as 5－HT2A/2C Agonists", *ACS Chemical Neuroscience* 5, 2014, pp. 243－249. Martin Hansen, Design and Synthesis of Selective Serotonin Receptor Agonists for Positron Emission Tomography Imaging of the Brain (Ph. D. diss., University of Copenhagen, 2010).

② John F. Casale and Patrick A. Hays, "Characterization of Eleven 2,5－Dimethoxy－N－(2－methoxybenzyl) phenethylamine (NBOMe) Derivatives and Differentiation from Their 3－ and 4－Methoxybenzyl Analogues － Part I", *Microgram Journal* 9, 2012, pp. 84－109.

4.0 μM、106 μM、3.9 μM①。

依赖性折算：

1 克 2C－D－NBOMe 相当于 1 克海洛因②。

111. 2C－E

名称:2C－E

通用名：

4－Ethyl－2,5－dimethoxyphenethylamine

2,5－二甲氧基－4－乙基苯乙胺

(英文缩写:2C－E)

(CAS:71539－34－9)

化学结构：

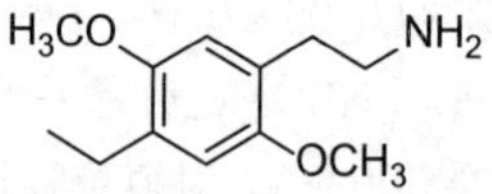

概述：

2C－E 属于 2C 家族迷幻苯乙胺类,由 Alexander Shulgin 首次合成。致幻的生动视觉效果与 LSD 相当,对于使用迷幻药经验不丰富的人群效果尤其强烈③。2C－E 可以口服,在国外毒品贩卖中一般以白色晶体

---

① Anna Rickli et al., "Receptor Interaction Profiles of Novel N－2－Methoxybenzyl (NBOMe) Derivatives of 2,5－Dimethoxy－Substituted Phenethylamines (2C Drugs)", *Neuropharmacology* 99, 2015, pp. 546－553.

② 国家禁毒委员会:《关于印发〈104 种非药用类麻醉药品和精神药品管制品种依赖性折算表〉的通知》,载北京刑事律师网文献库:http://www.bjxsdls.com/info.asp? lb_id = 2495, 2019 年 4 月 20 日最后访问。

③ Alexander Shulgin and Ann Shulgin, *PiHKAL: A Chemical Love Story*, Berkeley, Transform Press, 1991, p. 24. https://www.erowid.org/library/books_online/pihkal/pihkal024.shtml, May 12, 2019.

粉末或胶囊形式出售[①]。美国于 2012 年签署的《合成药物滥用预防法案》将 2C－E 列入表 I 管制，持有、运输和加工该物质均违法。英国、加拿大、德国、瑞典、新西兰、丹麦等国均出台相应法律将其列为管制毒品[②]。我国于 2015 年 10 月将 2C－E 列入《非药用类麻醉药品和精神药品管制品种增补目录》管制。

药理毒理作用：

2C－E 致幻作用比其他苯乙胺类药物强烈，几乎与 LSD 相当。2C－E 作用剂量范围从 10～30 mg，10～20 mg 即可发挥药效，30 mg 时效果极其强烈，具有明显的剂量－效应关系，药效持续时间 6～10 小时，药效峰值持续 3～6 小时，其致幻作用通常持续 4～8 小时[③]。在较低的剂量下，2C－E 表现为一种兴奋剂；在高剂量下，具有明显的致幻作用[④]。与其他迷幻类药物相比，2C－E 效应被描述为“中性”的[⑤]。

2C－E 的不良反应包括心动过速、高血压、激动、精神错乱、幻觉等，过量可致死亡[⑥]。

2C－E 低剂量时兴奋小鼠自发活动，高剂量时抑制小鼠自发活动。10 mg/kg 和 30 mg/kg 的 2C－E 在注射 10 分钟内抑制小鼠自发活动，持续 50～70 分钟；0.3 mg/kg 和 1 mg/kg 的 2C－E 注射 50 分钟内兴奋

---

① Wikipedia, “2C－E”, https://en.wikipedia.org/wiki/2C－E, May 12, 2019. Erowid, “2C－E Dose”, https://www.erowid.org/chemicals/2ce/2ce_dose.shtml, May 12, 2019.

② Wikipedia, “2C－E”, https://en.wikipedia.org/wiki/2C－E, May 12, 2019.

③ Alexander Shulgin and Ann Shulgin, *PiHKAL: A Chemical Love Story*, Berkeley, Transform Press, 1991, p. 24. https://www.erowid.org/library/books_online/pihkal/pihkal024.shtml, May 12, 2019.

④ Alexander Shulgin and Ann Shulgin, *PiHKAL: A Chemical Love Story*, Berkeley, Transform Press, 1991, p. 24. https://www.erowid.org/library/books_online/pihkal/pihkal024.shtml, May 12, 2019.

⑤ Wikipedia, “2C－E”, https://en.wikipedia.org/wiki/2C－E, May 12, 2019.

⑥ Justin Sacks et al., “Fatal Toxic Leukoencephalopathy Secondary to Overdose of a New Psychoactive Designer Drug 2C－E (‘Europa’)”, *Baylor University Medical Center Proceedings* 25, 2012, pp. 374－376.

小鼠自发活动,持续 70～100 分钟。在大鼠药物辨别实验中,2C－E 能够完全替代 DMT(5 mg/kg)、DOM(0.5 mg/kg)、LSD(0.1 mg/kg)和 MDMA(1.5 mg/kg),ED_{50}为(0.95 ±0.20)mg/kg、(0.84 ±0.08)mg/kg、(0.62 ±0.10)mg/kg、(2.48 ±0.10)mg/kg;2C－E(5 mg/kg)替代甲基苯丙胺(1 mg/kg)效应最小①。

体外药理学评价:

2C－E 对 5－羟色胺受体家族中的 5－HT_{1A}受体、5－HT_{2A}受体和 5－HT_{2C}受体均有较强的亲和力,*K*i 分别为(0.36 ±0.04)μM、(0.0105 ±0.001)μM、(0.10 ±0.02)μM。2C－E 激动 5－HT_{2A}受体和 5－HT_{2B}受体的最大激活效能分别为 5－羟色胺的 40%、66%,半数有效浓度(EC_{50})分别为(0.11 ±0.03)μM、(0.19 ±0.04)μM。

2C－E 对肾上腺素 α_{1A}受体、多巴胺 $D_1/D_2/D_3$受体亲和力较低,*K*i 分别为(7.4 ±2.8)μM、(15 ±0.6)μM、(3.2 ±1.0)μM、(19 ±4.4)μM;对肾上腺素 α_{2A}受体和痕量胺相关受体 1(Trace amine－associated receptor 1,TAAR1)亲和力较高,*K*i 分别为(0.10 ±0.02)μM、(0.07 ±0.01)μM;对单胺转运体(去甲肾上腺素转运体、多巴胺转运体及 5－羟色胺转运体)抑制作用低,半数抑制浓度(IC_{50})分别为 26 μM、275 μM、62 μM②。

---

① Amy J. Eshleman et al., "Behavioral and Neurochemical Pharmacology of Six Psychoactive Substituted Phenethylamines: Mouse Locomotion, Rat Drug Discrimination and in Vitro Receptor and Transporter Binding and Function", *Psychopharmacology* 231, 2014, pp. 875－888.

② Anna Rickli et al., "Receptor Interaction Profiles of Novel N－2－Methoxybenzyl (NBOMe) Derivatives of 2,5－Dimethoxy－Substituted Phenethylamines (2C Drugs)", *Neuropharmacology* 99, 2015, pp. 546－553.

药物代谢：

2C－E 的代谢主要是通过肝脏氧化脱氨和/或 O－去甲基化①。

依赖性折算：

1 克 2C－E 相当于 1 克海洛因②。

112. 2C－I－NBOMe

名称：2C－I－NBOMe

通用名：

2－(4－Iodo－2,5－dimethoxyphenyl)－*N*－(2－methoxybenzyl) ethanamine

N－(2－甲氧基苄基)－2－(2,5－二甲氧基－4－碘苯基)乙胺

(英文缩写：2C－I－NBOMe)

(CAS：919797－19－6)

化学结构：

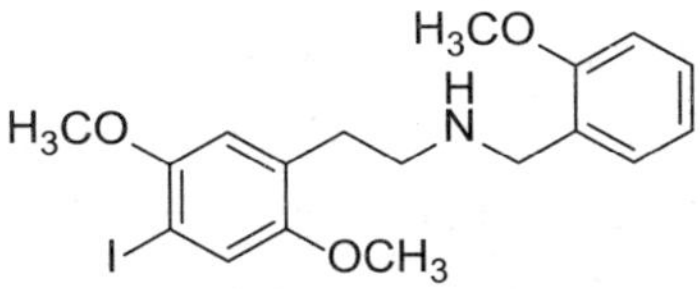

概述：

2C－I－NBOMe 是一种迷幻致幻剂，是取代苯乙胺类 2C－I 的衍生物，也是 25－NB 家族中最著名的成员。2C－I－NBOMe 在神经生物学

---

① Helena Carmo et al.，"Metabolic Pathways of 4－Bromo－2,5－dimethoxyphenethylamine (2C－B)：Analysis of Phase I Metabolism with Hepatocytes of Six Species Including Human"，*Toxicology* 206，2005，pp. 75－89. Miroslava Rohanova et al.，"Disposition of 4－Bromo－2,5－dimethoxyphenethylamine (2C－B) and Its Metabolite 4－Bromo－2－hydroxy－5－methoxyphenethylamine in Rats After Subcutaneous Administration"，*Toxicology Letters* 178，2008，pp. 29－36. Markus R. Meyer and Hans H. Maurer，"Metabolism of Designer Drugs of Abuse：An Updated Review"，*Current Drug Metabolism* 11，2010，pp. 468－482.

② 国家禁毒委员会：《关于印发〈104 种非药用类麻醉药品和精神药品管制品种依赖性折算表〉的通知》，载北京刑事律师网文献库：http://www.bjxsdls.com/info.asp? lb_id=2495，2019 年 4 月 20 日最后访问。

研究中用于定位分析 5 – 羟色胺受体家族中的 5 – HT_{2A}受体的脑内分布。2C – I – NBOMe 于 2003 年由 Ralf Heim 合成。2C – I – NBOMe 滥用方式通常是舌下含服,其主要滥用人群是 14 ~ 29 岁的青少年和年轻人,易发生中毒并致死。年轻人主要通过互联网、专门出售兴奋剂商店(head shops)或毒贩来购买该药物,通常在聚会或音乐节上使用①。美国将 2C – I – NBOMe 列为《管制药品法案(CSA)》表 I 管制药物,制造、购买、持有、加工和运输该物质均属违法。自 2014 年 9 月,欧盟在其所有成员国均实施对 2C – I – NBOMe 的禁令。加拿大、澳大利亚、俄罗斯、英国、以色列、塞尔维亚、瑞典、巴西等国也均出台相应法律对 2C – I – NBOMe 进行管制②。我国于 2015 年 10 月将 2C – I – NBOMe 列入《非药用类麻醉药品和精神药品管制品种增补目录》管制。

药理毒理作用:

2C – I – NBOMe 在毫克以下剂量即具有强效活性,通常盐酸盐剂量是 600 ~ 1200 μg。英国滥用药物咨询委员会指出常用剂量是 50 ~ 100 μg③。Erowid 提出 2C – I – NBOMe 对人体的阈剂量是 50 ~ 250 μg,低剂量是 200 ~ 600 μg,常用剂量是 500 ~ 800 μg,高剂量是 700 ~ 1500 μg④。低剂量 2C – I – NBOMe 即可产生强烈的致幻效果,其药效稍弱于 LSD,强于麦司卡林,但与其他经典迷幻药相比不良反应更多、危

---

① Wikipedia, “25I – NBOMe”, https://en.wikipedia.org/wiki/25I – NBOMe, May 12, 2019.

② Wikipedia, “25I – NBOMe”, https://en.wikipedia.org/wiki/25I – NBOMe, May 12, 2019.

③ Advisory Council on the Misuse of Drugs and Jeremy Browne, “Temporary Class Drug Order on Benzofury and NBOMe Compounds”, https://www.gov.uk/government/publications/temporary – class – drug – order – report – on – benzofury – and – nbome – compounds, May 12, 2019.

④ Erowid, “25I – NBOMe (2C – I – NBOMe) Dose”, https://www.erowid.org/chemicals/2ci_nbome/2ci_nbome_dose.shtml, May 12, 2019.

害更大[①]。服用 2C－I－NBOMe 后起效时间在 15～120 分钟，药效维持时间取决于给药途径，舌下含服的持续时间为 6～10 小时[②]，鼻吸的持续时间为 4～6 小时[③]。2C－I－NBOMe 的药效维持时间也取决于给药剂量，有持续时间为 12 小时的报告。

使用 2C－I－NBOMe 最常见的效应包括欣快感、心身刺激、爱和移情的感觉，意识改变，心动过速、过度紧张、激动、行为怪异和偏执，失眠、恶心、幻视和幻听，高烧，脑卒中，白细胞计数升高，代谢性酸中毒，肾损伤，横纹肌溶解，肾衰竭，癫痫持续状态，阵挛，心脏或/和呼吸停止，甚至死亡[④]。2C－I－NBOMe 导致的死亡主要是由于药物过量中毒，或摄入 2C－I－NBOMe 导致的意外伤害死亡，如从高处坠落或撞到硬物死亡。

与其他苯乙胺类致幻剂相似，2C－I－NBOMe 选择性结合中枢神经系统 5－HT_{2A}受体，激活磷脂酶 A2 信号通路[⑤]，释放血栓素 A2（Thromboxane A2，TXA2），触发血小板聚集。过高浓度的 TXA2 引起血栓，联合 2C－I－NBOMe 的血管收缩效应，是 2C－I－NBOMe 引起心肌缺血的主要危险因素[⑥]。

2C－I－NBOMe（0.5～5 mg/kg）时间和剂量依赖性地抑制小鼠自

---

① Will Lawn et al.，"The NBOMe Hallucinogenic Drug Series: Patterns of Use, Characteristics of Users and Self－reported Effects in a Large International Sample"，*Journal of Psychopharmacology* 28，2014，pp. 780－788.

② Erowid，25I－NBOMe（2C－I－NBOMe）Effects. https://www.erowid.org/chemicals/2ci_nbome/2ci_nbome_effects.shtml，May 12，2019.

③ Erowid，25I－NBOMe（2C－I－NBOMe）Effects. https://www.erowid.org/chemicals/2ci_nbome/2ci_nbome_effects.shtml，May 12，2019.

④ Simon L. Hill et al.，"Severe Clinical Toxicity Associated with Analytically Confirmed Recreational Use of 25I－NBOMe: Case Series"，*Clinical Toxicology* 51，2013，pp. 487－492.

⑤ Pablo R. Moya et al.，"Functional Selectivity of Hallucinogenic Phenethylamine and Phenylisopropylamine Derivatives at Human 5－Hydroxytryptamine（5－HT）2A and 5－HT2C Receptors"，*Journal of Pharmacology and Experimental* 321，2007，pp. 1054－1061.

⑥ Erowid，"25I－NBOMe（2C－I－NBOMe）Fatalities / Deaths"，https://www.erowid.org/chemicals/2ci_nbome/2ci_nbome_death.shtml，May 12，2019.

发活动，在注射给药10分钟内起效，持续30~60分钟。在大鼠药物辨别实验中，2C-I-NBOMe(2.5 mg/kg)最多只能替代DOM(0.5 mg/kg)效应的74%，2C-I-NBOMe(1 mg/kg)最多只能替代MDMA(1.5 mg/kg)效应的78%①。

体外药理学评价：

与2C-I相比较，2C-I-NBOMe对5-羟色胺受体家族中的5-HT_{2A}受体和5-HT_{2C}受体有更高的亲和力，*K*i分别为(0.6±0.2)μM、(4.6±2.0)nM；对5-HT_{1A}亲和力更低，*K*i为(1.8±0.3)μM；对5-HT_{2A}受体/5-HT_{1A}受体的选择性更高。2C-I-NBOMe激动5-HT_{2A}受体和5-HT_{2B}受体的最大激活效能分别为5-羟色胺的27%、32%，半数有效浓度(EC_{50})分别为(0.24±0.12)μM、(0.13±0.08)μM。

与2C-I比较，2C-I-NBOMe对肾上腺素α_{1A}受体、多巴胺D_1/D_2/D_3受体和组胺H_1受体亲和力更高，对痕量胺相关受体1(Trace amine-associated receptor 1，TAAR1)亲和力更低，*K*i分别为(0.37±0.02)μM、(6.7±1.1)μM、(0.90±0.13)μM、(2.1±0.2)μM、(0.09±0.01)μM、(0.44±0.07)μM；对单胺转运体(去甲肾上腺素转运体、多巴胺转运体及5-羟色胺转运体)亲和力更高、抑制作用更强，*K*i分别为(1.3±0.5)μM、(5.4±0.5)μM、(1.0±0.2)μM，半数抑制浓度(IC_{50})分别为10 μM、65 μM、6.8 μM②。2C-I-NBOMe对5-HT_{1B}受体、5-HT_{1D}受体、5-HT_{1E}受体、5-HT_3受体、5-HT_{5A}受体、5-HT_7受体、D_5受体、H_2受体、H_3受体、δ阿片受体和毒蕈碱M_1-M_5受体等的亲和力*K*i值均超过

---

① Michael B. Gatch et al., "Locomotor and Discriminative Stimulus Effects of Four Novel Hallucinogens in Rodents", *Behavioural Pharmacology* 28, 2017, pp. 375-385.

② Anna Rickli et al., "Receptor Interaction Profiles of Novel N-2-Methoxybenzyl (NBOMe) Derivatives of 2,5-Dimethoxy-Substituted Phenethylamines (2C Drugs)", *Neuropharmacology* 99, 2015, pp. 546-553.

500 nM①。

药物代谢：

2C－I－NBOMe 的代谢主要经肝脏通过 O－脱甲基、O，O－双脱甲基、羟基化，之后葡萄糖醛酸化或硫酸化与 I 相代谢物结合②。CYP3A4 是 2C－I－NBOMe 的主要代谢酶③。

依赖性折算：

1 克 2C－I－NBOMe 相当于 16 克海洛因④。

113. 2C－P

名称：2C－P

通用名：

4－Propyl－2，5－dimethoxyphenethylamine

2，5－二甲氧基－4－丙基苯乙胺

（英文缩写：2C－P）

（CAS：207740－22－5）

---

① David E. Nichols et al.，"High Specific Activity Tritium－labeled N－（2－Methoxybenzyl）－2，5－dimethoxy－4－iodophenethylamine（INBMeO）：A High－affinity 5－HT2A Receptor－selective Agonist Radioligand"，*Bioorganic & Medicinal Chemistry* 16，2008，pp. 6116－6123.

② Ariane Wohlfarth et al.，"25C－NBOMe and 25I－NBOMe Metabolite Studies in Human Hepatocytes，in Vivo Mouse and Human Urine with High－resolution Mass Spectrometry"，*Drug Testing & Analysis* 9，2017，pp. 680－698.

③ Line M. Nielsen et al.，"Characterization of the Hepatic Cytochrome P450 Enzymes Involved in the Metabolism of 25I－NBOMe and 25I－NBOH"，*Drug Testing & Analysis* 9，2017，pp. 671－679.

④ 国家禁毒委员会：《关于印发〈104 种非药用类麻醉药品和精神药品管制品种依赖性折算表〉的通知》，载北京刑事律师网文献库：http://www.bjxsdls.com/info.asp? lb_id=2495，2019 年 4 月 20 日最后访问。

化学结构：

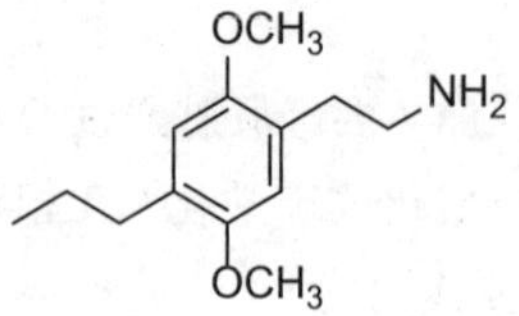

概述：

2C－P 是相对强效和作用时间长的迷幻苯乙胺类 2C 家族衍生物①。1986 年，Alexander Shulgin 在合成 24 种苯乙胺同系物实验中合成了 2C－P②。2C－P 最常见的形式是盐酸盐，通常呈白色粉末或结晶③。美国于 2012 年签署的《合成药物滥用预防法案》将 2C－P 列入表Ⅰ管制，在美国无证持有、加工、运输 2C－P 属于违法行为。英国将其列为 A 类管制，加拿大、德国、瑞典、丹麦等国也均出台相应法律对 2C－P 进行管制④。我国于 2015 年 10 月将 2C－P 列入《非药用类麻醉药品和精神药品管制品种增补目录》管制。

药理毒理作用：

2C－P 产生强烈致幻或迷幻效应，包括睁眼和闭眼想象。服用后起效非常缓慢，一般在 3～5 小时后起效，高峰持续 5～10 小时，整个过程在 20 小时左右，剂量范围 6～10 mg⑤。2C－P 是 2C 家族迷幻剂中最强

---

① Wikipedia, "2C－P", https://en.wikipedia.org/wiki/2C－P, May 12, 2019.

② Fabrizio Schifano et al., "New Trends in the Cyber and Street Market of Recreational Drugs? The Case of 2C－T－7 ('Blue Mystic')", *Journal of Psychopharmacology* 19, 2005, pp. 675－679.

③ Alexander Shulgin and Ann Shulgin, *PiHKAL: A Chemical Love Story*, Berkeley, Transform Press, 1991, p. 36. https://www.erowid.org/library/books_online/pihkal/pihkal036.shtml, May 12, 2019. Erowid, "2C－P Images", https://www.erowid.org/chemicals/2cp/2cp_images.shtml, May 12, 2019.

④ Wikipedia, "2C－P", https://en.wikipedia.org/wiki/2C－P, May 12, 2019.

⑤ Alexander Shulgin and Ann Shulgin, *PiHKAL: A Chemical Love Story*, Berkeley, Transform Press, 1991, p. 36. https://www.erowid.org/library/books_online/pihkal/pihkal036.shtml, May 12, 2019.

效的品种之一，其低中高剂量之间的剂量跨度较小①。

体外药理学评价：

2C－P 对 5－羟色胺受体家族中的 5－HT_{2A}受体亲和力很强，*K*i 为(8.1±1.0)nM；对 5－HT_{1A}受体和 5－HT_{2C}受体有较强的亲和力，*K*i 分别为(0.11±0.04)μM、(0.040±0.005)μM。2C－P 激活 5－HT_{2A}受体和 5－HT_{2B}受体的最大激活效能分别为 5－羟色胺的 63%、72%，半数有效浓度(EC_{50})分别为(0.09±0.06)μM、(0.13±0.01)μM。

2C－P 对肾上腺素 α_{1A}受体、多巴胺 $D_1/D_2/D_3$受体和组胺 H_1受体亲和力较低，*K*i 分别为(3.5±0.5)μM、(8.4±0.9)μM、(2.3±0.7)μM、(5.2±0.5)μM、(21±3.2)μM；对肾上腺素 α_{2A}受体和痕量胺相关受体 1(Trace amine－associated receptor 1，TAAR1)亲和力较高，*K*i 分别为(0.09±0.01)μM、(0.02±0.01)μM；对单胺转运体(去甲肾上腺素转运体、多巴胺转运体及 5－羟色胺转运体)亲和力低、抑制作用弱，*K*i 分别为(18±2.4)μM、(40±4.0)μM、(19±0.2)μM，半数抑制浓度(IC_{50})分别为 94 μM、198 μM、30 μM②。

药物代谢：

2C－P 代谢主要是肝脏通过 N－乙酰化、脱氨至醇氧化到碳酸、单羟基化或双羟基化、O－脱甲基或 O，O－双脱甲基，之后经过醛糖酸化、硫酸化或醛糖酸化联合硫酸化进行③。

---

① Wikipedia, "2C－P", https://en.wikipedia.org/wiki/2C－P, May 12, 2019.

② Anna Rickli et al., "Receptor Interaction Profiles of Novel N－2－Methoxybenzyl (NBOMe) Derivatives of 2,5－Dimethoxy－substituted Phenethylamines (2C Drugs)", *Neuropharmacology* 99, 2015, pp. 546－553.

③ Carina S. D. Wink et al., "Biotransformation and Detectability of the Designer Drug 2,5－Dimethoxy－4－Propylphenethylamine (2C－P) Studied in Urine by GC－MS, LC－MS(n), and LC－high－resolution－MS(n)", *Analytical & Bioanalytical Chemistry* 407, 2015, pp. 831－843.

依赖性折算：

1 克 2C－P 相当于 1 克海洛因[①]。

114. 2C－T－2

名称：2C－T－2

通用名：

2,5－Dimethoxy－4－ethylthiophenethylamine

2,5－二甲氧基－4－乙硫基苯乙胺

（英文缩写：2C－T－2）

（CAS：207740－24－7）

化学结构：

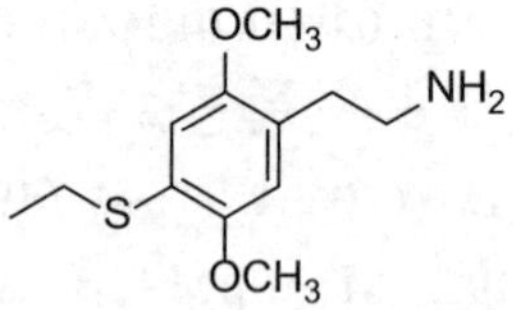

概述：

2C－T－2 是具有迷幻作用的苯乙胺类 2C 家族衍生物，由 Alexander Shulgin 在 1981 年首次合成[②]。2C－T－2 在结构和药代动力学上与 2C－T－7 相似，常见形式是粉末和片剂，主要给药方式是口服（83.7 %），其次是鼻吸（16.3 %）。在 Shulgin 最早的研究中，2C－T－2 的口服剂量是 12～25 mg，对用药者的调查显示，口服剂量是 5～40 mg（平均

① 国家禁毒委员会：《关于印发〈104 种非药用类麻醉药品和精神药品管制品种依赖性折算表〉的通知》，载北京刑事律师网文献库：http://www.bjxsdls.com/info.asp? lb_id=2495，2019 年 4 月 20 日最后访问。

② Denis S. Theobald et al.，"New Designer Drug 2,5－Dimethoxy－4－ethylthio－beta－phenethylamine（2C－T－2）：Studies on its Metabolism and Toxicological Detection in Rat Urine Using Gas Chromatography/Mass Spectrometry"，*Journal of Mass Spectrometry* 2005，40(9)：pp. 1157－1172.

21 mg),鼻吸剂量是 2.5 ~ 35 mg(平均 13 mg)[①]。美国于 2012 年签署的《合成药物滥用预防法案》将 2C - T - 2 列入表 Ⅰ 管制。加拿大、英国、澳大利亚、瑞典、阿根廷、荷兰等国均出台相应法律对 2C - T - 2 进行管制[②]。我国于 2015 年 10 月将 2C - T - 2 列入《非药用类麻醉药品和精神药品管制品种增补目录》管制。

药理毒理作用:

2C - T - 2 口服后 1 ~ 2 小时起效,作用持续时间 6 ~ 8 小时;鼻内给药起效更迅速,持续时间更短。使用者报告强烈的视觉效应、情绪化(与 MDMA 相似)以及一些消极的迷幻心理效应,如焦虑、偏执、惊恐发作等。不良反应包括恶心、肌肉紧张、呕吐。有使用者出现心动过速和血压升高的现象。2C - T - 2 引起致幻作用的机制可能与其它苯乙胺类一样是通过激动脑内 5 - HT_{2A}受体来发挥作用。2C - T - 2 10 mg/kg 可引起后肢麻痹、流涎、肌张力降低[③]。

3 mg/kg 和 10 mg/kg 2C - T - 2 时间和剂量依赖性的抑制小鼠自发活动,注射 10 分钟内起效,持续 30 ~ 50 分钟。在大鼠药物辨别实验

---

① Wikipedia, "2C - T - 2", https://en. wikipedia. org/wiki/2C - T - 2, May 12, 2019. European Monitoring Centre for Drugs and Drug Addiction, "Report on the Risk Assessment of 2C - I, 2C - T - 2 and 2C - T - 7 in the Framework of the Joint Action on New Synthetic Drugs", http://www. emcdda. europa. eu/system/files/publications/323/Risk6_62953. pdf, May 12, 2019. Alexander Shulgin and Ann Shulgin, *PiHKAL: A Chemical Love Story*, Berkeley, Transform Press, 1991, p. 40. https://www. erowid. org/library/books_online/pihkal/pihkal040. shtml, May 12, 2019.

② Wikipedia, "2C - T - 2", https://en. wikipedia. org/wiki/2C - T - 2, May 12, 2019.

③ Wikipedia, "2C - T - 2", https://en. wikipedia. org/wiki/2C - T - 2, May 12, 2019. European Monitoring Centre for Drugs and Drug Addiction, "Report on the Risk Assessment of 2C - I, 2C - T - 2 and 2C - T - 7 in the Framework of the Joint Action on New Synthetic Drugs", http://www. emcdda. europa. eu/system/files/publications/323/Risk6_62953. pdf, May 12, 2019. Amy J. Eshleman et al., "Behavioral and Neurochemical Pharmacology of Six Psychoactive Substituted Phenethylamines: Mouse Locomotion, Rat Drug Discrimination and in Vitro Receptor and Transporter Binding and Function", *Psychopharmacology* 231, 2014, pp. 875 - 888.

中,2C－T－2(2.5 mg/kg)能够替代 DMT(5 mg/kg)效应的73%,不能替代 LSD(0.1 mg/kg)、MDMA(1.5 mg/kg)和甲基苯丙胺(1 mg/kg)①。

体外药理学评价:

2C－T－2 对5－羟色胺受体家族中的5－HT_{2A}受体亲和力很强,*K*i为(9.0 ±2.0)nM;对5－HT_{1A}受体和5－HT_{2C}受体有较强的亲和力,*K*i分别为(0.37 ±0.04)μM、(0.069 ±0.018)μM。2C－T－2 激动5－HT_{2A}受体、5－HT_{2B}受体的最大激活效能分别为5－羟色胺的67%、75%,半数有效浓度(EC_{50})分别为(0.08 ±0.03)μM、(0.13 ±0.09)μM。

2C－T－2 对肾上腺素α_{1A}受体、多巴胺D_1/D_2/D_3受体亲和力较低,*K*i 值分别为(17 ±6.4)μM、(15 ±1.7)μM、(5.1 ±1.0)μM、(11 ±0.6)μM;对肾上腺素α_{2A}受体和痕量胺相关受体1(Trace amine－associated receptor 1,TAAR1)亲和力较高,*K*i 值分别为(0.23 ±0.01)μM、(0.04 ±0.01)μM;对单胺转运体(去甲肾上腺素转运体、多巴胺转运体及5－羟色胺转运体)抑制作用弱,半数抑制浓度(IC_{50})分别为153 μM、332 μM、62 μM②。

药物代谢:

主要代谢物是 N－乙酰化－亚砜③。

---

① Amy J. Eshleman et al., "Behavioral and Neurochemical Pharmacology of Six Psychoactive Substituted Phenethylamines: Mouse Locomotion, Rat Drug Discrimination and in Vitro Receptor and Transporter Binding and Function", *Psychopharmacology* 231, 2014, pp. 875－888.

② Anna Rickli et al., "Receptor Interaction Profiles of Novel N－2－Methoxybenzyl (NBOMe) Derivatives of 2,5－Dimethoxy－substituted Phenethylamines (2C Drugs)", *Neuropharmacology* 2015, 99, pp. 546－553.

③ Tatsuyuki Kanamori et al., "Urinary Excretion Profiles of 2,5－Dimethoxy－4－alkylthiophenethylamine Analogs in Rats", *Biological & Pharmaceutical Bulletin* 2016, 39(5), pp. 883－886.

依赖性折算：

1 克 2C－T－2 相当于 0.73 克海洛因[①]。

115. 2C－T－4

名称：2C－T－4

通用名：

2,5－Dimethoxy－4－isopropylthiophenethylamine

2,5－二甲氧基－4－异丙硫基苯乙胺

（英文缩写：2C－T－4）

（CAS：207740－25－8）

化学结构：

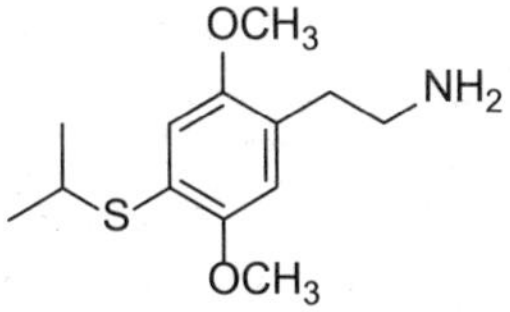

概述：

2C－T－4 是迷幻剂苯乙胺类 2C 家族的衍生物，由 Alexander Shulgin 首次合成[②]，结构和药代动力学参数与 2C－T－7 相似[③]。美国于 2012 年签署的《合成药物滥用预防法案》将 2C－T－4 列入表Ⅰ中管制。英国将其列为 A 类管制，加拿大、瑞典、丹麦等国均出台相应法律对

① 国家禁毒委员会：《关于印发〈104 种非药用类麻醉药品和精神药品管制品种依赖性折算表〉的通知》，载北京刑事律师网文献库：http://www.bjxsdls.com/info.asp? lb_id=2495，2019 年 4 月 20 日最后访问。

② Fabrizio Schifano et al.，"New Trends in the Cyber and Street Market of Recreational Drugs? The Case of 2C－T－7（'Blue Mystic'）"，*Journal of Psychopharmacology* 19，2005，pp. 675－679.

③ Wikipedia，"2C－T－4"，Accessed May 12，2019. https://en.wikipedia.org/wiki/2C－T－4.

2C－T－4 进行管制①。我国于 2015 年 10 月将 2C－T－4 列入《非药用类麻醉药品和精神药品管制品种增补目录》管制。

药理毒理作用：

2C－T－4 致幻效应发展缓慢，可持续 8～16 小时②。用药 1 小时内可能没有效应，个体感受差异巨大，从产生幻觉和欣快感到强烈的疼痛和焦虑③。2C－T－4 引起致幻作用的机制可能与其他苯乙胺类一样是通过激动脑内 5－HT_{2A}受体来发挥作用④。

体外药理学评价：

2C－T－4 对 5－羟色胺受体家族中的 5－HT_{1A}受体、5－HT_{2A}受体和 5－HT_{2C}受体均有较强的亲和力，*K*i 分别为（0.47±0.13）μM、（0.0279±0.012）μM、（0.18±0.07）μM。2C－T－4 激动 5－HT_{2A}受体和 5－HT_{2B}受体的最大激活效能分别为 5－羟色胺的 87%、68%，半数有效浓度（EC_{50}）分别为（0.22±0.13）μM、（0.16±0.06）μM。

2C－T－4 对肾上腺素 α_{1A}受体、多巴胺 $D_1/D_2/D_3$受体亲和力低，*K*i 分别为（11±4.4）μM、（20±6.3）μM、（16±2.1）μM、（19±1.4）μM；对肾上腺素 α_{2A}受体和痕量胺相关受体 1（Trace amine－associated receptor 1，TAAR1）亲和力较高，*K*i 分别为（0.13±0.04）μM、（0.05±0.01）μM；对单胺转运体（去甲肾上腺素转运体、多巴胺转运体及 5－羟色胺转运

---

① Wikipedia, "2C－T－4", Accessed May 12, 2019. https://en.wikipedia.org/wiki/2C－T－4.

② Alexander Shulgin and Ann Shulgin, *PiHKAL: A Chemical Love Story*, Berkeley, Transform Press, 1991, p. 41. https://www.erowid.org/library/books_online/pihkal/pihkal041.shtml, May 12, 2019.

③ Alexander Shulgin and Ann Shulgin, *PiHKAL: A Chemical Love Story*, Berkeley, Transform Press, 1991, p. 41. https://www.erowid.org/library/books_online/pihkal/pihkal041.shtml, May 12, 2019.

④ Amy J. Eshleman et al., "Behavioral and Neurochemical Pharmacology of Six Psychoactive Substituted Phenethylamines: Mouse Locomotion, Rat Drug Discrimination and in Vitro Receptor and Transporter Binding and Function", *Psychopharmacology* 231, 2014, pp. 875－888.

体）抑制作用弱，半数抑制浓度（IC_{50}）分别为 134 μM、294 μM、113 μM①。

药物代谢：

主要代谢物是 S－甲基化－N－乙酰化－亚砜②。

依赖性折算：

1 克 2C－T－4 相当于 1 克海洛因③。

116. 2C－T－7

名称：2C－T－7

通用名：

4－Propylthio－2，5－dimethoxyphenethylamine

2，5－二甲氧基－4－丙硫基苯乙胺

（英文缩写：2C－T－7）

（CAS：207740－26－9）

化学结构：

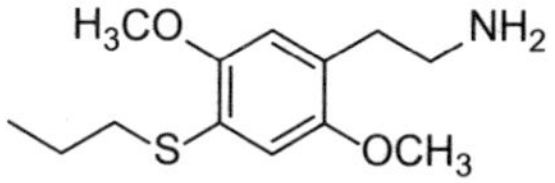

概述：

2C－T－7 是迷幻剂苯乙胺类 2C 家族的衍生物。1986 年，Alexan-

① Anna Rickli et al.，"Receptor Interaction Profiles of Novel N－2－Methoxybenzyl（NBOMe）Derivatives of 2，5－Dimethoxy－substituted Phenethylamines（2C Drugs）"，*Neuropharmacology* 99，2015，pp. 546－553.

② Tatsuyuki Kanamori et al.，"Urinary Excretion Profiles of 2，5－Dimethoxy－4－alkylthiophenethylamine Analogs in Rats"，*Biological & Pharmaceutical Bulletin* 2016，39（5），pp. 883－886.

③ 国家禁毒委员会：《关于印发〈104 种非药用类麻醉药品和精神药品管制品种依赖性折算表〉的通知》，载北京京刑事律师网文献库：http：//www. bjxsdls. com/info. asp？lb_id＝2495，2019 年 4 月 20 日最后访问。

der Shulgin 在合成24 种苯乙胺同系物实验中合成了2C－T－7①。2C－T－7 自 1997 年开始流行于德国和荷兰的一些商店，别名“蓝色神秘”“第七天堂”。2C－T－7 常见粉末和片剂，也有胶囊和液体形式。滥用 2C－T－7 的主要方式是口服或鼻吸，常用剂量为 10～30 mg，致幻作用时间持续 8～15 小时②。2004 年 3 月 18 日，美国食品药品管理局在《联邦公报》上公布了一项最终规定，将 2C－T－7 永久地列入《管制药品法案（CSA）》表Ⅰ管制，英国、瑞典、加拿大、德国、荷兰、澳大利亚等国也均出台相应法律对 2C－T－7 进行管制③。我国于 2015 年 10 月将 2C－T－7 列入《非药用类麻醉药品和精神药品管制品种增补目录》管制。

药理毒理作用：

口服 2C－T－7 后，血浆峰值维持 1～2.5 小时，影响心理状态的效力持续 5～15 小时。Shulgin 在其著作 *PiHKAL：A Chemical Love Story* 中记录了 2C－T－7 独特的致幻作用，可以引起肌肉紧张和音质改变，服用后的预期效应包括共情的感觉和幸福感④。2C－T－7 引起致幻作用的机制可能是激动脑内 5－HT_{2A}受体⑤。

---

① Fabrizio Schifano et al.，“New Trends in the Cyber and Street Market of Recreational Drugs? The Case of 2C－T－7（‘Blue Mystic’）”，*Journal of Psychopharmacology* 19，2005，pp. 675－679.

② Alexander Shulgin and Ann Shulgin，*PiHKAL：A Chemical Love Story*，Berkeley，Transform Press，1991，p. 43. https://www.erowid.org/library/books_online/pihkal/pihkal043.shtml，May 12，2019.

③ Wikipedia，“2C－T－7”，https://en.wikipedia.org/wiki/2C－T－7，May 12，2019.

④ Alexander Shulgin and Ann Shulgin，*PiHKAL：A Chemical Love Story*，Berkeley，Transform Press，1991，p. 43. https://www.erowid.org/library/books_online/pihkal/pihkal043.shtml，May 12，2019.

⑤ William E. Fantegrossi et al.，“Hallucinogen－like Actions of 2,5－Dimethoxy－4－(n)－propylthiophenethylamine（2C－T－7）in Mice and Rats”，*Psychopharmacology* 181，2005，pp. 496－503.

美国曾出现3例吸入2C－T－7死亡案例①，都是鼻吸30 mg以上，或者与MDMA等联合使用所致。与口服给药相比，鼻内给药产生更强的不良反应。主要不良反应包括恶心（62.7 %）、头痛（31.9 %）、呕吐（0.5 %）、心动过速（21.8 %）、脱水（18.0 %，可能与腹泻、呕吐以及给药环境相关）、腹泻（6.2 %）、高血压（5.9 %），以及一些更小范围的胃肠紊乱、精神错乱（高剂量）、眩晕和肌肉痉挛等②。

在小鼠药物诱导甩头（drug－elicited head twitch response）实验中，腹腔注射2C－T－7 1.0 mg/kg诱导小鼠甩头约16次，与R（－）－DOM 1.0 mg/kg效应接近③。在大鼠药物辨别实验中，2C－T－7（1 mg/kg、3 mg/kg）最多能够替代LSD（0.1 mg/kg）效应的75%④。

体外药理学评价：

2C－T－7对5－羟色胺受体家族中的5－HT_{2A}受体亲和力很强，*K*i为（6.5 ±2）nM；对5－HT_{1A}受体和5－HT_{2C}受体有较强的亲和力，*K*i分别为（0.52 ±0.05）μM、（0.039 ±0.013）μM。2C－T－7激动5－HT_{2A}受体和5－HT_{2B}受体的最大激活效能分别为5－羟色胺的76%、45%，半数有效浓度（EC_{50}）分别为（0.13 ±0.05）μM、（0.35 ±0.25）μM⑤。2C－

---

① Byron Curtis et al.，"Postmortem Identification and Quantitation of 2,5 – Dimethoxy – 4 – n – propylthiophenethylamine Using GC – MSD and GC – NPD", *Journal of Analytical Toxicology* 27, 2003, pp. 493 – 498.

② European Monitoring Centre for Drugs and Drug Addiction, "Report on the Risk Assessment of 2C – I, 2C – T – 2 and 2C – T – 7 in the Framework of the Joint Action on New Synthetic Drugs", http://www.emcdda.europa.eu/system/files/publications/323/Risk6_62953.pdf, May 12, 2019.

③ William E. Fantegrossi et al.，"Hallucinogen – like Actions of 2,5 – Dimethoxy – 4 – (n) – propylthiophenethylamine (2C – T – 7) in Mice and Rats", *Psychopharmacology* 181, 2005, pp. 496 – 503.

④ William E. Fantegrossi et al.，"Hallucinogen – like Actions of 2,5 – Dimethoxy – 4 – (n) – propylthiophenethylamine (2C – T – 7) in Mice and Rats", *Psychopharmacology* 181, 2005, pp. 496 – 503.

⑤ Anna Rickli et al.，"Receptor Interaction Profiles of Novel N – 2 – Methoxybenzyl (NBOMe) Derivatives of 2,5 – Dimethoxy – substituted Phenethylamines (2C Drugs)", *Neuropharmacology* 99, 2015, pp. 546 – 553.

T－7 对5－HT_{2A}受体的亲和力与 R(－)－DOM 和 R(－)－DOI 对 5－HT_{2A}受体亲和力相似①。

2C－T－7 对肾上腺素 α_{1A}受体、多巴胺 $D_1/D_2/D_3$受体亲和力低，*K*i 分别为(13±5.0)μM、(15±3.1)μM、(5.0±0.8)μM、(7.5±0.3)μM；对肾上腺素 α_{2A}受体和痕量胺相关受体 1(Trace amine－associated receptor 1,TAAR1)亲和力较高，*K*i 值分别为(0.18±0.001)μM、(0.03±0.01)μM；对单胺转运体(去甲肾上腺素转运体、多巴胺转运体及 5－羟色胺转运体)亲和力低、抑制作用弱，*K*i 分别为(27±9.8)μM、(34±6.2)μM、(12±0.7)μM，半数抑制浓度(IC_{50})分别为 135 μM、261 μM、44 μM②。

药物代谢：

主要代谢物是 β－羟基化－N－乙酰化－亚砜③。

依赖性折算：

1 克 2C－T－7 相当于 0.75 克海洛因④。

117. 2－FA

名称：2－FA

通用名：

1－(2－Fluorophenyl)propan－2－amine

---

① William E. Fantegrossi et al., "Hallucinogen－like Actions of 2,5－Dimethoxy－4－(n)－propylthiophenethylamine (2C－T－7) in Mice and Rats", *Psychopharmacology* 181, 2005, pp. 496－503.

② Anna Rickli et al., "Receptor Interaction Profiles of Novel N－2－Methoxybenzyl (NBOMe) Derivatives of 2,5－Dimethoxy－substituted Phenethylamines (2C Drugs)", *Neuropharmacology* 99, 2015, pp. 546－553.

③ Tatsuyuki Kanamori et al., "Urinary Excretion Profiles of 2,5－Dimethoxy－4－alkylthiophenethylamine Analogs in Rats", *Biological & Pharmaceutical Bulletin* 2016, 39(5), pp. 883－886.

④ 国家禁毒委员会：《关于印发〈104 种非药用类麻醉药品和精神药品管制品种依赖性折算表〉的通知》，载北京刑事律师网文献库：http://www.bjxsdls.com/info.asp? lb_id=2495，2019 年 4 月 20 日最后访问。

1 -（2 - 氟苯基）- 2 - 丙胺

2 - Fluoroamphetamine

2 - 氟安非他明

（英文缩写：2 - FA）

（CAS：1716 - 60 - 5）

化学结构：

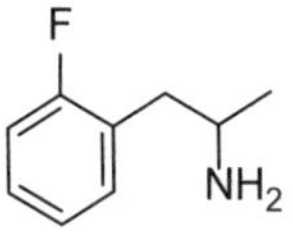

概述：

2 - FA 是苯丙胺类物质，被作为致幻药贩卖①。2 - FA 是 3 - FA、4 - FA 的位置异构体，它们在芳香环上的氟取代位置不同。氟取代增加了化合物的亲脂性，使其更易通过血脑屏障②。美国、加拿大、英国、新西兰将 2 - FA 列为管制药物③。我国于 2015 年 10 月将 2 - FA 列入《非药用类麻醉药品和精神药品管制品种增补目录》管制。

药理毒理作用：

大鼠灌胃给予 2 - FA 后 1 小时引起厌食反应，半数有效量（ED_{50}）为 15 mg/kg；小鼠腹腔注射 2 - FA 产生镇痛作用，ED_{50} 为 20 mg/kg；大鼠静脉注射 0.5 mg/kg 的 2 - FA 引起血压升高 29 mmHg④。与其他苯丙胺类兴奋剂类似，2 - FA 有很高的滥用潜能，并且在一定数量的使用

① Peter Rosner et al.，"Isomeric Fluoro - methoxy - phenylalkylamines：A New Series of Controlled - substance Analogues（Designer Drugs）"，*Forensic Science International* 148，2005，pp. 143 - 156.

② Heiko Jacobsen，"Fluorine Substituent Effects on Dihydrogen Bonding of Transition Metal Hydrides"，*Physical Chemistry Chemical Physics Pccp* 11，2009，pp. 7231 - 7240.

③ Mark Monaghan，"Drug Policy Governance in the UK：Lessons from Changes to and Debates Concerning the Classification of Cannabis under the 1971 Misuse of Drugs Act"，*International Journal of Drug Policy* 25，2014，pp. 1025 - 1030.

④ E. Costa and S. Garattini，eds.，*International Symposium on Amphetamines and Related Compounds：Proceedings of the Mario Negri Institute for Pharmacological Research*，New York，Raven Press，1970.

者中引起心理依赖。当形成依赖或成瘾时,如果突然停止使用,可能会产生心理渴求和戒断症状①。

大鼠腹腔注射 2 - FA 的半数致死量(LD_{50}) 为 100 mg/kg②。

依赖性折算:

1 克 2 - FA 相当于 0.5 克甲基苯丙胺③。

118. 2 - FMA

名称:2 - FMA

通用名:

1 - (2 - Fluorophenyl) - *N* - methylpropan - 2 - amine

1 - (2 - 氟苯基) - *N* - 甲基 - 2 - 丙胺

2 - Fluoromethamphetamine

2 - 氟甲安非他明

(英文缩写:2 - FMA)

(CAS:1017176 - 48 - 5)

化学结构:

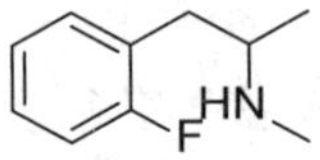

概述:

2 - FMA 属于苯丙胺类兴奋剂,是能够替代苯丙胺的药物之一,给药途径通常是口服或鼻吸。在持续时间、效力等评价方面,2 - FMA 通

① Gail Winger et al. , *A Handbook on Drug and Alcohol Abuse* : *The Biomedical Aspects*, 3rd ed, Oxford, Oxford University Press, 1992.

② E. Costa and S. Garattini, eds. , *International Symposium on Amphetamines and Related Compounds*: *Proceedings of the Mario Negri Institute for Pharmacological Research*, New York, Raven Press, 1970.

③ 最高人民法院:《最高人民法院关于审理毒品犯罪案件适用法律若干问题的解释》, 2016 年 4 月, 载 https://www. chinacourt. org/article/detail/2017/01/id/2509584. shtml,2019 年 5 月 20 日最后访问。

常与二甲磺酸赖右苯丙胺(Vyvanse)相比较①。2－FMA在加拿大、新西兰和英国被列为管制药物②,2014年12月被德国列为管制药物。我国于2015年10月将2－FMA列入《非药用类麻醉药品和精神药品管制品种增补目录》管制。

药理毒理作用:

2－FMA引起经典的兴奋剂症状,如兴奋、注意力增强和欣快感。低剂量2－FMA与苯丙胺或二甲磺酸赖右苯丙胺相似,有提高注意力的作用,但2－FMA高剂量使用时其增强注意力效果减弱,开始产生令人分心的欣快感,常被作为娱乐性使用③。2－FMA通过与脑内多巴胺转运体和去甲肾上腺素转运体结合,抑制多巴胺和去甲肾上腺素的重摄取,从而增加脑内多巴胺和去甲肾上腺素水平,发挥兴奋作用④。与类似物2－FA相比,2－FMA口服产生效应的持续时间更长,口服后0.5～1小时起效,作用时间为5～8小时。与其他苯丙胺类兴奋剂类似,2－FMA有很高的滥用潜能,并且在一定数量的使用者中引起心理依赖。当形成依赖或成瘾时,如果突然停止使用,可能会产生心理渴求和戒断症状⑤。

与其他苯丙胺类衍生物相比,2－FMA副作用较小,通常在使用高

---

① Peter Rosner et al., "Isomeric Fluoro－methoxy－phenylalkylamines: A New Series of Controlled－substance Analogues (Designer Drugs)", *Forensic Science International* 148, 2005, pp. 143－156. Andrew Camilleri et al., "Chemical Analysis of Four Capsules Containing the Controlled Substance Analogues 4－Methylmethcathinone, 2－Fluoromethamphetamine, alpha－Phthalimidopropiophenone and N－Ethylcathinone", *Forensic Sci Int* 197, 2010, pp. 59－66.

② Theresa M. Brucker, *The Practical Guide to the Controlled Drugs and Substances Act*, 4th ed, Toronto, Thomson/Carswell, 2008. Leonard Jason－Lloyd, *Misuse of Drugs: A Straightforward Guide to the Law*, Winchester, Waterside Press, 2007.

③ Gail Winger et al., *A Handbook on Drug and Alcohol Abuse: The Biomedical Aspects*, 4th ed, New York, Oxford University Press, 2004.

④ Steven J. Shoptaw et al., "Treatment for Amphetamine Psychosis", *Cochrane Database of Systematic Reviews*, 2008, CD003026.

⑤ Gail Winger et al., *A Handbook on Drug and Alcohol Abuse: The Biomedical Aspects*, 3rd ed, Oxford, Oxford University Press, 1992.

剂量后出现高血压和心率升高等不良反应。

依赖性折算：

1 克 2 - FMA 相当于 0.5 克甲基苯丙胺①。

119. 3 - FA

名称:3 - FA

通用名：

1 -（3 - Fluorophenyl）propan - 2 - amine

1 -（3 - 氟苯基）- 2 - 丙胺

3 - Fluoroamphetamine

3 - 氟安非他明

（英文缩写:3 - FA，PAL - 353）

（CAS:1626 - 71 - 7）

化学结构：

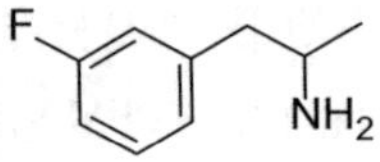

概述：

3 - FA 属于苯丙胺类兴奋剂。与甲基苯丙胺类似,3 - FA 促进单胺类神经递质释放,对多巴胺和去甲肾上腺素释放的选择性比对 5 - 羟色胺更强②。3 - FA 被认为是一种强大而复杂的兴奋剂,有轻微的致幻作用,但是使用 3 - FA 并未产生 2 - FA 或 2 - FMA 使用者经常声称的创

---

① 最高人民法院:《最高人民法院关于审理毒品犯罪案件适用法律若干问题的解释》,2016 年 4 月,载 https://www.chinacourt.org/article/detail/2017/01/id/2509584.shtml,2019 年 5 月 20 日最后访问。

② Steven S. Negus et al.,"Monoamine Releasers with Varying Selectivity for Dopamine/norepinephrine versus Serotonin Release as Candidate 'Agonist' Medications for Cocaine Dependence: Studies in Assays of Cocaine Discrimination and Cocaine Self - administration in Rhesus Monkeys", *Journal of Pharmacology &Experimental Therapeutics* 320, 2007, pp. 627 - 636.

造力和注意力增强效应。3 - FA 在美国、英国和新西兰均被列为管制药物①。我国于 2015 年 10 月将 3 - FA 列入《非药用类麻醉药品和精神药品管制品种增补目录》管制。

药理毒理作用:

3 - FA 主要刺激多巴胺和去甲肾上腺素释放,对 5 - 羟色胺的选择性相对较弱。3 - FA 能有效地提高脑内去甲肾上腺素和多巴胺神经递质的水平,被认为是其产生兴奋、多动和欣快感的原因。与其他苯丙胺类兴奋剂类似,3 - FA 有很高的滥用潜能,并且在一定数量的使用者中引起心理依赖。当形成依赖或成瘾时,如果突然停止使用,可能会产生心理渴求和戒断症状②。3 - FA 在使用一段时间后也会产生失眠、认知障碍、思维减缓、抑郁等症状③。

在猴静脉自身给药实验中,3 - FA 呈现正性强化作用,注射剂量为 0.03 mg/kg/次的 3 - FA 诱导猴自身给药次数为(56.1 ± 17.7)次/2 小时④。

体外药理学评价:

3 - FA 促进大鼠脑突触体的多巴胺、去甲肾上腺素和 5 - 羟色胺释放,半数有效浓度(EC_{50})分别为(24.2 ± 1.1)nM、(16.1 ± 1.7)nM、

---

① "The Misuse of Drugs Act, 1971", *Veterinary Record* 89, 1971, pp. 439 - 441.

② Gail Winger et al., *A Handbook on Drug and Alcohol Abuse: The Biomedical Aspects*, 3rd ed, Oxford, Oxford University Press, 1992.

③ Steven J. Shoptaw et al., "Treatment for Amphetamine Psychosis", *Cochrane Database of Systematic Reviews*, 2008, CD003026. Manit Srisurapanont et al., "Treatment for Amphetamine Psychosis". *Cochrane Database of Systematic Reviews*, 2001, CD003026. Gail Winger et al., *A Handbook on Drug and Alcohol Abuse: The Biomedical Aspects*, 4th ed, New York, Oxford University Press, 2004.

④ Sunmee Wee et al., "Relationship Between the Serotonergic Activity and Reinforcing Effects of a Series of Amphetamine Analogs", *Journal of Pharmacology & Experimental Therapeutics* 313, 2005, pp. 848 - 854.

(1937 ±202)nM①。

依赖性折算：

1 克 3 – FA 相当于 0.5 克甲基苯丙胺②。

120. 3 – FMA

名称:3 – FMA

通用名：

1 –(3 – Fluorophenyl) – *N* – methylpropan – 2 – amine

1 –(3 – 氟苯基) – *N* – 甲基 – 2 – 丙胺

3 – Fluoromethamphetamine

3 – 氟甲安非他明

(英文缩写:3 – FMA)

(CAS:1182818 – 14 – 9)

化学结构：

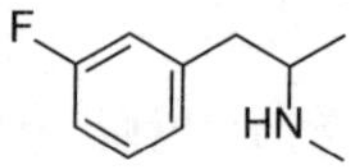

概述：

3 – FMA 属于苯丙胺类物质,被作为致幻剂贩卖③。3 – FMA 可以促进单胺类神经递质(去甲肾上腺素、多巴胺和 5 – 羟色胺)释放;与甲基苯丙胺相比,3 – FMA 促去甲肾上腺素释放的能力弱,但是有很强的促多巴胺和 5 – 羟色胺释放的能力。美国、英国、加拿大和新西兰都将

① Sunmee Wee et al. , "Relationship Between the Serotonergic Activity and Reinforcing Effects of a Series of Amphetamine Analogs", *Journal of Pharmacology & Experimental Therapeutics* 313, 2005, pp. 848 – 854.

② 最高人民法院:《最高人民法院关于审理毒品犯罪案件适用法律若干问题的解释》,2016 年 4 月,载 https://www.chinacourt.org/article/detail/2017/01/id/2509584.shtml,2019 年 5 月 20 日最后访问。

③ Wikipedia, "3 – Fluoromethamphetamine", https://en.wikipedia.org/wiki/3 – Fluoromethamphetamine, May 12, 2019.

其列入管制药品①。我国于 2015 年 10 月将 3 – FMA 列入《非药用类麻醉药品和精神药品管制品种增补目录》管制。

药理毒理作用:

3 – FMA 有很高的滥用潜能,并且能够在一定数量的使用者中引起心理依赖。当形成依赖或成瘾时,如果突然停止使用,可能会产生心理渴求和戒断症状②。

腹腔注射 3 – FMA(40 mg/kg、60 mg/kg、80 mg/kg)剂量依赖性的增加小鼠死亡率,40 mg/kg 3 – FMA 引起显著的高热、氧化应激和小胶质细胞活化,之后出现细胞凋亡。3 – FMA 引起显著的多巴胺能神经毒性,包括多巴胺周转率增加、多巴胺含量降低、酪氨酸羟化酶表达降低、多巴胺转运体和囊泡单胺转运体 2 含量降低。3 – FMA 的神经毒性与其激活多巴胺 D_1 受体有关③。

依赖性折算:

1 克 3 – FMA 相当于 0.5 克甲基苯丙胺④。

121. 4 – CA

名称:4 – CA

通用名:

1 – (4 – Chlorophenyl) propan – 2 – amine

---

① Ronald Kartzinel, "Guidelines for Scheduling Drugs under the Controlled Substances Act [proceedings]", *Psychopharmacology Bulletin* 17, 1981, pp. 40 – 42. "The Misuse of Drugs Act, 1971", *Veterinary Record* 89, 1971, pp. 439 – 441.

② Gail Winger et al., *A Handbook on Drug and Alcohol Abuse: The Biomedical Aspects*, 3rd ed, Oxford, Oxford University Press, 1992.

③ Phuong – Tram Nguyen et al., "Role of Dopamine D1 Receptor in 3 – Fluoromethamphetamine – induced Neurotoxicity in Mice", *Neurochemistry International* 113, 2018, pp. 69 – 84.

④ 最高人民法院:《最高人民法院关于审理毒品犯罪案件适用法律若干问题的解释》,2016 年 4 月,载 https://www.chinacourt.org/article/detail/2017/01/id/2509584.shtml,2019 年 5 月 20 日最后访问。

1 - (4 - 氯苯基) - 2 - 丙胺

4 - Chloroamphetamine

4 - 氯安非他明

para - Chloroamphetamine

对氯安非他明

(英文缩写:4 - CA, PCA)

(CAS:64 - 12 - 0)

化学结构:

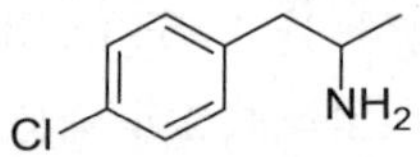

概述:

4 - CA 是一种卤代苯丙胺,类似于 MDMA,属于单胺重摄取抑制剂。然而,4 - CA 的代谢产物可以促进 5 - 羟色胺和多巴胺的大量释放,因此其神经毒性更强①。4 - CA 在神经生物学研究中被用作神经毒素,选择性损毁 5 - 羟色胺能神经元②。我国于 2015 年 10 月将 4 - CA 列入《非药用类麻醉药品和精神药品管制品种增补目录》管制。

药理毒理作用:

4 - CA 注射后数小时内导致动物脑内 5 - 羟色胺及其主要代谢产物 5 - 羟吲哚乙酸迅速消耗,从而产生高选择性的神经毒性。4 - CA 引起较强的致幻作用,因其对 5 - 羟色胺重摄取的抑制作用强于对多巴胺

---

① Krys J. Miller et al., "Metabolic Activation of the Serotonergic Neurotoxin para - Chloroamphetamine to Chemically Reactive Intermediates by Hepatic and Brain Microsomal Preparations", *Biochemical Pharmacology* 35, 1986, pp. 1737 - 1742.

② Martin E. Gal et al., "Effect of p - Chloroamphetamine on Cerebral Tryptophan - 5 - hydroxylase in Vivo: A Reexamination", *Neuropharmacology* 14, 1975, pp. 31 - 39. Colado M. I. et al., "5 - HT Loss in Rat Brain Following 3,4 - Methylenedioxymethamphetamine (MDMA), p - Chloroamphetamine and Fenfluramine Administration and Effects of Chlormethiazole and Dizocilpine", *British Journal of Pharmacology* 108, 1993, pp. 583 - 589. Ulderico Freo et al., "Cerebral Metabolic Responses to Clomipramine are Greatly Reduced Following Pretreatment with the Specific Serotonin Neurotoxin para - Chloroamphetamine (PCA). A 2 - Deoxyglucose Study in Rats", *Neuropsychopharmacology* 13, 1995, pp. 215 - 222.

和去甲肾上腺素重摄取的抑制。

在大鼠药物辨别实验中，4 – CA（0. 5 mg/kg）不能替代苯丙胺（1 mg/kg），但能完全替代（ + ） – MBDB（1. 75 mg/kg）和 MMAI（1. 71 mg/kg），半数有效量（ED_{50}）分别为 0. 17 mg/kg、0. 14 mg/kg①。

体外药理学评价：

4 – CA 抑制大鼠脑突触体的多巴胺、去甲肾上腺素和 5 – 羟色胺重摄取，半数抑制浓度（IC_{50}）分别为（551 ± 73）nM、（257 ± 8）nM、（187 ± 25）nM②。

药物代谢：

4 – CA 在大鼠脑中半衰期为 4. 4 小时，pKa 为 9. 55③。4 – CA 经肝脏代谢，CYP448 和 CYP450 酶参与该过程，其中 CYP450 酶参与催化 4 – CA代谢的 N – 脱甲基④。

依赖性折算：

1 克 4 – CA 相当于 0. 5 克甲基苯丙胺⑤。

122. 4 – FA

名称：4 – FA

---

① Danuta Marona – Lewicka et al. , "Psychostimulant – like Effects of p – Fluoroamphetamine in the Rat", *European Journal of Pharmacology* 287, 1995, pp. 105 – 113.

② Danuta Marona – Lewicka et al. , "Psychostimulant – like Effects of p – Fluoroamphetamine in the Rat", *European Journal of Pharmacology* 287, 1995, pp. 105 – 113.

③ Ray W. Fuller et al. , "Comparison of 4 – Chloro – , 4 – Bromo – and 4 – Fluoroamphetamine in Rats: Drug Levels in Brain and Effects on Brain Serotonin Metabolism", *Neuropharmacology* 14, 1975, pp. 739 – 746.

④ Krys J. Miller et al. , "Metabolic Activation of the Serotonergic Neurotoxin para – Chloroamphetamine to Chemically Reactive Intermediates by Hepatic and Brain Microsomal Preparations", *Biochemical Pharmacology* 35, 1986, pp. 1737 – 1742.

⑤ 最高人民法院：《最高人民法院关于审理毒品犯罪案件适用法律若干问题的解释》，2016 年 4 月，载 https://www. chinacourt. org/article/detail/2017/01/id/2509584. shtml，2019 年 5 月 20 日最后访问。

通用名：

1 –（4 – Fluorophenyl）propan – 2 – amine

1 –（4 – 氟苯基）– 2 – 丙胺

4 – Fluoroamphetamine

4 – 氟安非他明

para – Fluoroamphetamine

对 – 氟安非他明

（英文缩写：4 – FA，4 – FMP，PAL – 303，PFA）

（CAS：459 – 02 – 9）

化学结构：

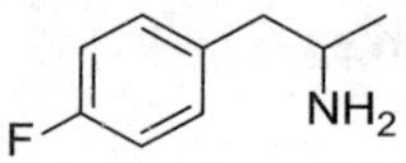

概述：

4 – FA 是卤代苯丙胺类精神活性物质，产生兴奋和致幻双重作用，主观效应介于苯丙胺和 MDMA 之间。作为娱乐性使用，4 – FA 常与 2 – FA和 4 – FMA 一起售卖①。主要用药方式为口服，通常用药剂量为 100 ~ 150 mg②。4 – FA 在澳大利亚、英国、德国、加拿大、瑞典、新西兰、法国和荷兰被列为管制药物③。我国于 2015 年 10 月将 4 – FA 列入《非药用类麻醉药品和精神药品管制品种增补目录》管制。

药理毒理作用：

4 – FA 产生兴奋和致幻双重作用，在 30 ~ 60 分钟内起效并可维持 4 ~ 6 小时，也有使用者报道可维持 8 小时。其他主要药理效应包括食欲

① Peter Rosner et al.，"Isomeric Fluoro – methoxy – phenylalkylamines：A New Series of Controlled – substance Analogues（Designer Drugs）"，*Forensic Science International* 148，2005，pp. 143 – 156.

② Felix Linsen et al.，"4 – Fluoroamphetamine in the Netherlands：More than a One – night Stand"，*Addiction* 110，2015，pp. 1138 – 1143.

③ Wikipedia，"4 – Fluoroamphetamine"，https://en. wikipedia. org/wiki/4 – Fluoroamphetamine，May 12，2019.

下降、黏膜干涩、出汗、瞳孔放大、身体刺痛感、运动协调障碍、磨牙、多动和体温升高等，同时也有幸福感增加、欣快和焦虑出现①。4 – FA 引起去甲肾上腺素、多巴胺和 5 – 羟色胺的释放，同时抑制这些神经递质的重摄取，对多巴胺系统的影响要大于 5 – 羟色胺系统。大鼠在体实验中，4 – FA(1 mg/kg)静脉注射使脑伏隔核多巴胺含量升高 300%，使 5 – 羟色胺含量升高 30%②。腹腔注射 7 mg/kg 的 4 – FA 使大鼠纹状体脑区的多巴胺含量升高超过 800%③。

在大鼠药物辨别实验中，4 – FA 完全替代苯丙胺(1 mg/kg)，半数有效量(ED_{50})为 0.43 mg/kg；部分替代(+) – MBDB(1.75 mg/kg)，不能替代 MMAI(1.71 mg/kg)④。另有研究显示，在大鼠药物辨别实验中，4 – FA 完全替代 MDMA(1.5 mg/kg)、甲基苯丙胺(1 mg/kg)和可卡因(10 mg/kg)，ED_{50} 分别为 1.39 mg/kg、0.95 mg/kg、1.06 mg/kg，4 – FA(1 mg/kg)只能替代 DOM(0.5 mg/kg)效应的 34%⑤。在猴静脉自身给药实验中，4 – FA 呈现正性强化作用，注射剂量为 0.03 mg/kg/次的 4 – FA 诱导猴自身给药次数为 56.1 ± 13.9 次/2 小时⑥。

---

① Felix Linsen et al., "4 – Fluoroamphetamine in the Netherlands: More than a One – night Stand", *Addiction* 110, 2015, pp. 1138 – 1143.

② Michael H. Baumann et al., "In vivo Effects of Amphetamine Analogs Reveal Evidence for Serotonergic Inhibition of Mesolimbic Dopamine Transmission in the Rat", *Journal of Pharmacology & Experimental Therapeutics* 337, 2011, pp. 218 – 225.

③ Danuta Marona – Lewicka et al., "Psychostimulant – like Effects of p – Fluoroamphetamine in the Rat", *European Journal of Pharmacology* 287, 1995, pp. 105 – 113.

④ Danuta Marona – Lewicka et al., "Psychostimulant – like Effects of p – Fluoroamphetamine in the Rat", *European Journal of Pharmacology* 287, 1995, pp. 105 – 113.

⑤ Sean B. Dolan et al., "Discriminative Stimulus and Locomotor Effects of para – Substituted and Benzofuran Analogs of Amphetamine", *Drug Alcohol Dependence* 180, 2017, pp. 39 – 45.

⑥ Sunmee Wee et al., "Relationship Between the Serotonergic Activity and Reinforcing Effects of a Series of Amphetamine Analogs", *Journal of Pharmacology & Experimental Therapeutics* 313, 2005, pp. 848 – 854.

4－FA 降低神经元活动,半数抑制浓度(IC_{50})为 113 μM[①]。服用 4－FA 后的不良反应有恶心、呕吐、腹痛、头晕头痛、视力模糊、心动过速和呼吸急促。小鼠腹腔注射 4－FA 的半数致死量(LD_{50})为 46 mg/kg[②]。

体外药理学评价:

4－FA 抑制大鼠脑突触体的多巴胺、去甲肾上腺素和 5－羟色胺重摄取,半数抑制浓度(IC_{50})分别为(0.77 ±0.16)μM、(0.42 ±0.12)μM、(6.8 ±1.5)μM;促进大鼠脑突触体的多巴胺、去甲肾上腺素和 5－羟色胺释放,半数有效浓度(EC_{50})分别为(51.5 ±1.7)nM、(28.0 ±1.8)nM、(939 ±76)nM[③]。在表达单胺转运体(多巴胺转运体、去甲肾上腺素转运体及5－羟色胺转运体)的 HEK293 细胞中,4－FA 抑制多巴胺、去甲肾上腺素和 5－羟色胺重摄取,IC_{50}分别为 3.7 μM、0.2 μM、19 μM[④]。

4－FA 对 5－羟色胺受体家族中的 5－HT_{1A}受体、5－HT_{2A}受体和 5－HT_{2C}受体亲和力均较低,*K*i 分别为(4.4 ±0.8)μM、(11.3 ±2.6)μM、(7.8 ±0.7)μM;4－FA 是 5－HT_{2B}受体部分激动剂,最大激动效能为 58%,EC_{50}为(11.4 ±4.6)μM。4－FA 对痕量胺相关受体 1(Trace amine－associated receptor 1,TAAR1)亲和力较高,*K*i 为(0.08 ±0.04)μM;对肾上腺素 α_{1A}受体、α_{2A}受体亲和力较低,*K*i 均 > 1 μM;对

---

① Laura Hondebrink et al.,"Neurotoxicity Screening of (Illicit) Drugs Using Novel Methods for Analysis of Microelectrode Array (MEA) Recordings", *Neurotoxicology* 55, 2016, pp. 1－9.

② E. Costa and S. Garattini, *International Symposium on Amphetamines and Related Compounds. Proceedings of the Mario Negri Institute for Pharmacological Research*, New York, Raven Press, 1970.

③ Sean B. Dolan et al.,"Discriminative Stimulus and Locomotor Effects of para－Substituted and Benzofuran Analogs of Amphetamine", *Drug Alcohol Dependence* 180, 2017, pp. 39－45.

④ E. Costa and S. Garattini, *International Symposium on Amphetamines and Related Compounds. Proceedings of the Mario Negri Institute for Pharmacological Research*, New York, Raven Press, 1970. Fumiko Nagai et al.,"The Effects of Non－medically Used Psychoactive Drugs on Monoamine Neurotransmission in Rat Brain", *European Journal of Pharmacology* 559, 2007, pp. 132－137.

多巴胺 $D_1/D_2/D_3$受体和组胺 H_1受体亲和力低,*K*i 均 > 10 μM;对多巴胺转运体、5－羟色胺转运体及去甲肾上腺素转运体的 *K*i 分别为(11.0 ± 4)μM、(13.5 ±2)μM、(32 ±9)μM①。

依赖性折算:

1 克 4－FA 相当于 0.5 克甲基苯丙胺②。

123. 4－FMA

名称:4－FMA

通用名:

1－(4－Fluorophenyl)－*N*－methylpropan－2－amine

1－(4－氟苯基)－*N*－甲基－2－丙胺

4－Fluoromethamphetamine

4－氟甲安非他明

(英文缩写:4－FMA)

(CAS:351－03－1)

化学结构:

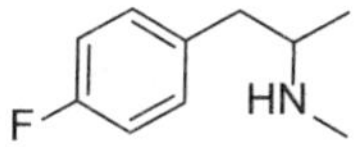

概述:

4－FMA 是一种与甲基苯丙胺和 4－FA 有关的兴奋剂,2006 年日本首次在销售的合法兴奋剂中发现 4－FMA,2008 年 4－FMA 被日本列为非法药物。4－FMA 具有苯丙胺和 MDMA 的特征,主观效应介于

① Anna Rickli et al.,"Monoamine Transporter and Receptor Interaction Profiles of Novel Psychoactive Substances: Para－Halogenated Amphetamines and Pyrovalerone Cathinones", *European Neuropsychopharmacology* 25, 2015, pp. 365－376.

② 最高人民法院:《最高人民法院关于审理毒品犯罪案件适用法律若干问题的解释》,2016 年 4 月,载 https://www.chinacourt.org/article/detail/2017/01/id/2509584.shtml,2019 年 5 月 20 日最后访问。

4 – FA和 2 – FMA 之间,更有可能产生头痛和心血管效应等副作用①。4 – FMA在加拿大和新西兰被列为管制药物②。我国于 2015 年 10 月将 4 – FMA 列入《非药用类麻醉药品和精神药品管制品种增补目录》管制。

药理毒理作用:

与 4 – FA 相似,4 – FMA 促进多巴胺、5 – 羟色胺和去甲肾上腺素释放,抑制这些神经递质的重摄取;4 – FMA 在低剂量下产生苯丙胺类似效应,在高剂量如 125 mg 以上产生更欣快的效应,以及类似于 MDA 的致幻效应。4 – FMA 与其他流行的致幻剂(如 MDA、4 – 甲基甲卡西酮和 4 – FA)的促 5 – 羟色胺释放有相似之处。4 – FMA 的作用有效地提高了脑内去甲肾上腺素、多巴胺和 5 – 羟色胺的水平,从而产生兴奋、欣快和致幻效应③。

体外药理学评价:

在表达单胺转运体(多巴胺转运体、去甲肾上腺素转运体及 5 – 羟色胺转运体)的 HEK293 细胞中,4 – FMA 抑制多巴胺、去甲肾上腺素、

---

① Anna Rickli et al. , "Monoamine Transporter and Receptor Interaction Profiles of Novel Psychoactive Substances: Para – Halogenated Amphetamines and Pyrovalerone Cathinones", *European Neuropsychopharmacology* 25, 2015, pp. 365 – 376. Fumiko Nagai et al. , "The Effects of Non – medically Used Psychoactive Drugs on Monoamine Neurotransmission in Rat Brain", *European Journal of Pharmacology* 559, 2007, pp. 132 – 137. Peter Rosner et al. , "Isomeric Fluoro – methoxy – phenylalkylamines: A New Series of Controlled – substance Analogues (Designer Drugs)", *Forensic Science International* 148, 2005, pp. 143 – 156.

② Wikipedia, "4 – Fluoromethamphetamine", https://en.wikipedia.org/wiki/4 – Fluoromethamphetamine, May 12, 2019.

③ Fumiko Nagai et al. , "The Effects of Non – medically Used Psychoactive Drugs on Monoamine Neurotransmission in Rat Brain", *European Journal of Pharmacology* 559, 2007, pp. 132 – 137. Ray W. Fuller et al. , "Comparison of 4 – Chloro – , 4 – Bromo – and 4 – Fluoroamphetamine in Rats: Drug Levels in Brain and Effects on Brain Serotonin Metabolism", *Neuropharmacology* 14, 1975, pp. 739 – 746.

5 – 羟色胺重摄取，半数抑制浓度（IC_{50}）分别为 7.7 μM、0.22 μM、8.7 μM①。

4 – FMA 对 5 – 羟色胺受体家族中的 5 – HT_{1A}受体、5 – HT_{2A}受体和 5 – HT_{2C}受体亲和力均较低，*K*i 分别为(5.0 ±2.0) μM、(3.8 ±0.7) μM、(9.5 ±5.0) μM；不激动 5 – HT_{2B}受体。4 – FMA 对痕量胺相关受体 1（Trace amine – associated receptor 1，TAAR1）亲和力较高，*K*i 为(0.24 ± 0.1) μM；对肾上腺素 α_{1A}受体、α_{2A}受体和组胺 H_1受体亲和力较低，*K*i 均 > 1 μM；对多巴胺 $D_1/D_2/D_3$受体亲和力低，*K*i 均 > 10 μM；对多巴胺转运体、5 – 羟色胺转运体和去甲肾上腺素转运体的 *K*i 分别为(10.8 ± 1.0) μM、(9.0 ±0.6) μM、(35 ±12) μM②。

依赖性折算：

1 克 4 – FMA 相当于 0.5 克甲基苯丙胺③。

124. 5 – APDB

名称：5 – APDB

通用名：

1 – (2,3 – Dihydrobenzofuran – 5 – yl) propan – 2 – amine

1 – (2,3 – 二氢苯并呋喃 – 5 – 基) – 2 – 丙胺

5 – (2 – Aminopropyl) – 2,3 – dihydrobenzofuran

---

① Fumiko Nagai et al., "The Effects of Non – medically Used Psychoactive Drugs on Monoamine Neurotransmission in Rat Brain", *European Journal of Pharmacology* 559, 2007, pp. 132 – 137. Sunmee Wee et al., "Relationship Between the Serotonergic Activity and Reinforcing Effects of a Series of Amphetamine Analogs", *Journal of Pharmacology & Experimental Therapeutics* 313, 2005, pp. 848 – 854.

② Anna Rickli et al., "Monoamine Transporter and Receptor Interaction Profiles of Novel Psychoactive Substances: Para – Halogenated Amphetamines and Pyrovalerone Cathinones", *European Neuropsychopharmacology* 25, 2015, pp. 365 – 376.

③ 最高人民法院：《最高人民法院关于审理毒品犯罪案件适用法律若干问题的解释》，2016 年 4 月，载 https://www.chinacourt.org/article/detail/2017/01/id/2509584.shtml，2019 年 5 月 20 日最后访问。

5 –（2 – 氨基丙基）– 2,3 – 二氢苯并呋喃

（英文缩写:5 – APDB, 3 – Desoxy – MDA, EMA – 4）

（CAS:152624 – 03 – 8）

化学结构:

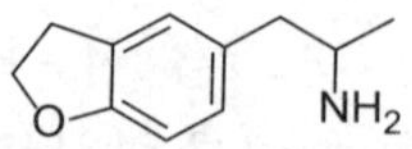

概述:

5 – APDB 是 MDA 的类似物,其中 3,4 – 亚甲二氧基环上的杂环 3 位氧被亚甲基桥取代,具有致幻效应。5 – APDB 由普渡大学 David Nichols 研究团队合成①。在英国 5 – APDB 被列为限制性药物②。我国于 2015 年 10 月将 5 – APDB 列入《非药用类麻醉药品和精神药品管制品种增补目录》管制。

药理毒理作用:

在动物实验中,5 – APDB 的作用效果最接近非刺激性的 MDMA 类似物,如 MBDB 和 MMAI,不能替代 LSD 或苯丙胺③。

体外药理学评价:

5 – APDB 对 5 – 羟色胺受体家族中的 5 – HT_{2C}受体亲和力较高,*K*i 为(0.06 ± 0.02)μM;对 5 – HT_{2A}受体亲和力较低,*K*i 为(3.4 ± 1.0)μM;对 5 – HT_{1A}受体亲和力更低,*K*i 为 20 ± 4 μM。5 – APDB 是 5 – HT_{2A}受体和 5 – HT_{2B}受体部分激动剂,最大激活效能分别为 24%、50%,半数有效浓度(EC_{50})分别为(11 ± 2)μM、(1.2 ± 0.6)μM。5 – APDB 对去甲肾上腺素转运体和 5 – 羟色胺转运体的抑制作用强于对多巴胺转运体的抑制,5 – APDB 抑制去甲肾上腺素转运体和 5 – 羟色胺转运体

① Aaron P. Monte et al., "Synthesis and Pharmacological Examination of Benzofuran, Indan, and Tetralin Analogues of 3,4 – (Methylenedioxy) amphetamine", *Journal of Medicinal Chemistry* 36, 1993, pp. 3700 – 3706.

② Wikipedia, "5 – APDB", https://en.wikipedia.org/wiki/5 – APDB, May 12, 2019.

③ Wikipedia, "5 – APDB", https://en.wikipedia.org/wiki/5 – APDB, May 12, 2019.

的半数抑制浓度(IC_{50})分别为0.29 μM、0.58 μM,抑制多巴胺转运体的IC_{50}为13 μM。5 – APDB 对痕量胺相关受体1(Trace amine – associated receptor 1,TAAR1)亲和力较高,*K*i 为(0.49 ±0.05)μM;对肾上腺素 α_{1A}受体、α_{2A}受体、多巴胺 $D_1/D_2/D_3$受体和组胺 H_1受体亲和力均较低①。

药物代谢:

5 – APDB 主要代谢途径是苯并呋喃环羟基化,然后脱水②。

依赖性折算:

1 克 5 – APDB 相当于0.5 克甲基苯丙胺③。

125. 5 – MAPB

名称:5 – MAPB

通用名:

1 – (benzofuran – 5 – yl) – *N* – methylpropan – 2 – amine

1 – (苯并呋喃 – 5 – 基) – *N* – 甲基 – 2 – 丙胺

(英文缩写:5 – MAPB)

(CAS:1354631 – 77 – 8)

化学结构:

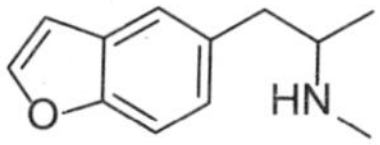

概述:

5 – MAPB 是一种合成的苯并呋喃类化合物,是 5 – APB 的 N – 甲基化衍生物,具有类似于 MDMA 的结构,能产生欣快感和移情效应,可

① Anna Rickli et al., "Pharmacological Profile of Novel Psychoactive Benzofurans", *British Journal of Pharmacology* 172, 2015, pp. 3412 – 3425.

② John S. Park et al., "Tentative Identification of in Vitro Metabolites of 5 – APDB, a Synthetic Benzofuran, by LC – Q/TOF – MS", *Journal of Chromatography B* 1033 – 1034, 2016, pp. 296 – 300.

③ 最高人民法院:《最高人民法院关于审理毒品犯罪案件适用法律若干问题的解释》,2016 年 4 月,载 https://www. chinacourt. org/article/detail/2017/01/id/2509584. shtml,2019 年 5 月 20 日最后访问。

充当 MDMA 的替代品。自 2010 年以来,5 – MAPB 一直作为一种设计药物出售①。在加拿大和英国,5 – MAPB 被列为管控药物②。我国于 2015 年 10 月将 5 – MAPB 列入《非药用类麻醉药品和精神药品管制品种增补目录》管制。

药理毒理作用:

5 – MAPB 的精神刺激效应比 MDMA 弱,同时仍然保留其核心的致幻效应。5 – MAPB 呈现独特的兴奋方式,被描述为轻度到中度强迫、趋向于镇静和放松,同时有增加心率、流汗、抑制食欲等效应。5 – MAPB 服用后起效时间为 20 ~ 60 分钟,持续作用时间 5 ~ 8 小时,达峰时间 2 ~ 4小时。

5 – MAPB 不产生 MDA 样神经毒性③,其对肝细胞的毒性主要通过引起线粒体功能紊乱和氧化应激而产生④。

体外药理学评价:

5 – MAPB 是 5 – 羟色胺受体家族中的 5 – HT_{2A}受体、5 – HT_{2B}受体、和 5 – HT_{2C}受体激动剂,同时也是单胺转运体(去甲肾上腺素转运体、多

① Wikipedia, "5 – MAPB", https://en. wikipedia. org/wiki/5 – MAPB, May 12, 2019.

② Wikipedia, "5 – MAPB", https://en. wikipedia. org/wiki/5 – MAPB, May 12, 2019.

③ Una D. McCann and George A. Ricaurte, "Major Metabolites of (+/ –)3,4 – Methylenedioxyamphetamine (MDA) do not Mediate its Toxic Effects on Brain Serotonin Neurons", *Brain Research* 545, 1991, pp. 279 – 782.

④ Yoshio Nakagawa et al., "Cytotoxic Effects of Psychotropic Benzofuran Derivatives, N – Methyl – 5 – (2 – aminopropyl) benzofuran and its N – Demethylated Derivative, on Isolated Rat Hepatocytes", *Journal of Applied Toxicology* 37, 2017, pp. 243 – 252.

巴胺转运体及 5 - 羟色胺转运体)抑制剂①,对多巴胺转运体的结合效能弱于可卡因。5 - MAPB 还通过逆转多巴胺转运体增加多巴胺释放,其对 5 - 羟色胺和去甲肾上腺素的作用可能与之相似②。5 - MAPB 对烟碱 α4β2 受体、毒蕈碱受体、肾上腺素 $\alpha_1/\alpha_2/\beta_1/\beta_2$受体、γ - 氨基丁酸受体、多巴胺 $D_1/D_2/D_3/D_4$受体、单胺氧化酶 A、酪氨酸羟化酶均发挥部分抑制作用。

药物代谢:

5 - MAPB 的主要代谢产物是 5 - APB(N - 脱甲基)和 3 - 羧甲基 - 4 - 羟甲基苯丙胺。细胞色素 P450(CYP)同工酶 CYP1A2、CYP2B6、CYP2C19、CYP2D6 参与 5 - MAPB 的 N - 脱甲基化,其中 CYP2B6 发挥主要作用③。

依赖性折算:

1 克 5 - MAPB 相当于 0.5 克甲基苯丙胺④。

---

① Patrick Dawson et al., "The Effects of Benzofury (5 - APB) on the Dopamine Transporter and 5 - HT2 - dependent Vasoconstriction in the Rat", *Progress in Neuro - Psychopharmacology and Biological Psychiatry* 48, 2014, pp. 57 - 63. Les Iversen et al., "Neurochemical Profiles of Some Novel Psychoactive Substances", *European Journal of Pharmacology* 700, 2013, pp. 147 - 151. Jakob A. Shimshoni et al., "Neurochemical Binding Profiles of Novel Indole and Benzofuran MDMA Analogues", *Naunyn - Schmiedeberg's Archives of Pharmacology* 390, 2017, pp. 15 - 24.

② MichelleA. Sahai et al., "Combined in Vitro and in Silico Approaches to the Assessment of Stimulant Properties of Novel Psychoactive Substances - The Case of the Benzofuran 5 - MAPB", *Progress in Neuro - Psychopharmacology and Biological Psychiatry* 75, 2017, pp. 1 - 9.

③ Jessica Welter et al., "Benzofuran Analogues of Amphetamine and Methamphetamine: Studies on the Metabolism and Toxicological Analysis of 5 - APB and 5 - MAPB in Urine and Plasma Using GC - MS and LC - (HR) - MS(n) Techniques", *Analytical &Bioanalytical Chemistry* 407, 2015, pp. 1371 - 1388.

④ 最高人民法院:《最高人民法院关于审理毒品犯罪案件适用法律若干问题的解释》,2016 年 4 月,载 https://www. chinacourt. org/article/detail/2017/01/id/2509584. shtml,2019 年 5 月 20 日最后访问。

126. 6 – Br – MDMA

名称:6 – Br – MDMA

通用名:

1 –(6 – Bromo – 1,3 – benzodioxol – 5 – yl) – *N* – methylpropan – 2 – amine

1 –(6 – 溴 – 1,3 – 苯并二噁茂 – 5 – 基) – *N* – 甲基 – 2 – 丙胺

1 –(2 – Bromo – 4,5 – methylenedioxyphenyl) – *N* – methylpropan – 2 – amine

1 –(2 – 溴 – 4,5 亚甲二氧基苯基) – *N* – 甲基 – 2 – 丙胺

2 – Bromo – 4,5 – methylenedioxymethylamphetamine

2 – 溴 – 4,5 – 亚甲二氧基甲基安非他明

(英文缩写:6 – Br – MDMA)

(CAS:2170110 – 34 – 4)

化学结构:

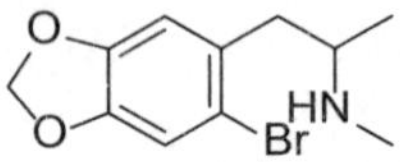

概述:

6 – Br – MDMA 是 2015 年在我国被查获的新精神活性物质中检出的一种化合物①,其类似物 6 – Br – MDA 是一种不太为人熟知的迷幻药。6 – Br – MDA 由 Alexander Shulgin 首次合成,使用剂量为 350 mg,能产生兴奋作用,但不会产生幻觉或移情作用②。我国于 2015 年 10 月将 6 – Br – MDMA 列入《非药用类麻醉药品和精神药品管制品种增补目录》管制。

---

① Cuimei Liu et al. , "Identification of Five Substituted Phenethylamine Derivatives 5 – MAPDB, 5 – AEDB, MDMA Methylene Homolog, 6 – Br – MDMA, and 5 – APB – NBOMe", *Drug Testing & Analysis* 9, 2017, pp. 199 – 207.

② Alexander Shulgin and Ann Shulgin, *PiHKAL: A Chemical Love Story*, Berkeley, Transform Press, 1991, p. 19. https://www. erowid. org/library/books_online/pihkal/pihkal019. shtml, May 12, 2019.

依赖性折算：

1 克 6 – Br – MDMA 相当于 0.5 克甲基苯丙胺[①]。

127. 6 – Cl – MDMA

名称：6 – Cl – MDMA

通用名：

1 –（6 – Chloro – 1,3 – benzodioxol – 5 – yl）– *N* – methylpropan – 2 – amine

1 –（6 – 氯 – 1,3 – 苯并二噁茂 – 5 – 基）– *N* – 甲基 – 2 – 丙胺

1 –（2 – Chloro – 4,5 – methylenedioxyphenyl）– *N* – methylpropan – 2 – amine

1 –（2 – 氯 – 4,5 亚甲二氧基苯基）– *N* – 甲基 – 2 – 丙胺

2 – Chloro – 4,5 – methylenedioxymethylamphetamine

2 – 氯 – 4,5 – 亚甲二氧基甲基安非他明

（英文缩写：6 – Chloro – MDMA，6 – Cl – MDMA，2 – Cl – 4,5 – MDMA）

（CAS：319920 – 71 – 3）

化学结构：

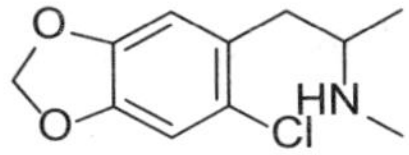

概述：

6 – Cl – MDMA 是苯丙胺类药物 MDMA 的衍生物，在缉获的“摇头

① 最高人民法院：《最高人民法院关于审理毒品犯罪案件适用法律若干问题的解释》，2016 年 4 月，载 https://www.chinacourt.org/article/detail/2017/01/id/2509584.shtml，2019 年 5 月 20 日最后访问。

丸”片剂和吸毒者尿液样品中被检出①。6 – Cl – MDMA 被认为可能是合成中的杂质,已在英国、德国等国家被管制②。我国于 2015 年 10 月将 6 – Cl – MDMA 列入《非药用类麻醉药品和精神药品管制品种增补目录》管制。

依赖性折算:

1 克 6 – Cl – MDMA 相当于 0.5 克甲基苯丙胺③。

128. DOC

名称:DOC

通用名:

1 – (4 – Chloro – 2,5 – dimethoxyphenyl) propan – 2 – amine

1 – (2,5 – 甲氧基 – 4 – 氯苯基) – 2 – 丙胺

(英文缩写:DOC)

(CAS:123431 – 31 – 2)

化学结构:

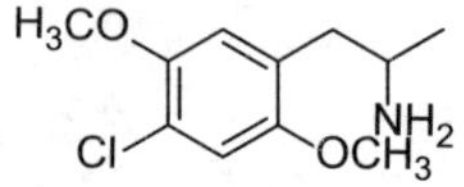

概述:

DOC 是苯乙胺类化合物 2C – C 经 α – 甲基化取代的化合物。DOC

---

① Robert J. Lewis et al., “The Identification of 2 – Chloro – 4,5 – methylenedioxymethylamphetamine in an Illicit Drug Seizure”, *Journal of Forensic Sciences* 45, 2000, pp. 1119 – 1125. Vilma Maresova et al., “The Identification of a Chlorinated MDMA”, *Journal of Analytical Toxicology* 29, 2005, pp. 353 – 358.

② 最高人民法院:《最高人民法院关于审理毒品犯罪案件适用法律若干问题的解释》,2016 年 4 月,载 https://www.chinacourt.org/article/detail/2017/01/id/2509584.shtml,2019 年 5 月 20 日最后访问。

③ 最高人民法院:《最高人民法院关于审理毒品犯罪案件适用法律若干问题的解释》,2016 年 4 月,载 https://www.chinacourt.org/article/detail/2017/01/id/2509584.shtml,2019 年 5 月 20 日最后访问。

是手性化合物,(R)-(-)-DOC 活性更强①。DOC 由阿尔伯塔大学的一个团队在 1972 年首次合成,直到 1991 年 Alexander Shulgin 在他的著作 *PiHKAL: A Chemical Love Story* 中描述后才开始流行。DOC 的常见形式为粉末或吸墨纸,以作用时间长(超过 12 ~ 24 小时)、视觉扭曲效果强、兴奋形式特殊和身体负荷重而著称②。美国将 DOC 列入《联邦类似物法案》管理,DOC 在加拿大、澳大利亚、新西兰、瑞典、丹麦、巴西、以色列、德国和英国也都被列为受管制药物③。我国于 2015 年 10 月将 DOC 列入《非药用类麻醉药品和精神药品管制品种增补目录》管制。

药理毒理作用:

与其他苯丙胺类化合物不同,DOC 具有迷幻作用,包括视觉扭曲、听觉和运动增强以及欣快感④。DOC 一般使用量为 0.5 ~ 7.0 mg,0.5 mg 产生阈值效果,7.0 mg 产生非常强的效果。DOC 的起效时间为 1 ~ 3 小时,高峰和平台期为 4 ~ 8 小时,在 9 ~ 20 小时后效应逐渐减弱,后遗效应可一直持续到第二天⑤。

2014 年曾报道服用 DOC 引起死亡的案例⑥。

DOC(3、10 mg/kg)剂量依赖性的抑制小鼠自发活动,在注射给药后 10 分钟出现,持续 30 ~ 80 分钟。在大鼠药物辨别实验中,DOC 给药 15 分钟后,能够完全替代 DOM(0.5 mg/kg)和 LSD(0.1 mg/kg),半数

---

① Wikipedia, "2C - H", https://en.wikipedia.org/wiki/2C - H, May 12, 2019.

② David Blumenthal et al., eds., *Vital Signs: Core Metrics for Health and Health Care Progress*, Washington (DC), National Academies Press (US), 2015. https://www.ncbi.nlm.nih.gov/books/NBK316120/, May 12, 2019.

③ Wikipedia, "2,5 - Dimethoxy - 4 - chloroamphetamine", https://en.wikipedia.org/wiki/2,5 - Dimethoxy - 4 - chloroamphetamine, May 12, 2019.

④ Alexander T. Shulgin and Margaret F. Carter, "Centrally Active Phenethylamines", *Psychopharmacology Communications* 1, 1975, pp. 93 - 98.

⑤ David Blumenthal et al., eds., *Vital Signs: Core Metrics for Health and Health Care Progress*, Washington (DC), National Academies Press (US), 2015. https://www.ncbi.nlm.nih.gov/books/NBK316120/, May 12, 2019.

⑥ Rachel Y. Barnett et al., "A Fatal Intoxication of 2,5 - Dimethoxy - 4 - chloroamphetamine: A Case Report", *Journal of Analytical Toxicology* 38, 2014, pp. 589 - 591.

有效量(ED_{50})分别为(0.13±0.16)mg/kg、(0.39±0.33)mg/kg;DOC(1 mg/kg)替代DMT(5 mg/kg)效应的60%,替代MDMA(1.5 mg/kg)和甲基苯丙胺(1 mg/kg)的效应均低于50%。DOC给药60分钟后,能完全替代DMT(5 mg/kg)、DOM(0.5 mg/kg)和LSD(0.1 mg/kg),ED_{50}分别为(0.61±0.19)mg/kg、(0.26±0.19)mg/kg、(0.23±0.10)mg/kg,1 mg/kg DOC替代MDMA(1.5 mg/kg)效应的60%①。

体外药理学评价:

DOC能够激动5-羟色胺受体家族中的5-HT_{1A}受体、5-HT_{2A}受体和5-HT_{2C}受体;对5-HT_{2A}受体和5-HT_{2C}受体均有很强的亲和力,*K*i分别为(4.00±0.45)nM、(3.57±0.56)nM;对5-HT_{1A}受体亲和力低,*K*i接近10 μM。DOC对单胺转运体(去甲肾上腺素转运体、多巴胺转运体及5-羟色胺转运体)抑制作用低,*K*i接近或者大于10 μM②。

药物代谢:

DOC的代谢主要经肝脏通过苯环2或5位脱甲基,之后部分醛糖酸化和/或硫酸化③。

依赖性折算:

1克DOC相当于0.5克甲基苯丙胺④。

---

① Amy J. Eshleman et al., "Behavioral and Neurochemical Pharmacology of Six Psychoactive Substituted Phenethylamines: Mouse Locomotion, Rat Drug Discrimination and in Vitro Receptor and Transporter Binding and Function", *Psychopharmacology* 231, 2014, pp. 875-888.

② Amy J. Eshleman et al., "Behavioral and Neurochemical Pharmacology of Six Psychoactive Substituted Phenethylamines: Mouse Locomotion, Rat Drug Discrimination and in Vitro Receptor and Transporter Binding and Function", *Psychopharmacology* 231, 2014, pp. 875-888.

③ Andreas H. Ewald et al., "Metabolism and Toxicological Detection of the Designer Drug 4-Chloro-2,5-dimethoxyamphetamine in Rat Urine Using Gas Chromatography-mass Spectrometry", *Analytical and Bioanalytical Chemistry* 390, 2008, pp. 1837-1842.

④ 最高人民法院:《最高人民法院关于审理毒品犯罪案件适用法律若干问题的解释》,2016年4月,载https://www.chinacourt.org/article/detail/2017/01/id/2509584.shtml,2019年5月20日最后访问。

129. PMMA

名称:PMMA

通用名:

1 –(4 – Methoxyphenyl) – *N* – methylpropan – 2 – amine

1 –(4 – 甲氧基苯基) – *N* – 甲基 – 2 – 丙胺

4 – Methoxy – *N* – methylamphetamine

4 – 甲氧基 – *N* – 甲基安非他明

para – Methoxy – N – methylamphetamine

对甲氧基 – N – 甲基安非他明

(英文缩写:PMMA)

(CAS:22331 – 70 – 0)

化学结构:

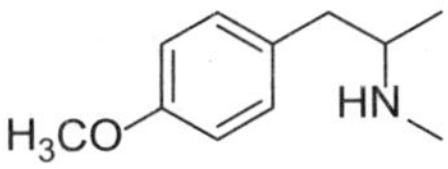

概述:

PMMA 是一种兴奋剂和致幻剂,与苯丙胺类药物 PMA 关系密切。PMMA 在非法市场作为 MDMA 的替代物出售。在 21 世纪初,大量 MDMA 用药死亡与误用 PMMA 片剂相关。PMMA 常见形式为粉末和片剂,最主要的给药途径是口服①。PMMA 在佛罗里达州被列为管制药品。英国将其列入 A 类药物表 I 中管制②。我国于 2017 年 7 月将 PMMA列入《非药用类麻醉药品和精神药品管制品种增补目录》管制。

药理毒理作用:

一般认为 PMMA 的效应与 PMA 相似,但是移情作用更轻,低剂量

---

① Wikipedia,"Para – Methoxy – N – methylamphetamine", https://en. wikipedia. org/wiki/Para – Methoxy – N – methylamphetamine, May 12, 2019.

② Wikipedia,"Para – Methoxy – N – methylamphetamine", https://en. wikipedia. org/wiki/Para – Methoxy – N – methylamphetamine, May 12, 2019.

诱发严重高热的趋势更轻①,而高剂量诱发副作用和死亡风险与 PMA 相似②。Shulgin 报道 PMMA 在 100 mg 以上剂量引起血压升高、心率加快,但没有精神活性效应。PMMA 与 MDMA 的药理学作用机制不完全相同,MDMA 主要通过激活多巴胺能神经元而产生精神刺激作用,而 PMMA 对多巴胺能神经元无直接激活作用。PMMA 明显抑制单胺氧化酶 A,增加脑内多巴胺、5 - 羟色胺和去甲肾上腺素水平,产生中枢兴奋和致幻作用。高剂量 PMMA(215 mg)的刺激效应可能是通过去甲肾上腺素而不是多巴胺发挥。PMMA 中枢效应比 MDMA 弱,可能是因为 PMMA 透过血脑屏障能力比其他苯丙胺类弱。动物实验提示 PMMA 不具有 MDMA 样的刺激效应③。

PMMA 急性中毒风险较 MDMA 更大。由于其结构与 PMA 相似,PMMA 对机体有与 PMA 相似的副作用,过量时引起死亡,但比 PMA 毒性小④。原因可能是相比于 PMA,PMMA 更不易透过血脑屏障,且对 5 - 羟色胺系统的选择性比 PMA 和 MDMA 更强。

在大鼠药物辨别实验中,PMMA 不能替代苯丙胺和 DOM,PMMA 与 MDMA 可以互相替代,5.0 mg/kg 和 7.5 mg/kg 可卡因最多替代 PMMA(1.5 mg/kg)效应的 46%⑤。

---

① Jagadeesh B. Rangisetty et al., "PMMA – Stimulus Generalization to the Optical Isomers of MBDB and 3,4 – DMA", *Pharmacology Biochemistry and Behavior* 69, 2001, pp. 261 – 267.

② Sys S. Johansen et al., "Three Fatal Cases of PMA and PMMA Poisoning in Denmark", *Journal of Analytical Toxicology* 27, 2003, pp. 253 – 256.

③ Wikipedia, "Para – Methoxy – N – methylamphetamine", https://en.wikipedia.org/wiki/Para – Methoxy – N – methylamphetamine, May 12, 2019.

④ Jurgen Becker et al., "A Fatal Paramethoxymethamphetamine Intoxication", *Legal Medicine* 5, 2003, pp. S138 – S141.

⑤ Richard A. Glennon et al., "N – Methyl – 1 – (4 – methoxyphenyl) – 2 – aminopropane (PMMA) and N – Methyl – 1 – (3,4 – methylenedioxyphenyl) – 2 – aminopropane (MDMA) Produce Non – identical Discriminative Stimuli in Rats", *Pharmacology Biochemistry and Behavior* 86, 2007, pp. 477 – 484.

体外药理学评价：

PMMA 抑制单胺转运体（去甲肾上腺素转运体、多巴胺转运体及 5－羟色胺转运体），半数抑制浓度（IC_{50}）分别为 1.2 μM、49 μM、1.77 μM[①]。

依赖性折算：

1 克 PMMA 相当于 0.5 克甲基苯丙胺[②]。

---

① Linda D. Simmler et al., "Monoamine Transporter and Receptor Interaction Profiles of a New Series of Designer Cathinones", *Neuropharmacology* 79, 2014, pp. 152－160.

② 最高人民法院：《最高人民法院关于审理毒品犯罪案件适用法律若干问题的解释》，2016 年 4 月，载 https://www.chinacourt.org/article/detail/2017/01/id/2509584.shtml，2019 年 5 月 20 日最后访问。

第五章　色胺类

第一节　前　　言

在新精神活性药物领域，色胺及其衍生物是一类经典且广泛使用的致幻剂。本章列出的五种色胺类致幻剂，在化学结构上均与色胺相似，是吲哚生物碱。它们由单胺（含有单个氮基团）链和吲哚环组成，一般为白色或棕色结晶粉末，具有令人不悦的吲哚气味。5－羟色胺是最简单的色胺类物质。在色胺类致幻剂中，我国目前管制的五种物质为5－MeO－DALT、5－MeO－DiPT、5－MeO－DMT、5－MeO－MiPT和AMT。其中除了AMT是在乙胺α位置有一个甲基取代，其他四种均在芳香族环的5位有甲氧基取代，区别在于氮原子的两个侧链的取代基不同，5－MeO－DALT为烯丙基，5－MeO－DiPT为异丙基，5－MeO－DMT为甲基，5－MeO－MiPT为甲基－N－异丙基，具体的结构信息见图5－1①。其他的各种合成色胺衍生物都是通过修改乙胺侧链的α位，氮原子的侧链和芳香环合成。

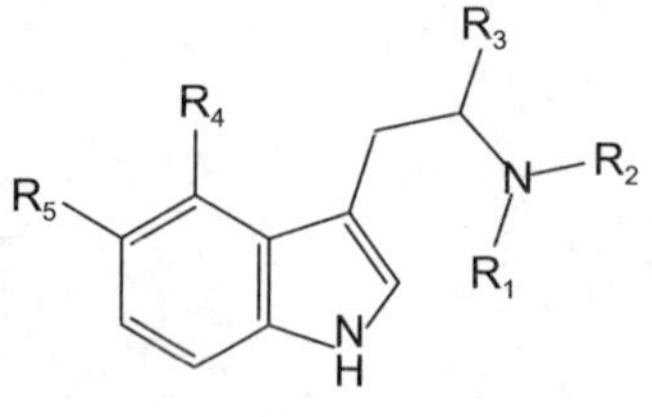

① Araújo A. M. et al.，"The Hallucinogenic World of Tryptamines：An Updated Review"，*Archives of Toxicology* 89，2015，pp. 1151－1173.

通用名称	化学名	R1	R2	R3	R4	R5
Tryptamine	Tryptamine	H	H	H	H	H
AMT	α – Methyltryptamine	H	H	CH_3	H	H
5 – MeO – DALT	5 – Methoxy – N, N – diallyltryptamine	$CH_2CH=CH_2$	$CH_2CH=CH_2$	H	H	OCH_3
5 – MeO – DiPT	5 – Methoxy – N, N – diisopropyltryptamine	$CH(CH_3)_2$	$CH(CH_3)_2$	H	H	OCH_3
5 – MeO – DMT	5 – Methoxy – N, N – dimethyltryptamine	CH_3	CH_3	H	H	OCH_3
5 – MeO – MiPT	5 – Methoxy – N – methyl – N – isopropyltryptamine	CH_3	$CH(CH_3)_2$	H	H	OCH_3

图 5 –1　五种色胺的化学结构

色胺可以从植物中获取，如阿兹特克蘑菇中的裸盖菇素（psilocybin）和南美精神活性饮料死藤水（ayahuasca）中就含有 N，N – 二甲基色胺（DMT，N，N – Dimethyltryptamine）。在古代，人们就已经发现色胺类物质具有致幻作用，并用于宗教活动。但是，色胺类物质在日常生活中是限制使用的。20 世纪中期，随着麦角酰二乙胺（LSD，Lysergic acid diethylamine）致幻特性的发现，娱乐药品市场开始出现新合成色胺类致幻剂，如"零号胶囊""火狐狸""黑猫"等，而且逐渐被年轻人用作娱乐消遣。过去几年已经出现使用新型色胺类致幻剂中毒和死亡的病例报道，因此色胺类致幻剂受到国际社会的广泛关注。

色胺类致幻剂药理/毒理作用的相似度与它们在化学结构上的相似性有关。这五种色胺类物质可通过口服、鼻吸入或注射等方式摄入，能够使人体产生感知、情绪和意识上的变化。例如，使用后会使人产生欣快感，身体失去控制，出现幻觉，严重的还会引起呕吐等反应，有过量致死的报道。在作用机制方面，色胺类致幻剂主要作为 5 – HT_{2A}受体激动剂，在细胞色素 P450 同工酶的作用下被人体代谢。大鼠脑皮质神经元细胞膜 G 蛋白偶联受体激活实验表明，7 种色胺类物质均具有 G 蛋白偶联受体激活作用，增加 G 蛋白与[^{35}S]GTPγS 结合能力，排序结果为：

5 – MeO – DMT > 5 – MeO – DALT > 5 – MeO – AMT ≥ 5 – MeO – MiPT > 5 – MeO – DiPT > DPT ≥ α – AMT①。进一步研究发现，其致幻效力与取代基有关，例如，吲哚环上存在 4 – 羟基或 5 – 甲氧基取代基可明显提高 N，N – 二烷基色胺的致幻作用。研究资料显示，由于色胺类致幻剂缺乏与某些相关受体和靶点的亲和力，因此，低剂量使用时不会出现明显的后遗症，引起心血管、肾脏或肝脏致命性功能损伤的可能性也较小②。

我国将色胺类物质分别列入 2005 年 11 月《麻醉药物和精神药品管理条例》和 2015 年 10 月《非药用类麻醉药品和精神药品管理条例》。

美国缉毒署（DEA）将 5 – MeO – DiPT、5 – MeO – DMT、AMT 列入"受控物质法"（CSA）附表Ⅰ中。5 – MeO – DALT、5 – MeO – MiPT 在美国被视为色胺类似物。如果购买、销售或拥有这些物质，可以根据《联邦类似物法案》（Federal Analogue Act）起诉。日本、新加坡、英国、瑞典、丹麦、德国等国均已出台相关法律，限制色胺类致幻剂的使用，出售或持有该类物质一般被视为非法③。

本章中，我们针对色胺类致幻剂中我国目前管制的五种物质（5 – MeO – DALT、5 – MeO – DiPT、5 – MeO – DMT、5 – MeO – MiPT、AMT），分别对其化学性质、药理/毒理学、体外药理实验、药物代谢等方面进行阐述。

---

① Nonaka R. et al.，"In Vitro Screening of Psychoactive Drugs by [^{35}S] GTPγS Binding in Rat Brain Membranes"，*Biological & Pharmaceutical Bulletin* 30，2007，pp. 2328 – 2333.

② Nichols D. E.，"Hallucinogens"，*Pharmacology & Therapeutics* 101，2004，pp. 131 – 181.

③ 选自 https://www.chemsrc.com/，2018 年 9 月 18 日。

第二节　5种色胺类物质

130. 5 – MeO – DALT

名称:5 – MeO – DALT

通用名:

N – Allyl – *N* – [2 – (5 – methoxy – 1*H* – indol – 3 – yl) ethyl] prop – 2 – en – 1 – amine

N – 烯丙基 – *N* – [2 – (5 – 甲氧基 – 1*H* – 吲哚 – 3 – 基) 乙基] – 2 – 丙烯 – 1 – 胺

3 – [2 – (Diallylamino) ethyl] – 5 – methoxy – 1*H* – indole

3 – (2 – 二烯丙基氨基) 乙基 – 5 – 甲氧基 – 1*H* – 吲哚

N,*N* – Diallyl – 5 – methoxytryptamine

N,*N* – 二烯丙基 – 5 – 甲氧基色胺

(英文缩写:5 – MeO – DALT)

(CAS:928822 – 98 – 4)

化学结构:

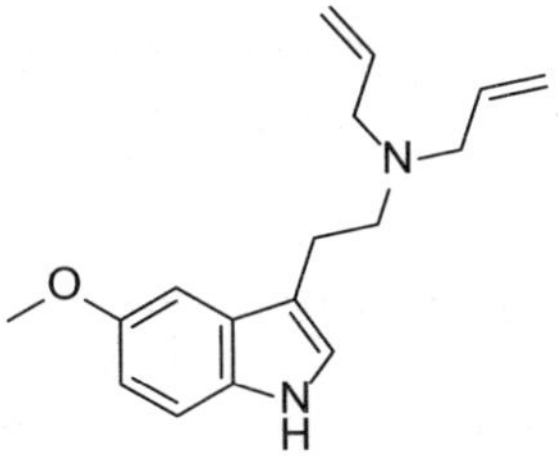

概述:

5 – MeO – DALT 是一种具有轻微气味,外观为白色到浅棕色的粉末,分子式为 $C_{17}H_{22}N_2O$①,属于色胺类衍生物,为5 – 羟色胺类迷幻剂。5 – MeO – DALT 为 5 – HT_{2A}受体部分激动剂,但不具有特异选择性,与

① 选自"https://www.chemsrc.com/", 2018年9月18日。

$5-HT_1$和$5-HT_2$等多种受体亚型均具有不同程度的结合能力①。5－MeO－DALT能产生促肾上腺皮质激素样作用，引起知觉、情绪和意识变化，是一种短效新精神活性物质。5－MeO－DALT可以通过口服或鼻腔吸入方式进入体内，口服剂量范围为12～20mg，作用持续时间为2～4小时②。服用后身体有快速、强烈的反应，会感到愉悦，并出现幻觉，失去对肢体的控制。目前5－MeO－DALT除了在我国受到监管，还在日本、新加坡、瑞典、美国和英国受到监管③。5－MeO－DALT的鉴定分析、检测方法及波谱数据见参考文献④，吸毒人员的吸食鉴定可参考文献⑤。

药理毒理作用：

据报道，5－MeO－DALT为$5-HT_{2A}$受体部分激动剂，但不具有特异选择性，与多种相关受体，包括5－羟色胺受体（如$5-HT_{2A}$、$5-HT_{1A}$、$5-HT_{1B}$等）、α肾上腺素受体、组胺H_1受体、κ阿片受体和sigma受体（见表5－1）都有一定的亲和力。5－MeO－DALT产生的迷幻效应与色胺相似，在吲哚环4或5号位置加入甲氧基（或羟基）时，效力有所增加⑥。DALT能诱发C57BL/6J小鼠甩头反应（HTR，Head－Twitch－

---

① Araújo A. M. et al.,"The Hallucinogenic World of Tryptamines: An Updated Review", *Archives of Toxicology* 89, 2015, pp. 1151－1173.

② 选自"http://www.erowid.org/chemicals/5meo_dalt/5meo_dalt_dose.shtml"，2018年9月18日。

③ 选自"https://en.wikipedia.org/wiki"，2018年9月18日。

④ Strano R. S. et al.,"An Analytical Approach to the Torensic Identification of Different Classes of New Psychoactive Substances (NPSs) in Seized Materials", *Rapid Commun Mass Spectrom* 28, 2014, pp. 1904－1916. Arunotayanun W. et al.,"An Analysis of the Synthetic Tryptamines AMT and 5－MeO－DALT: Emerging 'Novel Psychoactive Drugs'", *Bioorg Med Chem Lett* 23, 2013, pp. 3411－3415.

⑤ Uhl M. et al.,"Identification of New Psychoactive Substances and Their Detection in Human Hair", *Population Therapeutics and Clinical Pharmacology* 19, 2012, pp. e308－e309.

⑥ Rogawski M. A. et al.,"Serotonin Autoreceptors on Dorsal Raphe Neurons: Structure－Activity Relationships of Tryptamine Analogs", *Neuroscience the Official Journal of the Society for Neuroscience* 1, 1981, pp. 1148－1154.

Response)。研究资料发现 DALT 和一些环取代衍生物诱发小鼠甩头反应的药理活性及强度并不完全一致,其强度关系依次为:4 - 乙氧基 - DALT > 5 - 氟 - DALT > 5 - 甲氧基 - DALT > 4 - 羟基 - DALT > 5 - 溴 - DALT①。5 - MeO - DALT 中毒可引起急性谵妄和高代谢状态②。使用者在服用该物质后有快速、强烈的反应,如精神感到愉悦、身体有活力,出现幻觉等。临床医学观察发现,5 - MeO - DALT 可引起人体血管收缩、血压升高、心跳加速、头痛和出汗。副作用包括吃东西的冲动("咀嚼"),瞳孔放大,颈部和下颌紧张(磨牙症),轻微偏执或焦虑,以及恶心。已报道心理影响包括提高警觉性和意识,增加唤醒和激动。5 - MeO - DALT 致幻作用可能导致行为紊乱,甚至出现危及生命的情况。一例有关服用 5 - MeO - DALT 造成意外事件报道提到 2010 年,一名 26 岁男子服用过量 5 - MeO - DALT 后,走上英国高速公路,与卡车相撞致死,经鉴定该男子死于脑外伤③。虽然低剂量使用 5 - MeO - DALT 不会出现后遗症,但同时服用其他毒品可能出现轻微肾衰和横纹肌溶解的现象④。5 - MeO - DALT 对机体长期影响尚不非常清楚。目前,还没有 5 - MeO - DALT 致死的案例报道,也没有确切的 5 - MeO - DALT 产生毒性作用或致死的剂量。另据报道,5 - MeO - DALT 具有细胞色素 P450 抑制潜能,可减少大鼠体内的咖啡因代谢,改变其药代动力

---

① Klein L. M. et al., "Receptor Binding Profiles and Behavioral Pharmacology of Ring - Substituted N,N - diallyltryptamine Analogs", *Neuropharmacology* 142, 2018, pp. 231 - 239.

② Kalasho, A. and S. Vibe Nielsen, "5 - MeO - DALT: A Novel Designer Drug on the Market Causing Acute Delirium and Rhabdomyolysis", *Acta Anaesthesiol Scand* 60, 2016, pp. 1332 - 1336.

③ Corkery J. M. et al., "The Recreational Tryptamine 5 - MeO - DALT (N,N - diallyl - 5 - methoxytryptamine): A Brief Review", *Prog Neuropsychopharmacol Biol Psychiatry* 39, 2012, pp. 259 - 262.

④ Nichols D. E., "Hallucinogens", *Pharmacology & Therapeutics* 101, 2004, pp. 131 - 181. Jovel A. et al., "Delirium Due to Intoxication from the Novel Synthetic Tryptamine 5 - MeO - DALT", *Forensic Sciences* 59, 2014, pp. 844 - 846.

学,导致咖啡因在血浆中积累和中毒①。本品与药物－药物相互作用相关的风险最终仍需要临床病例或实验研究来评估。

5－MeO－DALT 的药物辨别实验结果表明,其效果与经典致幻剂(－)－2,5－二甲氧基－4－甲基苯丙胺(DOM,(－)－2,5－dimethoxy－4－methylamphetamine)相似。为获得药物剂量和作用时间相关实验数据,研究人员测试了 5－MeO－DALT 对小鼠自主活动影响,发现 5－MeO－DALT呈剂量依赖性增加动物活动性,峰值为 10 mg/kg。当剂量达到 25mg/kg 时,则出现抑制作用。在(－)－2,5－二甲氧基－4－甲基苯丙胺和二亚甲基双氧苯丙胺(MDMA,(±)－3,4－methylene dioxymetham－phetamine)替代实验中,5－MeO－DALT 可以完全取代(－)－2,5－二甲氧基－4－甲基苯丙胺,但极少或没有出现二亚甲基双氧苯丙胺一样的作用②。

体外药理学评价:

5－MeO－DALT 与5－羟色胺受体、α 肾上腺素受体、组胺 H_1受体、κ－阿片受体和 sigma 受体的亲和力 *K*i 值小于 10μM。具体数据如表 5－1所示③。

表 5－1　5－MeO－DALT 与 27 种受体和转运蛋白的亲和力

单位:μM

受体	亲和力(p*K*i ± SEM)
5－HT_{1A}	7.70 ±0.10
5－HT_{1B}	6.13 ±0.04
5－HT_{1D}	7.00 ±0.10

① Dinger J. et al.,"Cytochrome P450 Inhibition Potential of New Psychoactive Substances of the Tryptamine Class", *Toxicology Letters* 241, 2016, pp. 82－94.

② Gatch M. B. et al., "Locomotor and Discriminative Stimulus Effects of Four Novel Hallucinogens in Rodents", *Behavioural Pharmacology* 28, 2017, p. 375.

③ Klein L. M. et al., "Receptor Binding Profiles and Behavioral Pharmacology of Ring－Substituted N,N－diallyltryptamine Analogs", *Neuropharmacology* 142, 2018, pp. 231－239.

续表

受体	亲和力(p*K*i ± SEM)
$5-HT_{1E}$	6.30 ±0.05
$5-HT_{2A}$	6.66 ±0.08
$5-HT_{2B}$	7.23 ±0.05
$5-HT_{2C}$	6.34 ±0.08
$5-HT_{5A}$	5.48 ±0.04
$5-HT_{6}$	6.81 ±0.03
$5-HT_{7}$	7.05 ±0.07
α_{1A}	>5.00
α_{1B}	>5.00
α_{1D}	>5.00
α_{2A}	6.67 ±0.07
α_{2B}	6.14 ±0.04
α_{2C}	5.83 ±0.06
D_2	>5.00
D_3	>5.00
H_1	6.30 ±0.06
H_3	5.77 ±0.04
κOR	5.95 ±0.07
μOR	>5.00
σ_1	6.52 ±0.06
σ_2	6.60 ±0.05
DAT	5.50 ±0.20
NET	>5.00
SERT	6.30 ±0.05

药物代谢：

根据对大鼠尿液代谢物分析，发现 5 – MeO – DALT 的代谢途径主要是芳香族和脂肪族羟基化、N – 脱烷基化、氧化及 O – 去甲基化。其中，参与 5 – MeO – DALT 代谢的细胞色素 P450 同工酶中 CYP3A4 在所有类型的羟基化中起作用，CYP1A2 和 CYP2D6 在氧化过程中起作用，CYP2C19 和 CYP3A4 在 N – 去烷基化中起作用，CYP2D6 在 O – 去甲基化中起作用①。代谢途径如图 5 – 2 所示。

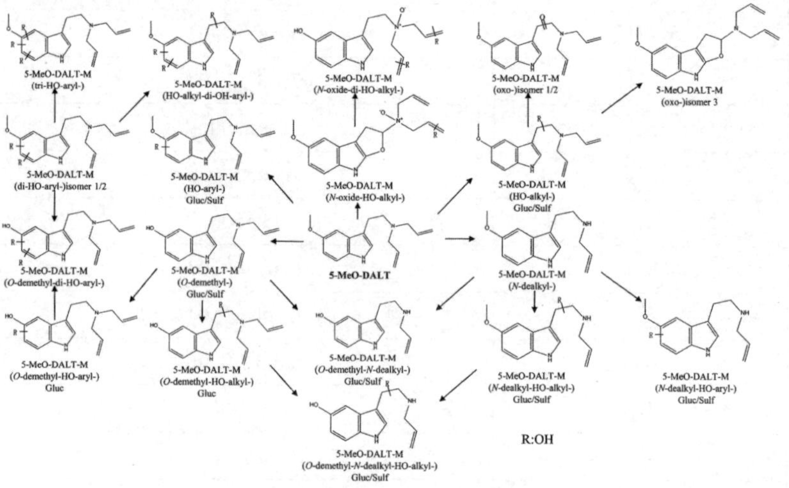

图 5 – 2　5 – MeO – DALT 可能的代谢途径

依赖性折算：

1 克 5 – MeO – DALT 相当于 1 克海洛因②。

---

① Michely J. A. et al., "Metabolism of the New Psychoactive Substances N, N – diallyltryptamine (DALT) and 5 – methoxy – DALT and Their Detectability in Urine by GC – MS, LC – MSn, and LC – HR – MS – MS", *Analytical & Bioanalytical Chemistry* 407, 2015, pp. 7831 – 7842.

② 国家禁毒委员会：《关于印发〈104 种非药用类麻醉药品和精神药品管制品种依赖性折算表〉的通知》，载北京刑事律师网文献库：http//www.bjxsdls.com/info.asp? lb_id = 2495，2019 年 4 月 20 日最后访问。

131. 5 – MeO – DiPT

名称:5 – MeO – DiPT

通用名:

N – isopropyl – *N* – (2 – (5 – methoxy – 1*H* – indol – 3 – yl) ethyl) propan – 2 – amine

N – 异丙基 – *N* – [2 – (5 – 甲氧基 – 1*H* – 吲哚 – 3 – 基) 乙基] 丙烷 – 2 – 胺

3 – [2 – (Diisopropylamino) ethyl] – 5 – methoxyindole

3 – (2 – 二异丙基氨基) 乙基 – 5 – 甲氧基吲哚

N,*N* – Diisopropyl – 5 – methoxytryptamine

N,*N* – 二异丙基 – 5 – 甲氧基色胺

Foxy

Foxy Methoxy

(英文缩写:5 – MeO – DiPT)

(CAS:4021 – 34 – 5)

化学结构:

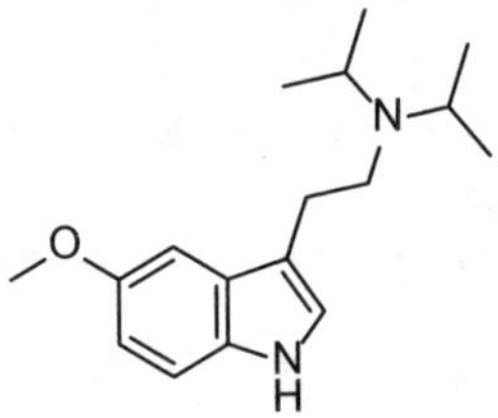

概述:

5 – MeO – DiPT 为白色/棕褐色结晶粉末,具有强烈的令人不悦的吲哚气味,分子式为 $C_{17}H_{26}N_2O$①,属于色胺类衍生物,为 5 – 羟色胺类迷幻剂。离体实验数据显示 5 – MeO – DiPT 为 5 – HT_{1A}、5 – HT_{2A} 和 5 – HT_{2C} 受体激动剂及有效的 5 – 羟色胺转运体抑制剂。相对于 5 – HT_{2A} 和

① 选自"https://www.chemsrc.com/", 2018 年 9 月 18 日。

5 - HT_{2C}受体,5 - MeO - DiPT 对 5 - HT_{1A}受体具有更强的亲和力①。5 - MeO - DiPT 可以通过口服、吹入、吸入和注射途径进入人体,口服剂量范围为6 ~ 12mg,作用持续时间为 4 ~ 8 小时②。报导称滥用 5 - MeO - DiPT 会导致中毒,表现为恶心、呕吐、激动、低血压、瞳孔散大、心动过速和出现幻觉③。还有一些研究发现,5 - MeO - DiPT 在同性恋吸毒者中使用非常频繁④。目前 5 - MeO - DiPT 除在我国受到监管,在丹麦、德国、希腊、日本、新加坡、瑞典和美国等国家均受到监管⑤。5 - MeO - DiPT 的分析检测方法为 GC - MS 和 LC - ESI - MS⑥。

药理毒理作用:

5 - MeO - DiPT 是竞争性 5 - 羟色胺转运体抑制剂,对多巴胺转运体亲和力较低。在离体和在体实验中,5 - MeO - DiPT 对 5 - HT_{1A}、5 - HT_{2A}和 5 - HT_{2C}受体具有亲和力,其中对 5 - HT_{1A}受体亲和力较强⑦。5 - MeO - DiPT 能诱导小鼠甩头反应,5 - HT_{2A}受体特异性拮抗剂

---

① Karolina N. S. et al., "Neurotoxic Effects of 5 - MeO - DIPT: A Psychoactive Tryptamine Derivative in Rats", *Neurotoxicity Research* 30, 2016, pp. 606 - 619. Araújo A. M. et al., "The Hallucinogenic World of Tryptamines: An Updated Review", *Archives of Toxicology* 89, 2015, pp. 1151 - 1173.

② 选自"http://www.erowid.org/chemicals/5meo_dalt/5meo_dalt_dose.shtml",2018年9月18日。

③ 选自"https://en.wikipedia.org/wiki", 2018 年 9 月 18 日。

④ Araújo A. M. et al., "The Hallucinogenic World of Tryptamines: An Updated Review", *Archives of Toxicology* 89, 2015, pp. 1151 - 1173.

⑤ 选自"https://en.wikipedia.org/wiki", 2018 年 9 月 18 日。

⑥ Kikura - Hanajiri R. et al., "Simultaneous Determination of Nineteen Hallucinogenic Tryptamines/β - calbolines and Phenethylamines using Gas Chromatography - Mass Spectrometry and Liquid Chromatography - electrospray Ionisation - mass Spectrometry", *Journal of Chromatography B* 825, 2005, pp. 29 - 37.

⑦ Karolina N. S. et al., "Neurotoxic Effects of 5 - MeO - DIPT: A Psychoactive Tryptamine Derivative in Rats", *Neurotoxicity Research* 30, 2016, pp. 606 - 619. Araújo A. M. et al., "The Hallucinogenic World of Tryptamines: An Updated Review", *Archives of Toxicology* 89, 2015, pp. 1151 - 1173.

M100907 能有效拮抗这种甩头反应①。5 – MeO – DiPT 能改变人体感官知觉和判断力，滥用 5 – MeO – DiPT 可能会导致临床中毒症状，包括恶心、腹泻、呕吐、激动、低血压、瞳孔散大、心动过速和幻觉②。曾有一例特殊的致命病例报道，一名男子经直肠使用 5 – MeO – DiPT，在摄入后约 3.5 小时死亡。据毒理学和尸检结果显示，该男子死因为 5 – MeO – DiPT 使用过量，导致急性心力衰竭③。

临床观察发现 5 – MeO – DiPT 与 4 – 溴 – 2,5 – 二甲氧基 – β – 苯乙胺（2C – B，4 – bromo – 2,5 – dimethoxy – β – phenethylamine）和 4 – 乙基 – 2,5 – 二甲氧基苯基 – 异丙胺（DOET，4 – ethyl – 2,5 – dimethoxy – 4 – methylamphetamine）致幻剂一样，导致使用者产生幻觉④。而在动物研究中，5 – MeO – DiPT 显示产生与 1 – (2,5 – 二甲氧基 – 4 – 甲基苯基) – 2 – 氨基丙烷（DOM，(–) – 2,5 – dimethoxy – 4 – methylamphetamine）和麦角酰二乙胺（LSD，Lysergic acid diethylamide）基本相似的行为效应。

大鼠药物辨别实验中，5 – MeO – DiPT 的 ED_{50} 值为 2.47 mg/kg。在 1 – (2,5 – 二甲氧基 – 4 – 甲基苯基) – 2 – 氨基丙烷、麦角酰二乙胺和二亚甲基双氧苯丙胺（MDMA，(±) – 3,4 – methylene dioxymetham – phetamine）药物替代实验中，这些药物可以完全替代 5 – MeO – DiPT 的作用⑤。

---

① Fantegrossi W. E. et al.，"Hallucinogen – Like Actions of 5 – Methoxy – N，N – diisopropyltryptamine in Mice and Rats"，*Pharmacology Biochemistry & Behavior* 83，2006，pp. 122 – 129.

② http://en.wikipedia.org/wiki. [Cited 2018.09.18].

③ Araújo A. M. et al.，"The Hallucinogenic World of Tryptamines: An Updated Review"，*Archives of Toxicology* 89，2015，pp. 1151 – 1173.

④ Drug Enforcement Administration，"5 – METHOXY – N，N – DIISOPROPYLTRYPTAMINE"，*Drug & Chemical Evaluation Section*，2013.

⑤ Carbonaro T. M. et al.，"Discriminative Stimulus Effects of N，N – Diisopropyltryptamine"，*Psychopharmacologia* 226，2013，pp. 241 – 246.

体外药理学评价：

5 – MeO – DiPT 是竞争性 5 – 羟色胺转运体抑制剂，对多巴胺转运体具有较低的亲和力①。体外、小鼠和大鼠体内实验结果显示，5 – MeO – DiPT 对 5 – HT_{1A}、5 – HT_{2A} 和 5 – HT_{2C} 受体具有亲和力，在体外对 5 – HT_{1A}受体的亲和力较强。小鼠脑部抽搐实验表明 5 – HT_{2A}受体是 5 – MeO – DiPT的重要作用靶标（见表 5 – 2）②。通过使用两种不同实验体系（细胞异源表达单胺转运体和大鼠脑突触体）研究 5 – MeO – DiPT 对转运蛋白的影响，结果发现 5 – MeO – DiPT 作为竞争性 5 – 羟色胺转运蛋白抑制剂，可阻断 5 – 羟色胺重吸收，持续表现出多巴胺能作用③。具体亲和力数据见表 5 – 2。

表 5 – 2　5 – MeO – DiPT 对 5 – HT_{1A}、5 – HT_{2A} 和 5 – HT_{2C} 受体的亲和力

化合物	p*K*i (*K*i) [^{3}H] 8 – OH – DPAT	p*K*i (*K*i) [^{3}H] ketanserin	p*K*i(*K*i) [^{3}H] mesulergine
5 – MeO – DiPT	7.44 ±0.04 (35nM)	5.25 ±0.04 (5620nM)	5.77 ±0.36 (1700nM)

数据表示为平衡解离常数（p*K*i）的负对数，并表示为平均值 ± 标准误，平衡解离常数 *K*i 在括号中给出。

---

① Karolina N. S. et al., "Neurotoxic Effects of 5 – MeO – DIPT: A Psychoactive Tryptamine Derivative in Rats", *Neurotoxicity Research* 30, 2016, pp. 606 – 619. Sogawa C. et al., "5 – Methoxy – N, N – Diisopropyltryptamine (Foxy), A Selective and High Affinity Inhibitor of Serotonin Transporter", *Toxicology Letters* 170, 2007, pp. 75 – 82.

② Karolina N. S. et al., "Neurotoxic Effects of 5 – MeO – DIPT: A Psychoactive Tryptamine Derivative in Rats", *Neurotoxicity Research* 30, 2016, pp. 606 – 619. Araújo A. M. et al., "The Hallucinogenic World of Tryptamines: An Updated Review", *Archives of Toxicology* 89, 2015, pp. 1151 – 1173. Fantegrossi W. E. et al., Hallucinogen – Like Actions of 5 – methoxy – N, N – diisopropyltryptamine in Mice and Rats, *Pharmacology Biochemistry & Behavior*, 2006, pp. 123 – 129.

③ Sogawa C. et al., "5 – Methoxy – N, N – Diisopropyltryptamine (Foxy), A Selective and High Affinity Inhibitor of Serotonin Transporter", *Toxicology Letters* 170, 2007, pp. 75 – 82.

药物代谢：

在对过量服用 5 - MeO - DiPT 人的尿液研究中，发现 5 - MeO - DiPT 通过三种主要途径代谢（见图5 - 3）：（1）通过侧链 O - 去甲基化，在 CYP2D6 酶的催化下代谢成 5 - 羟基 - N，N - 二异丙基色胺（5 - OH - DiPT），接着一部分通过共轭形成硫酸盐和葡糖苷酸；（2）通过芳环 6 位的羟基化，在 CYP1A1 酶催化下代谢成 6 - 羟基 - 5 - 甲氧基 - N，N - 二异丙基色胺（6 - OH - 5 - MeO - DiPT），而后形成硫酸盐和葡萄糖醛酸；（3）通过侧链 N - 脱烷基化，在 CYP1A2、CYP2C19 和 CYP3A4 酶催化下代谢为相应的仲胺（5 - 甲氧基 - N - 异丙基色胺（5 - MeO - NiPT））。其中酶活性排序为 CYP2C19 > CYP1A2 > CYP3A4 > CYP2C8 > CYP2C9 = CYP2D6[①]。在大鼠体内参与 5 - MeO - DiPT 代谢的功能性 CYP 酶与人体不同，CYP2D6，CYP2C6 和 CYP1A1 表现出较强的 O - 去甲基化活性，CYP2C11，CYP1A2，CYP2C6 和 CYP3A2 主要催化侧链N - 脱烷基化，而 CYP1A1 则表现出与人体类似的 5 - MeO - DiPT - 6 - 羟化酶活性[②]。大鼠体内，5 - MeO - DiPT 在肝微粒体内被氧化，其主要的氧化酶是 CYP2D2[③]。

---

① Araújo A. M. et al.，"The Hallucinogenic World of Tryptamines：An Updated Review"，*Archives of Toxicology* 89，2015，pp. 1151 - 1173. Kamata T.，"Metabolism and Toxicological Analyses of Hallucinogenic Tryptamine Analogues being Abused in Japan"，*Forensic Toxicology* 28，2010，pp. 1 - 8.

② Araújo A. M. et al.，"The Hallucinogenic World of Tryptamines：An Updated Review"，*Archives of Toxicology* 89，2015，pp. 1151 - 1173. Kamata T.，"Metabolism and Toxicological Analyses of Hallucinogenic Tryptamine Analogues being Abused in Japan"，*Forensic Toxicology* 28，2010，pp. 1 - 8.

③ Kazamori D.，"Oxidative Metabolism of 5 - MeO - DIPT by Rat CYP2D Enzymes"，*Drug Metabolism Reviews* 13，2007，pp. 1640 - 1704.

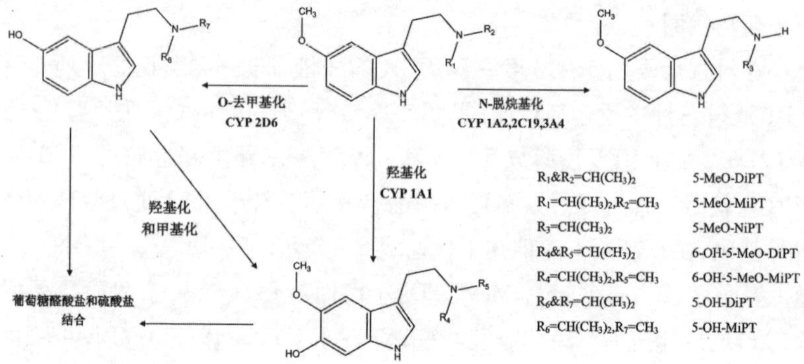

图 5－3　人体 5－MeO－DiPT 及其类似物 5－MeO－MiPT 的代谢途径

依赖性折算：

1 克 5－MeO－DiPT 相当于 1 克甲基苯丙胺①。

132. 5－MeO－DMT

名称:5－MeO－DMT

通用名：

2－(5－Methoxy－1*H*－indol－3－yl)－*N*,*N*－dimethylethan－1－amine

2－(5－甲氧基吲哚－3－基)－*N*,*N*－二甲基乙胺

N,*N*－Dimethyl－5－methoxytryptamine

N,*N*－二甲基－5－甲氧基色胺

(英文缩写:5－MeO－DMT)

(CAS:1019－45－0)

---

① 国家禁毒委员会:《关于印发〈104 种非药用类麻醉药品和精神药品管制品种依赖性折算表〉的通知》,载北京刑事律师网文献库:http//www. bjxsdls. com/info. asp? lb_id = 2495,2019 年 4 月 20 日最后访问。

化学结构：

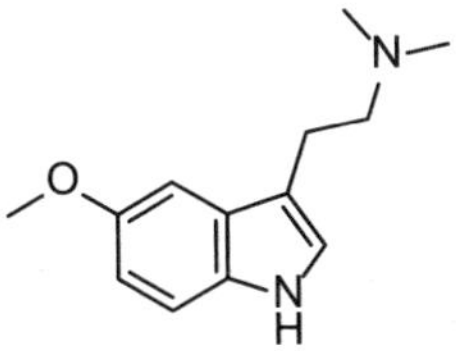

概述：

5 – MeO – DMT 为灰白色至浅黄色结晶粉末，分子式 $C_{13}H_{18}N_2O$，属于色胺类衍生物①。5 – MeO – DMT 是 5 – HT_{1A} 和 5 – HT_{2A} 受体激动剂，可从植物和蟾蜍毒液中提取。化学合成、蟾蜍和植物提取来源的 5 – MeO – DMT常被用于精神和娱乐目的。5 – MeO – DMT 可能具有心理治疗作用②。5 – MeO – DMT 及其类似物在体液中的浓度升高可能与精神分裂症等精神疾病有关③。肠道和肝脏中的单胺氧化酶（MAO，Monoamine oxidase）会对其快速灭活，因此，5 – MeO – DMT 主要的有效摄取方式为吸入或吹入，剂量为 3 – 5mg 即可产生活性，持续作用时间长达 12 小时④。5 – MeO – DMT 诱导的生理和行为变化包括中度到强烈的神秘体验，例如，不可言说性、永恒性、超越性体验⑤。同时还伴有

---

① 选自"https://www.chemsrc.com/"，2018 年 9 月 18 日。

② Davis A. K. al.，"The Epidemiology of 5 – Methoxy – N，N – Dimethyltryptamine（5 – MeO – DMT）Use：Benefits，Consequences，Patterns of Use，Subjective Effects，and Reasons for Consumption"，*Journal of Psychopharmacol* 32，2018，pp. 779 – 792.

③ Shen H. W. et al.，"Psychedelic 5 – Methoxy – N，N – Dimethyltryptamine：Metabolism，Pharmacokinetics，Drug Interactions，and Pharmacological Actions"，*Current Drug Metabolism* 11，2010，pp. 659 – 666.

④ Araújo A. M. et al.，"The Hallucinogenic World of Tryptamines：An Updated Review"，*Archives of Toxicology* 89，2015，pp. 1151 – 1173.

⑤ Davis A. K. al.，"The Epidemiology of 5 – Methoxy – N，N – Dimethyltryptamine（5 – MeO – DMT）Use：Benefits，Consequences，Patterns of Use，Subjective Effects，and Reasons for Consumption"，*Journal of Psychopharmacol* 32，2018，pp. 779 – 792.

视觉和听觉扭曲、体温过高和头部抽搐和刺激控制(stimulus control)①。5 – MeO – DMT 的分析检测方法主要为 GC – MS②。

药理毒理作用：

5 – MeO – DMT 是 5 – HT_{1A} 和 5 – HT_{2A} 受体激动剂。5 – MeO – DMT 对 5 – HT_{1A} 受体具有高亲和力,在人体受试者中,其亲和力与 DMT 类似,但不同取代基的 5 – MeO – DMT 衍生物亲和力比 DMT 强 4 – 10 倍③。5 – MeO – DMT 最初是从 Dictyolomaincanescens D. C. 的树皮中分离出来,是蟾毒色胺的衍生物,而后发现可在人松果体和视网膜中合成,并可在尿液、血液和脑脊液被检测到。因此 5 – MeO – DMT 被认为是一种内源性精神毒素。5 – MeO – DMT 及其类似物在体液中的浓度升高可能与精神分裂症等精神疾病有关。但它也可能具有心理治疗效果,有报告称在被诊断为精神疾病的患者中,大多数人在使用 5 – MeO – DMT 后症状有所改善,包括与创伤后应激障碍(79%)、抑郁(77%)、焦虑(69%)、酒精中毒(66%)或药物使用障碍(60%)相关的改善。5 – MeO – DMT 在使用者中被重复使用频率较低,这可能与其成瘾性低有关④。

5 – MeO – DMT 口服进入人体后存在广泛的首过代谢,在肠道和肝脏中的单胺氧化酶会快速将其灭活,故与 DMT 相似的 5 – MeO – DMT

---

① Shen H. W. et al.,"Psychedelic 5 – Methoxy – N, N – Dimethyltryptamine: Metabolism, Pharmacokinetics, Drug Interactions, and Pharmacological Actions", *Current Drug Metabolism* 11, 2010, pp. 659 – 666.

② Takahashi M. et al., "Analysis of Phenethylamines and Tryptamines in Designer Drugs Using Gas Chromatography – Mass Spectrometry", *Eisei Kagaku* 54, 2008, pp. 89 – 96.

③ Halberstadt A. L. et al., "Behavioral Effects of α, α, β, β – tetradeutero – 5 – MeO – DMT in Rats: Comparison with 5 – MeO – DMT Administered in Combination with a Monoamine Oxidase Inhibitor", *Psychopharmacology* 221, 2012, pp. 709 – 718.

④ Davis A. K. al.,"The Epidemiology of 5 – Methoxy – N, N – Dimethyltryptamine (5 – MeO – DMT) Use: Benefits, Consequences, Patterns of Use, Subjective Effects, and Reasons for Consumption", *Journal of Psychopharmacol* 32, 2018, pp. 779 – 792. Shen H. W. et al.,"Psychedelic 5 – Methoxy – N, N – Dimethyltryptamine: Metabolism, Pharmacokinetics, Drug Interactions, and Pharmacological Actions", *Current Drug Metabolism* 11, 2010, pp. 659 – 666.

不具有口服活性，因此通常通过吸入或吹入使用①。在人类受试者中，5 – MeO – DMT 不同的给药途径产生迷幻效果的剂量不同，例如吸入为 6 – 20 mg，静脉注射为 0.7 ~ 3.1mg，舌下或鼻内吹气为 10 mg，口服(30 mg)②。

体外药理学评价③：

5 – MeO – DMT 对 5 – HT_{1A}受体具有高亲和力，在人体受试者中，与 DMT 类似，但不同取代基的 5 – MeO – DMT 衍生物亲和力比 DMT 强 4 ~ 10 倍，具体见表 5 – 3。

表 5 – 3　5 – MeO – DMT 和 α, α, β, β – Tetradeutero – 5 – MeO – DMT 的受体结合数据

受体	放射性配体	物种[a]	亲和力 *K*i nM(± SEM)[b]	
			5 – MeO – DMT	α, α, β, β – Tetradeutero – 5 – MeO – DMT
5 – HT_{1A}	[^{3}H]8 – OH – DPAT	人	3.0 (0.2)	3.0 (0.4)
5 – HT_{1B}	[^{3}H]GR125743	人	14.0 (2)	3.5 (0.6)
5 – HT_{1D}	[^{3}H]GR125743	人	2.3 (0.3)	1.7 (0.3)
5 – HT_{1E}	[^{3}H]5 – HT	人	376 (67)	483 (90)
5 – HT_{2A}	[^{3}H]ketanserin	人	907 (170)	1,292 (243)
5 – HT_{2B}	[^{3}H]LSD	人	36 (6)	90 (14)
5 – HT_{2C}	[^{3}H]mesulergine	大鼠	418 (35)	286 (25)
5 – HT_{5A}	[^{3}H]LSD	人	505 (72)	151 (20)

① Araújo A. M. et al., "The Hallucinogenic World of Tryptamines: An Updated Review", *Archives of Toxicology* 89, 2015, pp. 1151 – 1173.

② Shen H. W. et al., "Psychedelic 5 – Methoxy – N, N – Dimethyltryptamine: Metabolism, Pharmacokinetics, Drug Interactions, and Pharmacological Actions", *Current Drug Metabolism* 11, 2010, pp. 659 – 666.

③ Halberstadt A. L. et al., "Behavioral Effects of α, α, β, β – tetradeutero – 5 – MeO – DMT in Rats: Comparison with 5 – MeO – DMT Administered in Combination with a Monoamine Oxidase Inhibitor", *Psychopharmacology* 221, 2012, pp. 709 – 718.

续表

受体	放射性配体	物种[a]	亲和力 *K*i nM(± SEM)[b]	
			5 – MeO – DMT	α,α,β,β – Tetradeutero – 5 – MeO – DMT
5 – HT_6	[^{3}H]LSD	人	6.5（1.2）	10.0（1）
5 – HT_7	[^{3}H]LSD	人	4.5（0.5）	2.6（0.4）
α_{1A}	[^{3}H]prazocin	人	4373（354）	1013（92）
α_{1B}	[^{3}H]prazocin	人	2188（219）	841（67）
α_{1D}	[^{125}I]HEAT	人	439（52）	202（17）
α_{2A}	[^{3}H]clonidine	人	938（56）	1871（187）
α_{2B}	[^{3}H]clonidine	人	430（40）	513（48）
α_{2C}	[^{3}H]clonidine	人	206（14）	274（16）
β_2	[^{3}H]CGP12177	人	2679（238）	4560（365）
D_3	[^{3}H]N – methyl – spiperone	大鼠	>10,000	7087（1,125）
H_1	[^{3}H]pyrilamine	人	7580（1024）	>10,000
H_2	[^{3}H]tiotidine	人	>10,000	7165（853）
SERT	[^{3}H]citalopram	人	3603（559）	2761（330）
Sigma – 2	[^{3}H]DTG	大鼠	3689（336）	7171（1156）

a:使用克隆受体进行实验；

b:5 – MeO – DMT 和 α,α,β,β – Tetradeutero –5 – MeO – DMT 以 *K*i 值 > 10000 nM 结合到以下位点:5 – HT_3、大鼠脑苯二氮卓位点、Ca^{2+} 通道、D1、D2、D4、D5、DAT、NET、β1、β3、DOR、MOR、KOR、EP3、EP4、$GABA_A$、H3、H4、M1、M2、M3、M4、M5 和 sigma – 1。

药物代谢：

5 – MeO – DMT 代谢的主要途径是被单胺氧化酶 A 氧化脱氨变成 5 – 甲氧基吲哚乙酸。少量的 5 – MeO – DMT 通过 CYP2D6 去甲基羟基化成蟾蜍皮腺素。具体途径见图 5－4①。

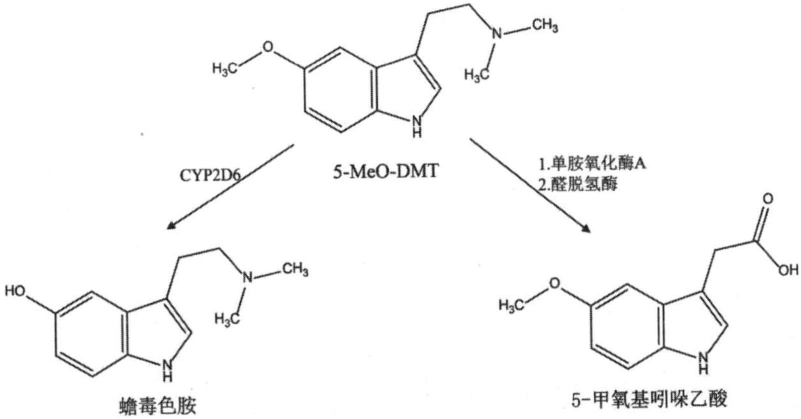

图 5－4　5－MeO－DMT 的生物转化

依赖性折算：

1 克 5－MeO－DMT 相当于 1 克海洛因②。

133. 5－MeO－MiPT

名称：5－MeO－MiPT

通用名：

N－[2－(5－Methoxy－1*H*－indol－3－yl) ethyl]－*N*－methylpropan－2－amine

N－[2－(5－甲氧基－1*H*－吲哚－3－基)乙基]－*N*－甲基－2－丙胺

N－methyl－*N*－isopropyl－5－methoxytryptamine

---

① Halberstadt, A. L., "Behavioral and Pharmacokinetic Interactions between Monoamine Oxidase Inhibitors and the Hallucinogen 5－Methoxy－N, N－Dimethyltryptamine", *Pharmacology Biochemistry & Behavior* 143, 2016, pp. 1－10.

② 国家禁毒委员会：《关于印发〈104 种非药用类麻醉药品和精神药品管制品种依赖性折算表〉的通知》，载北京刑事律师网文献库：http//www. bjxsdls. com/info. asp? lb_id = 2495，2019 年 4 月 20 日最后访问。

N－甲基－*N*－异丙基－5－甲氧基色胺
（英文缩写：5－MeO－MiPT）
（CAS：96096－55－8）
化学结构：

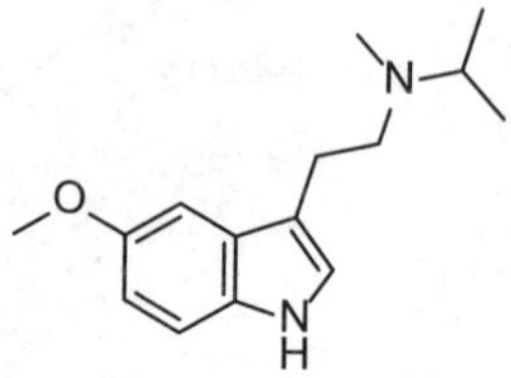

概述：

5－MeO－MiPT 为白色粉末，分子式为 $C_{15}H_{22}N_2O$①。5－MeO－MiPT 具有类似于 5－MeO－DiPT 的结构和药效学特性，因而通常用作 5－MeO－DiPT 的“替代物”。5－MeO－MiPT 是 $5-HT_{2A}$ 和 $5-HT_{1A}$ 受体激动剂②，主要摄取方式为口服，也可吸入，一般 4～10mg 即可产生非常欣快的感觉。5－MeO－MiPT 会产生非常强烈的气味。5－MeO－MiPT 诱导的生理和行为变化包括：欣快感、触感增强、放松、视觉扭曲和失眠，还可显著增强心率③。针对 5－MeO－MiPT 的鉴定分析、检测方法及波谱数据见参考文献④。

药理毒理作用：

5－MeO－MiPT 致幻作用的主要机制是激动 $5-HT_{2A}$ 受体，以及抑

---

① 选自“https://www.chemsrc.com/”，2018 年 9 月 18 日。

② Rickli A. et al.，“Receptor Interaction Profiles of Novel Psychoactive Tryptamines Compared with Classic Hallucinogens”，*European Neuropsychopharmacology* 26，2016，pp. 1327－1337.

③ Roberta T. et al.，“Recreational Use，Analysis and Toxicity of Tryptamines”，*Current Neuropharmacology* 13，2015，pp. 26－46.

④ Takahashi M. et al.，“Analysis of Phenethylamines and Tryptamines in Designer Drugs using Gas Chromatography－Mass Spectrometry”，*Eisei Kagaku* 54，2008，pp. 89－96. Min J. Z. et al.，“Simultaneous and Group Determination Methods for Designated Substances by HPLC with Multi－Channel Electrochemical Detection and Their Application to Real Samples”，*Biomedical Chromatography* 24，2010，pp. 1287－1299.

制单胺氧化酶的活性①。5 – MeO – MiPT 与 5 – HT_{1A}受体的结合力最强，此外它还显示出对 5 – 羟色胺转运体和去甲肾上腺素转运体的强亲和力②。5 – MeO – MiPT 与 5 – MeO – DiPT 一样都能抑制 5 – 羟色胺、多巴胺和去甲肾上腺素的重摄取，但 5 – MeO – MiPT 很少表现出对多巴胺、5 – 羟色胺和去甲肾上腺素的释放活性③。

5 – MeO – MiPT 可以吸入或口服给药。口服使用的剂量为 4 ~ 6mg，吸入剂量为 12 ~ 20mg。口服 5 – MeO – MiPT 后，精神效应发作的时间为 15 ~ 20 分钟，45 ~ 60 分钟达到峰值，约 10 小时后恢复正常。采用吸入方式服用后，则立即发作，效果持续时间为 2 ~ 5 小时，症状在 2 ~ 4小时后消失④。

Shimizu 报道了一名 27 岁的日本商人在摄入丙酮和 5 – MeO – MiPT 混合物后中毒的案例，服用者出现恶心、精神异常兴奋，瞳孔散大，出汗，发热（37.8°C），心动过速（150 bpm），血压升高（144/81 mmHg）及健忘等反应⑤。

体外药理学评价⑥：

5 – MeO – MiPT 能与下表所列的受体结合，其亲和力值（*K*i）如表 5 – 4 ~ 5 – 6 所示。

---

① Rickli A. et al., "Receptor Interaction Profiles of Novel Psychoactive Tryptamines Compared with Classic Hallucinogens", *European Neuropsychopharmacology* 26, 2016, pp. 1327 – 1337.

② Rickli A. et al., "Receptor Interaction Profiles of Novel Psychoactive Tryptamines Compared with Classic Hallucinogens", *European Neuropsychopharmacology* 26, 2016, pp. 1327 – 1337.

③ Roberta T. et al., "Recreational Use, Analysis and Toxicity of Tryptamines", *Current Neuropharmacology* 13, 2015, pp. 26 – 46.

④ Roberta T. et al., "Recreational Use, Analysis and Toxicity of Tryptamines", *Current Neuropharmacology* 13, 2015, pp. 26 – 46.

⑤ Shimizu E. et al., "Combined Intoxication with Methylone and 5 – MeO – MIPT", *Progress in Neuropsychopharmacology & Biological Psychiatry* 31, 2007, pp. 288 – 291.

⑥ Rickli A. et al., "Receptor Interaction Profiles of Novel Psychoactive Tryptamines Compared with Classic Hallucinogens", *European Neuropsychopharmacology* 26, 2016, pp. 1327 – 1337.

表 5 - 4　5 - MeO - MiPT 的受体亲和力

受体	亲和力 *Ki*(μM)
5 - HT_{1A}	0.058
5 - HT_{2A}	0.163
5 - HT_{2C}	1.3
D_1	>25
D_2	>25
D_3	>25
α_{1A}	>12
α_{2A}	5.3
$TAAR_1$	>15
H_1	3.9
SERT	3.3
DAT	>26
NET	>22

其中,5 - MeO - MiPT 与 5 - HT_{1A}受体结合力最强,此外它还显示出对 5 - 羟色胺转运体和去甲肾上腺素转运体的强亲和力,因此可作为中等强度的 5 - 羟色胺和去甲肾上腺素重摄取抑制剂。

表 5 - 5　单胺转运蛋白和 5 - MeO - MiPT 结合亲和力

单位:*Ki*(μM)

化合物	NET	DAT	SERT	α1A	α2A	D1	D2	D3	H1
5 - MeO - MiPT	>22	>26	3.3 ±0.3	>12	5.3 ±0.3	>25	>25	>25	3.9 ±0.5

表 5－6　5－MeO－MiPT 对单胺转运蛋白的抑制

单位：IC_{50}［μM］（95% CI）

化合物	NET	DAT	SERT
5－MeO－MiPT	84（65 － 109）	>100	22（17 － 28）

药物代谢：

5－MeO－MiPT 和 5－MeO－DiPT 的代谢途径相同，也包括三条代谢途径，即 O－去甲基化，芳环羟基化以及侧链的 N－脱烷基化，具体代谢途径见图 5－5①。

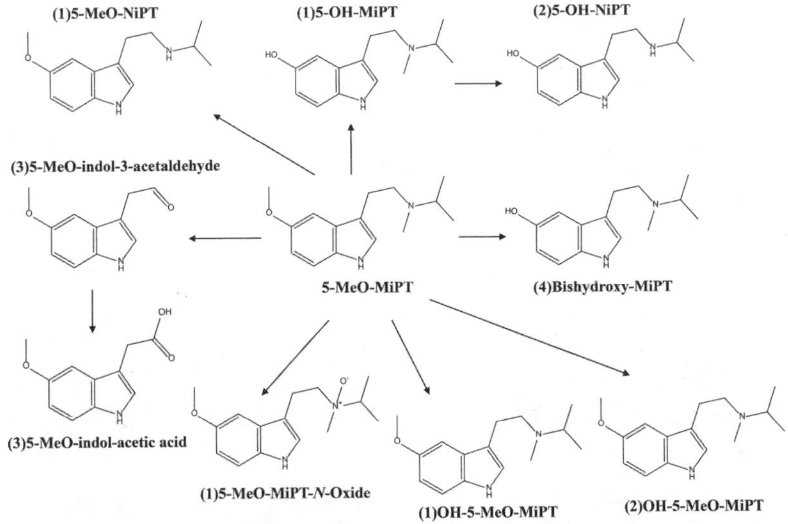

代谢物（1）在三种样品类型中均被发现，（2）仅在体外发现，（3）在体外－尿液中发现和（4）在体外和体内尿液中发现。

图 5－5　5－MeO－MiPT 的代谢途径

① Grafinger K. E. et al., "Study of the in Vitro and in Vivo Metabolism of the Tryptamine 5－MeO－MiPT using Human Liver Microsomes and Real Case Samples", *Drug Testing & Analysis* 10, 2018, pp. 562－574.

依赖性折算：

1 克 5 - MeO - MiPT 相当于 1 克海洛因①。

134. AMT

名称：AMT

通用名：

1 - (1*H* - Indol - 3 - yl) propan - 2 - amine

1 - (3 - 吲哚基) - 2 - 丙胺

α - Methyltryptamine

α - 甲基色胺

（英文缩写：AMT）

（CAS：299 - 26 - 3）

化学结构：

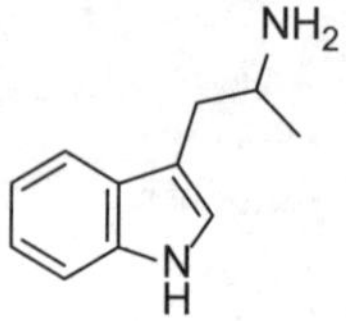

概述：

AMT 为白色至浅黄色晶体或结晶粉末，分子式为 $C_{11}H_{14}N_2$②，20 世纪 60 年代由 Upjohn（美国法玛西亚普强公司）的工作人员开发为抗抑郁药，在俄罗斯曾以商品名“Indopan”，被单纯地当作抗抑郁药物使用③。AMT 是非选择性 5 - 羟色胺受体激动剂及单胺氧化酶抑制剂④。主要摄取方式为口服，也可吸入，一般口服 15 ~ 30mg 即可产生欣快感、同情

① 国家禁毒委员会：《关于印发〈104 种非药用类麻醉药品和精神药品管制品种依赖性折算表〉的通知》，载北京刑事律师网文献库：http://www. bjxsdls. com/info. asp? lb_id = 2495，2019 年 4 月 20 日最后访问。

② 选自“https://www. chemsrc. com/”，2018 年 9 月 18 日。

③ Jacob, S., Method of treating mental depression, US3296072, 1967.

④ Drug Enforcement Administration.

心和迷幻作用，作用持续时间长达 12 小时①。AMT 诱导的生理和行为变化包括焦虑、烦躁不安、肌肉紧张、下颌紧张、瞳孔扩张、心动过速、头痛、恶心和呕吐等。目前 AMT 除了在我国受到监管，在澳大利亚，西班牙、美国、欧洲等国家也已受监管②。针对 AMT 鉴定分析的检测方法及波谱数据见参考文献③。

药理毒理作用：

AMT 是非选择性 5 - 羟色胺受体激动剂，与 5 - HT_1 和 5 - HT_2 受体有中度亲和力。AMT 可抑制单胺类神经递质特别是 5 - 羟色胺的吸收，是一种有效的单胺氧化酶抑制剂④。与很多促 5 - 羟色胺释放剂一样，AMT 的类似物 α - 乙基色胺（AET，α - ethyltryptamine）已被证明可以在非常高的剂量下产生持久的 5 - 羟色胺能神经毒性，AMT 也能产生相似的神经毒性。AMT 是单胺氧化酶的可逆抑制剂，在大鼠大脑中的效力与等摩尔剂量的二氢骆驼蓬碱（harmaline）大约相等⑤。

AMT 服用剂量达 15 ~ 30mg 时，产生的欣快感、同情心和迷幻效果将会变得明显，并可持续长达 12 小时。通常认为 > 40mg 为高剂量，在极端剂量下，AMT 效果的持续时间可能超过 24 小时。已有报道的 AMT 副作用包括焦虑、烦躁不安、肌肉紧张、下颌紧张、瞳孔扩张、心动过速、头痛、恶心和呕吐等。当 AMT 剂量接近 150mg 时，由于单胺释放促进作用和单胺氧化酶抑制作用的增加，危险性呈指数上升。

美国报道了一起服用 AMT 致死的案例，一名学生（男性，22 岁）使用 AMT（现场仅回收一个空的 1g 规格装 AMT 小瓶；给药途径未知）后出现严重的躁动和幻视，12 小时后，室友发现他躺在床上反应迟钝。对

---

① 选自"http://www.erowid.org/chemicals/5meo_dalt/5meo_dalt_dose.shtml"，2018 年 9 月 18 日。

② 选自"https://en.wikipedia.org/wiki"，2018 年 9 月 18 日。

③ Arunotayanun W. et al.，"An Analysis of the Synthetic Tryptamines AMT and 5 - MeO - DALT: Emerging 'Novel Psychoactive Drugs'"，*Bioorganic & Medicinal Chemistry Letters* 23，2013，pp. 3411 - 3415.

④ Drug Enforcement Administration.

⑤ 选自"https://en.wikipedia.org/wiki"，2018 年 9 月 18 日。

该男子血液、胃内容物、肝脏和脑组织中进行的毒理学分析显示 AMT 浓度分别为:2.0mg/kg、9.6mg/kg、24.7mg/kg 和 7.8mg/kg①。

药物辨别实验中,5 - MeO - AMT(0.5 mg/kg)所产生的效应最大值相当于 67% 的麦角二乙酰胺(LSD, Lysergic acid diethylamide)(0.1mg/kg)。5 - MeO - AMT(3 和 10mg/kg)可以时间依赖性地抑制动物自主活动。

体外药理学评价:

AMT 可以平衡 5 - 羟色胺、去甲肾上腺素和多巴胺三种神经递质的量②。AMT 还可以非选择性激活 5 - 羟色胺受体③。AMT 抑制单胺类神经递质(多巴胺、5 - 羟色胺和去甲肾上腺素)重摄取和刺激单胺类递质释放④。AMT 与 5 - 羟色胺受体的亲和力见表 5 - 7⑤。

表 5 - 7　AMT 的放射性配体结合数据

化合物	受体	
	[^{3}H]5 - 羟色胺 p*K*i(± SEM)	[^{3}H]酮色林 p*K*i(± SEM)
5 - 羟色胺	8.46(0.12)	6.01(0.12)
AMT	5.86(0.21)	5.37(0.21)

注:所有值代表两次或三次测定的平均值。

① Roberta T. et al., "Recreational Use, Analysis and Toxicity of Tryptamines", *Current Neuropharmacology* 13, 2015, pp. 26 - 46.

② Nagai F. et al., "The Effects of Non - medically used Psychoactive Drugs on Monoamine Neurotransmission in Rat Brain", *European Journal of Pharmacology* 559, 2007, pp. 132 - 137.

③ Nonaka R. et al., "In Vitro Screening of Psychoactive Drugs by [^{35}S] GTPγS Binding in Rat Brain Membranes", *Biological & Pharmaceutical Bulletin* 30, 2007, pp. 2328 - 2333.

④ Roberta T. et al., "Recreational Use, Analysis and Toxicity of Tryptamines", *Current Neuropharmacology* 13, 2015, pp. 26 - 46.

⑤ Nichols D. E. et al., "Synthesis and Serotonin Receptor Affinities of a Series of Enantiomers of Alpha - Methyltryptamines: Evidence for the Binding Conformation of Tryptamines at Serotonin 5 - HT_{1B} Receptors", *Journal of Medicinal Chemistry* 31, 1988, pp. 1406 - 1412.

药物代谢：

在雄性 Wistar 大鼠尿液中检测到 AMT 的代谢物为 2 - 氧代 - AMT、6 - 羟基 - AMT、7 - 羟基 - αMT 和 1′ - 羟基 - AMT。具体途径见图 5 - 6①。

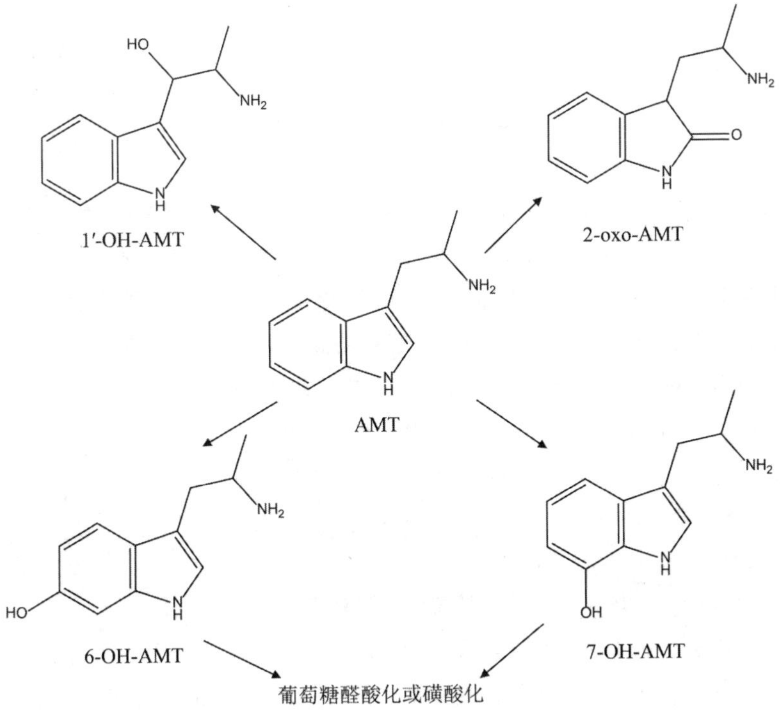

图 5 - 6　AMT 在雄性 Wistar 大鼠尿液的代谢途径

依赖性折算：

1 克 AMT 相当于 0.134 克海洛因②。

---

① Kanamori T. et al., "In Vivo Metabolism of α - methyltryptamine in Rats: Identification of Urinary Metabolites", *Xenobiotica* 38, 2009, pp. 1476 - 1486.

② 国家禁毒委员会:《关于印发〈104 种非药用类麻醉药品和精神药品管制品种依赖性折算表〉的通知》,载北京刑事律师网文献库: http//www. bjxsdls. com/info. asp? lb_id = 2495,2019 年 4 月 20 日最后访问。

第六章　氨基茚满类

第一节　前　　言

氨基茚满类(Aminoindanes,AIs)新精神活性物质是以2－氨基茚满(2－Aminoindane,2－AI)为骨架,通过N－烷基化,苯环官能团取代,引入亚甲基双氧桥等结构修饰衍生的一类化合物。代表性药物包括:2－氨基茚满、5,6－亚甲二氧基－2－氨基茚满(5,6－Methylenedioxy－2－aminoindane,MDAI)以及5－碘－2－氨基茚满(5－Iodo－2－aminoindane,5－IAI),三者的结构式如图6－1所示①。

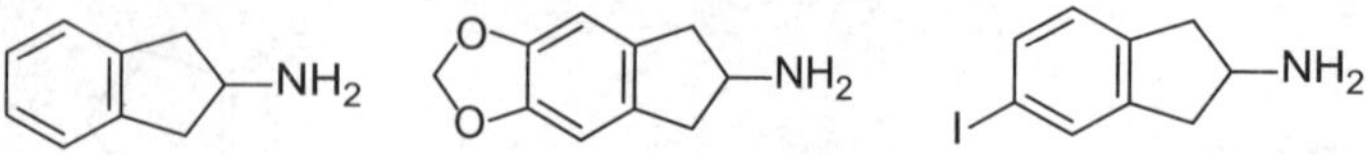

图6－1　2－AI(左)、MDAI(中)、5－IAI(右)

氨基茚满类化合物在合成之初,本意用于医疗。20世纪70年代,氨基茚满类化合物被报道具有支气管扩张和镇痛作用,但随即发现这类物质能够显著影响5－羟色胺的摄取和再释放②。此后,研究者又将氨基茚满类化合物视作抗帕金森病药物以及有心理治疗作用的潜在化合物,

---

① United Nations Office on Drugs and Crime, "The Challenge of New Psychoactive Substances. A Report from the Global SMART Programme", http://www.unodc.org/unodc/en/scientists/the－challenge－of－new－psychoactive－substances－－－global－smart－programme.html, April 20,2019.

② M. Coppola and R. Mondola,"5－Iodo－2－aminoindan (5－IAI): Chemistry, Pharmacology, and Toxicology of A Research Chemical Producing MDMA－like Effects", *Toxicol Lett* 218, 2013, pp.24－29.

并围绕其展开了一系列药理学研究①。近年来,氨基茚满类化合物开始以新精神活性物质的身份进入公众视野。2009 年至 2010 年英国政府将部分哌嗪类和卡西酮类精神活性物质进行管控之后,氨基茚满类化合物便因与前两者的结构相似性,而被作为“合法替代品”受到追捧②。目前,氨基茚满类新精神活性物质的滥用形势越严峻。联合国毒品与犯罪问题办公室的调查结果显示,最近几年不断有新的 2 – AI 的 N – 烷基化衍生物出现③。

氨基茚满类新精神活性物质通常以粉末或晶体的形式存在。不同化合物之间的吸食方式可能存在差异:以口服方式为主,此外也可通过鼻吸的方式摄取这类物质④。目前关于氨基茚满类新精神活性物质的药理和毒理研究相对匮乏,大多数研究提及这类物质可促进 5 – 羟色胺的释放⑤。此外,根据吸食者的普遍反馈,氨基茚满类化合物可令人产生欣快感、增强共情能力和认知能力,同时也可导致焦虑、惊恐、脱水、心动过速等不良反应。虽然有研究表明氨基茚满类化合物对人体毒性普遍较低,但考虑到其与苯丙胺的结构相似性,以及既往报道的相关死亡案例,这类物质应当受到重视。⑥

---

① N. Pinterova et al. ,“Synthetic Aminoindanes: A Summary of Existing Knowledge”, *Front Psychiatry* 8, 2017, p. 236.

② N. Pinterova et al. ,“Synthetic Aminoindanes: A Summary of Existing Knowledge”, *Front Psychiatry* 8, 2017, p. 236.

③ United Nations Office on Drugs and Crime, “The Challenge of New Psychoactive Substances. A Report from the Global SMART Programme”, http://www. unodc. org/unodc/en/scientists/the – challenge – of – new – psychoactive – substances – – – global – smart – programme. html, April 20,2019.

④ United Nations Office on Drugs and Crime, “The Challenge of New Psychoactive Substances. A Report from the Global SMART Programme”, http://www. unodc. org/unodc/en/scientists/the – challenge – of – new – psychoactive – substances – – – global – smart – programme. html, April 20,2019.

⑤ P. D. Sainsbury et al. ,“Aminoindanes – – the Next Wave of ‘Legal Highs’?” *Drug Test Anal* 3, 2011, pp. 479 – 482.

⑥ N. Pinterova et al. ,“Synthetic Aminoindanes: A Summary of Existing Knowledge”, *Front Psychiatry* 8, 2017, p. 236.

现阶段高效液相－质谱/质谱串联法（High Performance Liquid Chromatography － Mass Spectrometry/Mass Spectrometry，HPLC－MS/MS）是鉴定和分析氨基茚满类新精神活性物质的主要手段①。此外，虽然目前氨基茚满类新精神活性物质不在国际公约的列管范围内，但已有多个国家对这类物质实施了管控②。在美国，尽管联邦法律并不限制氨基茚满类新精神活性物质的流通，但持有或销售 MDAI 和 2－AI 还是有可能触犯《联邦类似物法案》（Federal Analogue Act），进而受到警方逮捕。在我国，根据 2015 年 10 月 1 日起生效的《非药用类麻醉药品和精神药品列管办法》，2－AI 和 MDAI 被列入管制，它们的生产和流通为法律禁止③。

第二节　2 种氨基茚满类物质

135. 2－AI

名称：2－AI

通用名：

2,3－dihydro－1*H*－inden－2－amine

2－Aminoindane

2,3－二氢茚－2－胺

2－氨基茚满

---

① Y. Al－Saffar et al.，"Multicomponent LC－MS/MS Screening Method for Detection of New Psychoactive Drugs，Legal Highs，in Urine－Experience from the Swedish Population"，*J Chromatogr B Analyt Technol Biomed Life Sci* 930，2013，pp. 112－120.

② United Nations Office on Drugs and Crime，"The Challenge of New Psychoactive Substances. A Report from the Global SMART Programme"，http://www.unodc.org/unodc/en/scientists/the－challenge－of－new－psychoactive－substances－－－global－smart－programme.html，April 20，2019.

③ 公安部、国家卫生计生委、食品药品监管总局、国家禁毒办：《关于印发非药用类麻醉药品和精神药品列管办法的通知》，载国家食品药品监督管理总局官网：http://samr.cfda.gov.cn/WS01/CL0056/130753.html，2019 年 4 月 20 日最后访问。

（英文缩写：2－AI）

（CAS：2975－41－9）

化学结构：

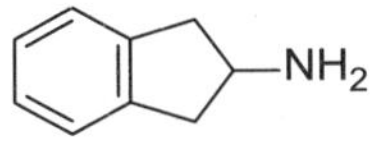

概述：

2－AI 作为苯丙胺的类似物，除了是氨基茚满类化合物的原型，其本身亦是一种兴奋剂，具有兴奋作用①。然而，大众对于 2－AI 的精神活性还缺乏了解，不少地区仍能通过正规的线上渠道购买 2－AI。

目前，2－AI 虽然未在国际公约的列管范围之内，但已经在部分国家和地区受到管控②。自 2015 年 10 月 1 日起，我国政府将 2－AI 列入《非药用类麻醉药品和精神药品管制品种增补目录》管制③。在美国，虽然 2－AI 不受联邦法律管制，但根据《联邦类似物法案》规定，购买、持有或销售 2－AI 仍可能会面临起诉。截至 2017 年，2－AI 在克罗地亚、丹麦、爱沙尼亚、芬兰、匈牙利、立陶宛、波兰、奥地利和葡萄牙均受到不同程度的管控④。

药理毒理作用：

2－AI 的药理学性质罕有报道。目前关于其药理作用的讨论，均是基于 2－AI 与其他兴奋剂［如苯丙胺，甲基苯丙胺和 2－氟甲基苯丙胺（2－Fluoromethamphetamine，2－FMA）］的相似性（化学结构、主观效应

---

① R. Oberlender and D. E. Nichols, "Structural Variation and (＋)－Amphetamine－like Discriminative Stimulus Properties", *Pharmacol Biochem Behav* 38, 1991, pp. 581－586.

② United Nations Office on Drugs and Crime, "The Challenge of New Psychoactive Substances. A Report from the Global SMART Programme", http://www.unodc.org/unodc/en/scientists/the－challenge－of－new－psychoactive－substances－－－global－smart－programme.html, April 20, 2019.

③ 公安部、国家卫生计生委、食品药品监管总局、国家禁毒办：《关于印发非药用类麻醉药品和精神药品列管办法的通知》，载国家食品药品监督管理总局官网：http://samr.cfda.gov.cn/WS01/CL0056/130753.html，2019 年 4 月 20 日最后访问。

④ N. Pinterova et al., "Synthetic Aminoindanes: A Summary of Existing Knowledge", *Front Psychiatry* 8, 2017, p. 236.

等方面)进行的。离体实验研究表明,2 - AI 可能对多巴胺和去甲肾上腺素的释放有促进作用①。此外,2 - AI 可以结合并部分阻断单胺转运蛋白,抑制突触间隙中单胺类神经递质重摄取过程,提高大脑中去甲肾上腺素和多巴胺两类神经递质的水平,从而产生刺激和欣快效果。

目前针对娱乐用 2 - AI 开展的毒理学研究十分匮乏。但有报道显示,长期高剂量使用兴奋剂类化合物(包括苯丙胺)可能导致兴奋性精神病,出现偏执,幻觉、妄想等症状②。考虑到 2 - AI 与苯丙胺在结构与药理作用的相似性,也应注意 2 - AI 滥用导致精神疾病的风险。值得注意的是,2010 ~ 2012 年出现过一起 2 - AI 相关的死亡案例,但暂未获取具体的死亡报告③。

大鼠的药物辨别试验中,2 - AI 可作为苯丙胺的替代药物,辨别正确率的上限在 80% 左右④。

体外药理学评价:

体外实验表明,2 - AI 能抑制去甲肾上腺素转运体(Norepinephrine Transporter, NET)、多巴胺转运体(Dopamine Transporter, DAT)和 5 - 羟色胺转运体(Serotonin Transporter, SERT)与各自的配体结合,Simmler 等人分别在 HEK293 细胞转染了上述三种受体的基因,并以此对 2 - AI 的受体亲和力进行测定⑤。各项 IC_{50} 值及 95% 置信区间如下:

(1)去甲肾上腺素转运体:$IC_{50} = 0.54\ \mu M$, 95% 置信区间:0.42 –

---

① L. D. Simmler et al., "Pharmacological Profiles of Aminoindanes, Piperazines, and Pipradrol Derivatives", *Biochem Pharmacol* 88, 2014, pp. 237 – 244.

② M. Srisurapanont et al., "Treatment for Amphetamine Psychosis", *Cochrane Database Syst Rev* 2001, pp. CD003026.

③ S. Elliott and J. Evans, "A 3 – Year Review of New Psychoactive Substances in Casework", *Forensic Sci Int* 243, 2014, pp. 55 – 60.

④ R. Oberlender and D. E. Nichols, "Structural Variation and (+) – Amphetamine – like Discriminative Stimulus Properties", *Pharmacol Biochem Behav* 38, 1991, pp. 581 – 586. R. A. Glennon et al., "Structure – Activity Studies on Amphetamine Analogs Using Drug Discrimination Methodology", *Pharmacol Biochem Behav* 21, 1984, pp. 895 – 901.

⑤ L. D. Simmler et al., "Pharmacological Profiles of Aminoindanes, Piperazines, and Pipradrol Derivatives", *Biochem Pharmacol* 88, 2014, pp. 237 – 244.

0. 69 μM；

(2)多巴胺转运体：IC_{50} = 58 μM，95%置信区间：4 – 905 μM；

(3)5 – 羟色胺转运体：IC_{50} > 100 μM。

依赖性折算：

1 克 2 – AI 相当于 1 克海洛因①。

136. MDAI

名称：MDAI

通用名：

6，7 – Dihydro – 5*H* – cyclopenta[f][1，3]benzodioxol – 6 – amine

5，6 – Methylenedioxy – 2 – aminoindane

5，6 – 亚甲二氧基 – 2 – 氨基茚满

(英文缩写：MDAI)

(CAS：132741 – 81 – 2)

化学结构：

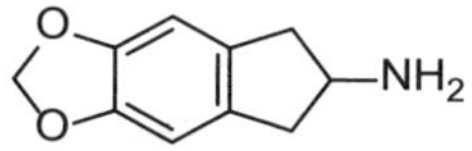

概述：

20 世纪 90 年代，MDAI 由普渡大学的 Nichols 等首次合成。娱乐用 MDAI 于 2007 年左右在欧洲出现，特别是在甲氧麻黄酮(Mephedrone，4 – MMC)被多数欧盟成员国禁用后，MDAI 更受追捧。据报道，2012 年 MDAI 在新精神活性物质中销量位列第 5，并被视为最有望代替娱乐用亚甲二氧甲基苯丙胺(3，4 – Methylenedioxymethamphetamine，MDMA)

① 国家禁毒委员会：《关于印发〈104 种非药用类麻醉药品和精神药品管制品种依赖性折算表〉的通知》，载北京刑事律师网文献库：http://www.bjxsdls.com/info.asp? lb_id = 2495，2019 年 4 月 20 日最后访问。

和甲氧麻黄酮的新化合物①。目前已知的 MDAI 给药途径有:吸入给药(鼻吸、嗅闻)、口服给药(用卷烟纸包裹,或以胶囊/颗粒/药丸的形式吞服)和直肠给药(制成栓塞,或溶解在酒精中作为灌肠剂使用),其中直肠给药起效最快。烟吸和注射这两种吸食方式目前未见报道,但不排除存在的可能②。

MDAI 作为 MDMA 的结构类似物,除了不具有 5-羟色胺能神经毒性,其他药理学性质与 MDMA 相近③。有文献对 MDAI 相关的死亡案例进行过详细报道:一位来自马恩岛的 17 岁白人女性,尸检报告显示死者血液中的 MDAI 浓度为 26.3 mg/L,酒精浓度为 140 mg/L;另有两位成年白人男性的死亡被认为与 MDAI 有关,他们的死因被诊断为 MDAI 与其他药物联用致死④。

虽然 MDAI 暂未受到国际公约管制,但已有许多国家对其实施了管控⑤。在欧洲,包括芬兰、捷克、波兰、奥地利、塞浦路斯、丹麦、爱沙尼亚、匈牙利、意大利、立陶宛、葡萄牙以及瑞典在内的多个欧盟成员国都将 MDAI 列为受控药物,瑞士、白俄罗斯、马恩岛等部分非成员国和地区也

---

① T. Palenicek et al., "Emerging Toxicity of 5,6-Methylenedioxy-2-Aminoindane (MDAI): Pharmacokinetics, Behaviour, Thermoregulation and LD50 in Rats", *Prog Neuro-psychopharmacol Biol Psychiatry* 69, 2016, pp. 49-59.

② J. M. Corkery et al., "MDAI (5,6-Methylenedioxy-2-Aminoindane; 6,7-Dihydro-5H-Cyclopenta[f][1,3]benzodioxol-6-Amine; 'Sparkle'; 'Mindy') Toxicity: aBrief Overview and Update", *Hum Psychopharmacol* 28, 2013, pp. 345-355.

③ D. E. Nichols et al., "Nonneurotoxic Tetralin and Indan Analogues of 3,4-(methylenedioxy) amphetamine (MDA)", *J Med Chem* 33, 1990, pp. 703-710.

④ J. M. Corkery et al., "MDAI (5,6-Methylenedioxy-2-Aminoindane; 6,7-Dihydro-5H-Cyclopenta[f][1,3]benzodioxol-6-Amine; 'Sparkle'; 'Mindy') Toxicity: aBrief Overview and Update", *Hum Psychopharmacol* 28, 2013, pp. 345-355.

⑤ United Nations Office on Drugs and Crime, "The Challenge of New Psychoactive Substances. A Report from the Global SMART Programme", http://www.unodc.org/unodc/en/scientists/the-challenge-of-new-psychoactive-substances---global-smart-programme.html, April 20, 2019.

分别立法将其纳入管制范围之内。目前英国尚未对 MDAI 提出明确限制①。在美国,虽然 MDAI 的流通并不被联邦法律禁止,但 MDAI 的销售者和持有者还是有可能因触犯《联邦类似物法案》而受到逮捕,个别地区(如路易斯安那州、明尼苏达州)更是明确将其列为管控物质②。我国政府将 MDAI 列入《非药用类麻醉药品和精神药品管制品种增补目录》管制③。此外,MDAI 在巴西、澳大利亚、新西兰等国家也受到不同程度的管控④。

药理毒理作用:

目前围绕 MDAI 开展的药理学研究还相对匮乏,其具体的作用机制尚不明确。Nichols 等人研究了 MDAI 在大鼠体内对单胺类神经递质的影响。结果显示,MDAI 能够有效抑制 5 - 羟色胺、多巴胺以及去甲肾上腺素的重摄取,但对多巴胺的非囊泡型释放无显著影响⑤。后来开展的一项离体实验研究对此进行了补充,证明 MDAI 对由转运体介导的 5 - 羟色胺和去甲肾上腺素释放有促进作用⑥。此外,药物动力学研究表明,MDAI 具有良好的脂溶性,能够快速入脑并在肺中蓄积,这一点可能

---

① N. Pinterova et al., "Synthetic Aminoindanes: A Summary of Existing Knowledge". *Front Psychiatry* 8, 2017, p. 236.

② Erowid MDAI Vault, https://erowid.org/chemicals/mdai/mdai_law.shtml, April 20, 2019.

③ 公安部、国家卫生计生委、食品药品监管总局、国家禁毒办:《关于印发非药用类麻醉药品和精神药品列管办法的通知》,载国家食品药品监督管理总局官网:http://samr.cfda.gov.cn/WS01/CL0056/130753.html,2019 年 4 月 20 日最后访问。

④ C. T. Gallagher et al., "5,6 - Methylenedioxy - 2 - Aminoindane: from Laboratory Curiosity to 'Legal High'", *Hum Psychopharmacol* 27, 2012, pp. 106 - 112.

⑤ M. P. Johnson et al., "Serotonin Neurotoxicity in Rats After Combined Treatment with A Dopaminergic Agent Fllowed by a Nonneurotoxic 3,4 - Methylenedioxymethamphetamine (MDMA) Analogue", *Pharmacol Biochem Behav* 40, 1991, pp. 915 - 922.

⑥ L. D. Simmler et al., "Pharmacological Profiles of Aminoindanes, Piperazines, and Pipradrol Derivatives", *Biochem Pharmacol* 88, 2014, pp. 237 - 244.

与 MDAI 的潜在神经毒性有关①。

MDAI 的长期毒性研究还未见报道。Palenicek 等人开展的急性毒性实验显示,皮下注射 40 mg/kg 的 MDAI 后,大鼠迅速出现呼吸症状合并 5 - 羟色胺综合征(大量出汗、流涎,伴随癫痫发作),并在给药 15 分钟内全部死亡;尸检和组织学评估显示大鼠出现了弥漫性血管内凝血病和脑水肿,并证实 5 - 羟色胺综合征是致死的主因②。

由于缺乏相关的临床试验,所以与 MDAI 主观效应和健康风险相关的报告大多来自 PsychonautWiki、Erowid 等网络平台。根据网站上的描述,MDAI 的使用剂量一般为 100 ~ 150 mg,人在吸食后普遍感觉欣快感提升、共情能力和认知能力增强,出现的不良反应包括:焦虑、失眠、恶心、大量排汗以及心动过速③。MDAI 作为 MDMA 的类似物,其毒理学作用也与 MDMA 相近,主要作用机制都是与中枢神经系统和外周交感神经系统的过度刺激有关④。此外,过量吸食 MDAI 的急救案例也有报道。2011 年,英国急诊部接收了一名 21 岁的男性病人,当时他已吸食了 5 g MDAI,有自残迹象并伴随着高热、心动过速等症状,随后病情迅速发展为肝、肾功能衰竭、横纹肌溶解和弥散性血管内凝血,经过 6 天抢救,病人情况有所好转⑤。MDAI 致死的案例已在“概述”中有介绍,这里不再赘述。

Gatch 等人进行了小鼠的 MDAI 依赖性评价,结果表明 MDAI 作为

---

① T. Palenicek et al. , “Emerging Toxicity of 5,6 – Methylenedioxy – 2 – Aminoindane (MDAI): Pharmacokinetics, Behaviour, Thermoregulation and LD50 in Rats”, *Prog Neuro-psychopharmacol Biol Psychiatry* 69, 2016, pp. 49 – 59.

② N. Pinterova et al. , “Synthetic Aminoindanes: A Summary of Existing Knowledge”. *Front Psychiatry* 8, 2017, p. 236.

③ N. Pinterova et al. , “Synthetic Aminoindanes: A Summary of Existing Knowledge”. *Front Psychiatry* 8, 2017, p. 236.

④ C. T. Gallagher et al. , “5,6 – Methylenedioxy – 2 – Aminoindane: from Laboratory Curiosity to ‘Legal High’”, *Hum Psychopharmacol* 27, 2012, pp. 106 – 112.

⑤ J. M. Corkery et al. , “MDAI (5,6 – Methylenedioxy – 2 – Aminoindane; 6,7 – Dihydro – 5H – Cyclopenta[f][1,3]benzodioxol – 6 – Amine; ‘Sparkle’; ‘Mindy’) Toxicity: aBrief Overview and Update”, *Hum Psychopharmacol* 28, 2013, pp. 345 – 355.

MDMA 的常见替代物,可对小鼠产生与 MDMA 相近的行为学影响①。在药物辨别实验中,MDAI 对 MDMA 训练(1.5 mg/kg,腹腔注射)具有完全的替代作用,其 ED_{50}值及 95% 置信区间为 1.07(0.27 ~ 4.28) mg/kg。而 MDAI 的活动刺激作用也与 MDMA 类似,即小鼠在低剂量下活动减少,高剂量下活动增多。此外,0.3 ~ 10 mg/kg 的 MDAI 还可诱导小鼠进行自身给药,并产生条件性位置偏爱。以上结果表明,MDAI 具有兴奋作用和致幻作用,因此有发生药物滥用的可能。

体外药理学评价:

体外研究表明,MDAI 与 MDMA 类似,能够优先抑制去甲肾上腺素转运体和 5 - 羟色胺转运体与各自的配体结合,同时也对多巴胺转运体有一定抑制作用。Simmler 等人分别在 HEK293 细胞转染了三种受体的基因,利用转染后的细胞对 MDAI 的抑制能力进行了测定②。各项 IC_{50}值及 95% 置信区间如下所示:

(1)去甲肾上腺素转运体:IC_{50} = 0.65 μM,95% 置信区间:0.50 ~ 0.84 μM;

(2)多巴胺转运体:IC_{50} = 31 μM,95% 置信区间:23 ~ 41 μM;

(3)5 - 羟色胺转运体:IC_{50} = 8.3 μM,95% 置信区间:3.2 ~ 22 μM。

药物代谢:

Zidkova 等人通过采集大鼠的尿液样本,对 MDAI 的代谢产物进行了分析鉴定③。结果显示,MDAI 大部分以原药形式排泄,其最主要的代谢途径为氧化去甲基化,其次是 O - 甲基化和 N - 乙酰化。这 3 种代谢途径共生成 5 种产物,即 5,6 - 二羟基 - 2 - 氨基茚满(5,6 - Dihydroxy -

---

① M. B. Gatch et al., "Locomotor, Discriminative Stimulus, and Place Conditioning Effects of MDAI in Rodents", *Behav Pharmacol* 27, 2016, pp. 497 - 505.

② L. D. Simmler et al., "Pharmacological Profiles of Aminoindanes, Piperazines, and Pipradrol Derivatives", *Biochem Pharmacol* 88, 2014, pp. 237 - 244.

③ M. Zidkova et al., "Study on the Metabolism of 5,6 - Methylenedioxy - 2 - Aminoindane (MDAI) in Rats: Identification of Urinary Metabolites". *Xenobiotica* 47, 2017, pp. 505 - 514.

2 - aminoindane, DHAI)、5 - 羟基 - 6 - 甲氧基 - 2 - 氨基茚满(5 - Hydroxy - 6 - methoxy - 2 - aminoindane, HMAI)、N - 乙酰基 - 5,6 - 亚甲二氧基 - 2 - 氨基茚满(N - acetyl - 5,6 - methylenedioxy - 2 - aminoindane, Ac - MDAI)、N - 乙酰基 - 5,6 - 二羟基 - 2 - 氨基茚满(N - acetyl - 5,6 - dihydroxy - 2 - aminoindane, Ac - DHAI)和 N - 乙酰基 - 5 - 羟基 - 6 - 甲氧基 - 2 - 氨基茚满(N - acetyl - 5 - hydroxy - 6 - methoxy - 2 - aminoindane, Ac - HMAI),它们主要以葡萄糖醛酸盐和硫酸盐的形式存在。其中,HMAI 和 Ac - HMAI 可能为酶水解的主要产物。此外,MDAI 还具有两种次要代谢途径:脱氨基化[产物为 5,6 - 亚甲二氧基茚满 - 2 - 醇(5,6 - Methylenedioxyindan - 2 - ol, MDIOL)]和羟基化[产物为 1 - 羟基 - 5,6 - 亚甲二氧基 - 2 - 氨基茚满(1 - Hydroxy - 5,6 - methylenedioxy - 2 - aminoindane, 1 - OH - MDAI),顺反两种形式均有]。具体的代谢过程如图 6 - 2 所示。

依赖性折算:

1 克 MDAI 相当于 1 克海洛因[①]。

---

① 国家禁毒委员会:《关于印发〈104 种非药用类麻醉药品和精神药品管制品种依赖性折算表〉的通知》,载北京刑事律师网文献库:http://www.bjxsdls.com/info.asp? lb_id = 2495, 2019 年 4 月 20 日最后访问。

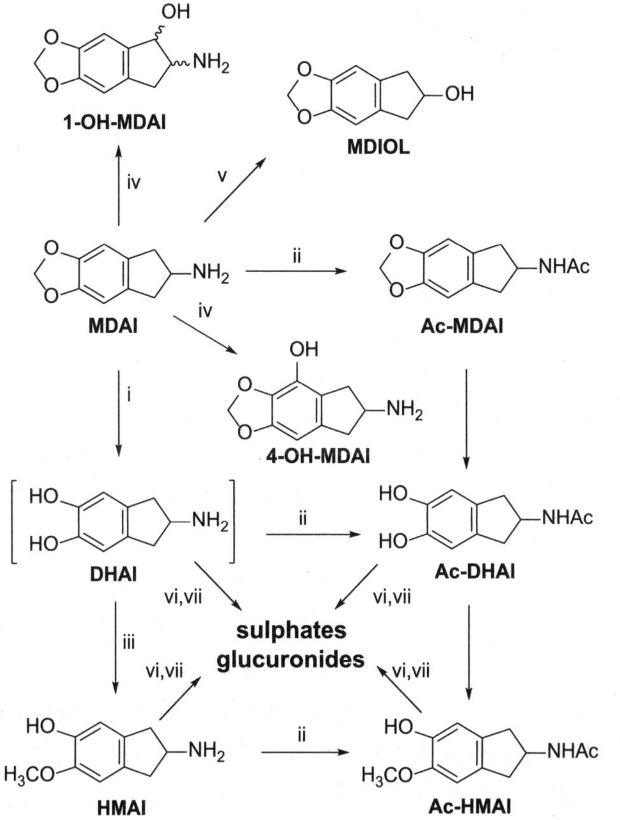

(i)氧化去甲基化,(ii)N－乙酰化,(iii)邻苯二酚单甲基化,(iv)羟基化,(v)脱氨基化,(vi)硫酸化和(vii)β－葡糖醛酸化①。

图 6－2　MDAI 代谢途径②

① M. Zidkova et al., "Study on the Metabolism of 5,6－Methylenedioxy－2－Aminoindane (MDAI) in Rats: Identification of Urinary Metabolites". *Xenobiotica* 47, 2017, pp. 505－514.

② M. Zidkova et al., "Study on the Metabolism of 5,6－Methylenedioxy－2－Aminoindane (MDAI) in Rats: Identification of Urinary Metabolites". *Xenobiotica* 47, 2017, pp. 505－514.

第七章　哌嗪类

第一节　前　　言

哌嗪类物质是一类苯丙胺样化合物,其基本化学结构是1,4位有2个氮原子的六元杂环(如图7－1所示)。哌嗪是一种重要的药物中间体,其衍生物包括苄基哌嗪(BZP)、1,4－二苄基哌嗪(DBZP)、1－(3－氯苯基)哌嗪(mCPP)、1－(3－三氟甲基苯基)哌嗪(TFMPP)和4－(1,2－二苯基乙基)哌嗪(MT－45)。哌嗪最初作为驱虫药上市,而后被认为有抗抑郁作用。首个哌嗪类新精神活性物质的滥用报道来自美国,2000年年初在新西兰作为摇头丸的替代品大规模使用,2004年后在欧洲普遍流行。其化学结构和甲基苯丙胺相似,但作用仅有其1/10。哌嗪类物质主要的药理学作用是促进多巴胺和去甲肾上腺素的释放,并抑制单胺类神经递质的重摄取。哌嗪类物质通常以片剂或胶囊的形式吞服,也有烟吸、鼻吸方式,还有极少的人采用注射给药方式。目前在市场上最为常见的哌嗪类新精神活性物质是BZP。最流行的用法是BZP和TFMPP混合使用,也有4种哌嗪类物质混合使用或哌嗪类和其他物质如可卡因和摇头丸混合使用的报道①。大剂量哌嗪引起的不良反应有幻觉、意识混乱、妄想、焦虑、失眠、震颤,多汗、头痛头晕、心悸、恶心、呼吸急促等。急性毒性反应包括惊厥、低钠血症、QT间期延长和5－HT综合征等,也可出现癫痫持续状态、高热、横纹肌溶解以及肾衰竭等其他

① Nelson, M. E. et al., "Emerging Drugs of Abuse", Emerg Med Clin North Am 32 (1), 2014, pp. 1－28.

症状①。直到20世纪90年代末,哌嗪类物质使用通常被认为是合法的,是苯丙胺类药物的安全替代品。2002年,BZP在美国被列入Ⅰ类药物进行管制。在英国,哌嗪类物质的管控极为严格,随后欧盟将BZP列入管制②。

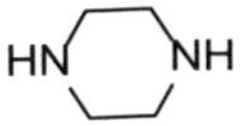

图7-1　哌嗪的化学结构式

第二节　5种哌嗪类物质

137. BZP

名称:BZP

通用名:

1-Benzylpiperazine

1-苄基哌嗪

(英文缩写:BZP)

(CAS:2759-28-6)

化学结构:

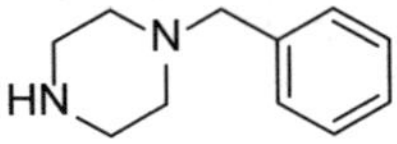

概述:

BZP是首个合成的哌嗪衍生物,也是使用最广泛的哌嗪类物质,BZP没有任何医疗用途,在20世纪70年代曾被作为抗抑郁药进行研究,但是由于和苯丙胺有类似的作用和滥用潜力,没有作为抗抑郁药在

---

① Nelson, M. E. et al., "Emerging Drugs of Abuse", Emerg Med Clin North Am 32 (1), 2014, pp. 1-28.

② 李梦皎:《八种哌嗪类新精神活性物质的液相色谱和液质联用分析方法建立》,2017年中国公安大学硕士学位论文。

临床使用。在20世纪90年代早期，美国缉毒署发现在加利福尼亚州BZP掺杂在其他非法药物中使用，新西兰自1999年开始，BZP的使用也快速增长。随后该药使用在全世界迅速流行：2000年开始在欧洲出现，2006年加拿大出现了BZP和TFMPP复合药片，成为夜店使用的非法药品的替代品。2008年在美国出现BZP掺杂在摇头丸中使用①。

BZP对动物神经化学和行为的影响与苯丙胺类似。实验研究表明，BZP的滥用、依赖潜能、药理和毒理学与苯丙胺相似。有报道称使用者无法区分静脉注射的是BZP还是右旋苯丙胺，而且使用后感觉警觉性提高，有欣快和舒适感；嗅觉、色觉和乐感增强。根据剂量不同，其作用时间为4~6小时，甚至长达8小时。BZP和TFMPP联合使用，其药理学作用类似于MDMA。BZP引起明显的毒性反应，主要与拟交感神经激活有关，包括瞳孔扩大、视力模糊、口干、过度警觉、瘙痒，易激惹、震颤等。此外，还有焦虑、头痛、失眠、恶心、幻觉等。严重时出现精神病症状，肾毒性、呼吸衰竭、高热、横纹肌溶解和惊厥等②。

美国于2002年将BZP列入Ⅰ类管控物质；随后很多国家对其进行了管控③。

药理毒理作用：

BZP可促进多巴胺、5－羟色胺和去甲肾上腺素的释放，并抑制其重摄取，对多巴胺和5－羟色胺的作用尤为明显。总体来讲，BZP药理作用弱于MDMA、甲基苯丙胺和苯丙胺。BZP具有5－羟色胺重摄取抑制作用和5－HT_1受体激动作用，可以产生拟5－羟色胺中枢效应。但是，对5－HT_2受体没有作用。研究资料显示：BZP可以促进大鼠脑内多巴胺合成，增加多巴胺转运体底物（3（H）MPP＋）的释放，提高细胞外多巴胺和5－羟色胺水平。BZP和TFMPP（1∶1）合用与MDMA具有相同的

① 选自https://en.wikipedia.org/wiki/Benzylpiperazine，2019年8月20日。

② 选自https://en.wikipedia.org/wiki/Benzylpiperazine，2019年8月20日。

③ "Drug Enforcement Administration Office of Diversion Control, Drug & Chemical Evaluation Section, N－BENZYLPIPERAZINE", March 2014, https://www.ca1.uscourts.gov/sites/ca1/files/citations/N－BENZYLPIPERAZINE.

药理作用，均可以增加多巴胺和 5－羟色胺的水平。高剂量（10mg）联合使用 BZP 和 TFMPP（1∶1）可导致惊厥，其作用明显强于单一用药，提示二者存在正性协同效应①。BZP 对肾上腺受体的外周作用能够诱发反射性心动过速及高血压②。

在自身给药实验中，与静脉注射给予可卡因（0.01mg/kg·inj）药物训练的恒河猴相比，静脉注射 BZP（0.01～0.3mg/kg·inj）可产生剂量依赖性强化作用。当 BZP 剂量为 0.1 mg/kg 和 0.3 mg/kg 时，可获得与可卡因高频维持行为相当的注射给药次数（50 injection/session）③。在恒河猴药物辨别实验中，经 1.0mg/kg 苯丙胺训练可对压杆形成识别，BZP 17～30mg/kg 可替代苯丙胺 1.0mg/kg 的识别效应，其 ED_{50} = 9.3mg/kg，而苯丙胺自身的 ED_{50} = 0.2 mg/kg④。在已形成苯丙胺自身给药的恒河猴中，当它的自身给药行为消褪后，静脉注射 BZP（0.1～3mg/kg，i.v.）点燃，可导致复吸行为；而相同实验条件下苯丙胺的点燃剂量为 0.01～0.3mg/kg（i.v.）⑤。

体外药理学评价：

大鼠脑神经元突触实验结果表明：BZP 对多巴胺（DA）和去甲肾上腺素（NE）重摄取具有明显的抑制作用，IC_{50} 分别为 1.9×10^{-6} 和 6.2×10^{-7}M，但对 5－羟色胺（5－HT）重摄取的影响较小（$IC_{50}=2.0\times10^{-5}$M）。相同实验条件下，阳性对照药物可卡因对单胺类神经递质重摄取抑制作用的 IC_{50} 分别为 8.5×10^{-7}（DA），2.1×10^{-6}（5－HT）和 3.4×10^{-7} M

---

① 选自 https://en.wikipedia.org/wiki/Benzylpiperazine，2019 年 8 月 20 日。

② Lin, J. C. et al., "Determining the Subjective and Physiological effects of BZP on human females", Psychopharmacology (Berl) 207(3), 2009, pp. 439－446.

③ Brennan, K. A., "N－benzylpiperazine has characteristics of a drug of abuse", Behav Pharmacol 18(8), 2007, pp. 785－790.

④ Fantegrossi, W. E. et al., "Reinforcing and discriminative stimulus effects of 1－benzylpiperazine and trifluoromethylphenylpi perazine in rhesus monkeys", Drug Alcohol Depend 77(2), 2005, pp. 161－168.

⑤ Nagai, F. et al., "The effects of non－medically used psychoactive drugs on monoamine neurotransmission in rat brain", Eur J Pharmacol 559(2－3), 2007, pp. 132－137.

(NE);甲基苯丙胺的 IC_{50} 分别为 3.7×10^{-7}(DA),4.0×10^{-6}(5 - HT)和 2.0×10^{-7} M(NE)①。

大鼠脑神经元突触实验结果表明:BZP 可促进 DA 和 NE 释放,EC_{50} 分别为 6.0×10^{-7} 和 6.8×10^{-8} M,但对 5 - HT 释放几乎没有影响。相同实验条件下,阳性对照药物甲基苯丙胺促进单胺类神经递质释放的 EC_{50} 分别为 2.80×10^{-8}(DA),7.9×10^{-7}(5 - HT)和 1.1×10^{-8} M(NE)②。

药物代谢:

BZP 主要由细胞色素 P450 同工酶代谢,包括 CYP2D6、CYP1A2 和 CYP3A4。动物和人的研究发现了相同的 BZP 代谢物:4 - hydroxy - BZP(4 - OH - BZP 或 p - OH - BZP)、3 - hydroxy - BZP(3 - OH - BZP 或 m - OH - BZP)、4 - hydroxy - 3 - methoxy - BZP、哌嗪、苄胺和 N - 苄基乙二胺。健康成人口服 200mg BZP,75 分钟(Tmax)达血浆峰值,浓度为 262ug/L(Cmax)。主要代谢产物 4 - OH - BZP 和 3 - OH - BZP 的峰值分别为 7ug/L(60 分钟)和 13ug/L(75 分钟)。清除半衰期(T1/2)为 5.5 小时,Cl/F 为 99L/小时。这些结果提示 BZP 在口服后 30 小时仍可以被检出;此外,其代谢产物 4 - OH - BZP、3 - OH - BZP 和 O - 硫、N - 硫 BZP 共价代谢产物在 24 小时内仍可以在尿中被检出③。

依赖性折算:

目前无公开发布的依赖性折算数据。

138. DBZP

名称:DBZP

---

① Nagai, F. et al., "The effects of non - medically used psychoactive drugs on monoamine neurotransmission in rat brain", Eur J Pharmacol 559(2 - 3), 2007, pp. 132 - 137.

② Nagai, F. et al., "The effects of non - medically used psychoactive drugs on monoamine neurotransmission in rat brain", Eur J Pharmacol 559(2 - 3), 2007, pp. 132 - 137.

③ Elliott, S., "Current awareness of piperazines: pharmacology and toxicology", Drug Test Anal 3(7 - 8), 201, pp. 430 - 438.

通用名：

1,4 – Dibenzylpiperazine

1,4 – 二苄基哌嗪

（英文缩写：DBZP）

（CAS：1034 – 11 – 3）

化学结构：

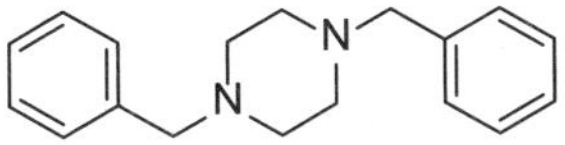

概述：

DBZP 是一种哌嗪类的衍生物，最初它属于以 BZP 为主要成分的药物中的杂质，随后发现 DBZP 是 BZP 合成过程中的副产物①。DBZP 的存在是 BZP 低质量的标志，如当反应温度过高或使用了过量的氯化苄时就会产生 DBZP②。中国于 2015 将 DBZP 列入管制，美国佛罗里达州将 DBZP 列入管控物质附表 I ③。

药理毒理作用：

在药物辨别实验中，DBZP 可完全取代苯丙胺的辨别效应，在可卡因和 MDMA 训练的动物中，辨别正确率分别为 67%（可卡因）和 60%（MDMA）。DBZP 不能形成条件位置偏爱，在 100mg/kg 剂量时动物活动性减少。大剂量 DBZP 在大鼠中产生惊厥效应④。DBZP 具有类似于

---

① Davies, S. et al., "Purchasing 'legal highs' on the Internet—is there consistency in what you get?", *Qjm* 103(7), 2010, pp. 489 – 493.

② Davies, S. et al., "Purchasing 'legal highs' on the Internet—is there consistency in what you get?", *Qjm* 103(7), 2010, pp. 489 – 493.

③ 选自 https://en.wikipedia.org/w/index.php?title=Dibenzylpiperazine，2019 年 8 月 20 日。

④ Castillo – Hernandez, J. C. et al., "Effect of N – Benzylpiperazine, Its Metabolite N – Benzylethylenediamine, and Its Disubstituted Analogue N,N′ – Dibenzylpiperazine on the Acquisition, Formation, and Consolidation of Memory in Mice", *Pharmacology* 99(5 – 6), 2017, pp. 268 – 274.

BZP 产生焦虑的效应,有可能成为新的类 BZP 样的兴奋性物质①。

依赖性折算:

1 克 DBZP 相当于 4 克海洛因②。

139. mCPP

名称:mCPP

通用名:

1 –(3 – Chlorophenyl)piperazine

1 –(3 – 氯苯基)哌嗪

(英文缩写:mCPP)

(CAS:6640 – 24 – 0)

化学结构:

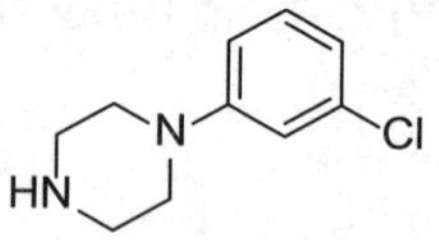

概述:

2004 年 9 月,mCPP 作为一种摇头丸的类似物出现在荷兰的药品市场上③。在新西兰,mCPP 被认为是非法兴奋剂的合法替代品,在欧洲和美国被当作摇头丸出售④。

尽管 mCPP 是一种娱乐性物质,但实际上它是一种不会导致愉快感

① Dolan, S. B. et al., "Impure but not inactive: Behavioral pharmacology of dibenzylpiperazine, a common by – product of benzylpiperazine synthesis", *J Psychopharmacol* 32(7), 2018, pp. 802 – 810.

② 国家禁毒委员会:《关于印发〈104 种非药用类麻醉药品和精神药品管制品种依赖性折算表〉的通知》,载北京刑事律师网文献库:http//www. bjxsdls. com/info. asp? lb_id = 2495,2019 年 4 月 20 日最后访问。

③ Bossong, M. G. et al., "Methylone and mCPP, two new drugs of abuse?", *Addict Biol* 10(4), 2005, pp. 321 – 323.

④ Bossong, M. G. et al., "mCPP: an undesired addition to the ecstasy market", J *Psychopharmacol* 24(9), 2010,, pp. 1395 – 1401.

的药物。mCPP没有任何强化或致幻作用，但在啮齿类动物和人类中会产生抑郁和焦虑情绪，在易感人群中可引起恐慌发作。目前未见到致死病例报道。没有研究评价其依赖潜力，动物药物辨别试验发现其可以模拟TFMPP、酒精和MDMA的作用[①]。在强迫症患者中，使用mCPP会导致强迫症症状的短暂加重，并伴有神经内分泌的变化，如皮质醇和催乳素水平的升高；除此之外，mCPP会引起人类头痛以及强烈的厌食[②]。

药理毒理作用：

mCPP是曲唑酮，耐法唑酮和氯哌喹酮的主要代谢物，缺少奖赏效应。mCPP不仅可以作为5-HT重摄取抑制剂，还可以作为5-HT释放剂，主要由5-HT_{2C}受体介导。此外，mCPP的焦虑、头痛和食欲不振等副作用也可能是由5-HT_{2C}受体介导。mCPP的其他作用包括恶心、活动减退和阴茎勃起，后两者是5-HT_{2C}受体活性增加的结果，前者可能是通过5-HT_3受体激活导致[③]。

mCPP缺少奖赏效应。酒精（1g/kg）可以部分取代mCPP的辨别效应，最大药物正确反应率为68.8%[④]。此外，mCPP可以部分模拟TFMPP和MDMA的效应[⑤]。

体外药理学评价：

mCPP对5-HT_{1A}、5-HT_{1B}、5-HT_{1D}、5-HT_{2A}、5-HT_{2B}、5-HT_{2C}、5-HT_3和5-HT_7受体以及5-羟色胺转运体具有显著的亲和力。它对

---

① "1-(3-chlorophenyl) piperazine (*mCPP*) *Pre-Review Report*", 35# *Expert Committee on Drug Dependence*, 2012, Agenda item 5.3c.

② Kennett, G. A. and Curzon, G., "Evidence that hypophagia induced by mCPP and TFMPP requires 5-HT1C and 5-HT1B receptors; hypophagia induced by RU 24969 only requires 5-HT_{1B} receptors", *Psychopharmacology* (*Berl*) 96(1), 1988, pp. 93-100.

③ Elliott, S., "Current awareness of piperazines: pharmacology and toxicology", *Drug Test Anal* 3(7-8), 2011, pp. 430-438.

④ Gatch, M. B., "Ethanol substitutes for the discriminative stimulus effects of m-chlorophenylpiperazine", *Brain Research* 1062(1-2), 2005, pp. 161-165.

⑤ "1-(3-chlorophenyl) piperazine (*mCPP*) *Pre-Review Report*", 35# *Expert Committee on Drug Dependence*, 2012, Agenda item 5.3c.

α1 - 肾上腺素能、α2 - 肾上腺素能、H_1、I_1和去甲肾上腺素转运体也具有一定的亲和力。对多数 5 - HT 受体，mCPP 表现为激动剂，与 5 - HT_{2B}和 5 - HT_{2C}受体亲和力最强①。

药物代谢：

mCPP 主要由 CYP2D6 同工酶催化，通过羟基化作用代谢为对羟基 - mCPP（p - OH - mCPP）②。通过 CYP3A4 脱烷基化，mCPP 可作为多种其他哌嗪类药物的代谢产物，如曲唑酮、奈法唑酮、依托哌酮、恩吡哌唑、美吡哌唑、氯哌喹酮和哌氯朋③。研究发现 mCPP 药物代谢的个体差异很大：绝对生物利用度在 12% ~84%，清除半衰期为 2.6 ~6.1 小时。在一项有 8 名女性和 6 名男性健康志愿者参与的研究发现，单次静脉注射（0.1 mg/kg）或者口服（0.5 mg/kg），清除速率为 11 ~92 ml/小时，生物利用度为 14% ~108%④。

依赖性折算：

1 克 mCPP 相当于 4 克海洛因⑤。

140. TFMPP

名称：TFMPP

通用名：

1 -（3 - Trifluoromethylphenyl）piperazine

---

① 选自 https://en. wikipedia. org/wiki/Meta - Chlorophenylpiperazine，2019 年 8 月 20 日。

② Rotzinger, S. et al.，"Human CYP2D6 and metabolism of m - chlorophenylpiperazine"，*Biol Psychiatry* 44（11），1998，pp. 1185 - 1191.

③ 参见 https://en. wikipedia. org/wiki/Meta - Chlorophenylpiperazine，2019 年 8 月 20 日。

④ "1 -（3 - chlorophenyl）piperazine（*mCPP*）*Pre - Review Report*"，35# *Expert Committee on Drug Dependence*，2012，Agenda item 5.3c. Elliott，S.，"Current awareness of piperazines：pharmacology and toxicology"，*Drug Test Anal* 3（7 - 8），2011，pp. 430 - 438.

⑤ 国家禁毒委员会：《关于印发〈104 种非药用类麻醉药品和精神药品管制品种依赖性折算表〉的通知》，载北京刑事律师网文献库：http//www. bjxsdls. com/info. asp? lb_id = 2495，2019 年 4 月 20 日最后访问。

1－(3－三氟甲基苯基)哌嗪

(英文缩写:TFMPP)

(CAS:15532－75－9)

化学结构:

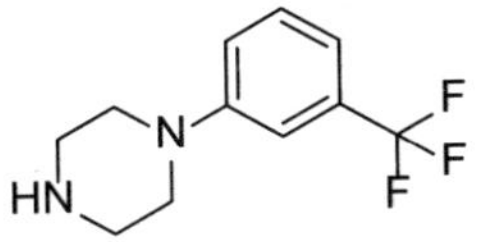

概述:

TFMPP是一种哌嗪类的化合物,苄基哌嗪(BZP)的结构类似物。其滥用于20世纪90年代末出现在美国和斯堪的纳维亚,之后在新西兰和欧洲等多个国家报道了TFMPP滥用。其滥用方式与摇头丸类似,通常与BZP和其他类似物组合使用,作为非法药物MDMA的替代品出售①。TFMPP通常为粉末、片剂或者胶囊,多数通过口服使用,也有少数采用鼻吸或者静脉注射方式。多数使用者摄取的剂量为50～200 mg②。单独使用TFMPP的毒性作用的报道较少,主要包括恶心、幻觉和轻度震颤,BZP/TFMPP的副作用包括激惹、焦虑、恶心、幻觉、失眠和偏头痛,也可以引起血压和心率升高③。

加拿大于2012年将TFMPP列入附表Ⅲ管制,并且添加到“食品药品法规”部分,从而禁止该物质的生产、出口或进口④。中国于2015年9

---

① Schep, L. J. et al., “The clinical toxicology of the designer ‘party pills’ benzylpiperazine and trifluoromethylphenylpiperazine”, *Clin Toxicol* (*Phila*) 49(3), 2011, pp. 131－141.

② “1－(3－trifluoromethylphenyl) piperazine (TFMPP) Pre－Review Report”, 35# *Expert Committee on Drug Dependence*, 2012, Agenda item 5.3b.

③ “1－(3－trifluoromethylphenyl) piperazine (TFMPP) Pre－Review Report”, 35# *Expert Committee on Drug Dependence*, 2012, Agenda item 5.3b.

④ Schep, L. J. et al., “The clinical toxicology of the designer ‘party pills’ benzylpiperazine and trifluoromethylphenylpiperazine”, *Clin Toxicol* (*Phila*) 49(3), 2011, pp. 131－141.

月将 TFMPP 列入管制①。2005 年 12 月 3 日，丹麦将 TFMPP 列入管制。2006 年 3 月 1 日，TFMPP 被定为瑞典的"危险物质"。2009 年 12 月，TFMPP 与 BZP 在英国成为 C 类药物。自 2003 年以来，TFMPP 和 BZP 在日本成为非法物质②。

在新西兰，根据 EACD 的建议，新西兰政府已通过立法，将 BZP 与其他哌嗪衍生物 TFMPP、mCPP、pFPP、MeOPP 和 MBZP 一起纳入新西兰滥用药物法案 C 类。该计划于 2007 年 12 月 18 日在新西兰生效，2008 年开始实施，2008 年 4 月 1 日，BZP 和其他上市哌嗪的销售在新西兰视为非法行为。持有和使用这些药物的豁免一直持续到 2008 年 10 月，目前已被完全禁止③。

在美国，TFMPP 目前没有列入联邦 I 级管控，但是在附表中列入临时紧急目录。该时间表于 2004 年 4 月到期并且没有续签。TFMPP 在佛罗里达州被列入附表 I 管控，在佛罗里达州购买、出售或拥有它是非法的④。

药理毒理作用：

与 BZP 不同，TFMPP 主要影响 5－羟色胺能神经通路，对大多数 5－羟色胺受体亚型表现出不同的亲和力。大鼠脑片研究结果显示：TFMPP 选择性抑制 5－羟色胺转运体，减少 5－羟色胺重摄取，增加中枢 5－羟色胺水平。此外，药物辨别实验表明：大鼠对 MDMA 和 TFMPP 线索训练识别存在泛化现象。动物研究资料显示，TFMPP 在体内可与

---

① "TFMPP Legal Status by Erowid", https://erowid.org/chemicals/tfmpp/tfmpp_law.shtml.

② "1－(3－trifluoromethylphenyl) piperazine (TFMPP) Pre－Review Report", 35# *Expert Committee on Drug Dependence*, 2012, Agenda item 5.3b.

③ "1－(3－trifluoromethylphenyl) piperazine (TFMPP) Pre－Review Report", 35# *Expert Committee on Drug Dependence*, 2012, Agenda item 5.3b.

④ "1－(3－trifluoromethylphenyl) piperazine (TFMPP) Pre－Review Report", 35# *Expert Committee on Drug Dependence*, 2012, Agenda item 5.3b. "TFMPP Legal Status by Erowid", https://erowid.org/chemicals/tfmpp/tfmpp_law.shtml.

多种5－羟色胺受体亚型和突触前5－羟色胺转运体位点相互作用①。

TFMPP作用于5－HT_{1B}和5－ HT_{2C}受体，产生精神活性作用。与MDMA一样，TFMPP在体外和体内都能影响5－羟色胺转运蛋白介导的5－羟色胺重摄取。TFMPP还可以作用于5－HT_{2C}受体和γ－氨基丁酸受体，间接影响多巴胺释放。除此之外，还可以通过5－HT_{2C}或5－HT_{1B}受体间接影响去甲肾上腺素的释放②。

口服TFMPP（60 mg）的主观效应类似于芬氟拉明和间氯苯基哌嗪（mCPP）③。作为5－羟色胺受体激动剂，BZP／TFMPP联合使用可引起5－羟色胺，去甲肾上腺素和多巴胺水平的增加，这种混合给药产生的效果大致可模仿MDMA的作用④。TFMPP单独使用能够降低动物的自发活动，并且能够引发动物的厌恶效应；TFMPP与BZP（3 mg/kg）联合使用有轻微的兴奋作用，可以增加大鼠的活动距离和刻板行为。然而，单独给予MDMA（1 mg/kg）即能显著增加大鼠的活动距离和刻板行为⑤。

体外药理学评价：

TFMPP对5－HT_{1A}（*K*i ＝ 288 nM）、5－HT_{1B}（*K*i ＝ 132 nM）、5－HT_{1D}（*K*i ＝ 282 nM）、5－HT_{2A}（*K*i ＝ 269 nM）、5－HT_{2C}（*K*i ＝ 62 nM）具有亲和力；对5－HT_{2A}受体起非常微弱的部分激动作用，对5－HT_{1A}，1B，

---

① Schep, L. J. et al., "The clinical toxicology of the designer 'party pills' benzylpiperazine and trifluoromethylphenylpiperazine", *Clin Toxicol* (*Phila*) 49 (3), 2011, pp. 131 – 141.

② Schep, L. J. et al., "The clinical toxicology of the designer 'party pills' benzylpiperazine and trifluoromethylphenylpiperazine", *Clin Toxicol* (*Phila*) 49 (3), 2011, pp. 131 – 141.

③ Schep, L. J. et al., "The clinical toxicology of the designer 'party pills' benzylpiperazine and trifluoromethylphenylpiperazine", *Clin Toxicol* (*Phila*) 49 (3), 2011, pp. 131 – 141.

④ Yarosh, H. L. et al., "MDMA – like behavioral effects of N – substituted piperazines in the mouse", *Pharmacol Biochem Behav* 88 (1), 2007, pp. 18 – 27.

⑤ Yarosh, H. L. et al., "MDMA – like behavioral effects of N – substituted piperazines in the mouse", *Pharmacol Biochem Behav* 88 (1), 2007, pp. 18 – 27.

1D 和 2C 受体亚型起完全激动作用。对 5 – HT_3 受体的亲和力不明显（IC_{50} = 2,373 nM）。TFMPP 可以和 5 – 羟色胺转运体（EC_{50} = 121 nM）结合从而促进 5 – 羟色胺的释放，而对多巴胺或去甲肾上腺素重摄取或外泌没有影响①。

药物代谢：

口服 TFMPP 后 60 ~ 90 分钟达到血浆峰值，能透过血脑屏障。健康成人口服 TFMPP 60 mg/kg 后，90 分钟达峰值（24.10 μg/L）。TFMPP 由细胞色素 P450 和儿茶酚胺甲基转移酶催化的羟基化和 N – 脱烷基化作用代谢。动物和人的代谢产物类似，主要是 4 – hydroxy – TFMPP（4 – OH – TFMPP 或者 *p* – OH – TFMPP）。大鼠单次腹腔注射 TFMPP 5 mg/kg，48 小时循环 *p* – OH – TFMPP 达峰值（64% 初始剂量），其中 70% 为葡糖苷酸共价形式，而 TFMPP 本体形式仅占 7%。TFMPP 的体内过程为二相式（two disposition phase），半衰期分别为 2.04 小时和 5.95 小时，24 小时被完全清除。表观总清除率【Apparance clearance（CI/F）】为 384L/小时②。

依赖性折算：

1 克 TFMPP 相当于 0.33 克海洛因③。

---

① "1 – (3 – trifluoromethylphenyl) piperazine (TFMPP) Pre – Review Report", 35# *Expert Committee on Drug Dependence*, 2012, Agenda item 5.3b. Baumann, M. H. et al., "N – substituted piperazines abused by humans mimic the molecular mechanism of 3,4 – methylenedioxymethamphetamine (MDMA, or 'Ecstasy')", *Neuropsychopharmacology* 30(3), 2005, pp. 550 – 560. Robertson, D. W. et al., "mCPP but not TFMPP is an antagonist at cardiac 5HT3 receptors", *Life Sci* 50(8), 1992, pp. 599 – 605.

② Schep, L. J. et al., "The clinical toxicology of the designer 'party pills' benzylpiperazine and trifluoromethylphenylpiperazine", *Clin Toxicol* (*Phila*) 49(3), 2011, pp. 131 – 141. "1 – (3 – trifluoromethylphenyl) piperazine (TFMPP) Pre – Review Report", 35# *Expert Committee on Drug Dependence*, 2012, Agenda item 5.3b.

③ 国家禁毒委员会：《关于印发〈104 种非药用类麻醉药品和精神药品管制品种依赖性折算表〉的通知》，载北京刑事律师网文献库：http//www.bjxsdls.com/info.asp? lb_id = 2495，2019 年 4 月 20 日最后访问。

141. MT－45

名称:MT－45

通用名:

1－Cyclohexyl－4－(1,2－diphenylethyl)piperazine

1－环己基－4－(1,2－二苯基乙基)哌嗪

(英文缩写:MT－45, IC－6)

(CAS: 52694－55－0)

化学结构:

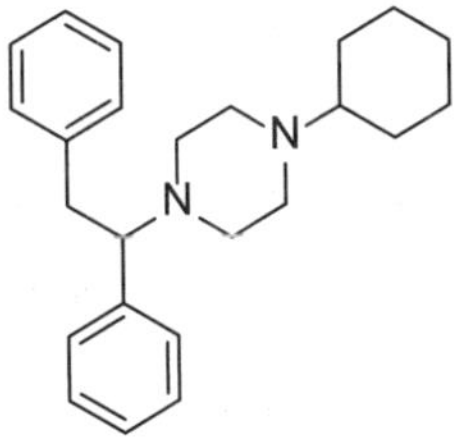

概述:

MT－45 是一种阿片类的镇痛剂,又称为 IC－6、NSC 299236 或 CDEP,是日本 Dainippon 制药公司于 20 世纪 70 年代作为候选的治疗药物开发的一种合成阿片类药物,但从未作为治疗药物投入市场。近年来出现在毒品市场上,但还未出现广泛滥用情况。MT－45 在结构上不同于其他治疗类阿片类药物,而与解离型药物二苯胺相似。二苯胺是一种 NMDA 受体激动剂,而 MT－45 是一种阿片受体激动剂。此外,MT－45 具有类似于吗啡的镇痛特性:外消旋体的作用是吗啡的 80%,S 对映体的作用和吗啡几乎相当①。2013 年至 2014 年,挪威报道了 28 例使用 MT－45 的死亡病例,其中 12 例确认 MT－45 为致命原因;美国报道了 2

① Baumann, M. H. et al., "Pharmacological characterization of novel synthetic opioids (NSO) found in the recreational drug marketplace", *Neuropharmacology* 134(Pt A), 2018, pp. 101－107. Nakamura, H. and Shimizu, M., "Comparative study of 1－cyclohexyl－4－(1,2－diphenylethyl)－piperazine and its enantiomorphs on analgesic and othe pharmacological activities in experimental animals", *Arch Int Pharmacodyn Ther* 221(1), 1976, pp. 105－121.

例 MT－45 死亡病例①。

英国于2001 年将 MT－45 列入《滥用药物条例》(修订)中无合法医疗用途附表Ⅰ（UK Government（2015）Circular 003/2015：a change to the Misuse of Drugs Act 1971：control of MT－45 and 4,4′－DMAR. Accessed 25 Jul 2017)管制,于 2015 年 2 月根据 1971 年《滥用药物法》(修订)被定为 a 类物质。联合国毒品和犯罪办公室(UNODC）于 2016 年 5 月将 MT－45 列入 1961 年《麻醉品单一公约》附表Ⅰ国际管制物质［UNODC（2016）Decision 59/2. Inclusion of MT－45 in Schedule I of the Single Convention on Narcotic Drugs of 1961 as amended by the 1972 Protocol. Accessed 25 Aug. 2017］。中国于2017 年7 月将其列入管制,禁止销售和出口,是 2015 年以来以这种方式管制的 138 种物质之一(China Food and Drug Administration. 27 September 2015. Retrieved 1 October 2015)。

药理毒理作用:

MT－45 产生许多类似吗啡类化合物的作用,包括抗伤害感受作用,胃肠抑制和呼吸抑制。Nakamura 及其同事用 MT－45 及其异构体在小鼠和大鼠中进行了广泛的镇痛试验。在小鼠中,MT－45 在热,机械,电和化学疼痛模型中具有镇痛活性, ED_{50} 值分别为 3.09mg/kg, 2.15mg/kg, 1.54mg/kg 和 2.24 mg/kg(皮下注射),这些效力与吗啡相当。同样,MT－45 在大鼠中也具有镇痛活性,在热和机械疼痛模型中 ED_{50} 值分别为 6.62mg/kg 和 0.73 mg/kg(皮下注射)。在小鼠和大鼠实验中,S 异构体通常比外消旋体或 R 异构体有更强的抗伤害感受作用。与大多数吗啡样化合物一样,MT－45 可减少小鼠的胃肠道转运时间,其效力略低于吗啡。S 异构体比外消旋体更有效,并且比 R 异构体强效近 10 倍。与吗啡类药物一致,外消旋体和 S 异构体在麻醉的兔子中会引起呼吸抑制,而 R 异构体没有此作用。与吗啡样作用相反,MT－45

---

① Logan, B. K. et al.,“Reports of Adverse Events Associated with Use of Novel Psychoactive Substances, 2013－2016：A Review”, *J Anal Toxico* 41(7)*l*, 2017, pp. 573－610.

外消旋体及其异构体在兔子中均不影响瞳孔大小①。

来自 12 个经过分析证实的医院 MT－45 中毒病例的临床数据表明，与其他阿片类药物相似，MT－45 的主要危险是呼吸抑制，认知缺陷和意识丧失。一些使用者报告双侧听力损伤和伴有短暂性耳鸣等听觉症状，而在 2 周随访时仍存在显著的感觉神经性听力损伤。因此，MT－45 可能具有耳毒性②。

体外药理学评价：

使用[3H]二氢吗啡(70 Ci / mmol)，[3H] D－Ala2－D－Leu5－脑啡肽(DADLE，27.4Ci / mmol)和[3H]乙基酮环唑嗪(EKC，21.8Ci / mmol)评估 MT－45 及其异构体在 MOR(μ)，KOR(k)和 DOR(δ)上的亲和力发现：吗啡与 μ、δ 和 κ 阿片受体位点结合，IC_{50}分别为 4.6 nM、78.6 nM 和 242 nM。S 异构体与 DOR 和 KOR 结合，IC_{50} 分别为 70.6 nM和 78.0 nM，但在 MOR 中效果较差，IC_{50}为 736nM。MT－45 外消旋体与其 S 异构体在 644 nM 处更有效地结合 MOR，但在 DOR 和 KOR 位点处的有效性较低，IC_{50}分别为 156 nM 和 176 nM。R 对映体与外消旋体或 S 对映体的效力相差较小，对 MOR，DOR 和 KOR 的 IC_{50}分别为644 nM、156 nM和 176 nM③。

药物代谢：

口服使用的剂量范围为 30～45 mg，通常为 45～60 mg。剂量 >60mg时，起效开始时间为 30～45 分钟，持续时间为 4～6 小时，后效时

---

① Nakamura, H. and Shimizu, M., "Comparative study of 1－cyclohexyl－4－(1,2－diphenylethyl)－piperazine and its enantiomorphs on analgesic and other pharmacological activities in experimental animals", *Arch Int Pharmacodyn Ther* 221(1), 1976, pp. 105－121.

② Helander, A. et al., "MT－45, a new psychoactive substance associated with hearing loss and unconsciousness", *Clin Toxicol* (*Phila*) 52(8), 2014, pp. 901－904.

③ Nozaki, M. et al., "(1,2－Diphenylethyl) piperazines as potent opiate－like analgesics; the unusual relationships between stereoselectivity and affinity to opioid receptor", *Life Sci* 33 (Suppl 1). 1983, pp. 431－434.

间为 2 ~ 3 小时①。

报告的死亡病例中 MT - 45 血浓度范围为 8.3 ~ 1989 ng / mL；在一些非致命的中毒中,MT - 45 在血液中检测到的浓度为 6 ~ 157 ng/mL②。

依赖性折算：

目前无公开发布的依赖性折算数据。

---

① Zawilska, J. B. , "An Expanding World of Novel Psychoactive Substances：Opioids", *Front Psychiatry* 8, 2017, pp. 110.

② Logan, B. K. et al. , "Reports of Adverse Events Associated with Use of Novel Psychoactive Substances, 2013 - 2016：A Review", *J Anal Toxico* 41(7)*l*, 2017, pp. 573 - 610.

第八章 氯胺酮及苯环利啶类

第一节 前 言

氯胺酮及苯环利啶类物质均为芳环环己酮胺的衍生物，其结构通式如下（见图8－1），该类物质的作用机理是主要是作为N－甲基－D－天冬氨酸（NMDA）受体的拮抗剂。氯胺酮是该类新精神活性物质中的代表性物质。由于氯胺酮的中枢作用会使使用者产生幻觉、精神与躯体分离的状态、欣快感等，所以氯胺酮也是目前滥用程度比较高的一类致幻剂。随着各国政府对氯胺酮滥用和成瘾的重视程度逐渐增加，氯胺酮目前已在世界多个国家被列为严格管制的药物①。近年来，与氯胺酮结构和作用相似的一类药物滥用现象逐渐显现，包括本章描述的MXE、NENK和DCK。但是，这些新出现的与氯胺酮结构和作用相似的药物，因滥用时间较短，滥用人群不多，所以很多国家并没有将这三种精神活性物质列为管制药物。

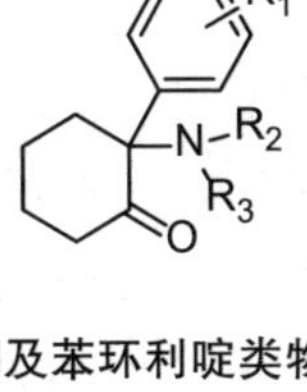

图8－1 氯胺酮及苯环利啶类物质化学结构通式

---

① Li J. H. et al.,"To Use or Not To Use：An Update on Licit and Illicit Ketamine Use", *Subst Abuse Rehabil* 2, 2011, pp. 11－20.

第二节　4 种氯胺酮及苯环利啶类物质

142. Ketamine

名称：Ketamine

通用名：

2 –（2 – Chlorophenyl）– 2 –（methylamino）cyclohexanone，

2 –（2 – 氯苯基）– 2 –（甲氨基）环己酮

Ketamine

Ketalar

氯胺酮，凯他敏

（英文缩写：CI – 581，CL – 369，CM – 52372 – 2）

（CAS：6740 – 88 – 1）

化学结构：

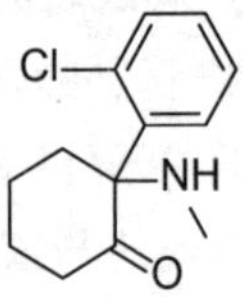

概述：

氯胺酮是在临床上广泛使用的分离麻醉剂，商品名为 Ketalar，凯他那，是一种静脉全麻药，属于非巴比妥类药物，医疗上常作为术前全麻、肌肉松弛剂的诱导麻醉剂或复合麻醉剂，也有镇痛和镇静作用。当下，氯胺酮最受关注的临床应用是作为一种快速起效的抗抑郁药物，主要针对其他治疗无效的重症抑郁①。与氯胺酮滥用相比，氯胺酮作为快速抗抑郁药物使用时，给药剂量低，用药时间短②。氯胺酮可以鼻吸、烫吸、

① Nowacka A. et al.，KetamineApplication. *Eur J Pharmacol*3 2019，3：172547. doi：10. 1016/j. ejphar，2019.

② Zhu W.，Risks Associated with Misuse of Ketamine as a Rapid – Acting Antidepressant. *Neurosci Bull* 32（6），2016，pp. 557 – 564.

静脉注射和肌肉注射的方式使用。部分吸食者为了提高兴奋度,还与其他毒品混用①。2001 年,中国国家药品监督管理局将氯胺酮纳入国家二类精神药品进行管理;2005 年 1 月,氯胺酮(包括其可能存在的盐及其制剂)被确定为国家一类精神药品,只能由国家食品药品监管局指定的药品生产企业定点生产、销售和购买②。2016 年《最高人民法院关于审理毒品犯罪案件适用法律若干问题的解释》对氯胺酮的定罪量刑数量标准作了相应的调整③。

药理毒理作用:

氯胺酮脂溶性高,比硫喷妥钠大 5 ~ 10 倍。氯胺酮典型的中枢作用是产生意识与感觉分离状态。适量静脉注射可以诱导浅全麻,但角膜和对光反射依然存在。氯胺酮通过选择性抑制丘脑内侧核发挥镇痛作用,但对内脏疼痛的作用不是非常明显。氯胺酮可以增加交感活性,提高血浆儿茶酚胺水平,增加外周血管阻力,升高血压,加快心率等。氯胺酮对呼吸影响很小,但是在给药过快、剂量过大,或者与麻醉性镇痛药合用等情况下,可以引起呼吸抑制或停止。高剂量使用氯胺酮,还可导致喉痉挛、急性胃扩张、胃黏膜出血等症状④。氯胺酮常见的不良反应包括心悸、激越、焦虑、震颤、混乱和幻觉等⑤。长期使用氯胺酮可以产生戒断反应和精神病性症状,表现为讲话含糊不清、头昏、精神错乱、过度兴奋、幻视、幻听、运动功能障碍、抑郁以及在药物作用下出现怪异和危险行

---

① Li J. H. , et al. , To Use or Not to Use: An Update on Licit and Illicit Ketamine Use. *Subst Abuse Rehabil* 16(2), 2011, pp. 11 – 20.

② 国家食品药品监督管理局:《关于加强氯胺酮制剂管理工作的通知》,2003 年 9 月, 载 http://www. gov. cn/fwxx/bw/spypjgj/, 2019 年 5 月 20 日最后访问。

③ 最高人民法院:《最高人民法院关于审理毒品犯罪案件适用法律若干问题的解释》,2016 年 4 月,载 https://www. chinacourt. org/article/detail/2017/01/id/2509584. sht-ml,2019 年 5 月 20 日最后访问。

④ Liu Y. et al. , Ketamine Abuse Potential and Use Disorder. *Brain Res Bull*126(Pt1), 2016, pp. 68 – 73.

⑤ Liu Y. et al. , Ketamine Abuse Potential and Use Disorder. *Brain Res Bull*126(Pt1), 2016, pp. 68 – 73.

为等。

体外药理学评价：

氯胺酮是谷氨酸 NMDA 受体非竞争型拮抗剂①。

药物代谢：

氯胺酮麻醉作用起效快,但持续时间短。静注可维持 5 ~ 10 分钟,肌注可维持 10 ~ 30 分钟。口服氯胺酮的生物利用度仅为 16.5%,血药浓度低。氯胺酮与血浆蛋白结合很少,进入体循环后迅速分布到血流丰富的组织。氯胺酮脂溶性高,易于透过血 - 脑脊液屏障。氯胺酮进入体内后 65% ~85 % 经肝 P450 酶 CYP3A4 代谢为去甲氯胺酮,去甲氯胺酮约为氯胺酮的 1/4 ~1/3。去甲氯胺酮可转化成羟基代谢物,最后其产物与葡萄糖醛酸结合成为没有药理活性的水溶性代谢产物,其产物由肾脏排出②。

依赖性折算：

1 克氯胺酮相当于 0.1 克海洛因③。

143. MXE

名称:MXE

通用名：

2 -(3 - Methoxyphenyl) - 2 - (ethylamino) cyclohexanone

2 -(3 - 甲氧基苯基) - 2 - 乙氨基环己酮

Methoxetamine

(英文缩写:MXE)

---

① Liu Y. et al., Ketamine Abuse Potential and Use Disorder. *Brain Res Bull*126(Pt1), 2016, pp. 68 - 73.

② 柳正寅、刘清等:《氯胺酮在体内的分布与代谢》,载《现代生物医学进展》2012 年第 16 期。

③ 最高人民法院:《最高人民法院关于审理毒品犯罪案件适用法律若干问题的解释》,2016 年 4 月,载 https://www.chinacourt.org/article/detail/2017/01/id/2509584.shtml,2019 年 5 月 20 日最后访问。

（CAS：1239943－76－0）

化学结构：

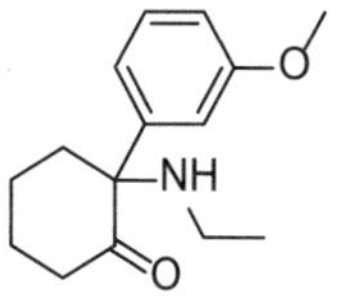

概述：

MXE 是一种氯胺酮替代药物。与氯胺酮相比，肾脏毒性较小。MXE 一般为白色、无味的结晶体。MXE 可以产生与氯胺酮相似的中枢作用，作为合成致幻剂在市场上出售①。它是非竞争性 NMDA 受体拮抗剂和 5－HT 再摄取抑制剂②。MXE 已经被欧盟毒品和毒品成瘾监测中心列为新精神活性物质。日本、中国、俄罗斯、英国、土耳其、韩国也把 MXE 列为被管制药物。因为 MXE 的依赖潜力缺乏明确的科学依据，所以 MXE 在很多国家并没有被列为被管制药物③。

药理毒理作用：

MXE 滥用，一般采用鼻吸、口服、静脉或者肌肉注射方式。娱乐性使用 MXE 的剂量一般为 10～100 mg。MXE 中枢作用的起效时间与氯胺酮相似，一般为 10～90 分钟，但是中枢作用持续时间长达 1～7 个小

---

① European Monitoring for Drugs and Drug Addiction（EMCDDA）：EMCDDA － Europol Joint Report on a new psychoactive substance：methoxetamine［2－（3－methoxyphenyl）－2－（ethylamino）cyclohexanone］，http：//www. emcdda. europa. eu/attachements. cfm/att_222602_EN_TDAS14004ENN－1. pdf，2013，2019 年 5 月 20 日最后访问。Morris H. et al.，"From PCP to MXE：A Comprehensive Review of the Non－medical Use of Dissociative Drugs"，*Drug Testing and Analysis* 6，2014，pp. 614－632.

② European Monitoring for Drugs and Drug Addiction（EMCDDA）：EMCDDA － Europol Joint Report on a new psychoactive substance：methoxetamine［2－（3－methoxyphenyl）－2－（ethylamino）cyclohexanone］，http：//www. emcdda. europa. eu/attachements. cfm/att_222602_EN_TDAS14004ENN－1. pdf，2013，2019 年 5 月 20 日最后访问。

③ European Monitoring for Drugs and Drug Addiction（EMCDDA）：EMCDDA － Europol Joint Report on a new psychoactive substance：methoxetamine［2－（3－methoxyphenyl）－2－（ethylamino）cyclohexanone］，http：//www. emcdda. europa. eu/attachements. cfm/att_222602_EN_TDAS14004ENN－1. pdf，2013，2019 年 5 月 20 日最后访问。

时,长于氯胺酮。药效持续时间长,是MXE过量使用后进行住院治疗的主要原因。MXE的中枢作用与氯胺酮相似,可以产生明显的致幻作用,并使使用者意识与感觉的状态分离。精神症状还包括激越、兴奋、焦虑、精神分裂样症状等,其他不良反应包括高血压、心悸、恶心、呕吐、癫痫、共济失调等。长期使用MXE可以产生神经和外周毒性,具体症状包括困倦、口齿不清、注意力下降、震颤、肾脏和肝脏损害①。MXE可以诱导大鼠产生条件性位置偏爱以及自身给药②,说明该药物有成瘾性药物通常具备的奖赏和动机作用,具有依赖性及滥用潜力。

体外药理学评价:

MXE是非竞争性NMDA受体拮抗剂剂,与该受体的亲和力高于氯胺酮,低于PCP(*K*i 259nm)。MXE对5-HT受体也具有高亲和力(*K*i 0.5 μM)③。

药物代谢:

MXE的药物代谢研究比较少。目前发现,MXE一共有8个代谢产物,这些代谢产物产生的顺序分别为MXE的N-脱乙基酶、O-脱甲基、羟基化和它们的混合物、以及 葡(萄)糖醛酸轭合或者O-脱羟基硫酸盐。MXE的两种主要代谢物去甲MXE和O-去甲MXE在中枢的浓度要高于前体药MXE的10倍④。

---

① Morris H. et al.,"From PCP to MXE: A Comprehensive Review of the Non-medical Use of Dissociative Drugs", *Drug Testing and Analysis*6, 2014, pp. 614-632.

② Botanas C. J. et al., Methoxetamine, aKetamine Derivative, Produced Conditioned Place Preference and Self-administered by Rats: Evidence of its Abuse Potential. *Pharmacology, biochemistry, and behavior* 133, 2015, pp. 31-36.

③ Horsley R. R. et al., Detailed Pharmacological Evaluation of Methoxetamine (MXE), a Novel Psychoactive Ketamine Analogue-Behavioural, Pharmacokinetic and Metabolic Studies in the Wistar Rat. *Brain Research Bulletin* 126, 2016, pp. 102-110.

④ Hondebrink L. et al., NeuropharmacologicalCharacterization of the New Psychoactive Substance Methoxetamine. *Neuropharmacology* 123, 2017, pp. 1-9.

依赖性折算：

1 克 MXE 相当于 0.025 克海洛因①。

144. NENK

名称：NENK

通用名：

2 –（2 – Chlorophenyl）– 2 –（ethylamino）cyclohexanone

2 –（2 – 氯苯基）– 2 –（乙氨基）环己酮

N – Ethylnorketamine，ethketamine

（英文缩写：NENK）

（CAS：1354634 – 10 – 8）

化学结构：

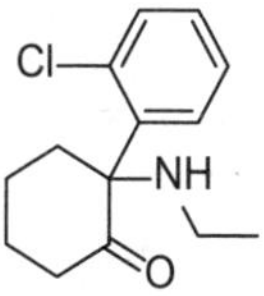

概述：

NENK 是一种合成类药物，具有和氯胺酮相似的作用，比如产生致幻作用以及精神和躯体分离的状态等。NENK 自 2012 年开始出现，主要以网络销售为主。截至 2015 年，NENK 在英国、中国和美国的 Alabama州被列为管制药物②。

---

① 国家禁毒委员会：《关于印发〈104 种非药用类麻醉药品和精神药品管制品种依赖性折算表〉的通知》，载北京刑事律师网文献库：http://www.bjxsdls.com/info.asp? lb_id = 2495，2019 年 5 月 20 日最后访问。

② 公安部、国家卫生计生委、食品药品监管总局、国家禁毒办：《关于印发非药用类麻醉药品和精神药品列管办法的通知》，载国家食品药品监督管理总局官网：http://samr.cfda.gov.cn/WS01/CL0056/130753.html，2019 年 5 月 20 日最后访问。Alabama Senate Bill 333，"Controlled substances，Schedule I，additional synthetic controlled substances and analogue substances included in，trafficking in controlled substance analogues，requisite weight increased，Secs. 13A – 12 – 231，20 – 2 – 23 am'd"，2014.

依赖性折算：

1 克 NENK 相当于 0.025 克海洛因①。

145. DCK

名称：DCK

通用名：

2 – Phenyl – 2 – (methylamino) cyclohexanone

2 – 苯基 – 2 – (甲氨基)环己酮

Deschloroketamine

(英文缩写：2′ – Oxo – PCM，O – PCM，DXE，DCK)

[CAS：7063 – 30 – 1，4631 – 27 – 0 (HCl)]

化学结构：

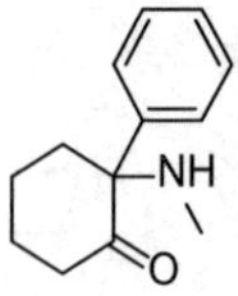

概述：

DCK 与氯胺酮结构相似，唯一差别在于 DCK 没有氯胺酮苯环上的氯原子。DCK 可产生与氯胺酮相似的中枢作用，包括致幻、麻醉和意识与感觉的分离。2015 年，意大利警方第一次在其境内查获 DCK②。

---

① 国家禁毒委员会：《关于印发〈104 种非药用类麻醉药品和精神药品管制品种依赖性折算表〉的通知》，载北京刑事律师网文献库：http://www.bjxsdls.com/info.asp? lb_id = 2495，2019 年 5 月 20 日最后访问。

② Noteikumi par Latvijā kontrolējamajām narkotiskajām vielām，psihotropajām vielām un prekursoriem，http://www.vm.gov.lv/images/userfiles/metodiskas_vadlinijas_080914.doc，2019 年 5 月 20 日最后访问。

DCK 在拉脱维亚被列为管制药物,在英国被列为 B 类管制药物①。

药理毒理作用:

因为 DCK 与氯胺酮结构相似,所以 DCK 也可能作用于 NMDA 受体。停止使用 DCK 会出现戒断反应,也会引起和氯胺酮相似的尿路疾病,包括血尿、遗尿、尿频等。因为 DCK 滥用历史比较短,相关的药理和毒理研究还不多②。

依赖性折算:

目前无公开发布的依赖性折算数据。

---

① Frison G. et al., Characterization of the Designer Drug Deschloroketamine (2 - methylamino - 2 - phenylcyclohexanone) by Gas Chromatography/Mass Spectrometry, Liquid Chromatography/high - resolution Mass Spectrometry, Multistage Mass Spectrometry, and Nuclear Magnetic Resonance. *Rapid Communications in Mass Spectrometry* 30(1), 2015, pp. 151 - 160. Robins E. G. et al., Synthesis and in vitro Evaluation of 18F - labelled S - fluoroalkyl diarylguanidines: Novel High - affinity NMDA Receptor Antagonists for Imaging with PET. *Bioorganic & Medicinal Chemistry Letters* 20(5), 2010, pp. 1749 - 1751.

② Legislation. gov. uk, The Misuse of Drugs Act 1971 (Amendment), Legislation. gov. uk), http://www. legislation. gov. uk/uksi/2013/239/introduction/made, 2019 年 5 月 20 日最后访问。

第九章　植物类

第一节　前　　言

植物类精神活性物质(Plant - based Psychoactive Substances)是一类具有较强致幻作用、成瘾性等精神活性的天然植物,主要包括恰特草(Khat)、卡痛叶(Kratom)和鼠尾草(Salvia divinorum)[①]。

恰特草是非洲之角和阿拉伯半岛的原生植物。主要的吸食方式是嚼食其新鲜的叶片和枝条,也可以将恰特草晒干后打成粉末泡水喝或者食用干树叶。目前,还出现恰特草的乙醇提取物[②]。在种植区域(如埃塞俄比亚、肯尼亚、也门等),恰特草使用历史悠久,至今仍十分流行。从20世纪80年代开始,恰特草在西方国家也渐渐兴起,英国、法国、比利时以及澳大利亚均存在不同程度的恰特草滥用现象[③]。恰特草的药理学作用与苯丙胺类似,能升高血压、缓解疲劳、提升警惕性并产生欣快感,同时也可能出现抑郁、烦躁、厌食和睡眠困难等症状。恰特草存在引发肝功能衰竭、心肌梗塞和口腔癌的发病风险[④]。此外,恰特草作为新精

---

① 郭思宇:《新精神活性物质的防控对策研究》,中国人民公安大学公安学专业2017年硕士学位论文,第6页。

② United Nations Office on Drugs and Crime, "The Challenge of New Psychoactive Substances. A Report from the Global SMART Programme", http://www.unodc.org/unodc/en/scientists/the - challenge - of - new - psychoactive - substances - - - global - smart - programme.html, April 20,2019.

③ 王子云、刘志民:《Khat的滥用及其管理》,载《中国药物滥用防治杂志》2014年第20卷第4期。

④ European Monitoring Centre for Drugs and Drug Addiction, "'Khat', Drug Profiles", http://www.emcdda.europa.eu/publications/drug - profiles/khat, April 20,2019.

神活性物质(New Psychoactive Substances,NPS)也具有一定的药物依赖性,有学者认为,其成瘾潜力甚至可能高于苯丙胺类物质①。植物学特征和显微特征在恰特草的鉴别和分析中作用有限,通常采用实验室仪器分析方法测定恰特草中各项精神活性成分的含量②。虽然恰特草目前尚未被纳入国际公约的管制范围之内,但美国以及欧洲多个国家均将其列为管控药物。在我国,根据相关部门 2013 年 11 月 11 日发布的《精神药品品种目录》(2013 年版),恰特草属于精神药品,并于 2014 年 1 月 1 日起被正式列入毒品打击范畴,严禁携带入境③。

卡痛叶学名 *Mitragyna speciosa* Korth.,茜草科,是一种原产于东南亚的热带常绿高大乔木,其传统的吸食方式是直接咀嚼其新鲜或干燥的叶片,或者作为茶叶冲泡饮用,以烟草形式出现的情况比较少见④。卡痛叶原本只是泰国、马来西亚等国家的常见滥用药物之一,但近年来已经在国际市场上广泛流通⑤。调查结果显示,卡痛叶是 2008 ~ 2011 年欧洲地区获取渠道最多的新精神活性物质之一,由于世界各国在进行药物滥用情况调查时常常将其忽略,因此,目前尚无较为全面的卡痛叶流行状况报告⑥。卡痛叶具有解热、镇咳、抗抑郁、抗焦虑、减退食欲、降低血压等多种药理学活性,在中低剂量(1 ~ 5 g)下能够产生轻微的兴奋作

---

① 郭思宇:《新精神活性物质的防控对策研究》,中国人民公安大学公安学专业 2017 年硕士学位论文,第 6 页。

② European Monitoring Centre for Drugs and Drug Addiction, "'Khat', Drug Profiles", http://www.emcdda.europa.eu/publications/drug-profiles/khat, April 20, 2019.

③ 肖正春、张卫明等:《4 种非洲茶饮料植物的利用与传播》,载《中国野生植物资源》2017 年第 36 卷第 4 期。

④ European Monitoring Centre for Drugs and Drug Addiction, "'kratom', Drug Profiles", http://www.emcdda.europa.eu/publications/drug-profiles/kratom, April 20, 2019.

⑤ K. Bae et al., "A Review on the Abuse of Three NPS (Synthetic Cannabinoids, Kratom, poppers) Among Youths in Asia", *Forensic Sci Int* 292, 2018, pp. 45-49.

⑥ United Nations Office on Drugs and Crime, "The Challenge of New Psychoactive Substances. A Report from the Global SMART Programme", http://www.unodc.org/unodc/en/scientists/the-challenge-of-new-psychoactive-substances---global-smart-programme.html, April 20, 2019.

用，帮助使用者缓解疲劳、获得欣快感；在中高剂量（5～15 g）下则会发挥阿片样作用，用于镇痛、止泻以及缓解阿片类药物的戒断症状；当剂量进一步升高（>15 g）时，使用者可能会出现烦躁、焦虑等负面情绪，进而攻击性增强；而长期、高剂量地吸食卡痛叶可能令使用者成瘾，导致震颤、厌食、色素沉着等不良反应发生①。卡痛叶含有多种生物碱，主要包括帽柱木碱（Mitragynine，MG）、帽柱叶碱（Mitraphylline，MTP）和7－羟基帽柱木碱（7－Hydroxymitragynine，7－HMG）。常规的色谱和光谱方法即可对卡痛叶的有效成分进行鉴定、分析。此外，通过检测特定的DNA 序列，可获取其品系信息②。目前，虽然卡痛叶及其所含的活性生物碱均未被纳入国际公约的管制范围之内，但仍有国家对这些物质采取了管控措施。2017 年 11 月，时任美国食品药品监督管理局（Food and Drug Administration，FDA）局长 Gottlieb 就发表声明，对卡痛叶相关的致命风险表示担忧；翌年 2 月，他又重申了这种担忧，并指出卡痛叶不应用于任何医疗或娱乐用途③。2018 年 7 月，亚拉巴马州、阿肯色州、印第安纳州、佛蒙特州和威斯康星州将卡痛叶列为非法药物④。在我国，卡痛叶尚未受到任何明文法规的管控。

墨西哥鼠尾草，唇形科，是一种原产于墨西哥瓦哈卡州森林地区的

---

① L. Y. Feng et al.，“New Psychoactive Substances of Natural Origin：A Brief Review”，J Food Drug Anal 25，2017，pp. 461－471.

② European Monitoring Centre for Drugs and Drug Addiction，“‘kratom’，Drug Profiles”，http://www.emcdda.europa.eu/publications/drug－profiles/kratom，April 20，2019.

③ U. S. Food and Drug Administration，“Statement from FDA Commissioner Scott Gottlieb，M. D. on FDA Advisory about Deadly Risks Associated with Kratom”，https://www.fda.gov/NewsEvents/Newsroom/PressAnnouncements/ucm584970.htm，April 20，2019. U. S. Food and Drug Administration，“Statement from FDA Commissioner Scott Gottlieb，M. D.，on the Agency's Scientific Evidence on the Presence of Opioid Compounds in Kratom，Underscoring Its Potential for Abuse”，https://www.fda.gov/NewsEvents/Newsroom/PressAnnouncements/ucm595622.htm，April 20，2019.

④ CIVIC，“States Ban Kratom Supplement over Abuse Worries. 2016”，https://www.usnews.com/news/us/articles/2016－05－20/states－ban－kratom－supplement－over－abuse－worries，April 20，2019.

多年生草本植物，为马兹提克族（Mazatec）印第安人的传统药物，亦常用于宗教活动①。这种新精神活性物质的传统吸食方式为咀嚼新鲜叶片或者将叶片捣碎冲泡饮用，而现在的主流方式是将叶片干燥粉碎制成烟草供吸食者使用②。2009 年，墨西哥鼠尾草被联合国列为最常见的植物类新精神活性物质，而在 2012 年位列第三，仅次于恰特草和卡痛叶③。丹酚 A（Salvinorin A，SA）为墨西哥鼠尾草的主要活性成分，是 κ 型阿片受体（Kappa Opioid Receptor，KOR）的高效激动剂。墨西哥鼠尾草具有短暂而强烈的致幻作用，在高剂量下，可能产生恐惧感，增加精神病的发病风险④。迄今为止，墨西哥鼠尾草的人体毒性研究十分匮乏，亦未见与之相关的死亡案例报告。色谱学方法是丹酚 A 的主要分析手段，如薄层色谱与紫外检测器联用可用于检测植物样本中的丹酚 A 含量，而高效液相－质谱联用可对血液、尿液或唾液样本中的丹酚 A 进行定量⑤。虽然目前墨西哥鼠尾草和丹酚 A 均未被纳入国际公约的管制范围之内，但德国、比利时、澳大利亚等多个国家都对这两种物质实施管控。在美国，包括佛罗里达、田纳西、路易斯安那在内的多个州均将墨西哥鼠尾草和丹酚 A 列为非法物质⑥。在我国，两者还尚未受到任何明文

① C. Margalho et al.，"Salvia Divinorum：Toxicological Aspects and Analysis in Human Biological Specimens"，*Bioanalysis* 8，2016，pp. 1415 – 1425.

② United Nations Office on Drugs and Crime，"The Challenge of New Psychoactive Substances. A Report from the Global SMART Programme"，http://www. unodc. org/unodc/en/scientists/the – challenge – of – new – psychoactive – substances – – – global – smart – programme. html，April 20，2019.

③ L. Y. Feng et al.，"New Psychoactive Substances of Natural Origin：A Brief Review"，J Food Drug Anal 25，2017，pp. 461 – 471.

④ European Monitoring Centre for Drugs and Drug Addiction，"'Salvia Divinorum'，Drug Profiles"，http://www. emcdda. europa. eu/publications/drug – profiles/salvia，April 20，2019.

⑤ European Monitoring Centre for Drugs and Drug Addiction，"'Salvia Divinorum'，Drug Profiles"，http://www. emcdda. europa. eu/publications/drug – profiles/salvia，April 20，2019.

⑥ SALVIA，"Legal Status – Salvia. net"，http://www. salvia. net/legality，April 20，2019.

法规的管控。

第二节 1种植物类物质

146. Khat

名称：Khat

通用名：

Qat；Gat；Chat；Miraa；murungu；Arabian tea；Abyssinian tea

恰特草；咖特；巧茶；阿拉伯茶；东非罂粟

（拉丁名：*Catha edulis* Forssk）

化学结构

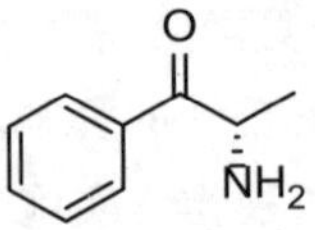

（－）－卡西酮

［（－）－Cathinone］

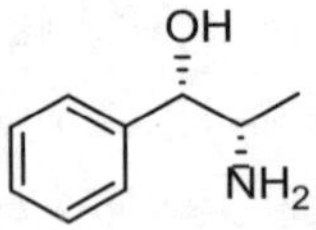

（＋）－去甲伪麻黄碱

Cathine，（＋）－Norpseudoephedrine

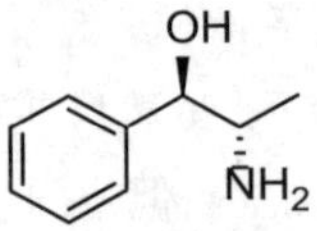

（－）－去甲麻黄碱

（－）－Norephedrine

概述：

恰特草，卫矛科巧茶属植物，为高1～5米的常绿开花灌木，其小枝密生细小白点状皮孔；叶对生，厚纸质或薄革质，椭圆形或窄椭圆形，边缘有明显密生钝锯齿[①]。非洲东部和阿拉伯半岛是恰特草的主产地[②]。在那里，嚼食恰特草是重要且历史悠久的社会风俗。有数据显示，在位于阿拉伯半岛西南端的也门，平均每个家庭将其收入的17%用于恰特草的消费[③]。在欧洲和北美地区，恰特草原本只在埃塞俄比亚、肯尼亚

① 中国科学院《中国植物志》编委会：《中国植物志》，科学出版社1999年版，第45卷第3期。

② 滕姣、陈学国等：《恰特草成分及毒理作用研究进展》，载《山东化工》2018年第47卷第18期。

③ 梁洁青、肖昆：《新精神活性物质阿拉伯茶的研究综述》，载《化学工程与装备》2017年第12期。

等移民的社区内流通，但近年来其传播区域已不局限于此。截至 2009 年，恰特草已经流入加拿大、芬兰、爱尔兰、意大利、新西兰、挪威、阿曼、美国等国家和我国香港特别行政区的市场，其流行程度仅次于墨西哥鼠尾草①。有研究显示，恰特草能够缓解疲劳、提升警觉性、升高心率和血压并产生欣快感，也可导致体温过高、食欲不振②。目前尚无恰特草单独致人死亡的报告。

恰特草中主要的精神活性成分为 S(-) - 卡西酮、去甲伪麻黄碱和 (-) - 去甲麻黄碱，三者的化学结构均与苯丙胺类似。其中卡西酮的药理作用也接近苯丙胺，因此，有“天然苯丙胺”之称③。值得注意的是，虽然卡西酮和去甲伪麻黄碱被分别纳入《1971 年精神药物公约》表 Ⅰ 和表 Ⅲ 管制药品，但是恰特草目前仍不在国际公约的管制范围之内④。在欧洲，有 15 个欧盟成员国(比利时、丹麦、德国、希腊、法国、爱尔兰、意大利、拉脱维亚、立陶宛、波兰、斯洛文尼亚、芬兰、瑞典等)将恰特草列为非法药物；在挪威，恰特草则作为麻醉药品受到管制，使用、持有和贩卖都是法律禁止的。在非洲，恰特草在埃塞俄比亚、肯尼亚等国属于合法物质，而在卢旺达、坦桑尼亚等国则受到管制。在美国，各州都会将所有入境的恰特草予以扣留，其中密苏里州还将恰特草包含种子在内的各个部分列入《受控物质法》(Controlled Substances Act, CSA)表 Ⅰ 管制。加拿大的《受管制药品及物质法案》(Controlled Drugs and Substances Act,

---

① United Nations Office on Drugs and Crime, “The Challenge of New Psychoactive Substances. A Report from the Global SMART Programme”, http://www.unodc.org/unodc/en/scientists/the - challenge - of - new - psychoactive - substances - - - global - smart - programme.html, April 20,2019.

② J. P. Kelly, “Cathinone Derivatives: A Review of Their Chemistry, Pharmacology and Toxicology”, *Drug Test Anal* 3, 2011, pp. 439 - 453. M. J. Valente et al., “Khat and Synthetic Cathinones: A Review”, *Arch Toxicol* 88, 2014, pp. 15 - 45.

③ 滕姣、陈学国等:《恰特草成分及毒理作用研究进展》，载《山东化工》2018 年第 47 卷第 18 期。

④ A. M. Feyissa and J. P. Kelly, “A Review of the Neuropharmacological Properties of Khat”, *Prog Neuropsychopharmacol Biol Psychiatry* 32, 2008, pp. 1147 - 1166.

CDSA)则将恰特草列入表Ⅳ中管制,禁止对其持有或贩卖。澳大利亚仅对恰特草的进口进行管理,只有昆士兰州将恰特草作为危险药物列入表Ⅱ管制药品[①]。我国则自2014年1月1日起把恰特草正式列入毒品打击范围,非法种植、持有、服用、走私、贩卖恰特草等行为都被定性为违法犯罪行为[②]。

药理毒理作用:

作为一种植物类精神活性物质,恰特草具有十分复杂的药理学和毒理学活性,可对机体的多个系统造成影响。

首先是神经系统方面。恰特草具有显著的兴奋作用,能缓解疲劳、振奋精神,令使用者警惕感上升、思维活跃,但同时也可能引发失眠。大量吸食还会增加躁狂症、抑郁症、幻觉和暴力行为的发生风险[③]。恰特草有助于提升学习和记忆能力的说法一直广泛流传,但实验结果表明,恰特草的急性、亚急性、慢性暴露对大鼠的学习和记忆行为没有明显影响,其中亚急性暴露甚至损害短期记忆能力[④]。此外,恰特草还可能导致情绪异常、食欲减退等不良反应[⑤]。

恰特草的毒副作用亦见于心血管系统。多项病例-对照研究表明,吸食恰特草能够升高血压、加速心跳,进而增加患急性冠状血管痉挛和

---

① 王子云、刘志民等:《Khat的滥用及其管理》,载《中国药物滥用防治杂志》2014年第20卷第4期。

② 梁洁青、肖昆:《新精神活性物质阿拉伯茶的研究综述》,载《化学工程与装备》2017年第12期。

③ W. Abebe, "Khat: A Substance of Growing Abuse with Adverse Drug Interaction Risks", *J Natl Med Assoc* 110, 2018, pp. 624–634. R. Hoffman and M. Al'Absi, "Khat Use and Neurobehavioral Functions: Suggestions for Future Studies", *J Ethnopharmacol* 132, 2010, pp. 554–563.

④ F. Kassim et al., "Subchronic Crude Khat (Catha edulis F.) Extract Administration Produces Short-term Memory Impairment in Behavioral Tasks Without Morphological Toxicity to the Dentate Gyrus in Mice", *J Ethnopharmacol* 30, 2014, pp. 77–94.

⑤ E. Engidawork, "Pharmacological and Toxicological Effects of Catha Edulis F. (Khat)", *Phytother Res* 31, 2017, pp. 1019–1028.

心肌梗死等疾病的风险,存在一定的剂量－效应关系[①]。动物实验的研究结果也显示类似的结论。短时间内大量摄入恰特草可导致大鼠血压升高、心电图改变[②]。低剂量恰特草长期暴露虽不能使大鼠血压明显升高,但可导致肌酸激酶,天冬氨酸氨基转移酶等心脏损伤标记物的水平上升,也印证了恰特草引发心脏损伤的可能性[③]。

恰特草的不良影响还体现在生殖方面,长期摄入恰特草可导致精子数量减少、阳痿,并对实施性行为的动机和能力造成影响[④]。动物实验结果显示,恰特草提取物对雄性大鼠的性欲望和性能力的作用是双相的:低剂量下,大鼠的性欲望增加但性能力变化不明显;高剂量下,大鼠的性欲望和性能力均下降[⑤]。恰特草对生育的负面作用并不局限于其对性行为的影响,它还可造成孕期妇女贫血,对胎儿生长发育产生不利影响。值得注意的是,恰特草的代谢产物可以进入母乳,但目前尚不能确定以这种方式摄入的代谢产物是否足以对婴幼儿产生危害[⑥]。

嚼食恰特草还可引一系列消化道问题,包括口腔白色角化病变、食道炎、胃炎以及肠道吸收延迟,其中口腔黏膜白色角化病变的严重程度

---

① 王子云、刘志民等:《Khat 的滥用及其管理》,载《中国药物滥用防治杂志》2014 年第 20 卷第 4 期。

② F. H. Al – Hashem and A. S. Shatoor, "Acute Oral Administration of Khat (Catha Edulis) Aqueous Extract Elevates Blood Pressure and Prolongs QT and QTC Intervals in Wistar Albino Rats", *Saudi Med J* 33, 2012, pp. 1065 – 1072.

③ F. Kassim et al., "Subchronic Crude Khat (Catha edulis F.) Extract Administration Produces Short – term Memory Impairment in Behavioral Tasks Without Morphological Toxicity to the Dentate Gyrus in Mice", *J Ethnopharmacol* 30, 2014, pp. 77 – 94.

④ M. Abdulwaheb et al., "Effect of Catha Edulis Foresk (Khat) Extracts on Male Rat Sexual Behavior", *J Ethnopharmacol* 110, 2007, pp. 250 – 256.

⑤ A. Mohammed and E. Engidawork, "Reproductive Parameters are Differentially Altered Following Subchronic Administration of Catha Edulis F. (Khat) Extract and Cathinone in Male Rats", *J Ethnopharmacol* 134, 2011, pp. 977 – 983.

⑥ E. Engidawork, "Pharmacological and Toxicological Effects of Catha Edulis F. (Khat)", *Phytother Res* 31, 2017, pp. 1019 – 1028.

会随着吸食年限的延长和频率的增加而加重①。目前尚无证据表明恰特草能导致口腔癌的发生。

此外,吸食恰特草还被认为与肝、肾毒性存在一定关联②。但由于不同的案例报道之间存在相互矛盾之处,而且机制方面的证据也十分匮乏,因此要得出明确结论还有赖于相关研究的进一步开展。

在成瘾性方面,虽然有学者报道过 9 mg/kg 恰特草提取物可以显著诱导小鼠产生条件性位置偏爱,但考虑到恰特草中各组分水平受外部因素(气候条件、栽培方式、加工工艺等)影响较大,不同产地、不同批次的恰特草中精神活性物质含量可能存在差异③。因此下面列出恰特草的三种主要精神活性成分的动物依赖性实验数据:

(1)S(–)–卡西酮:S(–)–卡西酮是恰特草中最主要的活性成分,一般认为其作用强度要高于去甲伪麻黄碱和(–)–去甲麻黄碱④。在 Young 等人的大鼠药物辨别试验中,S(–)–卡西酮和可卡因作为替代药物,它们的 ED_{50} 值及 95% 置信区间分别为 0.19 (0.13 ~ 0.31) mg/kg 和 1.47 (0.72 ~ 2.89) mg/kg⑤。而 1.6 mg/kg 的 S(–)–卡西酮可

① 王子云、刘志民等:《Khat 的滥用及其管理》,载《中国药物滥用防治杂志》2014 年第 20 卷第 4 期。

② 滕姣、陈学国等:《恰特草成分及毒理作用研究进展》,载《山东化工》2018 年第 47 卷第 18 期。

③ A. M. Feyissa and J. P. Kelly, "A Review of the Neuropharmacological Properties of Khat", *Prog Neuropsychopharmacol Biol Psychiatry* 32, 2008, pp. 1147 – 1166. N. Patel, "Catha Edulis Forsk (Khat) Induces Conditioned Place Preference in Mice", 2017. https://profiles.uonbi.ac.ke/npatel/publications/catha – edulis – forsk – khat – induces – conditioned – place – preference – mice, April 26, 2019.

④ 滕姣、陈学国等:《恰特草成分及毒理作用研究进展》,载《山东化工》2018 年第 47 卷第 18 期。N. T. Wabe, "Chemistry, Pharmacology, and Toxicology of Khat (Catha Edulis Forsk): A Review", *Addict Health* 3, 2011, pp. 137 – 149.

⑤ R. Young and R. A. Glennon, "Discriminative Stimulus Effects of S(–)–Methcathinone (CAT): A Potent Stimulant Drug of Abuse", *Psychopharmacology* (*Berl*) 140, 1998, pp. 250 – 256.

使大鼠产生条件性位置偏爱①。此外也有卡西酮诱导恒河猴自身给药的报道②。

(2)去甲伪麻黄碱:在大鼠药物辨别实验中,去甲伪麻黄碱可以替代S(-)-卡西酮,其ED_{50}值及其95%置信区间为3.03 (2.34~3.92) mg/kg,而S(-)-卡西酮自身的ED_{50}值及95%置信区间为0.34 (0.21~0.55) mg/kg③。条件性位置偏爱和自身给药的实验数据暂无。

(3)(-)-去甲麻黄碱:在大鼠药物辨别实验中,(-)-去甲麻黄碱可有效替代(-)-麻黄碱[(-)-Ephedrine],前者的ED_{50}值为1.9 mg/kg,而后者为0.8 mg/kg。给成熟前的C57BL/6J小鼠腹腔注射(-)-去甲麻黄碱,可有效诱导可卡因产生的条件性位置偏爱④。此外,经过苯丙胺训练的大鼠也会对(-)-去甲麻黄碱产生自身给药行为⑤。

体外药理学评价:

有体外研究表明,S(-)-卡西酮、去甲伪麻黄碱和(-)-去甲麻黄碱均能刺激大鼠脑组织内单胺类神经递质的释放,具体EC_{50}值(±标准差)如下⑥:

(1)对去甲肾上腺素的EC_{50}分别为:S(-)-卡西酮:12.4 (±0.7)nM;

---

① N. T. Wabe, "Chemistry, Pharmacology, and Toxicology of Khat (Catha Edulis Forsk): A Review", *Addict Health* 3, 2011, pp. 137-149.

② T. Yanagita, "Intravenous Self-administration of (-)-Cathinone and 2-Amino-1-(2,5-Dimethoxy-4-Methyl) phenylpropane in Rhesus Monkeys", *Drug Alcohol Depend* 17, 1986, pp. 135-141.

③ M. D. Schechter, "Rats Become Acutely Tolerant to Cathine After Amphetamine or Cathinone Administration", *Psychopharmacology* (*Berl*) 101, 1990, pp. 126-131.

④ J. H. Penzner et al., "Protracted 'Anti-addictive' Effects of Adolescent Phenylpropanolamine Exposure in C57BL/6J Mice", *Addict Biol* 13, pp. 310-325.

⑤ P. J. Wellman et al., "Self-Administration of Phenylpropanolamine (PPA) by Rats Previously Trained to Self-administer Amphetamine", *Pharmacol Biochem Behav* 34, 1989, pp. 187-191.

⑥ R. B. Rothman et al., "In Vitro Characterization of Ephedrine-Related Stereoisomers at Biogenic Amine Transporters and the Receptorome Reveals Selective Actions As Norepinephrine Transporter Substrates", *J Pharmacol Exp Ther* 307, 2003, pp. 138-145.

去甲伪麻黄碱:15.0 (±4.7) nM;(-) - 去甲麻黄碱:42.1(±4.3) nM;

(2)对多巴胺的 EC_{50} 分别为:S(-) - 卡西酮:18.5(±0.3) nM;去甲伪麻黄碱:65.3 (±2.4) nM;(-) - 去甲麻黄碱:302(±10) nM;

(3)对 5 - 羟色胺的 EC_{50} 分别为:S(-) - 卡西酮:2366(±138) nM;去甲伪麻黄碱和(-) - 去甲麻黄碱无显著活性。

此外,卡西酮还能抑制去甲肾上腺素转运体(NorepinephrineTransporter,NET)、多巴胺转运体(Dopamine Transporter,DAT)和 5 - 羟色胺转运体(Serotonin Transporter,SERT)这三种受体与各自的配体结合,具体参数如下①:

(1)去甲肾上腺素转运体:采用雄性 Wistar 大鼠左心室切片测定,IC_{50} = 0.9 μM,受体亲和力:可卡因≈3,4 - 亚甲二氧基 - N - 甲基苯丙胺≈卡西酮;

(2)多巴胺转运体:采用雄性 SD 大鼠纹状体突触测定,IC_{50} =0.85 μM,受体亲和力:苯丙胺 > 可卡因 > 卡西酮;

(3)5 - 羟色胺转运体:采用大鼠纹状体突触测定,IC_{50} =0.014 μM,受体亲和力:卡西酮与苯丙胺大致相当。

药物代谢:

有实验结果表明,恰特草诱导的精神刺激作用在咀嚼约 0.5 小时后即可见效,并能持续 3 小时左右。在此期间,叶和茎中的生物碱可有效释放 90%。其中卡西酮和去甲伪麻黄碱的吸收率分别为 59 ±21% 和 84 ±6%②。这些活性成分的吸收分两个途径进行,其中主要吸收部位是口腔黏膜,60% 的卡西酮会由此处进入循环系统;而余下部分则会在胃和小肠处被机体摄入。Widler 等人的研究发现,健康志愿者按 0.9 ± 0.1 mg/kg的剂量服用恰特草,在 127 ±30 分钟时卡西酮的血浆浓度达到峰值 127 ±53 ng/ml;在另一项研究中,恰特草的摄入量为 0.6 mg/kg,

① A. M. Feyissa and J. P. Kelly ,"A Review of the Neuropharmacological Properties of Khat", *Prog Neuropsychopharmacol Biol Psychiatry* 32, 2008, pp. 1147 - 1166.

② 王子云、刘志民等:《Khat 的滥用及其管理》,载《中国药物滥用防治杂志》2014 年第 20 卷第 4 期。

卡西酮的血浆浓度峰值为 83 ng/ml，而达峰时间则为 1.5 ~ 3.5 小时。这些结果表明，卡西酮的摄入剂量仅能改变血浆浓度，而对达峰时间无显著影响①。

卡西酮主要是以去甲伪麻黄碱和去甲麻黄碱的形式随尿液排出体外，以原药形式排泄的卡西酮少于摄入量的 7%。与所有合成卡西酮一样，天然卡西酮在吸收后经历 I 相代谢。在肝微粒体酶的催化下，β - 酮被还原为醇，产生去甲伪麻黄碱和去甲麻黄碱（见图 9 - 1）。在特定情况下，卡西酮的代谢产物会出现立体选择性：立体异构体 S -（ - ）- 卡西酮的主要代谢产物是去甲麻黄碱，而 R -（ + ）- 卡西酮被代谢成去甲伪麻黄碱。这也解释了为何去甲麻黄碱的尿液排泄水平远高于其摄入水平②。

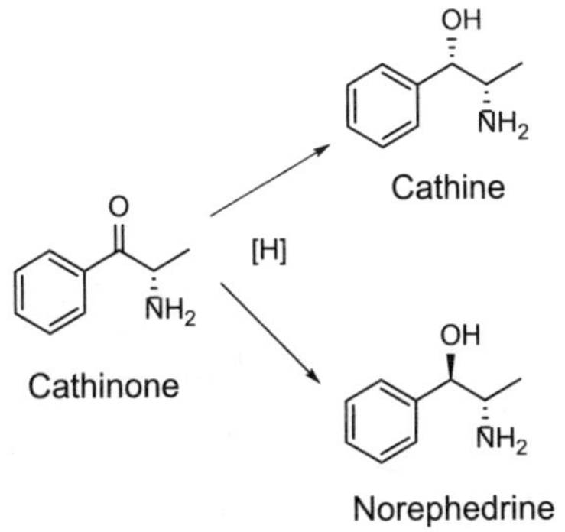

图 9 - 1　卡西酮代谢途径③

① M. J. Valente et al.,"Khat and Synthetic Cathinones: A Review", *Arch Toxicol* 88, 2014, pp. 15 - 45.

② M. J. Valente et al.,"Khat and Synthetic Cathinones: A Review", *Arch Toxicol* 88, 2014, pp. 15 - 45.

③ M. J. Valente et al.,"Khat and Synthetic Cathinones: A Review", *Arch Toxicol* 88, 2014, pp. 15 - 45.

依赖性折算：

1 克恰特草相当于 0.0005 克甲基苯丙胺①。

① 最高人民法院：《最高人民法院关于审理毒品犯罪案件适用法律若干问题的解释》，2016 年 4 月，载 https://www.chinacourt.org/article/detail/2017/01/id/2509584.shtml，2019 年 5 月 20 日最后访问。

第十章　芬太尼类

第一节　前　　言

芬太尼类物质是指化学结构与芬太尼{N－[1－(2－苯乙基)－4－哌啶基]－N－苯基丙酰胺}相比,符合以下一个或多个条件的物质:(1)使用其他酰基替代丙酰基;(2)使用任何取代或未取代的单环芳香基团替代与氮原子直接相连的苯基;(3)哌啶环上存在烷基、烯基、烷氧基、酯基、醚基、羟基、卤素、卤代烷基、氨基及硝基等取代基;(4)使用其他任意基团(氢原子除外)替代苯乙基①。芬太尼的化学结构见图 10－1。目前已作为镇痛药在临床应用的芬太尼类药物包括芬太尼(Fentanyl),阿芬太尼(Alfentanil),舒芬太尼(Sufentanil),瑞芬太尼(Remifentanil)②。除上述药物外,其他芬太尼类物质到目前为止均未被用于医药、工业、科研或者其他合法用途。本章介绍的 12 种芬太尼类物质均无合法用途,包括乙酰芬太尼(Acetylfentanyl)、丁酰芬太尼(Butyrfentanyl)、β－羟基硫代芬太尼(β－Hydroxythiofentanyl)、4－氟呋喃妥芬(4－氟丁酰芬太尼)、异丁酰芬太尼(Isobutyrfentanyl)、奥芬太尼(Ocfentanyl)、卡芬太尼(Carfentanil)、呋喃芬太尼(Furanylfentanyl)、戊酰芬太尼(Valeryl Fentanyl)、丙烯酰芬太尼(Acryloylfentanyl)、4－氟异丁酰芬太尼(4－Fluoroisobutyrfentanyl)、四氢呋喃芬太尼(Tetrahydrofuranylfentanyl)。

---

① 公安部等:《关于将芬太尼类物质列入非药用类麻醉药品和精神药品管制品种增补目录公告》,2019 年 3 月。

② Stanley, T. H., "The fentanyl story", *J Pain* 15, 2014, pp. 1215－1226.

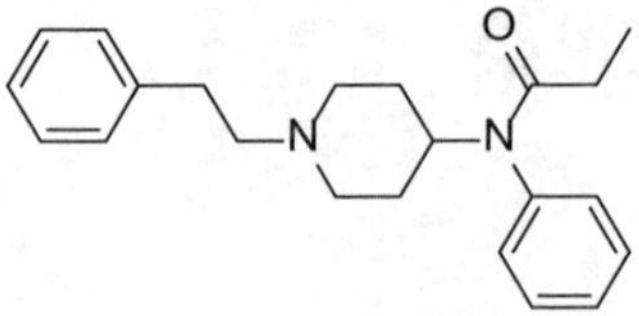

图 10－1　芬太尼化学结构

芬太尼及其类似物均为选择性 μ 阿片受体激动剂，其药理靶点与吗啡、海洛因等阿片类药物类似。在细胞机制层面，阿片受体激动剂在突触前可抑制钙离子通道活性而减少神经递质释放；在突触后可通过 μ 阿片受体激活 $G_{i/o}$ 蛋白调节的信号通道，促进钾离子通道开放，抑制神经元活性。在生理功能上，既通过抑制神经传递而阻碍外周伤害感受传入至中枢痛觉环路，同时也抑制中枢的痛觉感受。由于阿片受体参与了与动机强化功能相关的中脑边缘皮质系统活性的调节，长期反复的 μ 阿片受体激活可导致强烈的药物渴求和不可自控的觅药动机，进而诱导成瘾行为。此外，长期刺激阿片受体可导致受体内吞（受体耐受），以致阿片类药物停药后，阿片受体不能发挥正常作用，各种伤害感受被放大，产生躯体戒断症状。纳洛酮作为 μ 阿片受体拮抗剂，抑制阿片受体生理作用，可诱导阿片类药物成瘾者或动物产生躯体戒断症状。

芬太尼最早由比利时杨森制药厂于 1959 年研发，20 世纪 70 年代开始已作为麻醉药及强力止痛药在临床广泛使用。同时也作为“娱乐性”药物（Recreational drug）在某些西方国家被滥用。作为精神活性物质，可产生幻觉、焦虑、抑郁等精神症状。芬太尼类物质脂溶性强，能快速穿越血脑屏障，并且对 μ 受体产生极为高效的激动作用，这是芬太尼类物质的镇痛作用、成瘾性、中枢抑制性远比吗啡强大的主要原因。与海洛因、吗啡等类似，使用过量所致的呼吸中枢抑制作用是芬太尼导致死亡的主要原因。

近年来美国的芬太尼使用过量致死事件逐年上升，曾有报道指出，在全球阿片类物质过量致死的人数中，美国占了27%[①]。据《科学》杂志2018年9月发表的调查结果，在1999～2016年在美国因阿片类物质过量使用致死亡的人数超过40万人，尤其是在2014年之后呈爆发趋势；而人工合成阿片类物质（如芬太尼类）的流行主要发生在2015年之后[②]。

中国政府历来对阿片类物质的滥用与流行问题极为重视，在2013年版的《麻醉药品和精神药品品种目录》中已将十三种芬太尼类物质列入管制[③]，并且于2015年、2018年陆续发布、更新《非药用类麻醉药品和精神药品管制品种增补目录》，把已发现的新型芬太尼类物质列入管制[④]。为进一步打击涉芬太尼类物质的违法犯罪行为，从2019年5月1日起将芬太尼类物质整类列入《非药用类麻醉药品和精神药品管制品种增补目录》，为非药用类芬太尼类物质的管制提供了充分的制度保障[⑤]。

第二节　12种芬太尼类物质

147. Acetylfentanyl

名称：Acetylfentanyl

---

① Reardon, S.,"How digital drug users could help to halt the US opioid epidemic", *Nature*560, 2018, pp. 295－297.

② Jalal, H., et al.,"Changing dynamics of the drug overdose epidemic in the United States from 1979 through 2016", *Science* 361, 2018, pp. 6408.

③ 食品药品监管总局等：《关于公布〈麻醉药品和精神药品品种目录〉的通知》，2013年11月。

④ 公安部、国家卫生计生委、食品药品监管总局、国家禁毒办：《关于印发非药用类麻醉药品和精神药品列管办法的通知》，载国家食品药品监督管理总局官网：http://samr.cfda.gov.cn/WS01/CL0056/130753.html，2019年4月20日最后访问。公安部等：《关于将4－氯乙卡西酮等32种物质列入非药用类麻醉药品和精神药品管制品种增补目录公告》，2018年8月。

⑤ 公安部等：《关于将芬太尼类物质列入非药用类麻醉药品和精神药品管制品种增补目录公告》，2019年3月。

通用名：

N－（1－Phenethylpiperidin－4－yl）－*N*－phenylacetamide

N－（1－苯乙基哌啶－4－基）－*N*－苯基乙酰胺

Acetyl fentanyl

乙酰芬太尼

（英文缩写：Acetylfentanyl）

（CAS：3258－84－2）

化学结构：

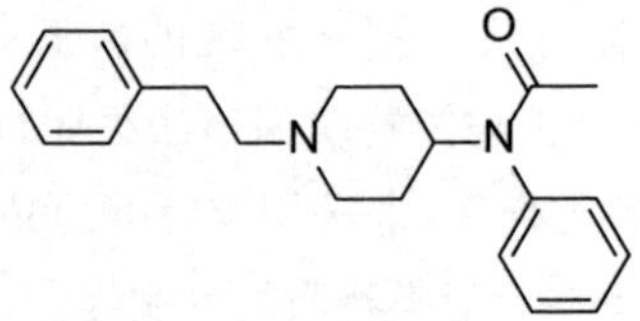

概述：

乙酰芬太尼在化学结构上是芬太尼的衍生物，属于阿片类的镇痛剂，但从未作为医疗用途被使用。该物质在20世纪60年代由比利时杨森制药厂合成，80年代末开始在毒品市场出现①。自2012年起，在欧美、俄罗斯陆续发生乙酰芬太尼过量死亡的事件。成分检测显示该药物经常被混入海洛因或作为海洛因出售②。我国于2015年10月1日将其列入《非药用类麻醉药品和精神药品管制品种增补目录》中。2015年，美国政府将其列入临时表Ⅰ管制药品③。2016年联合国将其列入表Ⅰ

---

① *Expert Committee on Drug Dependence*, *Acetylfentanyl Critical Review Report Agenda item* 5.2. World Health Organization, 2015.

② *European Monitoring Centre for Drugs and Drug Addiction*, *Report on a new psychoactive substance*：*N*－（*1－phenethylpiperidin－4－yl*）－*N－phenylacrylamide*（*acryloylfentanyl*）. Publications Office of the European Union, Luxembourg, 2017.

③ *Drug Enforcement Administration*, *Acetyl fentanyl.* 2015：*Department of Justice*, USA.

及表Ⅳ管制药品①,2017 年,美国政府将其列入正式表 I 管制药品②。

药理毒理作用:

属于 μ 阿片受体激动剂。啮齿类动物实验显示其镇痛效果约为吗啡的 16 倍,芬太尼的 1/3。毒品使用者的个人报告称 0.1 ~ 0.25 μg(静注)或 10 ~ 15 mg(鼻吸)可以达到类似海洛因或芬太尼的使用体验③。

不良反应与海洛因类似,过量使用可导致呼吸中枢抑制而死亡。小鼠口服时的半数致死量(LD_{50},9.3 mg/kg)与镇痛半数有效量(ED_{50},0.021 mg/kg)的比值为 442.9,远低于吗啡(1424.2)及芬太尼(10163.9),提示安全剂量范围更小,是极为危险的芬太尼衍生物④。小鼠口服乙酰芬太尼 LD_{50} 为 9.3 mg/kg,既往研究报道大鼠口服芬太尼 LD_{50} 为 18 mg/kg⑤,提示两者致死剂量接近。

尚未发现使用乙酰芬太尼进行药物成瘾性或依赖性评估的实验报道。有研究发现乙酰芬太尼(0.5 mg/kg)可快速抑制恒河猴吗啡(3 mg/kg)戒断症状⑥。根据其药理学作用靶点、镇痛效果、吗啡替代效

---

① *Expert Committee on Drug Dependence*, *Acetylfentanyl Critical Review Report Agenda item* 5.2. World Health Organization, 2015. *United Nations Office on Drugs and Crime*, *Fentanyl and its analogues - 50 years on. Glob Smart Update.* Vol. 17, 2017, pp. 3 - 7.

② "Drug Enforcement Administration, Schedules of Controlled Substances: Placement of Acetyl Fentanyl Into Schedule I. Final order." *Fed Regist*, USA, 2017. 82(108): p. 26349 - 26351.

③ *Expert Committee on Drug Dependence*, *Acetylfentanyl Critical Review Report Agenda item* 5.2. World Health Organization, 2015.

④ "Higashikawa, Y. and S. Suzuki, Studies on 1 - (2 - phenethyl) - 4 - (N - propionylanilino) piperidine (fentanyl) and its related compounds. VI. Structure - analgesic activity relationship for fentanyl, methyl - substituted fentanyls and other analogues." *Forensic Toxicology*, 2008. 26(1), pp. 1 - 5. "Takase, I., et al., An autopsy case of acetyl fentanyl intoxication caused by insufflation of 'designer drugs'." *Leg Med (Tokyo)*, 2016, 21, pp. 38 - 44.

⑤ *Pfizer Pharmaceuticals Group*, *MATERIAL SAFETY DATA SHEET*: *Fentanyl Citrate Injectable Solution*, 2013.

⑥ Aceto, M., et al., "Dependence studies of new compounds in the rhesus monkey, rat and mouse." *Problems of Drug Dependence* 1996, 1998, p. 338.

应及使用者自我报告,可推测其具有强烈的致成瘾性。

体外药理学评价:

以脑细胞膜为样本的放射配体 - 受体结合实验中,乙酰芬太尼竞争^{3}H - 埃托啡与 μ 阿片受体结合的半数抑制浓度(IC_{50})为 676 nM(对照药物吗啡的 IC_{50} 为 23.6 nM)①。

药物代谢:

主要代谢途径为 N - 脱烷基化、单羟化、羟化,据此推测代谢产物为羟基甲氧、单羟基化产物②。

依赖性折算:

1 克乙酰芬太尼相当于 6 克海洛因③。

148. Butyrylfentanyl

名称:Butyrylfentanyl

通用名:

N - (1 - (2 - Phenylethyl) - 4 - piperidinyl) - *N* - phenylbutyramide

N - (1 - 苯乙基哌啶 - 4 - 基) - *N* - 苯基丁酰胺

Butyrylfentanyl

丁酰芬太尼

(CAS:1169 - 70 - 6)

---

① *Expert Committee on Drug Dependence*, *Acetylfentanyl Critical Review Report Agenda item* 5.2. World Health Organization, 2015.

② Kanamori, T., et al., "Use of hepatocytes isolated from a liver - humanized mouse for studies on the metabolism of drugs: application to the metabolism of fentanyl and acetylfentanyl." *Forensic Toxicol*, 2018. 36(2), p. 467 - 475. Ujváry, I., et al., "Acryloylfentanyl, a recently emerged new psychoactive substance: a comprehensive review." *Forensic Toxicology*, 2017. 35(2), pp. 232 - 243.

③ 国家禁毒委员会:《关于印发〈104 种非药用类麻醉药品和精神药品管制品种依赖性折算表〉的通知》,载北京刑事律师网文献库:http://www.bjxsdls.com/info.asp? lb_id = 2495, 2019 年 4 月 20 日最后访问。

化学结构：

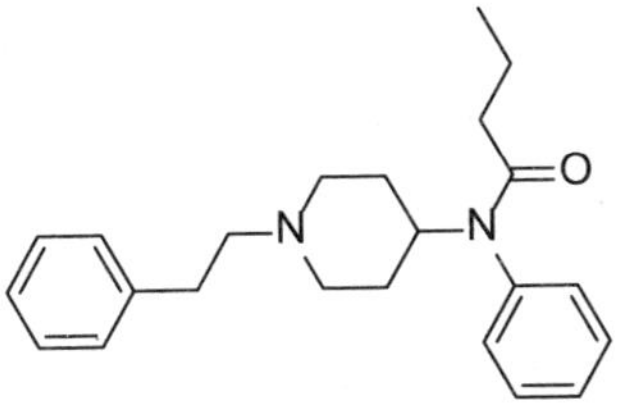

概述：

丁酰芬太尼在化学结构上是芬太尼的衍生物，属于短效阿片类镇痛剂，但未被批准用于医疗目的。2016 年起在欧美陆续发生丁酰芬太尼过量致死事件①。2016 年，美国政府将其列入临时表 I 管制药品②。2017 年联合国建议将其列入表 I 管制药品③，2018 年，美国政府将其列入正式表 I 管制药品④。我国于 2015 年 10 月 1 日将其列入《非药用类麻醉药品和精神药品管制品种增补目录》中。

药理毒理作用：

已有案例报道该药通过鼻吸使用。不良反应与海洛因类似，过量使用可导致呼吸中枢抑制而死亡。尚未有致死剂量研究。啮齿类动物实验显示其镇痛效果约为吗啡的 1.5 倍，芬太尼的 1/30⑤。

---

① *Expert Committee on Drug Dependence*, *Butyrfentanyl* (*Butyrylfentanyl*): *Critical Review Report Agenda item* 4.2. World Health Organization, 2016. Bäckberg, M., et al., "Opioid intoxications involving butyrfentanyl, 4 – fluorobutyrfentanyl, and fentanyl from the Swedish STRIDA project." *Clinical Toxicology*, 2015. 53(7), pp. 609 – 617.

② "Drug Enforcement Administration, Schedules of Controlled Substances: Temporary Placement of Butyryl Fentanyl and Beta – Hydroxythiofentanyl Into Schedule I. Final order." *Fed Regist*, USA, 2016. 81(92), pp. 29492 – 29496.

③ 联合国经济及社会理事会麻醉药品委员会：物质管制范围的变化：世界卫生组织拟议的附表增改建议，E/CN. 7/2017/8, 2017。

④ "Drug Enforcement Administration, Schedules of Controlled Substances: Placement of Butyryl Fentanyl and U – 47700 Into Schedule I. Final order." *Fed Regist*, USA, 2018. 83(77), pp. 17486 – 17488.

⑤ *Expert Committee on Drug Dependence*, *Butyrfentanyl* (*Butyrylfentanyl*): *Critical Review Report Agenda item* 4.2. World Health Organization, 2016.

尚未发现使用丁酰芬太尼进行的药物成瘾性或依赖性评估实验报道。有研究发现丁酰芬太尼(0.1 或 0.5 mg/kg)可减轻恒河猴吗啡(3 mg/kg)戒断症状,并具吗啡替代效应①。根据其药理学作用靶点、吗啡替代效应及使用者自我报告,可推测其具有强烈的致成瘾性。

体外药理学评价:

选择性 μ 阿片受体激动剂。μ 阿片受体亲和力实验数据显示丁酰芬太尼的 *K*i 为 32 ± 4.1 nM,而芬太尼的 *K*i 为 1.06 ± 0.15 nM。另有实验显示丁酰芬太尼对 μ 阿片受体的激动效应与吗啡大致相当,半数有效浓度(EC_{50})分别为 37 nM、42 nM②。

药物代谢:

代谢产物为羧基化、羟基化产物③。

依赖性折算:

1 克丁酰芬太尼相当于 1.25 克海洛因④。

149. β – Hydroxythiofentanyl

名称:β – Hydroxythiofentanyl

---

① Aceto, M., et al., "Dependence studies of new compounds in the rhesus monkey, rat and mouse." *Problems of Drug Dependence* 1996, 1998, p. 338.

② *Burns, S. M., C. W. Cunningham, and S. L. Mercer, DARK Classics in Chemical Neuroscience: Fentanyl.* ACS Chem Neurosci, 2018. Armenian, P., et al., "Fentanyl, fentanyl analogs and novel synthetic opioids: A comprehensive review." *Neuropharmacology*, 2018, 134(Pt A), pp. 121 – 132.

③ Steuer, A. E., et al., "Studies on the metabolism of the fentanyl – derived designer drug butyrfentanyl in human in vitro liver preparations and authentic human samples using liquid chromatography – high resolution mass spectrometry (LC – HRMS)." *Drug Test Anal*, 2017. 9(7), pp. 1085 – 1092. Watanabe, S., et al., "In Vitro and In Vivo Metabolite Identification Studies for the New Synthetic Opioids Acetylfentanyl, Acrylfentanyl, Furanylfentanyl, and 4 – Fluoro – Isobutyrylfentanyl." *The AAPS Journal*, 2017, 19(4), pp. 1102 – 1122.

④ 国家禁毒委员会:《关于印发〈104 种非药用类麻醉药品和精神药品管制品种依赖性折算表〉的通知》,载北京刑事律师网文献库:http://www.bjxsdls.com/info.asp? lb_id = 2495, 2019 年 4 月 20 日最后访问。

通用名：

N – {1 – [2 – Hydroxy – 2 – (thiophen – 2 – yl) ethyl] piperidin – 4 – yl} – *N* – phenylpropanamide

N – {1 – [2 – 羟基 – 2 – (2 – 噻吩基) 乙基] 哌啶 – 4 – 基} – *N* – 苯基丙酰胺

β – Hydroxythiofentanyl

β – 羟基硫代芬太尼

(CAS: 1474 – 34 – 6)

化学结构：

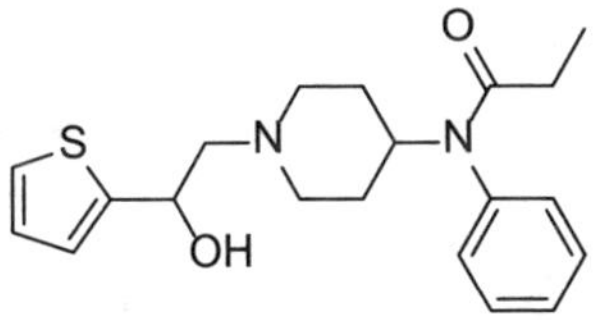

概述：

β – 羟基硫代芬太尼是芬太尼的结构衍生物，属于阿片类镇痛剂，但未被批准用于医疗目的。2014 年起在美国毒品市场被检获。美国缉毒署公开文件显示，2015 年发生的数起芬太尼类药物过量死亡事件均与其有关①。美国政府于 2016 年将其列入临时表 I 管制药品②、2018 年将其列入正式表 I 管制药品③。我国于 2015 年 10 月 1 日将其列入《非药用类麻醉药品和精神药品管制品种增补目录》中。

药理毒理作用：

属于 μ 阿片受体激动剂。不良反应与海洛因类似，过量使用可导致

---

① "Drug Enforcement Administration, Schedules of Controlled Substances: Temporary Placement of Butyryl Fentanyl and Beta – Hydroxythiofentanyl Into Schedule I. Final order." *Fed Regist*, USA, 2016, 81(92), pp. 29492 – 29496.

② "Drug Enforcement Administration, Schedules of Controlled Substances: Temporary Placement of Butyryl Fentanyl and Beta – Hydroxythiofentanyl Into Schedule I. Final order." *Fed Regist*, USA, 2016, 81(92), pp. 29492 – 29496.

③ "Drug Enforcement Administration, Schedules of Controlled Substances: Placement of beta – Hydroxythiofentanyl Into Schedule I." *Fed Regist*, USA, 2018, 83(93).

呼吸中枢抑制而死亡。尚未有致死剂量研究。

尚未发现 β－羟基硫代芬太尼的药物成瘾性或依赖性评估报道。β－羟基硫代芬太尼具有与芬太尼类似的药理学特征,可推测其具有强烈的致成瘾性。

依赖性折算:

1 克 β－羟基硫代芬太尼相当于 40 克海洛因[①]。

150. 4－Fluorobutyrfentanyl

名称:4－Fluorobutyrfentanyl

通用名:

N－(4－Fluorophenyl)－*N*－(1－phenethylpiperidin－4－yl)butyramide

N－(4－氟苯基)－*N*－(1－苯乙基哌啶－4－基)丁酰胺

4－Fluorobutyrfentanyl

4－氟丁酰芬太尼

(CAS:244195－31－1)

化学结构:

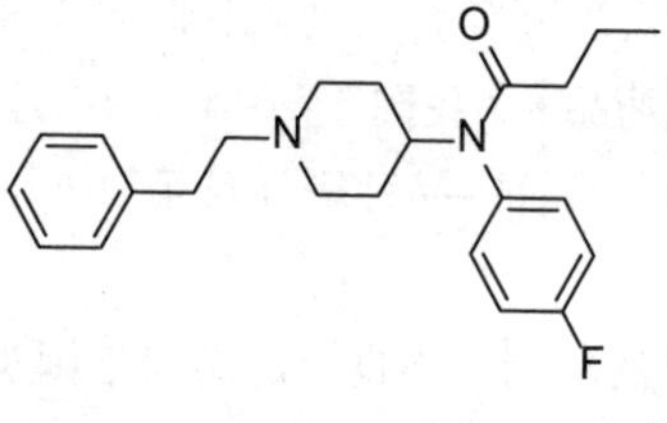

概述:

4－氟丁酰芬太尼在化学结构上与丁酰芬太尼类似,是芬太尼的衍生物,属于阿片类镇痛剂,但未被批准用于医疗目的。2013～2014 年,瑞

① 国家禁毒委员会:《关于印发〈104 种非药用类麻醉药品和精神药品管制品种依赖性折算表〉的通知》,载北京刑事律师网文献库:http://www.bjxsdls.com/info.asp?lb_id=2495,2019 年 4 月 20 日最后访问。

典曾发生数起4－氟丁酰芬太尼中毒事件①,2015年在波兰发生的芬太尼过量致死案例中,曾检测出4－氟丁酰芬太尼②。2018年,美国政府将其列入临时表Ⅰ管制药品③。我国于2015年10月1日将其列入《非药用类麻醉药品和精神药品管制品种增补目录》中。

药理毒理作用:

属于μ阿片受体激动剂。不良反应与海洛因类似,过量使用可导致呼吸中枢抑制而死亡。尚未有致死剂量研究。

具有类似芬太尼的化学结构,可推测4－氟丁酰芬太尼属选择性μ阿片受体激动剂,但尚无相关药理学实验资料。

依赖性折算:

1克4－氟丁酰芬太尼相当于1.25克海洛因④。

151. Isobutyrfentanyl

名称:Isobutyrfentanyl

通用名:

N－(1－Phenethylpiperidin－4－yl)－*N*－phenylisobutyramide

N－(1－苯乙基哌啶－4－基)－*N*－苯基异丁酰胺

Isobutyrfentanyl

---

① Bäckberg, M., et al., "Opioid intoxications involving butyrfentanyl, 4－fluorobutyrfentanyl, and fentanyl from the Swedish STRIDA project". *Clinical Toxicology*, 2015, 53(7), pp. 609－617.

② Rojkiewicz, M., et al., "Identification and physicochemical characterization of 4－fluorobutyrfentanyl {1－[(4－fluorophenyl)(1－phenethylpiperidin－4－yl)amino]butan－1－one, 4－FBF} in seized materials and post－mortem biological samples." *Drug Test Anal*, 2017. 9(3), pp. 405－414.

③ "Drug Enforcement Administration, Schedules of Controlled Substances: Temporary Placement of Seven Fentanyl－Related Substances in Schedule I. Temporary amendment; temporary scheduling order." *Fed Regist*, USA, 2018. 83(22), pp. 4580－4585.

④ 国家禁毒委员会:《关于印发〈104种非药用类麻醉药品和精神药品管制品种依赖性折算表〉的通知》,载北京刑事律师网文献库:http://www.bjxsdls.com/info.asp? lb_id=2495,2019年4月20日最后访问。

异丁酰芬太尼

(CAS:119618－70－1)

化学结构:

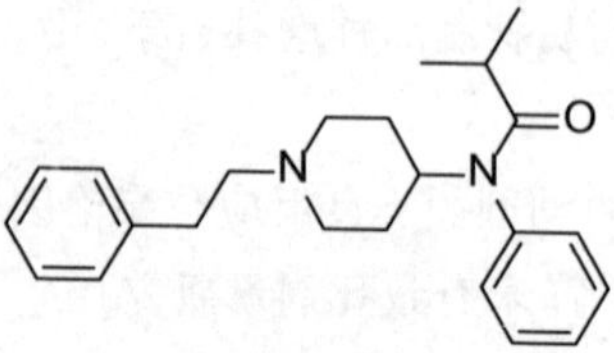

概述:

μ 阿片受体激动剂。2018 年美国执法机构曾在一例因毒物过量致死者的生物检材中测出异丁酰芬太尼①。美国于 2018 年 2 月将异丁酰芬太尼列为临时表 I 管制药品②。我国于 2015 年 10 月 1 日将其列入《非药用类麻醉药品和精神药品管制品种增补目录》中。

药理毒理作用:

属于 μ 阿片受体激动剂。不良反应与海洛因类似,过量使用可导致呼吸中枢抑制而死亡。尚未有致死剂量研究。

尚未发现异丁酰芬太尼的药物成瘾性或依赖性评估报道。异丁酰芬太尼具有与芬太尼类似的药理学特征,可推测其具有强烈的致成瘾性。

依赖性折算:

1 克异丁酰芬太尼相当于 1.25 克海洛因③。

---

① *Office of the Chief Medical Examiner*, *Opioid－related Fatal Overdoses*: *January* 1, 2014 *to April* 30, 2018. *Government OF District of Columbia* USA, 2018.

② "Drug Enforcement Administration, Schedules of Controlled Substances: Temporary Placement of Seven Fentanyl－Related Substances in Schedule I. Temporary amendment; temporary scheduling order." *Fed Regist* USA, 2018. 83(22), pp. 4580－4585.

③ 国家禁毒委员会:《关于印发〈104 种非药用类麻醉药品和精神药品管制品种依赖性折算表〉的通知》,载北京刑事律师网文献库:http://www.bjxsdls.com/info.asp? lb_id = 2495,2019 年 4 月 20 日最后访问。

152. Ocfentanyl

名称:Ocfentanyl

通用名:

N – (2 – Fluorophenyl) – 2 – methoxy – *N* – (1 – phenethylpiperidin – 4 – yl) acetamide

N – (2 – 氟苯基) – *N* – (1 – 苯乙基哌啶 – 4 – 基) – 2 – 甲氧基 – 乙酰胺

Ocfentanyl

奥芬太尼

(CAS:101343 – 69 – 5)

化学结构:

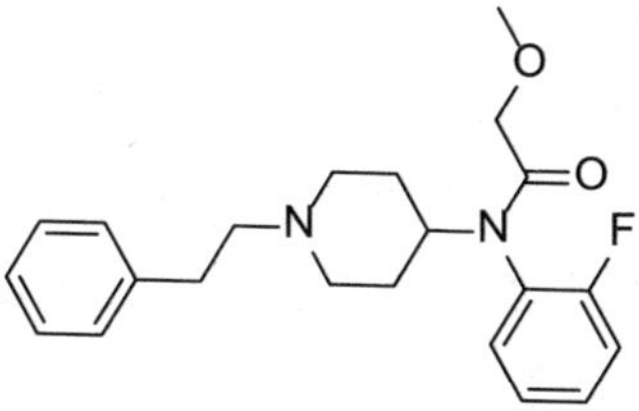

概述:

奥芬太尼是 μ 阿片受体激动剂,它是芬太尼的类似物。奥芬太尼最早出现在一份美国专利申请材料中,旨在获得一种比芬太尼临床安全性更高的阿片类药物①。尽管曾经开展过一些奥芬太尼临床试验②,但从未被用于医疗目的。在 2013 年前后,奥芬太尼开始被作为毒品销售,主

① Misailidi, N., et al., "Fentanyls continue to replace heroin in the drug arena: the cases of ocfentanil and carfentanil." *Forensic Toxicol*, 2018. 36(1), pp. 12 – 32.

② Fletcher, J. E., et al., "Comparison of ocfentanil and fentanyl as supplements to general anesthesia." *Anesth Analg*, 1991. 73(5), pp. 622 – 626.

要被掺杂于海洛因中，并在欧美地区出现了数起过量死亡案例①。美国于2018年2月将奥芬太尼列为临时表Ⅰ管制药品②。我国于2015年10月1日将其列入《非药用类麻醉药品和精神药品管制品种增补目录》中。

药理毒理作用：

啮齿类动物镇痛实验（热板实验、甩尾实验）显示，奥芬太尼及芬太尼的镇痛半数有效量（ED_{50}）分别为0.007 mg/kg和0.018 mg/kg，提示奥芬太尼的镇痛效力约为芬太尼的2.3倍，镇痛持续时间短于芬太尼③。因为临床研究中未发现奥芬太尼具有更好的镇痛效果（3 μg/kg的奥芬太尼与5 μg/kg的芬太尼相当）和安全范围④，奥芬太尼的研发被终止。

奥芬太尼使用途径包括静脉注射、鼻吸及抽吸。毒品使用者报告称使用反应与海洛因类似，但较海洛因有更多兴奋性及更少欣快感。过量使用可导致呼吸中枢抑制而死亡。

尚未发现奥芬太尼的药物成瘾性或依赖性评估报道。因奥芬太尼的药理学特征与芬太尼类似，推测其具有强烈的致成瘾性。

---

① Dussy, F. E., et al., "An Acute Ocfentanil Fatality: A Case Report with Postmortem Concentrations." *J Anal Toxicol*, 2016. 40(9): pp. 761 – 766. Coopman, V., et al., "Ocfentanil overdose fatality in the recreational drug scene." *Forensic Sci Int*, 2016. 266, pp. 469 – 473. Quintana, P., et al., "The hidden web and the fentanyl problem: Detection of ocfentanil as an adulterant in heroin." *Int J Drug Policy*, 2017. 40, pp. 78 – 83. *Expert Committee on Drug Dependence*, *ocfentanil*: *Critical Review Report Agenda Item* 4.5. World Health Organization, 2017.

② "Drug Enforcement Administration, Schedules of Controlled Substances: Temporary Placement of Seven Fentanyl – Related Substances in Schedule I. Temporary amendment; temporary scheduling order." *Fed Regist*, USA, 2018. 83(22), pp. 4580 – 4585.

③ Bagley, J. R., et al., "Evolution of the 4 – anilidopiperidine class of opioid analgesics." *Med Res Rev.*, 1991. 11(4), pp. 403 – 436.

④ Fletcher, J. E., et al., "Comparison of ocfentanil and fentanyl as supplements to general anesthesia." *Anesth Analg*, 1991. 73(5), pp. 622 – 626.

依赖性折算：

1 克奥芬太尼相当于 66.8 克海洛因①。

153. Acrylfentanyl

名称：Acrylfentanyl

通用名：

N – Phenyl – *N* – [1 – (2 – phenylethyl) piperidin – 4 – yl] prop – 2 – enamide

N – (1 – 苯乙基哌啶 – 4 – 基) – *N* – 苯基丙烯酰胺

Acrylfentanyl, acrylfentanyl

丙烯酰芬太尼

(CAS：82003 – 75 – 6)

化学结构：

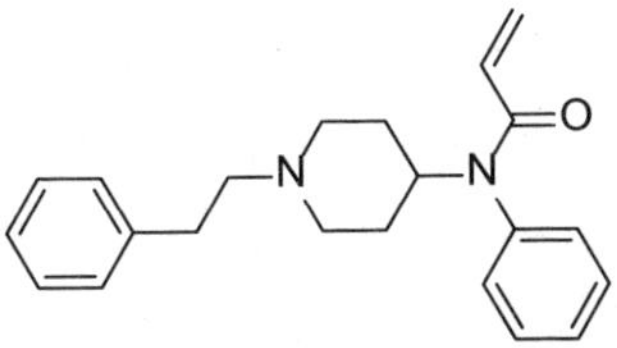

概述：

丙烯酰芬太尼是一种强效的阿片类物质，属于芬太尼的类似物，目前作为策划药在网上销售。2016 年，在瑞典有 20 例死亡与丙烯酰芬太尼滥用相关，丹麦有 2 例。瑞典于 2016 年 8 月 16 日将其列为违禁药

① 国家禁毒委员会：《关于印发〈104 种非药用类麻醉药品和精神药品管制品种依赖性折算表〉的通知》，载北京刑事律师网文献库：http://www.bjxsdls.com/info.asp? lb_id = 2495，2019 年 4 月 20 日最后访问。

物①。2017 年,该物质在美国被列入临时表 I 管制药品②。我国于 2017 年 3 月 1 日将其列入《非药用类麻醉药品和精神药品管制品种增补目录》中。

药理/毒理作用:

选择性 μ 阿片受体激动剂。啮齿类动物热板疼痛实验显示,丙烯酰芬太尼镇痛作用的半数有效量(ED_{50})为 0.082 mg/kg,镇痛效果约为吗啡的 170 倍,但比芬太尼略弱③。也有实验显示丙烯酰芬太尼镇痛效果比芬太尼更为持久④。不良反应与海洛因类似,过量使用可导致呼吸中枢抑制而死亡。大鼠实验显示半数致死量(LD_{50})为 25 ~ 50 mg/kg⑤。

尚未发现使用丙烯酰芬太尼进行的药物成瘾性或依赖性评估实验报道。根据其药理学作用靶点、使用者自我报告(重复注射的冲动,以及戒断症状的存在),可推测其具有强烈的致成瘾性。

体外药理学评价:

选择性 μ 阿片受体激动剂。在放射配体 - 受体结合实验中,丙烯酰芬太尼竞争性妨碍 ^{3}H - 纳洛酮与 μ 阿片受体结合,其半数抑制浓度(IC_{50})为 1.4 nM,对照药物吗啡为 4.2 nM,芬太尼为 1.6 nM,提示丙烯酰芬太尼对 μ 阿片受体的结合力与芬太尼接近,但高于吗啡⑥。

---

① *European Monitoring Centre for Drugs and Drug Addiction*, *Report on a new psychoactive substance*: *N - (1 - phenethylpiperidin - 4 - yl) - N - phenylacrylamide* (*acryloylfentanyl*), Luxembourg, Publications Office of the European Union, 2017.

② Fed Regist, "Drug Enforcement Administration, Schedules of Controlled Substances: Temporary Placement of Acryl Fentanyl Into Schedule I", *Temporary scheduling order* 82 (134), 2017, pp. 32453 - 32457.

③ Zhu Y. Q. et al., "Studies on potent analgesics. I. Synthesis and analgesic activity of derivatives of fentanyl (author's transl)", *Yao Xue Xue Bao* 16(3), 1981, pp. 199 - 210.

④ Essawi M. Y., "Fentanyl analogues with a modified propanamido group as potential affinity labels: synthesis and in vivo activity", *Pharmazie* 54(4), 1999, pp. 307 - 308.

⑤ Essawi M. Y., "Fentanyl analogues with a modified propanamido group as potential affinity labels: synthesis and in vivo activity", *Pharmazie* 54(4), 1999, pp. 307 - 308.

⑥ Maryanoff B. E. et al., "Potential affinity labels for the opiate receptor based on fentanyl and related compounds", *J Med Chem* 25(8), 1982, pp. 913 - 919.

药物代谢：

代谢途径与芬太尼类似，主要为哌啶环的去烷基化和羟基化①。

依赖性折算：

目前无公开发布的依赖性折算数据。

154. Carfentanyl

名称：Carfentanyl

通用名：

Methyl 1 –（2 – phenylethyl）– 4 –［phenyl（propanoyl）amino］piperidine – 4 – carboxylate

1 –（2 – 苯基乙基）– 4 –［苯基（丙酰基）氨基］哌啶 – 4 – 甲酸甲酯

Carfentanyl，carfentanyl

卡芬太尼

（CAS：59708 – 52 – 0）

化学结构：

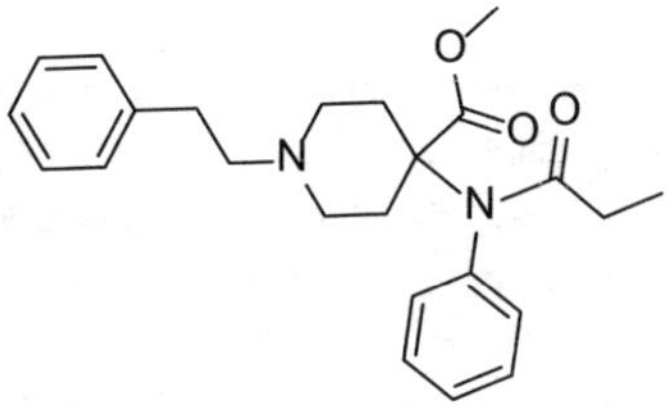

概述：

卡芬太尼（也称为 4 – 甲酯基芬太尼）是合成阿片类镇痛药芬太尼的类似物。卡芬太尼最早于 1974 年由杨森制药厂的实验室合成，它以商品名“Wildnil”在市场上作为大型动物的常用麻醉剂来销售（兽用镇

① Watanabe S. et al.，“In Vitro and in Vivo Metabolite Identification Studies for the New Synthetic Opioids Acetylfentanyl，Acrylfentanyl，Furanylfentanyl，and 4 – Fluoro – Isobutyrylfentanyl”，*The AAPS Journal* 19（4），2017，pp. 1102 – 1122. Goromaru T. et al.，“Identification and quantitative determination of fentanyl metabolites in patients by gas chromatography – mass spectrometry”，*Anesthesiology* 61（1），1984，pp. 73 – 77.

静剂)[①]。研究发现卡芬太尼的镇痛效价能是吗啡的10,000倍,因此,它被认为是已知效力最强的阿片类物质[②]。部分证据显示2002年在俄罗斯发生的莫斯科剧院人质事件的解决过程中,曾使用过卡芬太尼[③]。卡芬太尼经常掺杂在海洛因、芬太尼等阿片类毒品中销售,近年来在美国和欧洲已经发生多起中毒死亡事件[④]。1988年卡芬太尼在美国被列为表Ⅱ管制药品,并被认为是受《化学武器公约》约束的危险武器[⑤]。我国于2017年3月1日将其列入《非药用类麻醉药品和精神药品管制品种增补目录》中。

药理毒理作用:

属于μ阿片受体激动剂。具有强烈的镇痛效果,其镇痛效果是吗啡的10,000倍[⑥]。主要用于大型动物的兽医麻醉,但是从未被批准用于人类的临床使用。不良反应与海洛因类似,急性使用低剂量会产生精神愉悦、放松、痛觉丧失等现象,而高剂量则造成呼吸中枢抑制、昏迷、死亡。

---

① George A. V. et al., "Carfentanil - an ultra potent opioid", *Am J Emerg Med* 28(4), 2010, pp. 530-532.

② Riches J. R. et al., "Analysis of clothing and urine from Moscow theatre siege casualties reveals carfentanil and remifentanil use", *J Anal Toxicol* 36(9), 2012, pp. 647-656.

③ Riches J. R. et al., "Analysis of clothing and urine from Moscow theatre siege casualties reveals carfentanil and remifentanil use", *J Anal Toxicol* 36(9), 2012, pp. 647-656. Wax P. M., C. E. Becker and S. C. Curry, "Unexpected 'gas' casualties in Moscow: a medical toxicology perspective", *Ann Emerg Med* 41(5), 2003, pp. 700-705.

④ George A. V. et al., "Carfentanil - an ultra potent opioid", *Am J Emerg Med* 28(4), 2010, pp. 530-532. Swanson D. M. et al., "Fatalities Involving Carfentanil and Furanyl Fentanyl: Two Case Reports", *J Anal Toxicol* 41(6), 2017, pp. 498-502. O'Donnell J. et al., "Notes from the Field: Overdose Deaths with Carfentanil and Other Fentanyl Analogs Detected - 10 States, July 2016 - June 2017", *MMWR Morb Mortal Wkly Rep* 67(27), 2018, pp. 767-768. *European Monitoring Centre for Drugs and Drug Addiction*, *Report on the risk assessment of carfentanil*, Luxembourg, Publications Office of the European Union, 2017.

⑤ *Expert Committee on Drug Dependence*, *CARFENTANIL: Critical Review Report Agenda Item* 4.8, World Health Organization, 2017.

⑥ Janssen PA, V. D. G. P. U., *N-(4-Piperidinyl)-N-phenylamides. Part of U. S. application Ser. No.* 862,073 *filed Dec.* 19, 1979, 1979.

大鼠的卡芬太尼半数致死量（LD_{50}）为3.39 mg/kg①，与此相对，吗啡的LD_{50}为140 ~ 335 mg/kg②，与μ阿片受体亲和力数据相匹配。已经发生多起人类卡芬太尼过量死亡事件，但由于不同的用药途径及混合用药等原因，尚不知人类使用该药的致死剂量③。有报道称含1.5 mg卡芬太尼和50 mg甲苯噻嗪的混合动物麻醉药可导致人类出现中毒症状④。在致死案例中血液浓度为0.02 - 4.4 ng/mL（中间值为0.50 ng/mL）⑤。

卡芬太尼（0.07 - 0.5 μg/kg）可以完全抑制吗啡导致的戒断症状，由此推算卡芬太尼也可导致强烈的躯体依赖性⑥。卡芬太尼不能诱导恒河猴自身给药，在恒河猴药物辨别实验中也无阳性结果（动物不能识别卡芬太尼更加接近于κ阿片受体激动剂乙基酮佐辛还是μ阿片受体激动剂可待因导致的主观感受）⑦。整体而言，从对μ阿片受体的亲和力、穿越血脑屏障的速度，以及对戒断症状的作用来看，可推测卡芬太尼具有极强的致成瘾性。

---

① VanBever W. F. et al.,"N - 4 - Substituted 1 - (2 - arylethyl) - 4 - piperidinyl - N - phenylpropanamides, a novel series of extremely potent analgesics with unusually high safety margin", *Arzneimittelforschung* 26(8), 1976, pp. 1548 - 1551.

② "Sax's Dangerous Properties of Industrial Materials, 11th Edition By Richard J. Lewis, Sr. (Lewis Information Systems, Inc.). John Wiley & Sons, Inc.: Hoboken, NJ", *Journal of the American Chemical Society* 127(8), 2004, pp. 2794 - 2794.

③ *Expert Committee on Drug Dependence*, *CARFENTANIL: Critical Review Report Agenda Item* 4.8, World Health Organization, 2017.

④ George A. V. et al., "Carfentanil - - an ultra potent opioid", *Am J Emerg Med* 28(4), 2010, pp. 530 - 532.

⑤ *European Monitoring Centre for Drugs and Drug Addiction*, *Report on the risk assessment of carfentanil*, Luxembourg, Publications Office of the European Union, 2017.

⑥ Shigeev S.,"Severity of opiate intoxication to gender and age", *Soud Lek* 52(1), 2007, pp. 21 - 24. Jacobson A.,"Biological evaluation of compounds for their physical dependence potential and abuse liability. XII. Drug testing program of the Committee on Problems of Drug Dependence, Inc. (1988)", *NIDA Res Monogr* 90, 1988, pp. 392 - 420.

⑦ Shigeev S.,"Severity of opiate intoxication to gender and age", *Soud Lek* 52(1), 2007, pp. 21 - 24. Jacobson A.,"Biological evaluation of compounds for their physical dependence potential and abuse liability. XII. Drug testing program of the Committee on Problems of Drug Dependence, Inc. (1988)", *NIDA Res Monogr* 90, 1988, pp. 392 - 420.

体外药理学评价：

卡芬太尼是一种强效的选择性 μ 阿片受体激动剂（*K*i 为 0.024 nM），对 μ 阿片类受体的亲和力是吗啡的 14 ~ 135 倍①。因其在丘脑中的累积作用最强，[^{11}C]卡芬太尼目前用作脑 μ 阿片受体的特异性 PET（正电子发射断层）扫描放射追踪剂②。卡芬太尼对 δ 和 κ 阿片受体的 *K*i 值分别为 3.28 nM 和 43.1 nM。在用 PET 和[^{11}C]卡芬太尼测量丁丙诺啡对脑内 μ 阿片受体的作用中，得到卡芬太尼的 *K*i（结合力）为 0.69 ±0.01 nM，丁丙诺啡为 84.1 ±1.6 nM，卡芬太尼对 μ 阿片受体亲和力是丁丙诺啡的 122 倍③。

药物代谢：

卡芬太尼具有很高的亲脂性，可以很快地被吸收并扩散至全身，并且能够快速穿透血脑屏障进入脑内④。最终与其代谢产物通过尿液排出体外。代谢方式主要为哌啶环的去烷基化和羟基化⑤，在尿液中可检测出卡芬太尼和去苯乙基卡芬太尼（Norcarfentanil）成分⑥。人体静脉给药的血药浓度半衰期为 42 分钟⑦。

依赖性折算：

目前无公开发布的依赖性折算数据。

---

① Titeler M. et al.，"Mu opiate receptors are selectively labelled by [3H] carfentanil in human and rat brain", *Eur J Pharmacol* 167(2), 1989, pp. 221 – 228.

② *European Monitoring Centre for Drugs and Drug Addiction*, *Report on the risk assessment of carfentanil*, Luxembourg, Publications Office of the European Union, 2017.

③ Titeler M. et al.，"Mu opiate receptors are selectively labelled by [3H] carfentanil in human and rat brain", *Eur J Pharmacol* 167(2), 1989, pp. 221 – 228.

④ George A. V. et al.，"Carfentanil – an ultra potent opioid", *Am J Emerg Med* 28(4), 2010, pp. 530 – 532.

⑤ Feasel M. G. et al.，"Metabolism of Carfentanil, an Ultra – Potent Opioid, in Human Liver Microsomes and Human Hepatocytes by High – Resolution Mass Spectrometry", *Aaps j* 18(6), 2016, pp. 1489 – 1499.

⑥ Riches J. R. et al.，"Analysis of clothing and urine from Moscow theatre siege casualties reveals carfentanil and remifentanil use", *J Anal Toxicol* 36(9), 2012, pp. 647 – 656.

⑦ Riches J. R. et al.，"Analysis of clothing and urine from Moscow theatre siege casualties reveals carfentanil and remifentanil use", *J Anal Toxicol* 36(9), 2012, pp. 647 – 656.

155. Furanylfentanyl

名称：Furanylfentanyl

通用名：

N – Phenyl – *N* – [1 – (2 – phenylethyl) piperidin – 4 – yl] furan – 2 – carboxamide

N – 苯基 – *N* – [1 – (2 – 苯乙基) 哌啶 – 4 – 基] 呋喃 – 2 – 甲酰胺

Furanylfentanyl

呋喃芬太尼

（CAS：101345 – 66 – 8）

化学结构：

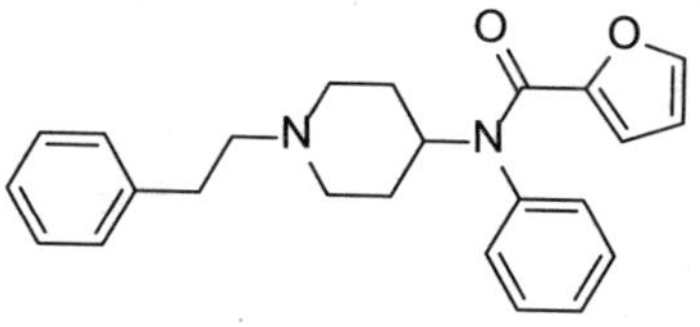

概述：

呋喃芬太尼是芬太尼的类似物，主要作用于 μ 阿片受体，具有阿片类镇痛效应。1986 年在一份专利申请中被首次报道①。2016 年美国药物管理局证实有 128 例意外死亡与呋喃芬太尼的滥用有关②。美国于 2016 年将呋喃芬太尼列为临时表 I 管制药品③。我国于 2017 年 3 月 1 日将其列入《非药用类麻醉药品和精神药品管制品种增补目录》中。

---

① Huang B. S. et al. , *Patent US4584303 – N – aryl – N – (4 – piperidinyl) amides and pharmaceutical compositions and method employing such compounds*, The Boc Group Inc. , 1984.

② "Drug Enforcement Administration, Schedules of Controlled Substances: Temporary Placement of Furanyl Fentanyl into Schedule I. Final order", *Fed Regist* 81(229), 2016, pp. 85873 – 85877.

③ "Drug Enforcement Administration, Schedules of Controlled Substances: Temporary Placement of Furanyl Fentanyl into Schedule I. Final order", *Fed Regist* 81(229), 2016, pp. 85873 – 85877. *Expert Committee on Drug Dependence*, *Furanyl Fentanyl*: *Critical Review Report Agenda Item* 4.6, World Health Organization, 2017.

药理毒理作用：

在小鼠热板疼痛实验中，呋喃芬太尼镇痛半数有效量（ED_{50}）为0.02 mg/kg①。在大鼠切口伤疼痛实验中，呋喃芬太尼的镇痛效能大约是芬太尼的五分之一②。过量使用可导致呼吸中枢抑制而死亡③，尚未有致死剂量研究。

体外药理学评价：

呋喃芬太尼是选择性的 μ 阿片受体类激动剂，其对 μ 受体的亲和力远高于对其他两类阿片受体：μ 型（*K*i 为 0.0279 ± 0.0080 nM）> δ 型（*K*i 为 = 54 ± 15 nM）≈ κ 型（*K*i 为 59.2 ± 6.4 nM）。在[^{35}S] GTPγS 功能分析实验中，呋喃芬太尼、芬太尼、吗啡的半数有效浓度（EC_{50}）如下表（除特别注明外，单位为 nM），提示呋喃芬太尼比芬太尼、吗啡对 μ 受体有更高的亲和力④。

化合物	μ 受体	κ 受体	δ 受体
呋喃芬太尼	2.52 ± 0.46	60 ± 25	>10 μM
芬太尼	17.9 ± 4.3	362 ± 47	1190 ± 140
吗啡	31.0 ± 8.2	83 ± 23	870 ± 140

① Huang B. S. et al., *Patent US4584303 – N – aryl – N – (4 – piperidinyl) amides and pharmaceutical compositions and method employing such compounds*, The Boc Group Inc., 1984.

② Chen Q. et al., "Analgesic effect and pharmacological mechanism of fentanyl and butorphanol in a rat model of incisional pain", *J Clin Anesth* 28, 2016, pp. 67 – 73.

③ "Drug Enforcement Administration, Schedules of Controlled Substances: Temporary Placement of Furanyl Fentanyl Into Schedule I. Final order", *Fed Regist* 81(229), 2016, pp. 85873 – 85877. *Expert Committee on Drug Dependence*, *Furanyl Fentanyl: Critical Review Report Agenda Item* 4.6, World Health Organization, 2017. *European Monitoring Centre for Drugs and Drug Addiction*, *EMCDDA – Europol Joint Report on a new psychoactive substance: N – phenyl – N – [1 – (2 – phenylethyl) piperidin – 4 – yl] – furan – 2 – carboxamide (furanylfentanyl)*, Luxembourg, Publications Office of the European Union, 2017.

④ "Drug Enforcement Administration, Schedules of Controlled Substances: Temporary Placement of Furanyl Fentanyl into Schedule I. Final order", *Fed Regist* 81(229), 2016, pp. 85873 – 85877.

依赖性折算：

目前无公开发布的依赖性折算数据。

156. Valerylfentanyl

名称：Valerylfentanyl

通用名：

N－（1－Phenethylpiperidin－4－yl）－*N*－phenylvaleramide

N－（1－苯乙基哌啶－4－基）－*N*－苯基戊酰胺

Valerylfentanyl

戊酰芬太尼

（CAS：122882－90－0）

化学结构：

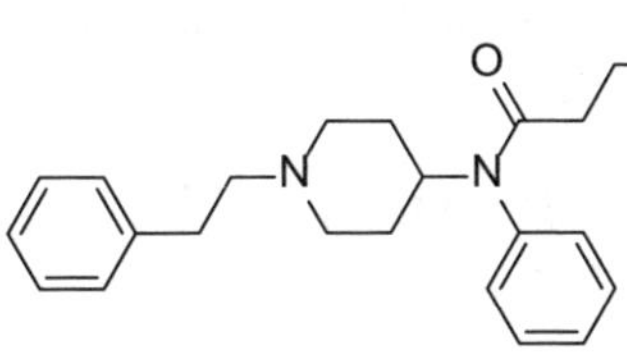

概述：

戊酰芬太尼在结构上属于阿片类物质，未被批准用于医疗目的。戊酰芬太尼的生理学和毒理学性质均未知，受体活性与毒理学性质可参考与其结构相似的丁酰芬太尼。美国政府于2018年将其列入临时表Ⅰ管制药品[①]。我国于2017年3月1日将其列入《非药用类麻醉药品和精神药品管制品种增补目录》中。

药理毒理作用：

属于μ阿片受体激动剂。不良反应与海洛因类似，过量使用可导致呼吸中枢抑制而死亡。尚未有致死剂量研究。

---

① "Drug Enforcement Administration, Schedules of Controlled Substances: Temporary Placement of Seven Fentanyl－Related Substances in Schedule I. Temporary amendment; temporary scheduling order", *Fed Regist* 83(22), 2018, pp. 4580－4585.

尚未发现戊酰芬太尼的药物成瘾性或依赖性评估报道。根据其药理学作用靶点，可推测其具有强烈的致成瘾性。

依赖性折算：

目前无公开发布的依赖性折算数据。

157. 4 – FIBF

名称：4 – Fluoroisobutyrfentanyl

通用名：

N –（4 – Fluorophenyl）– *N* –［1 –（2 – phenylethyl）– 4 – piperidinyl］– isobutanamide

N –（4 – 氟苯基）– *N* –［1 –（2 – 苯乙基）– 哌啶 – 4 – 基］– 异丁酰胺

4 – Fluoro – isobutyrylfentanyl，para – fluoroisobutyrylfentanyl

4 – 氟异丁酰芬太尼；

（英文缩写：4 – FIBF，4F – iBF，p – FIBF）

（CAS：244195 – 32 – 2 ）

化学结构：

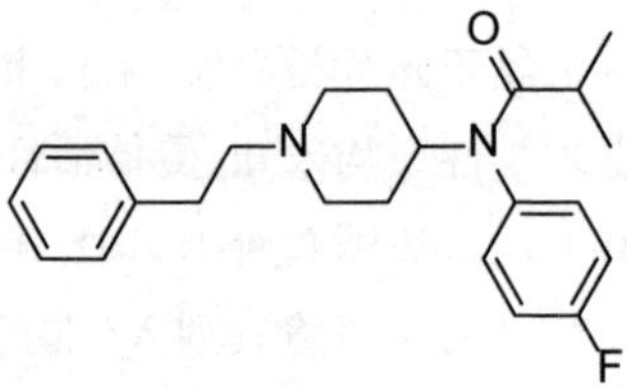

概述：

4 – 氟异丁酰芬太尼在化学结构上与 4 – 氟丁酰芬太尼互为同分异构体[①]，是芬太尼的衍生物，属于阿片类镇痛剂，但未被批准用于医疗目

① Watanabe S. et al.，"in Vitro and in Vivo Metabolite Identification Studies for the New Synthetic Opioids Acetylfentanyl，Acrylfentanyl，Furanylfentanyl，and 4 – Fluoro – Isobutyrylfentanyl"，*The AAPS Journal* 19(4)，2017，pp. 1102 – 1122.

的。最早于 1974 年被合成①。2014 年起在欧洲、美国出现了 4 - 氟异丁酰芬太尼中毒事件的报道②。2017 年,美国政府将其列入临时表Ⅰ管制药品③。英国、瑞典、奥地利等多个欧洲国家目前也将其列入管制药品④。我国于 2018 年 9 月 1 日将其列入《非药用类麻醉药品和精神药品管制品种增补目录》中。

药理/毒理作用:

属于选择性 μ 阿片受体激动剂。啮齿类动物镇痛实验(小鼠甩尾实验)显示,4 - 氟异丁酰芬太尼、芬太尼、吗啡的半数有效量(ED_{50})分别为 1.61 mg/kg、0.122 mg/kg、12 mg/kg,提示其具有强于吗啡、弱于芬太尼的镇痛效果⑤。

使用途径包括静注、鼻吸与口服。毒品使用者的个人报告称不良反

① "United Nations Office on Drugs and Crime, Fentanyl and its analogues - 50 years on", *Glob Smart Update* Vol. 17, 2017, pp. 3 - 7. Armenian P. et al., "Fentanyl, fentanyl analogs and novel synthetic opioids: A comprehensive review", *Neuropharmacology* 134 (Pt A), 2018, pp. 121 - 132.

② *Expert Committee on Drug Dependence*, 4 - *Fluoroisobutyrfentanyl* (4 - *FIBF*): *Review Report Agenda Item* 4.9, World Health Organization, 2017. *European Monitoring Centre for Drugs and Drug Addiction*, *EMCDDA - Europol Joint Report on a new psychoactive substance*: *N - (4 - fluorophenyl) - N - (1 - phenethylpiperidin - 4 - yl) isobutyramide* (4 - *fluoroisobutyrylfentanyl*; 4*F* - *iBF*), Luxembourg, Publications Office of the European Union, 2017. *Office of the Chief Medical Examiner*, *Opioid - related Fatal Overdoses*: *January* 1, 2014 *to April* 30, 2018, Government OF District of Columbia, USA, 2018.

③ "Drug Enforcement Administration, Schedules of Controlled Substances: Temporary Placement of 4 - Fluoroisobutyryl Fentanyl into Schedule I. Temporary scheduling order", *Fed Regist* 82(84), 2017, pp. 20544 - 20548.

④ *Expert Committee on Drug Dependence*, 4 - *Fluoroisobutyrfentanyl* (4 - *FIBF*): *Review Report Agenda Item* 4.9, World Health Organization, 2017. *European Monitoring Centre for Drugs and Drug Addiction*, *EMCDDA - Europol Joint Report on a new psychoactive substance*: *N - (4 - fluorophenyl) - N - (1 - phenethylpiperidin - 4 - yl) isobutyramide* (4 - *fluoroisobutyrylfentanyl*; 4*F* - *iBF*), Luxembourg, Publications Office of the European Union, 2017.

⑤ *Expert Committee on Drug Dependence*, 4 - *Fluoroisobutyrfentanyl* (4 - *FIBF*): *Review Report Agenda Item* 4.9, World Health Organization, 2017.

应与海洛因类似,过量使用可导致呼吸中枢抑制而死亡。尚未有致死剂量研究。

尚未发现4-氟异丁酰芬太尼的药物成瘾性或依赖性评估报道。4-氟异丁酰芬太尼具有与芬太尼类似的药理学特征,可推测其具有强烈的致成瘾性。

体外药理学评价:

选择性μ阿片受体激动剂。对μ、κ、δ阿片受体的亲和力 *K*i 分别为0.451 nM、2700 nM、1670 nM;在[^{35}S]GTPγS 功能分析实验中,对μ、κ、δ阿片受体的半数有效浓度(EC_{50})分别为115 ± 33 nM、2490 ± 390 nM、1330 ± 290 nM。与吗啡、芬太尼和纳曲酮相比,对于μ、δ和κ阿片受体的亲和力排序如下所示①。作为μ阿片受体拮抗剂的纳曲酮对于该受体的亲和力比这三种阿片类激动剂更强,这解释了阿片类物质使用过量时纳曲酮可作为抢救药的原因。

(1)μ阿片受体:纳曲酮 > 芬太尼 > 吗啡 > 4-氟异丁酰芬太尼

(2)κ阿片受体:纳曲酮 > 吗啡 > 芬太尼 > 4-氟异丁酰芬太尼

(3)δ阿片受体:纳曲酮 > 吗啡 > 芬太尼 > 4-氟异丁酰芬太尼

药物代谢:

体外和在体实验发现,N-脱烷基化、苯乙基断开、乙烷基连接处和哌啶环的一步羟基化以及哌啶环的羟基化或甲氧基化是4-氟异丁酰芬太尼的主要代谢通路,主要代谢产物为两个羟基代谢物和一个羟基-

---

① *European Monitoring Centre for Drugs and Drug Addiction*, *EMCDDA – Europol Joint Report on a new psychoactive substance*: *N-(4-fluorophenyl)-N-(1-phenethylpiperidin-4-yl) isobutyramide (4-fluoroisobutyrylfentanyl; 4F-iBF)*, Luxembourg, Publications Office of the European Union, 2017. *Office of the Chief Medical Examiner*, *Opioid-related Fatal Overdoses*: *January* 1, 2014 *to April* 30, 2018, Government OF District of Columbia, USA, 2018. "Drug Enforcement Administration, Schedules of Controlled Substances: Temporary Placement of 4-Fluoroisobutyryl Fentanyl into Schedule I. Temporary scheduling order", *Fed Regist* 82(84), 2017, pp. 20544-20548.

甲氧基代谢物①。

依赖性折算：

目前无公开发布的依赖性折算数据。

158. THF – F

名称：Tetrahydrofuranylfentanyl

通用名：

N – Phenyl – *N* – [1 – (2 – phenylethyl) piperidin – 4 – yl] oxolane – 2 – carboxamide

N – 苯基 – *N* – [1 – (2 – 苯乙基)哌啶 – 4 – 基]四氢呋喃 – 2 – 甲酰胺

Tetrahydrofuranylfentanyl

四氢呋喃芬太尼

(英文缩写：THF – F)

(CAS：2142571 – 01 – 3)

化学结构：

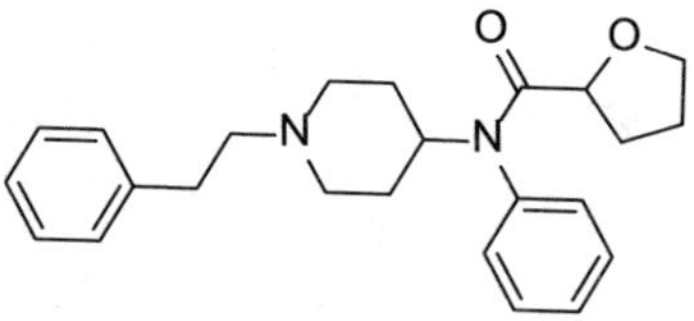

概述：

四氢呋喃芬太尼属于新精神活性物质中的阿片类镇痛剂，是一种新型的芬太尼类似物，与呋喃芬太尼有着密切的关联。到目前为止，四氢呋喃芬太尼并没有作为临床用药②。据欧洲报道，目前缴获的四氢呋喃

① Watanabe S. et al., "In Vitro and in Vivo Metabolite Identification Studies for the New Synthetic Opioids Acetylfentanyl, Acrylfentanyl, Furanylfentanyl, and 4 – Fluoro – Isobutyrylfentanyl", *The AAPS Journal* 19(4), 2017, pp. 1102 – 1122.

② EMCDDA, *Europol Joint Report on a new psychoactive substance: N – phenyl – N – [1 – (2 – phenylethyl) piperidin – 4 – yl] tetrahydrofuran – 2 – carboxamide (tetrahydrofuranylfentanyl; THF – F)*, 2017.

芬太尼主要有粉末、溶液和鼻喷雾几种形式;其使用途径与芬太尼类似,可以口服、鼻吸、烫吸、注射等①。

从2016年四氢呋喃芬太尼第一次被报道后,欧盟各国就相继出台管控政策,法国、拉脱维亚、立陶宛、瑞典、英国将其作为毒品进行法律列管,奥地利、比利时、波兰将其作为特殊新精神活性物质进行法律列管,挪威将其作为药品进行法律列管②。

2017年10月美国政府暂时将其列入表Ⅰ管制药品,为期2年③。2018年5月,四氢呋喃芬太尼被列入《1961年麻醉品单一公约》表Ⅰ管制药品中。我国于2018年9月1日将其列入《非药用类麻醉药品和精神药品管制品种增补目录》中。

药理/毒理作用:

一例四氢呋喃芬太尼中毒的临床病例报道称,服用了四氢呋喃芬太尼的患者主要临床症状表现为逐步的意识不清,瞳孔缩小,呼吸抑制,心率为110次/分钟,给予阿片受体拮抗药纳洛酮可以缓和其毒性反应④。

其他关于四氢呋喃芬太尼的药理、毒理作用的研究还未见报道,但是参考其他阿片类镇痛药如芬太尼等,提示四氢呋喃芬太尼可能会有一些相似的作用,如低剂量引起放松、欣快等作用,高剂量引起镇痛、镇静、

---

① EMCDDA, *Report on the risk assessment of N – phenylN – [1 – (2 – phenylethyl) piperidin – 4 – yl] oxolane – 2 – carboxamide in the framework of the Council Decision on new psychoactive substances*, 2018.

② EMCDDA, *Report on the risk assessment of N – phenylN – [1 – (2 – phenylethyl) piperidin – 4 – yl] oxolane – 2 – carboxamide in the framework of the Council Decision on new psychoactive substances*, 2018.

③ DEA, "Schedules of Controlled Substances: Temporary Placement of ortho – Fluorofentanyl, Tetrahydrofuranyl Fentanyl, and Methoxyacetyl Fentanyl Into Schedule I. Temporary amendment; temporary scheduling order", *Fed Regist* 82(206), 2017, pp. 49504 – 49508.

④ Helander A B. M., Signell P, Beck O., "Intoxications involving acrylfentanyl and other novel designer fentanyls – results from the Swedish STRIDA project", *Clin Toxicol (Phila)* 55(6), 2017, pp. 589 – 599.

心动过缓、体温降低、瞳孔缩小和呼吸抑制等中毒现象①。

尚未发现使用四氢呋喃芬太尼进行的药物成瘾性或依赖性评估实验报道。

体外药理学评价:

体外实验发现四氢呋喃芬太尼对于μ阿片受体的亲和力高于κ阿片受体和δ阿片受体,*K*i分别为0.95 nM、741 nM、1730 nM。与吗啡、芬太尼和其他芬太尼类似物相比,对于μ、δ和κ阿片受体的亲和力排序如下②:

(1)μ阿片受体:邻氟芬太尼 > 芬太尼 > 吗啡 > 甲氧乙酰芬太尼 > 四氢呋喃芬太尼

(2)κ阿片受体:邻氟芬太尼 > 吗啡 > 芬太尼 > 四氢呋喃芬太尼 > 甲氧乙酰芬太尼

(3)δ阿片受体:邻氟芬太尼 > 吗啡 > 芬太尼 > 甲氧乙酰芬太尼 > 四氢呋喃芬太尼。

药物代谢:

在人肝微粒体内四氢呋喃芬太尼的主要代谢途径为N-脱烷基化、哌啶环和苯乙基的羟基化、N-氧化和酰胺水解为4-ANPP。此项报道只是会议上的一份摘要,其他更加详细的研究还未有报道③。

依赖性折算:

目前无公开发布的依赖性折算数据。

---

① Nelson L S. R., "Transdermal fentanyl: pharmacology and toxicology", *J Med Toxicol* 55(4), 2009, pp. 230-241.

② EMCDDA, *Europol Joint Report on a new psychoactive substance: N-phenyl-N-[1-(2-phenylethyl) piperidin-4-yl] tetrahydrofuran-2-carboxamide (tetrahydrofuranylfentanyl; THF-F)*, 2017. DEA, *Tetrahydrofuran fentanyl. N-(1-phenethylpiperidin-4-yl)-N-phenyltetrahydrofuran-2-carboxamide, HCl. Binding and functional activity at delta, kappa and Mu opioid receptors*, 2017.

③ EMCDDA, *Europol Joint Report on a new psychoactive substance: N-phenyl-N-[1-(2-phenylethyl) piperidin-4-yl] tetrahydrofuran-2-carboxamide (tetrahydrofuranylfentanyl; THF-F)*, 2017.

第十一章　其他类

第一节　前　　言

某些新精神活性物质无论是化学结构，还是药理作用都各具特色，很难按照化学结构或药理作用进行归类，故列为其他类。主要包括下列情况：(1)兼具中枢兴奋和致幻双重作用，如 Methoxphenidine 等①；(2)基本化学结构不同于芬太尼类和阿片类(如吗啡)药物，但能够结合特定的阿片受体，产生类似吗啡的镇痛作用，如 AH－7921、U－47700 等②；(3)基本化学结构不同于地西泮等苯二氮卓类药物，但能够发挥相似的镇静和催眠作用，如 Phenazepam 等③；(4)基本化学结构不同于可卡因、苯丙胺、甲基苯丙胺等中枢兴奋剂，但可以通过调节单胺类神经递质，模拟其中枢兴奋作用，如 MPA 等④。

部分其他类新精神活性物质最初由医药公司研制，设计用于治疗神

---

① Stachel N. et al., "A Methoxydiphenidine – Impaired Driver", *Int J Legal Med* 130, 2016, pp. 405 – 409.

② Katselou M. et al., "AH – 7921: the List of New Psychoactive Opioids is Expanded", *Forensic Toxicology* 34, 2016, p. 199. Tsibulnikov S, et al., "Prospects of Using of Kappa – Opioid Receptor Agonists U – 50,488 and ICI 199,441 for Improving Heart Resistance to Ischemia/Reperfusion", *Bulletin of Experimental Biology and Medicine* 159, 2015, pp. 718 – 721.

③ Maskell P. et al., "Phenazepam: The drug that Came in from the Cold", *Journal of Forensic and Legal Medicine* 19, 2012, pp. 122 – 125.

④ Blicke F. and Burckhalter. "α – Thienylaminoalkanes", *Journal of the American Chemical Society* 64, 1942, pp. 477 – 480.

经精神疾病,但很快因效果不佳且有潜在成瘾性而被放弃①。2010 年起,该类新精神活性物质陆续出现在欧美地下市场,并出现滥用导致死亡的案例,我国也检出了部分该类新精神活性物质②。这类物质往往具有潜在致依赖性及滥用风险,但其毒性作用及机制尚未阐明。

本章所列举的其他类新精神活性物质均被我国列入《非药用类麻醉药品和精神药品管制品种增补目录》管制。

第二节　12 种其他类物质

159. 2 – MAPB

名称:2 – MAPB

通用名:

N – Methyl – 1 – (benzofuran – 2 – yl) propan – 2 – amine

1 –(2 – 苯并呋喃基) – *N* – 甲基 – 2 – 丙胺

(英文缩写:2 – MAPB)

[CAS:806596 – 15 – 6, 100389 – 74 – 0(HCl)]

化学结构:

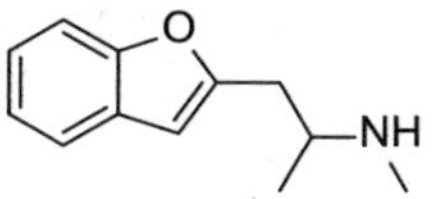

概述:

2 – MAPB 是苯并呋喃的异构体,其药理和毒理作用尚不明确。2 – MAPB 于 2013 年 10 月 10 日在瑞典的韦斯特罗斯(Västerås)被查获,警

① Katselou M. et al., "AH – 7921: the List of New Psychoactive Opioids is Expanded", *Forensic Toxicology* 34, 2016, p. 199.

② Harper N., Veitch G. and Wibberley D. "1 – (3,4 – Dichlorobenzamidomethyl) cyclohexyldimethylamine and Related Compounds as Potential Analgesics". *Journal of Medicinal Chemistry* 17, 1974, pp. 1188 – 1193. 钱振华等:《新精神活性物质滥用制品"尖叫龟粮"的定性检验方法研究》,载《中国法医学杂志》2018 年第 4 期。

方在3.66克浅棕色粉末中检测到该物质，因此被欧盟预警①。我国于2015年10月将2－MAPB列入《非药用类麻醉药品和精神药品管制品种增补目录》管制。

体外药理学评价：

2－MAPB可提高细胞外单胺类递质如5－羟色胺、多巴胺、去甲肾上腺素浓度②。

药物代谢：

在使用2－MAPB致死病例中，液相色谱－质谱联用检测发现外周血中2－MAPB浓度在死后11小时显著降低，之后直至死后29小时未再有显著变化③。

依赖性折算：

1克2－MAPB相当于1克甲基苯丙胺④。

160. MPA

名称：MPA

通用名：

N－Methyl－1－(thiophen－2－yl)propan－2－amine

1－(2－噻吩基)－*N*－甲基－2－丙胺

Methiopropamine

---

① Reddit, "2－APB and 2－MAPB Seized in Västerås, Sweden", http://www.reddit.com/r/Drugs/comments/1xuuxf/2apb_and_2mapb_seized_in_v%C3%A4ster%C3%A5s_sweden/2014.html, April 20, 2019.

② Fuwa T. et al. "Novel Psychoactive Benzofurans Strongly Increase Extracellular Serotonin Level in Mouse Corpus Striatum", *Journal of Toxicological Sciences* 41, 2016, pp. 329－337.

③ Staeheli S. et al., "Postmortem distribution and redistribution of MDAI and 2－MAPB in blood and alternative matrices", *Forensic Science International* 279, 2017, pp. 83－87.

④ 国家禁毒委员会：《关于印发〈104种非药用类麻醉药品和精神药品管制品种依赖性折算表〉的通知》，载北京刑事律师网文献库：http://www.bjxsdls.com/info.asp? lb_id=2495，2019年4月20日最后访问。

Methylthienylpropamine

(英文缩写:MPA)

[CAS:801156－47－8, 7464－94－0(HCl)]

化学结构:

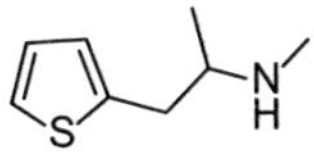

概述:

MPA 是一种含有噻吩环的甲基苯丙胺类似物,但其化学结构不属于苯丙胺或苯乙胺类物质。Blicke 和 Burckhalter 在 1942 年合成了 MPA①。2010 年 12 月,MPA 出现在英国地下市场,作为"研究用化学品"或"合法兴奋剂"出售。2011 年 1 月,欧洲药物滥用监测中心发出预警,指出芬兰、英国、西班牙等国都已查获到 MPA。2014 年,世界卫生组织报告指出,美国和加拿大也查获到 MPA②。MPA 滥用方式包括口服、鼻吸、直肠和注射给药等,根据给药途径不同,MPA 的起效剂量在 5～60 毫克,持续时间通常为 2～24 小时③。芬兰、德国、英国均将 MPA 列入管制④。我国于 2015 年 10 月将 MPA 列入《非药用类麻醉药品和精神药品管制品种增补目录》管制。

药理毒理作用:

MPA 使用后会产生兴奋作用,提高警觉性、增加注意力。MPA 使用后引起不良反应包括心动过速、焦虑、恐慌、出汗、头痛、恶心、呼吸困

---

① Blicke F. and Burckhalter J. "α－Thienylaminoalkanes", *Journal of the American Chemical Society* 64, 1942, pp. 477－480.

② WHO, "Critical Review Report on Methylthienylpropamine", http://www.who.int/medicines/access/controlled－substances/4.8_MPA_CritReview.pdf? ua＝1, April 20, 2019.

③ Talaie H. *et al.* "Dose－Independent Occurrence of Seizure with Tramadol", *Journal of Medical Toxicology* 2, 2009, pp. 63－67.

④ UK Government, "The Misuse of Drugs Act 1971 (Temporary Class Drug)", http://www.legislation.gov.uk/uksi/2015/1929/made, April 20, 2019.

难、呕吐、排尿困难和性功能障碍等①。2015 年，英国一名 27 岁女性使用 MPA 后急性中毒，引起心悸、胸闷、焦虑、恶心、呕吐和视觉幻觉，尿液中检出 MPA 为 400 ng/ml②。同年，澳大利亚报道一名 29 岁男性使用 MPA 后死亡③。腹腔注射 10 mg/kg MPA 的小鼠出现心肌损伤、肾脏和消化道缺血甚至猝死④。

体外药理学评价：

MPA 是选择性的多巴胺和去甲肾上腺素重摄取抑制剂，对去甲肾上腺素转运体和多巴胺转运体、5－羟色胺转运体的 *K*i 值分别为 313nM、577nM、大于 10,000 nM⑤。对去甲肾上腺素转运体的选择性是多巴胺转运体的 1.8 倍⑥。

药物代谢：

MPA 通过以下途径进行代谢：在侧链和噻吩环进行 N－去甲基化和羟基化，再进行葡萄糖醛酸化和/或硫酸化。CYP1A2、CYP2C19、CYP2D6 和 CYP3A4 是 MPA 的主要代谢酶，噻吩－2－羧酸是 MPA 的

---

① Welter J. *et al*. "2－Methiopropamine, a Thiophene Analogue of Methamphetamine: Studies on its Metabolism and Detectability in the Rat and Human Using GC－MS and LC－(HR)－MS Techniques", *Analytical and Bioanalytical Chemistry* 10, 2013, pp. 3125－3135.

② Dargan P. *et al*. "First Reported Case of Acute Prolonged Neuropsychiatric Toxicity Associated with Analytically Confirmed Recreational Use of Phenazepam", *Clinical Toxicology* 4, 2012, p. 324.

③ Anne S. and Cala A. "A Fatal Case of Isolated Methiopropamine [1－(Thiophen－2－yl)－2－Methylaminopropane] Toxicity A Case Report", *American Journal of Forensic Medicine and Pathology* 36, 2015, pp. 205－206.

④ Foti F. et al., "Phenotypic Effects of Chronic and Acute Use of Methiopropamine in a Mouse Model", *International Journal of Legal Medicine* 1, 2018, pp. 1－10.

⑤ Iverson L. et al., "Neurochemical Profiles of Some Novel Psychoactive Substances", *European Journal of Pharmacology* 300, 2014, pp. 147－151.

⑥ Iverson L. et al., "Neurochemical Profiles of Some Novel Psychoactive Substances", *European Journal of Pharmacology* 300, 2014, pp. 147－151.

主要代谢产物,因其亲水性好,能通过尿液排出体外①。

依赖性折算:

1 克 MPA 相当于 1 克甲基苯丙胺②。

161. α－PVT

名称:α－PVT

通用名:

2－(Pyrrolidin－1－yl)－1－(thiophen－2－yl)pentan－1－one

1－(2－噻吩基)－2－(*N*－吡咯烷基)－1－戊酮

(英文缩写:α－PVT)

(CAS:1400742－66－6)

化学结构:

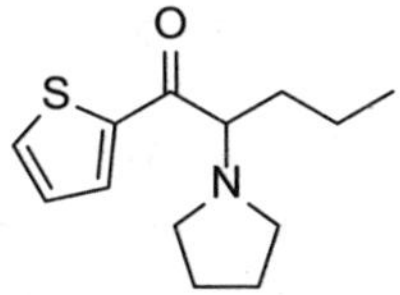

概述:

α－PVT 是 α－PVP 类似物,属于合成卡西酮类兴奋剂,作为策划药

---

① Welter J. *et al*. "2－Methiopropamine, a Thiophene Analogue of Methamphetamine: Studies on its Metabolism and Detectability in the Rat and Human Using GC－MS and LC－(HR)－MS Techniques", *Analytical and Bioanalytical Chemistry* 10, 2013, pp. 3125－3135.

② 国家禁毒委员会:《关于印发〈104 种非药用类麻醉药品和精神药品管制品种依赖性折算表〉的通知》,载北京刑事律师网文献库:http://www.bjxsdls.com/info.asp?lb_id=2495,2019 年 4 月 20 日最后访问。

在地下市场上出售①。2013 年,日本地下市场首次发现 α－PVT②。2014 年,瑞典将 α－PVT 列入管制③。2015 年,瑞士将 α－PVT 列入管制④。我国于 2015 年 10 月将 α－PVT 列入《非药用类麻醉药品和精神药品管制品种增补目录》管制。

药理毒理作用:

α－PVT 在 SH－SY5Y、HepG2 细胞中呈现极强的细胞毒性⑤。α－PVT 的依赖潜能可参考 α－PVP。大鼠腹腔注射 20 mg/kg α－PVT 可诱导行为敏化⑥。雄性小鼠口服 25 mg/kg α－PVP 比口服 5 mg/kg 甲基苯丙胺能更快诱导行为敏化⑦。在雄性大鼠静脉自身给药实验中,与

---

① Concheiro M. et al., "Simultaneous Determination of 40 Novel Psychoactive Stimulants in Urine by Liquid Chromatography – High Resolution Mass Spectrometry and Library Matching", *Journal of Chromatography A* 1397, 2015, pp. 32–42. Doi T. et al., "Identification and Characterization of Alpha – PVT, Alpha – PBT, and Their Bromothienyl Analogs Found in Illicit Drug Products", *Forensic Toxicology* 1, 2016, pp. 76–93.

② Uchiyama N. et al., "Two New – type Cannabimimetic Quinolinyl Carboxylates, QUPIC and QUCHIC, Two New Cannabimimetic Carboxamide Derivatives, ADB – FUBINACA and ADBICA, and Five Synthetic Cannabinoids Detected with a Thiophene Derivative Alpha – PVT and an Opioid Receptor Agonist AH – 7921 Identified in Illegal Products", *Forensic Toxicology* 2, 2013, pp. 223–240.

③ Sweden Government, "Cannabinoider föreslås bli klassade som hälsofarlig vara 2015", https://www.folkhalsomyndigheten.se/nyheter-och-press/nyhetsarkiv/2014/november/cannabinoider-foreslas-bli-klassade-som-halsofarlig-vara/, April 20, 2019.

④ Swiss Government, "Verordnung des EDI über die Verzeichnisse der Betäubungsmittel, psychotropen Stoffe, Vorläuferstoffe und Hilfschemikalien", https://www.admin.ch/opc/de/classified-compilation/20101220/index.html, April 20, 2019.

⑤ Wojcieszak J. et al., "Cytotoxic Activity of Pyrovalerone Derivatives, an Emerging Group of Psychostimulant Designer Cathinones", *Neurotoxicity Research* 2, 2016, pp. 239–250.

⑥ Yoon H. et al., "A Novel Synthetic Cathinone, Alpha – pyrrolidinopentiothiophenone (PVT), Produces Locomotor Sensitization in Rat: Implications for GSK3beta Connections in the Nucleus Accumbens Core", *Neurochemistry Internationa l* 124, 2019, pp. 25–30.

⑦ Kaizaki A. et al., "New Recreational Drug 1 – phenyl – 2 – (1 – pyrrolidinyl) – 1 – pentanone (Alpha – PVP) Activates Central Nervous System via Dopaminergic Neuron", *Journal of Toxicological Sciences* 1, 2014, pp. 1–6.

MDPV 类似,α－PVT 能够诱导大鼠形成自身给药行为①。在大鼠药物辨别实验中,α－PVT 可完全替代甲基苯丙胺,部分替代可卡因②。

体外药理学评价:

α－PVT 是单胺类神经递质转运体抑制剂,可以阻止多巴胺和去甲肾上腺素的重摄取③。

药物代谢:

α－PVT 可产生羟基化和内酰胺类代谢产物,CYP1A2、CYP2C9 和 CYP2C 是 α－PVT 的主要代谢酶④。

依赖性折算:

1 克 α－PVT 相当于 0.4 克甲基苯丙胺⑤。

162. 2－DPMP

名称:2－DPMP

通用名:

2－Benzhydrylpiperidine

2－Diphenylmethylpiperidine

2－二苯基甲基哌啶

---

① Cheong J. et al., "Behavioral Evidence for the Abuse Potential of the Novel Synthetic Cathinone Alpha－pyrrolidinopentiothiophenone (PVT) in Rodents", *Psychopharmacology* 5, 2017, pp. 857－867.

② Gatch M. et al., "Locomotor Activity and Discriminative Stimulus Effects of a Novel Series of Synthetic Cathinone Analogs in Mice and Rats", *Psychopharmacology* 8, 2017, pp. 1237－1245.

③ Meltzer P. et al., "1－(4－methylphenyl)－2－pyrrolidin－1－yl－pentan－1－one (Pyrovalerone) Analogues: A Promising Class of Monoamine Uptake Inhibitors", *Journal of Medicinal Chemistry* 4, 2006, pp. 1420－1432.

④ Manier S. et al., "Different in vitro and in vivo Tools for Elucidating the Human Metabolism of Alpha－cathinone－derived Drugs of Abuse", *Drug Testing and Analysis* 7, 2018, pp. 1119－1130.

⑤ 国家禁毒委员会:《关于印发〈104 种非药用类麻醉药品和精神药品管制品种依赖性折算表〉的通知》,载北京刑事律师网文献库:http://www.bjxsdls.com/info.asp?lb_id=2495,2019 年 4 月 20 日最后访问。

Desoxypipradrol

（英文缩写：2 – DPMP，Ciba 14469）

［CAS：519 – 74 – 4，5807 – 81 – 8（HCl）］

化学结构：

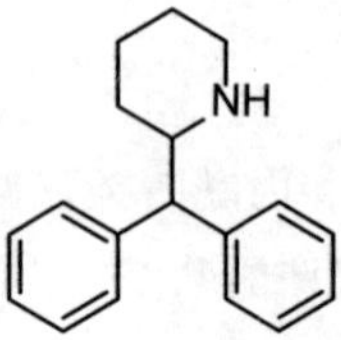

概述：

2 – DPMP 在 20 世纪 50 年代由瑞士诺华公司研制，主要用于治疗嗜睡症和多动症。由于 2 – DPMP 药代动力学性质较差，该公司停止相关研究工作①。2 – DPMP 是哌醋甲酯和哌苯甲醇的类似物，三者的药理学作用类似②。2 – DPMP 亲脂性强，且缺少可被代谢酶作用的极性基团，因此 2 – DPMP 作用时间比一般的精神活性物质长③。2012 年，英国将2 – DPMP 列入管制④。2015 年 10 月，我国将 2 – DPMP 列入《非药用类麻醉药品和精神药品管制品种增补目录》管制。

药理毒理作用：

---

① Kriikku P. et al.，"Prevalence and Blood Concentrations of Desoxypipradrol（2 – DPMP）in Drivers Suspected of Driving under the Influence of Drugs and in Post – Mortem Cases"，*Forensic Science International* 1，2013，pp. 146 – 151.

② Ferris R. and Tang F. "Comparison of the Effects of the Isomers of Amphetamine，Methylphenidate and Deoxypipradrol on the Uptake of l – ^{3}Hnorepinephrine and ^{3}Hdopamine by Synaptic Vesicles from Rat Whole Brain，Striatum and Hypothalamus"，*Journal of Pharmacology and Experimental Therapeutics* 3，1979，pp. 422 – 428.

③ Ferris R. and Tang F. "Comparison of the Effects of the Isomers of Amphetamine，Methylphenidate and Deoxypipradrol on the Uptake of l – ^{3}Hnorepinephrine and ^{3}Hdopamine by Synaptic Vesicles from Rat Whole Brain，Striatum and Hypothalamus"，*Journal of Pharmacology and Experimental Therapeutics* 3，1979，pp. 422 – 428.

④ UK Office，"A Change to the Misuse of Drugs Act 1971：control of pipradrol – related compounds and phenazepam"，http://library. college. police. uk/docs/hocirc/ho – circ – 2012 – 008. htm，April 20，2019.

2 - DPMP 的 LD_{50}分别为 0.08 g/kg(小鼠口服)、0.015 g/kg(大鼠腹腔注射)和 0.006 g/kg(家兔腹腔注射)①。2012 年,英国报导了多起因 2 - DPMP 滥用造成使用者持续 24 ~ 96 小时的焦虑、失眠等神经精神症状的案例②。

体外药理学评价:

2 - DPMP 可促进多巴胺释放、抑制去甲肾上腺素和多巴胺重摄取③。2 - DPMP 的拟交感作用与可卡因类似④。2 - DPMP 在体外实验可引起多巴胺升高,其效力约为可卡因 2 倍⑤。

药物代谢:

液相色谱 - 质谱联用检测发现 2 - DPMP 在滥用者的外周血浓度可达 10 - 50 μg/L,在急性中毒者的外周血浓度可超过 500 μg/L⑥。

依赖性折算:

1 克 2 - DPMP 相当于 1.165 克海洛因⑦。

---

① Angelov D. et al., "The Syntheses of 1 - (2 - Thienyl) - 2 - (Methylamino) Propane (Methiopropamine) and its 3 - Thienyl Isomer for Use as Reference Standards", *Drug Testing and Analysis* 3, 2013, pp. 145 - 149.

② Wood D. et al., "A Case Series of Individuals with Analytically Confirmed Acute Diphenyl - 2 - pyrrolidinemethanol (D2PM) Toxicity", *European Journal of Clinical Pharmacology* 4, 2012, pp. 349 - 353.

③ Simmler L. et al., "Pharmacological Profiles of Aminoindanes, Piperazines, and Pipradrol Derivatives", *Biochemical Pharmacology* 2, 2014, pp. 237 - 244.

④ Wood D. and Dargan P. "Use and Acute Toxicity Associated with the Novel Psychoactive Substances Diphenylprolinol (D2PM) and Desoxypipradrol (2 - DPMP)", *Clinical Toxicology* 8, 2012, pp. 727 - 732.

⑤ Davidson C. and Ramsey J. "Desoxypipradrol is More Potent than Cocaine on Evoked Dopamine Efflux in the Nucleus Accumbens", *Journal of Psychopharmacology* 7, 2012, pp. 1036 - 1041.

⑥ Kriikku P. et al., "Prevalence and Blood Concentrations of Desoxypipradrol (2 - DPMP) in Drivers Suspected of Driving under the Influence of Drugs and in Post - Mortem Cases", *Forensic Science International* 1, 2013, pp. 146 - 151.

⑦ 国家禁毒委员会:《关于印发〈104 种非药用类麻醉药品和精神药品管制品种依赖性折算表〉的通知》,载北京刑事律师网文献库:http://www.bjxsdls.com/info.asp? lb_id = 2495,2019 年 4 月 20 日最后访问。

163. 3,4 – CTMP

名称:3,4 – CTMP

通用名:

Methyl 2 –(3,4 – dichlorophenyl) – 2 –(piperidin – 2 – yl)acetate

2 –(3,4 – 二氯苯基) – 2 –(2 – 哌啶基)乙酸甲酯

3,4 – Dichloromethylphenidate

(英文缩写:3,4 – CTMP, 3,4 – DCMP)

[CAS:1400742 – 68 – 8 (racemic), 1364331 – 88 – 3 (*R*,*R*)]

化学结构:

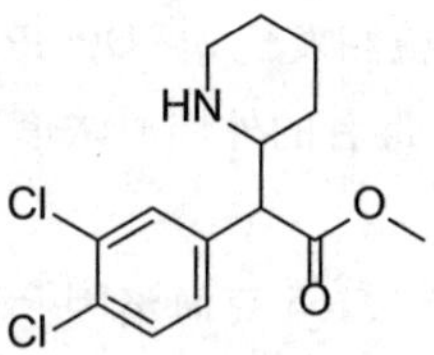

概述:

3,4 – CTMP 是哌醋甲酯类兴奋剂。2014 年,瑞典将 3,4 – CTMP 列入管制①。2015 年,英国将 3,4 – CTMP 列入管制②。我国于 2015 年 10 月将 3,4 – CTMP 列入《非药用类麻醉药品和精神药品管制品种增补目录》管制。

药理毒理作用:

3,4 – CTMP 是多巴胺转运体和去甲肾上腺素转运体的抑制剂,可

① Advisory Council on the Misuse of Drugs, "Methylphenidate – based NPS: A Review of the Evidence of Use and Harm", http://assets. publishing. service. gov. uk/government/uploads/system/uploads/attachment_data/file/420983/TCDO_methylphenidate_NPS. pdf, April 20, 2019.

② Sweden Government, "Cannabinoider föreslås bli klassade som hälsofarlig vara 2015", http://www. folkhalsomyndigheten. se/nyheter – och – press/nyhetsarkiv/2014/november/cannabinoider – foreslas – bli – klassade – som – halsofarlig – vara/, April 20, 2019.

提高多巴胺和去甲肾上腺素在突触间隙浓度①。3,4－CTMP在动物实验中的兴奋性是哌醋甲酯8倍,但由于3,4－CTMP起效慢,因此其奖赏效应较弱②。

体外药理学评价:

3,4－CTMP可抑制去甲肾上腺素和多巴胺的重摄取,对去甲肾上腺素转运体、多巴胺转运体的*K*i值分别为10、1.4 nM;对5－羟色胺转运体作用较弱,*K*i值为540 nM③。

依赖性折算:

1克3,4－CTMP相当于8克甲基苯丙胺④。

164. AH－7921

名称:AH－7921

通用名:

3,4－Dichloro－*N*－{[1－(dimethylamino)cyclohexyl]methyl}benzamide

N－[(1－二甲氨基环己基)甲基]－3,4－二氯苯甲酰胺

---

① Davidson C. et al., "In Vitro Neurochemical Assessment of Methylphenidate and Its 'Legal High' Analogs 3,4－CTMP and Ethylphenidate in Rat Nucleus Accumbens and Bed Nucleus of the Stria Terminalis", *Frontiers in Psychiatry* 9, 2018, pp. 1－9.

② Wayment H. et al., "Effects of Methylphenidate Analogues on Phenethylamine Substrates for the Striatal Dopamine Transporter: Potential as Amphetamine Antagonists", *Journal of Neurochemistry* 3, 1999, pp. 1266－1274. Schweri M. et al., "Biochemical and Behavioral Characterization of Novel Methylphenidate Analogs", *Journal of Pharmacology and Experimental Therapeutics* 2, 2002, pp. 527－535. Kim D. et al., "Synthesis and Pharmacology of Site－Specific Cocaine Abuse Treatment Agents: Restricted Rotation Analogues of Methylphenidate", *Journal of Medicinal Chemistry* 11, 2007, pp. 2718－2731.

③ Davies H. et al., "Synthesis of Methylphenidate Analogues and Their Binding Affinities at Dopamine and Serotonin Transport Sites", *Bioorganic & Medicinal Chemistry Letters* 7, 2004, pp. 1799－1802.

④ 国家禁毒委员会:《关于印发〈104种非药用类麻醉药品和精神药品管制品种依赖性折算表〉的通知》,载北京刑事律师网文献库:http://www.bjxsdls.com/info.asp? lb_id=2495,2019年4月20日最后访问。

(英文缩写:AH－7921)

(CAS:55154－30－8)

化学结构:

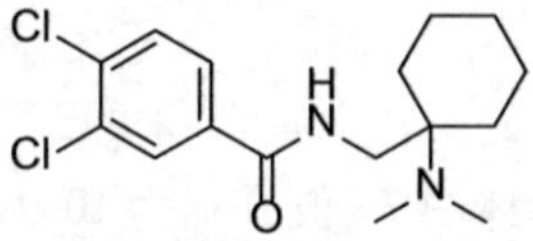

概述:

AH－7921 是 1970 年由英国 Allen and Hanburys 公司合成的化合物,最初设计是特异性结合阿片受体产生镇痛作用,但 AH－7921 未进入临床试验阶段①。2012 年,AH－7921 在网络上以“研究用化学品”名义销售,用于逃避法律管制。AH－7921 滥用者可以体验到类似海洛因、吗啡和芬太尼的欣快感。AH－7921 过量使用可导致心动过速和高血压。AH－7921 戒断症状与其他阿片类物质相似,表现为抑郁、失眠等②。2012～2013 年,欧盟发现了多起滥用 AH－7921 事件,造成 16 人死亡③。2014 年,澳大利亚将 AH－7921 列入管制④。2015 年,英国、巴西将 AH－7921 列入管制⑤。2016 年,美国将 AH－7921 列入表Ⅰ管制

---

① Katselou M. et al., “AH－7921: the List of New Psychoactive Opioids is Expanded”, *Forensic Toxicology* 1, 2016, p. 199.

② Zawilska J. “An Expanding World of Novel Psychoactive Substances: Opioids”, *Frontiers in Psychiatry* 8, 2017, pp. 1－14.

③ Katselou M. et al., “AH－7921: the List of New Psychoactive Opioids is Expanded”, *Forensic Toxicology* 2, 2015, pp. 195－201.

④ Austrial Government, “Poisons Standard Amendment 2014”, http://www.legislation.gov.au/Details/F2014L00566, April 20, 2019.

⑤ UK Government, “The Misuse of Drugs Act 1971 (Amendment) (No. 2). 2014.”, http://www.legislation.gov.uk/uksi/2014/3271/made, April 20, 2019. Brizil Government, “Resolução da Diretoria Colegiada － RDC. 2016”, http://www.infoconsult.com.br/legislacao/resolucao_rdc_anvisa/2018/r_rdc_anvisa_255_2018.htm, April 20, 2019.

药品①。同年,加拿大将 AH－7921 列入管制②。我国于 2015 年 10 月将 3,4－CTMP 列入《非药用类麻醉药品和精神药品管制品种增补目录》管制。

药理毒理作用:

0.3 mg/kg AH－7921 可诱导小鼠产生条件性位置偏爱;在大鼠可建立自身给药行为,显示 AH－7921 可产生奖赏和强化作用③。AH－7921 在乙酰胆碱诱导的腹部收缩模型中的镇痛效能是吗啡的80%④。

体外药理学评价:

AH－7921 是阿片受体激动剂。

药物代谢:

AH－7921 在肝脏可通过去甲基化、羟基化等形成 12 种代谢物,其中以去甲基化 AH－7921 代谢产物最多⑤。

---

① Drug Enforcement Administration, "Schedules of Controlled Substances: Placement of AH－7921 Into Schedule I", https://www.federalregister.gov/documents/2016/04/14/2016－08566/schedules－of－controlled－substances－placement－of－ah－7921－into－schedule－i, April 20, 2019.

② Canada Government, "Regulations Amending the Food and Drug Regulations (Parts G and J — Lefetamine, AH－7921, MT－45 and W－18)", http://www.puntofocal.gov.ar/notific_otros_miembros/can481a1_t.pdf, April 20, 2019.

③ Cha H. et al., "Rewarding and Reinforcing Effects of 4－Chloro－2,5－dimethoxyamphetamine and AH－7921 in Rodents", Neuroscience Letters 676, 2018, pp. 66－70.

④ Brittain R. et al., "Proccedings: Anti－nociceptive Effects in N－substituted Cyclohexylmethylbenzamides", *British Journal of Pharmacology* 1, 1973, pp. 148－149. Hayes A. and Tyers M. "Determination of Receptors that Mediate Opiate Side Effects in the Mouse", British Journal of Pharmacology 3, 1983, pp. 731－736.

⑤ Wohlfarth A. et al., "Metabolic Characterization of AH－7921, a Synthetic Opioid Designer Drug: In Vitro Metabolic Stability Assessment and Metabolite Identification, Evaluation of In Silico Prediction, and In Vivo Confirmation", *Drug Testing and Analysis* 8, 2016, pp. 779－791.

依赖性折算：

1 克 AH－7921 相当于 0.4 克海洛因①。

165. Ethylphenidate

名称：Ethylphenidate

通用名：

Ethyl 2－phenyl－2－(piperidin－2－yl) acetate

2－苯基－2－(2－哌啶基)乙酸乙酯

Ethylphenidate

哌乙酯

(英文缩写：EPH)

(CAS：57413－43－1)

化学结构：

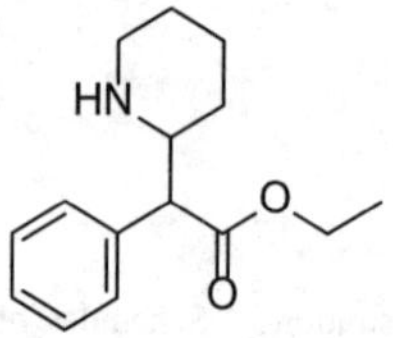

概述：

Ethylphenidate 是多巴胺和去甲肾上腺素重摄取抑制剂，因此可以提高脑内单胺类神经递质水平。Ethylphenidate 鼻吸后可产生剧烈疼痛，造

① 国家禁毒委员会：《关于印发〈104 种非药用类麻醉药品和精神药品管制品种依赖性折算表〉的通知》，载北京刑事律师网文献库：http://www.bjxsdls.com/info.asp? lb_id=2495，2019 年 4 月 20 日最后访问。

成鼻中隔穿孔①。Ethylphenidate 是哌醋甲酯的类似物②。2013 年，德国将 Ethylphenidate 列入管制③。2014 年，丹麦将 Ethylphenidate 列入管制④。2015 年，英国将 Ethylphenidate 列入管制⑤。2017 年，加拿大将 Ethylphenidate 列入管制⑥。我国于 2015 年 10 月将 Ethylphenidate 列入《非药用类麻醉药品和精神药品管制品种增补目录》管制。

药理毒理作用：

Ethylphenidate 在成年大鼠脑片可促进多巴胺和去甲肾上腺素释放⑦。5 mg/kg Ethylphenidate 可诱导成年小鼠产生条件性位置偏爱；15 mg/kg Ethylphenidate 可诱导成年小鼠空间认知能力下降⑧。

---

① Heal D. et al., "Dopamine Reuptake Transporter (DAT) 'Inverse Agonism' – A Novel Hypothesis to Explain the Enigmatic Pharmacology of Cocaine", *Neuropharmacology* 87, 2014, pp. 19 – 40.

② Negreira N. et al., "Identification of In Vitro Metabolites of Ethylphenidate by Liquid Chromatography Coupled to Quadrupole Time – Of – Flight Mass Spectrometry", *Journal of Pharmaceutical and Biomedical Analysis* 117, 2016, pp. 474 – 484. Markowitz J. et al., "EthylphenidateFormation in Human Subjects after the Administration of a Single Dose of Methylphenidate and Ethanol", *Drug Metabolism and Disposition* 6, 2000, pp. 620 – 624.

③ German Govenrment, "BtMG Anlage II", http://www. gesetze – im – internet. de/btmg_1981/anlage_ii_60. html, April 20, 2019.

④ Heal D. et al., "Dopamine Reuptake Transporter (DAT) 'Inverse Agonism' – A Novel Hypothesis to Explain the Enigmatic Pharmacology of Cocaine", *Neuropharmacology* 87, 2014, pp. 19 – 40.

⑤ UK Government, "The Misuse of Drugs Act 1971 (Amendment) Order 2017", http://www. legislation. gov. uk/uksi/2017/634/made, April 20, 2019.

⑥ Sweden Government, "Cannabinoider föreslås bli klassade som hâlsofarlig vara 2015", http://www. riksdagen. se/sv/Dokument – Lagar/Lagar/Svenskforfattningssamling/Forordning – 19921554 – om – kont_sfs – 1992 – 1554/? bet = 1992:1554, April 20, 2019.

⑦ Davidson C. et al., "In Vitro Neurochemical Assessment of Methylphenidate and Its 'Legal High' Analogs 3,4 – CTMP and Ethylphenidate in Rat Nucleus Accumbens and Bed Nucleus of the Stria Terminalis", *Frontiers in Psychiatry* 9, 2018, pp. 1 – 9.

⑧ Robins M. et al., "Repeated Use of the Psychoactive Substance Ethylphenidate Impacts Neurochemistry and Reward Learning in Adolescent Male and Female Mice", *Frontiers in Neuroscience* 13, 2019, pp. 1 – 14.

体外药理学评价：

Ethylphenidate 及其类似物对多巴胺转运体和去甲肾上腺素转运体的亲和力（Ki）及抑制多巴胺和去甲肾上腺素重摄取能力（IC_{50}）如下表①。

化合物	多巴胺转运体（Ki/nM）	去甲肾上腺素转运体（Ki/nM）	多巴胺重摄取（IC_{50}/nM）	去甲肾上腺素重摄取（IC_{50}/nM）
d – methylphenidate	139	408	28	46
d – ethylphenidate	276	2479	24	247
dl – methylphenidate	105	1560	24	31
dl – ethylphenidate	382	4824	82	408

药物代谢：

Ethylphenidate 可代谢产生哌醋甲酯和盐酸哌醋甲酸②。哌醋甲酯与酒精可在肝脏代谢产生 Ethylphenidate③。

依赖性折算：

1 克 Ethylphenidate 相当于 1 克甲基苯丙胺④。

---

① Williard R. et al.,"Methylphenidate and Its Ethanol Transesterification Metabolite Ethylphenidate: Brain Disposition, Monoamine Transporters and Motor Activity", *Behavioural Pharmacology* 1, 2007, pp. 39 – 51.

② Negreira N. et al.,"Identification of In Vitro Metabolites of Ethylphenidate by Liquid Chromatography Coupled to Quadrupole Time – Of – Flight Mass Spectrometry", *Journal of Pharmaceutical and Biomedical Analysis* 117, 2016, pp. 474 – 484.

③ Markowitz J. et al.,"EthylphenidateFormation in Human Subjects after the Administration of a Single Dose of Methylphenidate and Ethanol", *Drug Metabolism and Disposition* 6, 2000, pp. 620 – 624.

④ 国家禁毒委员会:《关于印发〈104 种非药用类麻醉药品和精神药品管制品种依赖性折算表〉的通知》,载北京刑事律师网文献库:http://www.bjxsdls.com/info.asp? lb_id = 2495,2019 年 4 月 20 日最后访问。

166. Methoxphenidine

名称:Methoxphenidine

通用名:

1 – [1 – (2 – Methoxyphenyl) – 2 – phenylethyl] piperidine

1 – [1 – (2 – 甲氧基苯基) – 2 – 苯基乙基]哌啶

Methoxphenidine

Methoxyphenidine

(英文缩写:2 – MeO – Diphenidine, MXP, 2 – MXP)

(CAS:127529 – 46 – 8)

化学结构:

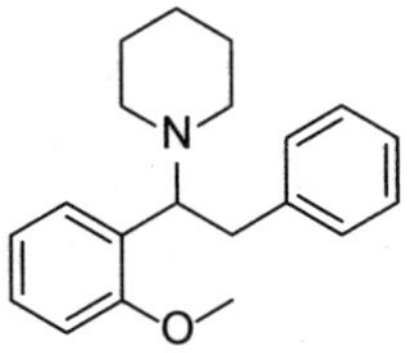

概述:

1989 年,Methoxphenidine 被报道用于对抗神经毒引起的伤害作用①。2013 年,英国在地下市场发现有 Methoxphenidine 粉末和片剂销售。Methoxphenidine 可导致滥用者出现昏迷、高血压、心动过速等症状。Methoxphenidine 滥用已导致多人死亡②。2015 年,瑞典将 Methoxpheni-

① Stachel N. et al., "A methoxydiphenidine – Impaired Driver", *Int J Legal Med* 2, 2016, pp. 405 – 409.

② Stachel N. et al., "A methoxydiphenidine – Impaired Driver", *Int J Legal Med* 2, 2016, pp. 405 – 409.

dine 列入管制①。2016 年,加拿大将 Methoxphenidine 列入管制②。我国于 2015 年 10 月将 Methoxphenidine 列入《非药用类麻醉药品和精神药品管制品种增补目录》管制。

药理毒理作用:

在大鼠前脉冲抑制实验中,Methoxphenidine 可降低感觉运动门控,提示滥用 Methoxphenidine 可能产生分离性幻觉③。

受体亲和力:

Methoxphenidine 可抑制 N－甲基－D－天冬氨酸受体,IC_{50}值为 56.5 nM、*K*i 值为 36.0 nM。Methoxphenidine 还可结合多巴胺转运体,*K*i 值为 2915 nM;结合 κ－阿片受体,*K*i 值为 2694 nM④。

药物代谢:

液相色谱－质谱联用可用于检测 Methoxphenidine⑤。

依赖性折算:

1 克 Methoxphenidine 相当于 1.165 克海洛因⑥。

---

① Sweden Govenment, "Fler ämnen föreslås bli klassade som narkotika eller hälsofarlig vara. 2015", http://www.folkhalsomyndigheten.se/nyheter－och－press/nyhetsarkiv/2015/mars/fler－amnen－foreslas－bli－klassade－som－narkotika－eller－halsofarlig－vara, April 20, 2019.

② Canada Government, "Regulations Amending the Food and Drug Regulations (Parts G and J — Lefetamine, AH－7921, MT－45 and W－18)", http://www.puntofocal.gov.ar/notific_otros_miembros/can481a1_t.pdf, April 20, 2019.

③ Wallach J. "Pharmacological Investigations of the Dissociative 'Legal Highs' Diphenidine, Methoxphenidine and Analogues", Plos One 6, 2016, pp. 1－17.

④ Wallach J. "Pharmacological Investigations of the Dissociative 'Legal Highs' Diphenidine, Methoxphenidine and Analogues", Plos One 6, 2016, pp. 1－17.

⑤ Boateng B. et al., "Chromatographic Retention Behaviour, Modelling and Optimization of a UHPLC－UV Separation of the Regioisomers of the Novel Psychoactive Substance (NPS) Methoxphenidine (MXP)", *Journal of Pharmaceutical and Biomedical Analysis* 153, 2018, pp. 238－247.

⑥ 国家禁毒委员会:《关于印发〈104 种非药用类麻醉药品和精神药品管制品种依赖性折算表〉的通知》,载北京刑事律师网文献库:http://www.bjxsdls.com/info.asp? lb_id=2495,2019 年 4 月 20 日最后访问。

167. Phenazepam

名称:Phenazepam

通用名:

7 - Bromo - 5 - (2 - chlorophenyl) - 1,3 - dihydro - 2*H* - 1,4 - benzodiazepin - 2 - one

7 - 溴 - 5 - (2 - 氯苯基) - 1,3 - 二氢 - 2*H* - 1,4 - 苯并二氮杂卓 - 2 - 酮

Phenazepam

芬纳西泮

(英文缩写:BD98,Fenazepan)

(CAS:51753 - 57 - 2)

化学结构:

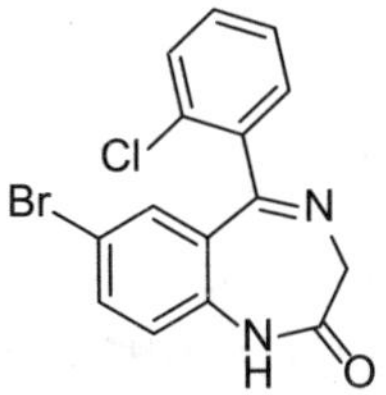

概述:

Phenazepam 是苯二氮卓类镇静药物,1974 年由苏联研制,主要用于治疗精神类疾病,还可在手术前使用,提高麻醉药的效能,降低患者焦虑①。Phenazepam 具有依赖潜能,因此以医疗目的使用 Phenazepam 不应超过 2 周,且需逐渐降低药物剂量,以避免戒断反应②。Phenazepam 已在英国、芬兰和美国等国的滥用人群中作为"娱乐性药物"使用。2004

① Maskell P. et al., "Phenazepam: TheDrug that Came in From the Cold", *Journal of Forensic and Legal Medicine* 3, 2012, pp. 122 - 125.

② Maskell P. et al., "Phenazepam: TheDrug that Came in From the Cold", *Journal of Forensic and Legal Medicine* 3, 2012, pp. 122 - 125.

年，我国报道检出 Phenazepam①。美国尚未将 Phenazepam 列入管制药物名单，但禁止将 Phenazepam 作为药物出售②。2012 年，英国将 Phenazepam 列入管制③。2016 年，联合国麻醉药品委员会将 Phenazepam 列入《麻醉品单一公约》名单④。我国于 2015 年 10 月将 Phenazepam 列入《非药用类麻醉药品和精神药品管制品种增补目录》管制。

药理毒理作用：

Phenazepam 会引起打嗝、头晕、嗜睡、顺行性遗忘等副作用，突然停药会引起不安、焦虑、失眠、痉挛、抽搐等戒断综合征，甚至导致死亡⑤。Phenazepam 与其他阿片类镇痛药物联合使用时可造成死亡。1 mg Phenazepam 的镇静效力相当于 5 mg 地西泮⑥。Phenazepam 可在大鼠中诱导产生条件性位置偏爱，且能增加脑内多巴胺水平，显示 Phenazepam 具有潜在致依赖性⑦。

---

① 朱彬玲等：《新精神活性物质——芬纳西泮的检验》，载《中国司法鉴定》2004 年第 6 期。

② U. S. Justice, "New York Nurse Sentenced for Selling Unapproved 'Party Drug' Phenazepam on the Internet", http://www. niagara – gazette. com/news/local_news/nt – nurse – sentenced – in – fatal – overdose/article_84a79b45 – 203b – 5931 – a3db – ae954ca0a87f. html, April 20, 2019.

③ UK Government, "A Change to the Misuse of Drugs Act 1971: control of pipradrol – related compounds and phenazepam. 2012", http://www. gov. uk/government/publications/a – change – to – the – misuse – of – drugs – act – 1971 – control – of – pipradrol – related – compounds – and – phenazepam, April 20, 2019.

④ United Nations office of Drugs and Criem, "Seven substances 'scheduled' at the 59th Session of the Commission on Narcotic Drugs", https://www. unodc. org/unodc/en/press/releases/2016/March/seven – substances – scheduled – at – the – 59th – session – of – the – commission – on – narcotic – drugs. html, April 20, 2019.

⑤ Maskell P. et al., "Phenazepam: TheDrug that Came in From the Cold", *Journal of Forensic and Legal Medicine* 3, 2012, pp. 122 – 125.

⑥ Stephenson J. et al., "Phenazepam and its Effects on Driving", *Journal of Analytical Toxicology* 1, 2013, pp. 25 – 29.

⑦ Cha H. et al., "5 – (2 – Aminopropyl) benzofuran and Phenazepam Demonstrate the Possibility of Dependence by Increasing Dopamine Levels in the Brain", *Pharmacology Biochemistry and Behavior* 149, 2016, pp. 17 – 22.

体外药理学评价：

Phenazepam 可在体外激动 γ－氨基丁酸 A 型受体，EC_{50} 值为 6.1 nM①。

药物代谢：

Phenazepam 可在血液、血浆中检出。Phenazepam 治疗使用时，患者血液中药物浓度通常低于 30 μg/L，但在滥用者血液中 Phenazepam 可达 100～600 μg/L②。Phenazepam 在体内可被 CYP3A4 代谢③。

依赖性折算：

1 克 Phenazepam 相当于 0.005 克海洛因④。

168. U－47700

名称：U－47700

通用名：

3,4－Dichloro－*N*－[(1*R*,2*R*)－2－(dimethylamino) cyclohexyl]－*N*－methylbenzamide

N－[(1*R*,2*R*)－2－(二甲氨基)环己基]－*N*－甲基－3,4－二氯苯甲酰胺

（英文缩写：U－47700）

（CAS：82657－23－6）

---

① Kopanitsa M. et al.，"Modulation of GABA(A) Receptor－Mediated Vurrents by Phenazepam and Its Metabolites"，*Naunyn－Schmiedebergs Archives of Pharmacology* 1，2001，pp. 1－8.

② Kerrigan S. et al.，"Detection of Phenazepam in Impaired Driving"，*Journal of Analytical Toxicology* 8，2013，pp. 605－610.

③ Kerrigan S. et al.，"Detection of Phenazepam in Impaired Driving"，*Journal of Analytical Toxicology* 8，2013，pp. 605－610.

④ 国家禁毒委员会：《关于印发〈104 种非药用类麻醉药品和精神药品管制品种依赖性折算表〉的通知》，载北京刑事律师网文献库：http://www.bjxsdls.com/info.asp? lb_id = 2495，2019 年 4 月 20 日最后访问。

化学结构：

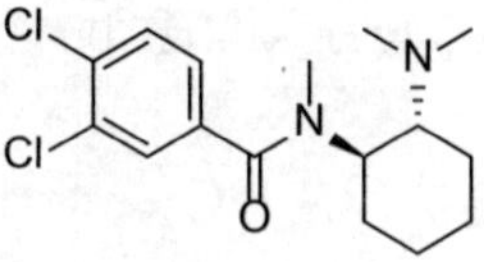

概述：

20 世纪 70 年代，Upjohn 公司基于 AH－7921 的结构，开发了多种阿片受体激动剂，其中 U－47700 的活性最强。U－47700 尚未用于医疗，仅仅在研究中作为工具药使用①。2018 年，我国报道检出 U－47700②。2016 年，瑞典将 U－47700 列入管制③。同年，美国将 U－47700 列入表Ⅰ管制药品④。我国于 2017 年 7 月将 U－47700 列入《非药用类麻醉药品和精神药品管制品种增补目录》管制。

药理毒理作用：

U－47700 单独或者与芬太尼等联合使用，过量可引起死亡⑤。到 2017 年已有至少 46 起 U－47700 过量使用引起死亡的报道⑥。根据

---

① Tsibulnikov S. et al.，"Prospects of Using of Kappa – Opioid Receptor Agonists U – 50,488 and ICI 199,441 for Improving Heart Resistance to Ischemia/Reperfusion"，*Bulletin of Experimental Biology and Medicine* 6，2015，pp. 718 – 721.

② 钱振华等：《新精神活性物质滥用制品"尖叫龟粮"的定性检验方法研究》，载《中国法医学杂志》2018 年第 4 期。

③ Sweden Govenment，"31 nya ämnen kan klassas som narkotika eller hälsofarlig vara. 2015"，http://www. microsofttranslator. com/bv. aspx? ref = SERP&br = ro&mkt = en – US&dl = en&lp = SV_EN&a = http% 3a% 2f% 2fwww. folkhalsomyndigheten. se% 2fnyheter – och – press% 2fnyhetsarkiv% 2f2015% 2fnovember% 2f31 – nya – amnen – kan – klassas – som – narkotika – eller – halsofarlig – vara% 2f，April 20，2019.

④ DEA Public Affairs，"46 confirmed deaths linked to dangerous opioid in '15 and' 16 spark emergency action"，http://www. ocfl. net/Portals/0/Library/HeroesAgainsHeroin/docs/DEA% 20Press% 20Release% 20on% 20U44770. pdf，April 20，2019.

⑤ Harper N. et al.，"1 – (3,4 – Dichlorobenzamidomethyl) cyclohexyldimethylamine and Related Compounds as Potential Analgesics"，*Journal of Medicinal Chemistry* 11，1974，pp. 1188 – 1193.

⑥ Szmuszkovicz J. and Voigtlander P. "Benzeneacetamide Amines：Structurally Novel Non – m Mu Opioids"，*Journal of Medicinal Chemistry* 10，1982，pp. 1125 – 1126.

U－47700作用于 μ 阿片受体，推测其在人群中具有致成瘾潜能[①]。

受体亲和力：

U－47700 是 μ 阿片受体激动剂，*K*i 值为 5.3 nM；与 κ 阿片受体有一定亲和力，*K*i 值为 910 nM[②]。

药物代谢：

U－47700 可在血液、血浆及尿液中被检出，液相色谱－质谱联用检测发现 U－47700 在滥用者的血液中浓度可达 10～250 μg/L，急性中毒者血液中 U－47700 可达 100～1500 μg/L[③]。另外，U－47700 可在体内被代谢为 N－desmethyl－U－47700 和 N，N－didesmethyl－U－47700[④]。

依赖性折算：

目前无公开发布的依赖性折算数据。

169. 4，4′－DMAR

名称：4，4′－DMAR

通用名：

2－Amino－4－methyl－5－（4－methylphenyl）－4，5－dihydro－oxazole

2－氨基－4－甲基－5－（4－甲基苯基）－4，5－二氢噁唑

4，4′－Dimethylaminorex

---

① Baselt R, *Disposition of Toxic Drugs and Chemicals in Man*, Foster City, Biomedical Publications, 2017.

② Coopman V. et al., "A Case of Acute Intoxication due to Combined Use of Fentanyl and 3,4－Dichloro－N－［2－(dimethylamino) cyclohexyl］－N－methylbenzamide（U－47700）", *Forensic Sci Int* 266. 2016, pp. 68－72.

③ Koch K. et al., "Mixed Intoxication by the Synthetic Opioid U－47700 and the Benzodiazepine Flubromazepam with Lethal Outcome: Pharmacokinetic Data". *Drug Test Anal* 8, 2018, pp. 1336－1341.

④ Koch K. et al., "Mixed Intoxication by the Synthetic Opioid U－47700 and the Benzodiazepine Flubromazepam with Lethal Outcome: Pharmacokinetic Data". *Drug Test Anal* 8, 2018, pp. 1336－1341.

4,4′-二甲基阿米雷司

（英文缩写:4,4′-DMAR）

（CAS：1445569-01-6）

化学结构：

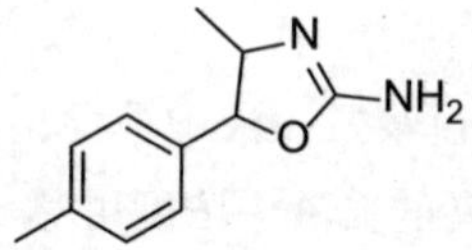

概述：

2012年,4,4′-DMAR在荷兰地下市场被检出。4,4′-DMAR结构与阿米雷司等相近,能够产生中枢兴奋作用①。4,4′-DMAR在欧洲地下市场以"Serotoni"名字销售②。2015年,英国和德国将4,4′-DMAR列入管制③。我国于2017年7月将4,4′-DMAR列入《非药用类麻醉药品和精神药品管制品种增补目录》管制。

药理毒理作用：

4,4′-DMAR在欧洲造成了至少31起死亡,在其中1起死亡案件中,死者体内仅检出4,4′-DMAR这一精神活性物质④。4,4′-DMAR

---

① Brandt S. et al., "Characterization of a Novel and Potentially Lethal Designer Drug (+/-)-Cis-para-methyl-4-methylaminorex (4,4′-DMAR, or 'Serotoni')", *Drug Test Anal* 6, 2014, pp. 684-695.

② Brandt S. et al., "Characterization of a Novel and Potentially Lethal Designer Drug (+/-)-Cis-para-methyl-4-methylaminorex (4,4′-DMAR, or 'Serotoni')", *Drug Test Anal* 6, 2014, pp. 684-695.

③ UK Home Office, "Circular 003/2015: a Change to the Misuse of Drugs Act 1971: Control of MT-45 and 4,4′-DMAR", http://www.gov.uk/government/publications/circular-0032015-a-change-to-the-misuse-of-drugs-act-1971-control-of-mt-45-and-44-dmar, April 20, 2019. German Govenrment, "BtMG Anlage II", http://www.gesetze-im-internet.de/btmg_1981/anlage_ii_60.html, April 20, 2019.

④ Lucchetti J. et al., "Brain Disposition of Cis-para-Methyl-4-Methylaminorex (cis-4,4′-DMAR) and Its Potential Metabolites after Acute and Chronic Treatment in Rats: Correlation with Central Behavioral Effects", *J Pharmacol Exp Ther* 3, 2017, pp. 492-500.

滥用可引起包括激越、抽搐、呼吸困难、心脏骤停等作用①。10 mg/kg 4,4′－DMAR 可诱导大鼠产生条件性位置偏爱，因此推测 4,4′－DMAR 具有潜在致成瘾性②。

体外药理学评价：

4,4′－DMAR 能与单胺转运体（去甲肾上腺素转运体、多巴胺转运体、5－羟色胺转运体）结合，IC_{50} 值分别为 270nM、530nM、1880 nM③。此外，4,4′－DMAR还可低亲和力的与 5－羟色胺受体结合，对 5－羟色胺 2A 型受体、5－羟色胺 2C 型受体的 *K*i 值分别为 8900nM、11,079nM④。

药物代谢：

4,4′－DMAR 在大鼠体内可代谢成多种代谢产物，但这些代谢产物无法进入中枢神经系统⑤。

依赖性折算：

目前无公开发布的依赖性折算数据。

170. RTI－126

名称：RTI－126

---

① Lucchetti J. et al.,"Brain Disposition of Cis－para－Methyl－4－Methylaminorex (cis－4,4′－DMAR) and Its Potential Metabolites after Acute and Chronic Treatment in Rats: Correlation with Central Behavioral Effects", *J Pharmacol Exp Ther* 3, 2017, pp. 492－500.

② Lucchetti J. et al.,"Brain Disposition of Cis－para－Methyl－4－Methylaminorex (cis－4,4′－DMAR) and Its Potential Metabolites after Acute and Chronic Treatment in Rats: Correlation with Central Behavioral Effects", *J Pharmacol Exp Ther* 3, 2017, pp. 492－500.

③ Maier J. et al.,"The Psychostimulant (+/－)－Cis－4,4′－dimethylaminorex (4,4′－DMAR) Interacts with Human Plasmalemmal and Vesicular Monoamine Transporters", *Neuropharmacology* 138, 2018, pp. 282－291.

④ Maier J. et al.,"The Psychostimulant (+/－)－Cis－4,4′－dimethylaminorex (4,4′－DMAR) Interacts with Human Plasmalemmal and Vesicular Monoamine Transporters", *Neuropharmacology* 138, 2018, pp. 282－291.

⑤ European Monitoring Centre for Drugs and Drug Addiction (EMCDDA),"Risk Assessment Report of a New Psychoactive Substance: 4－Methyl－5－(4－methylphenyl)－4,5－dihydrooxazol－2－amine (4,4′－dimethylaminorex, 4,4′－DMAR)", http://www.emcdda.europa.eu/system/files/publications/1864/TDAK14005ENN.pdf, April 20, 2019.

通用名：

(–) –2β – (3 – methyl –1,2,4 – Oxadiazol –5 – yl) –3β – phenyl-tropane

(–) –2β – (3 – 甲基 –1,2,4 – 噁二唑 –5 – 基) –3β – 苯基托品烷

(英文缩写:RTI –126)

(CAS: 146659 –37 –2)

化学结构：

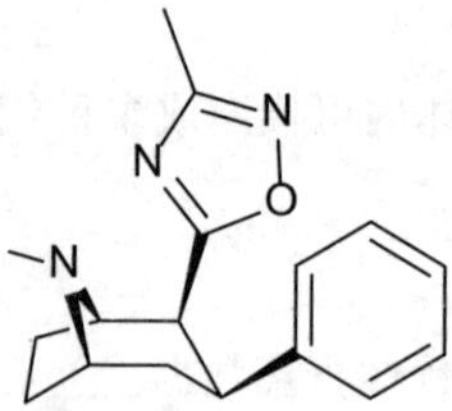

概述：

RTI –126 是苯丙烷衍生物,具有单胺转运体抑制活性,因此可产生兴奋作用①。RTI –126 可快速通过血脑屏障进入脑内发挥作用,因此容易产生依赖性②。我国于 2018 年 9 月将 RTI –126 列入《非药用类麻醉药品和精神药品管制品种增补目录》管制。

药理毒理作用：

在体实验中,0.03 mg/kg RTI –126 能够引起松鼠猴兴奋,提示该物质具有在人群中滥用的潜力③。

---

① Kimmel H. et al., "Locomotor Stimulant Effects of Novel Phenyltropanes in the Mouse", *Drug and Alcohol Dependence* 1, 2001, pp. 25 –36.

② Kimmel H. et al., "Faster Onset and Dopamine Transporter Selectivity Predict Stimulant and Reinforcing Effects of Cocaine Analogs in Squirrel Monkeys". *Pharmacology Biochemistry and Behavior* 1, 2007, pp. 45 –54.

③ Kimmel H. et al., "Faster Onset and Dopamine Transporter Selectivity Predict Stimulant and Reinforcing Effects of Cocaine Analogs in Squirrel Monkeys". *Pharmacology Biochemistry and Behavior* 1, 2007, pp. 45 –54.

体外药理学评价：

RTI－126能与单胺转运体（去甲肾上腺素转运体、多巴胺转运体、5－羟色胺转运体）结合，IC_{50}值分别为6990nM、167nM、40600nM①。

依赖性折算：

目前无公开发布的依赖性折算数据。

① Carroll F. et al., "3－Aryl－2－(3′－substituted－1′,2′,4′－oxadiazol－5′－yl) tropane Analogues of Cocaine: Affinities at the Cocaine Binding Site at the Dopamine, Serotonin, and Norepinephrine Transporters", *J Med Chem* 20, 1993, pp. 2886－2890.

第十二章　新精神活性物质犯罪案件的法律适用

新精神活性物质种类繁多，截至本书成稿时我国已经对170种新精神活性物质（不包括整类列管的芬太尼类物质）进行了管制，近年来我国也陆续出现一些涉新精神活性物质犯罪案件。对此类犯罪如何准确适用法律，如何准确地定罪量刑，在收集、审查证据方面有哪些要求，都需要加强研究。

一、新精神活性物质犯罪的定罪量刑数量标准

绝大多数新精神活性物质不同于从植物中提炼获取的鸦片、吗啡、大麻等传统毒品，其制造方式主要是化学合成，确切地说是对以往已出现的合成毒品进行分子结构修饰或者调整而成。由于这些新精神活性物质大多数没有合法医疗用途（或者药用价值），故对走私、贩卖、运输、制造新精神活性物质的行为，一般都应当认定为毒品犯罪。并且，针对此类物质的犯罪行为与以往司法实践中针对甲基苯丙胺等合成毒品所涉及的罪名基本是一致的，主要包括走私、贩卖、运输、制造毒品罪和非法持有毒品罪。

（一）确定新精神活性物质犯罪定罪量刑数量标准的基本规则

毒品数量是毒品犯罪定罪量刑的重要基础性情节。对于走私、贩卖、运输、制造毒品犯罪，由于刑法明确规定实施此类行为的无论数量多少都应当追究刑事责任，故没有定罪数量标准问题。但在量刑上存在数量标准，即《刑法》第347条规定的毒品数量大、数量较大和少量毒品分

别对应不同的法定刑幅度,需要明确这些量刑数量标准。[①] 对于非法持有毒品罪,刑法规定要达到数量较大的才能定罪,故存在定罪的数量标准问题,同时,也需要明确毒品数量大这一量刑标准。[②]

就毒品种类而言,刑法只对鸦片、海洛因和甲基苯丙胺(冰毒)3 种毒品明确了定罪量刑数量标准,其他较为常见的毒品则由司法解释和相关规范性文件作出规定。2016 年发布的《最高人民法院关于审理毒品犯罪案件适用法律若干问题的解释》(以下简称《毒品犯罪解释》)在原有司法解释和相关规范性文件的基础上,结合近年来司法实践情况,系统规定了 28 类毒品"数量大"和"数量较大"的标准。[③] 其中,苯丙胺类毒品包含 12 种新精神活性物质,氯胺酮和恰特草(指其中所含主要成分)也属于新精神活性物质,也就是说,《毒品犯罪解释》规定了 14 种新精神活性物质的定罪量刑数量标准。

那么,对司法解释没有规定的其他新精神活性物质,如何确定其定罪量刑数量标准? 首先,可以参照适用已经正式印发的毒品依赖性折算表。截至 2019 年 8 月,这种正式印发的依赖性折算表共 3 份。第一份是 2016 年 6 月国家禁毒办印发的《104 种非药用类麻醉药品和精神药品管制品种依赖性折算表》(禁毒办通〔2016〕38 号)。这是针对 2015 年 9 月印发的《非药用类麻醉药品和精神药品列管办法》所附增补目录而制

---

① 《刑法》第 347 条规定,走私、贩卖、运输、制造毒品数量大的,处十五年有期徒刑、无期徒刑或者死刑,并处没收财产;数量较大的,处七年以上有期徒刑,并处罚金;走私、贩卖、运输、制造少量毒品的,处三年以下有期徒刑、拘役或者管制,并处罚金,其中,情节严重的,处三年以上七年以下有期徒刑,并处罚金。

② 《刑法》第 348 条规定,非法持有毒品数量大的,处七年以上有期徒刑或者无期徒刑,并处罚金;数量较大的,处三年以下有期徒刑、拘役或者管制,并处罚金,其中,情节严重的,处三年以上七年以下有期徒刑,并处罚金。

③ 该司法解释保留了原有司法解释和其他规范性文件中规定的 15 类毒品的定罪量刑数量标准,下调了 1 类,新增了 12 类。保留的 15 类毒品包括:可卡因、苯丙胺类(甲基苯丙胺除外)、吗啡、二氢埃托啡、哌替啶(度冷丁)、大麻类、咖啡因、罂粟壳、美沙酮、三唑仑、安眠酮、氯氮卓、艾司唑仑、地西泮、溴西泮。下调数量标准的 1 类毒品是氯胺酮。新规定定罪量刑数量标准的 12 类毒品包括:芬太尼、甲卡西酮、曲马多、γ－羟丁酸、可待因、丁丙诺啡、阿普唑仑、恰特草、巴比妥、苯巴比妥、安钠咖、尼美西泮。

定的。该增补目录列管了 116 种新精神活性物质,其中 12 种苯丙胺类新精神活性物质的定罪量刑数量标准已由《毒品犯罪解释》作出规定,① 另 104 种新精神活性物质的定罪量刑数量标准可以参照适用《104 种非药用类麻醉药品和精神药品管制品种依赖性折算表》。例如,根据该折算表,N - (1 - 甲氧基羰基 - 2 - 甲基丙基) - 1 - (5 - 氟戊基)吲唑 - 3 - 甲酰胺(英文 5F - AMB)与海洛因的折算比例是 1∶1.44,4 - 氯甲卡西酮(英文 4 - CMC)与甲基苯丙胺的折算比例是 1∶0.14,N,N - 二异丙基 - 5 - 甲氧基色胺(英文 5 - MeO - DiPT)与甲基苯丙胺的折算比例为 1∶1。第二份折算表是 2017 年 10 月国家禁毒办印发的《100 种麻醉药品和精神药品管制品种依赖性折算表》。该折算表对 2013 年版麻醉药品和精神药品品种目录中尚未明确定罪量刑数量标准的 100 种麻醉药品和精神药品明确了其与海洛因或者甲基苯丙胺的折算标准。其中也涉及少量新精神活性物质的折算标准,如,2,5 - 二甲氧基苯乙胺与甲基苯丙胺的折算比例为 1∶0.02,4 - 甲基甲卡西酮与甲基苯丙胺的折算比例为 1∶1。第三份折算表是 2019 年 1 月国家禁毒办印发的《3 种合成大麻素依赖性折算表》,对 AMB - FUBINACA、ADB - FUBINACA、5F - ADB 3 种合成大麻素的依赖性折算标准作出了规定,它们与海洛因的折算标准比例分别为 1∶5.5、1∶2.5、1∶14。其次,对于《毒品犯罪解释》和上述 3 种依赖性折算表都没有作出规定的,暂时可以参照适用原国家食品药品监督管理局 2004 年制定的《非法药物折算表》。② 最后,对于上述司法解释和折算表都没有作出规定的,应由有关专业部门确定涉案新精神活性物质的毒性大小、致瘾癖性、戒断性,综合考虑滥用和犯罪形势、社会危害性等因素依法量刑。也就是说,办案中对于没有明确折算标准的新精神活性物质,一般宜在第一档法定刑幅度内确定刑罚,不能轻易升格

① 这 12 种苯丙胺类新精神活性物质与甲基苯丙胺(冰毒)的定罪量刑数量标准的比例为 2∶1。

② 由于《非法药物折算表》不属于国务院相关职能部门正式发布的文件,不具有正式或者法定的效力,故工作中仅具有参考价值。宜尽快加以修订完善后由相关职能部门正式发布。

法定刑幅度。但是,对于有相对明确的可参照毒品种类,根据该参照毒品种类的定罪量刑数量标准可以认定涉案毒品达到“数量较大”或者“数量大”标准的,也可以作出相应认定。

(二)芬太尼类物质犯罪的定罪量刑数量标准

芬太尼类物质属于新类型合成毒品,但芬太尼类物质并不都属于新精神活性物质。根据《麻醉药品品种目录》和《非药用类麻醉药品和精神药品管制品种增补目录》,在2019年5月1日以前我国已经明确管制的有25种芬太尼类物质,包括:(1)2013年版《麻醉药品品种目录》中列管的13种:[1]乙酰阿法甲基芬太尼、阿芬太尼、阿法甲基芬太尼、阿法甲基硫代芬太尼、倍他羟基芬太尼、倍他羟基-3-甲基芬太尼、芬太尼、3-甲基芬太尼、3-甲基硫代芬太尼、对氟芬太尼、瑞芬太尼、舒芬太尼、硫代芬太尼;(2)2015年9月印发的《非药用类麻醉药品和精神药品列管办法》所附增补目录中列管的6种:乙酰芬太尼、丁酰芬太尼、β-羟基硫代芬太尼、4-氟丁酰芬太尼、异丁酰芬太尼、奥芬太尼;(3)2017年3月施行的《关于将卡芬太尼等四种芬太尼类物质列入非药用类麻醉药品和精神药品管制品种增补目录的公告》所列管的4种:丙烯酰芬太尼、卡芬太尼、呋喃芬太尼、戊酰芬太尼;(4)2018年9月施行的《关于将4-氯乙卡西酮等32种物质列入非药用类麻醉药品和精神药品管制品种增补目录的公告》所列管的2种:4-氟异丁酰芬太尼、四氢呋喃芬太尼。

2019年4月1日,公安部、国家卫生健康委员会、国家药品监督管理局发布了《关于将芬太尼类物质列入〈非药用类麻醉药品和精神药品管制品种增补目录〉的公告》,决定自2019年5月1日起对芬太尼类物质进行整类列管。芬太尼类物质是指化学结构与芬太尼{N-[1-(2-苯乙基)-4-哌啶基]-N-苯基丙酰胺}相比,符合以下一个或多个条件的物质:(1)使用其他酰基替代丙酰基;(2)使用任何取代或未取代的单环芳香基团替代与氮原子直接相连的苯基;(3)哌啶环上存在烷基、烯

[1] 一般认为,这13种规定在《麻醉药品品种目录》中的芬太尼类物质不属于新精神活性物质。为兼顾书稿体例的完整性,本部分一并进行分析说明。

基、烷氧基、酯基、醚基、羟基、卤素、卤代烷基、氨基及硝基等取代基；(4)使用其他任意基团(氢原子除外)替代苯乙基。

芬太尼类物质被整类列管后，针对芬太尼类物质实施走私、贩卖、运输、制造、非法持有毒品等犯罪行为的，应当依照《刑法》第 347 条、第 348 条等规定定罪处罚。其中，办案过程中面临的突出问题是如何确定芬太尼类物质犯罪的定罪量刑数量标准。对该问题需要由国家有关部门研究制定正式文件，在正式文件出台之前，大致可以按照下列情形分别处理：(1)对于《毒品犯罪解释》已经有明确规定的芬太尼本身，其定罪量刑数量标准适用该司法解释的规定，即走私、贩卖、运输、制造、非法持有芬太尼 25 克以上不满 125 克和 125 克以上，分别认定为《刑法》第 347 条、第 348 条规定的其他毒品“数量较大”和“数量大”。(2)走私、贩卖、运输、制造、非法持有乙酰芬太尼、丁酰芬太尼、β－羟基硫代芬太尼、4－氟丁酰芬太尼、异丁酰芬太尼、奥芬太尼的，可以参照适用前述《104种非药用类麻醉药品和精神药品管制品种依赖性折算表》确定的折算标准作为定罪量刑数量标准。① (3)走私、贩卖、运输、制造、非法持有乙酰阿法甲基芬太尼、硫代芬太尼等前述 12 种列入《麻醉药品品种目录》管制的芬太尼类物质(芬太尼除外)的，可以参照适用原国家食品药品监督管理局 2004 年制定的《非法药物折算表》确定的折算标准作为定罪量刑数量标准。② (4)走私、贩卖、运输、制造、非法持有卡芬太尼、呋喃芬太尼、戊酰芬太尼、丙烯酰芬太尼、4－氟异丁酰芬太尼、四氢呋喃芬太尼以及自 2019 年 5 月 1 日起列入《非药用类麻醉药品和精神药品管制品种增补目录》管制的其他芬太尼类物质的，可以根据鉴定确定的毒性、依赖性等数据，确定定罪量刑数量标准。

---

① 即乙酰芬太尼、丁酰芬太尼、β－羟基硫代芬太尼、4－氟丁酰芬太尼、异丁酰芬太尼、奥芬太尼与海洛因的折算比例分别为 1∶6、1∶1.25、1∶40、1∶1.25、1∶1.25、1∶66.8。不过，根据最新实验情况，这一折算标准可能会被部分调整。

② 根据《非法药物折算表》，这 12 种芬太尼类物质中，瑞芬太尼、舒芬太尼与海洛因的折算比例均为 1∶40、阿芬太尼与海洛因的折算比例为 1∶15，其他 9 种芬太尼类物质与海洛因的折算比例均为 1∶10。但根据最新实验情况，这些折算标准很可能也会被调整。

需要说明的是，上述对芬太尼类物质定罪量刑数量标准的认定方式，是在现有相关司法解释和其他规范性文件的框架内，结合司法实践中的通常做法提出的。从芬太尼类物质整类列管后的有关工作进展看，上述依赖性折算标准未必都科学、准确，需要通过进一步实验等方式来确认或者完善。同时，对芬太尼类物质进行整类列管是我国禁毒领域新的列管模式，整类列管的对象种类繁多，有的甚至都还没有出现，在新的列管模式下如何确定各类芬太尼类物质的定罪量刑数量标准，是逐一确定还是分类确定，确实需要深入研究。例如，考虑少数芬太尼类物质具有医疗用途，似可按照是否具有药用价值为标准，将芬太尼类物质分为药用类和非药用类，并分别确定不同的定罪量刑数量标准。一旦国家相关部门出台规范性文件明确芬太尼物质的定罪量刑数量标准，则应按照新的文件执行。

二、新精神活性物质犯罪案件中毒品数量认定的特殊问题

（一）涉案新精神活性物质含量极低的，能否进行纯度折算

无论是海洛因等传统毒品，还是包括新精神活性物质在内的新类型合成毒品，都有含量（或者纯度）高低之分。对含量很低的毒品是否应进行纯度折算，在当前的司法实践中仍然存在一定的认识分歧。对这个问题，可以从以下两个层面进行分析。

一方面，在现有法律框架内，原则上不应按照毒品含量进行折算后再认定毒品数量。主要理由在于，《刑法》第 357 条第 2 款明确规定："毒品的数量以查证属实的走私、贩卖、运输、制造、非法持有毒品的数量计算，不以纯度折算。"这是刑法的明文规定，司法实践中应当严格执行。而且，对于人"毒"并获的毒品犯罪案件，查获的毒品数量就是犯罪分子主观上意欲进行毒品犯罪的数量，如果对此类毒品含量进行折算，会人为改变涉案毒品的数量，与犯罪分子的主观意志也不相符。因此，最高人民法院 2015 年印发的《全国法院毒品犯罪审判工作座谈会纪要》（以下简称《武汉会议纪要》）规定："办理毒品犯罪案件，无论毒品纯度高低，一般均应将查证属实的毒品数量认定为毒品犯罪的数量，并据此确

定适用的法定刑幅度。”

另一方面，毒品含量的高低对毒品案件的处理也存在一定影响。主要原因在于，毒品含量越高，其有效毒品成分就越多，作用于人体的效果就越大，在数量相同的情况下，含量高的毒品的社会危害性会大于含量低的毒品。实践中确实有一些毒品含量极低的案件，如果完全不考虑毒品含量不同所带来的社会危害的客观差异，既有违罪刑相适应的刑法基本原则，也损害了司法的公正性。基于上述考虑，《毒品犯罪解释》第1条第2款规定：“国家定点生产企业按照标准规格生产的麻醉药品或者精神药品被用于毒品犯罪的，根据药品中毒品成分的含量认定涉案毒品数量。”新精神活性物质中有少数种类具有合法医药用途（如正规厂家生产的氯胺酮），如果符合该款规定的情形，则可以根据药品中毒品成分的含量认定毒品数量。但是，如果涉案的新精神活性物质不是国家定点生产企业生产的麻醉药品或者精神药品，则不适用该款规定，在毒品含量明显低于正常纯度的情况下，量刑时可以在相应的法定刑幅度内对被告人酌情从轻处罚。

与此直接相关的一个问题是，对含量极低的新精神活性物质犯罪案件，能否适用《刑法》第63条第2款对被告人在法定刑以下判处刑罚？首先可以肯定，刑法并未禁止对包括新精神活性物质在内的毒品犯罪案件适用《刑法》第63条第2款在法定刑以下判处刑罚。从逻辑上讲，对于含量极低的新精神活性物质犯罪案件，考虑到其中的毒品有效成分明显低于纯度高的毒品，毒品的现实危害较小，完全按照查证的毒品数量量刑可能会造成罪刑不相适应，故理论上可以考虑在法定刑以下判处刑罚，并报最高人民法院核准。但是，由于新精神活性物质种类繁多，对人体的危害大小不同，且“毒品含量极低”也是一个尚不明晰的概念，究竟对哪些“毒品含量极低”的新精神活性物质犯罪案件可以在法定刑以下判处刑罚，如何把握这种做法与从严惩处毒品犯罪的刑事政策之间的平衡，都需要进一步研究。

（二）新精神活性物质犯罪案件中同时查获多种毒品的数量认定

司法实践中，有的案件同时查获包括新精神活性物质在内的多种毒品，对这种情形如何计算、认定毒品数量，以往一度存在争议。《武汉会议纪要》规定："走私、贩卖、运输、制造、非法持有两种以上毒品的，可以将不同种类的毒品分别折算为海洛因的数量，以折算后累加的毒品总量作为量刑的根据。"这一规定为解决一案中涉及多种新精神活性物质的情形提供了认定毒品数量的参照。据此，对于一案中既有海洛因或者甲基苯丙胺等常见毒品又有新精神活性物质的，可以将涉案新精神活性物质折算为海洛因或者甲基苯丙胺的数量，予以累计；对于没有海洛因或者甲基苯丙胺等常见毒品，而是一案中有两种以上新精神活性物质的，可以以其中某一种为参照进行折算后予以累计，也可以都折算为海洛因或者甲基苯丙胺的数量后予以累计。累计之后可以选择对应的法定刑幅度予以量刑。如果查获的某一种新精神活性物质尚没有明确的依赖性折算标准的，则不能累计，作为量刑情节酌予考虑。

三、新精神活性物质犯罪的量刑规则

（一）走私、贩卖、运输、制造、非法持有新精神活性物质犯罪的量刑规则

根据刑法规定，毒品数量是毒品犯罪量刑的基础性情节，但不是唯一情节。司法实践中对毒品犯罪历来强调要采取"毒品数量＋其他情节"的量刑规则，既要重视毒品数量的基础作用，又不能唯数量论。对走私、贩卖、运输、制造和非法持有新精神活性物质犯罪的量刑，应当以涉案毒品数量为基础，综合考虑犯罪的具体性质、情节、危害后果以及被告人的主观恶性、人身危险性等因素，准确决定判处的刑罚，确保罪责刑相适应。例如，从犯罪性质上来看，走私、制造、大宗贩卖新精神活性物质等毒品属于源头性犯罪，在量刑时要体现从严；对共同犯罪中的主犯特别是起组织、指挥作用的主犯要从严惩处，对起次要、辅助作用的从犯要体现从宽；对累犯、毒品再犯、拒不认罪的被告人量刑时要体现从严，对初犯、偶犯、到案后如实供述、认罪态度好的被告人量刑时要体现从宽。

《毒品犯罪解释》对走私、贩卖、运输、制造少量毒品情节严重和非法持有数量较大的毒品情节严重的规定，较好地体现了"毒品数量＋其

他情节”的量刑规则。根据该司法解释，走私、贩卖、运输、制造少量毒品情节严重的情形包括：(1)向多人贩卖毒品或者多次走私、贩卖、运输、制造毒品的；(2)在戒毒场所、监管场所贩卖毒品的；(3)向在校学生贩卖毒品的；(4)组织、利用残疾人、严重疾病患者、怀孕或者正在哺乳自己婴儿的妇女走私、贩卖、运输、制造毒品的；(5)国家工作人员走私、贩卖、运输、制造毒品的；(6)其他情节严重的情形。非法持有数量较大的毒品情节严重的情形包括：(1)在戒毒场所、监管场所非法持有毒品的；(2)利用、教唆未成年人非法持有毒品的；(3)国家工作人员非法持有毒品的；(4)其他情节严重的情形。对分别具有上述情形的，依法判处3年以上7年以下有期徒刑，并处罚金。这些规定也适用于办理新精神活性物质犯罪案件。①

最高人民法院2017年修订并发布的《关于常见犯罪的量刑指导意见》对毒品犯罪量刑问题的规定，也体现了“毒品数量＋其他情节”的规则。该量刑指导意见对走私、贩卖、运输、制造毒品罪中判处有期徒刑和拘役的案件，根据法定刑幅度规定了不同情形的量刑起点，规定在量刑起点的基础上，可以根据毒品犯罪次数、人次、毒品数量等其他影响犯罪构成的犯罪事实增加刑罚量，确定基准刑。同时，该文件还专门规定了增加或者减少基准刑的情节，可以增加基准刑(10%～30%)的3种情形是：利用、教唆未成年人走私、贩卖、运输、制造毒品的，向未成年人出售毒品的，毒品再犯；可以减少基准刑的30%以下的3种情形是：受雇运输毒品的，毒品含量明显偏低的，存在数量引诱情形的。

---

① 值得注意的是，最高人民法院2000年制定的毒品犯罪司法解释曾把毒品数量作为认定“情节严重”的情形之一。即，走私、贩卖、运输、制造海洛因或者甲基苯丙胺7克以上不满10克或者其他数量相当的毒品的，属于“情节严重”，处3年以上7年以下有期徒刑(附加刑略)。在2016年制定《毒品犯罪解释》过程中对此问题作了专门研究，鉴于原司法解释的规定与刑法的规定之间存在逻辑矛盾，“情节严重”应当是指除毒品数量之外的其他情节，不应单纯用毒品数量去解释毒品数量，故《毒品犯罪解释》删去了将毒品数量认定为“情节严重”的规定。同理，对非法持有毒品罪中“情节严重”的认定，也不能包括毒品数量。

（二）新精神活性物质犯罪的死刑适用问题

根据刑法规定，实施走私、贩卖、运输、制造毒品犯罪，可能涉及死刑适用问题。对新精神活性物质犯罪的死刑政策如何把握，重点要注意前述《武汉会议纪要》的两项规定：其一，对于氯胺酮（俗称"K粉"）犯罪，结合涉案氯胺酮的数量、犯罪的具体性质、情节及危害后果等因素，对符合死刑适用条件的被告人可以依法判处死刑，此类犯罪的死刑数量标准一般可以按照海洛因的10倍掌握。其二，对于其他新精神活性物质犯罪的死刑适用问题，可以适用《武汉会议纪要》关于新类型、混合型毒品犯罪的规定，即，"涉案毒品为其他滥用范围和危害性相对较小的新类型、混合型毒品的，一般不宜判处被告人死刑。但对于司法解释、规范性文件明确规定了定罪量刑数量标准，且涉案毒品数量特别巨大，社会危害大，不判处死刑难以体现罚当其罪的，必要时可以判处被告人死刑"。

从近年来的司法实践来看，有的涉案氯胺酮数量特别巨大的犯罪案件判处了被告人死刑立即执行。例如，最高人民法院2017年国际禁毒日期间发布的被告人蔡某雄制造毒品案，蔡某雄纠集多人制造出大量氯胺酮进行贩卖，仅案发后查获的成品数量就达140余千克，鉴于蔡某雄系共同犯罪中罪责最为严重的主犯，被判处死刑。[①] 但是，对其他新精神活性物质，考虑其人体危害性、国内滥用和犯罪情况，为稳妥起见，除特殊情况外，一般不判处死刑立即执行。例如，最高人民法院2018年国际禁毒日期间发布的被告人孙某芳走私、贩卖4－氯甲卡西酮（4－CMC）案，孙某芳走私、贩卖的4－氯甲卡西酮中被查获15.8千克，被判处有期徒刑15年。[②] 最高人民法院2019年国际禁毒日期间发布的被告人杨某昌、赵某增贩卖、运输N－（1－甲氧基羰基－2－甲基丙基）－1－（5－氟戊基）吲唑－3－甲酰胺（5F－AMB）案，杨某昌贩卖、运输5F－AMB约184千克，赵某增贩卖5F－AMB约150千克，均被判处死刑缓

---

① 本案的具体案情，可参见《人民法院报》2017年6月22日，第3版。

② 4－CMC于2015年被列入《非药用类麻醉药品和精神药品管制品种增补目录》予以管制。本案的具体案情，可参见《人民法院报》2018年6月27日，第3版。

期二年执行。①

值得注意的是，有一种观点认为，对新精神活性物质犯罪案件，如果按照含量折算，其中纯的毒品数量经折算后达到了实际掌握的海洛因或者甲基苯丙胺（冰毒）的死刑适用标准，就可以判处死刑立即执行。这种观点是不正确的。对除氯胺酮之外的新精神活性物质犯罪的死刑政策，目前仍然要适用《武汉会议纪要》的上述规定，除特殊情况外，不能轻易判处死刑立即执行。

（三）容留他人吸毒等其他毒品犯罪的定罪量刑标准

新精神活性物质犯罪的主要罪名是走私、贩卖、运输、制造毒品罪和非法持有毒品罪，但也可能涉及其他罪名。如果涉及的是容留他人吸毒，引诱、教唆、欺骗他人吸毒，非法提供麻醉药品、精神药品，包庇毒品犯罪分子，窝藏、转移、隐瞒毒品、毒赃等犯罪，其定罪量刑标准适用《毒品犯罪解释》的相关规定。例如，根据该司法解释，具有下列情形之一的，以容留他人吸毒罪定罪处罚：(1)一次容留多人吸食、注射毒品的；(2)二年内多次容留他人吸食、注射毒品的；(3)二年内曾因容留他人吸食、注射毒品受过行政处罚的；(4)容留未成年人吸食、注射毒品的；(5)以牟利为目的容留他人吸食、注射毒品的；(6)容留他人吸食、注射毒品造成严重后果的；(7)其他应当追究刑事责任的情形。又如，根据该司法解释，引诱、教唆、欺骗他人吸食、注射毒品，具有下列情形之一的，应当认定为"情节严重"，处3年以上7年以下有期徒刑，并处罚金：(1)引诱、教唆、欺骗多人或者多次引诱、教唆、欺骗他人吸食、注射毒品的；(2)对他人身体健康造成严重危害的；(3)导致他人实施故意杀人、故意伤害、交通肇事等犯罪行为的；(4)国家工作人员引诱、教唆、欺骗他人吸食、注射毒品的；(5)其他情节严重的情形。

值得注意的是，由于少数新精神活性物质具有双重属性，既可能作为毒品被滥用，也可能属于在临床上具有医疗用途的药品，故对相关犯

---

① 5F-AMB于2015年被列入《非药用类麻醉药品和精神药品管制品种增补目录》予以管制。本案的具体案情，可参见《人民法院报》2019年6月26日，第3版。

罪行为的定性不能一概以毒品犯罪论处。对于本身属于正规药企生产的药品，无论通过合法渠道销售还是非法渠道流通，只要被患者正常使用发挥治疗作用的，就属于药品；只有脱离管制被吸毒人员滥用的，才属于毒品。考虑到这一问题，《武汉会议纪要》规定，行为人出于医疗目的，违反有关药品管理的国家规定，非法贩卖国家规定管制的能够使人形成瘾癖的麻醉药品或者精神药品，扰乱市场秩序情节严重的，以非法经营罪定罪处罚。根据这一规定，对于出于医疗目的，违反药品管理法的相关规定，向无资质的药品经营人员、私立医院、诊所、药店或者病人非法贩卖正规厂家生产的具有医疗用途的新精神活性物质的，侵犯的是国家对药品的正常经营管理秩序，故不应认定为贩卖毒品罪，符合非法经营罪的定罪条件的，依法定罪处罚。

四、犯罪嫌疑人、被告人主观明知的认定

司法实践中，行为人到案后辩称不知道查获的物品是毒品的情况时有发生。如果涉案的是新类型毒品特别是新精神活性物质，行为人否认明知的情况就更容易出现。这种辩解，或者是进行整体否定，辩称不知有何物或者不知是何物，不知道查获的物品是麻醉药品或者精神药品；或者是从违法性上进行否认，辩称自己知道是药品甚至知道是麻醉药品或者精神药品，但不知道已经被国家管制；还有的辩称知道是违禁药，但不知道是毒品，更不知道属于新精神活性物质。

对于主观明知的认定，近年来司法实践中已经形成了一些相对明确的规定。例如，最高人民法院、最高人民检察院、公安部 2007 年制定的《办理毒品犯罪案件适用法律若干问题的意见》（以下简称《毒品犯罪适用法律意见》），最高人民法院 2008 年印发的《全国部分法院审理毒品犯罪案件工作座谈会纪要》（以下简称《大连会议纪要》）和最高人民检察院、公安部 2012 年制定的《关于公安机关管辖的刑事案件立案追诉标准的规定（三）》（以下简称《立案追诉标准（三）》）都在这方面作了一些规定。这些规定对于办理新精神活性物质犯罪案件中犯罪嫌疑人、被告人主观明知的认定具有参考价值。工作中要注意以下问题。

其一,对于供认自己知道被查获的物品属于麻醉药品或者精神药品,但辩称不明知这些物品已被国家管制的,一般适用"不知法律不免责"原则。即遵守法律是每个公民的基本义务,"行为人要在法的特别规制领域从事活动时,没有努力收集相关法律信息的,其违法性的错误原则上属于可能避免的错误,不阻却责任"。[①] 新精神活性物质对于多数公众而言虽然较为陌生,但对于走私、贩卖、运输、制造这类物质的人而言,因其进入了该特殊领域,需要更加谨慎行事,故而了解这些物质是否被国家管制就属于其应注意的义务。对于辩解不明知的人,如果没有提供足以引起"合理怀疑"的相应证据,就不能轻易采信其辩解,否则,很多犯罪都将因行为人辩解不明知法律规定而不能追究刑事责任,这显然不符合现代法治社会的治理规则。

同时,值得注意的是,"不知法律不免责"不是一项绝对的原则,由于新精神活性物质种类繁多,国家相关职能部门对新精神活性物质主要通过制定规范性文件进行列管,而这些规范性文件发布后,如果通过互联网等途径无法查询到,犯罪嫌疑人、被告人也能证明其事先确实做了大量查询工作,努力尽到注意义务,但因误认为涉案物质未被国家管制而实施走私、贩卖、运输、制造、非法持有等行为的,则不能简单认定其主观上具备明知的条件。

其二,对明知的认定,证明优先于推定。证明和推定都是认定事实的方式,前者依靠"确实、充分"的证据来实现,是认定事实的基本或者常规方式,而后者一定程度降低了控方的证明责任,属于认定事实的特殊或者例外方式。为准确认定案件事实,对于行为人可能否认明知的案件,侦查阶段应尽可能全面收集各类证据,运用确实、充分的证据来证明行为人主观上明知。例如,有的案件中有同案犯罪嫌疑人的供述或者相关证人证言直接证明行为人明知犯罪对象是国家管制的新精神活性物质,有的案件中有技术侦查证据或者电子数据证明行为人明知,有的案件中还有指纹、掌纹、脱落细胞或相关书证印证其明知。只要能够通过

---

① 张明楷:《刑法格言的展开》(第3版),北京大学出版社2013年版,第392页。

证据"证明"行为人明知,就要尽量避免运用"推定"来认定明知的做法。

其三,推定明知的运用。有一些案件,犯罪嫌疑人、被告人到案后否认明知是毒品,又缺乏其他证据直接证明其明知,这种情况下不是直接认定其不明知,而是可以根据其实施毒品犯罪的方式、过程、毒品被查获时的情形,结合其年龄、文化程度、生活状况、职业背景、是否有毒品违法犯罪经历以及与同案犯罪嫌疑人、被告人之间的关系等情况,综合分析认定其是否明知是毒品。即根据基础事实来推定明知。不过,由于运用推定方式认定明知降低了控方的证明责任,一定程度存在冤及无辜的风险,故需要慎重使用,并且,要尽可能多地收集背景证据。对于犯罪嫌疑人、被告人始终提出不明知是毒品的辩解,应认真审查其理由是否合理、可信。对于辩解合乎情理、有事实依据的,不能无视其辩解而简单地推定其主观上明知是毒品。

根据前述《毒品犯罪适用法律意见》、《大连会议纪要》和《立案追诉标准(三)》,结合司法实践情况,对于走私、贩卖、运输、非法持有新精神活性物质等毒品的案件,具有下列情形之一,犯罪嫌疑人、被告人不能作出合理解释的,可以认定其明知是毒品而实施相关行为,但有证据证明其确实不知情或者确系被蒙骗的除外:(1)执法人员在口岸、机场、车站、港口、邮局等场所检查时,要求申报为他人携带、运输、寄递的物品和其他疑似毒品物,并告知其法律责任,但未如实申报,在其携带、运输、寄递的物品中查获毒品的;(2)以伪报、藏匿、伪装等蒙蔽手段逃避海关、边防等检查,或者行程路线故意绕开检查站点,在其携带、运输的物品中查获毒品的;(3)在执法人员检查时有逃跑、藏匿、丢弃携带的物品、弃车逃离或者其他逃避、抗拒检查行为,在其携带、藏匿、丢弃的物品或者遗弃的车辆中查获毒品的;(4)在体内或者贴身隐秘处藏匿毒品的;(5)采用高度隐蔽的方式携带、运输、交接物品,明显违背合法物品的惯常携带、运输、交接方式,从中查获毒品的;(6)以虚假的身份、地址或者物品名称办理托运、寄递手续,从托运、寄递的物品中查获毒品的;(7)采用隐匿真实身份、支付不等值报酬等不合理方式,雇用、指使他人携带、运输或者代为接收物流寄递的物品,从中查获毒品的;(8)为获取不同寻常的高额、不等值报酬为他人携带、运输或者接收物流寄递的物品,从中查获毒品的;(9)其他可以认定犯罪嫌疑人、被告人明知的情形。其中,第(1)、(2)、(3)项针对的是不申报、逃避、抗拒检查等情形,第(4)、(5)项是以高度隐秘方式携带、运输、交接毒品,第(6)、(7)、(8)项是以物流寄递方式运输毒品或接收此类毒品等情形,第(9)项是兜底规定。

对于制造新精神活性物质等毒品的案件,具有下列情形之一,犯罪嫌疑人、被告人不能作出合理解释的,可以认定其明知制造的是毒品,但有证据证明其确实不知情或者确系被蒙骗的除外:(1)以购买等方式获取制造新精神活性物质等毒品的工具、设备、原料、配剂或者方法的;(2)在偏远、隐蔽的场所或者采用伪装方式制造物品,经鉴定是毒品的;(3)在执法人员检查时有逃避、抗拒检查等行为,在现场查获制造出的物品,经鉴定是毒品的;(4)为获取不同寻常的高额、不等值报酬为他人制造物品,经鉴定是毒品的;(5)其他可以认定犯罪嫌疑人、被告人明知的情形。

值得注意的是,有的制造毒品案件中,部分参与制造的人员特别是辅助人员到案后辩称不明知是制造毒品,对此如何处理?我们认为,对于参与制造毒品的人员主观上是否明知是制造毒品,与制毒活动的组织者、掌握制毒技术人员的主观明知认定有区别,要综合全案证据来分析判断。制造毒品案件一般都会选择较为隐蔽的场所,制造过程中也会注意隐蔽性,即使是起帮助、辅助作用的人,其完全不知道是制造毒品的情形应当较为少见,但不排除存在这种情况。具体而言,第一,对有同案犯或者有其他证据充分证明其明知的,可以认定其明知是毒品而参与制造。第二,对于被告人辩称知道从事的可能是制造毒品,但不确定是制造毒品的,可以按照概括故意来处理。第三,对于仅参与外围工作(如帮助装卸、看管货物,打扫卫生等),不接触制造毒品的主要环节,所得报酬不属于“不同寻常或者不合理的高额报酬”,被告人到案后始终辩解不明知是制造毒品,主犯或者其他同案犯亦供称其不知悉活动的具体性质的,结合被告人的生活经历、文化水平以及其他背景情况,可以认定其不明知。

五、新精神活性物质犯罪案件的证据收集与审查

证据质量是案件质量的基础，也是对包括新精神活性物质在内的各类毒品犯罪实现有力打击的前提。近年来，随着《刑事诉讼法》的修订和刑事证据制度的完善，毒品犯罪案件的证据质量整体上有所提高，但仍然存在一些问题，如办案人员证据意识不强、证据收集不全面不规范、审查认定规则不完善不统一，等等。办理新精神活性物质犯罪案件，证据收集与审查方面的大多数问题与其他毒品犯罪案件是一样的，也有少数问题在此类犯罪案件中相对较为突出。结合司法实践情况，这里主要说明三个问题。

（一）关于证据裁判原则的贯彻

证据裁判原则，简言之，就是认定案件事实必须要有证据予以证明。这一原则在《刑事诉讼法》的多个条文中都有体现。例如，第 50 条第 3 款规定"证据必须经过查证属实，才能作为定案的根据"，第 55 条规定"对一切案件的判处都要重证据，重调查研究，不轻信口供""定罪量刑的事实都有证据证明"等，都是对证据裁判原则的具体规定。证据裁判原则强调全面取证、规范取证，强调物证、书证、电子数据等客观性证据优先，降低供述、证言等言词证据的重要性，注重排除非法证据、完善瑕疵证据，最终目标是确保案件证据质量经得起法律和历史的检验。证据裁判原则贯穿侦查、审查起诉和审判的各个环节，但在审判阶段体现得尤为明显。通过这些年的法治建设，司法实践中对证据裁判原则的贯彻已经形成了相对完整的经验和规则体系。办理新精神活性物质犯罪案件同办理其他毒品犯罪案件一样，要注重贯彻好证据裁判原则，重点是进一步提高办案人员的证据意识，依法全面、规范地收集提取各类证据材料。

在全面收集证据方面，要改变以往"重口供、轻物证""重毒品、轻其他证据"的观念，以涉案新精神活性物质等毒品为关键证据，全面收集制贩毒工具、毒资毒赃、银行卡、银行账户交易记录、交通住宿记录、手机通话记录和网络通信记录等影响定罪量刑的各类证据。要注重延伸侦查

取证，认真收集、提取证明毒品来源和去向的证据，特别是对毒品已经卖出的案件要注重追踪取证，查明购买者和购买数量，在证据体系上形成上下家之间良好的证据印证关系。对于犯罪嫌疑人不认罪或者认罪后又翻供的案件，要注重收集手机通话记录、银行账户交易记录、同案犯罪嫌疑人的供述和相关证人证言等其他证据来证明该犯罪嫌疑人的犯罪事实，特别要针对犯罪嫌疑人的辩解进行深入调查核实，避免形成本不应出现的“合理怀疑”。采取技术侦查措施收集的证据对案件事实认定（特别是嫌疑人是否参与犯罪、是否明知等）有重要影响的，要依照有关规定将这方面的证据材料随案移送给法庭使用，避免因缺少此项重要证据而导致无法认定犯罪事实。

在规范收集证据方面，要特别注重收集证据程序的合法性、规范性。例如，根据最高人民法院、最高人民检察院、公安部2016年发布的《办理毒品犯罪案件毒品提取、扣押、称量、取样和送检程序若干问题的规定》（以下简称《毒品提取、扣押等程序规定》），提取、扣押、封装、称量毒品时不得将不同包装物内的毒品进行混合；对不同位置查获的两个以上包装的毒品，应当根据不同的查获位置进行分组；在毒品扣押、封装、称量、拆封、取样等环节应当有见证人在场见证，但办理该案件的公安机关的工作人员、实习人员或者其聘用的协勤、文职、清洁、保安等人员不得作为见证人。这都是对毒品提取、扣押等程序的重要规定。鉴于取证程序违规的具体情形很多，违法程度轻重不一，根据刑事诉讼法及相关司法解释的规定，如果取证程序出现问题，经补正或者作出合理解释的，可以采用相关证据；不能补正或者不能作出合理解释的，相关证据不得作为定案的根据。办案工作中尤其要注重增强合法取证、规范取证意识，尽量避免违法违规取证情况，一旦因取证程序严重违法导致提取的毒品等证据被作为非法证据予以排除，就很可能导致本该认定的犯罪事实无法认定，相关犯罪分子也会逃避应有的惩处。特别是，随着网络通讯技术的发展，利用互联网和微信、QQ等即时通信软件实施毒品犯罪的情况呈上升之势，这类犯罪较为隐蔽，对此类案件要注重及时、规范地收集与案件事实有关的网页、朋友圈等网络平台发布的信息，电子邮件、即时通信等网络应用服务的通信信息，文档、图片、音视频等电子文件，以及用户注册信息、身份认证信息等其他相关电子数据。从实践情况来看，对此类涉案电子数据的收集提取工作较为突出地存在取证意识不强、取证能力不够、取证程序不规范等问题，影响了案件的办理质量，需要有针对性地加强、改进，以适应新形势下执法办案工作需要。

（二）关于新精神活性物质和其他物证的鉴定

鉴定是办理新精神活性物质犯罪案件中的重要工作。新精神活性物质种类繁多，对于查获的新精神活性物质，首先需要通过成分鉴定确定其种类，进而确定是否属于已经被国家管制的品种。对于经鉴定不属于被管制品种的，不能作为毒品犯罪处理。对于经鉴定属于被管制品种的，需要根据案件的情况确定是否作出含量鉴定。

目前，关于毒品含量鉴定的主要规定是《毒品提取、扣押等程序规定》第33条。据此规定，对于具有下列情形之一的案件，公安机关应当委托鉴定机构对查获的毒品进行含量鉴定：（1）犯罪嫌疑人、被告人可能被判处死刑的；（2）查获的毒品系液态、固液混合物或者系毒品半成品的；（3）查获的毒品可能大量掺假的；（4）查获的毒品系成分复杂的新类型毒品，且犯罪嫌疑人、被告人可能被判处7年以上有期徒刑的；（5）人民检察院、人民法院认为含量鉴定对定罪量刑有重大影响而书面要求进行含量鉴定的。办案工作中对新精神活性物质等毒品进行鉴定，要注意毒品检材提取程序的规范性和鉴定程序本身的规范性。如果取样工作不规范，会让人质疑提取的样本不能客观反映查获毒品的实际情况；如果鉴定程序不规范甚至不合法，则会影响鉴定意见的准确性甚至可采性，最终影响案件的准确处理。

除新精神活性物质本身的鉴定之外，办理此类毒品犯罪案件还可能涉及对痕迹、生物检材和笔迹的鉴定。这类鉴定在毒品犯罪案件中并不多见，但在一些特殊案件中对事实认定很有帮助，如犯罪嫌疑人否认实施犯罪或者翻供，或者否认从其他场所查获的毒品（人毒分离）系其所有等情形。因此，要强化这方面的证据意识，在侦查阶段注重及时发现、提取涉毒场所、物品上的指纹、掌纹等痕迹和体液、毛发等生物检材，以及存取款凭证、租赁合同等各类书证上的笔迹,及时与犯罪嫌疑人的相关样本进行比对鉴定。如果此类物证该提取的没有提取或者该鉴定的没有鉴定,又难以补查或者补充鉴定的,很可能会对案件处理造成不同程度的影响。

(三)关于违法所得证据的收集、提取

新精神活性物质犯罪作为毒品犯罪的一种,属于典型的贪利型犯罪,依法追缴毒品犯罪分子的违法所得并对其适用财产刑,是剥夺其再犯经济基础的重要手段,对有效打击此类毒品犯罪有重要作用。如果不能有效追缴犯罪分子的违法所得,惩处效果就会大打折扣。从近年来的实践情况看,此项工作的整体效果还不理想,有多方面的原因。一方面,毒品犯罪分子获得非法利益后往往想方设法隐匿、掩饰、转移违法所得,客观上给司法机关的违法所得追缴和财产刑执行工作增加了很大难度;另一方面,也与以往偏重查缉毒品实物、不注重违法所得追缴的侦查办案模式有直接关系。① 为更加有效地从经济上打击新精神活性物质等毒品犯罪,需要适当转变理念和工作方式,切实加强侦查阶段对违法所得的追缴工作,更加注重收集毒品犯罪违法所得的证据。对实施毒品犯罪的违法所得及其收益,供毒品犯罪所用的本人财物,以及其他涉案财物,都应当及时采取查封、扣押、冻结措施,并收集书证、犯罪嫌疑人供述、证人证言等相关证据材料。

在工作中要特别注意三个问题:其一,对犯罪嫌疑人将实施新精神活性物质犯罪的违法所得及其他涉案财物用于清偿债务、转让或者设定其他权利负担,具有下列情形之一的,应当依法查封、扣押、冻结:(1)他人明知是实施犯罪的违法所得或者其他涉案财物而接受的;(2)他人无偿或者以明显低于市场价格取得上述财物的;(3)他人通过非法债务清偿或者违法犯罪活动取得上述财物的;(4)他人通过其他恶意方式取得

---

① 此项工作效果不理想,也与立法有一定关系。如果能够完善刑法,对某些类型的毒品犯罪案件增加违法所得举证责任倒置的规定,对于加大对毒品犯罪的经济制裁力度将会十分有益。

上述财物的。其二,对走私、贩卖、运输、制造新精神活性物质等毒品犯罪案件,犯罪嫌疑人、被告人可能被并处没收财产的,公安机关应当全面收集有关犯罪嫌疑人财产的证据,及时调查犯罪嫌疑人的存款、汇款、债券、股票、基金份额,房产、机动车辆、金银珠宝、古玩字画,以及投资、经营公司、企业情况等,查明其财产的数额、来源、用途和权属状况,并制作财产清单与收集的相关证据材料一并随案移送。在财产调查过程中一旦发现涉案财物的,应当及时采取查封、扣押、冻结措施。这种财产调查措施属于工作机制的完善和探索,对于做好审判阶段的财产刑执行工作有较大帮助,有利于加大对毒品犯罪的经济制裁力度。其三,公安机关在办案中发现他人以窝藏、转移等方式掩饰、隐瞒新精神活性物质等毒品犯罪的违法所得及其收益,或者协助毒品犯罪分子洗钱的,应当及时侦查并收集、固定相关证据。同时,对毒品犯罪嫌疑人、被告人逃匿或者死亡的案件,公安机关也应当及时收集证明毒品犯罪违法所得及其他涉案财产情况的证据,由有关机关依照刑事诉讼法和相关司法解释规定的程序予以没收。

六、新精神活性物质犯罪案件的管辖

管辖是毒品犯罪案件中的重要问题,办理新精神活性物质犯罪案件涉及的管辖问题,适用办理毒品犯罪案件管辖的相关规定。结合近年来的司法实践,工作中要注意以下问题:

其一,对新精神活性物质等毒品犯罪案件的管辖不能突破《刑事诉讼法》的规定。即应以犯罪地管辖为原则,以被告人居住地管辖为补充。《刑事诉讼法》第 25 条规定:“刑事案件由犯罪地的人民法院管辖。如果由被告人居住地的人民法院审判更为适宜的,可以由被告人居住地的人民法院管辖。”根据《毒品犯罪适用法律意见》和《大连会议纪要》,毒品犯罪案件中的“犯罪地”包括犯罪预谋地,毒资筹集地,交易进行地,毒品制造地,毒品和毒资、毒赃的藏匿地、转移地,走私或者贩运毒品的途经地、目的地等;“被告人居住地”包括被告人常住地、户籍地及其临时居住地。

在理解和适用上述管辖规定时要注意:第一,《大连会议纪要》删除了《毒品犯罪适用法律意见》中“犯罪嫌疑人被抓获地”可以管辖的规定。也就是说,如果被抓获地不属于犯罪地,就不能行使管辖权。主要理由是,如果犯罪嫌疑人被抓获地与案件事实和居住地均没有关系,则由被抓获地管辖就突破了刑事诉讼法关于案件管辖的规定,客观上也不利于查明案件事实,不利于保证案件的办理质量。第二,被告人居住地不同于犯罪地,如果居住地与犯罪地之间没有重叠,为保证案件办理质量,一般也不宜由居住地的侦查机关行使案件管辖权。例外情况下,如果居住地的侦查机关确有特殊理由管辖该案件,且不影响案件办理质量的,也可以由居住地的侦查机关办理该案件。第三,由于跨地域实施毒品犯罪的情况很常见,对于多个地方都有管辖权且同时对案件进行立案侦查的,要本着有利于保证案件办理质量的原则妥善解决管辖争议问题,尽量避免出现主要犯罪地不管而交由次要犯罪地管辖的情况。

其二,要稳妥处理关联案件的并案管辖问题。办理传统毒品犯罪案件经常遇到需要并案管辖的情形,办理新精神活性物质犯罪案件也会遇到此类情况。最高人民法院、最高人民检察院、公安部、国家安全部、司法部、全国人大常委会法制工作委员会 2012 年制定的《关于实施刑事诉讼法若干问题的规定》第 3 条规定了可以并案处理的 4 种情形:(1)一人犯数罪的;(2)共同犯罪的;(3)共同犯罪的犯罪嫌疑人、被告人还实施其他犯罪的;(4)多个犯罪嫌疑人、被告人实施的犯罪存在关联,并案处理有利于查明案件事实的。据此,结合新精神活性物质等毒品犯罪案件的特点,可以把并案处理情形分为两类:一类是“一般应当”并案处理的情形,包括一人犯数罪、上下家犯罪、共同犯罪,以及共同犯罪的犯罪嫌疑人实施其他犯罪的情形。另一类是“可以”并案处理的情形,包括上下家犯罪的犯罪嫌疑人实施其他犯罪,他人实施包庇毒品犯罪分子、窝藏毒品、为毒品犯罪洗钱等存在关联的犯罪,并案处理有利于查明案件事实的情形。鉴于并案处理有利于案件事实的认定和处理平衡,为防止没有正当理由地分案处理,对并案侦查的毒品犯罪案件一般应当一并移送审查起诉、提起公诉;确实有特殊情况或者正当理由的,可以分案移送审查起诉或者分案提起公诉。

还需要注意的是，由于并案管辖问题有前述《关于实施刑事诉讼法若干问题的规定》作为依据，故办案中对于符合该文件规定的并案管辖情形，一般不需要另行报请指定管辖。需要逮捕犯罪嫌疑人或者移送审查起诉的，由侦查该案件的公安机关向同级人民检察院提请批准逮捕或者移送审查起诉；人民检察院提起公诉的，由人民法院依照级别管辖的规定审理。但考虑到实践情况的复杂性，不排除有的并案侦查的案件范围过大，需要办理指定管辖手续，在这种情况下侦查机关应当与人民检察院、人民法院协商办理指定管辖的有关事宜。

附　录

第一部分　中英文缩略词表及快速检索表

一、中英文缩略词表

二、170 种新精神活性物质快速检索表(按字母顺序)

一、中英文缩略词表

缩略语	中文名称	英文名称
BS	行为敏化	Behavioral Sensitization
BZP	苄基哌嗪	Benzylpiperazine
CAS	化学文摘索引号	Chemical Abstracts Service
CB1	大麻素受体 1	Cannabinoid Receptor 1
CB2	大麻素受体 2	Cannabinoid Receptor 2
CICAD	美洲控制毒品滥用委员会	Inter – American Drug Abuse Control Commission
CND	联合国麻醉药品委员会	Commission on Narcotic Drugs
CT	计算机断层扫描	Computed Tomography
CPP	条件性位置偏爱	Conditioned Place Preference
CSA	管控物质法案	Controlled Substance Act
DA	多巴胺	Dopamine
DAT	多巴胺转运体	Dopamine Transporter
DD	药物辨别	Drug Discrimination

续表

缩略语	中文名称	英文名称
DEA	美国缉毒署	Drug Enforcement Administration
DMT	二甲基色胺	Dimethyltryptamine
DOR	δ阿片受体	Delta – Opioid Receptor
DSA	自身给药	Drug Self – Administration
ECDD	世界卫生组织药物依赖专家委员会	Expert Committee on Drug Dependence of World Health Organization
ED_{50}	半数有效量	Median Effective Dose
EMCDDA	欧洲毒品和毒品成瘾监测中心	European Monitoring Centre for Drugs and Drug Addiction
FDA	美国食品药品监督管理局	U. S. Food and Drug Administration
FOB	功能性观察试验组合	Functional Observational Battery
GBL	γ – 丁内酯	Gamma – Butyrolactone
GCS	格拉斯哥昏迷指数	Glasgow Coma Scale
GC – MS	气相色谱 – 质谱联用仪	Gas Chromatography – Mass Spectrometer
GHB	γ – 羟(基)丁酸	γ – Hydroxybutyrate
HEK – 293	人胚肾 293 细胞	Human Embryonic Kidney 293 cells
HHS	美国卫生及公共服务部	United States Department of Health and Human Services
ICSS	颅内自我刺激	Intracranial Self – stimulation
IC_{50}	半抑制浓度	Half Maximal Inhibitory Concentration
INCB	国际麻醉品管制局	International Narcotics Control Board

续表

缩略语	中文名称	英文名称
INN	国际非专利药物名称	International Nonproprietary Name
KOR	κ 阿片受体	Kappa – Opioid Receptor
LC – MS	液相色谱 – 质谱联用仪	Liquid Chromatograph – Mass Spectrometer
LD_{50}	半数致死量	Median Lethal Dose
LSD	麦角酸二乙胺	Lysergic Acid Diethylamide
MAO – A	单胺氧化酶 A	Monoamine Oxidase A
MAO – B	单胺氧化酶 B	Monoamine Oxidase B
MDMA	3,4 – 亚甲二氧甲基苯丙胺	3,4 – Methylenedioxy – n – methylamphetamine
MDPV	亚甲二氧吡咯戊酮	Methylenedioxypyrovalerone
METH	甲基苯丙胺	Methylamphetamine
Mephedrone	甲氧麻黄酮	4 – methylmethcathinone
MOR	μ 阿片受体	Mu – Opioid Receptor
MRI	核磁共振成像	Magnetic Resonance Imaging
NE	去甲肾上腺素	Norepinephrine
NET	去甲肾上腺素转运体	Norepinephrine Transporter
NFLIS	美国国家法庭科学实验室信息系统	U. S. National Forensic Laboratory Information System
NIDA	美国国立药物滥用研究所	U. S. National Institute on Drug Abuse
NLM	美国国立医学图书馆	U. S. National Library of Medicine
NMDA	N – 甲基 – D – 天冬氨酸	N – methyl – D – aspartic Acid
NPS	新精神活性物质	New Psychoactive Substances
OAS	美洲国家组织	Organization of American States

续表

缩略语	中文名称	英文名称
OECD	经济合作与发展组织	Organization for Economic Co – operation and Development
OID	美洲国家毒品观察台	Inter – American Observatory on Drugs
SERT	5 – 羟色胺转运体	Serotonin Transporter
TAAR	痕量胺相关受体	Trace Amine – Associate Receptor
UNODC	联合国毒品与犯罪问题办公室	United Nations Office on Drugs and Crime
VMAT2	囊泡单胺转运体 2	Vesicular Monoamine Transporter 2
Δ^9 – THC	Δ^9 – 四氢大麻酚	Δ^9 – Tetrahydrocannabinol
4 – MEC	4 – 甲基乙卡西酮	4 – Methyl – N – Ethylcathinone
5 – HT	5 – 羟色胺	Serotonin

二、170 种新精神活性物质快速检索表

名称缩写	序号	类别	页码
2 – AI	135	氨基茚满类	324
2C – B – NBOMe	106	苯乙胺类	235
2C – C	107	苯乙胺类	238
2C – C – NBOMe	108	苯乙胺类	240
2C – D	109	苯乙胺类	244
2C – D – NBOMe	110	苯乙胺类	246
2C – E	111	苯乙胺类	248
2C – H	105	苯乙胺类	233
2C – I	104	苯乙胺类	230

续表

续表

名称缩写	序号	类别	页码
4 – Cl – pentedrone	103	合成卡西酮类	227
4 – Cl – α – PPP	91	合成卡西酮类	215
4 – Cl – α – PVP	86	合成卡西酮类	209
4 – CMC	65	合成卡西酮类	165
4 – EMC	94	合成卡西酮类	218
4 – FA	122	苯乙胺类	275
4 – FIBF	157	芬太尼类	396
4 – Fluorobutyrfentanyl	150	芬太尼类	382
4 – FMA	123	苯乙胺类	279
4 – FMC	66	合成卡西酮类	167
4 – F – α – PHP	93	合成卡西酮类	217
4 – F – α – PVP	67	合成卡西酮类	170
4 – MDMC	99	合成卡西酮类	223
4 – MEAPP	95	合成卡西酮类	219
4 – MeBP	68	合成卡西酮类	172
4 – MEC	55	合成卡西酮类	146
4 – MeO – α – PVP	69	合成卡西酮类	173
4 – MMC	56	合成卡西酮类	149
4 – MPD	98	合成卡西酮类	222
4 – MPHP	90	合成卡西酮类	214
5 – APDB	124	苯乙胺类	281
5F – ABICA	6	合成大麻素类	45
5F – AB – PINACA	7	合成大麻素类	47

续表

续表

名称缩写	序号	类别	页码
ADB – PINACA	19	合成大麻素类	71
AH – 7921	164	其他类	413
AM – 1220	20	合成大麻素类	72
AM – 1248	21	合成大麻素类	74
AM – 2201	3	合成大麻素类	40
AM – 2233	22	合成大麻素类	75
AM – 694	2	合成大麻素类	38
AMB – CHMICA	51	合成大麻素类	134
AMB – FUBINACA	46	合成大麻素类	121
AMT	134	色胺类	318
APICA	23	合成大麻素类	77
APINACA	24	合成大麻素类	79
BIM – 2201	52	合成大麻素类	136
Buphedrone	70	合成卡西酮类	175
Butylone	71	合成卡西酮类	177
Butyrylfentanyl	148	芬太尼类	378
BZP	137	哌嗪类	335
Carfentanyl	154	芬太尼类	389
CB – 13	25	合成大麻素类	81
CUMYL – THPINACA	26	合成大麻素类	83
DBZP	138	哌嗪类	338
DCK	145	氯胺酮及苯环利啶类	358
Dibutylone	87	合成卡西酮类	210

续表

续表

名称缩写	序号	类别	页码
Khat	146	植物类	364
MAM - 2201	38	合成大麻素类	103
mCPP	139	哌嗪类	340
MDAI	136	氨基茚满类	327
MDPBP	75	合成卡西酮类	188
MDMB - CHMICA	39	合成大麻素类	105
MDMB - FUBINACA	40	合成大麻素类	108
MDPHP	97	合成卡西酮类	221
MDPPP	76	合成卡西酮类	191
MDPV	54	合成卡西酮类	144
Methedrone	77	合成卡西酮类	192
Methoxphenidine	166	其他类	419
Methylone	57	合成卡西酮类	152
Mexedrone	96	合成卡西酮类	220
MPA	160	其他类	404
MT - 45	141	哌嗪类	347
MXE	143	氯胺酮及苯环利啶类	354
NEB	78	合成卡西酮类	195
NENK	144	氯胺酮及苯环利啶类	357
N - Ethylhexedrone	89	合成卡西酮类	213
N - Ethylpentylone	85	合成卡西酮类	208
NM - 2201	53	合成大麻素类	138
Ocfentanyl	152	芬太尼类	385

续表

第二部分　相关列管文件及170种新精神活性物质品种目录

一、《麻醉药品品种目录(2013年版)》和《精神药品品种目录(2013年版)》

二、《非药用类麻醉药品和精神药品列管办法》及附表《非药用类麻醉药品和精神药品管制品种增补目录》

三、《关于将卡芬太尼等四种芬太尼类物质列入非药用类麻醉药品和精神药品管制品种增补目录的公告》

四、《关于将N－甲基－N－(2－二甲氨基环己基)－3,4－二氯苯甲酰胺(U－47700)等四种物质列入非药用类麻醉药品和精神药品管制品种增补目录的公告》

五、《关于将4－氯乙卡西酮等32种物质列入非药用类麻醉药品和精神药品管制品种增补目录的公告》

六、《关于将芬太尼类物质列入〈非药用类麻醉药品和精神药品管制品种增补目录〉的公告》

七、170种新精神活性物质品种目录

食品药品监管总局　公安部　国家卫生计生委关于公布麻醉药品和精神药品品种目录的通知

(食药监药化监〔2013〕230号)

各省、自治区、直辖市食品药品监督管理局、公安厅(局)、卫生厅局(卫生计生委),新疆生产建设兵团食品药品监督管理局、公安局、卫生局:

根据《麻醉药品和精神药品管理条例》第三条规定,现公布《麻醉药品品种目录(2013年版)》和《精神药品品种目录(2013年版)》,自2014年1月1日起施行。

附件1. 麻醉药品品种目录(2013年版)

2. 精神药品品种目录(2013年版)

2013年11月11日

附件1

麻醉药品品种目录(2013年版)

序号	中文名	英文名	CAS号	备注
1	醋托啡	Acetorphine	25333-77-1	
2	乙酰阿法甲基芬太尼	Acetyl-*alpha*-methylfentanyl	101860-00-8	
3	醋美沙多	Acetylmethadol	509-74-0	
4	阿芬太尼	Alfentanil	71195-58-9	
5	烯丙罗定	Allylprodine	25384-17-2	
6	阿醋美沙多	Alphacetylmethadol	17199-58-5	
7	阿法美罗定	Alphameprodine	468-51-9	
8	阿法美沙多	Alphamethadol	17199-54-1	
9	阿法甲基芬太尼	Alpha-methylfentanyl	79704-88-4	
10	阿法甲基硫代芬太尼	Alpha-methylthiofentanyl	103963-66-2	
11	阿法罗定	Alphaprodine	77-20-3	
12	阿尼利定	Anileridine	144-14-9	
13	苄替啶	Benzethidine	3691-78-9	
14	苄吗啡	Benzylmorphine	36418-34-5	
15	倍醋美沙多	Betacetylmethadol	17199-59-6	
16	倍他羟基芬太尼	Beta-hydroxyfentanyl	78995-10-5	

续表

序号	中文名	英文名	CAS 号	备注
17	倍他羟基-3-甲基芬太尼	Beta-hydroxy-3-methylfentanyl	78995-14-9	
18	倍他美罗定	Betameprodine	468-50-8	
19	倍他美沙多	Betamethadol	17199-55-2	
20	倍他罗定	Betaprodine	468-59-7	
21	贝齐米特	Bezitramide	15301-48-1	
22	大麻和大麻树脂与大麻浸膏和酊	Cannabis and Cannabis Resin and Extracts and Tinctures of Cannabis	8063-14-7 6465-30-1	
23	氯尼他秦	Clonitazene	3861-76-5	
24	古柯叶	Coca Leaf		
25	可卡因*	Cocaine	50-36-2	
26	可多克辛	Codoxime	7125-76-0	
27	罂粟浓缩物*	Concentrate of Poppy Straw		包括罂粟果提取物*，罂粟果提取物粉*
28	地索吗啡	Desomorphine	427-00-9	
29	右吗拉胺	Dextromoramide	357-56-2	
30	地恩丙胺	Diampromide	552-25-0	
31	二乙噻丁	Diethylthiambutene	86-14-6	
32	地芬诺辛	Difenoxin	28782-42-5	
33	二氢埃托啡*	Dihydroetorphine	14357-76-7	
34	双氢吗啡	Dihydromorphine	509-60-4	
35	地美沙多	Dimenoxadol	509-78-4	
36	地美庚醇	Dimepheptanol	545-90-4	
37	二甲噻丁	Dimethylthiambutene	524-84-5	
38	吗苯丁酯	Dioxaphetyl Butyrate	467-86-7	

续表

序号	中文名	英文名	CAS 号	备注
39	地芬诺酯*	Diphenoxylate	915－30－0	
40	地匹哌酮	Dipipanone	467－83－4	
41	羟蒂巴酚	Drotebanol	3176－03－2	
42	芽子碱	Ecgonine	481－37－8	
43	乙甲噻丁	Ethylmethylthiambutene	441－61－2	
44	依托尼秦	Etonitazene	911－65－9	
45	埃托啡	Etorphine	14521－96－1	
46	依托利定	Etoxeridine	469－82－9	
47	芬太尼*	Fentanyl	437－38－7	
48	呋替啶	Furethidine	2385－81－1	
49	海洛因	Heroin	561－27－3	
50	氢可酮*	Hydrocodone	125－29－1	
51	氢吗啡醇	Hydromorphinol	2183－56－4	
52	氢吗啡酮*	Hydromorphone	466－99－9	
53	羟哌替啶	Hydroxypethidine	468－56－4	
54	异美沙酮	Isomethadone	466－40－0	
55	凯托米酮	Ketobemidone	469－79－4	
56	左美沙芬	Levomethorphan	125－70－2	
57	左吗拉胺	Levomoramide	5666－11－5	
58	左芬啡烷	Levophenacylmorphan	10061－32－2	
59	左啡诺	Levorphanol	77－07－6	
60	美他佐辛	Metazocine	3734－52－9	
61	美沙酮*	Methadone	76－99－3	
62	美沙酮中间体	Methadone Intermediate	125－79－1	4－氰基－2－二甲氨基－4，4－二苯基丁烷

续表

序号	中文名	英文名	CAS 号	备注
63	甲地索啡	Methyldesorphine	16008 – 36 – 9	
64	甲二氢吗啡	Methyldihydromorphine	509 – 56 – 8	
65	3 – 甲基芬太尼	3 – Methylfentanyl	42045 – 86 – 3	
66	3 – 甲基硫代芬太尼	3 – Methylthiofentanyl	86052 – 04 – 2	
67	美托酮	Metopon	143 – 52 – 2	
68	吗拉胺中间体	Moramide Intermediate	3626 – 55 – 9	2 – 甲基 – 3 – 吗啉基 – 1,1 – 二苯基丁酸
69	吗哌利定	Morpheridine	469 – 81 – 8	
70	吗啡*	Morphine	57 – 27 – 2	包括吗啡阿托品注射液*
71	吗啡甲溴化物	Morphine Methobromide	125 – 23 – 5	包括其他五价氮吗啡衍生物，特别包括吗啡 – N – 氧化物，其中一种是可待因 – N – 氧化物
72	吗啡 – N – 氧化物	Morphine – N – oxide	639 – 46 – 3	
73	1 – 甲基 – 4 – 苯基 – 4 – 哌啶丙酸酯	1 – Methyl – 4 – phenyl – 4 – piperidinol propionate (ester)	13147 – 09 – 6	MPPP
74	麦罗啡	Myrophine	467 – 18 – 5	
75	尼可吗啡	Nicomorphine	639 – 48 – 5	
76	诺美沙多	Noracymethadol	1477 – 39 – 0	
77	去甲左啡诺	Norlevorphanol	1531 – 12 – 0	
78	去甲美沙酮	Normethadone	467 – 85 – 6	
79	去甲吗啡	Normorphine	466 – 97 – 7	
80	诺匹哌酮	Norpipanone	561 – 48 – 8	

续表

序号	中文名	英文名	CAS 号	备注
81	阿片*	Opium	8008－60－4	包括复方樟脑酊*、阿桔片*
82	奥列巴文	Oripavine	467－04－9	
83	羟考酮*	Oxycodone	76－42－5	
84	羟吗啡酮	Oxymorphone	76－41－5	
85	对氟芬太尼	*Para*－fluorofentanyl	90736－23－5	
86	哌替啶*	Pethidine	57－42－1	杜冷丁
87	哌替啶中间体 A	Pethidine Intermediate A	3627－62－1	4－氰基－1－甲基－4－苯基哌啶
88	哌替啶中间体 B	Pethidine Intermediate B	77－17－8	4－苯基哌啶－4－羧酸乙酯
89	哌替啶中间体 C	Pethidine Intermediate C	3627－48－3	1－甲基－4－苯基哌啶－4－羧酸
90	苯吗庚酮	Phenadoxone	467－84－5	
91	非那丙胺	Phenampromide	129－83－9	
92	非那佐辛	Phenazocine	127－35－5	
93	1－苯乙基－4－苯基－4－哌啶乙酸酯	1－Phenethyl－4－phenyl－4－piperidinol acetate (ester)	64－52－8	PEPAP
94	非诺啡烷	Phenomorphan	468－07－5	
95	苯哌利定	Phenoperidine	562－26－5	
96	匹米诺定	Piminodine	13495－09－5	
97	哌腈米特	Piritramide	302－41－0	
98	普罗庚嗪	Proheptazine	77－14－5	
99	丙哌利定	Properidine	561－76－2	

续表

序号	中文名	英文名	CAS 号	备注
100	消旋甲啡烷	Racemethorphan	510－53－2	
101	消旋吗拉胺	Racemoramide	545－59－5	
102	消旋啡烷	Racemorphan	297－90－5	
103	瑞芬太尼*	Remifentanil	132875－61－7	
104	舒芬太尼*	Sufentanil	56030－54－7	
105	醋氢可酮	Thebacon	466－90－0	
106	蒂巴因*	Thebaine	115－37－7	
107	硫代芬太尼	Thiofentanyl	1165－22－6	
108	替利定	Tilidine	20380－58－9	
109	三甲利定	Trimeperidine	64－39－1	
110	醋氢可待因	Acetyldihydrocodeine	3861－72－1	
111	可待因*	Codeine	76－57－3	
112	右丙氧芬*	Dextropropoxyphene	469－62－5	
113	双氢可待因*	Dihydrocodeine	125－28－0	
114	乙基吗啡*	Ethylmorphine	76－58－4	
115	尼可待因	Nicocodine	3688－66－2	
116	烟氢可待因	Nicodicodine	808－24－2	
117	去甲可待因	Norcodeine	467－15－2	
118	福尔可定*	Pholcodine	509－67－1	
119	丙吡兰	Propiram	15686－91－6	
120	布桂嗪*	Bucinnazine		
121	罂粟壳*	Poppy Shell		

注：1. 上述品种包括其可能存在的盐和单方制剂（除非另有规定）。
2. 上述品种包括其可能存在的异构体、酯及醚（除非另有规定）。
3. 品种目录有*的麻醉药品为我国生产及使用的品种。

附件 2

精神药品品种目录(2013 年版)

第一类

序号	中文名	英文名	CAS 号	备注
1	布苯丙胺	Brolamfetamine	64638 – 07 – 9	DOB
2	卡西酮	Cathinone	71031 – 15 – 7	
3	二乙基色胺	3 – [2 – (Diethylamino) ethyl] indole	7558 – 72 – 7	DET
4	二甲氧基安非他明	(±) – 2,5 – Dimethoxy – *alpha* – methylphenethyl-amine	2801 – 68 – 5	DMA
5	(1,2 – 二甲基庚基)羟基四氢甲基二苯吡喃	3 – (1,2 – dimethylheptyl) – 7,8,9,10 – tetrahydro – 6,6,9 – trimethyl – 6*H*dibenzo [*b*,*d*] pyran – 1 – ol	32904 – 22 – 6	DMHP
6	二甲基色胺	3 – [2 – (Dimethylamino) ethyl] indole	61 – 50 – 7	DMT
7	二甲氧基乙基安非他明	(±) – 4 – ethyl – 2,5 – dimethoxy – α – methyl-phenethylamine	22139 – 65 – 7	DOET
8	乙环利定	Eticyclidine	2201 – 15 – 2	PCE
9	乙色胺	Etryptamine	2235 – 90 – 7	
10	羟芬胺	(±) – N – [alpha – methyl – 3,4 – (methylened-ioxy) phenethyl] hydroxyla-mine	74698 – 47 – 8	N – hydroxy MDA
11	麦角二乙胺	(+) – Lysergide	50 – 37 – 3	LSD
12	乙芬胺	(±) – N – ethyl – alpha – methyl – 3,4 – (methylene-dioxy) phenethylamine	82801 – 81 – 8	N – ethyl MDA

续表

序号	中文名	英文名	CAS 号	备注
13	二亚甲基双氧安非他明	(±) – N, alpha – dimethyl – 3,4 – (methylene – dioxy) phenethylamine	42542 – 10 – 9	MDMA
14	麦司卡林	Mescaline	54 – 04 – 6	
15	甲卡西酮	Methcathinone	5650 – 44 – 2 (右旋体), 49656 – 78 – 2 (右旋体盐酸盐), 112117 – 24 – 5 (左旋体), 66514 – 93 – 0 (左旋体盐酸盐)	
16	甲米雷司	4 – Methylaminorex	3568 – 94 – 3	
17	甲羟芬胺	5 – methoxy – α – methyl – 3, 4 – (methylenedioxy) phenethylamine	13674 – 05 – 0	MMDA
18	4 – 甲基硫基安非他明	4 – Methylthioamfetamine	14116 – 06 – 4	
19	六氢大麻酚	Parahexyl	117 – 51 – 1	
20	副甲氧基安非他明	P – methoxy – alpha – methylphenethylamine	64 – 13 – 1	PMA
21	赛洛新	Psilocine	520 – 53 – 6	
22	赛洛西宾	Psilocybine	520 – 52 – 5	
23	咯环利定	Rolicyclidine	2201 – 39 – 0	PHP
24	二甲氧基甲苯异丙胺	2,5 – Dimethoxy – *alpha*, 4 – dimethylphenethylamine	15588 – 95 – 1	STP
25	替苯丙胺	Tenamfetamine	4764 – 17 – 4	MDA
26	替诺环定	Tenocyclidine	21500 – 98 – 1	TCP

续表

序号	中文名	英文名	CAS 号	备注
27	四氢大麻酚	Tetrahydrocannabinol		包括同分异构体及其立体化学变体
28	三甲氧基安非他明	(±)-3,4,5-Trimethoxy-alpha-methylphenethylamine	1082-88-8	TMA
29	苯丙胺	Amfetamine	300-62-9	
30	氨奈普汀	Amineptine	57574-09-1	
31	2,5-二甲氧基-4-溴苯乙胺	4-Bromo-2,5-dimethoxyphenethylamine	66142-81-2	2-CB
32	右苯丙胺	Dexamfetamine	51-64-9	
33	屈大麻酚	Dronabinol	1972-08-3	δ-9-四氢大麻酚及其立体化学异构体
34	芬乙茶碱	Fenetylline	3736-08-1	
35	左苯丙胺	Levamfetamine	156-34-3	
36	左甲苯丙胺	Levomethamfetamine	33817-09-3	
37	甲氯喹酮	Mecloqualone	340-57-8	
38	去氧麻黄碱	Metamfetamine	537-46-2	
39	去氧麻黄碱外消旋体	Metamfetamine Racemate	7632-10-2	
40	甲喹酮	Methaqualone	72-44-6	
41	哌醋甲酯*	Methylphenidate	113-45-1	
42	苯环利定	Phencyclidine	77-10-1	PCP
43	芬美曲秦	Phenmetrazine	134-49-6	
44	司可巴比妥*	Secobarbital	76-73-3	
45	齐培丙醇	Zipeprol	34758-83-3	
46	安非拉酮	Amfepramone	90-84-6	

续表

序号	中文名	英文名	CAS 号	备注
47	苄基哌嗪	Benzylpiperazine	2759－28－6	BZP
48	丁丙诺啡*	Buprenorphine	52485－79－7	
49	1－丁基－3－(1－萘甲酰基)吲哚	1－Butyl－3－(1－naphthoyl)indole	208987－48－8	JWH－073
50	恰特草	Catha edulis Forssk		Khat
51	2,5－二甲氧基－4－碘苯乙胺	2,5－Dimethoxy－4－iodophenethylamine	69587－11－7	2C－I
52	2,5－二甲氧基苯乙胺	2,5－Dimethoxyphenethylamine	3600－86－0	2C－H
53	二甲基安非他明	Dimethylamfetamine	4075－96－1	
54	依他喹酮	Etaqualone	7432－25－9	
55	[1－(5－氟戊基)－1H－吲哚－3－基](2－碘苯基)甲酮	(1－(5－Fluoropentyl)－3－(2－iodobenzoyl) indole)	335161－03－0	AM－694
56	1－(5－氟戊基)－3－(1－萘甲酰基)－1H－吲哚	1－(5－Fluoropentyl)－3－(1－naphthoyl)indole	335161－24－5	AM－2201
57	γ－羟丁酸*	Gamma－hydroxybutyrate	591－81－1	GHB
58	氯胺酮*	Ketamine	6740－88－1	
59	马吲哚*	Mazindol	22232－71－9	
60	2－(2－甲氧基苯基)－1－(1－戊基－1H－吲哚－3－基)乙酮	2－(2－Methoxyphenyl)－1－(1－pentyl－1H－indol－3－yl)ethanone	864445－43－2	JWH－250
61	亚甲基二氧吡咯戊酮	Methylenedioxypyrovalerone	687603－66－3	MDPV
62	4－甲基乙卡西酮	4－Methylethcathinone	1225617－18－4	4－MEC

续表

序号	中文名	英文名	CAS 号	备注
63	4 - 甲基甲卡西酮	4 - Methylmethcathinone	5650 - 44 - 2	4 - MMC
64	3,4 - 亚甲二氧基甲卡西酮	3, 4 - Methylenedioxy - N - methylcathinone	186028 - 79 - 5	Methylone
65	莫达非尼	Modafinil	68693 - 11 - 8	
66	1 - 戊基 - 3 - (1 - 萘甲酰基)吲哚	1 - Pentyl - 3 - (1 - naphthoyl) indole	209414 - 07 - 3	JWH - 018
67	他喷他多	Tapentadol	175591 - 23 - 8	
68	三唑仑*	Triazolam	28911 - 01 - 5	

第二类

序号	中文名	英文名	CAS 号	备注
1	异戊巴比妥*	Amobarbital	57 - 43 - 2	
2	布他比妥	Butalbital	77 - 26 - 9	
3	去甲伪麻黄碱	Cathine	492 - 39 - 7	
4	环己巴比妥	Cyclobarbital	52 - 31 - 3	
5	氟硝西泮	Flunitrazepam	1622 - 62 - 4	
6	格鲁米特*	Glutethimide	77 - 21 - 4	
7	喷他佐辛*	Pentazocine	55643 - 30 - 6	
8	戊巴比妥*	Pentobarbital	76 - 74 - 4	
9	阿普唑仑*	Alprazolam	28981 - 97 - 7	
10	阿米雷司	Aminorex	2207 - 50 - 3	
11	巴比妥*	Barbital	57 - 44 - 3	
12	苄非他明	Benzfetamine	156 - 08 - 1	
13	溴西泮	Bromazepam	1812 - 30 - 2	
14	溴替唑仑	Brotizolam	57801 - 81 - 7	
15	丁巴比妥	Butobarbital	77 - 28 - 1	
16	卡马西泮	Camazepam	36104 - 80 - 0	
17	氯氮䓬	Chlordiazepoxide	58 - 25 - 3	

续表

序号	中文名	英文名	CAS 号	备注
18	氯巴占	Clobazam	22316－47－8	
19	氯硝西泮*	Clonazepam	1622－61－3	
20	氯拉革酸	Clorazepate	23887－31－2	
21	氯噻西泮	Clotiazepam	33671－46－4	
22	氯噁唑仑	Cloxazolam	24166－13－0	
23	地洛西泮	Delorazepam	2894－67－9	
24	地西泮*	Diazepam	439－14－5	
25	艾司唑仑*	Estazolam	29975－16－4	
26	乙氯维诺	Ethchlorvynol	113－18－8	
27	炔己蚁胺	Ethinamate	126－52－3	
28	氯氟革乙酯	Ethyl Loflazepate	29177－84－2	
29	乙非他明	Etilamfetamine	457－87－4	
30	芬坎法明	Fencamfamin	1209－98－9	
31	芬普雷司	Fenproporex	16397－28－7	
32	氟地西泮	Fludiazepam	3900－31－0	
33	氟西泮*	Flurazepam	17617－23－1	
34	哈拉西泮	Halazepam	23092－17－3	
35	卤沙唑仑	Haloxazolam	59128－97－1	
36	凯他唑仑	Ketazolam	27223－35－4	
37	利非他明	Lefetamine	7262－75－1	SPA
38	氯普唑仑	Loprazolam	61197－73－7	
39	劳拉西泮*	Lorazepam	846－49－1	
40	氯甲西泮	Lormetazepam	848－75－9	
41	美达西泮	Medazepam	2898－12－6	
42	美芬雷司	Mefenorex	17243－57－1	
43	甲丙氨酯*	Meprobamate	57－53－4	

续表

序号	中文名	英文名	CAS 号	备注
44	美索卡	Mesocarb	34262 - 84 - 5	
45	甲苯巴比妥	Methylphenobarbital	115 - 38 - 8	
46	甲乙哌酮	Methyprylon	125 - 64 - 4	
47	咪达唑仑*	Midazolam	59467 - 70 - 8	
48	尼美西泮	Nimetazepam	2011 - 67 - 8	
49	硝西泮*	Nitrazepam	146 - 22 - 5	
50	去甲西泮	Nordazepam	1088 - 11 - 5	
51	奥沙西泮*	Oxazepam	604 - 75 - 1	
52	奥沙唑仑	Oxazolam	24143 - 17 - 7	
53	匹莫林*	Pemoline	2152 - 34 - 3	
54	苯甲曲秦	Phendimetrazine	634 - 03 - 7	
55	苯巴比妥*	Phenobarbital	50 - 06 - 6	
56	芬特明	Phentermine	122 - 09 - 8	
57	匹那西泮	Pinazepam	52463 - 83 - 9	
58	哌苯甲醇	Pipradrol	467 - 60 - 7	
59	普拉西泮	Prazepam	2955 - 38 - 6	
60	吡咯戊酮	Pyrovalerone	3563 - 49 - 3	
61	仲丁比妥	Secbutabarbital	125 - 40 - 6	
62	替马西泮	Temazepam	846 - 50 - 4	
63	四氢西泮	Tetrazepam	10379 - 14 - 3	
64	乙烯比妥	Vinylbital	2430 - 49 - 1	
65	唑吡坦*	Zolpidem	82626 - 48 - 0	
66	阿洛巴比妥	Allobarbital	58 - 15 - 1	
67	丁丙诺啡透皮贴剂*	Buprenorphine Transdermal patch		
68	布托啡诺及其注射剂*	Butorphanol and its injection	42408 - 82 - 2	

续表

序号	中文名	英文名	CAS 号	备注
69	咖啡因*	Caffeine	58－08－2	
70	安钠咖*	Caffeine Sodium Benzoate		CNB
71	右旋芬氟拉明	Dexfenfluramine	3239－44－9	
72	地佐辛及其注射剂*	Dezocine and Its Injection	53648－55－8	
73	麦角胺咖啡因片*	Ergotamine and Caffeine Tablet	379－79－3	
74	芬氟拉明	Fenfluramine	458－24－2	
75	呋芬雷司	Furfennorex	3776－93－0	
76	纳布啡及其注射剂	Nalbuphine and its injection	20594－83－6	
77	氨酚氢可酮片*	Paracetamol and Hydrocodone Bitartrate Tablet		
78	丙己君	Propylhexedrine	101－40－6	
79	曲马多*	Tramadol	27203－92－5	
80	扎来普隆*	Zaleplon	151319－34－5	
81	佐匹克隆	Zopiclone	43200－80－2	

注:1. 上述品种包括其可能存在的盐和单方制剂(除非另有规定)。
　2. 上述品种包括其可能存在的异构体(除非另有规定)。
　3. 品种目录有*的精神药品为我国生产及使用的品种。

公安部　国家食品药品监督管理总局
国家卫生和计划生育委员会　国家禁毒委员会办公室
关于印发《非药用类麻醉药品和精神药品列管办法》的通知

(公通字〔2015〕27 号)

各省、自治区、直辖市公安厅(局)、食品药品监督管理局、卫生计生委、禁毒委员会办公室,新疆生产建设兵团公安局、食品药品监督管理局、卫生局、禁毒委员会办公室：

近年来，非药用类麻醉药品和精神药品制贩、走私和滥用问题日益突出，为加强对非药用类麻醉药品和精神药品的列管工作，防止非法生产、经营、运输、使用和进出口，遏制有关违法犯罪活动的发展蔓延，公安部、国家食品药品监督管理总局、国家卫生计生委和国家禁毒委员会办公室联合制定了《非药用类麻醉药品和精神药品列管办法》。现印发给你们，请认真贯彻执行。执行中遇到的问题，请及时上报。

2015 年 9 月 24 日

非药用类麻醉药品和精神药品列管办法

第一条 为加强对非药用类麻醉药品和精神药品的管理，防止非法生产、经营、运输、使用和进出口，根据《中华人民共和国禁毒法》和《麻醉药品和精神药品管理条例》等法律、法规的规定，制定本办法。

第二条 本办法所称的非药用类麻醉药品和精神药品，是指未作为药品生产和使用，具有成瘾性或者成瘾潜力且易被滥用的物质。

第三条 麻醉药品和精神药品按照药用类和非药用类分类列管。除麻醉药品和精神药品管理品种目录已有列管品种外，新增非药用类麻醉药品和精神药品管制品种由本办法附录列示。非药用类麻醉药品和精神药品管制品种目录的调整由国务院公安部门会同国务院食品药品监督管理部门和国务院卫生计生行政部门负责。

非药用类麻醉药品和精神药品发现医药用途，调整列入药品目录的，不再列入非药用类麻醉药品和精神药品管制品种目录。

第四条 对列管的非药用类麻醉药品和精神药品，禁止任何单位和个人生产、买卖、运输、使用、储存和进出口。因科研、实验需要使用非药用类麻醉药品和精神药品，在药品、医疗器械生产、检测中需要使用非药用类麻醉药品和精神药品标准品、对照品，以及药品生产过程中非药用类麻醉药品和精神药品中间体的管理，按照有关规定执行。

各级公安机关和有关部门依法加强对非药用类麻醉药品和精神药品违法犯罪行为的打击处理。

第五条　各地禁毒委员会办公室（以下简称禁毒办）应当组织公安机关和有关部门加强对非药用类麻醉药品和精神药品的监测，并将监测情况及时上报国家禁毒办。国家禁毒办经汇总、分析后，应当及时发布预警信息。对国家禁毒办发布预警的未列管非药用类麻醉药品和精神药品，各地禁毒办应当进行重点监测。

第六条　国家禁毒办认为需要对特定非药用类麻醉药品和精神药品进行列管的，应当交由非药用类麻醉药品和精神药品专家委员会（以下简称专家委员会）进行风险评估和列管论证。

第七条　专家委员会由国务院公安部门、食品药品监督管理部门、卫生计生行政部门、工业和信息化管理部门、海关等部门的专业人员以及医学、药学、法学、司法鉴定、化工等领域的专家学者组成。

专家委员会应当对拟列管的非药用类麻醉药品和精神药品进行下列风险评估和列管论证，并提出是否予以列管的建议：

（一）成瘾性或者成瘾潜力；

（二）对人身心健康的危害性；

（三）非法制造、贩运或者走私活动情况；

（四）滥用或者扩散情况；

（五）造成国内、国际危害或者其他社会危害情况。

专家委员会启动对拟列管的非药用类麻醉药品和精神药品的风险评估和列管论证工作后，应当在3个月内完成。

第八条　对专家委员会评估后提出列管建议的，国家禁毒办应当建议国务院公安部门会同食品药品监督管理部门和卫生计生行政部门予以列管。

第九条　国务院公安部门会同食品药品监督管理部门和卫生计生行政部门应当在接到国家禁毒办列管建议后6个月内，完成对非药用类麻醉药品和精神药品的列管工作。

对于情况紧急、不及时列管不利于遏制危害发展蔓延的,风险评估和列管工作应当加快进程。

第十条 本办法自2015年10月1日起施行。

附表:

非药用类麻醉药品和精神药品管制品种增补目录

序号	中文名	英文名	CAS 号	备注
1	N-(2-甲氧基苄基)-2-(2,5-二甲氧基-4-溴苯基)乙胺	2-(4-Bromo-2,5-dimethoxyphenyl)-N-(2-methoxybenzyl)ethanamine	1026511-90-9	2C-B-NBOMe
2	2,5-二甲氧基-4-氯苯乙胺	4-Chloro-2,5-dimethoxyphenethylamine	88441-14-9	2C-C
3	N-(2-甲氧基苄基)-2-(2,5-二甲氧基-4-氯苯基)乙胺	2-(4-Chloro-2,5-dimethoxyphenyl)-N-(2-methoxybenzyl)ethanamine	1227608-02-7	2C-C-NBOMe
4	2,5-二甲氧基-4-甲基苯乙胺	4-Methyl-2,5-dimethoxyphenethylamine	24333-19-5	2C-D
5	N-(2-甲氧基苄基)-2-(2,5-二甲氧基-4-甲基苯基)乙胺	2-(4-Methyl-2,5-dimethoxyphenyl)-N-(2-methoxybenzyl)ethanamine	1354632-02-2	2C-D-NBOMe
6	2,5-二甲氧基-4-乙基苯乙胺	4-Ethyl-2,5-dimethoxyphenethylamine	71539-34-9	2C-E
7	N-(2-甲氧基苄基)-2-(2,5-二甲氧基-4-碘苯基)乙胺	2-(4-Iodo-2,5-dimethoxyphenyl)-N-(2-methoxybenzyl)ethanamine	919797-19-6	2C-I-NBOMe
8	2,5-二甲氧基-4-丙基苯乙胺	4-Propyl-2,5-dimethoxyphenethylamine	207740-22-5	2C-P
9	2,5-二甲氧基-4-乙硫基苯乙胺	4-Ethylthio-2,5-dimethoxyphenethylamine	207740-24-7	2C-T-2

续表

序号	中文名	英文名	CAS 号	备注
10	2,5－二甲氧基－4－异丙基硫基苯乙胺	4－Isopropylthio－2,5－dimethoxyphenethylamine	207740－25－8	2C－T－4
11	2,5－二甲氧基－4－丙硫基苯乙胺	4－Propylthio－2,5－dimethox－phenethylamine	207740－26－9	2C－T－7
12	2－氟苯丙胺	1－(2－Fluorophenyl)propan－2－amine	1716－60－5	2－FA
13	2－氟甲基苯丙胺	N－Methyl－1－(2－fluorophenyl)propan－2－amine	1017176－48－5	2－FMA
14	1－(2－苯并呋喃基)－N－甲基－2－丙胺	N－Methyl－1－(benzofuran－2－yl)propan－2－amine	806596－15－6	2－MAPB
15	3－氟苯丙胺	1－(3－Fluorophenyl)propan－2－amine	1626－71－7	3－FA
16	3－氟甲基苯丙胺	N－Methyl－1－(3－fluorophenyl)propan－2－amine	1182818－14－9	3－FMA
17	4－氯苯丙胺	1－(4－Chlorophenyl)propan－2－amine	64－12－0	4－CA
18	4－氟苯丙胺	1－(4－Fluorophenyl)propan－2－amine	459－02－9	4－FA
19	4－氟甲基苯丙胺	N－Methyl－1－(4－fluorophenyl)propan－2－amine	351－03－1	4－FMA
20	1－[5－(2,3－二氢苯并呋喃基)]－2－丙胺	1－(2,3－Dihydro－1－benzofuran－5－yl)propan－2－amine	152624－03－8	5－APDB
21	1－(5－苯并呋喃基)－N－甲基－2－丙胺＊	N－Methyl－1－(benzofuran－5－yl)propan－2－amine	1354631－77－8	5－MAPB
22	6－溴－3,4－亚甲二氧基甲基苯丙胺	N－Methyl－(6－bromo－3,4－methylenedioxyphenyl)propan－2－amine		6－Br－MDMA

续表

序号	中文名	英文名	CAS 号	备注
23	6－氯－3,4－亚甲二氧基甲基苯丙胺	N－Methyl－(6－chloro－3,4－methylenedioxyphenyl) propan－2－amine	319920－71－3	6－Cl－MDMA
24	1－(2,5－二甲氧基－4－氯苯基)－2－丙胺	1－(4－Chloro－2,5－dimethoxyphenyl) propan－2－amine	123431－31－2	DOC
25	1－(2－噻吩基)－N－甲基－2－丙胺	N－Methyl－1－(thiophen－2－yl) propan－2－amine	801156－47－8	MPA
26	N－(1－氨甲酰基－2－甲基丙基)－1－(5－氟戊基)吲哚－3－甲酰胺	N－(1－Amino－3－methyl－1－oxobutan－2－yl)－1－(5－fluoropentyl)－1H－indole－3－carboxamide	1801338－26－0	5F－ABICA
27	N－(1－氨甲酰基－2－甲基丙基)－1－(5－氟戊基)吲唑－3－甲酰胺	N－(1－Amino－3－methyl－1－oxobutan－2－yl)－1－(5－fluoropentyl)－1H－indazole－3－carboxamide	1800101－60－3	5F－AB－PINACA
28	N－(1－氨甲酰基－2,2－二甲基丙基)－1－(5－氟戊基)吲哚－3－甲酰胺	N－(1－Amino－3,3－dimethyl－1－oxobutan－2－yl)－1－(5－fluoropentyl)－1*H*－indole－3－carboxamide	1801338－27－1	5F－ADBICA
29	N－(1－甲氧基羰基－2－甲基丙基)－1－(5－氟戊基)吲唑－3－甲酰胺	1－Methoxy－3－methyl－1－oxobutan－2－yl－1－(5－fluoropentyl)－1*H*－indazole－3－carboxamide	1715016－74－2	5F－AMB
30	N－(1－金刚烷基)－1－(5－氟戊基)吲唑－3－甲酰胺	N－(1－Adamantyl)－1－(5－fluoropentyl)－1H－indazole－3－carboxamide	1400742－13－3	5F－APINACA

续表

序号	中文名	英文名	CAS 号	备注
31	1－(5－氟戊基)－吲哚－3－甲酸－8－喹啉酯	Quinolin－8－yl 1－(5－fluoropentyl)－1*H*－indole－3－carboxylate	1400742－41－7	5F－PB－22
32	1－(5－氟戊基)－3－(2,2,3,3－四甲基环丙甲酰基)吲哚	(1－(5－Fluoropentyl)－1*H*－indol－3－yl)(2,2,3,3－tetramethylcyclopropyl)methanone	1364933－54－9	5F－UR－144
33	1－[2－(N－吗啉基)乙基]－3－(2,2,3,3－四甲基环丙甲酰基)吲哚	[1－(2－Morpholin－4－ylethyl)－1*H*－indol－3－yl](2,2,3,3－tetramethylcyclopropyl)methanone	895155－26－7	A－796,260
34	1－(4－四氢吡喃基甲基)－3－(2,2,3,3－四甲基环丙甲酰基)吲哚	[1－(Tetrahydropyran－4－ylmethyl)－1*H*－indol－3－yl](2,2,3,3－tetramethylcyclopropyl)methanone	895155－57－4	A－834,735
35	N－(1－氨甲酰基－2－甲基丙基)－1－(环己基甲基)吲唑－3－甲酰胺	N－(1－Amino－3－methyl－1－oxobutan－2－yl)－1－(cyclohexylmethyl)－1*H*－indazole－3－carboxamide	1185887－21－1	AB－CHMINACA
36	N－(1－氨甲酰基－2－甲基丙基)－1－(4－氟苄基)吲唑－3－甲酰胺	N－(1－Amino－3－methyl－1－oxobutan－2－yl)－1－(4－fluorobenzyl)－1*H*－indazole－3－carboxamide	1629062－56－1	AB－FUBINACA
37	N－(1－氨甲酰基－2－甲基丙基)－1－戊基吲唑－3－甲酰胺	N－(1－Amino－3－methyl－1－oxobutan－2－yl)－1－pentyl－1*H*－indazole－3－carboxamide	1445583－20－9	AB－PINACA
38	N－(1－氨甲酰基－2,2－二甲基丙基)－1－戊基吲哚－3－甲酰胺	N－(1－Amino－3,3－dimethyl－1－oxobutan－2－yl)－1－pentyl－1*H*－indole－3－carboxamide	1445583－48－1	ADBICA

续表

序号	中文名	英文名	CAS 号	备注
39	N－(1－氨甲酰基－2,2－二甲基丙基)－1－戊基吲唑－3－甲酰胺	N－(1－Amino－3,3－dimethyl－1－oxobutan－2－yl)－1－pentyl－1*H*－indazole－3－carboxamide	1633766－73－0	ADB－PINACA
40	1－[(N－甲基－2－哌啶基)甲基]－3－(1－萘甲酰基)吲哚	{1－[(1－Methylpiperidin－2－yl)methyl]－1*H*－indol－3－yl}(naphthalen－1－yl)methanone	137642－54－7	AM－1220
41	1－[(N－甲基－2－哌啶基)甲基]－3－(1－金刚烷基甲酰基)吲哚	{1－[(1－Methylpiperidin－2－yl)methyl]－1*H*－indol－3－yl}(adamantan－1－yl)methanone	335160－66－2	AM－1248
42	1－[(N－甲基－2－哌啶基)甲基]－3－(2－碘苯甲酰基)吲哚	{1－[(1－Methylpiperidin－2－yl)methyl]－1*H*－indol－3－yl}(2－iodophenyl)methanone	444912－75－8	AM－2233
43	N－(1－金刚烷基)－1－戊基吲哚－3－甲酰胺	N－(1－Adamantyl)－1－pentyl－1*H*－indole－3－carboxamide	1345973－50－3	APICA
44	N－(1－金刚烷基)－1－戊基吲唑－3－甲酰胺	N－(1－Adamantyl)－1－pentyl－1*H*－indazole－3－carboxamide	1345973－53－6	APINACA
45	1－(1－萘甲酰基)－4－戊氧基萘	(4－Pentyloxynaphthalen－1－yl)(naphthalen－1－yl)methanone	432047－72－8	CB－13
46	N－(1－甲基－1－苯基乙基)－1－(4－四氢吡喃基甲基)吲唑－3－甲酰胺	N－(2－Phenylpropan－2－yl)－1－(tetrahydropyran－4－ylmethyl)－1*H*－indazole－3－carboxamide	1400742－50－8	CUMYL－THPINACA

续表

序号	中文名	英文名	CAS 号	备注
47	1－(5－氟戊基)－3－(4－乙基－1－萘甲酰基)吲哚	[1－(5－Fluoropentyl)－1*H*－indol－3－yl](4－ethylnaphthalen－1－yl)methanone	1364933－60－7	EAM－2201
48	1－(4－氟苄基)－3－(1－萘甲酰基)吲哚	[1－(4－Fluorobenzyl)－1*H*－indol－3－yl](naphthalen－1－yl)methanone		FUB－JWH－018
49	1－(4－氟苄基)吲哚－3－甲酸－8－喹啉酯	Quinolin－8－yl 1－(4－fluorobenzyl)－1*H*－indole－3－carboxylate	1800098－36－5	FUB－PB－22
50	2－甲基－1－戊基－3－(1－萘甲酰基)吲哚	(2－Methyl－1－pentyl－1*H*－indol－3－yl)(naphthalen－1－yl)methanone	155471－10－6	JWH－007
51	2－甲基－1－丙基－3－(1－萘甲酰基)吲哚	(2－Methyl－1－propyl－1*H*－indol－3－yl)(naphthalen－1－yl)methanone	155471－08－2	JWH－015
52	1－己基－3－(1－萘甲酰基)吲哚	(1－Hexyl－1*H*－indol－3－yl)(naphthalen－1－yl)methanone	209414－08－4	JWH－019
53	1－戊基－3－(4－甲氧基－1－萘甲酰基)吲哚	(1－Pentyl－1*H*－indol－3－yl)(4－methoxynaphthalen－1－yl)methanone	210179－46－7	JWH－081
54	1－戊基－3－(4－甲基－1－萘甲酰基)吲哚	(1－Pentyl－1*H*－indol－3－yl)(4－methylnaphthalen－1－yl)methanone	619294－47－2	JWH－122
55	1－戊基－3－(2－氯苯乙酰基)吲哚	2－(2－Chlorophenyl)－1－(1－pentyl－1*H*－indol－3－yl)ethanone	864445－54－5	JWH－203
56	1－戊基－3－(4－乙基－1－萘甲酰基)吲哚	(1－Pentyl－1*H*－indol－3－yl)(4－ethylnaphthalen－1－yl)methanone	824959－81－1	JWH－210

续表

序号	中文名	英文名	CAS 号	备注
57	1－戊基－2－(2－甲基苯基)－4－(1－萘甲酰基)吡咯	[5－(2－Methylphenyl)－1－pentyl－1*H*－pyrrol－3－yl](naphthalen－1－yl)methanone	914458－22－3	JWH－370
58	1－(5－氟戊基)－3－(4－甲基－1－萘甲酰基)吲哚	[1－(5－Fluoropentyl)－1*H*－indol－3－yl](4－methylnaphthalen－1－yl)methanone	1354631－24－5	MAM－2201
59	N－(1－甲氧基羰基－2,2－二甲基丙基)－1－(环己基甲基)吲哚－3－甲酰胺	1－Methoxy－3,3－dimethyl－1－oxobutan－2－yl－1－(cyclohexylmethyl)－1*H*－indole－3－carboxamide	1715016－78－6	MDMB－CHMICA
60	N－(1－甲氧基羰基－2,2－二甲基丙基)－1－(4－氟苄基)吲唑－3－甲酰胺	1－Methoxy－3,3－dimethyl－1－oxobutan－2－yl－1－(4－fluorobenzyl)－1*H*－indazole－3－carboxamide	1715016－77－5	MDMB－FUBINACA
61	1－戊基吲哚－3－甲酸－8－喹啉酯	Quinolin－8－yl 1－pentyl－1*H*－indole－3－carboxylate	1400742－17－7	PB－22
62	N－(1－氨甲酰基－2－苯基乙基)－1－(5－氟戊基)吲唑－3－甲酰胺	N－(1－Amino－1－oxo－3－phenylpropan－2－yl)－1－(5－fluoropentyl)－1*H*－indazole－3－carboxamide		PX－2
63	1－戊基－3－(4－甲氧基苯甲酰基)吲哚	(1－Pentyl－1*H*－indol－3－yl)(4－methoxyphenyl)methanone	1345966－78－0	RCS－4
64	N－(1－金刚烷基)－1－(5－氟戊基)吲哚－3－甲酰胺	N－(1－Adamantyl)－1－(5－fluoropentyl)－1*H*－indole－3－carboxamide	1354631－26－7	STS－135

续表

序号	中文名	英文名	CAS 号	备注
65	1-戊基-3-(2,2,3,3-四甲基环丙甲酰基)吲哚	(1-Pentyl-1*H*-indol-3-yl)(2,2,3,3-tetramethylcyclopropyl)methanone	1199943-44-6	UR-144
66	2-氟甲卡西酮	1-(2-Fluorophenyl)-2-methylaminopropan-1-one	1186137-35-8	2-FMC
67	2-甲基甲卡西酮	1-(2-Methylphenyl)-2-methylaminopropan-1-one	1246911-71-6	2-MMC
68	3,4-二甲基甲卡西酮	1-(3,4-Dimethylphenyl)-2-methylaminopropan-1-one	1082110-00-6	3,4-DMMC
69	3-氯甲卡西酮	1-(3-Chlorophenyl)-2-methylaminopropan-1-one	1049677-59-9	3-CMC
70	3-甲氧基甲卡西酮	1-(3-Methoxyphenyl)-2-methylaminopropan-1-one	882302-56-9	3-MeOMC
71	3-甲基甲卡西酮	1-(3-Methylphenyl)-2-methylaminopropan-1-one	1246911-86-3	3-MMC
72	4-溴甲卡西酮	1-(4-Bromophenyl)-2-methylaminopropan-1-one	486459-03-4	4-BMC
73	4-氯甲卡西酮	1-(4-Chlorophenyl)-2-methylaminopropan-1-one	1225843-86-6	4-CMC
74	4-氟甲卡西酮	1-(4-Fluorophenyl)-2-methylaminopropan-1-one	447-40-5	4-FMC
75	1-(4-氟苯基)-2-(N-吡咯烷基)-1-戊酮	1-(4-Fluorophenyl)-2-(1-pyrrolidinyl)pentan-1-one	850352-62-4	4-F-α-PVP
76	1-(4-甲基苯基)-2-甲氨基-1-丁酮	1-(4-Methylphenyl)-2-methylaminobutan-1-one	1337016-51-9	4-MeBP
77	1-(4-甲氧基苯基)-2-(N-吡咯烷基)-1-戊酮	1-(4-Methoxyphenyl)-2-(1-pyrrolidinyl)pentan-1-one	14979-97-6	4-MeO-α-PVP

续表

序号	中文名	英文名	CAS 号	备注
78	1－苯基－2－甲氨基－1－丁酮	1－Phenyl－2－methylaminobutan－1－one	408332－79－6	Buphedrone
79	2－甲氨基－1－[3,4－(亚甲二氧基)苯基]－1－丁酮	1－(3,4－Methylenedioxyphenyl)－2－methylaminobutan－1－one	802575－11－7	Butylone
80	2－二甲氨基－1－[3,4－(亚甲二氧基)苯基]－1－丙酮	1－(3,4－Methylenedioxyphenyl)－2－dimethylaminopropan－1－one	765231－58－1	Dimethylone
81	乙卡西酮	1－Phenyl－2－ethylaminopropan－1－one	18259－37－5	Ethcathinone
82	3,4－亚甲二氧基乙卡西酮	1－(3,4－Methylenedioxyphenyl)－2－ethylaminopropan－1－one	1112937－64－0	Ethylone
83	1－[3,4－(亚甲二氧基)苯基]－2－(N－吡咯烷基)－1－丁酮	1－(3,4－Methylenedioxyphenyl)－2－(1－pyrrolidinyl)butan－1－one	784985－33－7	MDPBP
84	1－[3,4－(亚甲二氧基)苯基]－2－(N－吡咯烷基)－1－丙酮	1－(3,4－Methylenedioxyphenyl)－2－(1－pyrrolidinyl)propan－1－one	783241－66－7	MDPPP
85	4－甲氧基甲卡西酮	1－(4－Methoxyphenyl)－2－methylaminopropan－1－one	530－54－1	Methedrone
86	1－苯基－2－乙氨基－1－丁酮	1－Phenyl－2－ethylaminobutan－1－one	1354631－28－9	NEB
87	1－苯基－2－甲氨基－1－戊酮	1－Phenyl－2－methylaminopentan－1－one	879722－57－3	Pentedrone
88	1－苯基－2－(N－吡咯烷基)－1－丁酮	1－Phenyl－2－(1－pyrrolidinyl)butan－1－one	13415－82－2	α－PBP

续表

序号	中文名	英文名	CAS 号	备注
89	1－苯基－2－(N－吡咯烷基)－1－己酮	1－Phenyl－2－(1－pyrrolidinyl)hexan－1－one	13415－86－6	α－PHP
90	1－苯基－2－(N－吡咯烷基)－1－庚酮	1－Phenyl－2－(1－pyrrolidinyl)heptan－1－one	13415－83－3	α－PHPP
91	1－苯基－2－(N－吡咯烷基)－1－戊酮	1－Phenyl－2－(1－pyrrolidinyl)pentan－1－one	14530－33－7	α－PVP
92	1－(2－噻吩基)－2－(N－吡咯烷基)－1－戊酮	1－(Thiophen－2－yl)－2－(1－pyrrolidinyl)pentan－1－one	1400742－66－6	α－PVT
93	2－(3－甲氧基苯基)－2－乙氨基环己酮	2－(3－Methoxyphenyl)－2－(ethylamino)cyclohexanone	1239943－76－0	MXE
94	乙基去甲氯胺酮	2－(2－Chlorophenyl)－2－(ethylamino)cyclohexanone	1354634－10－8	NENK
95	N,N－二烯丙基－5－甲氧基色胺	5－Methoxy－N,N－diallyltryptamine	928822－98－4	5－MeO－DALT
96	N,N－二异丙基－5－甲氧基色胺	5－Methoxy－N,N－diisopropyltryptamine	4021－34－5	5－MeO－DiPT
97	N,N－二甲基－5－甲氧基色胺	5－Methoxy－N,N－dimethyltryptamine	1019－45－0	5－MeO－DMT
98	N－甲基－N－异丙基－5－甲氧基色胺	5－Methoxy－N－isopropyl－N－methyltryptamine	96096－55－8	5－MeO－MiPT
99	α－甲基色胺	alpha－Methyltryptamine	299－26－3	AMT
100	1,4－二苄基哌嗪	1,4－Dibenzylpiperazine	1034－11－3	DBZP
101	1－(3－氯苯基)哌嗪	1－(3－Chlorophenyl)piperazine	6640－24－0	mCPP

续表

序号	中文名	英文名	CAS 号	备注
102	1-(3-三氟甲基苯基)哌嗪	1-(3-Trifluoromethylphenyl)piperazine	15532-75-9	TFMPP
103	2-氨基茚满	2-Aminoindane	2975-41-9	2-AI
104	5,6-亚甲二氧基-2-氨基茚满	5,6-Methylenedioxy-2-aminoindane	132741-81-2	MDAI
105	2-二苯甲基哌啶	2-Diphenylmethylpiperidine	519-74-4	2-DPMP
106	3,4-二氯哌甲酯	Methyl 2-(3,4-dichlorophenyl)-2-(piperidin-2-yl) acetate	1400742-68-8	3,4-CTMP
107	乙酰芬太尼	N-(1-Phenethylpiperidin-4-yl)-N-phenylacetamide	3258-84-2	Acetylfentanyl
108	3,4-二氯-N-[(1-二甲氨基环己基)甲基]苯甲酰胺	3,4-Dichloro-N-{[1-(dimethylamino) cyclohexyl] methyl} benzamide	55154-30-8	AH-7921
109	丁酰芬太尼	N-(1-Phenethylpiperidin-4-yl)-N-phenylbutyramide	1169-70-6	Butyrylfentanyl
110	哌乙酯	Ethyl 2-phenyl-2-(piperidin-2-yl) acetate	57413-43-1	Ethylphenidate
111	1-[1-(2-甲氧基苯基)-2-苯基乙基]哌啶	1-(1-(2-Methoxyphenyl)-2-phenylethyl) piperidine	127529-46-8	Methoxphenidine
112	芬纳西泮	7-Bromo-5-(2-chlorophenyl)-1,3-dihydro-2H-1,4-benzodiazepin-2-one	51753-57-2	Phenazepam
113	β-羟基硫代芬太尼	N-{1-[2-Hydroxy-2-(thiophen-2-yl) ethyl] piperidin-4-yl}-N-phenylpropanamide	1474-34-6	β-Hydroxythiofentanyl
114	4-氟丁酰芬太尼	N-(4-Fluorophenyl)-N-(1-phenethylpiperidin-4-yl) butyramide	244195-31-1	4-Fluorobutyrfentanyl

续表

序号	中文名	英文名	CAS 号	备注
115	异丁酰芬太尼	N－(1－Phenethylpiperidin－4－yl)－N－phenylisobutyramide	119618－70－1	Isobutyr-fentanyl
116	奥芬太尼	N－(2－Fluorophenyl)－2－methoxy－N－(1－phenethylpiperidin－4－yl)acetamide	101343－69－5	Ocfentanyl

注:上述品种包括其可能存在的盐类、旋光异构体及其盐类(另有规定的除外)。

公安部　国家食品药品监督管理总局
国家卫生和计划生育委员会
关于将卡芬太尼等四种芬太尼类物质列入
非药用类麻醉药品和精神药品
管制品种增补目录的公告

根据《麻醉药品和精神药品管理条例》《非药用类麻醉药品和精神药品列管办法》的有关规定,公安部、国家食品药品监督管理总局和国家卫生和计划生育委员会决定将卡芬太尼、呋喃芬太尼、丙烯酰芬太尼、戊酰芬太尼四种物质列入非药用类麻醉药品和精神药品管制品种增补目录。

本公告自 2017 年 3 月 1 日起施行。

2017 年 1 月 25 日

附表：

非药用类麻醉药品和精神药品管制品种增补目录

序号	中文名	英文名	CAS 号	备注
1	丙烯酰芬太尼	N –（1 – Phenethylpiperidin – 4 – yl）– N – phenylacrylamide	82003 – 75 – 6	Acrylfentanyl
2	卡芬太尼	Methyl 4 –（N – phenylpropionamido）– 1 – phenethylpiperidine – 4 – carboxylate	59708 – 52 – 0	Carfentanyl Carfentanil
3	呋喃芬太尼	N –（1 – Phenethylpiperidin – 4 – yl）– N – phenylfuran – 2 – carboxamide	101345 – 66 – 8	Furanylfentanyl
4	戊酰芬太尼	N –（1 – Phenethylpiperidin – 4 – yl）– N – phenylpentanamide	122882 – 90 – 0	Valerylfentanyl

公安部　国家食品药品监督管理总局 国家卫生和计划生育委员会 关于将 N – 甲基 – N –（2 – 二甲氨基环己基）– 3,4 – 二氯苯甲酰胺（U – 47700）等四种物质列入非药用类麻醉药品和精神药品管制品种增补目录的公告

根据《麻醉药品和精神药品管理条例》、《非药用类麻醉药品和精神药品列管办法》的有关规定，公安部、国家食品药品监督管理总局和国家卫生和计划生育委员会决定将 N – 甲基 – N –（2 – 二甲氨基环己基）– 3,4 – 二氯苯甲酰胺（U – 47700）、1 – 环己基 – 4 –（1,2 – 二苯基乙基）哌嗪（MT – 45）、4 – 甲氧基甲基苯丙胺（PMMA）和 2 – 氨基 – 4 – 甲基 – 5 –（4 – 甲基苯基）– 4,5 – 二氢噁唑（4,4′ – DMAR）四种物质列入非药用类麻醉药品和精神药品管制品种增补目录。

本公告自2017年7月1日起施行。

2017年5月22日

附表：

非药用类麻醉药品和精神药品管制品种增补目录

序号	中文名	英文名	CAS号	备注
1	N－甲基－N－(2－二甲氨基环己基)－3,4－二氯苯甲酰胺	3,4－Dichloro－N－[2－(dimethylamino) cyclohexyl]－N－methylbenzamide	121348－98－9	U－47700
2	1－环己基－4－(1,2－二苯基乙基)哌嗪	1－Cyclohexyl－4－(1,2－diphenylethyl) piperazine	52694－55－0	MT－45
3	4－甲氧基甲基苯丙胺	N－Methyl－1－(4－methoxyphenyl) propan－2－amine	22331－70－0	PMMA
4	2－氨基－4－甲基－5－(4－甲基苯基)－4,5－二氢噁唑	4－Methyl－5－(4－methylphenyl)－4,5－dihydrooxazol－2－amine	1445569－01－6	4,4'－DMAR

公安部　国家卫生健康委员会　国家药品监督管理局 关于将4－氯乙卡西酮等32种物质列入非药用类麻醉药品和精神药品管制品种增补目录的公告

根据《麻醉药品和精神药品管理条例》《非药用类麻醉药品和精神药品列管办法》的有关规定，公安部、国家卫生健康委员会和国家药品监督管理局决定将4－氯乙卡西酮等32种物质列入非药用类麻醉药品和精神药品管制品种增补目录。

本公告自2018年9月1日起施行。

2018年8月16日

附表：

非药用类麻醉药品和精神药品管制品种增补目录

序号	中文名	英文名	CAS号	备注
1	4－氯乙卡西酮	1－(4－Chlorophenyl)－2－(ethylamino) propan－1－one	14919－85－8	4－CEC
2	1－[3,4－(亚甲二氧基)苯基]－2－乙氨基－1－戊酮	1－(3,4－Methylenedioxyphenyl)－2－(ethylamino) pentan－1－one	727641－67－0	N－Ethylpentylone
3	1－(4－氯苯基)－2－(N－吡咯烷基)－1－戊酮	1－(4－Chlorophenyl)－2－(1－pyrrolidinyl) pentan－1－one	5881－77－6	4－Cl－α－PVP
4	1－[3,4－(亚甲二氧基)苯基]－2－二甲氨基－1－丁酮	1－(3,4－Methylenedioxyphenyl)－2－(dimethylamino) butan－1－one	802286－83－5	Dibutylone

续表

序号	中文名	英文名	CAS 号	备注
5	1-[3,4-(亚甲二氧基)苯基]-2-甲氨基-1-戊酮	1-(3,4-Methylenedioxyphenyl)-2-(methylamino)pentan-1-one	698963-77-8	Pentylone
6	1-苯基-2-乙氨基-1-己酮	1-Phenyl-2-(ethylamino)hexan-1-one	802857-66-5	N-Ethylhexedrone
7	1-(4-甲基苯基)-2-(N-吡咯烷基)-1-己酮	1-(4-Methylphenyl)-2-(1-pyrrolidinyl)hexan-1-one	34138-58-4	4-MPHP
8	1-(4-氯苯基)-2-(N-吡咯烷基)-1-丙酮	1-(4-Chlorophenyl)-2-(1-pyrrolidinyl)propan-1-one	28117-79-5	4-Cl-α-PPP
9	1-[2-(5,6,7,8-四氢萘基)]-2-(N-吡咯烷基)-1-戊酮	1-(5,6,7,8-Tetrahydronaphthalen-2-yl)-2-(1-pyrrolidinyl)pentan-1-one		β-TH-Naphyrone
10	1-(4-氟苯基)-2-(N-吡咯烷基)-1-己酮	1-(4-Fluorophenyl)-2-(1-pyrrolidinyl)hexan-1-one	2230706-09-7	4-F-α-PHP
11	4-乙基甲卡西酮	1-(4-Ethylphenyl)-2-(methylamino)propan-1-one	1225622-14-9	4-EMC
12	1-(4-甲基苯基)-2-乙氨基-1-戊酮	1-(4-Methylphenyl)-2-(ethylamino)pentan-1-one	746540-82-9	4-MEAPP
13	1-(4-甲基苯基)-2-甲氨基-3-甲氧基-1-丙酮	1-(4-Methylphenyl)-2-(methylamino)-3-methoxypropan-1-one	2166915-02-0	Mexedrone
14	1-[3,4-(亚甲二氧基)苯基]-2-(N-吡咯烷基)-1-己酮	1-(3,4-Methylenedioxyphenyl)-2-(1-pyrrolidinyl)hexan-1-one	776994-64-0	MDPHP

续表

序号	中文名	英文名	CAS 号	备注
15	1－(4－甲基苯基)－2－甲氨基－1－戊酮	1－(4－Methylphenyl)－2－(methylamino) pentan－1－one	1373918－61－6	4－MPD
16	1－(4－甲基苯基)－2－二甲氨基－1－丙酮	1－(4－Methylphenyl)－2－(dimethylamino) propan－1－one	1157738－08－3	4－MDMC
17	3,4－亚甲二氧基丙卡西酮	1－(3,4－Methylenedioxyphenyl)－2－(propylamino) propan－1－one	201474－93－3	Propylone
18	1－(4－氯苯基)－2－乙氨基－1－戊酮	1－(4－Chlorophenyl)－2－(ethylamino) pentan－1－one		4－Cl－EAPP
19	1－苯基－2－(N－吡咯烷基)－1－丙酮	1－Phenyl－2－(1－pyrrolidinyl) propan－1－one	19134－50－0	α－PPP
20	1－(4－氯苯基)－2－甲氨基－1－戊酮	1－(4－Chlorophenyl)－2－(methylamino) pentan－1－one	2167949－43－9	4－Cl－Pentedrone
21	3－甲基－2－[1－(4－氟苄基)吲唑－3－甲酰氨基]丁酸甲酯	N－(1－Methoxy－3－methyl－1－oxobutan－2－yl)－1－(4－fluorobenzyl)－1*H*－indazole－3－carboxamide	1715016－76－4	AMB－FUBINACA
22	1－(4－氟苄基)－N－(1－金刚烷基)吲唑－3－甲酰胺	N－(1－Adamantyl)－1－(4－fluorobenzyl)－1*H*－indazole－3－carboxamide	2180933－90－6	FUB－APINACA
23	N－(1－氨甲酰基－2,2－二甲基丙基)－1－(环己基甲基)吲唑－3－甲酰胺	N－(1－Amino－3,3－dimethyl－1－oxobutan－2－yl)－1－(cyclohexylmethyl)－1*H*－indazole－3－carboxamide	1863065－92－2	ADB－CHMINACA
24	N－(1－氨甲酰基－2,2－二甲基丙基)－1－(4－氟苄基)吲唑－3－甲酰胺	N－(1－Amino－3,3－dimethyl－1－oxobutan－2－yl)－1－(4－fluorobenzyl)－1*H*－indazole－3－carboxamide	1445583－51－6	ADB－FUBINACA

续表

序号	中文名	英文名	CAS 号	备注
25	3,3 - 二甲基 - 2 - [1 -(5 - 氟戊基)吲唑 - 3 - 甲酰氨基]丁酸甲酯	N - (1 - Methoxy - 3,3 - dimethyl - 1 - oxobutan - 2 - yl) - 1 - (5 - fluoropentyl) - 1*H* - indazole - 3 - carboxamide	1715016 - 75 - 3	5F - ADB
26	3 - 甲基 - 2 - [1 - (环己基甲基)吲哚 - 3 - 甲酰氨基]丁酸甲酯	N - (1 - Methoxy - 3 - methyl - 1 - oxobutan - 2 - yl) - 1 - (cyclohexylmethyl) - 1*H* - indole - 3 - carboxamide	1971007 - 94 - 9	AMB - CHMICA
27	1 - (5 - 氟戊基) - 2 - (1 - 萘甲酰基)苯并咪唑	[1 - (5 - Fluoropentyl) - 1*H* - benzimidazol - 2 - yl] (naphthalen - 1 - yl) methanone	1984789 - 90 - 3	BIM - 2201
28	1 - (5 - 氟戊基)吲哚 - 3 - 甲酸 - 1 - 萘酯	Naphthalen - 1 - yl 1 - (5 - fluoropentyl) - 1*H* - indole - 3 - carboxylate	2042201 - 16 - 9	NM - 2201
29	2 - 苯基 - 2 - 甲氨基环己酮	2 - Phenyl - 2 - (methylamino) cyclohexanone	7063 - 30 - 1	DCK
30	3 - 甲基 - 5 - {2 - [8 - 甲基 - 3 - 苯基 - 8 - 氮杂环(3,2,1)辛烷基]} - 1,2,4 - 噁二唑	8 - Methyl - 2 - (3 - methyl - 1,2,4 - oxadiazol - 5 - yl) - 3 - phenyl - 8 - aza - bicyclo[3.2.1]octane	146659 - 37 - 2	RTI - 126
31	4 - 氟异丁酰芬太尼	N - (4 - Fluorophenyl) - N - (1 - phenethylpiperidin - 4 - yl) isobutyramide	244195 - 32 - 2	4 - FIBF
32	四氢呋喃芬太尼	N - Phenyl - N - (1 - phenethylpiperidin - 4 - yl) tetrahydrofuran - 2 - carboxamide	2142571 - 01 - 3	THF - F

公安部　国家卫生健康委员会　国家药品监督管理局关于将芬太尼类物质列入《非药用类麻醉药品和精神药品管制品种增补目录》的公告

根据《麻醉药品和精神药品管理条例》《非药用类麻醉药品和精神药品列管办法》有关规定，公安部、国家卫生健康委员会和国家药品监督管理局决定将芬太尼类物质列入《非药用类麻醉药品和精神药品管制品种增补目录》。“芬太尼类物质”是指化学结构与芬太尼{N－[1－(2－苯乙基)－4－哌啶基]－N－苯基丙酰胺}相比，符合以下一个或多个条件的物质：

一、使用其他酰基替代丙酰基；

二、使用任何取代或未取代的单环芳香基团替代与氮原子直接相连的苯基；

三、哌啶环上存在烷基、烯基、烷氧基、酯基、醚基、羟基、卤素、卤代烷基、氨基及硝基等取代基；

四、使用其他任意基团(氢原子除外)替代苯乙基。

上述所列管物质如果发现有医药、工业、科研或者其他合法用途，按照《非药用类麻醉药品和精神药品列管办法》第三条第二款规定予以调整。

已列入《麻醉药品和精神药品品种目录》和《非药用类麻醉药品和精神药品管制品种增补目录》的芬太尼类物质依原有目录予以管制。

本公告自2019年5月1日起施行。

2019年3月12日

170 种新精神活性物质品种目录

一、合成大麻素类(53 种)				
序号	中文名	英文名	CAS 号	备注(名称缩写)
1	1－丁基－3－(1－萘甲酰基)吲哚	1－Butyl－3－(1－naphthoyl)indole	208987－48－8	JWH－073
2	[1－(5－氟戊基)－1H－吲哚－3－基](2－碘苯基)甲酮	[1－(5－Fluoropentyl)－3－(2－iodobenzoyl) indole]	335161－03－0	AM－694
3	1－(5－氟戊基)－3－(1－萘甲酰基)－1H－吲哚	1－(5－Fluoropentyl)－3－(1－naphthoyl)indole	335161－24－5	AM－2201
4	2－(2－甲氧基苯基)－1－(1－戊基－1H－吲哚－3－基)乙酮	2－(2－Methoxyphenyl)－1－(1－pentyl－1H－indol－3－yl)ethanone	864445－43－2	JWH－250
5	1－戊基－3－(1－萘甲酰基)吲哚	1－Pentyl－3－(1－naphthoyl) indole	209414－07－3	JWH－018
6	N－(1－氨甲酰基－2－甲基丙基)－1－(5－氟戊基)吲哚－3－甲酰胺	N－(1－Amino－3－methyl－1－oxobutan－2－yl)－1－(5－fluoropentyl)－1H－indole－3－carboxamide	1801338－26－0	5F－ABICA
7	N－(1－氨甲酰基－2－甲基丙基)－1－(5－氟戊基)吲唑－3－甲酰胺	N－(1－Amino－3－methyl－1－oxobutan－2－yl)－1－(5－fluoropentyl)－1H－indazole－3－carboxamide	1800101－60－3	5F－AB－PINACA
8	N－(1－氨甲酰基－2,2－二甲基丙基)－1－(5－氟戊基)吲哚－3－甲酰胺	N－(1－Amino－3,3－dimethyl－1－oxobutan－2－yl)－1－(5－fluoropentyl)－1H－indole－3－carboxamide	1801338－27－1	5F－ADBICA
9	N－(1－甲氧基羰基－2－甲基丙基)－1－(5－氟戊基)吲唑－3－甲酰胺	1－Methoxy－3－methyl－1－oxobutan－2－yl－1－(5－fluoropentyl)－1H－indazole－3－carboxamide	1715016－74－2	5F－AMB

续表

序号	中文名	英文名	CAS 号	备注（名称缩写）
10	N－(1－金刚烷基)－1－(5－氟戊基)吲唑－3－甲酰胺	N－(1－Adamantyl)－1－(5－fluoropentyl)－1H－indazole－3－carboxamide	1400742－13－3	5F－APINACA
11	1－(5－氟戊基)－吲哚－3－甲酸－8－喹啉酯	Quinolin－8－yl 1－(5－fluoropentyl)－1H－indole－3－carboxylate	1400742－41－7	5F－PB－22
12	1－(5－氟戊基)－3－(2,2,3,3－四甲基环丙甲酰基)吲哚＊	(1－(5－Fluoropentyl)－1H－indol－3－yl)(2,2,3,3－tetramethylcyclopropyl) methanone	1364933－54－9	5F－UR－144
13	1－[2－(N－吗啉基)乙基]－3－(2,2,3,3－四甲基环丙甲酰基)吲哚	[1－(2－Morpholin－4－ylethyl)－1H－indol－3－yl](2,2,3,3－tetramethylcyclopropyl) methanone	895155－26－7	A－796,260
14	1－(4－四氢吡喃基甲基)－3－(2,2,3,3－四甲基环丙甲酰基)吲哚	[1－(Tetrahydropyran－4－ylmethyl)－1H－indol－3－yl](2,2,3,3－tetramethylcyclopropyl) methanone	895155－57－4	A－834,735
15	N－(1－氨甲酰基－2－甲基丙基)－1－(环己基甲基)吲唑－3－甲酰胺	N－(1－Amino－3－methyl－1－oxobutan－2－yl)－1－(cyclohexylmethyl)－1H－indazole－3－carboxamide	1185887－21－1	AB－CHMINACA
16	N－(1－氨甲酰基－2－甲基丙基)－1－(4－氟苄基)吲唑－3－甲酰胺	N－(1－Amino－3－methyl－1－oxobutan－2－yl)－1－(4－fluorobenzyl)－1H－indazole－3－carboxamide	1629062－56－1	AB－FUBINACA
17	N－(1－氨甲酰基－2－甲基丙基)－1－戊基吲唑－3－甲酰胺	N－(1－Amino－3－methyl－1－oxobutan－2－yl)－1－pentyl－1H－indazole－3－carboxamide	1445583－20－9	AB－PINACA
18	N－(1－氨甲酰基－2,2－二甲基丙基)－1－戊基吲哚－3－甲酰胺	N－(1－Amino－3,3－dimethyl－1－oxobutan－2－yl)－1－pentyl－1H－indole－3－carboxamide	1445583－48－1	ADBICA

续表

序号	中文名	英文名	CAS 号	备注（名称缩写）
19	N－(1－氨甲酰基－2,2－二甲基丙基)－1－戊基吲唑－3－甲酰胺	N－(1－Amino－3,3－dimethyl－1－oxobutan－2－yl)－1－pentyl－1H－indazole－3－carboxamide	1633766－73－0	ADB－PINACA
20	1－[(N－甲基哌啶－2－基)甲基]－3－(1－萘甲酰基)吲哚	{1－[(1－Methylpiperidin－2－yl)methyl]－1H－indol－3－yl}(naphthalen－1－yl)methanone	137642－54－7	AM－1220
21	1－[(N－甲基哌啶－2－基)甲基]－3－(1－金刚烷基甲酰基)吲哚	{1－[(1－Methylpiperidin－2－yl)methyl]－1H－indol－3－yl}(adamantan－1－yl)methanone	335160－66－2	AM－1248
22	1－[(N－甲基哌啶－2－基)甲基]－3－(2－碘苯甲酰基)吲哚	{1－[(1－Methylpiperidin－2－yl)methyl]－1H－indol－3－yl}(2－iodophenyl)methanone	444912－75－8	AM－2233
23	N－(1－金刚烷基)－1－戊基吲哚－3－甲酰胺	N－(1－Adamantyl)－1－pentyl－1H－indole－3－carboxamide	1345973－50－3	APICA
24	N－(1－金刚烷基)－1－戊基吲唑－3－甲酰胺	N－(1－Adamantyl)－1－pentyl－1H－indazole－3－carboxamide	1345973－53－6	APINACA
25	1－(1－萘甲酰基)－4－戊氧基萘	(4－Pentyloxynaphthalen－1－yl)(naphthalen－1－yl)methanone	432047－72－8	CB－13
26	N－(1－甲基－1－苯基乙基)－1－(4－四氢吡喃基甲基)吲唑－3－甲酰胺	N－(2－Phenylpropan－2－yl)－1－(tetrahydropyran－4－ylmethyl)－1H－indazole－3－carboxamide	1400742－50－8	CUMYL－THPINACA
27	1－(5－氟戊基)－3－(4－乙基－1－萘甲酰基)吲哚	[1－(5－Fluoropentyl)－1H－indol－3－yl](4－ethylnaphthalen－1－yl)methanone	1364933－60－7	EAM－2201

续表

序号	中文名	英文名	CAS 号	备注（名称缩写）
28	1－(4－氟苄基)－3－(1－萘甲酰基)吲哚	[1－(4－Fluorobenzyl)－1H－indol－3－yl](naphthalen－1－yl)methanone		FUB－JWH－018
29	1－(4－氟苄基)吲哚－3－甲酸－8－喹啉酯	Quinolin－8－yl 1－(4－fluorobenzyl)－1H－indole－3－carboxylate	1800098－36－5	FUB－PB－22
30	2－甲基－1－戊基－3－(1－萘甲酰基)吲哚	(2－Methyl－1－pentyl－1H－indol－3－yl)(naphthalen－1－yl)methanone	155471－10－6	JWH－007
31	2－甲基－1－丙基－3－(1－萘甲酰基)吲哚	(2－Methyl－1－propyl－1H－indol－3－yl)(naphthalen－1－yl)methanone	155471－08－2	JWH－015
32	1－己基－3－(1－萘甲酰基)吲哚	(1－Hexyl－1H－indol－3－yl)(naphthalen－1－yl)methanone	209414－08－4	JWH－019
33	1－戊基－3－(4－甲氧基－1－萘甲酰基)吲哚	(1－Pentyl－1H－indol－3－yl)(4－methoxynaphthalen－1－yl)methanone	210179－46－7	JWH－081
34	1－戊基－3－(4－甲基－1－萘甲酰基)吲哚	(1－Pentyl－1H－indol－3－yl)(4－methylnaphthalen－1－yl)methanone	619294－47－2	JWH－122
35	1－戊基－3－(2－氯苯乙酰基)吲哚	2－(2－Chlorophenyl)－1－(1－pentyl－1H－indol－3－yl)ethanone	864445－54－5	JWH－203
36	1－戊基－3－(4－乙基－1－萘甲酰基)吲哚	(1－Pentyl－1H－indol－3－yl)(4－ethylnaphthalen－1－yl)methanone	824959－81－1	JWH－210
37	1－戊基－2－(2－甲基苯基)－4－(1－萘甲酰基)吡咯	[5－(2－Methylphenyl)－1－pentyl－1H－pyrrol－3－yl](naphthalen－1－yl)methanone	914458－22－3	JWH－370

续表

序号	中文名	英文名	CAS 号	备注（名称缩写）
38	1－(5－氟戊基)－3－(4－甲基－1－萘甲酰基)吲哚	[1－(5－Fluoropentyl)－1H－indol－3－yl](4－methylnaphthalen－1－yl)methanone	1354631－24－5	MAM－2201
39	N－(1－甲氧基羰基－2,2－二甲基丙基)－1－(环己基甲基)吲哚－3－甲酰胺	1－Methoxy－3,3－dimethyl－1－oxobutan－2－yl－1－(cyclohexylmethyl)－1H－indole－3－carboxamide	1715016－78－6	MDMB－CHMICA
40	N－(1－甲氧基羰基－2,2－二甲基丙基)－1－(4－氟苄基)吲唑－3－甲酰胺	1－Methoxy－3,3－dimethyl－1－oxobutan－2－yl－1－(4－fluorobenzyl)－1H－indazole－3－carboxamide	1715016－77－5	MDMB－FUBINACA
41	1－戊基吲哚－3－甲酸－8－喹啉酯	Quinolin－8－yl 1－pentyl－1H－indole－3－carboxylate	1400742－17－7	PB－22
42	N－(1－氨甲酰基－2－苯基乙基)－1－(5－氟戊基)吲唑－3－甲酰胺	N－(1－Amino－1－oxo－3－phenylpropan－2－yl)－1－(5－fluoropentyl)－1H－indazole－3－carboxamide		PX－2
43	1－戊基－3－(4－甲氧基苯甲酰基)吲哚	(1－Pentyl－1H－indol－3－yl)(4－methoxyphenyl)methanone	1345966－78－0	RCS－4
44	N－(1－金刚烷基)－1－(5－氟戊基)吲哚－3－甲酰胺	N－(1－Adamantyl)－1－(5－fluoropentyl)－1H－indole－3－carboxamide	1354631－26－7	STS－135
45	1－戊基－3－(2,2,3,3－四甲基环丙甲酰基)吲哚	(1－Pentyl－1H－indol－3－yl)(2,2,3,3－tetramethylcyclopropyl)methanone	1199943－44－6	UR－144
46	3－甲基－2－[1－(4－氟苄基)吲唑－3－甲酰氨基]丁酸甲酯	N－(1－Methoxy－3－methyl－1－oxobutan－2－yl)－1－(4－fluorobenzyl)－1*H*－indazole－3－carboxamide	1715016－76－4	AMB－FUBINACA

续表

序号	中文名	英文名	CAS 号	备注（名称缩写）
47	1－(4－氟苄基)－N－(1－金刚烷基)吲唑－3－甲酰胺	N－(1－Adamantyl)－1－(4－fluorobenzyl)－1*H*－indazole－3－carboxamide	2180933－90－6	FUB－APINACA
48	N－(1－氨甲酰基－2,2－二甲基丙基)－1－(环己基甲基)吲唑－3－甲酰胺	N－(1－Amino－3,3－dimethyl－1－oxobutan－2－yl)－1－(cyclohexylmethyl)－1*H*－indazole－3－carboxamide	1863065－92－2	ADB－CHMINACA
49	N－(1－氨甲酰基－2,2－二甲基丙基)－1－(4－氟苄基)吲唑－3－甲酰胺	N－(1－Amino－3,3－dimethyl－1－oxobutan－2－yl)－1－(4－fluorobenzyl)－1*H*－indazole－3－carboxamide	1445583－51－6	ADB－FUBINACA
50	3,3－二甲基－2－[1－(5－氟戊基)吲唑－3－甲酰氨基]丁酸甲酯	N－(1－Methoxy－3,3－dimethyl－1－oxobutan－2－yl)－1－(5－fluoropentyl)－1*H*－indazole－3－carboxamide	1715016－75－3	5F－ADB
51	3－甲基－2－[1－(环己基甲基)吲哚－3－甲酰氨基]丁酸甲酯	N－(1－Methoxy－3－methyl－1－oxobutan－2－yl)－1－(cyclohexylmethyl)－1*H*－indole－3－carboxamide	1971007－94－9	AMB－CHMICA
52	1－(5－氟戊基)－2－(1－萘甲酰基)苯并咪唑	(1－(5－Fluoropentyl)－1*H*－benzimidazol－2－yl)(naphthalen－1－yl)methanone	1984789－90－3	BIM－2201
53	1－(5－氟戊基)吲哚－3－甲酸－1－萘酯	Naphthalen－1－yl1－(5－fluoropentyl)－1*H*－indole－3－carboxylate	2042201－16－9	NM－2201

续表

二、合成卡西酮类(50种)				
序号	中文名	英文名	CAS号	备注（名称缩写）
54	亚甲基二氧吡咯戊酮	Methylenedioxypyrovalerone	687603-66-3	MDPV
55	4-甲基乙卡西酮	4-Methylethcathinone	1225617-18-4	4-MEC
56	4-甲基甲卡西酮	4-Methylmethcathinone	5650-44-2	4-MMC
57	3,4-亚甲二氧基甲卡西酮	3,4-Methylenedioxy-N-methylcathinone	186028-79-5	Methylone
58	2-氟甲卡西酮	1-(2-Fluorophenyl)-2-methylaminopropan-1-one	1186137-35-8	2-FMC
59	2-甲基甲卡西酮	1-(2-Methylphenyl)-2-methylaminopropan-1-one	1246911-71-6	2-MMC
60	3,4-二甲基甲卡西酮	1-(3,4-Dimethylphenyl)-2-methylaminopropan-1-one	1082110-00-6	3,4-DMMC
61	3-氯甲卡西酮	1-(3-Chlorophenyl)-2-methylaminopropan-1-one	1049677-59-9	3-CMC
62	3-甲氧基甲卡西酮	1-(3-Methoxyphenyl)-2-methylaminopropan-1-one	882302-56-9	3-MeOMC
63	3-甲基甲卡西酮	1-(3-Methylphenyl)-2-methylaminopropan-1-one	1246911-86-3	3-MMC
64	4-溴甲卡西酮	1-(4-Bromophenyl)-2-methylaminopropan-1-one	486459-03-4	4-BMC
65	4-氯甲卡西酮	1-(4-Chlorophenyl)-2-methylaminopropan-1-one	1225843-86-6	4-CMC
66	4-氟甲卡西酮	1-(4-Fluorophenyl)-2-methylaminopropan-1-one	447-40-5	4-FMC
67	1-(4-氟苯基)-2-(N-吡咯烷基)-1-戊酮	1-(4-Fluorophenyl)-2-(1-pyrrolidinyl)pentan-1-one	850352-62-4	4-F-α-PVP

续表

序号	中文名	英文名	CAS 号	备注（名称缩写）
68	1－(4－甲基苯基)－2－甲氨基－1－丁酮	1－(4－Methylphenyl)－2－methylaminobutan－1－one	1337016－51－9	4－MeBP
69	1－(4－甲氧基苯基)－2－(N－吡咯烷基)－1－戊酮	1－(4－Methoxyphenyl)－2－(1－pyrrolidinyl) pentan－1－one	14979－97－6	4－MeO－α－PVP
70	1－苯基－2－甲氨基－1－丁酮	1－Phenyl－2－methylaminobutan－1－one	408332－79－6	Buphedrone
71	2－甲氨基－1－[3,4－(亚甲二氧基)苯基]－1－丁酮	1－(3,4－Methylenedioxyphenyl)－2－methylaminobutan－1－one	802575－11－7	Butylone
72	2－二甲氨基－1－[3,4－(亚甲二氧基)苯基]－1－丙酮	1－(3,4－Methylenedioxyphenyl)－2－dimethylaminopropan－1－one	765231－58－1	Dimethylone
73	乙卡西酮	1－Phenyl－2－ethylaminopropan－1－one	18259－37－5	Ethcathinone
74	3,4－亚甲二氧基乙卡西酮	1－(3,4－Methylenedioxyphenyl)－2－ethylaminopropan－1－one	1112937－64－0	Ethylone
75	1－[3,4－(亚甲二氧基)苯基]－2－(N－吡咯烷基)－1－丁酮	1－(3,4－Methylenedioxyphenyl)－2－(1－pyrrolidinyl) butan－1－one	784985－33－7	MDPBP
76	1－[3,4－(亚甲二氧基)苯基]－2－(N－吡咯烷基)－1－丙酮	1－(3,4－Methylenedioxyphenyl)－2－(1－pyrrolidinyl) propan－1－one	783241－66－7	MDPPP
77	4－甲氧基甲卡西酮	1－(4－Methoxyphenyl)－2－methylaminopropan－1－one	530－54－1	Methedrone
78	1－苯基－2－乙氨基－1－丁酮	1－Phenyl－2－ethylaminobutan－1－one	1354631－28－9	NEB

续表

序号	中文名	英文名	CAS 号	备注（名称缩写）
79	1-苯基-2-甲氨基-1-戊酮	1-Phenyl-2-methylaminopentan-1-one	879722-57-3	Pentedrone
80	1-苯基-2-(N-吡咯烷基)-1-丁酮	1-Phenyl-2-(1-pyrrolidinyl)butan-1-one	13415-82-2	α-PBP
81	1-苯基-2-(N-吡咯烷基)-1-己酮	1-Phenyl-2-(1-pyrrolidinyl)hexan-1-one	13415-86-6	α-PHP
82	1-苯基-2-(N-吡咯烷基)-1-庚酮	1-Phenyl-2-(1-pyrrolidinyl)heptan-1-one	13415-83-3	α-PHPP
83	1-苯基-2-(N-吡咯烷基)-1-戊酮	1-Phenyl-2-(1-pyrrolidinyl)pentan-1-one	14530-33-7	α-PVP
84	4-氯乙卡西酮	1-(4-Chlorophenyl)-2-(ethylamino)propan-1-one	14919-85-8	4-CEC
85	1-[3,4-(亚甲二氧基)苯基]-2-乙氨基-1-戊酮	1-(3,4-Methylenedioxyphenyl)-2-(ethylamino)pentan-1-one	727641-67-0	N-Ethylpentylone
86	1-(4-氯苯基)-2-(N-吡咯烷基)-1-戊酮	1-(4-Chlorophenyl)-2-(1-pyrrolidinyl)pentan-1-one	5881-77-6	4-Cl-α-PVP
87	1-[3,4-(亚甲二氧基)苯基]-2-二甲氨基-1-丁酮	1-(3,4-Methylenedioxyphenyl)-2-(dimethylamino)butan-1-one	802286-83-5	Dibutylone
88	1-[3,4-(亚甲二氧基)苯基]-2-甲氨基-1-戊酮	1-(3,4-Methylenedioxyphenyl)-2-(methylamino)pentan-1-one	698963-77-8	Pentylone
89	1-苯基-2-乙氨基-1-己酮	1-Phenyl-2-(ethylamino)hexan-1-one	802857-66-5	N-Ethylhexedrone

续表

序号	中文名	英文名	CAS 号	备注（名称缩写）
90	1－(4－甲基苯基)－2－(N－吡咯烷基)－1－己酮	1－(4－Methylphenyl)－2－(1－pyrrolidinyl)hexan－1－one	34138－58－4	4－MPHP
91	1－(4－氯苯基)－2－(N－吡咯烷基)－1－丙酮	1－(4－Chlorophenyl)－2－(1－pyrrolidinyl) propan－1－one	28117－79－5	4－Cl－α－PPP
92	1－[2－(5,6,7,8－四氢萘基)]－2－(N－吡咯烷基)－1－戊酮	1－(5,6,7,8－Tetrahydronaphthalen－2－yl)－2－(1－pyrrolidinyl) pentan－1－one		β－TH－Naphyrone
93	1－(4－氟苯基)－2－(N－吡咯烷基)－1－己酮	1－(4－Fluorophenyl)－2－(1－pyrrolidinyl) hexan－1－one	2230706－09－7	4－F－α－PHP
94	4－乙基甲卡西酮	1－(4－Ethylphenyl)－2－(methylamino) propan－1－one	1225622－14－9	4－EMC
95	1－(4－甲基苯基)－2－乙氨基－1－戊酮	1－(4－Methylphenyl)－2－(ethylamino) pentan－1－one	746540－82－9	4－MEAPP
96	1－(4－甲基苯基)－2－甲氨基－3－甲氧基－1－丙酮	1－(4－Methylphenyl)－2－(methylamino)－3－methoxypropan－1－one	2166915－02－0	Mexedrone
97	1－[3,4－(亚甲二氧基)苯基]－2－(N－吡咯烷基)－1－己酮	1－(3,4－Methylenedioxyphenyl)－2－(1－pyrrolidinyl) hexan－1－one	776994－64－0	MDPHP
98	1－(4－甲基苯基)－2－甲氨基－1－戊酮	1－(4－Methylphenyl)－2－(methylamino) pentan－1－one	1373918－61－6	4－MPD
99	1－(4－甲基苯基)－2－二甲氨基－1－丙酮	1－(4－Methylphenyl)－2－(dimethylamino) propan－1－one	1157738－08－3	4－MDMC

续表

序号	中文名	英文名	CAS 号	备注（名称缩写）
100	3,4-亚甲二氧基丙卡西酮	1-(3,4-Methylenedioxyphenyl)-2-(propylamino)propan-1-one	201474-93-3	Propylone
101	1-(4-氯苯基)-2-乙氨基-1-戊酮	1-(4-Chlorophenyl)-2-(ethylamino)pentan-1-one		4-Cl-EAPP
102	1-苯基-2-(N-吡咯烷基)-1-丙酮	1-Phenyl-2-(1-pyrrolidinyl)propan-1-one	19134-50-0	α-PPP
103	1-(4-氯苯基)-2-甲氨基-1-戊酮	1-(4-Chlorophenyl)-2-(methylamino)pentan-1-one	2167949-43-9	4-Cl-Pentedrone
三、苯乙胺类(26 种)				
序号	中文名	英文名	CAS 号	备注（名称缩写）
104	2,5-二甲氧基-4-碘苯乙胺	2,5-Dimethoxy-4-iodophenethylamine	69587-11-7	2C-I
105	2,5-二甲氧基苯乙胺	2,5-Dimethoxyphenethylamine	3600-86-0	2C-H
106	N-(2-甲氧基苄基)-2-(2,5-二甲氧基-4-溴苯基)乙胺	2-(4-Bromo-2,5-dimethoxyphenyl)-N-(2-methoxybenzyl)ethanamine	1026511-90-9	2C-B-NBOMe
107	2,5-二甲氧基-4-氯苯乙胺	4-Chloro-2,5-dimethoxyphenethylamine	88441-14-9	2C-C
108	N-(2-甲氧基苄基)-2-(2,5-二甲氧基-4-氯苯基)乙胺	2-(4-Chloro-2,5-dimethoxyphenyl)-N-(2-methoxybenzyl)ethanamine	1227608-02-7	2C-C-NBOMe
109	2,5-二甲氧基-4-甲基苯乙胺	4-Methyl-2,5-dimethoxyphenethylamine	24333-19-5	2C-D

续表

序号	中文名	英文名	CAS 号	备注（名称缩写）
110	N－(2－甲氧基苄基)－2－(2,5－二甲氧基－4－甲基苯基)乙胺	2－(4－Methyl－2,5－dimethoxyphenyl)－N－(2－methoxybenzyl)ethanamine	1354632－02－2	2C－D－NBOMe
111	2,5－二甲氧基－4－乙基苯乙胺	4－Ethyl－2,5－dimethoxyphenethylamine	71539－34－9	2C－E
112	N－(2－甲氧基苄基)－2－(2,5－二甲氧基－4－碘苯基)乙胺	2－(4－Iodo－2,5－dimethoxyphenyl)－N－(2－methoxybenzyl)ethanamine	919797－19－6	2C－I－NBOMe
113	2,5－二甲氧基－4－丙基苯乙胺	4－Propyl－2,5－dimethoxyphenethylamine	207740－22－5	2C－P
114	2,5－二甲氧基－4－乙硫基苯乙胺	4－Ethylthio－2,5－dimethoxyphenethylamine	207740－24－7	2C－T－2
115	2,5－二甲氧基－4－异丙基硫基苯乙胺	4－Isopropylthio－2,5－dimethoxyphenethylamine	207740－25－8	2C－T－4
116	2,5－二甲氧基－4－丙硫基苯乙胺	4－Propylthio－2,5－dimethox－phenethylamine	207740－26－9	2C－T－7
117	2－氟苯丙胺	1－(2－Fluorophenyl)propan－2－amine	1716－60－5	2－FA
118	2－氟甲基苯丙胺	N－Methyl－1－(2－fluorophenyl)propan－2－amine	1017176－48－5	2－FMA
119	3－氟苯丙胺	1－(3－Fluorophenyl)propan－2－amine	1626－71－7	3－FA
120	3－氟甲基苯丙胺	N－Methyl－1－(3－fluorophenyl)propan－2－amine	1182818－14－9	3－FMA
121	4－氯苯丙胺	1－(4－Chlorophenyl)propan－2－amine	64－12－0	4－CA
122	4－氟苯丙胺	1－(4－Fluorophenyl)propan－2－amine	459－02－9	4－FA
123	4－氟甲基苯丙胺	N－Methyl－1－(4－fluorophenyl)propan－2－amine	351－03－1	4－FMA

续表

序号	中文名	英文名	CAS 号	备注（名称缩写）
124	1－[5－(2,3－二氢苯并呋喃基)]－2－丙胺	1－(2,3－Dihydro－1－benzofuran－5－yl) propan－2－amine	152624－03－8	5－APDB
125	1－(5－苯并呋喃基)－N－甲基－2－丙胺	N－Methyl－1－(benzofuran－5－yl) propan－2－amine	1354631－77－8	5－MAPB
126	6－溴－3,4－亚甲二氧基甲基苯丙胺	N－Methyl－(6－bromo－3,4－methylenedioxyphenyl) propan－2－amine		6－Br－MDMA
127	6－氯－3,4－亚甲二氧基甲基苯丙胺	N－Methyl－(6－chloro－3,4－methylenedioxyphenyl) propan－2－amine	319920－71－3	6－Cl－MDMA
128	1－(2,5－二甲氧基－4－氯苯基)－2－丙胺	1－(4－Chloro－2,5－dimethoxyphenyl) propan－2－amine	123431－31－2	DOC
129	4－甲氧基甲基苯丙胺	N－Methyl－1－(4－methoxyphenyl) propan－2－amine	22331－70－0	PMMA
四、色胺类(5 种)				
序号	中文名	英文名	CAS 号	备注（名称缩写）
130	N,N－二烯丙基－5－甲氧基色胺	5－Methoxy－N,N－diallyltryptamine	928822－98－4	5－MeO－DALT
131	N,N－二异丙基－5－甲氧基色胺	5－Methoxy－N,N－diisopropyltryptamine	4021－34－5	5－MeO－DiPT
132	N,N－二甲基－5－甲氧基色胺	5－Methoxy－N,N－dimethyltryptamine	1019－45－0	5－MeO－DMT
133	N－甲基－N－异丙基－5－甲氧基色胺	5－Methoxy－N－isopropyl－N－methyltryptamine	96096－55－8	5－MeO－MiPT
134	α－甲基色胺	alpha－Methyltryptamine	299－26－3	AMT

续表

五、氨基茚满类(2种)				
序号	中文名	英文名	CAS号	备注(名称缩写)
135	2-氨基茚满	2-Aminoindane	2975-41-9	2-AI
136	5,6-亚甲二氧基-2-氨基茚满	5,6-Methylenedioxy-2-aminoindane	132741-81-2	MDAI
六、哌嗪类(5种)				
序号	中文名	英文名	CAS号	备注(名称缩写)
137	苄基哌嗪	Benzylpiperazine	2759-28-6	BZP
138	1,4-二苄基哌嗪	1,4-Dibenzylpiperazine	1034-11-3	DBZP
139	1-(3-氯苯基)哌嗪	1-(3-Chlorophenyl)piperazine	6640-24-0	mCPP
140	1-(3-三氟甲基苯基)哌嗪	1-(3-Trifluoromethylphenyl)piperazine	15532-75-9	TFMPP
141	1-环己基-4-(1,2-二苯基乙基)哌嗪	1-Cyclohexyl-4-(1,2-diphenylethyl)piperazine	52694-55-0	MT-45
七、氯胺酮及苯环利啶类(4种)				
序号	中文名	英文名	CAS号	备注(名称缩写)
142	氯胺酮	Ketamine	6740-88-1	Ketamine
143	2-(3-甲氧基苯基)-2-乙氨基环己酮	2-(3-Methoxyphenyl)-2-(ethylamino)cyclohexanone	1239943-76-0	MXE
144	乙基去甲氯胺酮	2-(2-Chlorophenyl)-2-(ethylamino)cyclohexanone	1354634-10-8	NENK
145	2-苯基-2-甲氨基环己酮	2-Phenyl-2-(methylamino)cyclohexanone	7063-30-1	DCK
八、植物类(1种)				
序号	中文名	英文名	CAS号	备注(名称缩写)
146	恰特草	Catha edulis Forssk		Khat

续表

九、芬太尼类(12 种)				
序号	中文名	英文名	CAS 号	备注（名称缩写）
147	乙酰芬太尼	N－(1－Phenethylpiperidin－4－yl)－N－phenylacetamide	3258－84－2	Acetylfentanyl
148	丁酰芬太尼	N－(1－Phenethylpiperidin－4－yl)－N－phenylbutyramide	1169－70－6	Butyrylfentanyl
149	β－羟基硫代芬太尼	N－(1－(2－Hydroxy－2－(thiophen－2－yl)ethyl)piperidin－4－yl)－N－phenylpropanamide	1474－34－6	β－Hydroxythiofentanyl
150	4－氟丁酰芬太尼	N－(4－Fluorophenyl)－N－(1－phenethylpiperidin－4－yl)butyramide	244195－31－1	4－Fluorobutyrfentanyl
151	异丁酰芬太尼	N－(1－Phenethylpiperidin－4－yl)－N－phenylisobutyramide	119618－70－1	Isobutyrfentanyl
152	奥芬太尼	N－(2－Fluorophenyl)－2－methoxy－N－(1－phenethylpiperidin－4－yl)acetamide	101343－69－5	Ocfentanyl
153	丙烯酰芬太尼	N－(1－Phenethylpiperidin－4－yl)－N－phenylacrylamide	82003－75－6	Acrylfentanyl
154	卡芬太尼	Methyl4－(N－phenylpropionamido)－1－phenethylpiperidine－4－carboxylate	59708－52－0	Carfentanyl Carfentanil
155	呋喃芬太尼	N－(1－Phenethylpiperidin－4－yl)－N－phenylfuran－2－carboxamide	101345－66－8	Furanylfentanyl
156	戊酰芬太尼	N－(1－Phenethylpiperidin－4－yl)－N－phenylpentanamide	122882－90－0	Valerylfentanyl

续表

序号	中文名	英文名	CAS 号	备注（名称缩写）
157	4－氟异丁酰芬太尼	N－(4－Fluorophenyl)－N－(1－phenethylpiperidin－4－yl) isobutyramide	244195－32－2	4－FIBF
158	四氢呋喃芬太尼	N－Phenyl－N－(1－phenethylpiperidin－4－yl) tetrahydrofuran－2－carboxamide	2142571－01－3	THF－F
十、其他类(12 种)				
序号	中文名	英文名	CAS 号	备注（名称缩写）
159	1－(2－苯并呋喃基)－N－甲基－2－丙胺	N－Methyl－1－(benzofuran－2－yl) propan－2－amine	806596－15－6	2－MAPB
160	1－(2－噻吩基)－N－甲基－2－丙胺	N－Methyl－1－(thiophen－2－yl) propan－2－amine	801156－47－8	MPA
161	1－(2－噻吩基)－2－(N－吡咯烷基)－1－戊酮	1－(Thiophen－2－yl)－2－(1－pyrrolidinyl) pentan－1－one	1400742－66－6	α－PVT
162	2－二苯甲基哌啶	2－Diphenylmethylpiperidine	519－74－4	2－DPMP
163	3,4－二氯哌甲酯	Methyl 2－(3,4－dichlorophenyl)－2－(piperidin－2－yl) acetate	1400742－68－8	3,4－CTMP
164	3,4－二氯－N－[(1－二甲氨基)环己基甲基]苯甲酰胺	3,4－Dichloro－N－((1－(dimethylamino) cyclohexyl) methyl) benzamide	55154－30－8	AH－7921
165	哌乙酯	Ethyl 2－phenyl－2－(piperidin－2－yl) acetate	57413－43－1	Ethylphenidate
166	1－[1－(2－甲氧基苯基)－2－苯基乙基]哌啶	1－[1－(2－Methoxyphenyl)－2－phenylethyl] piperidine	127529－46－8	Methoxphenidine

续表

序号	中文名	英文名	CAS 号	备注 (名称缩写)
167	芬纳西泮	7 - Bromo - 5 - (2 - chlorophenyl) - 1,3 - dihydro - 2H - 1,4 - benzodiazepin - 2 - one	51753 - 57 - 2	Phenazepam
168	N - 甲基 - N - (2 - 二甲氨基环己基) - 3,4 - 二氯苯甲酰胺	3,4 - Dichloro - N - [2 - (dimethylamino) cyclohexyl] - N - methylbenzamide	121348 - 98 - 9	U - 47700
169	2 - 氨基 - 4 - 甲基 - 5 - (4 - 甲基苯基) - 4,5 - 二氢噁唑	4 - Methyl - 5 - (4 - methylphenyl) - 4,5 - dihydrooxazol - 2 - amine	1445569 - 01 - 6	4,4' - DMAR
170	3 - 甲基 - 5 - {2 - [8 - 甲基 - 3 - 苯基 - 8 - 氮杂环(3,2,1)辛烷基]} - 1,2,4 - 噁二唑	8 - Methyl - 2 - (3 - methyl - 1,2,4 - oxadiazol - 5 - yl) - 3 - phenyl - 8 - aza - bicyclo[3.2.1]octane	146659 - 37 - 2	RTI - 126

第三部分　依赖性折算文件及 170 种新精神活性物质依赖性折算表

一、关于印发《104 种非药用类麻醉药品和精神药品管制品种依赖性折算表》的通知

二、关于印发《100 种麻醉药品和精神药品管制品种依赖性折算表》的通知

三、关于印发《3 种合成大麻素依赖性折算表》的通知

四、170 种新精神活性物质依赖性折算表

国家禁毒委员会办公室
关于印发《104 种非药用类麻醉药品和精神药品管制品种依赖性折算表》的通知

（禁毒办通〔2016〕38 号）

各省、自治区、直辖市禁毒委员会办公室，新疆生产建设兵团禁毒委员会办公室：

为加强对非药用类麻醉药品和精神药品的管制，防止非法生产、经营、运输、使用和进出口，遏制有关违法犯罪活动的发展蔓延，2015 年 9 月 24 日，国家禁毒办联合公安部、国家食品药品监督管理总局、国家卫生和计划生育委员会共同印发了《非药用类麻醉药品和精神药品列管办法》（自 2015 年 10 月 1 日起正式施行），并增加列管了 116 种非药用类麻醉药品和精神药品。其中 12 种苯丙胺类非药用类麻醉药品和精神药品的定罪量刑数量标准，《最高人民法院关于审理毒品犯罪案件适用法律若干问题的解释》（法释〔2016〕8 号）已作出明确规定。为进一步加大对已列管非药用类麻醉药品和精神药品违法犯罪活动的打击工作力度，我办委托国内专业研究机构对其余列管的 104 种非药用类麻醉药品和精神药品与海洛因或甲基苯丙胺的折算标准进行了调研、论证。经商最高人民法院、最高人民检察院、国家卫生和计划生育委员会、国家食品药品监督管理总局同意，现将折算表印发给你们，供在执法实践中参考。

此折算表在实践中的具体适用情况请及时报送我办。

特此通知。

2016 年 6 月 24 日

104 种非药用类麻醉药品和精神药品管制品种依赖性折算表

序号	英文名称	中文名称	折算标准（1 克该物质相当于）		参照物质 *	分类
			海洛因	甲基苯丙胺		
1	2C－B－NBOMe	N－(2－甲氧基苄基)－2－(2,5－二甲氧基－4－溴苯基)乙胺	1 克	—	2C－I	苯乙胺
2	2C－C	2,5－二甲氧基－4－氯苯乙胺	1 克	—	2C－I	苯乙胺
3	2C－C－NBOMe	N－(2－甲氧基苄基)－2－(2,5－二甲氧基－4－氯苯基)乙胺	1 克	—	2C－I	苯乙胺
4	2C－D	2,5－二甲氧基－4－甲基苯乙胺	1 克	—	2C－I	苯乙胺
5	2C－D－NBOMe	N－(2－甲氧基苄基)－2－(2,5－二甲氧基－4－甲基苯基)乙胺	1 克	—	2C－I	苯乙胺
6	2C－E	2,5－二甲氧基－4－乙基苯乙胺	1 克	—	2C－I	苯乙胺
7	2C－I－NBOMe	N－(2－甲氧基苄基)－2－(2,5－二甲氧基－4－碘苯基)乙胺	16 克	—	2C－I	苯乙胺
8	2C－P	2,5－二甲氧基－4－丙基苯乙胺	1 克	—	2C－I	苯乙胺
9	2C－T－2	2,5－二甲氧基－4－乙硫基苯乙胺	0.73 克	—	—	苯乙胺
10	2C－T－4	2,5－二甲氧基－4－异丙基硫基苯乙胺	1 克	—	2C－I	苯乙胺
11	2C－T－7	2,5－二甲氧基－4－丙硫基苯乙胺	0.75 克	—	—	苯乙胺
12	2－MAPB	1－(2－苯并呋喃基)－N－甲基－2－丙胺	—	1 克	MA	其他

续表

序号	英文名称	中文名称	折算标准（1克该物质相当于）		参照物质＊	分类
			海洛因	甲基苯丙胺		
13	MPA	1－(2－噻吩基)－N－甲基－2－丙胺	—	1克	MA	其他
14	5F－ABICA	N－(1－氨甲酰基－2－甲基丙基)－1－(5－氟戊基)吲哚－3－甲酰胺	1.44克	—	AB－PINACA	合成大麻素
15	5F－AB－PINACA	N－(1－氨甲酰基－2－甲基丙基)－1－(5－氟戊基)吲唑－3－甲酰胺	1.44克	—	AB－PINACA	合成大麻素
16	5F－ADBICA	N－(1－氨甲酰基－2,2－二甲基丙基)－1－(5－氟戊基)吲哚－3－甲酰胺	1.44克	—	AB－PINACA	合成大麻素
17	5F－AMB	N－(1－甲氧基羰基－2－甲基丙基)－1－(5－氟戊基)吲唑－3－甲酰胺	1.44克	—	AB－PINACA	合成大麻素
18	5F－APINACA	N－(1－金刚烷基)－1－(5－氟戊基)吲唑－3－甲酰胺	3.48克	—	APINACA	合成大麻素
19	5F－PB－22	1－(5－氟戊基)吲哚－3－甲酸－8－喹啉酯	21.8克	—	—	合成大麻素
20	5F－UR－144	1－(5－氟戊基)－3－(2,2,3,3－四甲基环丙甲酰基)吲哚	1.43克	—	—	合成大麻素
21	A－796,260	1－[2－(N－吗啉基)乙基]－3－(2,2,3,3－四甲基环丙甲酰基)吲哚	1.43克	—	5F－UR－144	合成大麻素

续表

序号	英文名称	中文名称	折算标准（1克该物质相当于）		参照物质*	分类
			海洛因	甲基苯丙胺		
22	A-834,735	1-(4-四氢吡喃基甲基)-3-(2,2,3,3-四甲基环丙甲酰基)吲哚	1.43克	—	5F-UR-144	合成大麻素
23	AB-CHMINACA	N-(1-氨甲酰基-2-甲基丙基)-1-(环己基甲基)吲唑-3-甲酰胺	14.79克	—	—	合成大麻素
24	AB-FUBINACA	N-(1-氨甲酰基-2-甲基丙基)-1-(4-氟苄基)吲唑-3-甲酰胺	4.7克	—	—	合成大麻素
25	AB-PINACA	N-(1-氨甲酰基-2-甲基丙基)-1-戊基吲唑-3-甲酰胺	1.5克	—	—	合成大麻素
26	ADBICA	N-(1-氨甲酰基-2,2-二甲基丙基)-1-戊基吲哚-3-甲酰胺	10.5克	—	—	合成大麻素
27	ADB-PINACA	N-(1-氨甲酰基-2,2-二甲基丙基)-1-戊基吲唑-3-甲酰胺	2克	—	—	合成大麻素
28	AM-1220	1-[(N-甲基-2-哌啶基)甲基]-3-(1-萘甲酰基)吲哚	1.43克	—	5F-UR-144	合成大麻素
29	AM-1248	1-[(N-甲基-2-哌啶基)甲基]-3-(1-金刚烷基甲酰基)吲哚	1.43克	—	5F-UR-144	合成大麻素
30	AM-2233	1-[(N-甲基-2-哌啶基)甲基]-3-(2-碘苯甲酰基)吲哚	2克	—	—	合成大麻素

续表

序号	英文名称	中文名称	折算标准（1克该物质相当于）		参照物质 *	分类
			海洛因	甲基苯丙胺		
31	APICA	N－（1－金刚烷基）－1－戊基吲哚－3－甲酰胺	1.7克	—	—	合成大麻素
32	APINACA	N－（1－金刚烷基）－1－戊基吲唑－3－甲酰胺	4克	—	—	合成大麻素
33	CB－13	1－（1－萘甲酰基）－4－戊氧基萘	23.6克	—	—	合成大麻素
34	CUMYL－THPINACA	N－（1－甲基－1－苯基乙基）－1－（4－四氢吡喃基甲基）吲唑－3－甲酰胺	4克	—	AKB48	合成大麻素
35	EAM－2201	1－（5－氟戊基）－3－（4－乙基－1－萘甲酰基）吲哚	10克	—	JWH－210	合成大麻素
36	FUB－JWH－018	1－（4－氟苄基）－3－（1－萘甲酰基）吲哚	4克	—	JWH－007	合成大麻素
37	FUB－PB－22	1－（4－氟苄基）吲哚－3－甲酸－8－喹啉酯	2克	—	ADB－PINACA	合成大麻素
38	JWH－007	2－甲基－1－戊基－3－（1－萘甲酰基）吲哚	4克	—	—	合成大麻素
39	JWH－015	2－甲基－1－丙基－3－（1－萘甲酰基）吲哚	4克	—	JWH－007	合成大麻素
40	JWH－019	1－己基－3－（1－萘甲酰基）吲哚	4克	—	JWH－007	合成大麻素
41	JWH－081	1－戊基－3－（4－甲氧基－1－萘甲酰基）吲哚	34克	—	—	合成大麻素
42	JWH－122	1－戊基－3－（4－甲基－1－萘甲酰基）吲哚	3.7克	—	—	合成大麻素
43	JWH－203	1－戊基－3－（2－氯苯乙酰基）吲哚	0.37克	—	—	合成大麻素
44	JWH－210	1－戊基－3－（4－乙基－1－萘甲酰基）吲哚	10克	—	—	合成大麻素

续表

序号	英文名称	中文名称	折算标准（1克该物质相当于）		参照物质 *	分类
			海洛因	甲基苯丙胺		
45	JWH－370	1－戊基－2－（2－甲基苯基）－4－（1－萘甲酰基）吡咯	10克	—	JWH－210	合成大麻素
46	MAM－2201	1－（5－氟戊基）－3－（4－甲基－1－萘甲酰基）吲哚	10克	—	JWH－210	合成大麻素
47	MDMB－CHMICA	N－（1－甲氧基羰基－2,2－二甲基丙基）－1－（环己基甲基）吲哚－3－甲酰胺	10.5克	—	ADBICA	合成大麻素
48	MDMB－FUBINACA	N－（1－甲氧基羰基－2,2－二甲基丙基）－1－（4－氟苄基）吲唑－3－甲酰胺	4.7克	—	AB－FUBINACA	合成大麻素
49	PB－22	1－戊基吲哚－3－甲酸－8－喹啉酯	49克	—	—	合成大麻素
50	PX－2	N－（1－氨甲酰基－2－苯基乙基）－1－（5－氟戊基）吲唑－3－甲酰胺	1.44克	—	AB－PINACA	合成大麻素
51	RCS－4	1－戊基－3－（4－甲氧基苯甲酰基）吲哚	0.03克	—	—	合成大麻素
52	STS－135	N－（1－金刚烷基）－1－（5－氟戊基）吲哚－3－甲酰胺	19克	—	—	合成大麻素
53	UR－144	1－戊基－3－（2,2,3,3－四甲基环丙甲酰基）吲哚	0.714克	—	—	合成大麻素
54	2－FMC	2－氟甲卡西酮	0.476克	—	3－FMC	卡西酮

续表

序号	英文名称	中文名称	折算标准（1克该物质相当于）		参照物质＊	分类
			海洛因	甲基苯丙胺		
55	2－MMC	2－甲基甲卡西酮	—	0.3克	4－MMC	卡西酮
56	3,4－DMMC	3,4－二甲基甲卡西酮	—	0.3克	4－MMC	卡西酮
57	3－CMC	3－氯甲卡西酮	—	0.3克	4－MMC	卡西酮
58	3－MeOMC	3－甲氧基甲卡西酮	—	0.3克	4－MMC	卡西酮
59	3－MMC	3－甲基甲卡西酮	—	0.3克	4－MMC	卡西酮
60	4－BMC	4－溴甲卡西酮	—	0.14克	4－FMC	卡西酮
61	4－CMC	4－氯甲卡西酮	—	0.14克	4－FMC	卡西酮
62	4－FMC	4－氟甲卡西酮	—	0.14克	—	卡西酮
63	4－F－α－PVP	1－(4－氟苯基)－2－(N－吡咯烷基)－1－戊酮	—	0.4克	α－PVP	卡西酮
64	4－MeBP	1－(4－甲基苯基)－2－甲氨基－1－丁酮	—	0.3克	4－MMC	卡西酮
65	4－MeO－α－PVP	1－(4－甲氧基苯基)－2－(N－吡咯烷基)－1－戊酮	—	0.4克	α－PVP	卡西酮
66	Buphedrone	1－苯基－2－甲氨基－1－丁酮	—	0.3克	4－MMC	卡西酮
67	Butylone	2－甲氨基－1－[3,4－(亚甲二氧基)苯基]－1－丁酮	—	0.15克	—	卡西酮
68	Dimethylone	2－二甲氨基－1－[3,4－(亚甲二氧基)苯基]－1－丙酮	1克	—	MDPV	卡西酮
69	Ethcathinone	乙卡西酮	—	0.03克	4－MEC	卡西酮

续表

序号	英文名称	中文名称	折算标准（1克该物质相当于）		参照物质*	分类
			海洛因	甲基苯丙胺		
70	Ethylone	3,4-亚甲二氧基乙卡西酮	—	0.19克	methylone	卡西酮
71	MDPBP	1-[3,4-(亚甲二氧基)苯基]-2-(N-吡咯烷基)-1-丁酮	1克	—	MDPV	卡西酮
72	MDPPP	1-[3,4-(亚甲二氧基)苯基]-2-(N-吡咯烷基)-1-丙酮	1克	—	MDPV	卡西酮
73	Methedrone	4-甲氧基甲卡西酮	—	0.3克	4-MMC	卡西酮
74	NEB	1-苯基-2-乙氨基-1-丁酮	—	0.3克	4-MMC	卡西酮
75	Pentedrone	1-苯基-2-甲氨基-1-戊酮	0.3克	—	—	卡西酮
76	α-PBP	1-苯基-2-(N-吡咯烷基)-1-丁酮	—	0.4克	α-PVP	卡西酮
77	α-PHP	1-苯基-2-(N-吡咯烷基)-1-己酮	—	0.4克	α-PVP	卡西酮
78	α-PHPP	1-苯基-2-(N-吡咯烷基)-1-庚酮	—	0.4克	α-PVP	卡西酮
79	α-PVP	1-苯基-2-(N-吡咯烷基)-1-戊酮	—	0.4克	—	卡西酮
80	α-PVT	1-(2-噻吩基)-2-(N-吡咯烷基)-1-戊酮	—	0.4克	α-PVP	其他
81	MXE	2-(3-甲氧基苯基)-2-乙氨基环己酮	0.025克	—	—	氯胺酮及苯环利定
82	NENK	乙基去甲氯胺酮	0.025克	—	MXE	氯胺酮及苯环利定

续表

序号	英文名称	中文名称	折算标准（1克该物质相当于）		参照物质 *	分类
			海洛因	甲基苯丙胺		
83	5 - MeO - DALT	N,N - 二烯丙基 - 5 - 甲氧基色胺	1克	—	5 - MeO - DiPT	色胺
84	5 - MeO - DiPT	N,N - 二异丙基 - 5 - 甲氧基色胺	—	1克	—	色胺
85	5 - MeO - DMT	N,N - 二甲基 - 5 - 甲氧基色胺	1克	—	5 - MeO - DiPT	色胺
86	5 - MeO - MiPT	N - 甲基 - N - 异丙基 - 5 - 甲氧基色胺	1克	—	5 - MeO - DiPT	色胺
87	AMT	α - 甲基色胺	0.134克	—	5 - MeO - DiPT	色胺
88	DBZP	1,4 - 二苄基哌嗪	4克	—	mCPP	哌嗪
89	mCPP	1 - (3 - 氯苯基)哌嗪	4克	—	—	哌嗪
90	TFMPP	1 - (3 - 三氟甲基苯基)哌嗪	0.33克	—	—	哌嗪
91	2 - AI	2 - 氨基茚满	1克	—	MDAI	氨基茚满
92	MDAI	5,6 - 亚甲二氧基 - 2 - 氨基茚满	1克	—	—	氨基茚满
93	2 - DPMP	2 - 二苯甲基哌啶	1.165克	—	—	其他
94	3,4 - CTMP	3,4 - 二氯哌甲酯	—	8克	—	其他
95	Acetylfentanyl	乙酰芬太尼	6克	—	—	其他（芬太尼）
96	AH - 7921	3,4 - 二氯 - N - [(1 - 二甲氨基环己基)甲基]苯甲酰胺	0.4克	—	—	其他
97	Butyrylfentanyl	丁酰芬太尼	1.25克	—	—	其他（芬太尼）
98	Ethylphenidate	哌乙酯	—	1克	Methylphenidate	其他

续表

序号	英文名称	中文名称	折算标准（1克该物质相当于）		参照物质*	分类
			海洛因	甲基苯丙胺		
99	Methox-phenidine	1－[1－(2－甲氧基苯基)－2－苯基乙基]哌啶	1.165克	—	2－DPMP	其他
100	Phenaze-pam	芬纳西泮	0.005克	—	—	其他
101	β－Hydroxy-thiofenta-nyl	β－羟基硫代芬太尼	40克	—	芬太尼	其他（芬太尼）
102	4 －Fluoro-butyrfenta-nyl	4－氟丁酰芬太尼	1.25克	—	Butyrylfentanyl	其他（芬太尼）
103	Isobutyr-fentanyl	异丁酰芬太尼	1.25克	—	Butyrylfentanyl	其他（芬太尼）
104	Ocfentanyl	奥芬太尼	66.8克	—	—	其他（芬太尼）

*参照物质以文献或化学结构相似程度而确定。

国家禁毒委员会办公室
关于印发《100种麻醉药品和精神药品管制品种依赖性折算表》的通知

（禁毒办通〔2017〕52号）

各省、自治区、直辖市禁毒委员会办公室，新疆生产建设兵团禁毒委员会办公室：

为进一步加大对已列管麻醉药品和精神药品违法犯罪活动的打击

力度，我办委托国内专业机构对《麻醉药品和精神药品品种目录（2013年版）》中尚未明确定罪量刑数量标准的100种麻醉药品和精神药品与海洛因或甲基苯丙胺的折算标准进行了调研、论证。经商最高人民法院、最高人民检察院、国家卫生和计划生育委员会、国家食品药品监督管理总局同意，现将折算表印发给你们，供在执法实践中参考。

此折算表在实践中的具体适用情况请及时报送我办。

特此通知。

2017年10月20日

100种麻醉药品和精神药品管制品种依赖性折算表

序号	中文名称	英文名称	折算标准（1克该物质相当于）	
			海洛因	甲基苯丙胺
1	醋美沙多	Acetylmethadol	2.5克	—
2	烯丙罗定	Allylprodine	11.5克	—
3	阿醋美沙多	Alphacetylmethadol	2.5克	—
4	阿法美罗定	Alphameprodine	0.46克	—
5	阿法美沙多	Alphamethadol	2.5克	—
6	阿尼利定	Anileridine	8.9克	—
7	苄替啶	Benzethidine	1.84克	—
8	苄吗啡	Benzylmorphine	85毫克	—
9	倍醋美沙多	Betacetylmethadol	2.5克	—
10	倍他美罗定	Betameprodine	11.5克	—
11	倍他美沙多	Betamethadol	2.5克	—
12	倍他罗定	Betaprodine	11.5克	—
13	贝齐米特	Bezitramide	6.4克	—

续表

序号	中文名称	英文名称	折算标准（1 克该物质相当于）	
			海洛因	甲基苯丙胺
14	氯尼他秦	Clonitazene	1.5 克	—
15	古柯叶	Coca Leaf	2.8 毫克	—
16	可多克辛	Codoxime	1.3 克	—
17	罂粟浓缩物	Concentrate of Poppy Straw	3.38 毫克	—
18	右吗拉胺	Dextromoramide	1.5 克	—
19	地恩丙胺	Diampromide	0.5 克	—
20	二乙噻丁	Diethylthiambutene	0.85 克	—
21	地芬诺辛	Difenoxin	0.375 克	—
22	双氢吗啡	Dihydromorphine	0.6 克	—
23	地美沙多	Dimenoxadol	2.5 克	—
24	地美庚醇	Dimepheptanol	2.5 克	—
25	二甲噻丁	Dimethylthiambutene	0.85 克	—
26	吗苯丁酯	Dioxaphetyl Butyrate	0.204 克	—
27	地匹哌酮	Dipipanone	0.258 克	—
28	羟蒂巴酚	Drotebanol	80 毫克	—
29	芽子碱	Ecgonine	88 毫克	—
30	乙甲噻丁	Ethylmethylthiambutene	0.85 克	—
31	依托尼秦	Etonitazene	30 克	—
32	依托利定	Etoxeridine	0.69 克	—
33	呋替啶	Furethidine	3.68 克	—
34	羟哌替啶	Hydroxypethidine	0.63 克	—
35	异美沙酮	Isomethadone	0.22 克	—

续表

序号	中文名称	英文名称	折算标准（1克该物质相当于）	
			海洛因	甲基苯丙胺
36	左美沙芬	Levomethorphan	2.25克	—
37	左吗拉胺	Levomoramide	1.5克	—
38	左芬啡烷	Levophenacylmorphan	2克	—
39	美他佐辛	Metazocine	0.545克	—
40	美沙酮中间体	Methadone Intermediate	0.32克	—
41	甲地索啡	Methyldesorphine	7.5克	—
42	甲二氢吗啡	Methyldihydromorphine	0.17克	—
43	美托酮	Metopon	1.43克	—
44	吗拉胺中间体	Moramide Intermediate	1.9克	—
45	吗哌利定	Morpheridine	0.29克	—
46	吗啡甲溴化物	Morphine Methobromide	20毫克	—
47	吗啡-N-氧化物	Morphine-N-oxide	6毫克	—
48	麦罗啡	Myrophine	20毫克	—
49	尼可吗啡	Nicomorphine	0.5克	—
50	诺美沙多	Noracymethadol	1.62克	—
51	去甲左啡诺	Norlevorphanol	0.05克	—
52	去甲美沙酮	Normethadone	0.05克	—
53	诺匹哌酮	Norpipanone	0.05克	—
54	奥列巴文	Oripavine	0.05克	—
55	哌替啶中间体A	Pethidine intermediate A	0.015克	—
56	哌替啶中间体B	Pethidine intermediate B	0.015克	—
57	哌替啶中间体C	Pethidine intermediate C	0.015克	—

续表

序号	中文名称	英文名称	折算标准（1克该物质相当于）	
			海洛因	甲基苯丙胺
58	苯吗庚酮	Phenadoxone	0.05 克	—
59	非那丙胺	Phenampromide	0.024 克	—
60	非那佐辛	Phenazocine	2 克	—
61	非那啡烷	Phenomorphan	35 克	—
62	苯哌利定	Phenoperidine	5 克	—
63	匹米诺定	Piminodine	0.05 克	—
64	哌腈米特	Piritramide	0.375 克	—
65	普罗庚嗪	Proheptazine	0.05 克	—
66	丙哌利定	Properidine	0.05 克	—
67	消旋甲啡烷	Racemethorphan	0.025 克	—
68	消旋吗拉胺	Dextromoramide	0.5 克	—
69	消旋啡烷	Racemorphan	0.025 克	—
70	醋氢可酮	Thebacon	1.3 克	—
71	蒂巴因	Thebaine	0.5 克	—
72	三甲利定	Trimeperidine	0.25 克	—
73	氨奈普汀	Amineptine	0.1 毫克	—
74	2,5－二甲氧基－4－溴苯乙胺	4－Bromo－2,5－dimethoxyphenethylamine(2C－B)	—	1 克
75	齐培丙醇	Zipeprol	0.15 毫克	—
76	依他喹酮	Etaqualone	0.007 毫克	—
77	他喷他多	Tapentadol	0.145 克	—
78	格鲁米特	Glutethimide	0.4 毫克	—
79	阿米雷司	Aminorex	0.132 克	—

续表

序号	中文名称	英文名称	折算标准（1克该物质相当于）	
			海洛因	甲基苯丙胺
80	氯巴占	Clobazam	0.1毫克	—
81	氯拉䓬酸	Clorazepate	0.05毫克	—
82	氯噻西泮	Clotiazepam	0.1毫克	—
83	氯噁唑仑	Cloxazolam	0.1毫克	—
84	乙氯维诺	Ethchlorvynol	0.01毫克	—
85	炔己蚁胺	Ethinamate	0.001毫克	—
86	氯氟䓬乙酯	Ethyl Loflazepate	0.1毫克	—
87	芬坎法明	Fencamfamin	0.5克	—
88	利非他明	Lefetamine	0.5克	—
89	甲乙哌酮	Methyprylon	0.1克	—
90	哌苯甲醇	Pipradrol	—	0.1克
91	仲丁比妥	Secbutabarbital	0.2毫克	—
92	乙烯比妥	Vinylbital	0.2毫克	—
93	麦角胺咖啡因片*	Ergotamine and Caffeine Tablet	—	0.001毫克
94	呋芬雷司	Furfennorex	—	1克
95	纳布啡及其注射剂	Nalbuphine and its injection	0.5克	—
96	氨酚氢可酮片*	Paracetamol and Hydrocodone Bitartrate Tablet	0.5克	—
97	丙己君	Propylhexedrine	—	0.02克
98	佐匹克隆	Zopiclone	0.025毫克	—
99	2,5-二甲氧基苯乙胺	2,5-dimethoxyphenethylamine	—	0.02克
100	4-甲基甲卡西酮	4-Methylmethcathinone	—	1克

国家禁毒委员会办公室
关于印发《3 种合成大麻素依赖性折算表》的通知

（禁毒办通〔2019〕6 号）

各省、自治区、直辖市禁毒委员会办公室，新疆生产建设兵团禁毒委员会办公室：

为进一步加大对已列管麻醉药品和精神药品违法犯罪活动的打击力度，我办委托国内专业机构对 3 种合成大麻素与海洛因的依赖性折算标准进行了调研、论证。经商最高人民法院、最高人民检察院、国家药品监督管理局同意，现将折算表印发给你们，供在执法实践中参考。

此折算表在实践中的具体适用情况请及时报送我办。

特此通知。

2019 年 1 月 16 日

3 种合成大麻素依赖性折算表

序号	英文名称	中文名称	折算标准（1 克该物质相当于）	分类
			海洛因	
1	AMB – FUBINACA	3 – 甲基 – 2 – [1 – (4 – 氟苄基)吲唑 – 3 – 甲酰氨基]丁酸甲酯	5.5 克	合成大麻素类
2	ADB – FUBINACA	N – (1 – 氨甲酰基 – 2,2 – 二甲基丙基) – 1 – (4 – 氟苄基)吲唑 – 3 – 甲酰胺	2.5 克	合成大麻素类
3	5F – ADB	3,3 – 二甲基 – 2 – [1 – (5 – 氟戊基)吲唑 – 3 – 甲酰氨基]丁酸甲酯	14.0 克	合成大麻素类

170 种新精神活性物质依赖性折算表

一、合成大麻素类(53 种)				
序号	中文名	备注（名称缩写）	折算标准（1 克该物质相当于）	
			海洛因	甲基苯丙胺
1	1-丁基-3-(1-萘甲酰基)吲哚	JWH-073		
2	[1-(5-氟戊基)-1H-吲哚-3-基](2-碘苯基)甲酮	AM-694		
3	1-(5-氟戊基)-3-(1-萘甲酰基)-1H-吲哚	AM-2201		
4	2-(2-甲氧基苯基)-1-(1-戊基-1H-吲哚-3-基)乙酮	JWH-250		
5	1-戊基-3-(1-萘甲酰基)吲哚	JWH-018		
6	N-(1-氨甲酰基-2-甲基丙基)-1-(5-氟戊基)吲哚-3-甲酰胺	5F-ABICA	1.44 克	
7	N-(1-氨甲酰基-2-甲基丙基)-1-(5-氟戊基)吲唑-3-甲酰胺	5F-AB-PINACA	1.44 克	
8	N-(1-氨甲酰基-2,2-二甲基丙基)-1-(5-氟戊基)吲哚-3-甲酰胺	5F-ADBICA	1.44 克	
9	N-(1-甲氧基羰基-2-甲基丙基)-1-(5-氟戊基)吲唑-3-甲酰胺	5F-AMB	1.44 克	
10	N-(1-金刚烷基)-1-(5-氟戊基)吲唑-3-甲酰胺	5F-APINACA	3.48 克	
11	1-(5-氟戊基)-吲哚-3-甲酸-8-喹啉酯	5F-PB-22	21.8 克	
12	1-(5-氟戊基)-3-(2,2,3,3-四甲基环丙甲酰基)吲哚 *	5F-UR-144	1.43 克	

续表

序号	中文名	备注（名称缩写）	折算标准（1克该物质相当于）	
			海洛因	甲基苯丙胺
13	1－［2－（N－吗啉基）乙基］－3－（2,2,3,3－四甲基环丙甲酰基）吲哚	A－796,260	1.43克	
14	1－（4－四氢吡喃基甲基）－3－（2,2,3,3－四甲基环丙甲酰基）吲哚	A－834,735	1.43克	
15	N－（1－氨甲酰基－2－甲基丙基）－1－（环己基甲基）吲唑－3－甲酰胺	AB－CHMINACA	14.79克	
16	N－（1－氨甲酰基－2－甲基丙基）－1－（4－氟苄基）吲唑－3－甲酰胺	AB－FUBINACA	4.7克	
17	N－（1－氨甲酰基－2－甲基丙基）－1－戊基吲唑－3－甲酰胺	AB－PINACA	1.5克	
18	N－（1－氨甲酰基－2,2－二甲基丙基）－1－戊基吲哚－3－甲酰胺	ADBICA	10.5克	
19	N－（1－氨甲酰基－2,2－二甲基丙基）－1－戊基吲唑－3－甲酰胺	ADB－PINACA	2克	
20	1－［（N－甲基哌啶－2－基）甲基］－3－（1－萘甲酰基）吲哚	AM－1220	1.43克	
21	1－［（N－甲基哌啶－2－基）甲基］－3－（1－金刚烷基甲酰基）吲哚	AM－1248	1.43克	
22	1－［（N－甲基哌啶－2－基）甲基］－3－（2－碘苯甲酰基）吲哚	AM－2233	2克	
23	N－（1－金刚烷基）－1－戊基吲哚－3－甲酰胺	APICA	1.7克	
24	N－（1－金刚烷基）－1－戊基吲唑－3－甲酰胺	APINACA	4克	
25	1－（1－萘甲酰基）－4－戊氧基萘	CB－13	23.6克	

续表

序号	中文名	备注（名称缩写）	折算标准（1克该物质相当于）	
			海洛因	甲基苯丙胺
26	N－(1－甲基－1－苯基乙基)－1－(4－四氢吡喃基甲基)吲唑－3－甲酰胺	CUMYL－THPINACA	4克	
27	1－(5－氟戊基)－3－(4－乙基－1－萘甲酰基)吲哚	EAM－2201	10克	
28	1－(4－氟苄基)－3－(1－萘甲酰基)吲哚	FUB－JWH－018	4克	
29	1－(4－氟苄基)吲哚－3－甲酸－8－喹啉酯	FUB－PB－22	2克	
30	2－甲基－1－戊基－3－(1－萘甲酰基)吲哚	JWH－007	4克	
31	2－甲基－1－丙基－3－(1－萘甲酰基)吲哚	JWH－015	4克	
32	1－己基－3－(1－萘甲酰基)吲哚	JWH－019	4克	
33	1－戊基－3－(4－甲氧基－1－萘甲酰基)吲哚	JWH－081	34克	
34	1－戊基－3－(4－甲基－1－萘甲酰基)吲哚	JWH－122	3.7克	
35	1－戊基－3－(2－氯苯乙酰基)吲哚	JWH－203	0.37克	
36	1－戊基－3－(4－乙基－1－萘甲酰基)吲哚	JWH－210	10克	
37	1－戊基－2－(2－甲基苯基)－4－(1－萘甲酰基)吡咯	JWH－370	10克	
38	1－(5－氟戊基)－3－(4－甲基－1－萘甲酰基)吲哚	MAM－2201	10克	

续表

序号	中文名	备注（名称缩写）	折算标准（1克该物质相当于）	
			海洛因	甲基苯丙胺
39	N－(1－甲氧基羰基－2,2－二甲基丙基)－1－(环己基甲基)吲哚－3－甲酰胺	MDMB－CHMICA	10.5克	
40	N－(1－甲氧基羰基－2,2－二甲基丙基)－1－(4－氟苄基)吲唑－3－甲酰胺	MDMB－FUBINACA	4.7克	
41	1－戊基吲哚－3－甲酸－8－喹啉酯	PB－22	49克	
42	N－(1－氨甲酰基－2－苯基乙基)－1－(5－氟戊基)吲唑－3－甲酰胺	PX－2	1.44克	
43	1－戊基－3－(4－甲氧基苯甲酰基)吲哚	RCS－4	0.03克	
44	N－(1－金刚烷基)－1－(5－氟戊基)吲哚－3－甲酰胺	STS－135	19克	
45	1－戊基－3－(2,2,3,3－四甲基环丙甲酰基)吲哚	UR－144	0.714克	
46	3－甲基－2－[1－(4－氟苄基)吲唑－3－甲酰氨基]丁酸甲酯	AMB－FUBINACA	5.5克	
47	1－(4－氟苄基)－N－(1－金刚烷基)吲唑－3－甲酰胺	FUB－APINACA		
48	N－(1－氨甲酰基－2,2－二甲基丙基)－1－(环己基甲基)吲唑－3－甲酰胺	ADB－CHMINACA		
49	N－(1－氨甲酰基－2,2－二甲基丙基)－1－(4－氟苄基)吲唑－3－甲酰胺	ADB－FUBINACA	2.5克	
50	3,3－二甲基－2－[1－(5－氟戊基)吲唑－3－甲酰氨基]丁酸甲酯	5F－ADB	14.0克	

续表

序号	中文名	备注（名称缩写）	折算标准（1克该物质相当于）	
			海洛因	甲基苯丙胺
51	3－甲基－2－[1－(环己基甲基)吲哚－3－甲酰氨基]丁酸甲酯	AMB－CHMICA		
52	1－(5－氟戊基)－2－(1－萘甲酰基)苯并咪唑	BIM－2201		
53	1－(5－氟戊基)吲哚－3－甲酸－1－萘酯	NM－2201		

二、合成卡西酮类(50种)

序号	中文名	备注（名称缩写）	折算标准（1克该物质相当于）	
			海洛因	甲基苯丙胺
54	亚甲基二氧吡咯戊酮	MDPV		
55	4－甲基乙卡西酮	4－MEC		
56	4－甲基甲卡西酮	4－MMC		1克
57	3,4－亚甲二氧基甲卡西酮	Methylone		
58	2－氟甲卡西酮	2－FMC	0.476克	
59	2－甲基甲卡西酮	2－MMC		0.3克
60	3,4－二甲基甲卡西酮	3,4－DMMC		0.3克
61	3－氯甲卡西酮	3－CMC		0.3克
62	3－甲氧基甲卡西酮	3－MeOMC		0.3克
63	3－甲基甲卡西酮	3－MMC		0.3克
64	4－溴甲卡西酮	4－BMC		0.14克
65	4－氯甲卡西酮	4－CMC		0.14克
66	4－氟甲卡西酮	4－FMC		0.14克

续表

序号	中文名	备注（名称缩写）	折算标准（1克该物质相当于）	
			海洛因	甲基苯丙胺
67	1－(4－氟苯基)－2－(N－吡咯烷基)－1－戊酮	4－F－α－PVP		0.4克
68	1－(4－甲基苯基)－2－甲氨基－1－丁酮	4－MeBP		0.3克
69	1－(4－甲氧基苯基)－2－(N－吡咯烷基)－1－戊酮	4－MeO－α－PVP		0.4克
70	1－苯基－2－甲氨基－1－丁酮	Buphedrone		0.3克
71	2－甲氨基－1－[3,4－(亚甲二氧基)苯基]－1－丁酮	Butylone		0.15克
72	2－二甲氨基－1－[3,4－(亚甲二氧基)苯基]－1－丙酮	Dimethylone	1克	
73	乙卡西酮	Ethcathinone		0.03克
74	3,4－亚甲二氧基乙卡西酮	Ethylone		0.19克
75	1－[3,4－(亚甲二氧基)苯基]－2－(N－吡咯烷基)－1－丁酮	MDPBP	1克	
76	1－[3,4－(亚甲二氧基)苯基]－2－(N－吡咯烷基)－1－丙酮	MDPPP	1克	
77	4－甲氧基甲卡西酮	Methedrone		0.3克
78	1－苯基－2－乙氨基－1－丁酮	NEB		0.3克
79	1－苯基－2－甲氨基－1－戊酮	Pentedrone	0.3克	
80	1－苯基－2－(N－吡咯烷基)－1－丁酮	α－PBP		0.4克
81	1－苯基－2－(N－吡咯烷基)－1－己酮	α－PHP		0.4克

续表

序号	中文名	备注（名称缩写）	折算标准（1 克该物质相当于）	
			海洛因	甲基苯丙胺
82	1－苯基－2－（N－吡咯烷基）－1－庚酮	α－PHPP		0.4 克
83	1－苯基－2－（N－吡咯烷基）－1－戊酮	α－PVP		0.4 克
84	4－氯乙卡西酮	4－CEC		
85	1－［3,4－（亚甲二氧基）苯基］－2－乙氨基－1－戊酮	N－Ethyl-pentylone		
86	1－（4－氯苯基）－2－（N－吡咯烷基）－1－戊酮	4－Cl－α－PVP		
87	1－［3,4－（亚甲二氧基）苯基］－2－二甲氨基－1－丁酮	Dibutylone		
88	1－［3,4－（亚甲二氧基）苯基］－2－甲氨基－1－戊酮	Pentylone		
89	1－苯基－2－乙氨基－1－己酮	N－Ethyl-hexedrone		
90	1－（4－甲基苯基）－2－（N－吡咯烷基）－1－己酮	4－MPHP		
91	1－（4－氯苯基）－2－（N－吡咯烷基）－1－丙酮	4－Cl－α－PPP		
92	1－［2－（5,6,7,8－四氢萘基）］－2－（N－吡咯烷基）－1－戊酮	β－TH－Naphyrone		
93	1－（4－氟苯基）－2－（N－吡咯烷基）－1－己酮	4－F－α－PHP		
94	4－乙基甲卡西酮	4－EMC		

续表

序号	中文名	备注（名称缩写）	折算标准（1克该物质相当于）	
			海洛因	甲基苯丙胺
95	1－(4－甲基苯基)－2－乙氨基－1－戊酮	4－MEAPP		
96	1－(4－甲基苯基)－2－甲氨基－3－甲氧基－1－丙酮	Mexedrone		
97	1－[3,4－(亚甲二氧基)苯基]－2－(N－吡咯烷基)－1－己酮	MDPHP		
98	1－(4－甲基苯基)－2－甲氨基－1－戊酮	4－MPD		
99	1－(4－甲基苯基)－2－二甲氨基－1－丙酮	4－MDMC		
100	3,4－亚甲二氧基丙卡西酮	Propylone		
101	1－(4－氯苯基)－2－乙氨基－1－戊酮	4－Cl－EAPP		
102	1－苯基－2－(N－吡咯烷基)－1－丙酮	α－PPP		
103	1－(4－氯苯基)－2－甲氨基－1－戊酮	4－Cl－Pentedrone		
三、苯乙胺类(26种)				
序号	中文名	备注（名称缩写）	折算标准（1克该物质相当于）	
			海洛因	甲基苯丙胺
104	2,5－二甲氧基－4－碘苯乙胺	2C－I		
105	2,5－二甲氧基苯乙胺	2C－H		0.02克
106	N－(2－甲氧基苄基)－2－(2,5－二甲氧基－4－溴苯基)乙胺	2C－B－NBOMe	1克	

续表

序号	中文名	备注（名称缩写）	折算标准（1克该物质相当于）	
			海洛因	甲基苯丙胺
107	2,5－二甲氧基－4－氯苯乙胺	2C－C	1克	
108	N－(2－甲氧基苄基)－2－(2,5－二甲氧基－4－氯苯基)乙胺	2C－C－NBOMe	1克	
109	2,5－二甲氧基－4－甲基苯乙胺	2C－D	1克	
110	N－(2－甲氧基苄基)－2－(2,5－二甲氧基－4－甲基苯基)乙胺	2C－D－NBOMe	1克	
111	2,5－二甲氧基－4－乙基苯乙胺	2C－E	1克	
112	N－(2－甲氧基苄基)－2－(2,5－二甲氧基－4－碘苯基)乙胺	2C－I－NBOMe	16克	
113	2,5－二甲氧基－4－丙基苯乙胺	2C－P	1克	
114	2,5－二甲氧基－4－乙硫基苯乙胺	2C－T－2	0.73克	
115	2,5－二甲氧基－4－异丙基硫基苯乙胺	2C－T－4	1克	
116	2,5－二甲氧基－4－丙硫基苯乙胺	2C－T－7	0.75克	
117	2－氟苯丙胺	2－FA		0.5克
118	2－氟甲基苯丙胺	2－FMA		0.5克
119	3－氟苯丙胺	3－FA		0.5克
120	3－氟甲基苯丙胺	3－FMA		0.5克
121	4－氯苯丙胺	4－CA		0.5克
122	4－氟苯丙胺	4－FA		0.5克
123	4－氟甲基苯丙胺	4－FMA		0.5克
124	1－[5－(2,3－二氢苯并呋喃基)]－2－丙胺	5－APDB		0.5克

续表

序号	中文名	备注（名称缩写）	折算标准（1克该物质相当于）	
			海洛因	甲基苯丙胺
125	1－(5－苯并呋喃基)－N－甲基－2－丙胺	5－MAPB		0.5克
126	6－溴－3,4－亚甲二氧基甲基苯丙胺	6－Br－MDMA		0.5克
127	6－氯－3,4－亚甲二氧基甲基苯丙胺	6－Cl－MDMA		0.5克
128	1－(2,5－二甲氧基－4－氯苯基)－2－丙胺	DOC		0.5克
129	4－甲氧基甲基苯丙胺	PMMA		0.5克
四、色胺类(5种)				
序号	中文名	备注（名称缩写）	折算标准（1克该物质相当于）	
			海洛因	甲基苯丙胺
130	N,N－二烯丙基－5－甲氧基色胺	5－MeO－DALT	1克	
131	N,N－二异丙基－5－甲氧基色胺	5－MeO－DiPT		1克
132	N,N－二甲基－5－甲氧基色胺	5－MeO－DMT	1克	
133	N－甲基－N－异丙基－5－甲氧基色胺	5－MeO－MiPT	1克	
134	α－甲基色胺	AMT	0.134克	

续表

五、氨基茚满类(2 种)				
序号	中文名	备注 (名称缩写)	折算标准 (1 克该物质相当于)	
			海洛因	甲基苯丙胺
135	2－氨基茚满	2－AI	1 克	
136	5,6－亚甲二氧基－2－氨基茚满	MDAI	1 克	
六、哌嗪类(5 种)				
序号	中文名	备注 (名称缩写)	折算标准 (1 克该物质相当于)	
			海洛因	甲基苯丙胺
137	苄基哌嗪	BZP		
138	1,4－二苄基哌嗪	DBZP	4 克	
139	1－(3－氯苯基)哌嗪	mCPP	4 克	
140	1－(3－三氟甲基苯基)哌嗪	TFMPP	0.33 克	
141	1－环已基－4－(1,2－二苯基乙基)哌嗪	MT－45		
七、氯胺酮及苯环利啶类(4 种)				
序号	中文名	备注 (名称缩写)	折算标准 (1 克该物质相当于)	
			海洛因	甲基苯丙胺
142	氯胺酮	Ketamine	0.1 克	
143	2－(3－甲氧基苯基)－2－乙氨基环已酮	MXE	0.025 克	
144	乙基去甲氯胺酮	NENK	0.025 克	
145	2－苯基－2－甲氨基环已酮	DCK		

续表

八、植物类(1 种)				
序号	中文名	备注（名称缩写）	折算标准（1 克该物质相当于）	
			海洛因	甲基苯丙胺
146	恰特草	Khat		0.0005 克
九、芬太尼类(12 种)				
序号	中文名	备注（名称缩写）	折算标准（1 克该物质相当于）	
			海洛因	甲基苯丙胺
147	乙酰芬太尼	Acetylfentanyl	6 克	
148	丁酰芬太尼	Butyrylfentanyl	1.25 克	
149	β－羟基硫代芬太尼	β－Hydroxythiofentanyl	40 克	
150	4－氟丁酰芬太尼	4－Fluorobutyrfentanyl	1.25 克	
151	异丁酰芬太尼	Isobutyrfentanyl	1.25 克	
152	奥芬太尼	Ocfentanyl	66.8 克	
153	丙烯酰芬太尼	Acrylfentanyl		
154	卡芬太尼	Carfentanyl Carfentanil		
155	呋喃芬太尼	Furanylfentanyl		
156	戊酰芬太尼	Valerylfentanyl		
157	4－氟异丁酰芬太尼	4－FIBF		
158	四氢呋喃芬太尼	THF－F		

续表

十、其他类(12 种)				
序号	中文名	备注（名称缩写）	折算标准（1 克该物质相当于）	
			海洛因	甲基苯丙胺
159	1 –(2 – 苯并呋喃基) – N – 甲基 – 2 – 丙胺	2 – MAPB		1 克
160	1 –(2 – 噻吩基) – N – 甲基 – 2 – 丙胺	MPA		1 克
161	1 –(2 – 噻吩基) – 2 –(N – 吡咯烷基) – 1 – 戊酮	α – PVT		0.4 克
162	2 – 二苯甲基哌啶	2 – DPMP	1.165 克	
163	3,4 – 二氯哌甲酯	3,4 – CTMP		8 克
164	3,4 – 二氯 – N –[(1 – 二甲氨基)环己基甲基]苯甲酰胺	AH – 7921	0.4 克	
165	哌乙酯	Ethylphenidate		1 克
166	1 –[1 –(2 – 甲氧基苯基) – 2 – 苯基乙基]哌啶	Methoxphenidine	1.165 克	
167	芬纳西泮	Phenazepam	0.005 克	
168	N – 甲基 – N –(2 – 二甲氨基环己基) – 3,4 – 二氯苯甲酰胺	U – 47700		
169	2 – 氨基 – 4 – 甲基 – 5 –(4 – 甲基苯基) – 4,5 – 二氢噁唑	4,4' – DMAR		
170	3 – 甲基 – 5 – {2 –[8 – 甲基 – 3 – 苯基 – 8 – 氮杂环(3,2,1)辛烷基]} – 1,2,4 – 噁二唑	RTI – 126		

第四部分 司法解释

最高人民法院
关于审理毒品犯罪案件适用法律若干问题的解释

（2016年1月25日最高人民法院审判委员会第1676次会议通过
自2016年4月11日起施行 法释〔2016〕8号）

为依法惩治毒品犯罪，根据《中华人民共和国刑法》的有关规定，现就审理此类刑事案件适用法律的若干问题解释如下：

第一条 走私、贩卖、运输、制造、非法持有下列毒品，应当认定为刑法第三百四十七条第二款第一项、第三百四十八条规定的“其他毒品数量大”：

（一）可卡因五十克以上；

（二）3,4－亚甲二氧基甲基苯丙胺（MDMA）等苯丙胺类毒品（甲基苯丙胺除外）、吗啡一百克以上；

（三）芬太尼一百二十五克以上；

（四）甲卡西酮二百克以上；

（五）二氢埃托啡十毫克以上；

（六）哌替啶（度冷丁）二百五十克以上；

（七）氯胺酮五百克以上；

（八）美沙酮一千克以上；

（九）曲马多、γ－羟丁酸二千克以上；

（十）大麻油五千克、大麻脂十千克、大麻叶及大麻烟一百五十千克以上；

（十一）可待因、丁丙诺啡五千克以上；

（十二）三唑仑、安眠酮五十千克以上；

（十三）阿普唑仑、恰特草一百千克以上；

（十四）咖啡因、罂粟壳二百千克以上；

（十五）巴比妥、苯巴比妥、安钠咖、尼美西泮二百五十千克以上；

（十六）氯氮卓、艾司唑仑、地西泮、溴西泮五百千克以上；

（十七）上述毒品以外的其他毒品数量大的。

国家定点生产企业按照标准规格生产的麻醉药品或者精神药品被用于毒品犯罪的，根据药品中毒品成分的含量认定涉案毒品数量。

第二条　走私、贩卖、运输、制造、非法持有下列毒品，应当认定为刑法第三百四十七条第三款、第三百四十八条规定的“其他毒品数量较大”：

（一）可卡因十克以上不满五十克；

（二）3，4－亚甲二氧基甲基苯丙胺（MDMA）等苯丙胺类毒品（甲基苯丙胺除外）、吗啡二十克以上不满一百克；

（三）芬太尼二十五克以上不满一百二十五克；

（四）甲卡西酮四十克以上不满二百克；

（五）二氢埃托啡二毫克以上不满十毫克；

（六）哌替啶（度冷丁）五十克以上不满二百五十克；

（七）氯胺酮一百克以上不满五百克；

（八）美沙酮二百克以上不满一千克；

（九）曲马多、γ－羟丁酸四百克以上不满二千克；

（十）大麻油一千克以上不满五千克、大麻脂二千克以上不满十千克、大麻叶及大麻烟三十千克以上不满一百五十千克；

（十一）可待因、丁丙诺啡一千克以上不满五千克；

（十二）三唑仑、安眠酮十千克以上不满五十千克；

（十三）阿普唑仑、恰特草二十千克以上不满一百千克；

（十四）咖啡因、罂粟壳四十千克以上不满二百千克；

（十五）巴比妥、苯巴比妥、安钠咖、尼美西泮五十千克以上不满二百五十千克；

（十六）氯氮卓、艾司唑仑、地西泮、溴西泮一百千克以上不满五百千克；

（十七）上述毒品以外的其他毒品数量较大的。

第三条　在实施走私、贩卖、运输、制造毒品犯罪的过程中，携带枪支、弹药或者爆炸物用于掩护的，应当认定为刑法第三百四十七条第二款第三项规定的"武装掩护走私、贩卖、运输、制造毒品"。枪支、弹药、爆炸物种类的认定，依照相关司法解释的规定执行。

在实施走私、贩卖、运输、制造毒品犯罪的过程中，以暴力抗拒检查、拘留、逮捕，造成执法人员死亡、重伤、多人轻伤或者具有其他严重情节的，应当认定为刑法第三百四十七条第二款第四项规定的"以暴力抗拒检查、拘留、逮捕，情节严重"。

第四条　走私、贩卖、运输、制造毒品，具有下列情形之一的，应当认定为刑法第三百四十七条第四款规定的"情节严重"：

（一）向多人贩卖毒品或者多次走私、贩卖、运输、制造毒品的；

（二）在戒毒场所、监管场所贩卖毒品的；

（三）向在校学生贩卖毒品的；

（四）组织、利用残疾人、严重疾病患者、怀孕或者正在哺乳自己婴儿的妇女走私、贩卖、运输、制造毒品的；

（五）国家工作人员走私、贩卖、运输、制造毒品的；

（六）其他情节严重的情形。

第五条　非法持有毒品达到刑法第三百四十八条或者本解释第二条规定的"数量较大"标准，且具有下列情形之一的，应当认定为刑法第三百四十八条规定的"情节严重"：

（一）在戒毒场所、监管场所非法持有毒品的；

（二）利用、教唆未成年人非法持有毒品的；

（三）国家工作人员非法持有毒品的；

（四）其他情节严重的情形。

第六条　包庇走私、贩卖、运输、制造毒品的犯罪分子，具有下列情形之一的，应当认定为刑法第三百四十九条第一款规定的"情节严重"：

（一）被包庇的犯罪分子依法应当判处十五年有期徒刑以上刑罚

的；

（二）包庇多名或者多次包庇走私、贩卖、运输、制造毒品的犯罪分子的；

（三）严重妨害司法机关对被包庇的犯罪分子实施的毒品犯罪进行追究的；

（四）其他情节严重的情形。

为走私、贩卖、运输、制造毒品的犯罪分子窝藏、转移、隐瞒毒品或者毒品犯罪所得的财物，具有下列情形之一的，应当认定为刑法第三百四十九条第一款规定的“情节严重”：

（一）为犯罪分子窝藏、转移、隐瞒毒品达到刑法第三百四十七条第二款第一项或者本解释第一条第一款规定的“数量大”标准的；

（二）为犯罪分子窝藏、转移、隐瞒毒品犯罪所得的财物价值达到五万元以上的；

（三）为多人或者多次为他人窝藏、转移、隐瞒毒品或者毒品犯罪所得的财物的；

（四）严重妨害司法机关对该犯罪分子实施的毒品犯罪进行追究的；

（五）其他情节严重的情形。

包庇走私、贩卖、运输、制造毒品的近亲属，或者为其窝藏、转移、隐瞒毒品或者毒品犯罪所得的财物，不具有本条前两款规定的“情节严重”情形，归案后认罪、悔罪、积极退赃，且系初犯、偶犯，犯罪情节轻微不需要判处刑罚的，可以免予刑事处罚。

第七条 违反国家规定，非法生产、买卖、运输制毒物品、走私制毒物品，达到下列数量标准的，应当认定为刑法第三百五十条第一款规定的“情节较重”：

（一）麻黄碱（麻黄素）、伪麻黄碱（伪麻黄素）、消旋麻黄碱（消旋麻黄素）一千克以上不满五千克；

（二）1－苯基－2－丙酮、1－苯基－2－溴－1－丙酮、3,4－亚甲基二氧苯基－2－丙酮、羟亚胺二千克以上不满十千克；

（三）3－氧－2－苯基丁腈、邻氯苯基环戊酮、去甲麻黄碱（去甲麻黄素）、甲基麻黄碱（甲基麻黄素）四千克以上不满二十千克；

（四）醋酸酐十千克以上不满五十千克；

（五）麻黄浸膏、麻黄浸膏粉、胡椒醛、黄樟素、黄樟油、异黄樟素、麦角酸、麦角胺、麦角新碱、苯乙酸二十千克以上不满一百千克；

（六）N－乙酰邻氨基苯酸、邻氨基苯甲酸、三氯甲烷、乙醚、哌啶五十千克以上不满二百五十千克；

（七）甲苯、丙酮、甲基乙基酮、高锰酸钾、硫酸、盐酸一百千克以上不满五百千克；

（八）其他制毒物品数量相当的。

违反国家规定，非法生产、买卖、运输制毒物品、走私制毒物品，达到前款规定的数量标准最低值的百分之五十，且具有下列情形之一的，应当认定为刑法第三百五十条第一款规定的“情节较重”：

（一）曾因非法生产、买卖、运输制毒物品、走私制毒物品受过刑事处罚的；

（二）二年内曾因非法生产、买卖、运输制毒物品、走私制毒物品受过行政处罚的；

（三）一次组织五人以上或者多次非法生产、买卖、运输制毒物品、走私制毒物品，或者在多个地点非法生产制毒物品的；

（四）利用、教唆未成年人非法生产、买卖、运输制毒物品、走私制毒物品的；

（五）国家工作人员非法生产、买卖、运输制毒物品、走私制毒物品的；

（六）严重影响群众正常生产、生活秩序的；

（七）其他情节较重的情形。

易制毒化学品生产、经营、购买、运输单位或者个人未办理许可证明或者备案证明，生产、销售、购买、运输易制毒化学品，确实用于合法生产、生活需要的，不以制毒物品犯罪论处。

第八条　违反国家规定，非法生产、买卖、运输制毒物品、走私制毒

物品,具有下列情形之一的,应当认定为刑法第三百五十条第一款规定的“情节严重”:

(一)制毒物品数量在本解释第七条第一款规定的最高数量标准以上,不满最高数量标准五倍的;

(二)达到本解释第七条第一款规定的数量标准,且具有本解释第七条第二款第三项至第六项规定的情形之一的;

(三)其他情节严重的情形。

违反国家规定,非法生产、买卖、运输制毒物品、走私制毒物品,具有下列情形之一的,应当认定为刑法第三百五十条第一款规定的“情节特别严重”:

(一)制毒物品数量在本解释第七条第一款规定的最高数量标准五倍以上的;

(二)达到前款第一项规定的数量标准,且具有本解释第七条第二款第三项至第六项规定的情形之一的;

(三)其他情节特别严重的情形。

第九条 非法种植毒品原植物,具有下列情形之一的,应当认定为刑法第三百五十一条第一款第一项规定的“数量较大”:

(一)非法种植大麻五千株以上不满三万株的;

(二)非法种植罂粟二百平方米以上不满一千二百平方米、大麻二千平方米以上不满一万二千平方米,尚未出苗的;

(三)非法种植其他毒品原植物数量较大的。

非法种植毒品原植物,达到前款规定的最高数量标准的,应当认定为刑法第三百五十一条第二款规定的“数量大”。

第十条 非法买卖、运输、携带、持有未经灭活的毒品原植物种子或者幼苗,具有下列情形之一的,应当认定为刑法第三百五十二条规定的“数量较大”:

(一)罂粟种子五十克以上、罂粟幼苗五千株以上的;

(二)大麻种子五十千克以上、大麻幼苗五万株以上的;

(三)其他毒品原植物种子或者幼苗数量较大的。

第十一条　引诱、教唆、欺骗他人吸食、注射毒品，具有下列情形之一的，应当认定为刑法第三百五十三条第一款规定的“情节严重”：

（一）引诱、教唆、欺骗多人或者多次引诱、教唆、欺骗他人吸食、注射毒品的；

（二）对他人身体健康造成严重危害的；

（三）导致他人实施故意杀人、故意伤害、交通肇事等犯罪行为的；

（四）国家工作人员引诱、教唆、欺骗他人吸食、注射毒品的；

（五）其他情节严重的情形。

第十二条　容留他人吸食、注射毒品，具有下列情形之一的，应当依照刑法第三百五十四条的规定，以容留他人吸毒罪定罪处罚：

（一）一次容留多人吸食、注射毒品的；

（二）二年内多次容留他人吸食、注射毒品的；

（三）二年内曾因容留他人吸食、注射毒品受过行政处罚的；

（四）容留未成年人吸食、注射毒品的；

（五）以牟利为目的容留他人吸食、注射毒品的；

（六）容留他人吸食、注射毒品造成严重后果的；

（七）其他应当追究刑事责任的情形。

向他人贩卖毒品后又容留其吸食、注射毒品，或者容留他人吸食、注射毒品并向其贩卖毒品，符合前款规定的容留他人吸毒罪的定罪条件的，以贩卖毒品罪和容留他人吸毒罪数罪并罚。

容留近亲属吸食、注射毒品，情节显著轻微危害不大的，不作为犯罪处理；需要追究刑事责任的，可以酌情从宽处罚。

第十三条　依法从事生产、运输、管理、使用国家管制的麻醉药品、精神药品的人员，违反国家规定，向吸食、注射毒品的人提供国家规定管制的能够使人形成瘾癖的麻醉药品、精神药品，具有下列情形之一的，应当依照刑法第三百五十五条第一款的规定，以非法提供麻醉药品、精神药品罪定罪处罚：

（一）非法提供麻醉药品、精神药品达到刑法第三百四十七条第三款或者本解释第二条规定的“数量较大”标准最低值的百分之五十，不满“数量较大”标准的；

（二）二年内曾因非法提供麻醉药品、精神药品受过行政处罚的；

（三）向多人或者多次非法提供麻醉药品、精神药品的；

（四）向吸食、注射毒品的未成年人非法提供麻醉药品、精神药品的；

（五）非法提供麻醉药品、精神药品造成严重后果的；

（六）其他应当追究刑事责任的情形。

具有下列情形之一的，应当认定为刑法第三百五十五条第一款规定的“情节严重”：

（一）非法提供麻醉药品、精神药品达到刑法第三百四十七条第三款或者本解释第二条规定的“数量较大”标准的；

（二）非法提供麻醉药品、精神药品达到前款第一项规定的数量标准，且具有前款第三项至第五项规定的情形之一的；

（三）其他情节严重的情形。

第十四条 利用信息网络，设立用于实施传授制造毒品、非法生产制毒物品的方法，贩卖毒品，非法买卖制毒物品或者组织他人吸食、注射毒品等违法犯罪活动的网站、通讯群组，或者发布实施前述违法犯罪活动的信息，情节严重的，应当依照刑法第二百八十七条之一的规定，以非法利用信息网络罪定罪处罚。

实施刑法第二百八十七条之一、第二百八十七条之二规定的行为，同时构成贩卖毒品罪、非法买卖制毒物品罪、传授犯罪方法罪等犯罪的，依照处罚较重的规定定罪处罚。

第十五条 本解释自2016年4月11日起施行。《最高人民法院关于审理毒品案件定罪量刑标准有关问题的解释》（法释〔2000〕13号）同时废止；之前发布的司法解释和规范性文件与本解释不一致的，以本解释为准。

图书在版编目(CIP)数据

新精神活性物质办案实用手册 / 马岩，王优美主编
. -- 北京 : 法律出版社，2019(2020.1 重印)
ISBN 978 - 7 - 5197 - 3968 - 3

Ⅰ. ①新… Ⅱ. ①马… ②王… Ⅲ. ①精神活性药物
－药品管理法－研究－中国 Ⅳ. ①D922.164

中国版本图书馆 CIP 数据核字(2019)第 216745 号

新精神活性物质办案实用手册
XIN JINGSHEN HUOXING WUZHI BAN'AN SHIYONG SHOUCE

马 岩 王优美 主编

策划编辑 杨大康
责任编辑 杨大康
装帧设计 汪奇峰

出版 法律出版社
总发行 中国法律图书有限公司
经销 新华书店
印刷 天津嘉恒印务有限公司
责任校对 李景美
责任印制 吕亚莉

编辑统筹 法律应用出版分社
开本 A5
印张 18
字数 510 千
版本 2019 年 10 月第 1 版
印次 2020 年 1 月第 3 次印刷

法律出版社/北京市丰台区莲花池西里 7 号(100073)
网址/www. lawpress. com. cn
投稿邮箱/info@ lawpress. com. cn
举报维权邮箱/jbwq@ lawpress. com. cn
销售热线/400 - 660 - 8393
咨询电话/010 - 63939796

中国法律图书有限公司/北京市丰台区莲花池西里 7 号(100073)
全国各地中法图分、子公司销售电话：
统一销售客服/400 - 660 - 8393/6393
第一法律书店/010 - 83938432/8433 西安分公司/029 - 85330678 重庆分公司/023 - 67453036
上海分公司/021 - 62071639/1636 深圳分公司/0755 - 83072995

书号:ISBN 978 - 7 - 5197 - 3968 - 3 **定价:**99.00 元
(如有缺页或倒装，中国法律图书有限公司负责退换)